LAURENCE STERNE

Die Briefe

LAURENCE STERNE

Die Briefe

Ins Deutsche übertragen
von Michael Walter

Mit Anmerkungen auf Grundlage der
Florida-Edition versehen von Anke Albrecht
und einem Vorwort von Wolfgang Hörner

Galiani Berlin

INHALT

Anhang

IN MASKEN SCHREIBEN

Laurence Sterne
in seinen Briefen

Vorwort von
Wolfgang Hörner

»Madam«, beginnt Laurence Sterne seinen Brief an Jane Fenton vom 3. August 1760, »wenn eines Mannes Hirn so trokken ist wie eine ausgepreßte Pomeranze – & er nicht mehr Einfälle hat als ein Holzschlegel, so wäre es vergebliche Mühe, sich niederzusetzen und einer Dame von Ihrem Geist einen Brief schreiben zu wollen, es sei denn im redlichen Stockfisch-Stil« – vor solchen Schreibern allerdings, fleht er dann, »möge der Himmel mich bewahren, der ich in meinem ganzen Leben noch nie gewußt habe, was es heißt, auch nur ein einziges vorbedachtes Wort zu sagen oder zu schreiben —«.

Einen Monat zuvor schon hatte er Mary Macartney vor Menschen gewarnt, die stilistisch »mit der trägen Gleichgültigkeit eines fühllosen Stockfischs« zu Werke gehen, »– Der Herr bewahre mich vor allem literarischen Verkehr mit jenen Leuten, die Episteln abfassen wie Rechtsanwälte ihre Urkunden fertigen, nämlich indem sie Blanketten ausfüllen, ... statt mir das zu schicken, was ich erwarte – einen Brief.«

Womit zwei wesentliche Merkmale Sterneschen Briefeschreibens auf dem Tisch sind: Sterne verwendet seine Ideen und Formulierungen gerne oft mehrfach (freilich in Variationen), kaum ein Autor des Prä-Copy-And-Paste-Zeitalters kopiert sich in Briefen und in seinen Werken so oft selbst. Vor allem aber: Kaum ein Autor seines Zeitalters schreibt so »unvorbedacht«, so ungehemmt, was ihn gerade umtreibt bzw. was ihm durch den Kopf geht.

Das hat Sternes Andenken schwer geschadet: Nachdem der viktorianische Autor William Makepeace Thackeray einen Packen bisher unveröffentlichter Sterne'scher Briefe im unzensierten Original zugespielt bekommen hatte, schrieb er eine der vernichtendsten Beurteilungen, die die englische Literatur kennt: Laurence Sterne, von Beruf Geistlicher, predige das Wasser des Sentiments und der Menschenliebe, trinke aber den Wein der Lüsternheit und sei ein eitler, geiziger, hartherziger Mensch gewesen, der die eigene Mutter im Gefängnis verrotten ließ, mehreren Frauen heuchlerisch gleichzeitig den Hof gemacht habe und zudem zutiefst verlogen sei; »vain, wicked, witty, false« (also: eitel, verderbt, witzelsüchtig und falsch) sei Sterne, wettert Thackeray in *English Humorists*, und in einem Brief vom 12.9.1851 an Thomas Washbourne Gibbs, der Thackeray das von ihm aufgefundene Manuskript des *Tagebuchs des Brahmanen* und einige Originalbriefe Sternes zum Studium zur Verfügung gestellt hatte, schreibt er: »es schmerzt mich, daß die Lektüre der Briefe des Brahmanen an seine Brahmanin meinen Respekt vor dem Reverend Laurence Sterne nicht eben gehoben hat ... schwerlich hat man je von einem falscheren und verderbteren Mann gelesen«, um Sterne (und Swift) dann auch noch die Bezeichnungen »traitors and renegades« (Verräter und Renegaten) hinterherzuwerfen.

Und auch wenn Thackeray aufgrund von mißdatierten Briefen, Fehlinformationen und falschen Schlüssen über das Ziel wesentlich hinausschoß – es ist auf den ersten Blick schon höchst ungewöhnlich, mit welcher Drastik und Ungehemmtheit Sterne bisweilen von sich berichtet, von Geldnöten, windigen Werbestrategien, Verliebtheiten, Sexgeilheit, Todesangst, Blutstürzen usw. – und es nimmt nicht wunder, daß einen sittenstrengen Viktorianer entsetzt, wie Sterne z.B. der zweiundzwanzigjährigen verheirateten Elizabeth Draper (und nicht nur ihr) von seinen körperlichen Gebrechen, seiner Liebe zu ihr, seiner Syphilisbehandlung, seinen Tränen, Weinkrämpfen und Blutstürzen, den Problemen seiner Ehe und der Erwartung des baldigen Todes seiner schon seit Jahren von ihm getrennt in Südfrankreich lebenden Frau schreibt.

Anders als bei den meisten berühmten Briefeschreibern seiner Zeit, war es ihm nicht daran gelegen, sich in bestem Licht in stilistisch polierten Briefen darzustellen; Alexander Pope etwa wußte schon kurz bevor er die Feder ansetzte, daß der gerade entstehende Brief früher oder später gedruckt werden würde.

Sterne durfte erst nach dem durchschlagenden Erfolg seines *Tristram Shandy*, also ab 1760, davon ausgehen, daß man sich für seine Briefe interessieren könnte. Aber selbst das war ihm egal: Bevor er sich 1762 zur Frankreichreise aufmachte, hinterließ er seiner Familie eine Auflistung von Dingen, die man im Fall seines Todes zu Geld machen könnte.

> Memoranden, hinterlegt bei Mrs Montague, im Falle meines Versterbens im Ausland.
>
> L. Sterne
>
> Meine Predigten in einem Koffer bei meinem Freund Mr Hall, St John Street. – Daraus soll man eine Auswahl für 2 Bde treffen – N. B. Sie reichen für 3 Bde. –
>
> Meine Briefe in meinem Schreibtisch in Coxwold & ein Bündel in dem Koffer mit meinen Predigten –
>
> Anmerkung. Die großen Briefstöße in den Dachkammern in York sollen nach Briefen voll Witz oder Humor – oder, was noch besser ist als beides – voll Menschlichkeit & Güte durchgesehen werden – diese ergeben noch etliche weitere Bde; und da kein einziger davon wie die Briefe Popes oder Voitures geschrieben wurde, um gedruckt zu erscheinen, wird man sie wohl um so lieber lesen –.

Das *Tagebuch des Brahmanen* war wohl in der Tat das einzige Schriftstück, das Sterne vor seiner Familie verbarg und der Familie James in London zur Aufbewahrung übergab.

Alle anderen Kopien seiner Briefe (er fertigte oft Kopien an), scheint er abgelegt zu haben. Sterne verstand sich in der Tat als öffentliche Figur – kein zweiter Autor seiner Zeit vermischt so bewußt privates Leben und Werke. In seinen periodisch erscheinenden Büchern werden ganz offen private Erlebnisse verarbeitet, mehr noch: die Grenzen zwischen Sternes literarischer Figur Yorick und dem realen Laurence Sterne verschwimmen bis zur Unkenntlichkeit; Sterne stellt sich auch im realen Leben bisweilen als Yorick vor und unterschreibt so zahlreiche Briefe: »diese Fadheit im französischen Wesen hat Ihrem Freund Yorick einen Widerwillen beigebracht«, schreibt er einer Freundin am 1.2.1764. Und im März 1767 erinnert er Eliza an das Porträt, das sie von ihm bekommen hat – allerdings nicht als realer Laurence Sterne, sondern als Yorick: »Yorick lächelt zufrieden bei allem, was Du tust; sein Bild gibt sein Wohlgefallen nicht annähernd wieder!«

Es ist ein Verhängnis, daß es bald nach Sternes Tod der Schwager John Botham war, der als erster Zugang zu den Briefen erhielt. Eigentlich baten die Ehefrau und Sternes Tochter Lydia ihn, ihnen alle Papiere Sternes zusammenzupacken und zu schicken. Allein, Botham kam, las die Briefe – und vernichtete, was ihm als für die Damen unzumutbar vorkam. Worüber sich Sternes Tochter bitterlich beklagte: »Mama wollte nicht, daß irgendwer die Hinterlassenschaften meines Vaters las ... und davon irgendwelche zu verbrennen war abscheulich.« Was übrigblieb gab Lydia dann 1775 als *Letters of the late Rev. Mr. Laurence Sterne, to his most intimate friends. With a fragment in the manner of Rabelais. To which are prefix'd, memoirs of his life and family. Written by himself. And published by his daughter, Mrs. Médalle. In three volumes,* bis heute die wichtigste Quelle für Sternes Briefwerk. Für 95 der 250 Briefe der vorliegenden Ausgabe gibt es keine andere. Allerdings: Es ist sicher keine Übertreibung, die Herausgeberschaft von Lydia Sterne als das zweite Verhängnis zu bezeichnen, das über Sternes Nachlaß kam.

Schon beim Sammeln der Briefe ging sie bisweilen wohl recht unkonventionell zu Werk – als John Wilkes ihr schrieb, er habe die an ihn gerichteten Briefe nicht mehr, schlug sie ihm angeblich vor, er solle sie einfach im Stile seines Vaters neu schreiben und ihr zusenden. In ihrer Edition machte sie dann viele Klarnamen und Daten unkenntlich, schrieb falsch zu und datierte fehl. Zudem änderte sie die Briefe ihres Vaters z. T. orthographisch, syntaktisch, von der Diktion her – und auch inhaltlich. Fast durchgängig tilgte sie Stellen, von denen sie fand, sie rückten ihre Mutter in ein schlechtes Licht, nahm Explizitem die Spitze und unterdrückte Nennungen der als Konkurrentin wahrgenommenen laurence-sterneschen Spätliebe Elizabeth Draper (wobei ein auf Latein geschriebener Brief an Hall-Stevenson, in dem er rundheraus bekennt, seiner Ehefrau überdrüssig zu sein, und das als Brief veröffentlichte hochanstößige *Impromtu* ihrer Jätarbeit entgingen – ersterer wohl, weil sie kein Latein konnte, zweiteres, weil sie es wohl schlicht nicht verstand).

Als drastisches Beispiel für ihr Verständnis editorischer Arbeit mag eine Passage aus einem Brief vom August 1767 dienen, der glücklicherweise auch als Manuskript erhalten ist. In Sternes Original liest er sich so:

> ... Soeben habe ich von einem Right Honble — eine höchst elegante, eigens für mich in Paris gefertigte goldene Tabaksdose zum Geschenk erhalten – Ich wünschte, Eliza wäre hier – ich würde sie ihr zu Füßen legen – allerdings werde ich meine goldene Dose mit ihrem Bild schmücken, – und sollte der Geber eine solche Bereicherung seines Unterpfands der Freund-

> schaft nicht gutheißen — so werde ich ihm die Dose zurückschicken –
>
> Darf ich mir erlauben, Ihnen den Brief beizulegen, den ich an Mrs Draper schreiben werde – Ich weiß, Sie werden ihr auch selber schreiben – & mein Brief wird dann die Ehre haben, den Ihrigen nach Indien zu eskortieren. Mrs Sterne & meine Tochter kommen aus dem fernen Avignon, um ein paar Monate bei mir zu verbringen – & kehren dann wieder zurück – Das heiße ich mir Gefälligkeit, denn ich habe im letzten Frühjahr einen Umweg von 500 Meilen auf mich genommen, um meine Frau für eine Woche zu besuchen – und sie mutet sich eine Postkutschenfahrt von tausend Meilen zu, um mir einen Gegenbesuch abzustatten: — Was für ein glückliches Paar! — indes *en passant*, sie nimmt sechzehnhundert P^{fd} mit zurück nach Frankreich – und wird mir die Ehre erweisen, mir auch sonst alles abzuknöpfen, was ich besitze –
>
> – ausgenommen Elizas Bild.
>
> Adieu

In der Bearbeitung von Sternes Tochter Lydia Médalle liest sich das so:

> ... Soeben habe ich von einem Mann, den ich allezeit lieben werde, eine höchst elegante, eigens für mich in Paris gefertigte goldene Tabaksdose zum Geschenk erhalten – es ist nicht der erste Beweis seiner Freundschaft, den ich erhalten habe.

> Darf ich mir erlauben, Ihnen ein wenig briefliches Geplauder beizulegen, das ich an Mrs Draper schreiben werde – Ich weiß, Sie werden ihr auch selber schreiben – & mein Brief wird dann die Ehre haben, den Ihrigen nach Indien zu eskortieren. Keiner von beiden wird einer solchen Begleitung wegen weniger willkommen sein – ich besorge aber, sie werden spät im Jahre ihren bestimmten Hafen erreichen, da sie zuerst nach Bengal laufen müssen.

Für alle Briefe, für die es allein ihre Briefausgabe als Quelle gibt, gilt: der Text ist unzuverlässig. Wir haben sie in dieser Edition deshalb mit einem [M] am Briefkopf gekennzeichnet.

Das dritte Verhängnis für jeden Herausgeber der Briefe Sternes sind seine Fälscher. Wie dramatisch die Situation ist, mag ein Blick auf die Publikationsgeschichte der ersten unter seinem Namen erschienenen Briefeditionen geben. Den Reigen eröffneten 1773 die in London erschienen *Letters from Yorick to Eliza*, die wohl echt sind und mit Erlaubnis Elizabeth Drapers in Indien angefertigte Kopien von zehn Briefen Sternes an sie zur Grundlage haben. Als zweites erschienen dann im April 1775 *Letters from Eliza to Yorick* – eine dreiste Fälschung. Komplizierter ist der Fall mit den im Juli 1775 folgenden *Sterne's Letters to his Friends on various Occasions,* für die wohl William Combe verantwortlich zeichnen muß, ein Bekannter Sternes, der auch selbst Briefe mit ihm wechselte – er hatte offenbar Zugang zu einer ganzen Reihe von Briefen Sternes sowie anderem biographischen Material – und druckte in dem Buch eine krude Mischung aus echten Briefen, passagenweise aus echten Briefen entnommenen, aber mit Erfindungen angereicherten Schreiben und kompletten (aber auf autobiographischem Material basierenden) Fälschungen ab. Erst im Oktober 1775 folgte Lydia Médalles ihrerseits unzuverlässige Briefausgabe, die zum Teil (auch unechte) Briefe aus der Combe-Ausgabe übernahm.

1788 legte Combe dann noch einmal nach und veröffentlichte unter dem fast schon zynischen Titel *Original Letters of the Late Reverend Mr. Laurence Sterne: Never before Published* 39 neue Briefe – von denen die heutige Forschung nur drei als authentisch anerkennt, der Rest gilt als Fälschung. »There is nothing unmixed in this world«, heißt es in der *Sentimental Journey* (Der Pass, Versailles) – auf die Briefe Sternes trifft dies ganz besonders zu.

Für jeden Brief Sternes, zu dem es einen Holographen gibt, darf man also dankbar sein; ebenso für jeden Brief Sternes, der bis heute überliefert wurde.

Hunderte müssen verloren gegangen sein – Ende 1767, kurz bevor er ein letztesmal nach London ging, zählte Sterne seiner Frau auf, wer alles noch Briefe von ihm besitze: allein sein Busenfreund Hall-Stevenson habe »hunderte bekommen« – die meisten davon seien allerdings in »too careless a way« geschrieben. Was zu einer letzten Anmerkung zu Sternes Briefen führen soll: Sie sind nicht nur die bei weitem wichtigste Quelle biographischer Informationen über ihn, sie sind in ihrer Art nicht nur höchst außergewöhnlich für ihre Zeit – allen eigen ist, daß Sterne für jeden seiner Adressaten gewissermaßen eine andere Maske aufsetzt, in seinen Briefen spricht er wie ein Schauspieler, der Rollen spielt, er spricht in vielen Stimmen. Schon im *Tristram Shandy* war eine der untergründigsten Fragen des Buches die nach der Identität gewesen: »Wer bin ich eigentlich?« – und als Antwort hatte Sterne eine mehrstimmige, fast chorische Schreibweise entwickelt. Auch in den Briefen zeigt er viele Ichs. Für seine Bankiers schlägt er einen parlierend-selbstbewußten Ton an, bei dem die Bitte um Geld dann wie selbstverständlich nebenher kommt. Die Briefe an seinen Zech- und Studienkumpan John Hall-Stevenson sind anspielungsreich, mutwillig, mitunter gar obszön, hier übt sich Sterne im Ton von Rabelais. Die Briefe an seine Dienstherren haben Humor, klingen aber auch immer zart demütig; die an Ignatius Sancho, einen früheren Sklaven, sind mitfühlend, milde & ergeben. In den Briefen an Elizabeth Draper übt Sterne den ›empfindsamen‹ Ton, den er dann in der erzählerischen Maske von Yorick in der *Empfindsamen Reise* verarbeitet. In seinem letzten Brief an Eliza, dem *wirklich letzten*, als er weiß, daß sie sich niemals im Leben wiedersehen werden, kommt Laurence Sterne gar nicht mehr vor; es spricht allein die literarische Figur Yorick: »Adieu, noch einmal, Eliza, möge keine Herzenspein eine Furche in Dein Antlitz ziehen, bis ich es wieder sehe; mögen weder Zweifel noch Besorgnisse Dein heiteres Gemüt trüben oder Dir einen schmerzlichen Gedanken an Deine Kinder erwecken, denn es sind Yoricks Kinder, und Yorick ist Dein Freund auf ewig – Adieu, adieu, adieu –«.

In seinen Briefen erzählt Sterne hie und da die unglaublichsten Einzelheiten aus seinem Leben, von peinlichen Erlebnissen, Liebeswahn, Todesängsten, einer Syphilisbehandlung, Geldnöten undundund – wie es ihm als Mensch dabei eigentlich geht, welche Grundsätze er hat, was er denkt usw. erfährt man eher selten. Der Mensch Laurence Sterne bleibt auch nach der Lektüre der Briefe so sehr ein Rätsel wie die sagenumwobene »Moral der buntscheckigen Seite« im *Tristram Shandy* III, Kap. XXXVI.

Sterne gibt Nüsse, aber er knackt sie nicht auf.

LAURENCE STERNE

DIE BRIEFE

1. An John Dealtary [Skelton, Dienstag, 20. November 1739]

Lieber Dealtary,

ob mir gleich Entschuldigungen zuwider sind, muß ich doch diesen scheinbaren Widerspruch in meinem Betragen erklären; nämlich, erst eine Korrespondenz mit Ihnen anzuzetteln und anschließend zu riskieren, diese durch ein längeres Schweigen gänzlich abzubrechen; dies ließe sich völlig natürlich als freundliches Mittel deuten, einem Briefpartner mitzuteilen, daß man des Umgangs überdrüssig ist: ich würde sowohl Ihnen als auch mir Unrecht tun, wollte ich zulassen, daß Sie diesen Schluß ziehen, denn unter all meinen Freunden findet sich keiner, dessen Briefe ich mit mehr Vergnügen empfange und die ich sorgsamer lese; ich war die letzten drei Wochen mit Mr Hall zu einem Besuch in Durham und bin eben erst nach Skelton zurückgekehrt, wo mich außer Ihrem Brief noch dreizehn weitere erwarteten, welche die Familie verabsäumt hatte, nach Durham weiterzuschicken: Nie im Leben habe ich mir Ihre Gesellschaft so herbeigewünscht wie itzt, ich möchte tausend Dinge mit Ihnen bereden, die nur für ein Gespräch taugen & schlecht zu Papier gebracht werden können: soviel müssen Sie erfahren, daß Sie jetzt einen Brief von einem der unglücklichsten und mißmutigsten Geschöpfe auf Erden erhalten haben; denn seit ich Ihnen zuletzt schrieb, habe ich mit Miss C—einen Briefwechsel angesponnen, dessen Fortgang zusammen mit dem von Beginn an gleichförmigen Betragen gegen mich es mir zur Gewißheit werden läßt, daß sie den festen Entschluß gefaßt hat, niemals zu heiraten; und da all mein geplantes Glück auf diesen einen Punkt gebauet war, bleibt mir gegenwärtig nur der schlimme Prospekt auf Verdruß & Kummer.

An meinem Fall ist etwas sehr Merkwürdiges und Absonderliches, was ich Ihnen in einem Brief aber nicht mitteilen darf, aus Sorge vor einem Mißgeschick &c — Es ist mir leicht, beredt in meinen Wünschen für andere zu sein, denn mir selbst bleibt nun nichts mehr zu wünschen. Meine aufrichtige Bitte für Ihr Wohlergehen mag dies Ihnen sogleich zeigen: »Möge Ihnen ein dauerhaft ruhiges & gleichmütiges Leben beschieden sein, weder gestört durch Leidenschaften noch Enttäuschungen«, oder wäre der Wunsch zu ausgefallen und man müßte annehmen, daß ein paar der zehntausend verschiedenen Kümmernisse, mit denen ich kämpfe, irgendwann einmal Ihr Los sein werden, dann »Mögen Sie einen Freund finden, der ein offenes Ohr und Mitleid mit Ihnen hat und sich von Anstand & Menschlichkeit anleiten läßt, Ihnen aufrichtig und freundlich zu begegnen.« Es trifft sich vermutlich gut für Sie, daß ich mit dieser Post eine Unzahl von Briefen beantworten muß, sonst fände ich wohl kein Ende. Ich verbleibe in großer Eile Ihr Ihnen

zugetaner

L. Sterne

Skelton, Dienstag.

John Dealtary: (1708–1797), seit 1736 Pfarrer in Skirpenbeck, Yorkshire, Sterne lernte ihn kennen, als er 1738 die Pfarrei im nahen Sutton-on-the-Forest übernahm.

Skelton: Skelton Castle, Skelton-in-Cleveland nahe Saltburn-by-the-Sea, im nordöstlichen Yorkshire, die mittelalterliche Burg war weitgehend Ruine, als Sternes Freund John Hall (siehe unten) sie erbte, und wurde wohl deshalb auch ›Crazy Castle‹ genannt.

Mr Hall: JOHN HALL (1718–1785), belesener Landedelmann und Linguist mit Neigung zu Alkohol, Ausschweifung und Satire; Sterne lernte ihn während des Studiums in Cambridge kennen. Hall heiratete 1740 Anne Stevenson (Sterne traute das Paar) und fügte ihren Nachnamen dem seinen bei, der Nachwelt ist er daher als JOHN HALL-STEVENSON bekannt. In »Tristram Shandy« und der »Empfindsamen Reise« erscheint er als EUGENIUS.

Besuch in Durham: Sterne hatte JOHN HALL begleitet, der wahrscheinlich Anne Stevenson besuchte, die mit ihren Eltern unweit von Durham lebte.
Miss C: Die Identität der jungen Dame ist nicht bekannt, Sterne überwand Mißmut und Unglücklichsein wenige Wochen später und begann ELIZABETH LUMLEY, seiner späteren Frau, den Hof zu machen.

2. *[M] An Elizabeth Lumley* [?1740]

Ja! Ich will mich aus der Welt stehlen, und keine Plauderzunge soll ausschwatzen, wo ich bin – Echo soll meinen Unterschlupf nicht einmal flüsternd verraten – Deine Einbildung mag ihn Dir immerhin als kleine, von der Sonne vergoldete Hütte am Hang eines romantischen Hügels vormalen – glaubst Du wohl, ich werde Liebe und Freundschaft dahinten lassen? Nein! sie sollen mir in der Einsamkeit Gefährten sein, denn sie werden in der liebenswerten Gestalt meiner L. mit mir niedersitzen und aufstehen. – Wir wollen so vergnügt sein und unschuldig wie unsere Stammetern im Paradiese, ehe der Erzfeind die unerhörte Szene betrat.

In unserer Abgeschiedenheit werden die zärtlichsten Neigungen Raum haben zum Wachsen und Gedeihen, und sie werden Früchte tragen, die Tollheit, Neid und Ehrsucht allezeit in der Knospe ersticken. – Laß menschliche Stürme und Unwetter doch in der Ferne wüten – die Verheerungen streifen den Horizont des Friedens nicht. – Meine L. hat eine Tuberose im Dezember blühen sehen – eine freundliche Mauer hat sie vor dem schneidenden Wind beschirmt. Kein Einfluß der Planeten soll uns erreichen, außer demjenigen, der die lieblichsten Blumen hegt und pflegt. – Gott erhalte uns, wie köstlich ist die Aussicht auch nur in Gedanken! Wir werden gestalten und pflanzen nach unserem Gutdünken – die Schlichtheit soll nicht entstellt werden durch Kunst – von der Natur wollen wir leben lernen – sie soll unsere Alchimistin sein, die das Beste des Lebens zu einem Heiltrank mengt. – Die trübsinnige Sippschaft des Kummers und Argwohns soll verbannt sein aus unserer Heimstatt, die Dein gütiger Schutzgeist bewacht – wir werden unsere Dankchoräle singen und uns bis ans Ende unserer Pilgrimschaft erfreuen.

Adieu, meine L. Kehre zurück zu einem, der nach Deiner Gesellschaft schmachtet.

L. Sterne

***Elizabeth Lumley*:** (1714–1773), älteste Tochter des Pfarrers von Bedale, Yorkshire, Sterne heiratete sie am 30. März 1741 im Münster von York. Sie brachte Geld, aber kein dauerndes Glück mit in die Ehe; ihre Cousine, ELIZABETH MONTAGU, Salonière und ›Blaustrumpf‹ (siehe Anmerkungen zu Brief 67), urteilte: »Mrs Sterne ist eine Frau von großer Redlichkeit & hat viele Vorzüge, doch sind sie gesträubt wie die Borsten am erschreckten Stachelschwein«.

3. [M] An Elizabeth Lumley [?1740]

Nun hat meine L. beim hohen Gerichtshof der Freundschaft Beschwerde gegen mich geführt – Ich bekenne mich schuldig im Sinne der Anklage und unterwerfe mich ganz der Gnade dieses liebenswürdigen Tribunals. – Dies möge meine Strafe mildern, wenn es nicht ausreicht, mein Vergehen zu sühnen – sage mir nicht, daß ich wieder in derselben Weise freveln werde, obgleich eine zu rasche Begnadigung bisweilen Anlaß schafft zur Wiederholung des nämlichen Fehltritts. – Ein Geizhals spricht: Ob ich schon heute nichts Gutes mit meinem Gelde wirke, so soll doch der morgige Tag mit einer Wohltat bezeichnet sein. – Der Wüstling spricht: Laßt mich nur diese Woche verbotenen und ausschweifenden Freuden frönen, und ich will die nächste ernsten Gedanken und Betrachtungen weihen. – Der Spieler spricht: Laßt mich nur einmal noch mein Glück beim Würfelspiel versuchen, und ich will die Zeit meines Lebens die Finger davon lassen. – Die Schurken aller Stände erstreben nur die Unabhängigkeit, und dann möchten sie ehrliche Männer werden. – Die Coquette frohlockt, wenn sie ihren inamorato quält, aus Furcht, er möchte, nach der Hochzeit, ihr gegenüber kein Erbarmen mehr kennen.

Dein In-Erscheinung-Treten vom fünften des laufenden (denn Briefe lassen sich beinahe als Erscheinung bezeichnen) war mir desto willkommener, da ich nicht damit rechnete. Oh! meine L —, Du bist in der Tat sehr gütig, indem Du etwas zu meiner Entschuldigung vorbringst, und Du wirst diesen Liebesdienst sicherlich niemals bereuen – denn da ich Dein Schuldner bin, werde ich Dich mit Zins und Zinseszins bezahlen. – Warum klagt meine L. darüber, von Freunden verlassen zu sein? – Wo lebt denn ein menschliches Wesen, das nicht in diese Klage einstimmte? – Es ist dies eine so allgemeine wie vielleicht allzu wahre Einsicht, daß sich Verheiratete nur selten über den heimischen Herd hinaus bekümmern. Man kann mit Wertschätzung ebenso knausern wie mit Geld – indes, da jene doch nichts kostet, so dürfte man sie getrost etwas freigebiger austeilen. Wir können keine Trauben von Dornen lesen, also dürfen wir auch keine Anhänglichkeit von solchen Menschen erwarten, die ganz in selbstische Pläne verwoben sind. – Ich weiß nicht, ob ich derlei Charaktere mehr verachte oder bedauere – die Natur hat nie noch ein unfreundliches Wesen erschaffen – Grausamkeit und üble Gewohnheiten haben eine schöne und liebliche Schöpfung entstellt.

Meine L! – Du bist von aller melancholischen Düsternis des Winters umgeben; wärest Du allein, so würde die Abgezogenheit angenehm sein. Enttäuschter Ehrgeiz mag eine solche Zuflucht wohl beneiden und enttäuschte Liebe sie gern aufsuchen. – Wimmelnde Städte und geschäftige Gesellschaft ergötzen vielleicht die Achtlosen und Leichtlebigen – aber die Einsamkeit ist die beste Amme der Weisheit. – Mich dünkt, ich sehe mein gedankenvolles Mädchen itzt im Garten auf das Eintreffen des Frühlings warten. – Bemerkst Du nicht voller Entzücken die ersten Frühlingsknospen? die Schneeglöckchen und Schlüsselblumen, die als frühe und willkommene Vorboten zu Deinen Füßen sprießen. – Flora und Pomona giltst Du bereits als Gehilfin; und binnen kurzem werden sie Dich mit ihren holdesten Segnungen überhäufen. – Die ganze gefiederte Schar ist Dein, und mit ihr wird eine ungelernte Harmonie bald Deine Morgen- und Abendspaziergänge aufheitern. So köstlich dies auch sein mag, komm zurück – komm zurück – die Vögel von Yorkshire werden ihre Kehlchen stimmen und so melodisch flöten wie die von Staffordshire.

Adieu, meine geliebte L., mein Frieden ist dahin, ich bin zu sehr der Deine,

L. Sterne

inamorato: Geliebter, abgeleitet vom italienischen Verb *in(n)amorare*, verliebt machen.

vom fünften des laufenden: am 5. des laufenden Monats; diese umständliche Phrase, mit der Sterne wohl den gedrechselten Stil mancher Briefschreiber aufs Korn nahm, findet sich auch später in seiner Korrespondenz (mit Damen; siehe Brief 63 und 64).

... keine Trauben von Dornen lesen: Sterne paraphrasiert Matthäus 7,16 – »An jren Früchten solt jr sie erkennen. Kan man auch Drauben lesen von den Dornen? Oder Feigen von den Disteln?«
Flora und Pomona: die in der englischen pastoralen Lyrik des 18. Jahrhunderts gerne angeführten römischen Göttinnen der Blumen und Blüten, der Baumfrüchte und der Gärten.
Staffordshire: Elizabeth Lumley war auf Besuch bei ihrer verheirateten Schwester Lydia in Staffordshire.

4. [M] An Elizabeth Lumley [?1740]

Ich habe sie verletzt, die ich so zärtlich liebe! – wie nur ließ ich mich dazu verleiten! doch sollte ein Bettler an Dein Tor klopfen, würdest Du ihm nicht die Türe auftun und vor Mitleid zerfließen. – Ich weiß, es wäre so, denn das Mitleid hat sich in Deinem Busen einen Tempel erbaut. – Süßeste und beste aller menschlichen Empfindungen! laß Dein Gespinst der Zärtlichkeit die schwermütige Gestalt der Betrübnis bedecken und die dunkelsten Schatten des Elends mildern! Ich habe diese Entschuldigung nochmals erwogen, doch, ach! was wird sie verschlagen? Argumente, und seien sie auch feinst gesponnen, können die Natur der Dinge niemals verändern – wie wahr – also still davon.

Ich habe durch ein trauriges Unglück einen überaus schätzbaren Freund verloren, und was es noch schlimmer macht, er hinterläßt eine Witwe und fünf kleine Kinder, welche diesen plötzlichen Schicksalsschlag beweinen. – Hätten wahre Nützlichkeit und Lauterkeit des Herzens ihn davor bewahren können, dann müßten seine Freunde seinen unzeitigen Tod nun nicht betrauern. – Dies dunkle und dem Anscheine nach grausame Walten der Vorsehung läßt oft die besten menschlichen

Herzen klagen. – Wer kann den Jammer einer liebenden Mutter schildern, die in einem Augenblicke zur Witwe wird und über eine zahlreiche hilf- und vaterlose Nachkommenschaft bittere Zähren weint? – Gott! diese Züchtigungen kommen von dir und erfordern (harte Pflicht) eine fromme Ergebung.

Verzeih mir diese Abschweifung und erlaube, daß ich eine Träne ausgieße für einen abgeschiedenen Freund und, was ihn noch höher auszeichnet, einen ehrenwerten Mann. Meine L! alles, was Freundschaft einflößen kann, wirst Du empfinden, ob des Todes von —. Der Fall trat jäh ein, und Dein sanfter Sinn mag darüber desto mehr erschrocken sein. – Indes, meine L., Du hast weniger zu beklagen, denn das Greisenalter kroch heran, und ihre Zeit, Gutes zu tun und sich nützlich machen zu können, war schier vorüber. – Mit sechzig Jahren wird die irdische Behausung bald morsch und ihre Bewohner bedenken bang den Auszug. – In einer solchen Lage mag der Dichter wohl sagen

»Die unbehagliche Seele, &c.«

Meine L. spricht davon, das Land zu verlassen – möge ein freundlicher Engel Deine Schritte hieher lenken. – Einsamkeit wird mit der Zeit beschwerlich. – Du sagst, Du werdest von dem Ort mit Bedauern scheiden – ich denke das nämliche. – Mischt sich nicht ein gewisses Unbehagen in den bloßen Gedanken an den Abschied davon? Es ist, als trennte man sich von einem alten Freund, mit dessen Wesen und Gesellschaft man seit langem vertraut gewesen ist. Mich dünkt, ich sehe Dich zwanzigmal des Tags das Haus betrachten – fast jeden Ziegelstein und jedes Fensterglas zählen und ihnen zugleich seufzend gestehen, daß Du sie verlassen wirst. – O der glücklichen Beschränktheit der toten Materie! sie wird fühllos bleiben gegenüber Deinem Verlust. – Wie aber wirst Du's über Dich bringen können, von Deinem Garten zu scheiden? – Die Erinnerung an so viele angenehme Spaziergänge muß ihn Dir lieb und teuer gemacht haben. Die Bäume, die Büsche, die Blumen, die Du mit eig'ner Hand zogest – werden sie nicht nach Deinem Fortgang die Köpfe noch schneller sinken lassen und abwelken. – Wer wird Dir in Deiner Abwesenheit nachfolgen, sie zu hegen und zu pflegen. – Du wirst Deinen Namen auf dem Myrtenbaum zurücklassen. – Verstünden Bäume, Büsche und Blumen, Elegien zu dichten, so erwartete ich wohl über dies Thema eine sehr traurige.

Adieu, adieu. Glaube mir, ich bin auf immer und ewig Dein

L. Sterne

… einen überaus schätzbaren Freund: Es ist nicht bekannt, wer dieser Freund war.

der Dichter: Gemeint ist ALEXANDER POPE (1688–1744), Sterne zitiert aus dessen »Essay on Man« (1734, »Vom Menschen«) – die unbehagliche Seele, »heimatlos, genießt und ruhet erst, wenn im Jenseits sie schon ist«.

Myrtenbaum: Die Myrte war der griechischen Göttin der Liebe und Schönheit Aphrodite geweiht (der römischen Venus).

5. *An Thomas Herring, Erzbischof von York*

[Sutton-on-the-Forest, Mai 1743]

1. Es gibt etwa einhundertundzwanzig Familien in meinem Sprengel; davon sind fünf Quäker.

2. Es gibt ein Bethaus für die Quäker, konzessioniert; wo sich gemeinhin etwa zwanzig von ihnen jeden Sonntag versammeln. –

3. Es gibt zwei private Schulen; eine ohne Dotation, die andere dotiert mit zwanzig Schilling per annum. Die Anzahl der dort unterrichteten Kinder beträgt etwa 40. Mit welcher Sorgfalt sie in den Grundsätzen der christlichen Religion unterwiesen werden, beantworte ich unter Artikel neun.

4. Es gibt in meiner Pfarre keine Armenhäuser &c keine Ländereien oder Pachtungen, welche der Kirche zugehören. Es gibt eine kleine Brotspende, die pünktlich jeden Sonntag an die Armen ausgeteilt wird, welche zur Früh- & Abendandacht kommen, gemäß dem Wunsch des Stifters. –

5. Ich residiere persönlich auf meinem Pfarramt und in meinem Pfarrhaus.

6. Ich habe keinen Kuraten.

7. Nein. Außer einer Quäkerfrau, die ich zwar vermocht habe, zur Kirche zu kommen, aber noch nicht gewinnen konnte, sich taufen zu lassen.

8. Der öffentliche Gottesdienst findet regelmäßig zweimal an jedem Tage des Herren statt.

9. Unterweisungen im Katechismus erteile ich während der Fastenzeit jeden Sonntag in meiner Kirche, hingegen erkläre ich unsere Religion den Kindern und dem Gesinde meiner Gemeindemitglieder in meinem eigenen Haus jeden Sonntag in der Fastenzeit von sechs bis neun Uhr. Ich erwähne die Dauer zur Begründung, warum ich es nicht in der Kirche tue.

10. Das heilige Abendmahl wird in meiner Kirche fünfmal in jedem Jahr gespendet. Daran nehmen etwa 250 Kommunikanten teil, von denen mehr als über die Hälfte letzte Ostern das Abendmahl empfangen haben.

11. Ich kündige das Abendmahl rechtzeitig an, bevor es gespendet wird. Meine Pfarrkinder reichen ihren Namen nicht ein, ich habe es auch nicht von ihnen verlangt. Ich habe niemand das Sakrament verweigert.

L. Sterne

Thomas Herring: (1693–1757) war von 1743–1747 Erzbischof von York, danach Erzbischof von Canterbury; Sterne schrieb den Brief aus seiner Pfarrei Sutton-on-the-Forest als Antwort auf einen Fragenkatalog, den der Erzbischof vor seiner ersten Visitationsreise durch das Erzbistum York verschickt hatte.
privaten Schulen: In sogenannten ›Petty Schools‹ wurden die etwa fünf- bis siebenjährigen Lernanfänger, oft in Privathäusern und unter der Aufsicht von Frauen, im Lesen, Schreiben und Grundrechnen unterrichtet.
7. Nein: Die Frage lautete, ob Ungetaufte oder nicht Konfirmierte den Gottesdienst besuchten.
fünfmal in jedem Jahr: wahrscheinlich am Palm-, Oster- und Pfingstsonntag, am Sonntag nach Michaeli und am 25. Dezember.

6. An Francis Blackburne Sutton [Samstag,] 3. Nov. 1750

Hochgeehrter Sir,

Als ich letzten Donnerstag in York war, um stellvertretend für den Dekan zu predigen, sagte mir der Buchhändler Hilyard – der letzte Woche bei mir nachgefragt hatte, ob ich Sie bei der Predigt vertreten würde, im Falle Sie kämen nicht selber –, er habe soeben einen Brief von Ihnen erhalten, worin Sie ihn beauftragten, für eine Vertretung zu sorgen – Indes mit dem Fingerzeig, sollte ich dies übernehmen, so möchte es auf eine Weise geschehen, an der Ihr Freund der Präzentor keinen Anstoß nimmt. Hätte der Umstand, daß ich Sie in irgendeiner Weise vertrete, diese Gefahr womöglich heraufbeschworen, dann können Sie meiner Rücksicht in jedem Betracht versichert sein und darauf bauen, daß mich keinerlei Erwägungen hätten dazu bestimmen können, meine Dienste anzubieten, noch würde ich der Aufforderung gefolgt sein, hätten Sie mich sorglos dazu gedrängt; daß ich mich überhaupt erbot, nachdem Hilyard mir gesagt, er brauche einen Prediger, geschah im Wissen, daß es dem, was Sie besorgten, vernünftigerweise und auch tatsächlich nicht die geringste Handhabe bieten würde. Ich vermute dies hier nicht bloß, sondern weiß es aus verschiedentlicher Erfahrung, da ich seit unserem Streit für so viele von Dr Sternes vertrautesten Freunden gepredigt habe, ohne daß sie die geringsten Zeichen oder entferntesten Andeutungen merkten, daß er es ungnädig aufnahm. Was Sie mir desto leichter glauben werden durch folgenden schlagenden Beweis, nämlich daß ich in den vergangenen zwei Jahren am 29sten Mai die Predigt für den Präzentor gehalten habe (nicht auf seine Bitte, so steht unser Verhältnis nicht), sondern auf Bitten von Mr Berdmore, den er ersucht hatte, sich darum zu kümmern, was dieser auch tat, indem er sich ohne die geringsten Befürchtung oder Bedenken direkt an mich wandte, – Und wäre meine Predigt im ersten Jahr unwillkommen gewesen, so bin ich moralisch gewiß, Mr Berdmore, der ein sanftes und friedfertiges Wesen besitzt, hätte es nicht gewagt, mich zu bitten, ein 2tes Mal für ihn die Predigt zu halten, was ich vorbehaltlos im vergangenen Sommer getan habe. Der Zwist zwischen uns war ohne Zweifel scharf, indes er ist nicht dadurch verschärft worden, daß wir unsere gemeinsamen Freunde mit hineingezogen haben, die sich uns gegenüber überhaupt in allem (außer uns gemeinsam zum Essen einzuladen) so erzeigt haben, als sei dieses Unglück nie geschehen, & dies ist ihnen gelungen, ohne daß ich oder, wie ich glauben will, er unsere Meinung über sie geändert hätten, es sei denn in punkto ihrer Ehrbarkeit und zu ihrem Vorteil. Ich hielt es für meine Pflicht, Sie wissen zu lassen, wie es in dieser Sache steht, um Ihnen jeden unnötigen Kummer zu ersparen, der in dieser Hinsicht daraus erwachsen könnte, daß ich für Sie predige, denn in jeder anderen schmeichele ich mir, wären Sie zufrieden, wie es gemeinhin nicht nur das Ansehen der Kirche mehrt, sondern auch das des abwesenden Präbendars, wenn an seine Stelle ein Präbendar der Kirche tritt, so einer verfügbar ist, anstatt jemand anders, mag er auch ebenso verdienstvoll sein.

Wie ich Ihnen oben mitgeteilt, habe ich mit Hilyard diesen Gegenstand besprochen und hätte ihm eigentlich das meiste vom dem sagen sollen, was ich Ihnen gesagt, aber sein unerträgliches Betragen hat es mir verunmöglicht. Unser Dialog ging irgendwie merkwürdig, und ich glaube, ich kann Sie für diesen lästigen Brief am besten entschädigen, wenn ich Ihnen eine genaue Schilderung davon gebe, und auch über die Art und Weise, wie ich mit ihm verfahren mußte, wobei ich apropos noch etwas gröber hätte sein sollen, doch er nahm Schutz in der Rolle Ihres Bevollmächtigten; wie sehr Ihro Exzellenz dabei seine Anweisungen überschritt, werden Sie gewiß dem Bericht entnehmen, den ich über den erwähnten Fingerzeig in Ihrem Brief gab, der einzigen Grundlage für das Geschehen. Ich betrat gleich nach der Predigt an *Allerheiligen* seinen Laden, da bat er mich auch schon mit ernster und wichtiger Miene in ein weiter hinten gelegenes Zimmer; kaum hat er die Türe geschlossen – mit der entsetzlichen Feierlichkeit eines Premierministers, der einen Lettre de cachet in Händen hält, dessen Inhalt über mein Leben oder meine Freiheit entscheidet — da eröffnet er nach einer Minute seine Ordre wie folgt. Sir — da mein Freund der Erzdekan von Cleveland seinen Predigtdienst, wie ich vermutete, nicht versehen möchte, hat er es mir überlassen, einen Prediger zu besorgen, – doch ehe ich in dieser Sache, was Euch betrifft, irgendwelche Schritte unternehmen kann – begehre ich zuvörderst zu wissen, in welchem Verhältnis Ihr und Dr Sterne steht? – In welchem Verhältnis! – Ja, Sir, wie's um Euren Streit bestellt ist? – Was schert Euch das? – Wie's um unseren Streit bestellt ist! Was schert Euch das, Lümmel? Aber Sir, Mr. Blackburn möchte gerne wissen — Was schert ihn das? – Aber Sir, ereifert Euch doch nicht, ich will nur von Euch wissen, ob's Dr Sterne nicht mißfiele, prediget Ihr — Ei was; ich habe soeben gepredigt, und es hätte Euch keine bessere Gelegenheit werden können, Eure Zweifel zu heben. – Hoffentlich, Mr. Sterne, seid Ihr nun nicht verärgert. Doch, das bin ich; noch mehr allerdings erstaunt mich Eure *Unverschämtheit.* Ich weiß nicht, ob die Dazwischenkunft des Kanzlers, der zur Türe geschlappt kam, seiner zarten Seele die Pein des letzten Wortes ersparte; wie dem auch sei, er jedenfalls weicht vor der unerwarteten Abfuhr zurück, nimmt den Kanzler beiseite, holt sich von ihm Rat, kehrt demütig zurück, erbittet Pardon, sagt mir, Dr. Hering habe seinem Skrupel abgeholfen (seiner Narrheit freilich nicht), und beschwört mich alsdenn, ihm die Sache nicht nachzutragen & und die Vertretung für die Predigt zu übernehmen. Woraufhin ich, den, wie Percy in Heinrich IV. klagt

die kalt gewordnen Wunden schmerzten,
Nun so geneckt von einem Papagei,
In dem Verdruß und in der Ungeduld Antwortete so hin,
ich weiß nicht was:
Er sollte oder nicht, – mich macht' es toll,
Daß er so blank gliss und roch so süß,
Und wie ein Kammerfräulein von Kanonen,

– ihn verschwinden hieß – & sich einen anderen, der tauglicher zur Sache, suchen.

Aber weil ich zu verärgert war und mir das wahre Vermögen mangelte, eine Dichtung zu memorieren, wie füglich auch immer für meinen Fall, mußte ich ihm klipp & klar sagen, wenn auch in gehobenen Worten – ich würde nicht predigen, & er möge sich gefälligst irgendwo nach einem anderen

Pfarrer umschauen. Doch als ich durch einiges Nachdenken, ob nicht Don John seine Befugnis mit Sicherheit gewiß überschritten hatte, zu just diesem Schluß gelangte und meine Vermutung genau bestätigt fand – daß nämlich Ihr Brief bloß einen behutsamen Wink enthielt – und weil ich aus diesem & zwanzig vergleichbaren Fällen überzeugt war, daß seine Unverschämtheit, wie so viele andere, weniger Ausfluß seines Herzens denn seines Hirns war, für dessen Schwächen vernünftigerweise niemand verantwortlich zu machen ist, hielt ich es für unrecht, mich daran zu erinnern, und wir schieden als Freunde & ich sagte ihm, ich wolle die Predigt übernehmen, was ich mit Freuden tun werde.

Es ist Zeit, Ihre Verzeihung dafür zu erbitten, daß ich Ihnen mit einem so langen Brief über eine solche Bagatelle beschwerlich gefallen bin – was mir, da es dem erwähnten Beweggrund entsprang, Ihnen alles Unbehagen zu benehmen, vermischt mit dem Bestreben, weder eines vortrefflichen & charaktervollen Mannes Wertschätzung noch deren äußere Anzeichen früher einzubüßen, als bis ich sie durch eigenes Verschulden verspielt, Ihre Gerechtigkeit vergeben wird.

Ich verbleibe, ehrwürdiger Sir,
mit redlicher Hochachtung & Wertschätzung, für welche
ich Sie bitte, diesen Brief als Zeugnis zu nehmen.

Ihr aufrichtiger & wohlaffektionierter Untertänigster Diener

Lau: Sterne

PS

Unser Dekan trifft am Samstag hier ein.

Meine Frau empfiehlt sich Ihnen & Ihrer Gemahlin.

Ich habe diesen Brief erbrochen, um Ihnen zu sagen, daß mir unterwegs zur Post Hilyard begegnete, der mich eindringlich beschwor, die Sache nur nicht ruchbar werden zu lassen – & Ihnen unter keinen Umständen bekannt zu machen – deshalb bitte ich Sie, es ihn nie fühlen, nicht einmal wissen zu lassen, daß Sie alles darüber wissen – habe ich es ihm doch halb versprochen, – ob ich gleich den Brief, als er geschrieben wurde, nur zu Ihrem eigenen Nutzen schicken konnte – darum bitte ich, er möge ihm durch einen darin erweckten schlechten Eindruck nicht schaden, denn er hat mich vollends überzeugt, daß alles einzig mangelndem Urteilvermögen entsprungen.

Francis Blackburne: (1705–1787), seit 1750 Erzdiakon von Cleveland, war ein Latitudinarier (Freidenker), ein Vertreter der im 17. Jahrhundert entstandenen antidogmatischen Richtung innerhalb der anglikanischen Kirche, die konfessionell tolerant (soweit es nicht Katholiken betraf) und offen für moderne wissenschaftliche Erkenntnisse war.
Als ich letzten Donnerstag … zu predigen: Sterne bezieht sich auf den Gottesdienst zu Allerheiligen (1. November), den er anstelle des Dekans (zu dessen Pflichten die Predigten zu bestimmten Hochfesten gehörten) hielt; zu dieser Zeit war JOHN FOUNTAYNE (1715–1802) Dekan, man hatte ihn 1747 Sternes Onkel JAQUES STERNE (siehe unten) vorgezogen. Als er 1751 in Cambridge die Doktorwürde der Theologie erlangte, verfaßte Sterne für ihn die obligate lateinische Predigt »Concio ad Clerum« – und beklagte sich später über Fountaynes mangelnde Dankbarkeit (siehe Anmerkungen zu Brief 78).
Buchhändler Hilyard: JOHN HILDYARD (1710–1757), seinerzeit der bedeutendste Buchhändler und Verleger in York, eng mit der Erzdiözese verbunden, er druckte u. a. Predigten, auch Sternes, und half bei der Suche nach geeigneten Predigern in Vertretung der geistlichen Würdenträger des Münsters; in diesem Fall dürfte er Sterne gebeten haben, die Predigt am zweiten Weihnachtsfeiertag zu halten. Nach Hildyards Tod übernahm JOHN HINXMAN das Geschäft und verkaufte dort die ersten beiden Bände des »Tristram Shandy« (1759; siehe auch Anmerkungen zu Brief 35 »Mr Hinxman«).
Präzentor: verantwortlich für die Organisation des Gottesdienstes in Kathedralkirchen; damals versah Sternes Onkel JAQUES STERNE (1696–1759) das Amt, ein ehrgeiziger, einflußreicher Geistlicher, der

sich auch leidenschaftlich auf Seiten der Whigs politisch betätigte. Sterne hatte 1742 öffentlich verkündet, sich nicht weiter mit der politischen Sache seines Onkels gemein zu machen, was zu einem bitteren Zerwürfnis führte – Laurence Sterne machte keine Karriere in der Kirche und blieb ein »lausiger Präbendar [Pfründner]«.

29sten Mai: An diesem Datum wurde der Restauration der Monarchie 1660 gedacht und ein Dankgottesdienst gehalten.

Mr Berdmore: WILLIAM BERDMORE (1713–1784), Kanoniker des Yorker Münsters, war kein Freund Jaques Sternes und mit der Tochter des Kanzlers WILLIAM HERRING (siehe unten) verheiratet.

Lettre de cachet: ein Brief mit dem Siegel (›cachet‹) des französischen Monarchen, mit königlichen Ordres, häufig eine Inhaftierung ohne Gerichtsverfahren oder eine Verbannung verlangend; solche Willkür war in England seit Verabschiedung der Habeas-Corpus-Akte 1679 nicht mehr möglich.

des Kanzlers, der zur Türe geschlappt kam: WILLIAM HERRING (1691–1762), Vetter des Erzbischofs THOMAS HERRING, seit 1742 Kanzler des Diözesangerichts von York, er litt an einer Lähmung, deshalb »schlappte« er.

Percy in Heinrich IV.: Heinrich Percy mit dem Beinamen Heißsporn in SHAKESPEAREs »König Heinrich IV. Erster Teil«, die letzte ergänzende Zeile zum verknappten Zitat aus dem 1. Akt, 3. Szene stammt von Sterne.

7. *An Francis Blackburne*

Sutton. [Montag,]
12ter Nov. 1750 –

Hochgeehrter Herr,

Ich durfte mich glücklich schätzen, Ihren äußerst zuvorkommenden Brief erhalten zu haben, dessen *Art* zwar gleichsam einlöste, was ich, sowohl Ihrem Charakter als auch der Meinung nach, die ich mich erkühnt, mir über Sie zu bilden, erwartet hatte. Indes übertraf das *Maß* bei weitem alles, was ich hoffen durfte, so daß ich mir weder das Vergnügen, Ihnen für Ihren Brief zu danken, noch die Billigkeit versagen möchte, Ihnen anzuzeigen, welche Verpflichtung angesichts der großen Artigkeit und Politesse ich empfinde.

Als ich meinen letzten Brief zu Papier brachte, fühlte ich im Grunde meines Herzens nicht so sehr Verdruß als vielmehr den Wunsch (wie ich damals anklingen ließ), mich Ihrer Wertschätzung zu vergewissern: Sie sagen mir, *diese* besäße ich, & ich versichere Sie, es gibt niemand, dessen Wertschätzung mir höher gölte: Mit der Erklärung, wieviel sie zu der wenigen Reputation, die ich besitzen mag, bestimmt beitragen wird, will ich Ihnen nicht mißliebig werden. Ich bin überzeugt, ein Mensch, der es fertigbringt, einen so bescheidenen Wink auf die *geringe eigene Erheblichkeit* anzubringen, kann in der Sache nicht zum Richter taugen, & da er sich unmöglich wird überzeugen lassen, muß ich mich damit begnügen, ihm zum wenigsten zu melden, welchen Preis ich dafür veranschlage, durch mein Trachten nämlich, sie bei jeder Gelegenheit zu wahren & zu mehren. –

Was nun die künftige Erfüllung etwelcher Ihrer offenen Predigeraufgaben betrifft, so dürfen Sie versichert sein, daß ich willens bin, diese zu übernehmen, wann immer Sie einen Stellvertreter brauchen – und sollten Sie keinen Freund wissen, den sie hierbei bevorzugen möchten, erwiesen Sie mir damit sogar eine *Gunst*, überließen sie diese Verpflichtungen mir – eine *Gunst*, sage ich, denn, nebenher bekommt meine Tochter zwanzig Pfund mehr ins Vermögen durch die Begünstigungen, die mir dieses Jahr in diesem Punkt vom Dekan & den ansässigen Geistlichen zuteil geworden sind. & da ein jeder, der die Predigten halten möchte, mindestens soviel jährlich und ohne große Mühe auf unserer Kanzel verdienen kann – werden Sie als ein *Vater* meine Gründe leicht erraten und ebenso leicht verzeihen.

Ich war mir empfindlich bewußt, wieviel ich einem so freundlichen Wunsch schuldete, als Sie mir letzten Sommer sagten, wie gerne Sie eine Versöhnung stiften würden, und hätte mein ungestümes Reden mir nur die mindeste Muße zum Nachdenken erlaubt, wäre meine Erwiderung unmöglich so unverdient & scharf ausgefallen, wie sie mir geriet, (*was schert &c*), wiewohl als Verweis für Hilyard gedacht – reut es mich, daß mir die *Äußerung* entfleuchte: Es war meine *Wut*, welche aus mir sprach & nicht ich selbst, deshalb bitte ich, dies möge in Frieden ruhen benebst dem übrigen, an das zu erinnern ich weder jemals Neigung verspürte, noch das Vermögen dazu besaß, hätten Sie dies nicht gewünscht.

Und nun, hochgeehrter Sir, lassen Sie mich, so es mir gelingt, diese freundschaftliche Ästimation ins Gleichgewicht heben, indem ich aus ganzem Herzen dieselben guten Wünsche für Ihr Wohlergehen erwidere, die Sie dem meinen angedeihen ließen – Dies also wünsche Ihnen und alles andere, was diese *törichte* & unbeständige Welt zu Ihrem Glücke & dem Ihres Hauses beitragen kann, denn ich bin, ehrwürdiger Sir, mit der allergrößten Hochachtung (und es wäre für mich *beschämend*, müßte ich sie aus diesem Anlaß oder irgendeiner anderen Sache wegen gemehrt finden)

Ihr sehr verbundener und affektionierter
Bruder & demütiger Diener
L: Sterne

PS

Ich entbiete unsere besten Empfehlungen an Ihre Gemahlin. Der Dekan kam am Samstag, ist aber immer noch so stark erschüttert von diesem heftigen Schicksalsschlag, daß er sich nicht ermannen konnte, am Sonntag in der Kirche zu erscheinen, ob wir gleich alle zusammen mit ihm speisten.

offene Predigeraufgaben: Sterne bekam für jeden Gottesdienst, den er stellvertretend hielt – wozu er als Präbendar des Yorker Münsterkapitels berechtigt war –, ein Extrasalär, das seine nicht allzu hohen Einkünfte aus der Dorfpfarrei aufbesserte.
meine Tochter: Sternes Tochter LYDIA, sein einziges überlebendes Kind, war damals drei Jahre alt.
Dekan ... diesem heftigen Schicksalsschlag: Die zweite Frau von Dekan FOUNTAYNE war im August des Jahres im Kindbett gestorben.

8. An Jaques Sterne [Sutton, Freitag, 5. April 1751]

Sir,

Es ist jetzt drei Jahre her, daß ich Sie mit einem Brief zu meiner Rechtfertigung in Rücksicht auf meine Mutter belästigte; ich erbat darin – um Ihnen auf denkbar beste Weise die Überzeugung beizubringen, wie übel sie mit mir umgesprungen und zugleich wie ungeheuerlich Sie getäuscht wurden durch die, wie ich herausfand, verdrehte Darstellung meines Betragens gegen sie – die Erlaubnis für einen Besuch meiner Frau, um Ihnen unsere Verhältnisse offen darzulegen & ebenfalls Rechenschaft darüber zu geben, was wir für meine Mutter getan haben, auf daß Sie sich aus beiden Gesichtspunkten *überzeugen* ließen, wie so ganz *grundlos* meine Mutter geklagt hat.

Mit dem Anerbieten, in dieser besonderen Angelegenheit lieber meine Frau zu entsenden, statt selbst zu erscheinen, wollte ich zuallererst lediglich alle Heftigkeit zwischen Ihnen und mir vermeiden, welche aus irgend etwas erwachsen könnte, das mit der Sache nichts zu tun hat und diese am Ende scheitern ließe – & zweitens, da ich Grund besaß zu der

Annahme, Ihr Eifer in dieser Sache stehe im Voraus fest, & die Achtung, so Sie meiner Frau als einer Dame von Stande schuldeten, würde dessen Aufflammen verhüten, so daß sie infolgedessen bei Ihnen wahrscheinlich ein offeneres Ohr fände, worauf es mir einzig ankam, und was in der Tat auch das einzige ist, dessen eine schlichte, schmucklos und ohne Kunstgriffe erzählte Geschichte wohl bedarf. Da es Ihnen schicklich dünkte, den Klagen meiner Mutter gegen mich zu sekundieren, hielt ich es für ausgemacht, daß Sie mir diesen Akt reiner Gerechtigkeit nicht verweigern *konnten*: Als mein Diener dann mit Ihrer schriftlichen Antwort retournierte »Sie wünschten, von jedem Gespräch mit meiner Frau entschuldigt zu sein, ich aber dürfe vor Ihnen erscheinen«, sah ich in Hinsicht dieser Behandlung voraus, daß eine solche Unterredung wohl nur einen zornigen Wortwechsel bewirken würde (der nichts Gutes bringen konnte, aber Schaden anrichten mochte) – und bat *meinerseits* darum, mich zu entschuldigen; und da Sie bereits das untadelige Angebot, meine Verteidigung zu hören, abgelehnt hatten, vermutete ich natürlich, Sie würden nun auf ewig über dies Kapitel schweigen; & deshalb schloß ich mit der Bemerkung, da für mich keine Notwendigkeit bestünde, bei Ihnen vorstellig zu werden, und ich in meinen privaten Angelegenheiten von niemand geleitet oder beraten zu werden wünschte, würde ich mich so gut wie möglich mit dem Bewußtsein beruhigen, meine Pflicht erfüllt zu haben & dies auch beweisen zu können, wann immer ich es für angezeigt hielte; und daß ich für die Zukunft entschlossen sei, Sie nie wieder mit der Sache zu behelligen.

Bei diesem Entschluß bin ich drei Jahre lang geblieben und hätte auch bis ans Ende meines Lebens daran festgehalten — Als ich aber jüngst von einigen meiner Freunde erfuhr, dieses Geschrei wider mich werde weiterhin angestimmt & ein Anschlag von unerhörter Boshaftigkeit gegen einen wehrlosen Mann geführt, der zurückgezogen auf dem Land lebt &

wenig Gelegenheit hat, die Welt eines Besseren zu belehren, daß weiterhin meine Mutter an eben jenem Ort festgesetzt sei, wo eine ernste Anklage mir (als Geistlichen) vielleicht am meisten nachteilig sein kann, – wurde ich durch den Rat meiner Freunde ermuntert, auf Mittel und Wege zu meiner Verteidigung zu sinnen; was ich, ich gestehe es, auch unverzüglich getan und meine Geschichte vor der Welt öffentlich gemacht haben würde – hätte dem nicht folgender Nachteil entgegengestanden, daß ich mir nämlich so keine Gerechtigkeit widerfahren lassen konnte, ohne mir gleichzeitig zu schaden, indem ich die Dürftigkeit meiner Verhältnisse offenbarte, wodurch ich, meines Wissens, bei der einen Hälfte der Welt mehr an Ansehen verlöre, als ich bei der anderen Hälfte durch die klarste Verteidigung womöglich gewönne.

In der Not dieser verdrießlichen Klemme wandte ich mich sogleich an meinen alten Freund & Bekannten vom College, unseren ehrwürdigen Dekan, offenbarte ihm meine unglückliche Lage und erbat seinen Rat, wie ich mich am besten herauswinden sollte. Er meinte, nichts wäre besser als ein Treffen von Angesicht zu Angesicht mit Ihnen und meiner Mutter, & aus gewohnter Freundschaft und Menschlichkeit wollte er alle Hebel in Bewegung setzen, um dies zu bewerkstelligen.

Demgemäß nutzte er vor etwa drei Monaten eine Gelegenheit, Sie um diese Gefälligkeit zu ersuchen, welche Sie nur, wie er mir sagte, bis zur Erledigung Ihrer drängenden Angelegenheit mit den Nonnen aufzuschieben wünschten.

Seit dem Ende besagter Angelegenheit hat er Ihnen erinnerlich gemacht, was Sie mir in Aussicht gestellt, freilich ohne Erfolg; Sie hätten sich (wie er mir sagt) nun strikt geweigert, auch nur ein Wort von dem zu hören, was ich zu sagen habe. Mir dieses allgemeine Recht zu verweigern bedeutet die härteste Maßregel, die wider jemand in meiner Lage getroffen werden kann; und obschon die Unannehmlichkeiten hievon wohl, wie beabsichtigt, unmittelbar mich inkommodieren dürften, hoffe ich doch, Dr Sterne, daß nicht ein Großteil davon auf Sie selbst zurückschlägt: Denn weshalb, mag sich manch einer fragen, befaßt Ihr Euch mit einer Klage gegen Euren Neffen, wenn Ihr festen Sinnes seid, nicht anzuhören, was er selber vorzubringen hat? – und wenn Ihr ihm so jede angestrebte Möglichkeit zur Rechtfertigung verweigert – ist es dann nicht allzu offensichtlich, daß Ihr nicht wünscht, daß er sich entlastet, oder daß es Euch leid täte, eine so nützliche Handhabe gegen ihn zu verlieren? —

Wie auch immer es anderen erscheint, die Sache nun in diesem Licht zu betrachten hat mich bestimmt – entgegen meinem früheren Versprechen: »Sie mit keinen weiteren Unannehmlichkeiten mehr zu behelligen« – diese hinzuzufügen. Nicht um erneut zu erbitten, was Sie mir dem Dekan gegenüber abschlugen (denn nach dieser erfahrenen harten Behandlung würde ich das Angebot, sollten Sie es jetzt selbst unterbreiten, nicht annehmen), vielmehr habe ich im Sinn, Ihnen durch eine schlichte & wahrheitsgemäße Darstellung meines Betragens (& auch des Betragens meiner Mutter) für die Zukunft die Waffen aus der Hand zu nehmen: Denn da Sie mich nicht von Angesicht zu Angesicht mit meinen Anklägern anhören wollten – sollen Sie mir nicht davonkommen, ohne vom wahren Sachverhalt des Falles überzeugt oder wenigstens unterrichtet worden zu sein.

Für meine Verteidigung ist es unnötig, zurückzugehen bis zum Heimgang meines Vaters, Ihres Bruders, dessen Tod mich im Alter von 16 Jahren auf der Welt ohne einen Penny zurückließ und, so darf ich hinzufügen, *damals* ohne einen einzigen Freund darin außer meinem Vetter Sterne in Elvington, der mir ein Vater wurde, & dessen *damaliger* Protektion ich hauptsächlich verdanke, was ich heute bin; denn da Sie mir beim Tode meines Vaters ihre Hilfe völlig verweigerten, muß Ihnen bewußt sein, daß ich, jung wie ich war, ohne die *seine* nackt in die Welt hinzugestoßen worden wäre, um mich so gut wie möglich auf eigene Faust durchzuschlagen:

Für meine Verteidigung, sage ich, ist es unnötig, soweit zurückzugehen — ich mache Ihnen dies auch nicht erinnerlich, um Sie im Gegenzug einer scheinbaren Härte gegen mich zu beschuldigen (denn die hernach erfahrenen Gefälligkeiten gaben mir Grund, diese zu vergessen) & und außerdem denke ich, kannten Sie Ihre Pflicht und Schuldigkeit in einem solchen Fall selbst am besten & waren nur Gott und Ihrem eigenen Gewissen verantwortlich. Ich erwähne diese besonderen Umstände im Voraus nur einer einzigen Überlegung halber, die ich anstellen werde, um nach und nach Kapital daraus zu schlagen.

Mein Vater starb, wie Sie wissen, auf den Westindischen Inseln im Dienst des Königs. Meine Mutter lebte zu dieser Zeit bei ihren Verwandten in Irland & kam bei der Nachricht von seinem Tod sogleich herüber nach England; sie hatte damals gewisse Schwierigkeiten wegen ihrer Pension & wollte Sie dazu bewegen, Ihren Einfluß zu nutzen, um ihr die Pension von der Englischen Regierung zu beschaffen.

Doch ich entsinne mich gut, daß sie umkehren mußte, weil sie zu unbedeutend war, um der Gunst teilhaftig zu werden, vor Ihnen erscheinen zu dürfen. (Sie durfte nicht einmal bis York kommen) — Als sie jetzt zum 2ten Mal von Irland nach Chester reiste & von dort nach York, um diese Klage gegen mich zu führen, stieß sie nicht auf derlei Schwierigkeiten, – wurde von Ihnen mit offenen Armen empfangen; ich habe Sie daran erinnert, um Ihnen zu sagen – woher die unterschiedliche Aufnahme zweifellos rührt, die sie in diesen beiden Fällen bei Ihnen gefunden hat. Bei dem letzten Gesuch empfahl sie sich Ihrem Mitgefühl durch eine Klage gegen *mich*; bei der ersten Bitte, hatte sie nichts vorzuweisen als ihre wirkliche Notlage. Doch dies nur nebenbei.

Seit dem Tod meines Vaters bis zu der Zeit, da ich selbst in der Welt seßhaft wurde, in diesen elf Jahren also, lebte meine Mutter in Irland — & da ich während dieser ganzen Zeit nicht imstande war, ihr Geld zukommen zu lassen – hörte ich nur selten von ihr; & wenn es einmal der Fall war, so erfuhr ich meistens, daß sie von der Stickereischule, die sie eröffnet hatte, sowie von ihrer pünktlich ausbezahlten Pension, die zwanzig Pfund per annum beträgt, recht auskömmlich leben könnte – was auch bis zur Stunde so geblieben wäre, hätte die Nachricht von meiner Vermählung mit einer wohlhabenden Frau sie nicht sogleich nach England getrieben.

Sie hat Ihnen anscheinend erzählt, sie habe Irland damals auf meine ausdrückliche Einladung verlassen —

Das ist eine handfeste Lüge — & auch weit entfernt von jeder Wahrscheinlichkeit, da wir nämlich aufgrund der Schilderung, welche sowohl Sie wie Mrs Costobadie mir & meiner Frau von ihrem aufdringlichen & habgierigen Charakter gaben, in beständiger Sorge lebten, sie könnte sich uns aufdrängen. Daß ich hierüber die Wahrheit gesprochen, dafür mag Ihnen der Schritt, den ich in der Folge unternahm, triftiger Beweis sein.

Noch in der nämlichen Stunde, da mich die Kunde von ihrem Eintreffen in Liverpool erreichte, eilte ich zu ihr, um sie daran zu hindern, mir noch näher zu kommen, – blieb drei Tage bei ihr und brachte alle ziemlichen Argumente vor, um sie zu bewegen, nach Irland zurückzukehren & ihre Tage bei ihren Verwandten zu beschließen.

Ich überzeugte sie davon, daß ich, neben den Zinsen aus dem Vermögen meiner Frau, damals nur armselige hundert Pfund hatte, von denen ich meiner schlechten Gesundheit wegen einen Kuraten besolden mußte; daß wir überdem unseren Lebensunterhalt bestreiten mußten, und zwar mit solcher Schicklichkeit, daß wir nicht in der Lage waren, ihr viel zu geben: daß sie das, was wir erübrigen konnten, ebenso gewiß in Irland wie hier bekommen könne; daß der Ort, den sie verlassen hatte, ein billiges Land sei – & überdies ihre Heimat, wo ihr spürbar würde, daß dort 20 Pfund mehr seien als dreißig hier, ganz abgesehen vom Verlust ihrer Pension, die ihr in England nicht *ausbezahlt würde,* und von der völligen Unmöglichkeit, diese vielen Einbußen meinerseits zu ersetzen.

Am Ende führte ich ihr die Unmenschlichkeit einer Mutter vor Augen, die sich, obwohl sie sich selbst erhalten könne, auf solche Weise als Bürde einem Sohn aufhalsen wolle, der kaum für den eigenen Lebensunterhalt aufkommen könne, ohne die Mittel für die künftige Versorgung einer anderen Person anzugreifen, die mir, wie sie sich denken könne, viel mehr am Herzen liege:

Kurzum, ich bündelte diese Argumente, indem ich ihr zwanzig Guineen zum Geschenk machte, die zusammen mit den Kleidern &c – die ich ihr tags zuvor geschenkt hatte, zweifellos, wie ich dachte, die gewünschte Wirkung tun würden. Doch ich sah mich bitter getäuscht, denn obwohl sie mich aufmerksam anhörte, sagte sie mir, sobald sie das Geld in die Tasche gesteckt hatte, mit dem Ausdruck allergrößter Dreistigkeit:

»Was ihre Rückkehr nach Irland betreffe, so sei sie nicht gesonnen, mir diesen Gefallen zu tun – sie wisse nun, daß ich eine Frau geheiratet hätte, die ein Vermögen in die Ehe mitgebracht habe – & sie sei entschlossen, ihren Anteil daran zu genießen & den Rest ihrer Tage behaglich entweder in York oder in Chester zu verleben.«

Ich will diesen Brief nicht mit all meinen Erwiderungen auf einen so unsinnigen Entschluß aufbauschen; es genügt, wenn ich Ihnen sage, daß ich ihr, da meine ganzen Vorhaltungen nichts fruchteten, ihren Willen lassen mußte – & unerachtet aller Zumutungen schied ich mit der Versicherung – »Ich würde trotz meiner spärlichen Einkünfte nicht vergessen, daß ich ein Sohn sei, wiewohl sie vergessen habe, daß sie eine *Mutter* sei.«

Sie verließ Liverpool und nahm, wie beabsichtigt, mit meiner Schwester Quartier in Chester, wo sie, entgegen aller gegründeten Erwartung, merkte, daß ich mein Wort mehr als nur hielt, denn wir halfen ihr weit über unsere Kräfte & über die normale Billigkeit gegen uns selbst hinaus, und obgleich uns der Gedanke sauer ward, daß wir sie und meine Schwester in den Vergnügungen und Vorteilen des Stadtlebens unterstützten, das wir uns aus Klugheit selber versagten, waren wir so schwach, dies fünf Jahre lang zu tun, wiewohl ich gestehe, nicht ohne fortwährende Ermahnungen meinerseits und ständiges Klagen ihrerseits, was naturgemäß nicht ausbleiben konnte, wenn die eine Seite glaubte, sie habe soweit über alles vernünftige Maß hinaus gegeben, wie dies hinter den Erwartungen der anderen Seite zurückblieb.

So standen die Dinge zwischen uns – im Jahr 44 – als sich meine Schwester auf Geheiß meiner Mutter von Chester nach York begab, um Ihnen ihre Klagen vorzutragen und Sie zu bewegen, ihnen bei diesen unsinnigen Forderungen an uns zu sekundieren.

Diese Absicht steckte hinter ihrem Kommen, obwohl die Reise (deren Unkosten ich trug) unter dem Vorwand stattfand, mich einen Monat lang zu *besuchen* oder vielmehr einen Monat lang mit meiner Schwäche zu experimentieren. – Sie blieb wie geplant oder noch länger – wurde von uns mit großer Freundlichkeit empfangen — auf meine Kosten mit meinem Bedienten & meinen Pferden zurückgeschickt – mit 5 Guineen, die ich ihr in die Tasche steckte & einer 36 Schilling Münze, die ihr meine Frau in die Hand drückte, als sie aufsaß.

In welchem Licht sie ein so großes Wohlwollen & so viel Großzügigkeit erscheinen ließen, stelle ich Ihrer Erinnerung an den Bericht anheim, den sie Ihnen auf der Rückreise durch York gab; aus sehr triftigen Gründen glaube ich allerdings, daß sie Ihnen alles verheimlichte, was notwendig war, um uns beide am rechten Ende packen zu können; meine Mutter hat dieses Doppelspiel, nebenbei gesagt, zum nämlichen Zweck immer wieder mit uns getrieben, seit sie zum ersten Mal nach York kam, den Beweis hiervon sollen Sie bald erhalten. –

Doch zurück zu meiner Schwester. Weil wir sie weder mit einem Vermögen beglücken noch entsprechend ihrer Erwartungen unterstützen konnten, – ließen meine Frau & ich zum aufrichtigen Zeichen unserer Freundschaft unter solchen Umständen nichts unversucht, ihre Überlegungen, während sie bei uns lebte, darauf zu lenken, wie Sie sich von ihrem eigenen Fleiß erhalten könne, wobei wir ihr jede erdenkliche Hilfe anboten. 1stens schlugen wir ihr vor, sollte sie sich darauf verlegen wollen, das Gewerbe einer Damenschneiderin zu erlernen, dann würden wir ihr, sobald sie genug Kenntnisse erlangt hätte, um ein Kleid schneidern & und sich selbständig machen zu können, – »Dann würden wir ihr für den Anfang 30 Pfund geben & sie solange weiter unterstützen, bis das Geschäft tüchtig angelaufen sei. – Sollte sie aber lieber in einem Putzmachersalon in London arbeiten, so würde sich meine Frau nicht nur verpflichten, sie in einem solchen Geschäft unterzubringen, wo sie zehn Pfund Lohn im Jahr bekäme, sondern sie auch mit der für diese Anstellung schicklichen Garderobe &c ausstatten: und schließlich machte sich meine Frau erbötig – sie besaß damals die Möglichkeit –, sie einer der ersten unserer Adelsfamilien zu empfehlen und ihr dort eine achtbare Anstellung zu verschaffen, wo sie nicht unter 8 oder 10 Pfund im Jahr erhalten würde, nebst weiteren Vergünstigungen.« – Meine Schwester ließ solange keine Abneigung gegen die letzten beiden Vorschläge erkennen, bis meine Frau in dieser Sache geschrieben & im einen Fall eine Zusage erhalten hatte — & im anderen ein augenblickliches Angebot. – Sie werden sich wundern, Sir, wenn ich Ihnen mitteile, daß sie beides mit größter Verachtung ablehnte; – indem sie mich wissen ließ, ich könne ja meine eigenen Kinder in Stellung schicken, so ich denn welche bekäme – Doch sie selbst, als Tochter eines Gentleman, *werde keinen Schimpf über sich bringen*, sondern wolle *wie* eine solche leben. Trotz dieser abgeschmackten Probe ihrer Narrheit, die mich von jeder weiteren Rücksicht hätte eigentlich entbinden können, – setzte ich fort, was mir richtig schien, & obwohl danach unsere Gunstbeweise weder so groß gerieten noch so häufig erfolgten wie vorher, schickten wir dennoch weiterhin, was wir bequem entbehren konnten.

Es ist unüblich, sich Geschenke quittieren zu lassen: und da ich nicht viele Belege dieser Art vorweisen kann & meine Mutter mehr als einmal, sogar mir ins Gesicht, die Summen abgestritten hat, die ich ihr geschickt habe, ist meine Hoffnung gering, von ihr die Bestätigung zu bekommen, die sie mir eigentlich ausstellen müßte; aber ich erkläre feierlich, nach der genauesten Berechnung, die uns möglich ist, daß wir an Geld, Kleidern und anderen Geschenken, die wir ihnen gegeben & überlassen haben, um mehr als £ 90-0s-0d ärmer geworden sind. Bei einer dieser übermachten Summen (im Sommer als uns meine Schwester besuchte), es war, wie ich mich erinnere, ein kleiner Wechsel ausgestellt über drei Pfund von Mr Ricard auf Mr Boldero; nachdem meine Mutter in Chester dasangewiesene Geld erhalten hatte – bestritt sie hartnäckig den Empfang desselben. Ich vermutete natürlich einen Fehler von Mr Ricard bei der Ausstellung – Um ihr aber die Enttäuschung zu ersparen, schickte ich auf der Stelle eine weitere Anweisung über die nämliche Summe; aber da Mr Ricard obendrein beweisen konnte, daß er ihr den Wechsel geschickt hatte, wollte ich herausfinden, *wer* mein Geld bekommen hatte, worauf sie mir zurückschrieb, sie habe es selber bekommen – hätte es aber *vergessen*. Sie werden mir um so bereitwilliger glauben, wenn ich Ihnen sage, daß meine Mutter, als sie im Dezember 47 in Ihr Haus kam, um sich zu beklagen, sie bekäme von mir keinen einzigen *Farthing*, damals *Zehn Guineen* in der Tasche trug, die ich ihr erst zwei Tage zuvor gegeben hatte. Auch wenn sie eine solche Summe *vergessen* konnte, blieb diese mir doch aus guten Gründen erinnerlich, denn als ich ihr das Geld gab, hatte ich keine einzige Guinee mehr im Haus zur Unterstützung meiner Frau, obwohl sie damals bereits am nächsten Tag in Kindsnöten sein würde & ganz offensichtlich des Beistands eines Geburtshelfers bedurfte.

Welchen Nutzen sie aus dieser unedlen Verhehlung schlug, stelle ich erneut Ihrem Urteil anheim. – Ich vermute allerdings, es war derselbe wie im Falle meiner Schwester, — um uns beiden Geld aus der Tasche zu ziehen.

Als ich ihr diese Summe gab, ersuchte ich sie, Ihnen dies mitzuteilen; & überdies sagte ich ihr bei dieser Gelegenheit, ich würde ihr, solange ich lebte, jedes Jahr acht Pfund geben. Die Woche darauf schrieb sie mir, sie sei bei Ihnen gewesen und nun entschlossen, dieses Angebot nicht anzunehmen, es sei denn, die ihr zugedachten acht Pfund flössen aus dem Vermögen meiner Frau und würden dies auch dann weiterhin tun, wenn meine Frau Witwe werden sollte: Dieser besondere Rat, fügte sie hinzu, stamme von *Ihnen*; was ich ohne weitere Beweise einstweilen nicht zu glauben gewillt bin, denn obwohl Sie über die Vermögensverhältnisse meiner Frau bislang noch wenig unterrichtet sind, – müssen Sie doch zumindest soviel wissen, daß, sollte das Ereignis meines Todes in Kürze eintreten, ohne eine derartige Last auf meiner Witwe & meinem Kind, dann würde *Mrs Sterne ebenso notleidend & dies ebenso unverdientermaßen wie jede Witwe in Großbritannien*: und obwohl ich so gut wie Sie und meine Mutter weiß, daß mich *das Gesetz ermächtigt,* sie allen Schrecken einer solch düsteren Situation auszuliefern, – fühle ich mich aus Billigkeit und von meinem Gewissen nicht ermächtigt, dies zu tun; & wenn ich bedenke, wie viel sie, als beste aller Ehefrauen, für mich getan hat, werfe ich für sie in die Waagschale, daß ich, sollte ich mich von der lauten Klage, welche Sie und meine Mutter erhoben haben, zu dem grausamen Mittel drängen lassen, das Geld meiner Frau & ihres Kindes wegzugeben –– Dann wäre ich nicht nur der schwächste sondern auch der *schlechteste Mann*, dem je eine *Frau* all ihr Hab und Gut anvertraut hat.

Ich entsinne mich, Sir, daß ich Sie bei meiner Eheschließung mit dem Umstand bekannt machte, daß Mrs Sterne sich geweigert hatte, ihr eigenes Vermögen auf sich festzuschreiben, & und keine bessere Sicherheit wünschte als meine Ehre; worauf Sie *damals* antworteten, »*Um so mehr sei ich verpflichtet, Sorge zu tragen, daß die Dame durch einen solchen Vertrauensbeweis nicht zu Schaden komme.*« Durch meine *Schuld* soll dies niemals geschehen, obwohl es durch mein Mißgeschick dahin kam, sowie durch die lange Kette von Schwierigkeiten & Beeinträchtigungen, womit ich (Sie wissen es) meinen Lebensweg antrat – (namentlich) die vollen Schulden aus den neun Jahren meiner Schulerziehung, Kleidung &c, die in dem Augenblick über mich kamen, als ich sie begleichen konnte. — Dazu noch ein Großteil der Kosten meiner Universitätsausbildung, die von meinem Vetter Sterne mit nur 30 Pfund im Jahr ungenügend bestritten wurden, & das letzte Jahr habe ich mit erborgtem Geld bezahlt — Die mit meiner höheren Stelle verbundenen Kosten – Die großen Reparaturen an einem verfallenden Haus auf meiner Pfarre – Als das geschafft war, die gesamte Einrichtung desselben – für viele Jahre eine mangelnde Gesundheit – und dazu vielleicht mein anfänglich mangelndes Geschick in der Welt, über das ich am Ende doch noch zu verfügen hoffe:

Und obendrein die dauernde Belastung durch meine Mutter. – Alles zusammen — alles zusammen, hat so gezehrt an dem Vermögen, welches *Sie* meiner Obhut anvertrauten, daß ich Ihnen ein Geheimnis darüber anvertrauen will, nämlich, sollte ich, sehr geehrter Herr, noch diese Nacht sterben, besäße ich nicht mehr als ein Einkommen von 20 Pfund jährlich (ebensoviel, wie meine Mutter erhält), das ich unter meiner Frau, einem hilflosen Kind und womöglich einem Dritten unglücklichen Teilhaber, der vielleicht einige Monate nach dem Tod des Vaters zur Welt kommen und seine Forderungen stellen würde, aufteilen müßte.

Die falsche Scham, die mir dies einzugestehen verbot, ist der Grund, warum mich meine Mutter so lange ausgesaugt hat, und daß dieses Gerede über mich aufgekommen ist: doch da ich nun als ehrlicher Mann meine Lage bekannt gemacht habe, steht es mir an, hinzufügen, *daß ich nicht das Recht zu haben glaube*, einen einzigen Schilling meines Einkommens für andere Zwecke aufzuwenden als für die Versorgung meiner Frau & meines Kindes; und daß es noch allemal Zeit sein wird, die Pension meiner Mutter von 20 Pfund jährlich dann etwas aufzubessern, wenn ich (falls überhaupt) meiner Frau & ihrem Kind ebensoviel vermachen kann, die nicht nur Anrecht darauf hat, was ich ihr als Gatte und Vater eines lieben Kindes schulde, sondern noch etwas für sich beanspruchen kann, nämlich, daß sie, deren Geld ich auf diese Weise verteidige, die Person ist, die es in die Familie gebracht hat & durch Herkunft & Erziehung schlecht gerüstet wäre, sich ohne diesen Rückhalt in der Welt durchzukämpfen, – daß die andere Person, die dies Geld jetzt von ihr fordert und die uns über diesen Punkt so viel Kummer bereitet hat, – keinen einzigen Sixpence in die Familie gebracht hat — & daß sie, wie sehr es mich in jedem anderen Fall schmerzen würde, dies auszusprechen, daß sie nur die Tochter eines armen Marketenders war, der dem Heer in Flandern nachzog — und sich weder durch Geburt noch Erziehung Hoffnungen auf den vierten Teil der Summe machen durfte, die ihr die Regierung bewilligt, und deshalb allen Grund hat, mit dieser Versorgung zufrieden zu sein, obwohl die doppelte Summe für meine Frau äußersten Mangel bedeuten würde.

Ich denke, diese Darstellung wird als Antwort jeden zufriedenstellen, der nicht mehr von einem Mann erwartet, als was die schwierigen Umstände, unter denen er lebt, ihm zu tun erlauben. Was jene betrifft, die mehr erwarten – so überlasse ich sie ihren Erwartungen – & schließe diesen langen & eilends geschriebenen Brief mit der Erklärung, daß mich die Beziehung, in welcher ich zu Ihnen stehe, geneigt macht, Sie von der Zahl der Letztgenannten auszunehmen. Denn trotz der härtesten Behandlung, die je einem Mann widerfahren ist — an der Sie Ihrerseits festhielten ohne jegliche Kränkung meinerseits – ohne daß mir mein Vergehen jemals mitgeteilt wurde – und ohne mir bewußt zu sein, je eines begangen zu haben, das einen unfreundlichen Blick von Ihnen verdiente – unerachtet dessen und der Bitterkeit einer zehn Jahre währenden unermüdlichen Verfolgung, bewahre ich in meinem Gedächtnis das Gefühl für den Dienst, den Sie mir bei den ersten Schritten auf meinem Lebensweg hinaus in die Welt hinaus erwiesen, wie es einem zur Dankbarkeit geneigten Manne ziemt – & damit verbleibe ich

Sir
Ihr einst sehr verbundener
indes jetzt sehr gekränkter
Neffe
Laurence Sterne

Sutton on the Forest
5. April 1751.

meine Mutter: AGNES STERNE (gest. 1759); Sterne hatte ein sehr schwieriges Verhältnis zu seiner Mutter, die ihn, seit sie verwitwet war (1731), immer wieder drängte, ihr Geld zu geben. 1747 hatte sie sich, offenbar in der Hoffnung, das Zerwürfnis von Onkel und Neffen zu ihren Gunsten nutzen zu können, zum wiederholten Mal mit der Bitte um Hilfe an Jaques Sterne gewandt. Doch vergebens, 1751 waren ihre Schulden so hoch, daß sie auf JAQUES STERNEs Betreiben ins Gefängnis kam. Laurence Sternes Ruf litt unter dem »Geschrei«, das dieser leidigen Angelegenheit wegen angestimmt wurde; ein Zeitgenosse, der Schriftsteller und Politiker HORACE WALPOLE etwa mokierte sich: »Ihr [Agnes'] Sohn war zu empfindsam, um Gefühle zu hegen. Ein toter Esel bedeutete ihm mehr als eine lebendige Mutter.« Noch LORD BYRON und WILLIAM THACKERAY griffen diese Sottise im 19. Jahrhundert auf.

unseren ehrwürdigen Dekan: JOHN FOUNTAYNE.

Angelegenheit mit den Nonnen: Jaques Sterne versuchte, die Nonnen eines Klosters am Yorker Stadttor Micklegate Bar zu vertreiben (antikatholische Ressentiments erwuchsen nicht nur aus dogmatischen Fragen, seit den Tagen Elisabeths I. fürchtete man in England katholische Verschwörungen und Eroberungsversuche, die letzte Rebellion der Jakobiten, die wieder einen Stuart auf den Thron hatte bringen sollen, erschütterte 1745 das Land).

Heimgang meines Vaters ... auf der Welt: ROGER STERNE (um 1692–1731), Leutnant der britischen Armee, war in Port Antonio auf Jamaika gestorben, sechs Monate nachdem man ihn mit seiner Einheit dorthin befohlen hatte, um einen Sklavenaufstand niederzuschlagen. Sterne war zu dieser Zeit 17, nicht 16 Jahre alt, und hatte geraume Zeit nicht mehr bei seiner Familie gelebt (siehe folgende Anmerkung sowie »Memorandum« im Band »Laurence Sterne. Empfindsame Reise, Tagebuch des Brahmanen, Satiren, Kleine Schriften«).

Vetter Sterne in Elvington: RICHARD STERNE (um 1707–1744) war der Sohn von Roger Sternes ältestem Bruder Richard (gest. 1732), bei dessen Familie Laurence Sterne von seinem 10. Lebensjahr bis zum Beginn seines Studiums gelebt hatte; Vetter Sterne nahm sich des Knaben väterlich an und verhalf ihm 1733 auch zu einem Platz am Jesus College in Cambridge (siehe auch »Memorandum« im Band »Laurence Sterne. Empfindsame Reise, Tagebuch des Brahmanen, Satiren, Kleine Schriften«). Das Dorf Elvington liegt etwa 11 Kilometer südöstlich von York.

Gefälligkeiten: Sterne verdankte seinem Onkel die Pfarrei in Sutton-on-the-Forest (1738) wie auch die zwei weiteren Pfründen; Jaques Sterne hatte im Gegenzug von seinem Neffen politisches Engagement, vor allem Publikationen in einem Whig-Blatt, erwartet, doch der verabscheute diese »schmutzige Arbeit« und verweigerte sich (siehe auch Anmerkungen zu Brief 6, »Präzentor«).

Pension: Die ihr zustehende Witwenpension erhielt Agnes Sterne erst fünf Jahre nach dem Tod ihres Mannes, ab 1736.

Vermählung mit einer wohlhabenden Frau: ELIZABETH

STERNE, geborene Lumley, kam zwar aus einer wohlhabenden Familie, war aber nicht so reich, wie ihre Schwiegermutter gehofft haben dürfte, denn ihr Vater hatte das Geld mit beiden Händen ausgegeben.

Mrs Costobadie: die Frau von JACOB COSTOBADIE, dem stellvertretenden Registrator des Yorker Münsterkapitels, der Agnes Sterne behilflich sein sollte, die Auszahlung ihrer Pension einzufordern.

schlechten Gesundheit: Sterne hatte ein Lungenleiden.

Kurat: Pfarramtsverweser.

meiner Schwester: CATHERINE STERNE (geb. um 1725), zu der Sterne so gut wie keinen Kontakt hatte, 1744 hatte sie Jaques Sterne auf Agnes' Seite ziehen sollen.

Mr Ricard: ARTHUR RICARD, Rechtsanwalt in York, an den Sterne sich in diversen Angelegenheiten wandte.

Mr Boldero: EDWARD GALE BOLDERO (1681–1761), ein Yorker Bankier.

am nächsten Tag in Kindsnöten … Geburtshelfer: LYDIA STERNE kam am 1. Dezember 1747 zur Welt; Geburtshelfer wurden nur gerufen, wenn Komplikationen zu befürchten waren, die Sternes hatten Grund zur Sorge gehabt, denn ihr erstes Kind war am 1. Oktober 1745 geboren und ebenfalls auf den Namen Lydia getauft worden – doch schon am nächsten Tag mußten sie es begraben.

***das Gesetz ermächtigt*:** Das Gesetz erlaubte Männern, nach der Heirat über das Vermögen ihrer Ehefrauen frei zu verfügen, im 18. Jahrhundert aber gestanden immer mehr aufgeklärte Herren – aus praktischen wie romantischen Motiven – ihren Frauen mehr Rechte und damit auch eigenen Besitz zu.

mit erborgtem Geld bezahlt: Vetter RICHARD STERNE war nach seiner Heirat und Familiengründung selbst in finanzielle Schwierigkeiten geraten und hatte Sterne in seinem letzten Studienjahr kein Geld mehr geben können.

einem Dritten unglücklichen Teilhaber … zur Welt kommen: siehe Brief 10; das Kind wurde tot geboren.

9. An Theophilus Garencieres [?Sutton, 1751]

Sir,

Meine Frau leidet ganz entsetzlich an Hämorrhoiden, was in ihrem Zustand sehr gefährlich ist, werden sie nicht augenblicklich entfernt vor ihrer Niederkunft, die stündlich erwartet wird. Ich ersuche Sie deshalb, etwas zu diesem Zweck für sie zuzubereiten & an Mr Ricard zu schicken, der Sorge tragen wird, es weiterzubefördern. Sie befinden sich außen und rühren von keiner Verstopfung bei ihr her; sie hat dreimal morgens Schwefelblumen eingenommen ohne jeden Erfolg –

Ich bin
Ihr
L. Sterne

Sutton

***Theophilus Garencieres*:** Apotheker und Arzt in York.
Schwefelblumen: gereinigter Schwefel, *Sulphur depuratum* s. *Flores Sulphuris*, ein bis ins 19. Jahrhundert gern genutztes Hausmittel zur innerlichen wie äußerlichen Anwendung gegen Krätze, nervöses Kopf- und rheumatisches Zahnweh, Magen- und Lungenverschleimung, Hämorrhoiden und andere Leiden.

10. An Theophilus Garencieres Freitagmorgen – [?Sutton, 1751]

Sir,

Mrs Sterne ist letzte Nacht mit einer Totgeburt niedergekommen; sie ist sehr schwach & benötigt, glaube ich, einen stärkenden Trank zum Einnehmen alle 2 oder 3 Stunden. Ich bitte Sie, auf etwas Passendes für ihren Zustand zu denken, mit etwas Beifuß darin, wenn Sie es für richtig halten. Sie scheint nicht hinreichend auszuscheiden und leidet an Nachwehen.

Ich bin Ihr
L. Sterne

Beifuß: *Artemesia vulgaris*, ein seit der Antike verwendetes antibakterielles, krampflösendes und durchblutungsförderndes Heilkraut, es sollte Geburten erleichtern und fand auch bei Komplikationen und Fehlgeburten Anwendung; im Kräuterbuch (1563) des italienischen Arztes und Humanisten PIETRO ANDREA MATTHIOLI heißt es etwa: »... hilft auch in Kindsnöten / erwärmet die Geburtsglieder / treibt die todte Frucht und das Bälgle ...«

11. An Theophilus Garencieres [?Sutton, 1751]

Sir,

seien Sie so gut, und senden Sie meine Rechnung heute an den Red Lion bei Monk Bar irgendwann vor 4 Uhr nachmittags.

Ihre Arzneien taten die gute Wirkung, die wir uns davon erhofften –

Ich bin Ihr
L: Sterne

Red Lion: eine Ausspannwirtschaft bei Monk Bar, einem der vier befestigten mittelalterlichen Haupttore Yorks.

12. An Theophilus Garencieres [?Sutton, 1751]

Werter Sir.

ich habe Ihnen ein großes Quantum Pfefferminze geschickt, die ich Sie sorgfältig für mich zu destillieren bitte. Wie ich bemerke, haben Sie auf Ihrer letzten Rechnung gar nichts für die Mühe & Ausgaben veranschlagt, die es Sie beim letzten Mal gekostet hat. Ich bitte Sie, diesmal nicht dasselbe Prozedere zu wählen, denn ich sähe es lieber, Sie würden Pence statt Naturalien dafür nehmen –

Indes mögen Sie Ricard eine Flasche geben, & sollte Ihr eigenes Geschäft eines so wertvollen Auflösungsmittel ermangeln, gestatte ich Ihnen, für sich ein Gleiches tun.

Ich bin Ihr gehorsamer & wohlwollender Diener

L. Sterne

Sutton
Mittwoch

Pfefferminze: *Mentha x piperita*, entkrampfend, antibakteriell und beruhigend; Minzen waren seit der Antike bekannt, die Pfefferminze findet erst in der 2. Auflage von »Synopsis methodica stirpium Britannicum« (1696) des englischen Theologen und Naturforschers JOHN RAY Erwähnung, dort heißt es, sie überträfe alle anderen Minzen als Mittel gegen Magenschwäche und Diarrhöe.

13. An Theophilus Garencieres [?Sutton, 1751]

Sir –

ich war die vergangenen sieben oder acht Tage recht indisponiert durch Magenbeschwerden, die vermutlich zum Teil von der Kolik rühren, worunter ich zwar nicht ständig leide, die aber ein oder zweimal täglich auftritt – & in meinen Eingeweiden Unordnung stiftet, so daß ich mich nun hin wieder purgiere; ich habe 2 – oder 3 Scotch Pills eingenommen, befinde mich aber nicht besser; bitte sinnen Sie also auf etwas, das dies Übel an der Wurzel packt. —

Ich bin
Ihr
L: Sterne

PS

Was halten Sie von Daffys Elixier? – Sollte Ihnen einstweilen nichts Besseres oder Zuverlässigeres in den Sinn kommen —

Scotch Pills: »Dr. Andersons oder die berühmten Scotch Pills« wurden in der Zeitung »York Courant« regelmäßig als vorzügliches Abführmittel beworben.

Daffys Elixier: vom Pfarrer THOMAS DAFFY (1616/1617–1680) erfunden, es enthielt Sennes (*Cassia angustifolia*), Rhabarber und Jalapenwurzel (Wurzeln der mexikanischen Purgierwinde, *Exogonium purga*). Das landauf, landab verkaufte Abführmittel fand auch in JONATHAN SWIFTS »The Benefit of Farting Explained« (1722, »Die Wohltat des Furzens erkläret«) und noch in »Oliver Twist« (1838) Erwähnung.

14. An John Fountayne, Dekan von York — Sutton[on-the-Forest]. [Samstag], 3ter Juni 1752

Werter Herr Dekan,

ich schreibe dies zu Ihrem Empfang in Melton & um Sie in Yorkshire willkommen zu heißen; hätte ich anders gewußt, wo sonst ein Brief Sie hätte erreichen können, würde ich nach Erhalt ihres letzten verbindlichen Briefes wohl schon mehr als einmal geradezu an Sie geschrieben haben. Ich war letzte Woche in Pickering, um Ihre Visitation zu halten, wo ich von Mr Dodsworth, dem Vikar, unter anderem erfuhr, daß Ihr achter Teil einer Pipe Madeira heil in Scarborough eingetroffen ist; wovon Sie zu benachrichtigen, er mich bat; er wird die Flaschenabfüllung und sichere Verpackung Ihres Anteils besorgen & diesen nach York senden, worüber ich Taylor Anweisung erteilen werde, im Falle ich erhalte vorher keine von Ihnen. – Mr Dodsworth ersuchte mich, Ihnen noch eine Sache vorzulegen, nämlich diese. Die Leichengebühren in der Pfarre von Pickering kommen dem Dekan von York zu (was im Pachtvertrag wohl so ausbedungen ist). Doch in Anbetracht der kleinen Pfründe haben die Vikare diese durch die besondere Gnade des jeweiligen Dekans erhalten. Nun also wurden dem seligen Vikar, Mr Dodsworths Vorgänger, der es sich entweder mit dem letzten Dekan verscherzt hatte oder eine solche Freundlichkeit nicht von ihm verdiente, von diesem die Leichengebühren entzogen & einem armen Kuraten in der Gemeinde zugesprochen: Dieser Kurat ist jetzt tot, & Mr Dodsworth sucht demütig bei Ihnen darum nach, ihm als Vikar diese doch bitte (mit dem gleichen Recht des Widerrufs) wieder zufallen zu lassen. Ich habe den Bischof von Carlisle aufgesucht & mich erkundigt, ob sich die Sache wirklich so verhalte. Was er mir bestätigte. – Er wollte in einer Woche oder eher nach Rose Castle aufbrechen, – ist inzwischen also weg. –

Gestern habe ich Ihre andere Visitation in Pocklington gehalten, Ihnen aus dieser Weltgegend aber nichts vorzulegen, außer einer Sache, die aber warten mag, bis ich Sie sehe, & in der ich etwas Ihren Rat oder vielmehr Ihre Anweisungen benötige – es geht um einen spitzbübischen Kuraten, von dem ich Ihnen einmal erzählte; – Er ist jetzt seit fast zwanzig Jahren im Stand eines Diakons & will sich zum großen Nachteil des Sprengels nicht um den Priesterstand bewerben. –

Ihre übrigen Geistlichen sind rechtschaffene & anständige Männer & hoffen, die Ehre zu haben, nächstes Jahr mit Ihnen bekannt zu werden bei Ihrer persönlichen Visitation; von der Sie hoffentlich nichts abbringen wird. –

Aus York haben wir wenig oder keine Neuigkeiten, die es wert wären, einen Brief damit zu füllen. Meine Frau schließt sich meinen besten Empfehlungen an Sie & Mrs Fountayne an.

Ich bin, werter Sir,
Ihr höchstgetreuer
L: Sterne

Melton: Melton bei Doncaster war der Sitz der Familie FOUNTAYNE.

Sie in Yorkshire willkommen zu heißen: Offensichtlich hatte es vorher schon weitere Briefe gegeben, die bisher unbekannt sind. Dekan FOUNTAYNE war gerade zurück aufs Land gekommen, vorher war er in Cambridge gewesen.

in Pickering, um Ihre Visitation zu halten: Sterne visitierte Pickering am 25. Mai 1752, aufgenommen wurden die Berichte über die Pfarrsprengel Allerston, Ebberston, Ellerburne, Gothland, Newton, Pickering und Wilton.

Mr Dodsworth, dem Vikar: GEORGE DODSWORTH (1720–1791) war Vikar von Pickering.

Madeira: FOUNTAYNEs Anteil am Madeira entsprach also etwa 52 Liter. Beim Madeira handelt es sich um einen lange Zeit bei hohen Temperaturen gelagerten und damit fermentierten Wein, dessen

Alkoholgehalt recht hoch ist. Er kam im Faß im Hafen von Scarborough an und wurde dann auf Flaschen gezogen.

Taylor: TAYLORs Identität ist nicht geklärt. Es mag sich um den Sterne bekannten John Taylor of Fulford handeln, vielleicht aber auch um den Verwalter der Minster Library. Thomas Taylor.

dem seligen Vikar, Mr Dodsworths Vorgänger: JOHN SAMUEL HILL, der in Pickering von 1740 bis 1751 Vikar war.

mit dem letzten Dekan: RICHARD OSBALDSTON (1691–1764), war von 1728 bis 1747 Dekan von York gewesen und danach Bischof von Carlisle geworden.

einem armen Kuraten in der Gemeinde: Wer dieser Kurat gewesen ist, ist unklar.

Bischof von Carlisle aufgesucht: Sterne hatte also mit Osbaldston Kontakt aufgenommen. Auch später blieben sie in Kontakt, 1760 besuchte Osbaldstone Sterne in Coxwold (siehe Brief 61).

nach Rose Castle: Rose Castle war der Sitz der Bischöfe von Carlisle.

andere Visitation in Pocklington: Sterne hatte Pocklington am 2. Juni 1752 visitiert, also am Tag, bevor er diesen Brief schrieb.

nicht um den Priesterstand bewerben: Den Stein des Anstoßes, MICHAEL LYTH (gest. 1768), Kurat von Pocklington, kennt man. Er war Kurat, wollte sich aber nicht ordinieren lassen. Ein ähnlicher Fall bringt Sterne selbst 1764 in die Klemme, als er einen neuen Dienstherrn (Bischof Hay Drummond) bekommt. Sternes Kurat Mr. Kilner hatte schon mehrere Jahre sein Amt versehen, war aber nicht ordiniert – Sterne bog die Sache dann gerade, und Kilner empfing noch im Spätherbst des Jahres die Priesterweihen (siehe Brief 133 und 141).

Mrs Fountayne: Bei Mrs Fountayne muß es sich um des Dekans Mutter, ELIZABETH FOUNTAYNE (1688–1768), handeln, denn er war zu dieser Zeit zum zweiten Mal verwitwet.

15. An John Clough [Sutton, August 1753]

Mr Clough

die Überbringerin ist die arme Frau, die bei der Visitation in Stillington vorgeführt wurde; sie hat ihr Kind zurückgelassen, um besagte Strafe abzuholen, über die ich & Mr Mosley so viel gesprochen haben. Sie ist arm wie eine Kirchenmaus & kann schlechterdings keinen einzigen Schilling aufbringen, um ihr Leben zu fristen. Geben Sie ihr also bitte den Bußzettel – und was die Stempel betrifft, so übernehme ich die Gebühren, wenn sie nicht über 3 oder 4 Schilling betragen.

Ihr
L. Sterne

PS

Bitte machen Sie es schnell mit ihr ab, damit ihr eine 2te Reise erspart bleibt, weil sie doch zuhause ein Kind zurücklassen muß —

***John Clough*:** (um 1731–1789) war Notar am Diözesangericht in York.
die arme Frau … Stillington: Da Pfarrer auch geistliche Richter waren, tagten in jeder Diözese an verschiedenen Orten Kirchengerichte, wie in Stillington, etwa 16 Kilometer nördlich von York; hier ging es um eine ledige Frau namens Jane Harbottle, die drei uneheliche Kinder von drei verheirateten Männern hatte, für dieses Vergehen wurde sie allerdings nicht von Sterne, der ihre Kinder getauft hatte, verurteilt.
Strafe: Wegen »Unzucht« wurden zumeist Frauen bestraft, sie mußten beim Diözesangericht einen Bußzettel abholen, ein Bußgeld zahlen und dann als reuige Sünderin zum Sonntagsgottesdienst in der Kirche erscheinen; Sterne ersparte der Frau eine noch größere Demütigung und erlaubte ihr, an einem Sonnabend zu kommen.
Mr Mosley: RICHARD MOSLEY (1698–1754), Pfarrer von Wigginton in der Nähe von Sutton-on-the-Forest, der sich mit Sterne als Vorsitzender des Kirchengerichts in Stillington abwechselte.

16. Empfänger unbekannt Sutton [Dienstag,] 14. März 1758

Werter Sir.

da mir jüngst ein verleumderisches Gerücht zu Ohren gekommen, das wohl seit drei Wochen in diesem garstigen Dorf kursiert, schien es mir geraten, Ihnen einen Brief zu schreiben, um sowohl die Ehre & den Ruf von Ihnen & Mrs Sturdy in Schutz zu nehmen, als auch meine, welche, so glaube ich, durch das Gerücht am ärgsten beschädigt werden. Die Person, welche zuerst ausgestreut haben soll, die Verleumdung komme von mir, ist ein gewisser *Young,* des hier ansässigen Lord Fauconberg's Bevollmächtigter, den ich augenblicklich zur Rechenschaft zog, indem ich ihn in Anwesenheit von Mr Chapman und Mr Thompson aus New-Park der Niederträchtigkeit bezichtigte, über mich & Sie eine derartige Unwahrheit zu verbreiten; er bezeugt, das alles sei eine Lüge, erfunden & und verbreitet von einem Haufen arbeitsscheuer Deichgräber &c ohne jeden Hinweis oder jegliches Zutun von ihm oder mir. Dies erklärt er feierlich und beteuert es mit aller Entschiedenheit; wie sehr man ihm hinsichtlich seiner *eigenen* Unschuld bei der Sache glauben darf, habe ich nicht zu entscheiden, – mich kümmert einzig meine Unschuld & Ehre, die er in einem von ihm unterzeichneten & an Mr Thompson ausgehändigten Schriftstück restlos bestätigt hat, als Kern seiner Aussage, die er zu meinen Gunsten machen wird hinsichtlich der Frage, ob ich in irgendeiner Weise daran beteiligt gewesen.

Die Beglaubigung, die er unterzeichnet &c hat, lautet wie folgt.

– »Hiermit beglaubige & attestiere ich, daß das Gerücht, Mr Sterne habe in Äußerungen Mrs Sturdys Unehre angedeutet, eine vollkommene Unwahrheit ist. – Daß ich besagten Gentleman nie im Leben auch nur ein einziges Wort habe sagen hören, das in irgendeiner Weise angetan gewesen wäre, den Charakter & Ruf besagter Mrs Sturdy zu schmälern; – Noch habe ich je eine solche Unwahrheit über ihn bestätigt. – Ich erkläre darüber hinaus feierlich, daß alles, was in dieser Art verbreitet wurde, glaube ich, von böswilligen Leuten zu keinem anderen Zweck getan wurde, um Zwietracht zwischen Mr Sterne & Mr Sturdy zu stiften. Dies attestiere und unterzeichne ich bereitwillig auf Verlangen von Mr Sterne & zur Rechtfertigung seines guten Rufs, der durch obengenannte Verleumdung niederträchtig geschmäht & beleidigt wurde.

W. Young.«

Ich hoffe, werter Sir, hiernach sind keine weiteren Worte nötig, um allen Eindruck auszulöschen, den der erste Bericht bei Ihnen hervorgerufen haben mag. Lassen Sie mich nur hinzufügen, daß ich immer schon die höchste Meinung von Mrs Sturdys Tugendhaftigkeit & besonnener Aufführung gehegt habe, – daß ich in Ihnen immer eine Person von solcher Ehre gesehen & geachtet habe, die ebensowenig imstande ist, den Versuch zu unternehmen, einer Familie ein derartiges Unrecht anzutun, wie Mrs Sturdy fähig ist, derlei zuzulassen – & ich hoffe, es wird nicht schwer halten, mir soviel Ehre beizumessen – mir nicht zuzutrauen, ich könnte übler handeln als ein Meuchelmörder, (wozu ein solches Gerücht mich machen würde).

Ich darf nicht schließen, ohne Ihnen zu sagen, daß das Seitenstück nämlichen Gerüchts zur nämlichen Zeit verbreitet wurde, in der gleichen bösen Absicht, wie es bei diesem geschah. Daß ich also für den Gefallen, einem armen Bauern hier eine Pachtung verschafft zu haben, – seiner Frau beigewohnt hätte samt den Einzelheiten von Zeit & Ort. Diese Verleumdung wurde als Akt christlicher Nächstenliebe Mrs Sterne zugetragen, die sich nur darüber belustigte, ebenso wie der angeblich betrogene Ehemann, wohl wissend, aus welcher Falschmünzerei es stammte; ich wünschte bei

Gott, mein Nachbar Sturdy hätte dasselbe Gerücht mit gleicher Mißachtung behandelt; aber der arme Mann war krank & trübsinnig, & deshalb zehrte es solange an ihm, bis mir der Zufall die Möglichkeit schuf, ihn über die ganze Angelegenheit restlos zu beruhigen. – Er ist sehr krank und gefährdet, & ich habe just sein Testament aufgesetzt und alle seine Angelegenheiten für ihn geregelt.

Ich bin wahrhaftig
Ihr treuergebener
L. Sterne.

Werter Sir: Der Sterneforschung ist die Identität des Mannes, der gerüchteweise eine Affäre mit Mrs. Sturdy hatte, nicht bekannt.
Mrs Sturdy: CATHERINE STURDY, geb. Grooves, seit Oktober 1755 mit Robert Sturdy, einem Freibauern und Kirchenvorsteher in Sutton-on-the-Forest, verheiratet, Sterne hatte die Trauung vollzogen.
gewisser *Young* ... Lord Fauconberg's Bevollmächtigter: über »W. Young« ist sonst nichts bekannt; THOMAS BELASYSE (1699–1774), 4. Viscount und 1. EARL OF FAUCONBERG, residierte auf dem Landsitz Newburgh Priory bei Coxwold, als Patronatsherr setzte er Sterne 1760 als ständigen Kuraten in Coxwold ein.
Mr Chapman und Mr Thompson: RICHARD CHAPMAN war Anwalt und Lord Fauconbergs Hauptverwalter; WILLIAM THOMPSON war ein wohlhabendes Gemeindemitglied, sein New-Park genanntes Anwesen diente einst König Jakob I. als Jagdsitz.

17. An John Blake [Sutton,] Montag [?1758]

Werter Sir, – ich habe meine Bristol-Sache abgemacht, bis auf eine Kleinigkeit, die ich Ihrer Gutmütigkeit überlasse, nämlich den Brief heute auf die Post zu geben & das fällige *Porto persönlich* an Mr Oldfield zu entrichten, zu welchen Zweck ich 8d beigelegt habe, maßen es ein Doppelbrief. Sollte Oldfield argwöhnen, es steckten 3 Briefe darin statt 2, so dürfen Sie ihn öffnen, um ihn zu überzeugen. Aber ich glaube, Ihr Wort wird ihm genügen, wiewohl vielleicht nicht das eines Bedienten. Den Expreßbrief (wenn Gott ihn schickt) wird Monsr* Apotheker so adressieren wie zwischen uns vereinbart, & ich glaube, das Ganze so eingefädelt zu haben, daß es mir kaum mißlingen kann.

Hoffentlich sind Sie mit Ihrem Mantel wohlbehalten zu Hause angelangt, doch in welchem Zustand, fürchte ich, denn es war eine regnichte Nacht & 10 Uhr in der Nacht, als wir Sutton erreichten, infolge von Widrigkeiten, denen Reisende ausgesetzt sind.

Tun Sie mir den Gefallen, das Briefchen an Mr Cowper weiterzuleiten irgendwann vor Mittag.

Ich bin, werter Sir, Ihr sehr verbundener & getreuer

L. S.

John Blake: (1723–1784), ein enger Freund Sternes, war zunächst Richard Mosleys Kurat in Wigginton, dann Pfarrer in Low Catton, Yorkshire, und leitete ab 1757 die erzbischöfliche Royal Grammar School of St. Peter in York.

meine Bristol-Sache: Es ist leider nicht bekannt, worum es sich bei dieser Sache handelte, ob es eine finanzielle Angelegenheit war, eine Spekulation mit dem Geld seiner Frau, der Versuch, einen besseren Posten in York zu bekommen, oder ein amouröses Abenteuer.

Mr Oldfield: JOSEPH OLDFIELD war der Yorker Postmeister.

Monsr* Apotheker: wahrscheinlich ist THEOPHILUS GARENCIERES gemeint, der Yorker Apotheker mit dem welschen Namen, auf den wohl das »Monsieur« abhebt.

Mr Cowper: CHARLES COWPER (1692–1774), Pfarrer von Foston und Kanoniker des Yorker Münsters, ein sehr guter Bekannter Sternes.

18. An John Blake [Sutton, Mittwoch, 5. Juli 1758]

Werter Sir. –

Ich sehe, daß Ihre Angelegenheiten auf eine solche Krise zusteuern, daß Ihnen jemand, der so sehr Ihr Glück wünscht, keinen Freundschaftsdienst verweigern darf. — Doch lassen Sie mich berichten, welche Geschäfte wir haben — Morgen ist unsere Anwesenheit in Newborough unerläßlich (Ld F–gs.) – Freitag hat sich meine Frau nachmittags bei den Cowpers angesagt – & ich habe große Neigung, das Konzert zu besuchen, & Mr Fothergill verständigt, mich dort kurz nach drei zu treffen – Von elf bis drei Uhr an diesem Tag stehen Ihnen ich & meine Rippe zu Diensten, um unseren Verstand zusammenzutun, und ich bin sicher, wir können in 4 Stunden einen schwierigeren Plan durchdenken & die Sache nach Ihren und unser allen Wünschen lösen; – sollte freilich irgendeiner unserer Pläne einer 2ten Erwägung bedürfen, so beabsichtigen wir, am Samstag in Newburgh zu weilen, um Ihren Patron vorüberziehen zu sehen, und Sie wissen, wo Sie mich finden, im Falle, eine weitere halbstündige Zusammenkunft wäre nötig: Sollte ich Ihnen, nach Erledigung dieser Präliminarien, weiter von Nutzen sein können, so wissen Sie, Sie brauchen mir nur zu befehlen, & ich stehe Ihnen jeden Tag in der nächsten Woche zu Diensten, ausgenommen Montag, unserem Appellationstag für die Grundsteuer — Wir danken Ihnen, daß Sie so freundlich gewesen, mit Mr Hungton zu sprechen. Indes haben wir es besser geplant —

Unsere besten Wünsche & Grüße an Sie & die Damen, mit gehorsamer Empfehlung an Mr Lowther

Aufrichtig der Ihrige

L. Sterne

Ihre Angelegenheiten: Blake machte einer jungen Dame, MARGARET ASH, den Hof, deren wohlhabende verwitwete Mutter sich weigerte, ihr die von Blake geforderte Mitgift zu geben, von ihrem potentiellen Schwiegersohn aber großes finanzielles Entgegenkommen erwartete, Blakes Freien kam zu keinem zufriedenstellenden Ende, er blieb bis 1769 ledig.

Newborough: Newburgh Priory, der Landsitz von LORD FAUCONBERG.

das Konzert: Konzerte wurden in den Assembly Rooms [Ständesaal] in York gegeben, um etwa diese Zeit dürfte Sterne dort zum ersten Mal die junge Sängerin CATHERINE FOURMANTEL (siehe Anmerkungen zu Brief 38 sowie Brief 39–41, 48, 50, 51, 53–55, 57, 58) gehört haben.

Mr Fothergill: MARMADUKE FOTHERGILL (gest. 1778), ein wohlhabender Gutsherr und Lebemann, zu dieser Zeit einer der engsten Vertrauten Sternes, »mein bester Kritiker & wohlwollender Freund« (siehe Brief 36).

meine Rippe: seine Frau ELIZABETH, Sterne spielt auf die Schöpfungsgeschichte an, nach der Gott die Frau aus der Rippe des Mannes formte (1. Mose 2,21–22).

Ihren Patron: Blakes Pfarrei Low Catton stand unter dem Patronat von Sir CHARLES WYNDHAM (1710–1763), 2. Earl of Egremont, einem immens reichen Bonvivant, Kunstsammler und Politiker.

Mr Hungton: auch die Identität dieses Herrn ist nicht bekannt.

Mr Lowther: wahrscheinlich WILLIAM LOWTHER (1707–1788), Präbendar von Tockerington und Pfarrer von Swillington, 1764 geadelt.

19. An John Blake [Sutton, Freitag, 7 Juli 1758]

Werter Sir —

Es freut mich, daß etwas Schutt abgeräumt ist für Ihr Gebäude, von dem ich hoffe, daß es keinen langen Aufschub erfährt. Seien Sie versichert, wir werden unseren Freund zu keiner Zeit im Stich lassen, noch viel weniger in einer Klemme – Deshalb dürfen Sie darauf zählen, uns zu sehen, sobald ich meine Frau auf Ihre Fährte setzen kann – Aber vielleicht kann sie nicht vor dem 12. bei Ihnen eintreffen. Ich allerdings werde früher bei Ihnen sein. – Ich habe den unteren Teil Ihres Briefes abgerissen, bevor ich ihn meine Frau sehen ließ, um eine Lüge zu versparen – Indes hat sie seither den Abriß bemerkt und schien ganz begierig zu erfahren, was er enthielt, was ich ihr verheimliche, & ich sage ihr nur, es handele sich um etwas, das *sie oder mich* in keiner Weise betreffe – Sagen Sie also dasselbe, falls sie Sie befragt –

Ich danke Ihnen dafür & für alle Freundschaftsdienste & bin Ihr ergebener

L Sterne

etwas, das *sie oder mich* in keiner Weise betreffe: Was immer diese Sache auch war, sie bleibt bedauerlicherweise im Dunkeln.

20. An John Blake [Sutton, Mittwoch, Ende Juli 1758]

Werter Sir

Ich wäre längst schon bei Ihnen aufgekreuzt, gäbe es da nicht die miserablen Straßen und das scheußliche Wetter, überdem habe ich jetzt alle Hände voll zu tun, insbesondere muß ich mein Getreide einbringen, das auszuwachsen droht – indes möchte ich Ihrem Wunsch entsprechen und zu Ihnen kommen, aber morgen geht es noch nicht, weil alle Hände gebraucht werden, um mitzuhelfen, meine Gerste zu schneiden, die jetzt bei diesem elenden Wind wankt & schwankt – jedoch am nächsten Tag (Freitag) werde ich um zwölf bei Ihnen erscheinen & mir eine Portion von Ihrem Mittagsmahl einverleiben & bis 3 Uhr mit Ihnen konferieren, vorausgesetzt, wir haben schönes Wetter, wenn nicht, dann komme ich eben einen Tag später, &c. &c. – meine Frau hat am ersten günstigen Reisetag eine Verabredung zum Essen bei den Cowpers & begleitet mich – Mr Moor wird wohl keine Antwort erwarten (weil sein Brief keiner bedarf) – aber wir wollen auch diese Sache gründlich prüfen wie auch alle anderen – meine Frau sendet ihre Grüße & was noch mehr ist, ihre guten Wünsche für Sie, jetzt auf dem Gipfel Ihrer Indisponiertheit, von der auch ich wünsche, sie würde gut überwunden – Denn die Sache ist ein großes Rätsel und kann, glaube ich, nicht so ausgehen, wie wir alle es einmal gehofft & erwartet hatten

glauben Sie mir, werter Sir
Ihr sehr ergebener
L. Sterne

5 Uhr.

Verzeihen Sie bitte, daß Ihre Strümpfe noch auf sich warten lassen, woran die Vergeßlichkeit der Magd schuld ist; doch ihr steckt ein Liebster im Kopf, der alle anderen Dinge daraus vertreibt – dies findet gewißlich Ihre Nachsicht.

mein Getreide: Sterne hatte 1744 Tindal Farm und das dazugehörige Land in Sutton-on-the-Forest erworben, um mit den Erträgen sein Einkommen aufzubessern, doch er war ein miserabler Landmann, der später lieber mit der Feder als mit dem Spaten reüssieren wollte (siehe Brief 226).

Mr Moor: Es ist nicht bekannt, welchem Herrn dieses Namens Sterne nicht antworten wollte.

21. Empfänger unbekannt [Sutton, Ende Juli ?1758]

Sir

Ich habe Ihr Wertes erhalten und werde mit Vergnügen den Nachbarschaftsdienst, dessen Sie bedürfen, zu Ihrer Zufriedenheit leisten. Ich habe schickliche Maßnahmen getroffen, um Käufer aufzutun, indem ich es in meinen beiden Kirchspielen öffentlich ausrufen ließ; allerdings stoße ich in diesem Punkte bei meinen beiden Herden auf größere Abgeneigtheit als gedacht. Dies rührt, so scheint es, von der Aussicht auf eine größere Menge Heu & anderes Futter, als man es noch vor etwa 5 Wochen überhaupt erwartet hatte; da, so sagt man mir, hättet Ihr Euer Heu für 40 Schilling mehr verkauft als gegenwärtig. – Ich glaube, dafür gibt es etliche Gründe – denn alle spät gemähten Wiesen bringen eine reichliche Menge davon, wofür die Ihre (welche letzten Sonntag gemäht wurde) kein unwillkommener Beweis ist, denn man sagt, Sie hätten so viel Gras als man nur mähen könnte: sodaß nach allgemeiner Rechnung der Futtermangel den Wert der Ernte gesteigert hat. – Ich habe jetzt mit allergrößter Mühe & indem ich mir den ganzen Morgen zwei wohlhabenden Männern von Stillington gegenüber die Lunge aus dem Leib geredet habe, vermocht, den Preis über Ihr Angebot – zwölf Pfund – hochzutreiben. Ich habe sie unter dem Vorwand vertröstet, Ihnen erst noch schriftlich Bescheid zu geben – in Wahrheit aber, um einige Tage abzuwarten und den Markt zu erforschen & zu sehen, wieviel mehr dafür zu erlösen wäre – Ich bitte Sie deshalb, mir ein paar Zeilen mit weiteren Anweisungen zukommen zu lassen, was bald geschehen sollte, denn die Gerste, sagt man mir, muß Freitag oder Samstag geschnitten werden – Es bleibt also keine Zeit zu verlieren – Sollte ich nichts von Ihnen hören, muß ich zwischen zwei Dingen wählen, entweder Leute losschicken, die sie für Sie mähen – oder sie den Meistbietenden überlassen – Ob ich gleich besorge, die beiden Männer, mit Namen Richardson, ein Schuhmacher, & ein gewisser Wily, vormals Diener von Mrs Faceby, haben fast soviel geboten, wie ich Ihnen verschaffen kann. Ich bitte, mich und meine Frau Ihrer werten Gattin zu empfehlen

& bin hochachtungsvoll Ihr

L. Sterne

***Empfänger unbekannt*:** Es muß sich um einen landbesitzenden Nachbarn gehandelt haben, möglicherweise war es William Thompson in New-Park.

in meinen beiden Kirchspielen: Sutton-on-the-Forest und Stillington; im ländlichen Yorkshire war es durchaus üblich, solche Angelegenheiten von der Kanzel aus zu verhandeln.

Mrs Faceby: wahrscheinlich FRANCES FACEBY, die bemittelte Witwe eines Landbesitzers in Stillington.

22. *An John Blake* Sutton, Samstag [29. Juli 1758]

Werter Sir — Diesen Brief hätten Sie gestern früh in Händen halten sollen (dies wurde jedoch vereitelt durch einen Burschen, der ihn abzuholen versprach), um Ihre Nachsicht zu erbitten, daß ich nicht zu meinem Wort stehen und wie gehofft und beabsichtigt bei Ihnen sein kann – wir können auch diesen Tag das Haus unter keinen Umständen verlassen, aus Gründen, die ich Ihnen mitteilen werde, wenn ich Sie sehe, was sehr bald geschehen soll, jedoch kann ich mich noch nicht festlegen, an welchem der drei ersten Tage der Woche dies sein wird. Es wird immerhin der erste Tag sein, an dem es mir möglich ist, denn ich möchte Sie genau so gern sehen wie Sie mich. Derweil hoffen wir, es wird für Ihre Angelegenheiten keinen Unterschied machen, ob Montag oder Mittwoch. Meine Frau, wie ich Ihnen sagte, hat Verpflichtungen, und da ich allein komme, nehme ich fürlieb mit dem, was die Küche gibt. Gott segne & leite Sie inzwischen, & glauben Sie, daß ich der Ihrige bin

Hochachtungsvoll
L. Sterne

aus Gründen: es ist nicht klar, ob ihn das in Brief 20 erwähnte »scheußliche Wetter«, die Ernte oder eine andere Angelegenheit von einem Besuch abgehalten hatten.

23. An John Blake [Sutton, später August, 1758]

Werter Sir –

es war sehr freundlich gehandelt von Ihnen, mir den Brief nach Sutton zu schicken & ich danke Ihnen dafür & für alle anderen Freundschaftsdienste – In der Zukunft jedoch, soll Ihnen diese Mühe erspart bleiben, es sei denn, etwas *Außerordentliches* macht dies rätlich, denn da Sie immer zuerst die

Konten durchgehen, bin ich vollkommen beruhigt darüber, was zu Ihren Gunsten steht, weil ich weiß, Sie handeln gegen mich ebenso wie gegen sich. – Sie bemerken, daß er hin und wieder schreiben wird, damit wir schicklich vorbereitet sind, sollte das Ereignis eintreten. Diese Vorwarnung lässt uns genügend Zeit, noch ausführlicher zu planen, als wir es bisher getan haben, & wenn er mir dann mitteilt, daß er sich schlechter befindet, wird genügend Zeit sein, in meiner Antwort auf diese Mitteilung die Sache wegen des Eilkuriers mit ihm zu regeln — Mein Frau dankt Ihnen dafür so herzlich wie ich – und bitte glauben Sie mir, mir zu glauben

Dass ich der Ihrige bin

L: S–

PS

Unser eiliger Aufbruch am Sonntagmorgen ließ mich keinen Augenblick erschnappen, um Ihnen Lebewohl zu sagen. Doch ich weiß, Sie geben nicht viel auf Förmlichkeiten, die ich, nebenbei gesagt, eigentlich peinlich genau beobachte — außer bei meinen Freunden –

Ld Carlisle ist vermutlich nicht tot – wiewohl unheilbar.

den Brief: Sterne scheint sich auf die mysteriöse »Bristol-Sache« zu beziehen (siehe Brief 17), Blake führte offenbar Buch über die Korrespondenz.

er: Vermutlich handelt es sich um JOHN TAYLOR (geb. 1699), den Gutsherrn von Fulford, der zu dieser Zeit einer der engsten Freunde Sternes war (siehe auch Brief 24, 31–33).

Ld Carlisle: HENRY HOWARD (1694–1758), 4. EARL OF CARLISLE, Whig-Politiker, starb am 2. September des Jahres in York, der Landsitz der Familie, das prächtige, als erstes barockes Gebäude Englands geltende Castle Howard (Architekt war John Vanbrugh, der Bauleiter Nicholas Hawksmoor) steht im nördlichen Yorkshire.

24. An John Blake [Sutton?, September 1758]

Mein lieber Freund.

Wir haben dem Inhalt Ihres werten Schreibens immer wieder nachgesonnen, und bei kältester & leidenschaftslosester Betrachtung der einzelnen Schritte in dieser Angelegenheit, erscheint das Ganze als das, was ich nur allzu scharfsinnig geargwöhnt hatte, nämlich als ein System von Anschlägen auf Ihr Vermögen und Ihre Person. Grand Mama steht den Dramatis Personae vor, der loup-garu oder schwarze Mann soll Master Jacky vor Angst verstummen & mit Missy das Bett aufsuchen lassen, ohne *Abendessen* und zufrieden. Der Anwalt Stanhope wartet in der Kulisse, um auf Zuruf hervorzutreten und Sie entweder zu erschrecken oder zu übertölpeln, im Falle, das Schrecknis von Grand Mamma allein genügte nicht, die Sache zustande zu bringen: Miss sollte wiederum Sie zum Besten haben und genau berichten wie die Intrige anschlägt. Doch ein ander Mal mehr von dieser Allegorie. Inzwischen ist unser unerschütterlicher Ratschlag & Standpunkt, unter keinen Umständen mit Stanhope zu verhandeln, weder mit ihm persönlich noch mit einem Bevollmächtigten. Erwägen Sie die Sache einen Augenblick. —Ihre Vorschläge (die Sie gewiß bald, wie ich wohl glaube, Mrs Ash schriftlich unterbreiten) werden von ihr entweder auf Anhieb angenommen oder abgelehnt. Werden sie angenommen, braucht man ihn nicht für die Verhandlungen. Werden sie abgelehnt – so ist er der untauglichste Mensch dazu; – Die Person, die in einem solchen Fall beigezogen wird, sollte *Ihr Freund* sein, nicht jemand, der die Kluft noch verbreitert & sie in ihrer *opiniâtreté* bestärkt, sondern ein herzlicher, freundlicher Mensch, der die Lage entspannt & und die Distanz zwischen ihnen verringert. – Stanhope ist dieser Mann nicht, noch vermöchte er es mit Anstand zu sein als ihr Verwandter oder Ratgeber. Darum bitte ich, mir die Wiederholung zu gestatten, halten Sie sich unbedingt fern von ihm & zumal aus diesem weiteren Grund; sollte er nämlich zu Anfang oder Ende beigezogen werden, so verlieren Sie den Vorteil wie auch die Möglichkeit eines ehrenhaften Rückzugs – was ja sonst in Ihrer Macht steht, sobald sie Ihre Vorschläge ablehnen – aber dies wird nie mehr so sein können, nachdem Sie sich ihm anvertrauen. Ich bin, werter Sir,

Ihr sehr ergebener
L. Sterne. bw

PS

Ich werde bei Ihnen & meinem Freund am Samstag um elf sein – meine Frau spricht davon, denselben im Wagen nach York zu rollen – Tut sie's, so hat es keine weiteren Auswirkungen auf die Angelegenheit, denn sie wird bei den Bridges speisen & glaubt, bei unserem Treffen geht es um private Angelegenheiten von Freund Taylor –

[auf dem Kuvert:] Wir danken Ihnen für den Fisch – / wir haben 2 Gänse für Sie.

Grand Mama: MRS. ASH, die Mutter der von Blake umworbenen Margaret Ash.
loup-garu: Sterne nimmt dem *loup-garou* (Werwolf) ein »o«.
Master Jacky: Sterne meint selbstredend Blake, spielt vielleicht auch auf das Märchen von Jack und der Bohnenranke an, in dem Jack ein ziemlich schlechtes Geschäft macht, als er seine Kuh gegen eine Bohne eintauscht – in vielen Fassungen wird er am Ende »ohne *Abendessen*« ins Bett geschickt.
Der Anwalt Stanhope: JOHN STANHOPE (1701–1769) aus Horsforth bei Leeds, ein Verwandter von Mrs. Ash, mit dem Sterne seit den Wahlen von 1742 überkreuz war.
opiniâtreté: Hartnäckigkeit.
den Bridges: wahrscheinlich der Geistliche JOSEPH BRIDGES (1717–1784), Subkantor des Münsters in York, der wie Sterne in Cambridge studiert hatte, und seine Frau MARY.

25. An John Blake [Sutton, ?September 1758]

… besser sind, als die Ihnen vorgelegten, & ich würde lieber mein Leben lassen (was besser ist als die Freiheit), ehe ich mich ihnen beugte – Ich beschwöre Sie, wappnen Sie sich ordentlich mit Standhaftigkeit & Entschlossenheit für den verbleibenden Teil dieser Verhandlungen – & lassen Sie sich von keiner Neigung zu irgendeiner Sache oder einem Zugeständnis verleiten, außer wovon Sie glauben, daß Ihr armer Vater, wäre er noch am Leben, es als ehrenvoll & sicher für Sie erachtet hätte –

Wir grüßen Sie beide & bitten Sie, zu glauben, daß wir sind

– herzlich Ihr

L S —

An John Blake: Der Brief, der sich wieder mit den unerquicklichen Eheverhandlungen Blakes befaßt, ist nur als Fragment enthalten.

26. An John Blake [Sutton,] Samstag [30. September 1758]

Werter Sir

meine Frau schickt Ihnen & Mrs Ash 2 Paar Stoppelgänse – eines für jeden, sie hätte Ihnen gern ein Paar geschickt, hält es jedoch für besser, die eine von Ihren Gänsen noch eine Woche auf unserem Bohnenstoppelfeld zu lassen – wir können zu ihren Gunsten nur anführen, (wenn sie schon nicht sehr fett sind) so befinden sie sich zumindest kerngesund & in völliger *Freiheit*, denn sie waren keinen Augenblick eingesperrt; — ich wünschte, ich könnte das von Euer Hochwürden ebenfalls sagen – denn ich besorge, Eure Angelegenheiten binden & lassen Euch im Dunkeln wie vordem und – Wenn ich nur etwas als Wahrsager tauge, dann seid Ihr zu dieser Stunde, just da, wo ich Euch verließ und (wenn Ihr das Wortspiel erlaubt) STANDHOPED Euch zu Tode – gab es wohl je ein schnöderes Scherzrätsel? Ich bete zu Gott, nehmen Sie mich für das, was ich aufrichtig bin,

Ihr Sie herzlich grüßender

L. Sterne

PS

weil die Gans für Ihre Gebieterin ist, so sagt meine Frau, müßt Ihr die schlechtere nehmen und die beste ihr schicken – & daß die nächste besser sein wird —— bw

– Ich predige am Samstag in der Kathedrale –bekomme ich bei Ihnen ein Frühstück, wenn ich zeitig in York bin? – Oder werden Sie nicht in der Stadt sein

Stoppelgänse: junge Gänse, die zum Weiden auf die abgeernteten Felder getrieben und meist zu Michaeli, am 29. September, verspeist wurden; man schlachtete sie nach 8 oder 9 Wochen, daher waren sie nicht so fett wie Martins- oder Weihnachtsgänse.

STANDHOPED: Ein Wortspiel mit dem Namen des Anwalts von Mrs. Ash, Stanhope (siehe Brief 24), der vielleicht mit dem »Kritiker *Dennis*« gefühlt hätte, der »konnte ein Wortspiel oder die Andeutung eines Wortspiels nicht inniger hassen und verabscheuen als mein Vater; – er wurde allemal empfindlich darüber; — doch in einem ernsthaften Diskurs von einem unterbrochen zu werden, sei, pflog er zu sagen, so übel, wie ein Nasenstüber; – er sähe da keinen Unterschied« (»Tristram Shandy«, II, Kap. XII).

27. An John Blake Sutton, Samstag, 30. September 1758

Lieber Blake

Der Überbringer hat Ihnen eine von Ihren Gänsen gebracht und hätte zusammen mit ihr eigentlich auch mich als Gesellschaft mitbringen sollen, ich muß jedoch hierbleiben & bis zum Nachmittag warten, um zu sehen, ob ich mein armes Mädchen verlassen kann. Sie ist sehr unwohl & unser Wundarzt hier, ob er gleich ungemein scharfsinnig ist, scheint über ihren Fall ratlos; sollte heute keine Besserung eintreten, schicke ich nach Dealtry – Ich predige am Sonntag, kann Sie jedoch nicht besuchen wie vorgeschlagen, darum frühstücken Sie solus – Aber wenn ich es heute abend nach York schaffe, werde ich es einrichten, eine oder zwei Stunden bei Ihnen zu verbringen. Ich hoffe, die Angelegenheit meiner Mutter ist inzwischen zu unserer & ihrer Erleichterung abgeschlossen —— Schreiben & vertrauen Sie Ihrem herzlich dankenden &c

L. Sterne

PS

Ich habe an Taylor geschrieben –
meine Empfehlung an Mr Weddil. –

mein armes Mädchen: Sternes Tochter LYDIA hatte ebenfalls schwache Lungen und litt an Asthma.

Dealtry: JOHN DEALTRY (1708–1773) ein angesehener Yorker Arzt, dem Sterne später eine Ausgabe des »Tristram Shandy« mit handschriftlicher Widmung schenkte.

die Angelegenheit meiner Mutter: siehe Brief 8.

Mr Weddil: Das mag Charles Weddell aus York gewesen sein, der sich gemeinsam mit Sterne im Wahlkampf 1742 engagiert hatte, oder William Weddell (1736–1792) aus Newby, Unterhausabgeordneter und passionierter Kunstsammler; mit Bestimmtheit läßt es sich nicht sagen, Weddell ist ein in Yorkshire weit verbreiteter Familienname.

28. An John Blake Sutton, Donnertag, [Oktober 1758]

Werter Sir

Ich habe Ihr wertes Schreiben durch Antony erhalten und bin höchlich erstaunt, daß die Familie den fraglichen Punkt so unnachgiebig verfolgt, wie Sie es darstellen; das schafft, wie ich zugebe, gerechten Anlaß zu der Vermutung, daß aus Ihrem Zugeständnis noch etwas weiteres erwächst, das niemand von uns zu Beginn klar gesehen hat; dies ist gewiß eine *Konsequenz*, die Sie jetzt in Ihrem Brief erkannt haben, daß Sie dadurch nämlich Ihr ganzes Vermögen *praktisch* überschreiben, im Falle Sie blieben als Witwer mit 2 oder 3 Kindern zurück. In diesem Fall möchte es tunlich oder vielleicht Ihre Neigung sein, sich eine 2te Frau zu nehmen — Was dann? – Ihnen wären die Hände gebunden. – Doch einmal angenommen, dies würde nie eintreten, wird Ihr Zugeständnis nicht die ungute Folge haben, die Abhängigkeit zu verringern, in der Ihre Kinder Ihnen gegenüber stehen sollten; in dieser Beziehung tut es nicht not, die Verbindlichkeiten zwischen den Pflichten von Kind & Vater zu lockern, sondern eher ihre Abhängigkeit zu verstärken. – Ich gestehe, Ihnen vorschnell, wie Sie sagen, geraten zu haben, in diesen Punkt einzuwilligen, unerachtet ich diesen Einwand mit einigen anderen vorausgeahnt & erwähnt hatte – Indes, mein Freund, dies galt nur für einen gedachten Fall, um nämlich den Schiffbruch der Vermählung *zu verhüten*, und ehe daß die ganze Sache scheitert, lieber das Wagnis dieses Felsens einzugehen, welches, wie ich freimütig gestehe, Ihnen jetzt gefährlicher dünkt als damals, weil wir, wie es bei allen bloß halb sichtbaren Felsen geht, nur schlecht einschätzen konnten, wie nahe wir ihm kommen durften. Nun jedoch stehe ich vollkommen dafür, eher in See zu stechen als mit diesem üblen Felsen vor sich in den Hafen zu steuern. Denn wenn auch die Gefahr vage ist, werden Sie solche dennoch fürchten & Ihren Geist damit martern bis ans Ende Ihrer Tage, & je länger Sie leben, um so mehr neue Gründe werden auftauchen, die ihnen diese Torheit dartun sowie die üblen Schliche jener, die Sie dazu verlockt. — Aber Sie haben Ihre Ehre verpfändet – Wieso? Ich denke, man hat Sie durch das eigene Betragen & den daraus erwachsenen Verdacht gänzlich davon entbunden – Und Sie dürfen mit aller Deutlichkeit & Wahrhaftigkeit erklären, zwar hätten Sie dies & das unterschrieben – doch da sie den Entschluß merken ließen, klügere Köpfe zu konsultieren, & dadurch die Sache wie einen für sie unendlich wichtigen Punkt behandelten, sei es Ihnen vernünftig erschienen, ihrem Beispiel nachzueifern & demgemäß einige befähigte & erfahrene Freunde zu konsultieren, die sie davor nachdrücklich warnten als einem Zugeständnis mit unendlich bösen Konsequenzen für Sie –

– Wähnen Sie nur nicht, Sie hätten mit Miss Clark verhandelt wie mit einem geriebenen Anwalt, oder daß Ihre *schriftliche* unbesonnene Einwilligung ärger mißbraucht werden könnte, als wenn dieselben Worte unbedacht *gesprochen* & nach reiflicherer Überlegung zurückgezogen worden wären. In Unterhandlungen mit einem Liebchen werden, je nach Lage der Dinge, Pläne und Empfindungen tausende von Veränderungen erfahren, die zugebilligt werden müssen, & und es wäre unedel von Ihnen, darauf zu bestehen; ich würde mich davon auch nicht fesseln lassen – aus zahlreicheren Gründen, als ich in diesem Brief geben kann, weil die Zeit drängt.

Bitte bedenken Sie, welche Unannehmlichkeiten Ihren Kindern entstünden, sollte, was nicht ungewöhnlich ist, bei Ihrem Tod der Altersunterschied zwischen dem Erstgeborenen & dem Jüngsten 12 oder 13 Jahre betragen. Der Besitz könnte vielleicht erst nach 15 Jahren aufgeteilt werden, viel zu spät, um den älteren Abkömmlingen noch den vollen Nutzen zu bescheren, sie würden sich abhärmen, bis der Besitz glücklich verkauft werden kann, wenn der Jüngste volljährig wird.

Adieu. Mir ist nicht besonders wohl, und ich besorge, das

Vergnügen, Sie zu sehen, bis zum Ende der Woche entbehren zu müssen –

Mit allen Empfehlungen –

Ihre Gans wurde von der Ouse mitgenommen und inzwischen wohl leider gebraten – Ich finde, jemand gehört gebraten, weil er ihr nicht die Flügel gerupft hat –

werter Sir
Ihr
L. Sterne

Antony: sicherlich ein Bedienter.

aus Ihrem Zugeständnis: Blake hatte während der Verlöbnisverhandlungen konzediert, im Falle seines Todes solle sein gesamtes Vermögen an Margaret Ash und die gemeinsamen Kinder gehen, wäre denn aber Margaret vor ihm gestorben, hätten diese Kinder alles, die Kinder aus einer möglichen zweiten Ehe nichts geerbt; Sterne hatte Blake zunächst geraten, diesem Punkt zuzustimmen, nun aber seine Meinung geändert (siehe auch Brief 18).

bis ans Ende Ihrer Tage, & je länger Sie leben: Anspielung auf die biblische Wendung »dein Leben lang«, wie in 1. Mose 3,14; Psalm 23,6; Psalm 27,4 etc.

Miss Clark: möglicherweise eine Verwandte von William Clarke, den Margaret Ash nur kurz nach dem Scheitern der Verhandlungen zwischen ihrer Familie und Blake heiratete; wohl die »Miss C«, der Sterne in Brief 31 Grüße ausrichten läßt.

von der Ouse mitgenommen: Normalerweise wurden Mast- und Weidegänsen die Flügel gestutzt, damit sie sich nicht auf und davon machen konnten; diese Blake zugedachte hatte der Fluß Ouse gelockt.

29. An John Blake [Sutton, Freitag, 10. November 1758]

Lieber Blake –

Es geschieht nur selten, wenn überhaupt, daß ich die Dinge sehr viel anders beurteile als Sie, deshalb müssen Sie es nun ertragen, wenn ich Einwendungen dagegen erhebe, just an diesem *Wendepunkt* zu Ihnen zu kommen; Sie haben jetzt diese Angelegenheit, welche so oft am Rand des Scheiterns stand, zu einem glücklichen Ende gebracht, und mein Kommen wäre der *unzeitigste* Besuch, den je eine Sterblicher abgestattet. Bedenken Sie, in welchem Lichte Mrs Ash & Miss mich bisher gesehen haben müssen, & sollte es je an den Tag kommen, daß ich, kaum waren Ihre Differenzen beigelegt, sogleich zu Ihnen geeilt bin, dann würden sie davon natürlich beunruhigt & argwöhnisch, ich sei gekommen, Unruhe zu schüren; – nun da alles geregelt ist – müßten sie glauben, ich könne gar nichts anderes im Schilde führen – Auch Sie scheinen mir eben dieses Unheil zu ahnen, sonst hätten Sie mich nicht ersucht, *heimlich* zu kommen; ich habe diesen Punkt mit meiner Frau eine volle Stunde lang erwogen, & sie meint, um jede mögliche Feindseligkeit zu vermeiden, sollte man es nicht dem *Zufall* überlassen, ob mein Kommen unentdeckt bleibt, denn komme ich heute abend, so muß ich die ganze Nacht über bleiben — Und so wird es entdeckt werden, denn morgen früh sind Wege & Straßen voll, weil St. Martinstag ist, & ich erkläre hiermit ganz deutlich, ich möchte für fünfzig Pfund nicht, daß mein Besuch bei Ihnen allenthalben ruchbar wird – Ich bin Ihr Freund, & möchte entschlossen der Dame ein Freund sein, welche Ihre Freundin ist. Darum bitte & flehe ich Sie an, geben Sie mich keiner drohenden Feindseligkeit preis, die, sollten zukünftige Hindernisse in den Weg geraten, selbstverständlich mich träfe, aufgrund dieser unüberlegten Zusammenkunft, welche Sie wünschen. Ich weiß, Sie werden mir Gerechtigkeit widerfahren lassen und glauben, daß ich auf jeder anderen Straße siebenmal so weit laufen würde, um Ihnen den 7ten Teil des erbetenen Gefallens zu erweisen. – Doch ich glaube wirklich und wahrhaftig – und kann deshalb jetzt auch leichteren Herzens zu Hause bleiben – daß Sie ohne mich ebensogut zurechtkommen; wenn ich von Nutzen sein kann, dann im Falle, es tauchten bei einer der Parteien unvorhergesehene Bedenken auf, dann mögen Sie mich in kürzester Frist zu sich rufen. Jedoch, mein lieber Freund, sollten Sie es trotz alledem für notwendig erachten, daß wir uns eine Stunde unterhalten, so stelle ich meine Meinung hinter die Ihre zurück & komme morgen früh herüber – obwohl ich, wie auch meine Frau, es lieber sähen, Sie nähmen unseren Rat an & verließen sich auf Ihre eigene Geschicklichkeit, die gewiß ausreicht, um Ihnen jetzt sicher & ehrenvoll durchzuhelfen. Ich sende keiner sterblichen Seele meine Empfehlung — & befehlen Sie Ihren Leuten, nichts davon zu sagen, daß Ihr Bursche heute hiergewesen: Ich wünschte bei Gott, Sie könnten an irgendeinem Tag in der nächsten Woche her reiten und mit uns das Frühstück & die Mittagsmahlzeit einnehmen. Sollten Sie dies tun, wäre es nach meinem Dafürhalten klug, *kein Geheimnis* daraus zu machen, sondern den Damen zu sagen, Sie ritten nach Sutton, um Ihren Freunden die willkommene Neuigkeit zu überbringen, daß alles zu einem glücklichen Ende gebracht sei – Werter Sir, nehmen Sie dazu unsere herzlichsten Glückwünsche entgegen & und sehen in mir

Ihren treuergebenen
Laur Sterne

PS

Mein Bedienter ist heute abend in der Stadt & wird auch morgen in der Stadt sein, wo er auf mein Geheiß Ihrer Befehle gewärtig ist — Ich hatte bereits alle Ihre Briefe zusammengesucht & verbrannt, bevor ich Ihr wertes Schreiben erhielt –

30. An John Blake [Sutton, ?Dezember 1758]

Lieber Blake, – obwohl ich weiß, daß Sie uns an einem so scheußlichen Tag wie diesem kaum erwarten werden, mußte ich Ihnen doch wenigstens etwas herüberschicken, um unseren Kummer darüber zu bekunden, daß wir nicht zu Ihnen kommen können. Wir haben jetzt seit neun Uhr heute früh bis zwölf Uhr angekleidet und reisefertig in der Hoffnung gewartet, eine Unterbrechung in einem der heftigsten Regengüsse, den ich je erlebt, zu erhaschen, doch wir haben beschlossen, nicht aufzubrechen, denn über unseren Köpfen braut sich immer schlimmeres Wetter zusammen, und die Wolken, die sich auf allen Seiten zusammenballen, verheißen nur eine gräßliche Ausfahrt und Heimkehr, und dies auch nicht ohne jede Gefahr, denn auf den Wegen steht das Wasser. Was bleibt uns übrig, als uns wieder auszukleiden.

Seit Sie uns verließen, haben wir es (Sie wissen was) von allen Seiten und in jedem Verhältnis bedacht, und je gründlicher man das Ganze erwägt, um so heimtückischer erscheint jeder einzelne Schritt in der Behandlung dieser Angelegenheit. Gott leite Sie darin, dafür beten wir von Herzen, denn ich bin mit den besten Grüßen meiner Frau an Sie

aufrichtig der Ihre

L. S.

Empfehlung an die Damen.

31. An John Blake [Sutton, ?Dezember 1758]

Lieber Blake

ich sende Ihnen meinen Amen, um nach Ihrem Befinden zu fragen, da ich selbst beim besten Willen noch nicht imstande gewesen bin, zu Ihnen zu kommen. Das große Tohuwabohu anläßlich der Wahl, die mir ebenso zuwider ist wie meinem Freund Taylor, hat mich die ganze Zeit hier festgehalten – & das schlechte Wetter, die schlechten Straßen, die nicht eben gute Gesundheit & die vielen Geschäfte gestatten es mir nicht, so lange bei Ihnen zu bleiben, wie ich müßte, wenn ich Sie schon einmal besuche, also zum mindesten 2 oder 3 Tage – Ich mag wollen oder nicht, in der Weihnachtswoche werde ich aus meinem Schneckenhaus getrieben, um am Fest der Unschuldigen Kinder die Predigt zu halten. Ich hoffe, alles geht glücklich mit Ihnen & der Ihren seit der Ewigkeit, die es her ist, daß ich das Vergnügen hatte, Sie zu sehen – bitte lassen Sie mich wissen, daß dem so ist, & überbringen Sie meine besten Grüße an Miss C &c –

Bitte unterrichten Sie mich, wie lange der Dekan bleibt, wenn Sie es können — & sollte Taylor in der Stadt sein, bestellen Sie ihm meine gehorsamsten Empfehlungen —

Wenn Sie drei oder vier der letzten Nummern des »York Courant« haben, dann schicken Sie sie uns bitte, denn wir wissen so wenig von den Dingen, die bei Ihnen vorgegangen sind, als hausten wir in einem Bergwerk in Sibirien.

– Meine Frau und Lydia lassen Sie herzlich grüßen

Ich bin Ihr ergebener

L. Sterne

meinen Amen: seinen Kirchendiener, vollständig lautete der Jargonausdruck *Amen curler* (Amenzwirbler).

Das große Tohuwabohu ... Wahl: Im September war der der Whig-Partei angehörende Parlamentsabgeordnete von York gestorben, die nötige Nachwahl fand Anfang Dezember statt, begleitet von Schlagabtauschen der geistigen wie körperlichen Art.

Fest der Unschuldigen Kinder: Am 28. Dezember wird des Kindermords zu Bethlehem gedacht.

Miss C: Es könnte sich um die »Miss Clark« aus Brief 28 handeln.

»York Courant«: die führende Zeitung in York, vom Druckerverleger CAESAR WARD (1711–1759) seit den späten 1730er Jahren veröffentlicht; in den frühen 1740er Jahren hatte Sterne noch für das von seinem Onkel Jaques gegründete Konkurrenzblatt »York Gazetteer« geschrieben; Wards Witwe ANN druckte im Dezember 1759 die beiden ersten Bände des »Tristram Shandy«.

32. An John Blake [Sutton,], Sonntagabend [17. Dezember 1758]

Werter Sir

da ich nicht weiß, an welchem Tag ich diese Woche nach York kommen kann, weil mich so vielerlei Geschäfte ans Haus fesseln, habe ich meinem sündigen Amen aufgetragen, Ihnen seine Aufwartung zu machen, auf daß Sie Gelegenheit bekommen, mir zu schreiben, im Falle Sie ihm ein 2tes Mal vertrauen wollen – und Muße sowie Mut haben, dies zu tun. – Wenn ich komme, gibt es 4 Personen, die ich gleichermaßen aufsuchen muß, den Dekan, Jack Taylor, Sie selbst & meine Mutter – & jedem einzelnen habe ich viel zu sagen. Wie ich das alles in der knappen Spanne eines Wintertages schaffen soll, weiß ich nicht; aber wenn ich nach York komme, werde ich wohl die erste Stunde bei Ihnen verbringen – & dann geht es weiter — Ich glaube, meine Frau will am Dienstag in York sein, um ihre letzten Markteinkäufe dieses Jahr zu erledigen, wird aber wohl bei Duke Humphry speisen, – weil mein Mädchen etwas rückfällig geworden & die Mutter, des seien Sie versichert, rasch zurückzukehren möchte; – Ich hatte am Samstag schreiben wollen, aber die Wahrheit zu sagen, wiewohl es mir weder an Zeit noch an Neigung gebrach, hatten meine Bediensteten weder das eine noch das andere und wollten nicht den geringsten Umweg machen, um den Brief abzuliefern – Sie sind seit 12 Uhr mit einer Wagenladung Gerste unterwegs & hatten kaum den Tag Zeit, sie beim Mälzer abmessen zu lassen — Jeden Tag arbeiten für mich 4 Drescher, & sie verdrießen mich mit der Behauptung, es gäbe so viel Gerste, daß sie damit niemals bis Weihnachten fertig würden; und weiß Gott, ich habe (hoffe ich) obendrein auch noch fast 80 Quarter Hafer – wie das alles für mich zu schaffen sein soll, damit ich zu Ihnen kommen kann, wie wir es uns schon seit 3 Monaten wünschen, raubt mir schier den Verstand – Aber ich danke Gott dafür, daß ich die meisten meiner Angelegenheiten geregelt habe – ich habe mein Freilehen einem vielversprechenden Pächter überlassen – ihm diese Woche gleichfalls den allergrößten Teil meines Zehnten verpachtet & werde meine Hände & meinen Kopf aus allen ländlichen Verstrickungen befreien; lediglich über Land, das zehn Pfund im Jahr abwirft, & über den Getreidezehnten, der 7 Pfund im Jahr einbringt, habe ich einstweilen noch nicht disponiert, wovon ich mich jedoch mit aller Umsicht und Eile zu entbürden gedenke: Das setzt mir & den meinen enge Grenzen – und wird uns hoffentlich sowohl reich als auch glücklich machen – Einzig Freunden gegenüber — schütten wir so unser Herz aus, darum weiß ich, Sie werden es mir vergeben & mich nehmen für

Ihren
L. Sterne

PS

Unterrichten Sie mich über den Fortgang Ihrer Angelegenheiten mit derselben Deutlichkeit, wie ich es bei den meinen getan habe –

Dekan, Jack Taylor, Sie selbst & meine Mutter: Mit Dekan FOUNTAYNE hatte Sterne Dienstliches zu besprechen, mit TAYLOR die »Bristol-Sache«, mit Blake die noch immer nicht entschiedenen Vermählungsfragen, mit seiner Mutter hatte er den leidigen Streit ums Geld weiter auszutragen.
bei Duke Humphry speisen: heißt so viel wie ohne Essen auskommen zu müssen, die Redewendung spielt auf HUMPHREY OF LANCASTER (1390–1447), 1. Duke of Gloucester, an, einen Sohn Heinrichs IV., Bruder Heinrichs V., Onkel Heinrich VI., auch bei SHAKESPEARE auftretend (etwa in »Heinrich VI., Erster« und »Zweiter Teil«); nach dem populären und als Patron der Dichter geltenden Herzog ist die Duke Humfrey's Library der Bodleian Library in Oxford benannt; an seinem Grab in der alten Londoner St. Pauls Kathedrale sollen sich Bettler und Diebe, kurz Hungerleider, herumgetrieben haben.
Mälzer: Gerste wurde damals in Yorkshire nur gemälzt verkauft.
mein Freilehen: Sterne verpachtete wohl die Tindal Farm (siehe auch Anmerkungen zu Brief 20).

33. An John Blake [Sutton, Ende Januar, 1759]

Werter Sir

seit meinem Besuch bei Ihnen, als ich Sie nicht antraf und krank heimkam, mußte ich all die Zeit zu Hause & in meinem Zimmer bleiben. Mein Märlein mit einem ernsten Brief an Dr Topham erscheint morgen abend, & ich habe Mr Ward angewiesen, 2 Exemplare an Taylors Adresse zu schikken, – eines davon ist für Sie. – Ihre Kritik an der Stelle – wo von Trims dreistem Ausfall die Rede ist – war unnötig – sie läßt sich auch ohne die von Ihnen angeregte Verbesserung verstehen. – Der Ausdruck auf der Miene des Pfarrers überstieg jede Beschreibung & jede Fähigkeit zum Ärger, – will sagen, er war zu verblüfft, um den gehörigen Ärger zu äußern. Darum habe ich es stehen lassen – einigen erschien es so verständlich. Lassen Sie uns wissen, wie es Ihnen geht &c – Und sagen mir, wie die allgemeine Ansicht über Tophams Antwort wirklich lautet.

Herzlich grüßt Sie
Ihr sehr ergebener
L. Sterne

[Postskript auf dem Adressblatt:]
kein Wort darüber, wann mein Märlein erscheint – bevor Sie es bekommen.

mein Märlein: »A Political Romance« (»Ein politisches Märlein«, im Band »Laurence Sterne. Empfindsame Reise, Tagebuch des Brahmanen, Satiren, Kleine Schriften«), Sterne ließ das satirische Pamphlet Ende Januar 1759 bei CAESAR WARD drucken. Hintergrund und Anlaß war ein erbitterter Disput um Ämter und Ämtervergabe in der Erzdiözese York, in dessen Mittelpunkt, neben Erzbischof und Dekan, der intrigante Rechtsanwalt Dr. FRANCIS TOPHAM (siehe folgende Anmerkung) stand; Topham hatte wie damals üblich seinerseits bereits Pamphlete herausgebracht, um den Streit an die Öffentlichkeit zu tragen und sich im besten Lichte darzustellen; obwohl Topham dem Erzbischof und dem Dekan herzlich zuwider war, wollten sie doch kirchliche Angelegenheiten nicht satirisch verhandelt sehen, auf ihren Druck hin wurde die Auflage vernichtet, nur 6 Exemplare überdauerten; ein Jahr nach Sternes Tod, 1769, druckte J. Murdoch in London, wohl unterstützt von JOHN HALL-STEVENSON, eine arg redigierte Ausgabe, die ursprüngliche Fassung erschien erst 1914 wieder.

Dr Topham: FRANCIS TOPHAM (1713–1770), einer der besten Anwälte Yorks und Intimus JAQUES STERNEs, der erpicht darauf war, sich so viele Kirchenämter wie möglich zu verschaffen; in »A Political Romance« wird er als TRIM dargestellt, den man »als kleinen, gemeinen, schäbigen, rabulistischen, doppelzüngigen Kerl, – der sich wenig darum scherte, was er tat oder jemand nachredete, solange nur ein Penny für ihn dabei heraussprang« kannte; auch in »Tristram Shandy« erscheint er wohl – als »großer Kirchenrechtsgelehrter« DIDIUS.

Ihre Kritik: In diesem Brief spricht Sterne zum ersten Mal als literarischer Autor, der seine Texte anderen zur kritischen Betrachtung zukommen und sich mehr – oder weniger – von deren Einwänden überzeugen läßt.

Tophams Antwort: Topham hatte im Dezember 1758 ein erstes Pamphlet mit dem Titel »A Letter Address'd to the Reverend the Dean of York …« veröffentlicht, Dekan FOUNTAYNE antwortete mit dem Pamphlet »An Answer to a letter …«, auf das Topham Mitte Januar 1759 mit »A Reply to an answer to a letter …«, einer 54seitigen detaillierten Lamentation, erwiderte.

34. An John Blake [Sutton, Februar 1759]

Werter Sir

ich würde am Freitag von Herzen gern gepredigt haben – hätten Sie vorgezogen, *lieber* nicht zu *predigen* – Aber da der Dekan Sie angestellt hat & Sie am Orte sind, kann ich nichts dawider haben – Ich würde mich keinesfalls zwischen Sie & Ihre Kanzel drängen – Ich lag damals so elend krank, daß der Dekan in Sorge war, ich vermöchte in der Fastenzeit nicht auf Reisen zu gehen – Ich bedauere einzig, daß Sie so viel weniger Lohn erhalten als Ihnen für Ihre Mühe gebührt. –

Meine Frau & Lyd grüßen herzlich Sie & Ihre Freunde

Ihr ergebener

L. Sterne

Fastenzeit: Als Präbendar war Sterne verpflichtet, am 6. Fastensonntag, dem Palmsonntag, im Yorker Münster zu predigen.

35. An Robert Dodsley York, [Mittwoch,] 23. Mai 1759

Sir,

beiliegend erhalten Sie das Leben & die Ansichten von Tristram Shandy, die ich für gut befinde, Ihnen zuerst anzubieten – und ohn' alles Mißtrauen in die Hände zu legen auf Grund sowohl Ihres allgemein guten Ansehens als auch der sehr artigen Empfehlung von Mr Hinxman.

Die Anlage ist, wie Sie feststellen werden, äußerst umfänglich, – umfaßt sie doch nicht nur die schwachen Seiten der Wissenschaften, welche die eigentliche Zielscheibe des Spottes sind, – sondern auch alles übrige, was mich lächerlich dünkt. –

Gehet dieser 1^rste Band gut ab (was er, sagen die Kritiker, die dieser Breitengrad hervorgebracht hat, gar nicht verfehlen kann), werden wir beide davon profitieren. — Das Buch wird sich verkaufen; – Welches Verdienst ihm außerdem zukommt, ziemt mir weder zu denken noch zu sagen, – sind Sie doch in jedem Betracht ein weit besserer Richter – die Welt freilich wird uns beide nach unserem Wert veranschlagen. —

Wenn Sie das Buch jetzt veröffentlichen – soll ein 2ter Band zu Weihnachten oder im November fertig sein – der Grund für eine solche Pause wird Ihnen recht einsichtig, wenn Sie das Buch lesen. – Ich denke, es ergibt einen Oktavband ungefähr im Umfang des Essay upon ingenious Tormenting von Millar – das heißt, bei einerlei Seitenrand & Type. –

Wollen Sie bitte, nach Erhalt des Manuskripts, so gefällig sein, mich in einem Brief wissen zu lassen, was es Ihnen wert erscheint – obwohl es sicher das einfachste ist, wenn ich Ihnen sage, was es mir selbst wert zu sein scheint – nämlich, wie ich hoffe, 50 Pfund. –

Ich verbleibe, Sir,
mit großer Hochachtung
vor Ihnen
Ihr gehorsamster & untertänigster Diener
Laurence Sterne

Robert Dodsley: (1703–1764) erfolgreicher Dramatiker, einflußreicher Londoner Buchhändler und Verleger, der auch SAMUEL JOHNSON, ALEXANDER POPE und OLIVER GOLDSMITH verlegte. Im März 1759 hatte er sich zur Ruhe gesetzt und das Geschäft seinem Bruder JAMES (1724–1797) übergeben, was Sterne offenbar nicht wußte; 50 Pfund für nur einen Band erschienen den Dodsleys allerdings zu viel (sie boten 20 Pfund, für einen unbekannten Autor noch immer ein hohes Honorar), weshalb Sterne die Bände I und II auf eigene Kosten Ende des Jahres bei ANN WARD in York drucken ließ; diese Ausgabe ging so »gut ab«, daß die Londoner nicht länger am Profit zweifelten, 1760 die zweite Ausgabe herausbrachten und mit Sterne auch gleich einen Vertrag über die Bände III und IV schlossen.
Mr Hinxman: JOHN HINXMAN (gest. 1762) hatte bei DODSLEY in London gelernt und 1757 JOHN HILDYARDs Geschäft in York übernommen, das er Anfang 1760 weiterveräußerte, zuvor aber hatte er die ersten Exemplare von »Tristram Shandy« verkauft.
Wissenschaften: Sterne legte den Begriff wie im 18. Jahrhundert üblich im weitesten Sinne als »menschliches Wissen« aus.
der Grund … wenn Sie das Buch lesen: Diese etwas kryptische Äußerung scheint anzudeuten, daß der Text bereits ähnlich endete wie die überarbeitete, schließlich in York erscheinende Fassung: »Welcher Art diese Verlegenheiten meines Onkel *Toby* waren – das könnt Ihr unmöglich erraten …« (I, Kap. XXV, letzter Absatz).
Essay … Millar: »An Essay on the Art of Ingeniously Tormenting; with Proper Rules for the Exercise of that Pleasant Art« (»Ein Essay über die Kunst des kundigen Quälens …«; nach Art von SWIFTs

»Instructions to Servants«/«Anweisungen für Dienstboten«) von JANE COLLIER wurde 1753 von ANDREW MILLAR (1707–1768) in London veröffentlicht; Millar war einer der erfolgreichsten Buchhändler und Verleger seiner Zeit, bei ihm erschienen u. a. FIELDINGs »Tom Jones« und JOHNSONs »Dictionary«. Colliers Buch war mit 234 Seiten im Oktavformat erschienen, Sterne wählte später ein etwas kleineres Format (siehe Anmerkungen zu Brief 37), inhaltlich ließ er sich von Collier nicht inspirieren, doch schon hier wird deutlich, welch großes Augenmerk er auf die Buchgestaltung hatte.

50 Pfund: Am 8. März 1760 zahlte Dodsley dann das Fünffache, die Dodsleys hatten, trotz des anfänglichen Zögerns angesichts der hohen Summe, Sternes Genie durchaus erkannt und nahmen wohl auch Einfluß auf die Überarbeitung der beiden ersten Bände (siehe auch Brief 37 und 158).

36. An einen unbekannten Empfänger York. 1. Januar 1759/60

Werter Sir.

Ich erhielt Ihren Brief mit Ratschlägen, die vermocht haben, entgegen meines natürlichen Temperaments einen halben Tag lang eine gravitätische Miene aufzusetzen. Zuweilen beschlich mich das Gefühl, Sie hätten nicht alles ausgesprochen, sondern stärkere Gründe für einige entmutigende Andeutungen über Tristram Shandy, als Sie in Ihrer Gutmütigkeit mir zu sagen wagten – besonders in dem Punkt, der auf die Klugheit eines Geistlichen &c zielt — und daß Sie in Ihrem Herzen eigentlich dachten, die Art des Humors sei zu leichtfertig für die Farbe meines Rockes — eine Betrachtung über die vier letzten Dinge würde besser dazu gepaßt haben – das räume ich ein –, allerdings hätte sie dann nicht von mir verfaßt worden sein können.

Mein Freund Mr Fothergill, den ich zu derselben Kategorie zähle wie Sie, predigt mir als mein bester Kritiker und wohlwollender Freund täglich über den nämlichen Text – Sieh zu, Lory, daß Du zuerst befördert wirst, sagt er, dann schreibe meinethalben – aber gute Gentlemen, gesetzt, besagte Beförderung läßt noch eine lange Weile auf sich warten (& soviel ich weiß, kann es damit noch bis zur Auferstehung der Gerechten dauern) – & ich liege derweil die ganze Zeit in den Wehen – wie soll ich denn meine Schmerzen ertragen? – Sie beide ängstigen mich mit den *Nachwehen* wie wack're Philosophen pflegen, in dem Wissen, daß eine Leidenschaft sich nur mit einer anderen bekämpfen läßt.

– Ich bestreite es – ich bin nicht so weit gegangen wie Swift – Er wahrt geziemenden Abstand zu Rabelais – & ich zu ihm. Swift sagt fünfhundert Dinge, die ich nicht zu sagen wage, — außer ich wäre Dekan von Saint Patrick.

Bezüglich des von Ihnen erwähnten ambitiosa recidet ornamenta, – wenn ich mein Buch nochmals durchsehe, werde ich dabei mein Gewissen über diese Sünde erforschen – und jeder Zierat, den es mir beichtet, soll unbarmherzig getilgt werden – es ist dies, wenn ich ihm verfalle, mehr ein Laster meiner Gemütsart als der Hang zu Putz & Prunk – und obschon mir entsetzlich davor bangt, so zu schreiben wie ein holländischer Kommentator – sollen zum Wohle des Baumes, wenn ich es recht beurteile, diese üppig wuchernden Triebe gestutzt, wenn nicht gänzlich gekappt werden.

Nun zu Slops Sturz – er wird äußerst umständlich geschildert, & die Sache ist höchst läppisch – & mag sein, Sie haben recht, indem Sie sagen, es ist überladen – indes nicht, werter Sir, wegen der Nichtigkeit des Ereignisses – denn genau daraus sollte der Witz entspringen, daß man die unbedeutendsten Dinge mit einer Ornamenta ambitiosa beschreibt, die einem an anderer Stelle übel aufstieße.

Ich weiß nicht, ob ich gänzlich frei bin von dem Fehler,

den man Ovid begründet zum Vorwurf macht – nämlich ein *Nimium ingenii sui amator*. Der Hinweis ist freilich angebracht – spielt man zu sehr mit seinem Witz, so erzeugt man Überdruß: gleich den Tändeleien mit einer Geliebten, welche zwar ergötzlich sein mögen für den Inamorato, allen Umstehenden jedoch wenig oder gar keine Unterhaltung bieten. Im allgemeinen habe ich mich bestrebt, dies zu vermeiden, indem ich, wann immer ich etwas Humorvolles oder Witziges in Gang gesetzt, sobald als möglich davon abließ, aus Angst, zu viel zu sagen; und erst neulich rügte mich ein Gentleman eben deswegen – doch Ihr Urteil und das meines Freundes Fothergill hierüber dünkt mich wahrlich feiner und sorgfältiger – und allemal gilt: besser zu viel Vorsicht als zu wenig.

Trotzdem befürchte ich, muß Tristram Shandy mit hunderten von Fehlern in die Welt hinaus gehen — sollte ihm das Glück beschieden sein, ein paar besonders schöne Stellen aufzuweisen, werden ihn gnädige & gute Richter verschonen, so wie Gott Sodom verschont hat um der 10 Gerechten, die darin sind.

Ich bin, Sir
der Ihre
L. Sterne

***An einen unbekannten Empfänger*:** Die Herausgeber der Florida-Edition sind versucht, in ihm John Blake zu sehen, geben aber zu bedenken, daß Sterne auch mit anderen Freunden über seine literarischen Arbeiten diskutierte; an wen auch immer er gerichtet war, dieser Brief zählt zu den wichtigsten, behandelt er doch wesentliche Fragen, Vorurteile und Kritikpunkte, mit denen sich Sterne fortan herumschlagen mußte.

eine gravitätische Miene aufzusetzen: Man erinnere sich an die Charakterisierung des Pfarrers YORICK in »Tristram Shandy«, I, Kap. XI – der hegte »von Natur aus einen unüberwindlichen Widerwillen und Abscheu gegen die Gravität: – nicht gegen die Gravität *per se*; – denn wo Gravität wirklich am Platze war, da bezeigte er sich über Tage und Wochen hinaus als der gravitätischste Mensch von der Welt ...«.

die Art des Humors sei zu leichtfertig ... Rockes: Dieser Anwurf verfolgte Sterne weiterhin, man kann es etwa an den Motti ablesen, die er Band III voranstellt, »Die Urteile der ignoranten Menge fürchte ich nicht; gleichwohl bitte ich sie, meine bescheidenen Werke zu verschonen ...«, und Band V, »Wenn mir jemand verleumderisch vorwerfen sollte, dies sei frivoler, als es einem Theologen geziemt, oder bissiger, als es sich für einen Christen schicken wolle: nicht ich habe es gesagt, sondern Demokrit«.

die vier letzten Dinge: Tod, Jüngstes Gericht, Himmel und Hölle waren auch Themen vieler Predigten Sternes.

besagte Beförderung läßt ... auf sich warten: Sterne klagte stets, mehr oder weniger scherzhaft, er bringe es in der Kirchenhierarchie zu nichts, und ließ YORICK in »Tristram Shandy«, I, Kap. XII, sagen: »Und wenn Gott auch Bischofsmützen auf die Erde herunterhageln ließe, so paßte doch keine darauf [auf meinen Kopf].«

Auferstehung der Gerechten: Sterne spielt auf die Apostelgeschichte 24,15 an – »Vnd habe die hoffnung zu Gott / auff welche auch sie selbs warten / nemlich / Das zukünfftig sey die Aufferstehung der Todten / beide der Gerechten vnd Vngerechten«.

Swift ... Rabelais ... Dean von Saint Patrick: Die Komik der Gelehrsamkeit wie die Lust an der Abschweifung, die JONATHAN SWIFT (1667–1745) zelebrierte, dessen »A Tale of the Tub« (1704, »Das Märchen von einer Tonne«) als eine der Inspirationen des »Tristram Shandy« gilt und in IX, Kap. VIII auch erwähnt wird, und das scheinbar chaotische Erzählen von FRANÇOIS RABELAIS (wohl um 1483–1553) haben Sterne beeindruckt und beeinflußt, DIDEROT nannte ihn denn auch den »englischen Rabelais«; Swift war Dekan der Saint Patricks Kathedrale in Dublin und hatte damit eines der höchsten Kirchenämter Irlands inne.

ambitiosa recidet ornamenta: Der unbekannte Empfänger hatte Sterne hier HORAZ (65–8 v. Chr.), vorgehalten, der in seiner »Ars poetica« (II, 447–448; »Dichtkunst«) forderte, der wohlmeinende Kritiker solle dem Dichter raten, allen Zierrat abzuschneiden.

holländischer Kommentator: Der wird auch in »Tristram Shandy« nicht geschätzt, in I, Kap. XIX heißt es über WALTER SHANDYs Lektüren – »... nie war ihm in seinem ganzen Leben auch bloß durch ... irgendeinen *niederländischen* Logiker oder Kommentator das geringste Lichtlein aufgesteckt ...« und in IX, Kap. XIII – »Oder sei's, daß ich unversehens in einen frost'gen Stümperstil geraten ... und notgedrungen bis ans Ende des Kapitels weiterschreiben müßte wie ein niederländischer Kommentator ...«. Sternes Verbindung zu den Niederlanden (die damals noch das Gebiet der heutigen Niederlande und Belgiens umfaßten) begann, natürlich, mit seiner Zeugung in Flandern – wo nicht nur sein Vater kämpfte, sondern auch Tristram Shandys ONKEL TOBY – und er muß des Niederländischen mächtig gewesen sein, denn er las Werke, die nicht ins Englische übersetzt waren; vor allem die protestantischen Freien Niederlande galten von der Mitte des 17. bis Mitte des 18. Jahrhunderts als ein Hort der Wissenschaften und der Aufklärung, die niederländischen Logiker wurden europaweit gelesen, egal wie dröge, verstiegen oder verstümpert ihre Schriften manchem Leser auch erschienen sein mögen.

Slops Sturz: DR. SLOPs Sturz vom Pony, den er ohne einen Kratzer, wenn auch völlig besudelt, übersteht, wird in II, Kap. IX über 2½ Seiten lang geschildert.

Ovid ... *amator:* QUINTILIAN beschrieb den Dichter in »Institutio oratoria« (um 96 n. Chr., »Anleitung zur Redekunst«), mit diesen Worten, er sei »über Gebühr verliebt in seine eigene Begabung«.

welche zwar ... allen Umstehenden ... keine Unterhaltung bieten: Man siehe auch »Tristram Shandy« III, Kap. XXXV – »Daß sich mein Vater ... an dem *Bruscambille* in derselben Weise erfreute, wie ... sich Ew. Gestrengen an Dero ersten Geliebten erfreuten ... was, nebenbeibemerkt, so ergötzlich auch immer sich dies für den *Inamorato* erweisen mag, – den Umstehenden nur wenig oder gar keine Unterhaltung bietet ...«.

so wie Gott Sodom verschont hat um der 10 Gerechten: 1. Mose 18,32 – »Vnd er sprach / Ah zürne nicht HErr / das ich nur noch ein mal rede / Man möchte vieleicht zehen drinnen finden. Er aber sprach / Jch wil sie nicht verderben / vmb der zehen willen«.

37. An Robert Dodsley [Freitag, 5. Oktober 1759]

Sir

Was Sie mir letzten Juni als Antwort auf meine Forderung von 50 Pfund für Das Leben und die Ansichten von Tristram Shandy schrieben – »Es sei ein zu großes Risiko für einen einzelnen Band – der, sollte er sich nicht gut verkaufen, Ihren Bruder empfindlich belasten würde« – scheint mir von seiner Seite ein durchaus berechtigter Einwand dagegen, den Preis zu bezahlen, der mir für mein Werk angemessen schien. – Ich brauche Ihnen nicht zu sagen, wie sehr Schriftsteller dazu neigen, ihre Erzeugnisse zu überschätzen – was mich betrifft, so hoffe ich, eine Ausnahme zu sein, – denn könnte ich durch irgendein Arkanum den genauen Wert des meinigen ermitteln – so erkläre ich, Mr. Dodsley sollte es für 20 Prozent unter dessen Wert bekommen.

Ich schlage deshalb vor, eine schlanke Ausgabe in zwei Bändchen zu drucken, im Format des Rasselas & auf dem gleichen Papier und in der gleichen Type, – auf meine eigenen Kosten, bloß um der Welt den Puls zu fühlen – & damit ich weiß, welchen Preis ich für die übrigen Bände verlangen kann, je nach dem Anklang, den die ersten Bände finden – Wenn mein Buch sich verkauft & den Absatz erlebt, den unsere Kritiker erwarten, beabsichtige ich, mir alle zukünftigen derartigen Umstände vom Hals zu schaffen & mit Ihnen, wenn möglich, über die übrigen zu verhandeln, sobald diese erscheinen, nämlich alle sechs Monate. – Sollte meinem Buch kein Erfolg beschieden sein, trifft der Verlust denjenigen, der ihn tragen soll.

Eben die Gründe, die mich anfangs bewogen, Ihnen diese Kleinigkeit anzubieten – bewegen mich auch, den gesamten üblichen Verkaufserlös Ihnen zu überlassen (abgerechnet die Exemplare, die Mr. Hinxman hier verkauft, und das werden nicht gerade wenige sein) – & die Bücher ausschließlich in

Ihrem Laden zum Verkauf anzubieten, und zwar zu den in diesen Fällen üblichen Bedingungen. Das Buch soll hier gedruckt & die Rohbögen Ihnen übersandt werden; denn da ich zu York wohne & jeden Bogen selbst korrigieren werde, wird es makellos in die Welt hinausgehen – & hinsichtlich Papier, Type &c so lobenswert gedruckt werden, daß es Ihnen nicht zur Unehre gereicht, der Sie, wie ich weiß, nie ein Buch schäbig drucken. Wollen Sie zu diesen Bedingungen mein Buch mit Ihrer Gönnerschaft bedenken – & ihm ein so guter Freund sein, als hätten Sie das Verlagsrecht erworben? –

Seien Sie so gütig, mir ein paar Zeilen postwendend zu antworten, & sehen Sie in mir,

Sir, Ihren verbundenen
& untertänigsten Diener
Laurence Sterne

PS

Alle Anspielungen auf Lokales sind aus dem Buch genommen – die Satire ist allgemein, – Anmerkungen erfolgten, wo nötig – & das Ganze wurde besser verkäuflich gemacht – ungefähr 150 Seiten sind hinzugekommen – & schließlich regte & regt sich ein starkes Interesse daran, wodurch mir hoffentlich die wenigen Exemplare, die ich bei diesem coup d'essai drucken will, bald fortgebracht werden. —

Ich habe Mr. Hinxman gebeten, Ihnen den Inhalt dieses mit gleicher Post zu übermitteln, – doch im Fall er es vergessen – oder meine Absichten nicht deutlich genug darlegen sollte – erschien es mir am besten, Sie selbst mit einem Brief zu behelligen. –

Adressieren Sie an den Präbendar von York

als Antwort: siehe auch Brief 35; DODSLEYs Antwort an Sterne ist bedauerlicherweise nicht erhalten, doch wird aus diesem Brief deut-

lich, daß der Verleger Anregungen und Kritik eingefügt hatte; obwohl James Dodsley nun das Geschäft führte, war Robert noch immer beratend tätig.
Ich schlage deshalb vor … in der gleichen Type: Bei DODSLEY war im April 1759 SAMUEL JOHNSONs »The History of Rasselas, Prince of Abissinia« (»Die Geschichten von Rasselas, Prinzen von Abessinien«) in zwei kleinen Oktavbändchen erschienen, Sterne übernahm für »Tristram Shandy« tatsächlich Format, Seitengestaltung und Type (Caslon pica).
auf meine eigenen Kosten: Sterne lieh sich das Geld für die erste Auflage der Bände I und II mit je 500 Exemplaren wahrscheinlich beim Yorker Buchsammler William Phillips Lee.
alle sechs Monate: Dieser Plan erwies sich als allzu ehrgeizig, doch die Bände III und IV erschienen zusammen Ende 1760, V und VI ein Jahr später, VII und VIII wegen seiner schlechten Gesundheit und der Frankreichreise erst Anfang 1765. Band IX erschien Ende Januar 1767.
jeden Bogen selbst korrigieren: So hielt es Sterne mit allen seinen Büchern, CAESAR WARD hatte er vor dem Druck der »Political Romance« gemahnt, er solle »nicht ein Wort ändern oder umsetzen, nicht eine abwegige Schreibweise verbessern, nicht ein Komma oder Pünktchen hinzufügen oder wegnehmen«.
Alle Anspielungen auf Lokales: Wer sich in York und Umgebung auskannte, konnte natürlich in DR. SLOP den katholischen Yorker Arzt und Verfasser eines Buches über Geburtshilfe Dr. John Burton (1710–1771) erkennen, in EUGENIUS John Hall-Stevenson (siehe Anmerkungen zu Brief 1, »Mr Hall«) und in DIDIUS Francis Topham (siehe Anmerkungen zu Brief 33, »Dr Topham«).
coup d'essai: erster Versuch.

38. An Catherine Fourmantel [York,] Sonntag [1759]

Miss

ich werde äußerst schlecht auf Sie zu sprechen sein & zudem auch kein Bild von Ihnen malen, auf dem Sie Schwarz tragen, was Ihnen am besten steht, außer Sie akzeptieren einige Flaschen Calcavello, die ich meinen Bediensteten angewiesen habe, in meiner Abwesenheit bei der Türe zu deponieren. – Den Grund für dies geringfügige Geschenk sollen Sie am Dienstagabend ersehen – und ich bestehe halb darauf, daß Sie einen glaubwürdigen Vorwand erfinden, gegen 7 Uhr zu Hause zu sein.

Der Ihre
Yorick

Catherine Fourmantel: Über die Sängerin ist wenig bekannt, möglicherweise stammte sie aus hugenottischer Familie, sie gab Konzerte in London (ein erstes ist 1758 dokumentiert, das letzte 1763) und York. Da Sterne den Brief mit ›Yorick‹ unterzeichnete, scheint er eine Zeitlang Catherine mit der zuvor entworfenen JENNY aus »Tristram Shandy« verschmolzen zu haben.
Calcavello: Carcavelos, portugiesischer Süßwein, dem im 18. Jahrhundert in England ausgesprochen gerne zugesprochen wurde.

39. An Catherine Fourmantel [York, Sonntag 1759]

Meine liebe Kitty.
Sollte Sie dieses Billet im Bett überraschen, dann sind Sie ein fauler, verschlafener, kleiner Fratz – und ich bin ein gedankenloser, dummer, unachtsamer Kerl, weil ich Sie bis spät in

die Nacht davon abgehalten, ins Bett zu gehen – aber dieser Sabbat ist ein Tag der Ruhe – und zugleich ein Tag der Trübsal – denn ich werde mein geliebtes Wesen heute nicht sehen – außer Sie treffen mich bei Taylor eine halbe Stunde nach zwölf – aber hierin verfahren Sie, wie's Ihnen beliebt – ich habe Matthew befohlen, zum Dieb zu werden & Ihnen ein 1 Quart Honig zu stibitzen –

Doch was ist Honig verglichen mit Ihrer Süße, die Sie süßer sind als alle Blumen, von denen er herkommt. – Ich liebe Sie bis zur Raserei – Kitty – & werde Sie bis in alle Ewigkeit weiter so lieben – nun adieu & glauben Sie, was einzig die Zeit erweisen kann, daß ich bin

Ihr

Taylor: JOHN TAYLOR (siehe Anmerkungen zu Brief 23, »er«).
Matthew: ein Bedienter Sternes.

40. An Catherine Fourmantel Donnerstag: [1759]

meine liebe Kitty.

Ich habe Ihnen einen Topf mit süß Eingemachtem und einen Topf mit Honig geschickt, keines von beiden auch nur halb so süß wie Sie. – Aber bilden Sie sich bloß nichts darauf ein, – und unterstehen Sie sich, sauer zu werden, weil ich Ihnen diese Art von Süße zuschreibe; sonst schicke ich Ihnen einen Topf mit sauer Eingelegtem (als Gegenmittel), um Sie aufzusüßen & damit Sie wieder Sie selbst sind – welcher Wandel Ihnen auch immer begegnen wird, glaube Sie mir, daß ich unabänderlich der Ihre bin, & gemäß Ihrem Motto, ein solcher, meine liebe Kitty

qui ne Changera pas, que
en mourant.

L.S

qui … en mourant: der sich nicht ändern wird als im Tod allein. Die französische Wendung war damals sehr bekannt, auch der Prince of Wales ließ sie in ein Geschenk an seine Geliebte, die Dichterin Mary »Perdita« Robinson, eingravieren.

41. An Catherine Fourmantel [1759]

meine liebe Kitty.

Ich bitte Sie, beigefügte Predigt anzunehmen, die ich Ihnen nicht zum Geschenk mache, bloß weil ich sie selber geschrieben, – sondern weil darin eine herrliche Gestalt vorkommt, in dem Bild, welches ich von Elias zeichne als einer zartfühlenden & mitleidigen Seele. Lesen Sie es, meine liebe Kitty, & glauben Sie mir, wenn ich Ihnen versichere, daß ich etwas von eben dieser freundlichen & sanften Disposition, die ich im Herzen des Propheten gemalt, auch in Ihrem sehe, – wodurch ich mich noch so viel stärker Ihnen & Ihrem Wohlergehen verbunden fühle, daß ich leben und sterben werde als Ihr

Ihnen zugetaner & treuer
Laurence Sterne

PS

Wenn es möglich ist, werde ich Sie diesen Nachmittag sehen, bevor ich Mr. Fothergill besuche. Adieu, liebe Freundin – ich hatte die Freude, gestern abend auf Ihr Wohl zu trinken. —

Predigt: Sterne sandte ihr ein Exemplar von »The Case of Elijah and the Widow of Zerephath consider'd« (Elia bei der Witwe in Zarpath, 1. Könige 17,8–24), der ersten seiner Predigten, die von JOHN HILDYARD veröffentlicht wurden.

42. [M] An Mrs. F--- York, Dienstag, 19. Nov. [1759]

Sehr geehrte Madam,

Ihre gütige Erkundigung nach meinem Befinden verdient meinen beflissensten Dank. – Was kann einem ergötzlicher sein als die guten Wünsche der Menschen, die wir schätzen? – Ich bedauere nur, daß Sie über Ihre eigene Gesundheit so gar nichts Gutes zu berichten wissen, jedoch hoffe ich, daß Ihnen das Teerwasser zum Segen gereicht – mir hat es unschätzbare Dienste geleistet. – Ihre brieflichen Äußerungen, werte Dame, »daß ich emsig an einem ungewöhnlichen Buch schreibe«, lassen mich vermuten, Ihre Kunde stammt aus York – der Quelle aller Gerüchte – und – keiner Tatsachen. – Sie wollen also wissen, warum ich unter die Schriftsteller gegangen bin? ei nun, ich bin es wahrlich leid, meinen Kopf zum Nutzen anderer Leute arbeiten zu lassen. –Dies ist ein törichtes Opfer, das ich etliche Jahre einer undankbaren Person gebracht habe. – Ich verlasse mich ganz auf die Billigkeit des Publikums, werde mir aber zur Prüfung des Wertes meines Buches keine Preisrichter unter ******* wählen, und – solange Sie meinen Tristram nicht gelesen haben, dürfen Sie ihn nicht verurteilen, so wie es gewisse Leute getan haben. – Sie werden bestimmt an einigen Stellen lachen. – Ich habe im Minster Yard ein kleines Haus für meine Frau und meine Tochter gemietet – letztere fängt schon an zu tanzen &c. Kann ich ihr schon kein Vermögen hinterlassen, möchte ich ihr doch zumindest eine gute Erziehung angedeihen lassen. —— Da ich meine Werke schon sehr bald zu veröffentlichen gedenke, werde ich spätestens auf den März in der Stadt sein und das Vergnügen haben, Sie zu sehen. – Ihre Freunde sind alle wohlauf und halten Sie immerfort ebenso in Ehren wie Ihr aufrichtiger Freund dies tut.

Adieu, werteste Dame, ich verbleibe mit allen guten Wünschen für Ihr Wohlergehen Ihr treuergebener &c.

Laurence Sterne

Mrs. F: Sternes Tochter LYDIA, die eine erste Ausgabe der Briefe herausgab (siehe auch Vorwort), machte bedauerlicherweise viele Namen unkenntlich, so läßt sich nicht sagen, an welche seiner zahlreichen Bewunderinnen Sterne diesen Brief richtete.

Teerwasser: *Pix liquida* oder *Aqua picis*, GEORGE BERKELEY (1685–1753), Philosoph und Bischof von Cloyne, Irland, hatte Teerwasser als Allheilmittel empfohlen, und bis Ende des 18. Jahrhunderts war es ungemein beliebt; »mit Holzteer geschütteltes Wasser ... äußerlich zu Abwaschungen und Abspülungen, auch zu Inhalation bei Keuchhusten« weiß noch »Meyers Großes Konversations-Lexikon« von 1909.

einer undankbaren Person: Sterne spielte wohl auf Dekan FOUNTAYNE an, dem er gram war, weil er meinte, der Dekan fördere seine Karriere nicht energisch genug und bezeuge ihm für seine Freundschaftsdienste keinen angemessenen Dank (siehe auch Anmerkungen zu Brief 6 und 78).

unter *****:** Hier mag man sich der Spekulation hingeben, die 7 Sterne könnten für »tartufs« stehen, so bezeichnete Sterne, frei nach dem frömmlerischen Heuchler in MOLIÈRES gleichnamigem Stück, kümmerliche Leser.

Minster Yard: der Münsterbezirk; Sterne war nicht nur dorthin gezogen, weil seine Frau des Landlebens überdrüssig war, sondern auch, weil er hoffte, eine feste Position im Münsterkapitel zu bekommen – Voraussetzung dafür war, daß er im Minster Yard lebte.
gute Erziehung: Im Minster Yard führte Mrs. deBoissy eine Mädchenschule, in der Englisch, Französisch, Schreiben, Rechnen, Sticken und Nähen unterrichtet wurden, möglicherweise schickte Sterne seine Tochter dorthin.

43. An Charles Watson-Wentworth, Marquis of Rockingham York. [Freitag,] 14. Dez. 1759.

My Lord

haben mir die Freundlichkeit erzeigt, mich zu bitten, Euch 8 Exemplare von Tristram Shandy gleich beim Erscheinen der 2 Bde zukommen zu lassen, ich habe mir die Freiheit erlaubt, die Bücher in Ermangelung eines besseren Weges per Sheffield Boten zu senden, zusammen mit meinem ergebensten Dank an Eure Lordschaft für die Ehre, die Ihr mir damit erwiesen habt, Kenntnis zu nehmen von mir & meinem Buch.

An diese spaßhafte Satire knüpft sich eine Anekdote, die ich Euer Lordschaft erzählen muß – & zwar diese, »daß ein jedes Wort davon in Betrübnis geschrieben wurde; & in ständiger geistiger Unruhe.« Cervantes schrieb seine lustige Satire im Gefängnis — & Scarron seine unter Schmerzen & Qualen – Jene Philosophen, die für alles eine Begründung bieten, mögen mir dies erklären.

Ich bin, Mylord,
Ihr getreuester Diener
Lau: Sterne

2 Exemplare adressiert an Wentworth House
Die übrigen 6 Exemplare an Grosvenor Square

Charles Watson-Wentworth: (1730–1782), 2. MARQUESS OF ROKKINGHAM, immens reicher Führer der Whig-Partei in Yorkshire, Lord Lieutenant von Nord-Yorkshire, Oberst-Kammerherr unter den Königen George II. und III. (einige Jahre später auch zwölf Monate Premierminister); Sterne verbrachte während seines triumphalen Aufenthalts in London im Frühjahr 1760 viel Zeit in seiner Gesellschaft (siehe auch Brief 50, 51, 53 etc.).
Sheffield Boten: Wentworth Woodhouse, der Landsitz des Adressaten und eines der größten Landhäuser Englands, steht nahe Sheffield; das Londoner Stadthaus war am Grosvenor Square.
in Betrübnis ... geistiger Unruhe: Das Jahr 1759 war für Sterne kein gutes gewesen, obwohl er ihnen nicht nahegestanden hatte, setzte ihm der Tod seiner Mutter und seines Onkels Jaques zu; sein beruflicher Ehrgeiz blieb unbefriedigt, seine Frau war wohl seelisch krank, seine Tochter litt unter Asthma, und auch er beklagte »die Gebrechlichkeiten schlechter Gesundheit«.
Cervantes ... Qualen: CERVANTES (1547–1616) hatte in der Vorrede seinen »Don Quixote« einen Sohn, »der im Gefängnis erzeugt wurde, wo jede Unbequemlichkeit ihren Sitz hat«, genannt; PAUL SCARRON (1610–1660), dessen burlesker »Roman comique« (2 Bände, 1651 und 1657) mit seinen vielen Binnenerzählungen Sterne inspirierte, war von einer fortschreitenden Muskellähmung gequält worden, die Vorrede zur englischen Werkausgabe »The Whole Comical Works of Mons. Scarron« (1741) berichtet davon.

44. An David Garrick

[Dieser Brief wurde unter der angeblichen Verfasserschaft und in der Handschrift von Catherine Fourmantel an Garrick geschickt, er war jedoch von Sterne komponiert worden, seine Adlatin kopierte ihn lediglich]

York, [Dienstag,] 1. Januar [1760]

Sir,

Es wird Sie gewiß verwundern, von mir eine Epistel zu erhalten, zudem der Gegenstand Sie noch mehr überraschen dürfte, geht es doch darum, Ihnen etwas über Bücher zu erzählen.

Hier sind soeben zwei Bände erschienen, die viel Furore gemacht & ungeheuren Absatz gefunden haben; denn bereits 2 Tage nach dem Erscheinen hatte der Buchhändler zweihundert Stück verkauft – & er verkauft sie weiterhin geschwind. Das Buch heißt Leben & Ansichten von Tristram Shandy, und sein Verfasser hat es, wie er mir gestern abend bei unserem Konzert erzählte, auch nach London geschickt, so daß Sie es vielleicht schon gesehen haben; wenn Sie es noch nicht gesehen haben, dann, bitte, besorgen Sie es sich, & lesen Sie es, denn es steht im Ruf, ein witziges, geistreiches Buch zu sein, und sollten Sie derselben Meinung sein, dann wird Ihre Fürsprache in London dem Verfasser sicherlich von großem Nutzen sein. Sie müssen nämlich wissen, er ist mein liebenswerter & großzügiger Freund, den mir die Vorsehung attachiert hat in diesem Teil der Welt, in den ich als Fremde kam – & ich weiß nicht, wie ich ihm besser danken könnte als durch den Versuch, eine Freundschaft zu stiften zwischen Ihnen und ihm & seinem Werk. – Dies ist meine alleinige Rechtfertigung für die Freiheit, die ich mir erlaube und die Sie mir hoffentlich nachsehen werden. Er heißt Sterne, ein Gentleman in höherer Stellung & Präbendar der Kirche von York, & genießt in dieser Gegend großes Ansehen als gelehrter & geistreicher Mann. – Die ernsthafteren Leute freilich meinen, es schicke sich für junge Damen nicht, sein Buch zu lesen. Darum finden Sie es vielleicht nicht schicklich, wenn eine junge Dame es empfiehlt. Jedoch der Adel & die wichtigen Leute setzen sich kräftig dafür ein & sagen, es ist ein gutes Buch, wenn auch ein wenig schlüpfrig an manchen Stellen, –

Ich bin, werter Sir,
Eure gehorsamste &
untertänigste Dienerin

David Garrick: (1717 1779), den größten Schauspieler seiner Zeit, Theaterdirektor und selbst Dramatiker, hatte Sterne bald nach seiner Ankunft am 4. März des Jahres in London kennengelernt; sie wurden Freunde. Sterne erwähnt ihn im »Tristram Shandy« mehrere Male mit Hochachtung und Zuneigung, etwa in III, Kap. XXIV, als »Freund Garrick, den zu schätzen und zu ehren ich so viel Grund habe«.

45. An David Garrick

Vom Verfasser des Tristram Shandy

York, [Sonntag,] 27. Januar 1760

Sir,

als ich mir das Pläsier machte, Ihnen die beiden Bände zu übersenden, verspürte ich die lebhafte Neigung, einen Brief an Sie beizulegen: – zweimal griff ich zur Feder –– hol's der Henker! – ich werde nur einen nichtswürdigen Schmeichelbrief schreiben, um geradeheraus gesagt, – Mr. Garricks Fürsprache für mein Buch zu erbitten, einerlei, ob das Buch es verdient oder nicht – ich tu's nicht, – eher soll das Buch zum Teufel gehen. Da ich aber gestern von Doktor Goddard hörte, Sie hätten wahrhaftig wohlmeinend über mein Buch gesprochen, sind diese Skrupel abgetan, und ich bin so frei, den Regungen der Dankbarkeit (& mag sein der Eitelkeit) zu folgen und Ihnen meinen Dank abzustatten, Sir, was ich von Herzen tue, für die große Gunst & Ehre, die Sie mir durch Ihre Fürsprache erwiesen haben. Ich weiß nicht (wiewohl dies eine schändliche Lüge ist, denn ich weiß es recht wohl), warum mir an Ihrer Billigung mehr lag als an der von irgend jemand anderem – indes war's meine erste Eingebung, das Buch Ihnen zu schicken, um Ihre Kritik darüber zu hören, bevor es in die Presse kam – es hat sich anders gefügt, und das Buch ist nun in die Welt hinausgegangen so heiß, wie es mir aus dem Kopfe kam, ohne eine einzige Korrektur: – es ist freilich ein Bild meiner selbst & darf insofern um so begründeteren Anspruch erheben, ein Original zu sein.

Bisweilen erwäge ich, aus diesen beiden Bänden & aus dem Stoff des 3. & 4. Bandes, die noch dramatischer geraten werden, – eine cervantische Komödie zu drechseln – wiewohl ich ebensooft an deren Erfolg zweifle, außer an den Universitäten.

Ein halbes Wort der Ermutigung würde genügen, mich zu bewegen, irgend etwas für die Bühne zu entwerfen & zu veranstalten (wie gut oder schlecht, steht auf einem anderen Blatt).

Ich verbleibe, Sir,
mit der aufrichtigsten Hochachtung für
Ihre große Begabung
Ihr ergebenster & untertänigster Diener
Laurence Sterne

Doktor Goddard: HENRY GODDARD (1708–1767), ein Vetter von ELIZABETH STERNE, der in Foston nahe York, praktizierte, Garrick hatte spätestens 1753 seine Bekanntschaft gemacht.

ohne eine einzige Korrektur: ein typischer Shandyismus, man lese in VIII, Kap. II nach, in dem TRISTRAM SHANDY erklärt, seine Art, ein Buch zu beginnen, sei die beste, sei sie doch die »frömmste« –

»ich beginne damit, den ersten Satz hinzuschreiben — und vertraue in Rücksicht des zweiten auf Gott den Allmächtigen«; doch Sterne hatte durchaus das erste Manuskript geändert (siehe Brief 37), auch ist bekannt, daß er all seine Texte sorgfältig überarbeitete und noch den Druck überwachte.
eine cervantische Komödie zu drechseln: Tatsächlich »drechselte« Sterne weder diese noch eine andere Komödie fürs Theater; es war LEONARD MACNALLY (1752–1820), ein auch als Verfasser von Komödien und komischen Opern reüssierender Dubliner Anwalt, der den Roman erstmals dramatisierte, 1783 wurde »Tristram Shandy. A Sentimental, Shandean Bagatelle in Two Acts« erfolgreich am Covent Garden Theatre in London aufgeführt.

46. [M] An Dr. ****** [?York, Mittwoch,] 30. Januar 1760

Werter Sir,

– *De mortuis nil nisi bonum*, ist eine Maxime, die Sie neuerdings im Gespräch und in Ihren Briefen (besonders aber in Ihrem letzten) mit solchem Ernst und solcher Strenge gegen mich als vermeintlichen Sünder wider diese Regel ins Feld geführt haben, – daß es Ihnen zuletzt gelungen ist, mich ebenso ernst und streng zu stimmen: – auf daß jedoch die üblen Säfte, so Sie in mir aufgereizet, nicht übermächtig in mir hochgären möchten, habe ich vier Tage gewartet, mich abzukühlen, ehe ich die Feder ansetzte, um Ihnen auf Ihr »*De mortuis nil nisi bonum*« zu antworten. Ich versichere, ich habe die Weisheit und die Grundlage davon ein ums andere Mal erwogen, so leidenschaftslos und milde, wie es ein guter Christenmensch nur immer vermag, und kann trotzdem darin nichts finden oder mehr sehen als das alberne Wiegenlied einer Wärterin, in Latein gebracht von einem Schulfuchs, um von einigen Heuchlern bis ans Ende der Welt zum Troste hinscheidender Lüstlinge abgesungen zu werden. – Es ist, so viel will ich gestehen, Latein; und mich dünkt, darin liegt sein ganzes Gewicht – denn geradeheraus gesagt, es ist ein loses und sinnloses Sprüchlein, keines Disputs würdig – »*Von Toten soll man nur Gutes reden.*« Warum aber? – Wer sagt's? – Weder die Vernunft noch die Heilige Schrift. – Vom Göttlichen Geist beeinflußte Autoren haben anders getan – und die Vernunft und der gesunde Alltagsverstand sagen mir, sollen die Persönlichkeiten und Menschen vergangener Zeitalter überhaupt abgeschildert werden, dann so, daß sie sich selbst ähnlich sehen; das heißt, mit ihren Verdiensten und mit ihren kleinen Schwächen – und es ist ein Gebot der Gerechtigkeit gegenüber der Welt ebenso wie gegenüber der Tugend, das eine wie das andere zu tun. Die herrschende Leidenschaft *et les égarements du cœur* sind es eben, die den Charakter eines Menschen auszeichnen und kenntlich machen; – wovon ich den Kopf eines Mannes ebensowenig weglassen wollte wie sein Steckenpferd. – Müssen wir uns jedoch, wie jener arme Schelm von einem Maler, nach dieser frommen kanonischen Regel *de mortuis &c* richten, deren *Klang*, wie ich zugebe, ein Hauch von Frömmigkeit anklebt, und sowohl unsere Engel wie unsere Teufel aus einerlei Farbtopf malen – dann schließe ich, daß unsere Sydenhams und Sangrados, unsere Lucrezien, – und Messalinen, unsere Somers und unsere Bolingbrokes– gleichen Anspruch auf Ehrensäulen besitzen, und alle Geschichts- oder Satirenschreiber, von Sallust an bis auf S—e, die das Gegenteil verlauten ließen, seit sie aus diesem Leben schieden, der Verbrechen schuldig sind, derer Ihr mich anklagt, nämlich »Feigheit und Ungerechtigkeit«.

Warum aber der Feigheit? »Weil es keinen Mut erfordert, einen Toten anzugreifen, der sich nicht wehren kann.« – Aber warum fallt denn Ihr, Doktoren der medizinischen Fakultät, über einen solchen mit der Lanzette her? Oh! zum Besten der Lebenden. – Das eben ist meine Rechtfertigung. Ich habe indes noch etwas zu meinen Gunsten zu melden – nämlich – ich bin in der Sache unschuldig – wiewohl verteidigungsfähig. Ich habe Dr. Kunastrokius keineswegs zerteilt – ich habe nur an ihm gekratzt – und das ganz oberflächlich. – Zuerst erweise ich ihm jede Ehre – spreche von Kunastrokius als einem großen Mann – (er sei nun, wer er will), und dann deute ich ganz sachte eine kleine drollige Charakterschwäche von ihm an (den wenigen, welche die Andeutung überhaupt verstehen können) – bin dabei nicht einmal deren erster Entdecker –, sondern sie war davor bereits jedem Kammermädchen und Lakaien in und um Londons bekannt – allein, Kunastrokius, sagen Sie, war eine großer Mann – und just dieser Umstand macht den Spaß aus – denn ich könnte Ihnen diesen Augenblick ein paar Dutzend ehrbarer Gentlemen nennen, die das nämliche was Kunastrokius tat, ebenso wohl hätten tun können, ohne daß ich auch nur den geringsten Spaß darin fände – was nun Kunastrokius' Schwäche betrifft, wovon Sie sagen, sie ließe sich seinen Freunden einzig als ein Unglück beimessen – ich erblicke für keinen seiner Freunde oder Verwandten ein Unglück darin – daß Kunastrokius bei Gelegenheit zusammensaß mit *** **** und ******* — Ich habe eigens die Asterisken bemüht, um Ew Gnaden Delikatesse nicht zu kränken – Ist aber Kunastrokius bei alle dem eine zu heilige Person, um auch nur belächelt zu werden (und mehr habe ich nicht getan), so ist er glücklicher gefahren als größere Männer: – Auf der nämlichen Seite habe ich – (ohne den Vorwurf der Feigheit zu ernten) von einem zweimal weiseren Manne ebensoviel gesagt – und zwar von Salomo, über welchen ich dasselbe angemerkt »Daß sie beide große Männer gewesen – und, wie alle Sterblichen, jeder seine herrschende Leidenschaft gehabt.«

— Der Trost, den Sie mir spenden: »Mein Buch werde immerhin so viel gelesen, daß mein Anschlag, eine Abgabe vom Publikum zu erheben, aufginge«, – ist sehr dürftiger Trost – um nicht zu sagen verdrießlich! Beim H—l! Auf diese Manier behandelt man einen Autor ärger als eine gemeine **** – »*Da hast Du einen Penny für Deine Sünden, und das genügt.*« Über dies Kapitel laßt mich einige Anmerkungen machen. – Daß ich mir vorgesetzt, die Welt etwas beisteuern zu lassen, als ich zur Feder griff – das gestehe ich, und es wird mir doch so wohl als jedem anderen Schriftsteller die Überlegung gestattet sein, meine Arbeit möge mir etwas eintragen.

Tun Sie nicht das gleiche? Und ich bitte, ergänzen zu dürfen, daß ich über dergleichen Prospekte hinaus noch anderes im Sinn hatte – zunächst einmal die Hoffnung, der Welt einen Gefallen zu tun, indem ich all das lächerlich mache, was lächerlich gemacht zu werden verdient –, oder gründliche Gelehrsamkeit &c hindert – wie weit mir dies gelungen, das muß mein Buch erweisen – und dies überlasse ich ganz dem Urteil der Welt – allerdings nicht der kleinen Welt *Ihrer Bekannten*, deren Meinung und Gesinnungen Sie als die durchgängige Meinung der zuverlässigsten Richter *schlechthin* bezeichnen, die alle (wie Sie behaupten) insgesamt versichern, mein Buch dürfe keinem Frauenzimmer *von Charakter* in die Hand gegeben werden. (Ich hoffe, Doktor, Sie nehmen die Witwen aus – denn diese sind nicht *alle* so zimperlich –, vielmehr ist mir zu Ohren gekommen, daß sie ganz auf meiner Seite sind, aus Erkenntlichkeit für die guten Dienste, so ich ihnen auf der 176sten Seite meines zweiten Bandes geleistet). Was nun aber die keuschen verheirateten und keuschen unverheirateten Angehörigen des weiblichen Geschlechts betrifft – sie dürfen mein Buch nicht lesen! Der Himmel verhüte, daß der Schatz an Keuschheit geschmälert werde durch das Leben und die Ansichten von Tristram Shandy – ja, durch seine Ansichten – so etwas kann sie schlechterdings ja nur verderben! Gott nehme sie in seine Hut bei dieser schweren Anfechtung und sende uns genügend Duenas, um über die Wallungen ihrer Säfte zu wachen, bis sie sicher durch das ganze Werk hindurch gelangt. – Sollte dies nicht ausreichen, brauchen wir Unmengen Sangrados, die Unmengen kaltes Wasser zugießen, bis diese schreckliche Gärung vorüber ist –was nun den *nummum in loculo* angeht, mit dem Sie mir zum zweiten Mal kommen, so besorge ich, sie halten mich für sehr arm oder gar verschuldet — Wiewohl ich nicht im Überfluß lebe, danke ich Gott, daß ich genug habe, um täglich ein rein Hemde anzuziehen – und für ein Hammelrippchen – und meine Genügsamkeit hierin hat mich bisher des Gedankens enthoben (und wird mich dessen hoffentlich allezeit überheben), den Rücken krumm zu machen – für Besitz. – Fluch darüber, so sehr bin ich nicht darein vernarrt, noch beneide ich (*dessen dürfen Sie versichert sein*) irgendeinen, der darum im Staube kniet – aus diesem Grund, selbst wenn ich hinter dem Ziel zurückbleiben sollte, das ich mir am Beginn meiner Autorschaft gesteckt habe, mache ich hiemit diesen *Einspruch*, erstlich, daß meine Absicht redlich gewesen, und zweitens, daß ich nicht geschrieben habe, um an einen Bissen *Brot* zu kommen, sondern zu *Ruhm*. Ich bin Mr. Garrick für seine ungemein günstige Meinung sehr verbunden, warum aber, mein werter Sir, hätte er besser daran getan, mein Buch zu tadeln, als es zu empfehlen? Mich zu demütigen? Ein Schriftsteller läßt sich nicht so leicht demütigen, wie Sie es sich einbilden – nein, aber das Buch durch Kastration besser machen zu wollen, das ist eben noch *sub judice*, und in dieser Hinsicht darf ich Sie versichern, daß gerade die Stellen und Schilderungen, welche ich nach Ihrem Vorschlag in der zweiten Auflage opfern soll, den meisten Anklang finden bei Männern von Geist und auch bei einigen anderen, die mir als tüchtige Kritiker gelten – so daß ich mich also im großen und ganzen – zwar nicht gänzlich frei von Befürchtungen, aber immerhin doch von Verzweiflung – aufrecht halte und einsichtig genug bin, zu wissen, wie töricht der Versuch wäre, mein Buch nach den Prüderien einzelner Personen zu kastrieren. Mich dünkt, der kürzeste Weg würde sein, diesen Brief am Anfang des dritten Bandes abzudrucken als Apologie für den ersten und zweiten. Mit Bedauern fand ich, daß einige meiner Freunde den Tadel der Unaufrichtigkeit einstecken müssen – Ich selber habe keinerlei Ursache, irgend jemand deshalb Vorwürfe zu machen – meine Freunde beharren auf der Meinung über meine Bücher, die sie gleich anfangs gegen mich geäußert haben – in der Tat denken, nach genauerer Beschäftigung, viele darüber noch besser; wenige schlechter.

Ich bin, Sir,

Ihr gehorsamer Diener,

Laurence Sterne

Dr. ****:** Wieder weiß man nicht, wer der Adressat war, möglicherweise richtete Sterne diesen Brief an Dr. GODDARD (siehe Anmerkungen zu Brief 45), oder aber an Dr. NOAH THOMAS (um 1720–1792), einen renommierten Arzt aus Scarborough, mit dem Sterne bekannt war. Die Überlegung, »diesen Brief am Anfang des dritten Bandes abzudrucken als Apologie«, könnte allerdings auch darauf hindeuten, daß Sterne sich an seine Kritiker richtete und den gebildeten Empfänger nur vorschob, um eine Verteidigungsrede im klassischen Sinne abzufassen.

De mortuis nil nisi bonum: Sterne liefert weiter unten im Text die Übersetzung gleich mit – »*Von Toten soll man nur Gutes reden*«, die Maxime geht auf DIOGENES LAERTIOS (wohl 3. Jahrhundert) und den 1. Band seines lange nachhallenden Werks »Über Leben und Lehren berühmter Philosophen« zurück.

Vernunft ... Heilige Schrift: Dieses Duo bildete im 18. Jahrhundert das Herzstück anglikanischen Denkens.

et les égarements du cœur: Sterne läßt »Les égarements du cœur et de l'esprit« (1736, »Die Verirrungen von Herz und Geist«) von CLAUDE-PROSPER JOLYOT DE CRÉBILLON (1707–1777), genannt Crébillon fils, anklingen, er spielte mehrfach auf das schlüpfrige Werk an – etwa in Band II der »Empfindsamen Reise«, Kap. »Die Fille de chambre« –, ließ sich aber wohl, anders als Choderlos de Laclos, nicht inspirieren; dem Verfasser (der auch Friedrich dem Großen, Stendhal und Goethe frivoles Vergnügen bereitete) begegnete er 1762 dann in Paris (siehe Brief 83 und 87).

Sydenhams ... Bolingbrokes: THOMAS SYDENHAM (1624–1689), ein Arzt, der seinen Kollegen genaueste Observation anstelle von Spekulation empfahl und von ihnen verlacht wurde, empfahl den »Don Quixote« als ausgezeichnete Lektüre; SANGRADO tritt in »Gil Blas« (1715–1735) von Alain-René Lesage (1668–1747) als Kurpfuscher auf; LUCRECIA war die tugendhafte schöne Römerin, von deren Vergewaltigung und Selbstentleibung u.a. Titus Livius und Shakespeare (»The Rape of Lucrece«) erzählen; MESSALINA (vor 20–48 n. Chr.) hingegen, die Frau des römischen Kaisers Claudius, stand im Ruf, eine Nymphomanin zu sein; JOHN SOMERS (1651–1716), Baron Somers of Evesham, war ein führender, von Pope hochgelobter Whig-Politiker, der wie Tristram Shandys ONKEL TOBY den Friedensvertrag von Utrecht (1713) als zu bourbonenfreundlich ablehnte; diesen Vertrag ausgehandelt hatte der Tory HENRY ST. JOHN (1678–1751), VISCOUNT BOLINGBROKE, dessen Treue zu den Stuarts ihm mehrere Jahre Exil in Paris einbrachte (wo er als politischer Autor den Aufklärern nahestand).
Sallust an bis auf S––e: Der sittenstrenge römische Geschichtsschreiber SALLUST (86– um 35 v. Chr.) zieh Politiker der Bestechlichkeit und des Geizes; mit ›S––e‹ könnte sowohl SWIFT als auch Sterne selbst gemeint sein (Tochter Lydia hat auch an dieser Stelle in die Briefe eingegriffen).
Fallt ihr ... zum Besten der Lebenden: Sterne steht mit diesem Bild des Satirikers, der wie ein Chirurg das Skalpell ansetzt, um das Kranke und Faule einer Gesellschaft bloßzulegen, in einer langen Tradition.
Dr. Kunastrokius: Ein aus dem lateinischen Wort ›cunnus‹ (das weibliche Genital) und dem englischen Verb ›to stroke‹ gebildeter Portmanteau-Name, hinter dem Sterne Dr. RICHARD MEAD (1673–1754) verbarg, einen berühmten – und verheirateten – Londoner Arzt, dem er im »Tristram Shandy«, I, Kap. VII, merkwürdige Vorlieben angedeihen läßt (»Eselsschwänze strählen«). Es war nicht die erste Verspottung von Mead (dessen Nachname ›Met, Honigwein‹ bedeutet), bereits 1748 war in London »The cornutor of seventy-five: being a genuine narrative of the life, adventures, and amours, of Don Ricardo Honeywater, fellow of the Royal College of Physicians at Madrid, Salamanca, and Toledo, and President of the Academy of Sciences in Lapland, containing amongst many other particulars, his intrigue with Dona Maria W---s, of Via Vinculosa, anglice, Fetter-Lane, in the city of Madrid« (»Der Hahnrei ... die wahre Geschichte von Leben, Abenteuern und Amouren ... des Don Ricardo Honigwasser ...«) er-

schienen. Sternes fiktionale Figur führte in einigen Sterneana ein Eigenleben, 1760 erschienen beispielsweise, ebenfalls in London, »The life and opinions of Jeremiah Kunastrokius, Doctor of Physick, &c. &c. &c« sowie »Explanatory Remarks upon the Life and Opinions of Tristram Shandy: Wherein the Morals and Politics of this Piece are Clearly Laid Open by Jeremiah Kunastrokius, M. D.« (siehe auch Anmerkungen zu Brief 56, »ein Schilling-Pamphlet«).

Salomo: Der König, meist als Weiser gepriesen, liebte, wie die Bibel (1. Könige 11) weiß, »viel auslendischer Weiber / die tochter Pharao / vnd Moabitische /Ammonitische / Edomitische / Zidonitische vnd Hethitische« und hatte »sieben hundert Weiber zu Frawen / vnd drey hundert Kebsweiber« – Sterne hatte diesen Überfluß auch in einer Predigt behandelt.

auf der 176sten Seite: Diese Anspielung bereitet den Sterneforschern Kopfzerbrechen, geht es doch an dieser Stelle um die Gefahr, zu starke Wehen könnten den Kopf eines Kindes im Geburtskanal verletzen und so das Hirn schädigen.

Duenas: Im Spanischen ist eine ›dueña‹ eine ältere Frau, die als Anstandsdame fungiert.

Unmengen Sangrados ... kaltes Wasser: In »Gil Blas« empfiehlt der Quacksalber Sangrado reichlich getrunkenes Wasser als Universalheilmittel.

nummum in loculo: HORAZ hatte in seinen Briefen dem Komödienschreiber PLAUTUS vorgeworfen, er schreibe mit grobem Pinsel, weil er nicht schnell genug ›nummum in loculo‹, das Geld im Kästchen, im Beutel, klingeln hören könne.

täglich ein rein Hemde anzuziehen: Das war nicht gang und gäbe, sondern ein Zeichen der Noblesse und Respektabilität.

geschrieben ... einen Bissen *Brot* ... *Ruhm*: vgl. auch »Tristram Shandy«, V, Kap. XVI, – »... zur Ermutigung der wenigen, welche weniger ums Brot schreiben – denn um Ruhm« heißt es da im Zusammenhang mit der Erziehungslehre, die WALTER SHANDY für seinen Sohn verfaßt; dort wie hier dreht Sterne eine Äußerung COLLEY CIBBERs (1671–1757) um, der Schauspieler, Impressario und Dichter hatte in »A Letter from Mr. Cibber to Mr. Pope« (1742) gesagt: »Ich schrieb, um genährt, nicht um berühmt zu werden ...«

sub judice: noch vor Gericht anhängig, noch ist das Urteil nicht gefällt.

47. [M] An David Garrick

Donnerstag, Elf Uhr – nachts
[London, 6. März 1760]

Werter Sir,

's war allemal wie ein Schnitt mit einem scharfen Federmesser quer über meinen Finger. – Ich sah das Blut – saugte es auf – wickelte einen Verband drumherum – und dachte nicht weiter dran.

Aber damit eine Wunde heilt, dazu braucht es mehr als das: – eine Wunde (sie müßte denn der Rede nicht wert sein, was, ganz apropos, meine durchaus ist) muß einen hinterher etwas schmerzen. – Die Natur will ihren eigenen Gang damit gehen – die Wunde muß gären – sie muß eitern.

Die Geschichte, die Sie mir heute morgen über Tristrams angeblichen Hofmeister erzählten – Damit hätte mein Brief von Rechtswegen anheben sollen, dann allerdings hätte dieser Vergleich Sie keinen Augenblick lang in Atem gehalten.

Diese schändliche Geschichte, sage ich – obwohl ich gleich sah, wie und wo sie verwundete – schmerzte mich anfangs wenig – oder die Wahrheit zu sagen (wiewohl es meinen Vergleich verdirbt), sie schmerzte mich sehr, ich stellte mich aber wie bei derlei Unglücksfällen üblich, als fühlte ich's weniger, als ich's wirklich tat.

Nun aber bin ich nach der Aufführung (*wo Sie mir Staunen erregten*) heimgekommen, habe den Verband von besagter Wunde getan und schüttle bereits seit einer halben Stunde den Kopf darüber.

Zum Geier! – gibt es in den vielen Schulen fehlgeleiteter Wissenschaft in der Christenheit denn keinen einzigen gelahrten Schöps, der als *Hofmeister* für meinen Tristram taugte? – *Ex quovis ligno non fit.* – Sind wir denn so arm dran, daß sich unter unseren Doktoren nicht ein Schwabbelkopf,

Schwurrbelkopf, Rappelkopf oder Sudelkopf finden ließe? Ist denn da kein einziger herrlich belesener und gänzlich ungelehrter Wicht unter den vielen Kindern in meiner *Mutter* Kinderstube, der sich vorzüglich für dieses Amt empföhle, so daß ich meinen Verstand opfern und einen Warburton dazu erküren muß? Zum Henker! Ist mir denn an der Ehre meines Helden so wenig gelegen! – Bin ich so ein einfältiger Tropf, derart fühllos gegen die Rolle, die er in der Geschichte spielen soll, daß ich einen Präzeptor wählen würde, ihn der Unsterblichkeit zu berauben, so ich ihm zugedacht? Oh! lieber Mr. G.

Die Bosheit ist geschickt – solange sie sich durch ein Unmaß nicht selbst ein Bein stellt – An diesem mir versetzten Streich tröstet mich zweierlei; – Erstens, daß diese Bosheit zum Teil von der just erwähnten Art ist; und zweitens, daß sie unter diejenigen rechnet, die den armen Yorick so unbillig ins Grab gebracht haben. – Das Gerücht mag vielleicht dem Verfasser des Tristram Shandy einiges Blut auspressen – könnte aber einem solchen Manne wie dem Verfasser der Göttlichen Sendung keinen Schaden tun – Gott segne ihn! obgleich (en passant gesagt, und gemäß der natürlichen Rangfolge) der Segen eigentlich von ihm auf mich kommen sollte.

Pardon, Sie verfügen nicht etwa über den unmittelbaren oder mittelbaren Einfluß, mich Seiner Lordschaft vorzustellen?

Weshalb fragen Sie?

Bester Sir, ich habe keinen anderen Anspruch auf eine solche Ehre, als jenen, der sich auf die Ehre und die Wertschätzung gründet, die ich im Fortgang meines Werkes öffentlich bekennen will, einem so großen Manne schuldig zu sein.

Da ich nun eben von Schuldigkeit rede – wünschte ich, werter Sir, irgend jemand würde Ihnen sagen, wieviel ich Ihnen schulde. – Ich bin entschlossen, es niemals selbst zu tun oder hierüber mehr zu sagen, als ich bin der Ihrige,

L. Sterne.

An David Garrick: Sterne sandte den Brief an Garrick, damit der ihn WILLIAM WARBURTON (1698–1779) zukommen lassen konnte; Warburton, seit 1759 Bischof von Gloucester, war als geistreicher literarischer Kritiker bekannt, hatte sämtliche Werke von POPE und SHAKESPEARE herausgegeben und »The Divine Legation of Moses« (2 Bände, 1737–1741, »Die Göttliche Sendung Mosis«) verfaßt, sein Opus magnum schlug bis nach Deutschland Wellen, der Titel war in der 2. Hälfte des 18. Jahrhunderts als Redensart bekannt. Es war das Gerücht aufgekommen, das Garrick ihm just zugetragen hatte, Sterne wolle schäbig von Warburtons Ruhm zehren und ihn in der Fortsetzung des »Tristram Shandy« als dessen Lehrer und Erzieher auftreten lassen.
nach der Aufführung: Garrick war im von ihm geleiteten Drury Lane Theatre als Æmilius in JOHN HOMEs (1722–1808) »The Siege of Aquileia« (»Die Belagerung von Aquileia«) aufgetreten (trotz Garricks Kunst war dem Stück kein Erfolg beschieden).
Schöps: das »Wörterbuch« von Jacob und Wilhelm Grimm läßt wissen, es handele sich um einen *»verschnittenen schafbock, hammel«.*
Ex quovis ligno non fit: das vollständige Sprichwort – *Ex quovis ligno non fit Mercurius,* nicht aus jedem Holz wird ein Merkur – war aus den »Adagia« (gesammelten Sprichwörtern) des ERASMUS VON ROTTERDAM bekannt; Figuren des römischen Götterboten MERKUR wurden aus Buchs, nicht aus irgendeinem beliebigen Holz geschnitzt.
den armen Yorick ... ins Grab gebracht haben: Man lese nach in »Tristram Shandy« I, Kap. XII, daß die durch YORICKs »vorschnelle Spaßlust« Brüskierten ihm das Leben mit Rachsucht und Bosheit vergällten – woraufhin Yorick an gebrochenem Herzen starb und unter der Marmorplatte mit der Inschrift »Ach, armer Yorick« zu liegen kam.
Verfasser der Göttlichen Sendung: Sterne konnte es denn später doch nicht lassen, in den Fortsetzungen des »Tristram Shandy« auf WARBURTON anzuspielen, so in IV, Kap. XX, in dem TRISTRAM seine Erzählung mit einem wilden Ritt vergleicht, dem man vorwerfen könne: »Aber Ihr Pferd schleudert Kot; schaut nur, Ihr habt einen Bischof besudelt ...«, sowie in IX, Kap. VIII, in dem Tristram sich fragt, was »hat dies Buch mehr verbrochen als die Sendung Mosis oder das Märchen von der Tonne, daß es nicht mit diesen den Rinnstein der Zeit hinabschwimmen sollte?«.

48. An Catherine Fourmantel London, 8. Mai [März, Samstag,] 176[0]

Meine liebe Kitty,

ich bin hier gesund und munter angelangt, abgesehen von dem Loch in meinem Herzen, das Sie liebes, bezauberndes Mädchen dort hinterlassen haben. – Ich werde mir heute morgen ein Logis in Picadilly oder Haymarket nehmen & Sie, bevor ich diesen Brief zusiegle, noch wissen lassen, an welche Adresse Sie mir einen Brief schreiben können, einen Brief, dessen ich mit höchster Ungeduld postwendend harre, schreiben Sie mir also ganz gewiß, meine Liebe. Mir werden die größten Ehren & die höchsten Artigkeiten bezeigt, die man je von großen Männern erfahren hat, & ich bin bereits von zehn Adligen & feinen Leuten von Lebensart zum Speisen eingeladen worden. Mr. Garrick erweist mir alle & mehr Ehre, als ich hoffen durfte, ich habe heute mit ihm gespeist – & er hat vielen wichtigen Personen versprochen, mich zum Essen zu Ihnen mitzubringen. – Er hat mir für die ganze Saison ein Gratisbillet für seine Loge und jeden Platz seines Theaters ausgestellt; & läßt wahrlich nichts ungetan, was mir entweder Nutzen oder Ansehen verschaffen kann. Er hat sich sämtlicher Verhandlungen mit den Buchhändlern angenommen & will mir einen hohen Preis verschaffen — doch hiervon mehr in meinem nächsten Brief.

Und nun zu Ihnen, mein liebes, liebes Mädchen, lassen Sie mich Ihnen die treueste Freundschaft versichern, die je ein Mann für eine Frau empfunden hat, – wo ich auch bin, mein Herz schlägt warm für Sie, & so wird es immer bleiben, bis es auf ewig erkaltet. Ich danke Ihnen für den freundlichen Beweis Ihrer Liebe und Ihres Wunsches, mir das Herz leicht zu machen, indem Sie sich dem – Sie wissen schon wem — verweigerten. — Solange mir so elend zumute ist, weil ich getrennt bin von meiner lieben, lieben Kitty, hätte mir die

Vorstellung die Seele durchbohrt, so ein Kerl könnte sich erdreisten, sich Ihnen zu nähern – dieser Beweis Ihrer Liebe & guten Grundsätze ist mir daher hoch willkommen – & ich empfinde in dieser Hinsicht so großes Vertrauen in Sie, als ob ich gleich neben Ihnen säße. – Gebe Gott, daß es in diesem Augenblick so wäre, – denn ich sitze einsam & allein in meinem Schlafzimmer (zehn Uhr abends nach der Aufführung) – & würde eine Guinea darum geben, könnte ich Ihre Hand drücken — Ich sende meine Seele unablässig aus, um zu erfahren, was Sie wohl gerade tun – ich wünschte, ich könnte meinen Körper auch mitschicken – Adieu liebes & gutes Mädchen, & glauben Sie mir, daß ich stets Ihr guter Freund & wohlaffektionierter Bewunderer bin. – Ich gehe heut abend ins Oratorium.

Adieu, adieu.

PS

meine Empfehlung an Ihre Mama

Adressieren Sie an mich: Pall Mall, im 2ten Haus von der St Alban's Street.

8. Mai [März, Samstag,]: Man darf sicher davon ausgehen, daß Sterne sich bei der Datierung »Mai« verschrieb, er reiste im März 1760 nach London.
für die ganze Saison … seines Theaters: Eine wahrhaft großzügige Geste Garricks, war doch eine Loge im Drury Lane Theatre teuer, auch ermöglichte sie ihrem Gast, von allen gesehen zu werden.
einen hohen Preis: DODSLEY zahlte Sterne für die Bände I und II des »Tristram Shandy« 250 Pfund (siehe auch Anmerkungen zu Brief 35, »50 Pfund«), für die Bände III und IV 380 Pfund und für die zwei Bände der »Sermons of Mr. Yorick« noch einmal 200 Pfund, SAMUEL JOHNSON hatte für seinen »Rasselas« nur 100 Pfund bekommen.
Sie wissen schon wem: Die Sterneforschung weiß bedauerlicherweise nicht, wer dieser Rivale war; Sterne bat auch ELIZA DRAPER,

ihre Gunst ihm allein vorzubehalten (siehe Brief 198 und 200), doch kam ihm besagte Dame wohl weniger entgegen.

nach der Aufführung: siehe Anmerkungen zu Brief 47 zum selben Stichwort.

Oratorium: eine Sondervorstellung von HÄNDELs »Messias«.

49. An Richard Berenger

[London,] Samstag [8. März 1760]

Mein lieber Berenger,

Sie bitten mich, Ihnen alle meine Wünsche mitzuteilen — Was, beim Teufel in der Hölle, kann der Bursche jetzt wohl wollen? – Beim Vater der Wissenschaften (Sie kennen seinen Namen), ich gäbe beide Ohren her (so ich dadurch nicht mein Ansehen einbüßte) für nur zehn Striche von Hogarths geistreichem Stichel, die ich aufs Titelblatt meiner nächsten Ausgabe des *Shandy* pappen könnte! –

Die Eitelkeit eines hübschen Mädchens in der Blütezeit, wenn es Milch & Rosen gleicht, ist ein Nichts verglichen mit der eines Autors meines Schlages — Swift hat Pope oft vorgeseufzt – Orna me – Verbindet etwas von Eurem mit meinem Schaffen, auf daß wir Hand in Hand gemeinsam in die zukünftige Welt eingehen. Die freieste Skizze, die sich denken läßt, wie Trim meinem Vater die Predigt vorliest &c; damit wär's getan – & würde zugleich sein & mein Verfahren illustrieren – Aber mein bester Shandy, wie könnt Ihr die Stirn haben —— Ich würde meine magere Börse hinstrecken – Ich würde die Augen schließen – & Sie dürften die Hand hineinstecken & so viel herausnehmen als Sie dafür haben wollten —

Ignoramus! Narr! Tölpel! Simonist! – Dieses Privileg ist um Geld nicht feil – scher dich zum Teufel mit deinem Gold!

Was also tun? Ich habe das allerübelste Gesicht in der Welt, damit um eine Gunst einzukommen – & überdies würde ich jemand, den ich auf der Welt am meisten bewundere, keinen so unangenehmen Vorschlag ansinnen – Sie aber können alles sagen – Sie sind ein dreister, ehrlicher Kerl & vermögen gute Miene zum bösen Spiel machen — bitt' Euch, eilt nach Leicester Fields, und wenn Ihr an die Tür geklopft habt (denn anklopfen müssen Ihr zuvor) und eingelassen worden seid – beginnt so »– Mr. Hogarth, ich war heute morgen bei meinem Freunde Shandy« – dann aber fahret auf Eure eigne Weise fort – so wie ich auf die meine

Ich wertschätze Sie & bin, mein lieber Mentor,

Ihr höchst shandyanischer

L. Sterne

Richard Berenger: (1720–1782), Stallmeister König Georges III., ein gebildeter, galanter und meist verschuldeter Gentleman, enger Freund GARRICKs und Bekannter HOGARTHs.

Vater der Wissenschaften: Darin mag man eine Anspielung auf den bereits genannten Teufel sehen, galten doch lange Wissenschaft und Erkenntnisdrang als Teufelswerk, oder auf HERMES TRISMEGISTUS (Hermes, der dreimal Größte), die Verschmelzung des griechischen Zeusboten und Gottes der Redekunst Hermes mit dem ägyptischen Gott der Magie, Wissenschaft und Weisheit Thoth, der bis in die Neuzeit als Verfasser diverser philosophischer (hermetischer) Schriften galt; und natürlich hätte TRISTRAM eigentlich den klangvollen Namen TRISMEGISTUS führen sollen.

Hogarths geistreichem Stichel: WILLIAM HOGARTH (1697–1764), der berühmte Maler und Kupferstecher, der mit geistvoller Bissigkeit gesellschaftliche Mißstände illustrierte, schuf nicht nur dieses erhoffte Bild, sondern auch das Frontispiz für die 2. Ausgabe (siehe folgende Anmerkung) und für Band III des »Tristram Shandy«. Sterne spielte in Band II, Kap. XVII, auf Hogarths »Analysis of Beauty« (1753, »Untersuchung der Schönheit«) an (die insistiert, die S-förmige sei die Linie der Schönheit, die Schlangenlinie aber die Linie der Anmut), etwa in der Szene, die er hier von Hogarth ausgeführt sehen will, da heißt es, Korporal TRIM stehe »das Knie gebeugt, doch nicht zu heftig, – vielmehr so, daß es noch die Grenzen der Schönheitslinie wahrte«.

meiner nächsten Ausgabe des *Shandy*: Die 2. Ausgabe der Bände I und II erschien am 3. April 1760 bei DODSLEY in London tatsächlich mit einem Frontispiz von HOGARTH, die 3. kam im Juni, die 4. im Januar 1761 zusammen mit den Bänden III und IV heraus.

Swift ... Orna me: SWIFT wünschte sich, POPE möge ihm einen Band der »Moral Essays« widmen, und schrieb dem Bewunderten 1735 Cicero mit »Orna me«, »schmücke mich«, zitierend.

***Ignoramus*!:** Dummkopf, Unwissender; der Ausdruck ging mit der gleich betitelten Farce (1615) von GEORGE RUGGLE (1575–1622) in die englische Sprache ein.

Simonist!: Der Begriff Simonie, der Kauf kirchlicher Ämter, geht auf die biblische Gestalt Simon Magus (Apostelgeschichte 8,5–24) zurück, einen großen Zauberer, der den Aposteln Petrus und Johannes, die frisch Bekehrten die Hand auflegten, damit diese den Heiligen Geist empfingen, Geld für diese Macht anbot.

Leicester Fields: heute der Leicester Square in London.

50. An Catherine Fourmantel London. [März 1760]

Meine liebe Kitty –

ich müßte selber zutiefst unglücklich werden, und ich weiß, Sie würden es ebenfalls sein, schriebe ich Ihnen nicht mit dieser Post – obwohl ich noch kein Wort von Ihnen gehört habe. – Lassen Sie mich wissen, mein Süßes Mädel, wie Sie es ohne mich aushalten, & seien Sie hübsch ausführlich in allem.

Mein Logis ist alle Stunden voll der berühmtesten Leute ersten Ranges, die darum wetteifern, wer mir die größte Ehre erweist — sogar alle Bischöfe haben mir ihre Empfehlungen gesandt, & ich ziehe am Montagmorgen los, um ihnen allen meine Aufwartung zu machen. – Ich werde mit Lord Chesterfield diese Woche speisen &c &c – und nächsten Sonntag nimmt mich Ld Rockingham mit an den Hof — ich habe rasch diesen einen Augenblick ergriffen, obwohl in meinen Zimmern eine Gesellschaft ist, um meiner lieben, lieben, lieben Kitty dies zu sagen, & daß ich auf immer & ewig der Ihre bin

Lau: Sterne

alle Bischöfe: Die geistlichen Herren feierten ihn nicht des »Tristram Shandy« wegen, sie waren Subskribenten seiner »Sermons of Mr. Yorick«.
Lord Chesterfield: PHILIP DORMER STANHOPE (1694–1773), 4. EARL OF CHESTERFIELD, ebenfalls ein Subskribent der »Sermons« und Förderer der Literatur (Johnson allerdings sah sich mit seinem »Dictionary« nicht angemessen protegiert und giftete, die Briefe Lord Chesterfields an seinen natürlichen Sohn, die von Voltaire gepriesen wurden, predigten die Moral einer Hure und die Manieren eines Tanzlehrers).
Ld Rockingham: siehe Anmerkungen zu Brief 43, »Charles Watson-Wentworth«.

51. An Catherine Fourmantel [London, 3. Märzwoche 1760]

Meine liebe Kitty,

ob ich gleich schon nur einen Augenblick entbehren kann, möchte ich es nicht versäumen, Ihnen von meinem Glück zu berichten; Lord Fauconberg hat mir heute einhundert & sechzig Pfund an jährlichen Einkünften übereignet, die mit meiner Beförderung einhergehen; so daß nun meine Sorgen und Tränen sämtlich oder doch zum größten Teil fortgewischt werden —

– Nur ein Hindernis steht meinem Glück noch im Wege – & welches dies ist, wissen Sie ebensogut wie ich.

Ich sehne mit größter Ungeduld danach, meine liebe Kitty wiederzusehen – sagen Sie mir, sagen Sie mir, an welchem Tag oder in welcher Woche wird dies sein.

Gestern bekam ich einen Beutel mit Guineen, von einem Bischof. – alles wird mit der Zeit gut werden –

von morgens bis abends tummeln sich in meinem Logis, das nebenbei das nobelste in der Stadt ist, die größten Gesellschaften — Ich speiste in den letzten 2 Tagen mit 2 königlichen Hofdamen – sodann mit L[d] Rockingham, L[d] Edgecomb – Lord Wilchelsea, Lord Littleton, einem Bischof – &c &c —

Ich versichere Sie, meine Kitty, daß Tristram *die* Mode ist; – ich bete zu Gott, daß ich mein liebstes Mädchen bald & wohlauf wiedersehe.

adieu

Ihr in Liebe zugeneigter Freund

L: Sterne

Lord Fauconberg: Der Lord hatte Sterne zum ständigen Kuraten in Coxwold ernannt, das Einkommen, das Sterne in Brief 75 mit nur 100 Guineen (105 Pfund) angibt, hing zu einem großen Teil von den landwirtschaftlichen Einkünften ab (siehe auch Anmerkungen zu Brief 16, »gewisser *Young* ... Fauconberg's Bevollmächtigter«).

ein Hindernis: Dieses Obstakel wird seine Ehefrau gewesen sein.

einen Beutel ... von einem Bischof: Bischof WARBURTON hatte ihn mit Geld mäzenatisch unterstützt und, so heißt es, auch mit manchem guten literarischen Rat, den Sterne frohgemut ignorierte. Der Bischof wird seine großzügige Gabe bald bereut haben, denn man begann zu munkeln, er habe Sterne bestechen wollen, um keinesfalls im

»Tristram Shandy« zu erscheinen (siehe auch die erste Anmerkung zu Brief 47 sowie Brief 59).

Ld Edgecomb – Lord Wilchelsea, Lord Littleton: RICHARD EDGCUMBE (1716–1761), 2. Baron Edgcumbe, Politiker und Amateurdichter; DANIEL FINCH (1689–1769), 8. EARL OF WINCHELSEA, Whig-Politiker; GEORGE LYTTLETON (1709–1773), Baron Lyttleton, Gönner und Freund von POPE und FIELDING, der ihm seinen »Tom Jones« dedizierte, ebenfalls ein enger Freund ELIZABETH MONTAGUs (siehe auch Brief 67); die drei adligen Herren subskribierten Sternes »Sermons«.

52. An William Pitt Freitag, bei Mr. Dodsley, Pall-Mall. [28. März 1760]

Sir,

Obwohl ich keinerlei Befürchtung hege, daß die beigefügte Widmung Sie beleidigen kann, hielt ich es doch für meine Pflicht, ein Mittel zu finden, Sie Ihnen zur Kenntnis zu bringen, bevor ich mich vermessen würde, um die Ehre zu bitten, sie Ihnen in der nächsten Woche zusammen mit dem Leben und den Ansichten von Tristram Shandy zu überreichen. Ich bin, Sir,

Ihr untertänigster Diener,
Laurence Sterne

William Pitt: (1708–1778), glänzender Redner, damals Außenstaatssekretär, von Sterne bewundert, im Volk ungemein beliebt, da Großbritannien unter seiner Führung Frankreich im Siebenjährigen Krieg eine überseeische Besitzung nach der anderen abrang. Sterne widmete ihm die 2. Ausgabe der Bände I und II sowie den Band IX des »Tristram Shandy«.

die beigefügte Widmung: die Sterne aus den Geschäftsräumen von DODSLEY an der Pall-Mall schickte – »Dem sehr ehrenwerten Mr Pitt ...«.

53. An Catherine Fourmantel London [Dienstag], den 1. April 1760

Meine liebe Kitty,

daß Sie, wie ich Ihrem Briefe entnehme, York erst am 14ten verlassen, betrübt mich sehr, verkürzt es doch die Zeit, die ich mir in Ihrer Gesellschaft zu stehlen gehofft hatte, wenn Sie kommen – Lord Rockingham hat mich in sein Gefolge gebeten, wenn er nach Windsor reist, um mit Prinz Ferdinand zum Ritter des Hosenbandordens ernannt zu werden – Die mir erwiesene Ehre hält mich also bis zur 2ten Maiwoche hier fest, dann muß ich aufbrechen, um meine Pfründe in Besitz zu nehmen – diese Trennungen, meine liebe Kitty, so schmerzlich sie uns beiden auch sind – müssen sein – einstweilen – Gott wird eine Tür öffnen, und wir werden irgendwann viel häufiger zusammen sein & unser Verlangen ohne Angst und Störung genießen — In meinen Büchern stehen jetzt 14 Einladungen zum Essen mit dem höchsten Adel – Mir bleibt kaum Zeit, Ihnen zu sagen, wie sehr ich Sie liebe, meine gute Kitty – & wie sehr ich zu Gotte bete, daß Sie so leben und mich so lieben, bis Sie eines Tages mein großes Glück mit mir teilen. — Mein Vermögen ist so gut wie gemacht — doch hievon mehr, wenn wir uns wiedersehen — adieu — schreiben Sie

& glauben Sie Ihrem zärtlich zugetanen Freund

L. S.

Empfehlungen an die Mama

Ich habe nicht einen Augenblick übrig – speise heute mit einem Dutzend Dukes & Earls –

Lord Rockingham ... mit Prinz Ferdinand zum Ritter des Hosenbandordens ernannt: LORD ROCKINGHAM wurde am 6. Mai 1760 in den Hochedlen Orden vom Hosenbande aufgenommen; FERDINAND, Herzog zu Braunschweig und Lüneburg, den sich der englische König George II. vom preußischen König Friedrich II., in dessen Diensten der Herzog stand, als Befehlshaber der mit den Briten verbündeten Truppen erbeten hatte, wurde für seinen Sieg in der Schlacht von Minden 1759 (im Siebenjährigen Krieg) belohnt.

54. *An Catherine Fourmantel*

Samstag. London
[?5. April 1760]

Meine liebe Kitty,

ich habe Ihren lieben Brief erhalten, der mir viel Vergnügen machte und einigen Kummer wegen Ranelagh: aber Sie dürfen niemals den Mut verlieren, mein liebes Mädchen, es wird sich eine andere Möglichkeit auftun & an anderer Stelle ergeben.

– Seien Sie versichert, ich werde nichts auf der Welt unversucht lassen – solange ich es diskret tun kann — Ich liebe Sie inniglich & Sie sollen an mir immer den gleichen ehrenhaften & ehrlichen Mann finden. Schreiben Sie mir, an welchem Abend Sie in der Stadt sein werden, damit ich mich freihalten kann, um zu Ihnen zu fliegen.

Gott segne Sie, meine liebe Kitty,

Ihr treuer

L. Sterne

PS

Es wird ein schöner Stich von mir angefertigt – also werde ich ins beste Licht gestellt & verkaufe beides, den Gehalt & das Äußere.

Ich achte auf meine Gesundheit – laufe mir aber die Hakken krumm – wenn ich berühmte Leute visitiere – Ich soll dem Prinzen vorgestellt werden. Meine Empfehlung an Ihre Mama.

einigen Kummer wegen Ranelagh: Catherine Fourmantel war nicht wie erhofft engagiert worden, um in den Ranelagh Gardens zu singen; der fashionable Lustgarten (1742–1803) mit seiner riesigen Rotunde lag in Chelsea (1764 trat der neunjährige Wolfgang Amadeus Mozart dort auf).
nichts auf der Welt unversucht lassen: Sterne hielt Wort, im August 1760 trat Catherine Fourmantel in den Ranelagh Gardens auf, Sterne hatte sogar an einem Duett, das sie mit dem gefeierten Tenor JOHN BEARD vortrug, mitgearbeitet (siehe Brief 64).
ein schöner Stich von mir: Im März und April saß Sterne dem Maler JOSHUA REYNOLDS (1723–1792) Modell, nach Reynolds Porträt fertigte SIMON FRANÇOIS RAVENET (1706–1774), ein Gehilfe Hogarths, einen Stich, der als Frontispiz der »Sermons of Mr. Yorick« am 22. Mai 1760 erschien.
dem Prinzen: EDWARD AUGUST (1739–1767), Prinz von Großbritannien und Irland, Herzog von Braunschweig-Lüneburg, Duke of York and Albany, ein jüngerer Bruder König Georges III., der sich dem Theater verbunden fühlte und ein recht ordentlicher Amateurschauspieler, -sänger und -violinist war (siehe auch Brief 190).

55. An Catherine Fourmantel [London, April 1760]

Meine liebe Kitty,

da ich das Vergnügen Ihrer Gesellschaft nicht länger als bis vier Uhr heute nachmittag vorsehen kann, habe ich Ihnen eine Karte für die Aufführung geschickt & hoffe, Sie werden hingehen, damit ich befriedigt hoffen darf, Sie angenehm unterhalten zu wissen – wenn ich es nicht bin. Sie sind ein ungemein gewinnendes Geschöpf; und ich verbringe nie einen Abend mit Ihnen, ohne daß ich noch ein Stück von meinem Herzen zurücklasse – Sie werden mich wohl ganz bekommen, Stück für Stück, bevor alles geschafft ist – & doch kann ich mir nicht vorstellen, wie ich jemals mehr sein könnte, als was ich jetzt bin

Ihr zärtlicher Freund
Laurence Sterne

PS

Ich werde kurz nach zwei Uhr bei Ihnen sein – wenn nicht um Zwei – seien Sie also bis dahin mit dem Essen fertig. – – – –

56. [M] An Stephen Croft [London, zwischen dem 26. April und 4. Mai 1760]

Werter Sir,

Zehntausendfach danke ich Ihnen für Ihren gütigen Brief – und für die Nachricht, die Sie mir von meiner Frau und meinem Mädchen geben. – Ich sah Mr. Cholmley heute abend in Ranelagh, er sagt mir, Sie haben meinen Freund Bobby impfen lassen. – Ich wünsche ihm von Herzen, daß er gut durchkommt, und vertraue auf Gott, daß alles glücklich geht.

Am Montag brechen wir mit dem großen Gefolge Lord Rockinghams (in dessen Begleitung ich reise) nach Windsor auf – man hat mit einem Großlieferanten auf ein Mittagsmahl für fünfzehnhundert Pfund abgeschlossen, wovon der König nach Verabredung ein Drittel bezahlt. Lord George Sackville hat sich letzten Samstag in der Oper gezeigt, einige sagen, sehr ungeniert – andere, sehr niedergeschlagen.

Ich weiß wenig Neues zu vermelden. – Wider den Tristram ist ein Schilling-Pamphlet geschrieben worden. – Ich wünschte, man möchte hunderte davon schreiben.

Mrs. Sterne sagt, ihre Börse sei leicht; wären Sie, werter Sir, so gut, ihr zehn Guineen auszuzahlen, und sobald ich das Vergnügen habe, Sie zu sehen, will ich mit Ihnen berechnen. – Meine Empfehlungen an Mrs. C. und alle Freunde. – Glauben Sie, werter Sir, daß ich auf immer bin Ihr verbundener und treuer

Lau. Sterne

***Stephen Croft*:** (1712–1798), ein enger Freund der Sternes, der ein Vermögen mit dem Handel portugiesischer Weine und Portweine verdient hatte und Gutsherr von Stillington war.

Mr. Cholmley: NATHANIEL CHOLMLEY, der Schwiegersohn von Stephen Croft, Gutsherr in Whitby, Sterne hatte ihn drei Jahre zuvor getraut und war zu Beginn seines Londonaufenthalts in dessen Haus am Golden Square zu Gast gewesen.

meinen Freund Bobby impfen lassen: Crofts Sohn ROBERT NICHOLAS (1754–1831) wurde gegen die Blattern geimpft, die Methode hatte Lady MARY WORTLEY MONTAGU (1698–1762), Gattin des britischen Gesandten an der Hohen Pforte, 1718 bei ihrer Heimkehr aus Konstantinopel nach England mitgebracht.

Lord George Sackville ... sehr niedergeschlagen: Der Lord (1716–1785) war von einem Kriegsgericht als »unfähig, in militärischer Funktion zu dienen« verurteilt, aus der Armee und dem Privy Council

entlassen worden, weil er den Befehl, die zurückweichenden Franzosen nach der Schlacht von Minden (1759) mit seiner Kavallerie zu zerreiben, verweigert hatte; natürlich schnitt ihn die gute Gesellschaft – bis er vom König in Gnaden wieder aufgenommen wurde.
ein Schilling-Pamphlet: wahrscheinlich die bereits erwähnten »Explanatory Remarks upon the Life and Opinions of Tristram Shandy: Wherein the Morals and Politics of this Piece are Clearly Laid Open by Jeremiah Kunastrokius, M.D.« (siehe Anmerkung zu Brief 46 »Dr. Kunastrokius«), die am 23. April 1760 erschienen waren und sich auf die Erläuterung der Unmoral des Werks konzentrierten. Sternes Verleger DODSLEY fand das Pamphlet offenbar amüsant, er verkaufte es zusammen mit den ersten beiden Bänden des »Tristram Shandy«.
ihre Börse sei leicht: Das ist die erste von vielen Gelegenheiten, bei der Mrs. Sterne ihren Gatten an seine finanziellen Verpflichtungen erinnern mußte, siehe auch Brief 66.

57. An Catherine Fourmantel [?London, Mai 1760]

Meine liebe Kitty,

ich war so versessen darauf, mit Ihnen heute nachmittag Tee zu trinken, daß ich vergaß, bereits seit einer Woche eine Einladung bei der Familie eines Gentleman zugesagt zu haben – ich meine, dies zu Beginn der Woche auch einmal erwähnt zu haben, aber in Ihrer lieben Gesellschaft habe ich dies vergessen, wie so manches andere auch: Ich werde es jedoch zuwege bringen, meiner lieben Freundin um 4 Uhr einen Besuch abzustatten – wiewohl es mir eigentlich nicht besonders klug erscheint – aber was hat Klugheit, mein liebes Mädchen, mit Liebe zu tun? Hierüber habe ich keine Gewalt, jedenfalls nicht halb soviel, wie ich sollte –

Ich hoffe, daß meine Kitty eine gute Nacht verbringt – Mögen alle Ihre Tage & Nächte glücklich sein – eines Tages kann & wird es mehr in meiner Macht stehen, dafür zu sorgen.

adieu.

sollte ich um 4 verhindert sein, komme ich um 7.

58. An Catherine Fourmantel [London, ?Mai 1760]

Liebe Kitty.

Und würde es mir das Leben gerettet haben, hätte ich über keine Stunde oder halbe Stunde verfügen können, seit ich Sie am Sonntag gesehen habe – andernfalls könnte meine liebe Kitty sicher sein, daß ich nicht so lange fortgeblieben wäre. – Jede Minute des heutigen & des morgigen Tages ist im voraus vergeben, so daß ich genauso ein Gefangener bin, als säße ich im Gefängnis. – Ich bitte Sie, liebes Mädchen, mir zu glauben, daß ich keine Stunde dort verbringe, wo ich sein möchte – denn ich möchte immer nur bei Ihnen sein: Aber vorläufig bestimmt das Schicksal meine Schritte, Gott weiß wie.

Adieu, adieu.

am Freitag um 2 Uhr werde ich Sie wiedersehen

Ihr Sie liebender

L. S.

Jede Minute ... vergeben: Hier sei JAMES BOSWELLs »Life of Johnson« (1773) zitiert, in dem SAMUEL JOHNSON bemerkt, jeder Mann, »hat er sich nur einen Namen gemacht oder das Vermögen zu gefallen, wird in ganz London eingeladen werden. Dieser Mann Sterne, so erzählte man mir, hatte auf drei Monate hinaus gesellschaftliche Verpflichtungen«.

ich Sie wiedersehen: Es ist der letzte erhaltene Brief Sternes an Catherine Fourmantel, wann die Affäre ein Ende hatte, weiß man nicht.

59. [M] An Stephen Croft [London, Mai 1760]

Werter Sir,

Diesen Augenblick erhielt ich Ihren gütigen Brief. – Den mich betreffenden Brief im Female Magazine hat der bekannte Dr. Hill geschrieben, von welchem der Inspector stammt und der Herausgeber dieses Magazins ist – die Leute in York sind sehr hartherzig, wenn sie vermuten, irgendein Mensch könne so hundsdumm sein, sich selber auf eine solche Art zu schildern – In dieser großen Stadt ließ niemand sich je so etwas einfallen, und zwar aus tausenderlei Gründen – konnte man denn meinen, ich sei ein solcher Tor, daß ich Dr. Warburton, meinen besten Freund, angreifen, ihn so lächerlich machen oder eine solche Lüge über ihn verbreiten würde – daß er mir die Hofmeisterstelle für Tristram mit einer Geldbörse abgekauft habe! – oder daß ich so närrisch wäre, zuzugeben, ich hätte seine Börse in solcher Absicht angenommen!

Sie müssen wissen, Dr. Hill und Dr. Monsey haben Händel miteinander. Letzterer war der in Mr. Charles Stanhopes Haus erwähnte Arzt, und Dr. Hill hat die Örtlichkeit absichtlich verändert, um Monsey eins auszuwischen. Dieses Gespräch (das es vielleicht gab) hat jedoch an einem anderen Ort und mit einem anderen Arzt stattgefunden; in der Hauptstadt hier habe ich dem also widersprochen zur Ehrenrettung meines Freundes Monsey, und all dies zeigt die lächerliche Leichtgläubigkeit und Albernheit der Leute in York. Zudem wimmelt die Nachricht von Falschheiten – Erstlich, was meinen Geburtsort betrifft, der war zu Clonmel in Irland – die Geschichte von einhundert Pfund an Mrs. Wilkinson, unwahr ebenso wie das *versprochene Jahrgeld*; das Verdienst eines solchen habe ich von mir gewiesen – und überhaupt enthält der Aufsatz wirklich so viele andere, so falsche Dinge, von denen es sehr unwahrscheinlich ist, daß sie von mir herrühren, daß der ärgste Feind, den ich hier habe, nie dergleichen von mir vermutete – und überdem gehört Dr. Hill die Zeitung.

Ich werde vor Ende Mai kommen – Am Sonntag predige ich vor den Richtern – meine Predigten erscheinen am darauffolgenden Donnerstag – und längstens für den nächsten Montag habe ich mir vorgesetzt, nach York aufzubrechen – zu diesem Behufe habe ich mir ein Paar Pferde gekauft – meine besten Empfehlungen an Ihre Gemahlin –

Ich bin,
Werter Sir,
Ihr sehr verbundener und getreuer
L. Sterne

PS

Ich bitte, dies hastige Gekritzel zu entschuldigen, bin eben aus einem Konzert gekommen, wo der Duke of York spielte – Er hat mir viel Beachtung geschenkt, und letzte Woche hatte ich die Ehre, am Abend bei ihm zu speisen.

Den mich betreffenden Brief ... dieses Magazins: Am 1. Mai war im »Royal Female Magazine« ein Artikel von JOHN HILL (1714–1775) erschienen, »Anecdotes of a fashionable Author in a Letter to the Ladies Magazine«, der im »London Chronicle« (3.–6. Mai) nachgedruckt wurde. Hill, Apotheker, Botaniker und notorischer Vielschreiber, hatte sich den »Dr.« selbst verliehen und war mit seinen Großstadtflaneur-Kolumnen, die er unter dem Namen ›Inspector‹ für die »London Advertiser and Literary Gazette« (1751–1753) verfaßt hatte, über die Grenzen der Hauptstadt hinaus bekannt geworden. Er lobte den »Tristram Shandy« und dessen Autor, dem er nie begegnet war, hymnisch, kolportierte allerdings auch einige Gerüchte.
Dr. Warburton ... abgekauft habe!: siehe auch Anmerkungen zu Brief 51. HILL hatte WARBURTONs Namen nicht genannt, sondern diskret geraunt, es sei kaum zu glauben, wessen Börse sich freigekauft habe, zuvor hatte er eröffnet, mancher Narr fürchte, sich im »Tristram

Shandy« wiederzufinden, und schon 40 Autoren hätten ihre Werke unter ridikülen Titeln im Roman wiedererkannt.

Dr. Monsey ... in Mr. Charles Stanhopes Haus erwähnte Arzt: Mit Dr. Monsey ist wohl MESSENGER MONSEY (1694–1788) gemeint, der am Chelsea Hospital arbeitete; er war mit GARRICK und ELIZABETH MONTAGU befreundet und galt als versierter Arzt, aber schwieriger Charakter. HILL hatte in seinem Artikel behauptet, Sterne habe im Haus des bekannten Rechtsanwalts und Politikers CHARLES STANHOPE (1673–1760) einen »schulmeisterlichen Medizinkrämer« verlacht, der über den »Unterschied zwischen Phrenitis [Geistesverwirrung mit akutem Fieber] und Paraphrenitis [Entzündung des Zwerchfells] dozierte« – das hatte einige Unruhe unter Monseys Freunden hervorgerufen, und Sterne war nun bemüht, die Wogen zu glätten.

meinen Geburtsort ... Clonmel in Irland: HILL hatte Sternes Wissen um Festungsanlagen als eingeboren apostrophiert, da er als Sohn eines Offiziers in der Dubliner Kaserne zur Welt gekommen sei.

einhundert Pfund ... *versprochene Jahrgeld*: HILL hatte berichtet, LORD FAUCONBERG habe Sterne eine Pfründe gegeben (was stimmte), und Sterne oder vielmehr ›Yorick‹, wie Hill schrieb, habe der Witwe des früheren Inkumbenten Richard Wilkinson, die ohne alles, nur mit einer »gewissen Hinterlassenschaft des Landgeistlichen«, den Kindern nämlich, dastünde, großherzig finanzielle Unterstützung gewährt.

predige ich vor den Richtern: Er predigte am Sonntag, den 18. Mai, in der Kapelle des Serjeant's Inn in der Londoner Chancery Lane, einer der Ausbildungsstätten für Juristen.

meine Predigten: »The Sermons of Mr. Yorick« erschienen am 22. Mai 1760 in zwei Bänden bei DODSLEY.

60. [M] An William Warburton York, [Montag] 9. Juni 1760

Mylord,

Da ich nicht wußte, wohin ich zwei Exemplare meiner Predigten senden sollte, verfiel ich auf kein besseres Mittel, als sie Mr. Berenger einhändigen zu lassen, der mir versprach, Euer Lordschaft damit aufzuwarten, sobald er von Ihrem Eintreffen in der Stadt erführe. Den aufrichtigsten und gehorsamsten Dank statte ich Ihnen, Mylord, für den mir großmütig erteilten Schutz und Rat ab; indem ich den einen gut anwende, hoffe ich, mir den anderen zu verdienen; ich wünsche Euer Lordschaft alle Gesundheit und alles Glück der Welt, denn ich bin,

Dero Lordschaft
verbundenster und dankbarster Diener
L. Sterne

PS

Ich setze mich soeben nieder, um den Tristram fortzuführen &c. – Die Schmierer spielen mir übel mit, sie haben jedoch besseren Leuten noch viel übler mitgespielt, was Gott ihnen vergeben möge.

Die Schmierer spielen mir übel mit: JOHN HILLs Artikel war inzwischen von weiteren Journalen übernommen worden, außerdem erschienen diverse andere, mehr oder weniger humorvolle, wie »An Account of the Rev. Mr. St****, and his Writings. Together with a Review of the Monthly Review of Tristram Shandy, and Yorick's Sermons: Being the Substance of a Dialogue which passed at the Smyrna coffee house, between Sir Patrick Letterlove, Sir John Freewill, the Rev. Mr. Vicarius, Doctor Galenicus, and others« oder »An Admonitory Lyric Epistle to The Rev. Tristram Shandy, A. M., P. Y., V. S. and S.«, in der Sternes ›Humor‹ sich auf ›Tumor‹ reimte; außerdem zahlreiche Anspielungen auf den Geistlichen Sterne, der sich in den niederen Gefilden der Ranelagh Gardens verlustierte. Auch hatte JOHN HALL-STEVENSON, unter dem Pseudonym »Antony Shandy«, Freund Sterne mit seinen anzüglichen »Two Lyric Epistles: One to My Cousin Shandy, On His Coming to Town, and the other To the Grown Gentlewoman, The Misses of ***«, ausgerechnet von DODSLEY gedruckt, in Verlegenheit gebracht. WARBURTON antwortete Sterne auf diesen Brief und stellte fest: »Wer auch immer der Verfasser [der »Two Lyric Epistles«] ist, er scheint ein Monstrum der Pietätlosigkeit und Lüsternheit zu sein.«

61. An William Warburton Coxwold, [Donnerstag] 19. Juni 1760

Mylord,

die heutige Post brachte mir die Ehre Ihres Briefes, wofür ich Euer Lordschaft ebenso herzlich danke – mehr vermag ich nicht zu tun – wie für Ihren liebenswürdigen & freundlichen Rat. Seien Sie versichert, Mylord, daß ich nie willentlich & wissentlich einen Sterblichen durch etwas kränken wollte, das für mich das Ansehen auch nur des geringsten Verstoßes, sei's gegen den Anstand oder die guten Sitten, trägt; bei aller Vorsicht eines Herzens, das frei von Ärger ist und von der Absicht, Ärger zu stiften, möchte es mir gleichwohl beim Schreiben eines Buches wie Tristram Shandy äußerst sauer werden, alles darin so stark zu verstümmeln, daß es dem prüden Gemüt eines jeden Sonderlings konveniert. Ich werde mich freilich nach besten Kräften bemühen – aber lachen, Mylord, werde ich, & zwar so laut ich kann.

Was die lyrischen Oden betrifft, weiß ich nur so viel, daß

mir die erste Ode, die mich & den Verfasser in ein lächerliches Licht rückt, in einem Kuvert ohne Absender zuging; nach der Tilgung einiger Stellen zeigte ich sie einem Bekannten als absonderliches Werk; & da Mr. Garrick mir eine Weile zuvor gesagt, er wolle eine Ode für mich schreiben, vermutete ich für einige Tage, sie stamme von ihm. Später ergab sich, daß sie mir von Mr Hall gesandt worden war; denn nachdem die Korrespondenz mit ihm neunzehn Jahre lang völlig brachgelegen hatte, war mir seine Handschrift unerinnerlich, als ich sie schließlich doch wiedererkannte, sandte ich ihm die Ode zurück. Die zweite Ode, die vor Unschicklichkeiten strotzt, stammt, so vermute ich, gleichfalls von ihm, und zumal sie zusammen veröffentlicht wurden, leidet es kaum einen Zweifel. Er muß dafür geradestehen; ich habe in dieser Sache für nichts geradezustehen, außer für meinen großen Kummer, daß ein Mann von so schönen Talenten wie mein Bekannter Mr Hall bei der Welt solchen Anstoß erregt. Es steht allemal in seinem Vermögen, es wiedergutzumachen; & wenn ich nur ein bißchen Scharfsinn besitze und mich auf die zahlreichen Beteuerungen verlassen darf, die er mir macht, so werden es Euer Lordschaft, wie ich hoffe, erleben. Er ist es wert, bekehrt zu werden, gehört er doch zu denen, welche die Natur befähigt hat, viel Schlimmes oder viel Gutes zu wirken.

Von allen wider mich geschriebenen abscheulichen Dingen ist der Brief im Female Magazine, den Euer Lordschaft erwähnen, am schädlichsten und schuf mir darum auch die ärgsten Sorgen, derer ich mich nicht anders zu erwehren wußte, als daß ich die Behauptungen leugnete & heftig protestierte gegen das erlittene Ungemach durch ein Lügengewebe, das nicht zu meinem Frommen zusammengesponnen wurde, sondern um mich zu vernichten – Gott weiß, daß solche elenden Schufte ihr Ziel nur allzuoft erreichen. — Jeder in London meint, es stamme von einem Dr Hill, der den Inspector geschrieben hat &, wie man mir sagt, besagtes Magazin besitzt und leitet. – Garrick erzählt mir die nämliche Geschichte & gibt Gründe, die sie bestätigen. Diese im Dunkeln ausgeteilten Schläge nebst den vielen Tritten, Knüffen & Bastonaden, die ich von allen Seiten öffentlich erhalte, verleiden mir allmählich meine törichte Neigung, in diese weite & schlechte Welt Ausfälle zu tun, um Mißständen abzuhelfen &c, was ich so bitter bereuen werde wie Sancho Pansa seine Neigung, seinem bösen Genius Don Quixote durch dick & dünn zu folgen – aber so wie der arme Kerl sich dafür entschuldigte, – so muß auch ich es. *»Es war mein Schicksal & Verhängnis & weiter ist darüber nichts zu sagen.«* Andernfalls wünschte ich von Herzen, ich hätte nie die Feder aufs Papier gesetzt, sondern mir im Verborgenen das ruhige Unbekanntsein bewahrt, worin ich so lange gelebt: Ich war ruhig, denn ich hatte zu wenig, um beneidet zu werden – & hatte doch viel genug, keinen Mangel zu leiden, und war davon tatsächlich so weit entfernt, daß mir beim Schreiben dergleichen nie in den Sinn kam; – & da ich jetzt £ 200 im Jahr noch weiter von der Gefahr entfernt bin als damals, so glaube ich, dergleichen wird mir nie in den Sinn kommen; denn ich erkläre, daß ich alles habe, was ich in dieser Welt möchte und mir wünsche, weil ich nach meiner Vermögensberechnung genau so reich bin wie mein Freund Garrick, dessen Reinheit des Herzens & redliche Feigheit dabei, die Versuchung *so weit* zu meiden, ich trotzdem schätze & bewundere.

Der Bischof von Carlisle hat mir gestern die Ehre eines Besuchs erzeigt; bei ihm konnte ich zu meiner Genugtuung der Gesundheit Euer Lordschaft nachfragen & insbesondre wie gut die Brunnenkur angeschlagen hat gegen die Beschwerden und Indigestion, über die Sie klagten – er gab der Hoffnung Ausdruck, Euer Lordschaft befänden sich besser.

Ich wünsche Eurer Lordschaft alles, was ein dankbarer

Mann nur wünschen kann – Glück in dieser Welt & in der nächsten.

Ich bin, Mylord,
mit aller Wertschätzung & Ehrerbietung
Ihr affektionierter Diener
Lau: Sterne.

die lyrischen Oden: Warburton hatte HALL-STEVENSONs lyrische Episteln im bereits erwähnten Antwortbrief als »Oden« bezeichnet.

***Es war mein Schicksal & Verhängnis & weiter ist darüber nichts zu sagen*:** Da zitiert Sterne SANCHO PANÇA, der in »Don Quixote« (2, III, 33) der Herzogin erklärt, warum er seinem verschrobenen Herrn weiter folgte.

£ 200 im Jahr: Es ist anzunehmen, daß Sterne die Einkünfte aus seiner neuen Pfründe in Coxwold meint.

Bischof von Carlisle: Sternes alter Freund RICHARD OSBALDESTON, war 1728–1747 Dekan in York und hatte die Sternes getraut, Sterne widmete ihm seine erste gedruckte Predigt »The Case of Elijah and the Widow of Zerephath consider'd« (1747).

62. An William Robinson

Coxwold, bei Easingwold.
[Freitag,] 27. Juni 1760

Werter Sir,

da nun das drängende Geschäft besorgt ist, mein Haus einzurichten & mit meiner Familie an meinen neuen Wohnsitz überzusiedeln, wo ich ins Amt eingeführt wurde – blicke ich jetzt zurück auf die Stätte, die ich verlassen, und auf die Freunde, die mir so zahlreiche Gunstbezeigungen und große Gefälligkeiten erwiesen haben; – ganz vorzüglich denke ich hier an Sir William Robinson & Gemahlin, & ich habe zur Feder gegriffen, um mein begründetes und auch hinkünftigstetes Empfinden zu bekunden über den freundlichen Empfang & die ungemeine Aufmerksamkeit, welche mir während meines Aufenthaltes in London von Ihnen zuteil wurden; dafür zolle ich Ihnen, was ein verbundener Mensch nur darbringen kann – meinen aufrichtigen Dank.

Ich beginne eben den Augenblick mit dem 3ten Band von Tristram Shandy – und hoffe, in etwa die Erwartungen meiner Freunde zu erfüllen – wiewohl ich mich am ersten & zweiten Tag – damit schwertat – & wenn ich auf Witz oder Humor Spaß hinzielte, war ich dabei so täppisch wie ein Bär, der eine Gigue tanzt – aber nachdem ich mir das Hirn mit shandyanischen Materien vollgepumpt habe – geht es mir leichter von der Hand, & ich verzage nicht daran, die Welt im nächsten Winter guter Laune zu machen: – Es ist hoffentlich nicht ausgeschlossen, daß ich diesen Sommer das Vergnügen haben werde, Ihnen & Lady Robinson in Newby daraus vorzulesen – wo es mir eine Ehre sein wird, Ihnen meine Aufwartung zu machen, sobald ich höre, daß Sie sich dort aufhalten.

Ich bleibe, werter Sir,
mit allergrößter Hochachtung
& in Freundschaft
Ihr stets gehorsamer
Laurence Sterne

PS

Meine besten Empfehlungen – & Grüße & Wünsche an Lady Robinson & Miss Thornhill – Ich sende keine Empfehlungen an Dr Harding & Gemahlin – weil ich mit dieser Post an sie schreibe.

William Robinson: Sir WILLIAM ROBINSON (gest. 1770), Abkömmling einer angesehenen Familie, die vier Bürgermeister der Stadt York hervorbrachte, residierte in Newby Park.
meinen neuen Wohnsitz: das Pfarrhaus in Coxwold, das bald ›Shandy Hall‹ genannt wurde.
Miss Thornhill: war Lady Robinsons Schwester.
Dr Harding: möglicherweise Dr. CALEB HARDINGE (gest. 1775), Leibarzt König Georges III., Fellow der Royal Society, ein mit beißendem Witz ausgestatteter Exzentriker, Subskribent der »Sermons«.

63. An Mary Macartney [Coxwold, Ende Juni, 1760]

An Miss M. Macartney

Ein Krug mit kaltem Wasser, den eines Engels Hand einem durstigen Pilger in der größten Dürre der trockensten Wüste Arabiens ausschenkt, hätte nicht dankbarer entgegengenommen werden können als Miss Macartneys Brief — Pardon, ist dieser Vergleich etwa zu glühend? (oder zu orientalisch geraten?) Wenn dem so wäre, könnte ich ihn leicht ausbessern, indem ich mit der trägen Gleichgültigkeit eines fühllosen Stockfischs sage (*suivant les ordinances*) »*Ihr Geschätztes Schreiben vom 8ten dieses ist mir sicher zu Händen gekommen.*« – Der Herr bewahre mich vor allem literarischen Verkehr mit jenen Leuten, die Episteln abfassen, wie Rechtsanwälte ihre Urkunden fertigen, nämlich indem sie Blanketten ausfüllen, und die mich, statt mir das zu schicken, was ich erwarte – einen Brief – mit einer allseits zurechtgetrimmten & ausgeputzten Abhandlung überraschen. Mir unbedachter Seele, der ich nie auch nur ein einziges vorbedachtes Wort gesagt oder geschrieben habe, ist ein solcher Briefwechsel ein

Greuel; & eher noch würde ich Unzucht mit den Moabitern treiben, als etwas von mir geben, was nicht mit der sorglosen Regellosigkeit eines guten und unbeschwerten Herzens geschrieben wurde — & jetzt ist es allerhöchste Zeit, Ihnen für Ihren Brief zu danken und zu sagen, daß er von der Art ist, die meine Seele entzückt.

Ja – es war außerordentlich gütig von Ihnen, überhaupt an Tristram zu schreiben – aber daß Sie es so bald getan, das war unendlich gütig: doch selbst Ihr gesammelter Witz kann mir meine Überzeugung nicht rauben: es ist mein 40ter Glaubensartikel, & und darum bete ich Sie an: aber ist es nötig, wenn ich Miss Macartney daher vergöttliche, mich selbst zum Teufel zu machen – nein; lieblicher Engel (denn wo ich Sie jetzt schon in den Himmel versetzt habe, werde ich Sie so lange dort oben lassen, wie es mir gefällt) – Ich hatte mich noch keine sechs Wochen bedacht, ob ich Sie anbeten soll oder nicht – oder wie – oder mit welchem Weihrauch oder mit welchen Zeremonien –, da kamen die Pflichten und Zerstreuungen mir und meiner Hingabe in die Quere –, wie es vielen anderen guten Menschen auch geht – bis mein Gewissen sich regte und nicht länger beschwichtigen ließ.

Ich bewundere Ihren Vergleich über Ehegezänk, welches sich in schönster Harmonie endigt, und wagte ich's, so würde ich Ihnen eine Predigt über Ihren Text schreiben – aber ich muß auf mein gutes Benehmen achten; Gott segne Sie jedenfalls für das, was Sie über *Klugheit* sagen (oder Besonnenheit, ich weiß es nicht mehr) – doch ich glaube wahrhaftig, Sie machen sich Vergnügen daraus, mir diese zwei vorsichtigen alten Damen ans Herz zu legen, bloß weil Sie wissen, daß sie nicht völlig nach meinem Geschmack sind – Was die Besonnenheit betrifft, da bin ich mir sicher, obwohl ich wenig Umgang mit ihr pflege – hatte ich im Grunde immer Achtung vor ihr –, Sie ist eine sehr ehrbare Frau, & ich wäre ein Grobian, wollte ich ihr übel mitspielen — ich bestehe freilich darauf, sie darf mir keine Spielverderberin sein.

»Gott vergebe mir die Bände voller Zoten, zu denen ich Anlaß gegeben« – jetzt sage ich, Gott vergebe ihnen — und dieses Gebet sende ich unablässig empor für jene, die mich am garstigsten traktieren – der Bischof von Gloucester, der (für gewiß) derlei Widrigkeiten ertragen muß – wie sie noch kein Mensch je ertrug, sandte mir hierauf einen Beglückwünschungsbrief – dies heißt in Summa – Daß wir die Leiden anderer Menschen mit großem Gleichmut ertragen – Ich wünschte nur, man könnte die Vortrefflichkeit gewisser Leute mit ebensolcher Gleichgültigkeit ertragen —

& ich wäre nicht ganz so sehr, was ich
bin, der Ihrige
L– Sterne

***Mary Macartney*:** (gest. 1765), Tochter eines irischen Richters und Parlamentsabgeordneten, sie starb auf Jamaika, wohin sie ihrem Mann William Henry Lyttleton, Bruder des in Brief 51 erwähnten Lord GEORGE LYTTLETON und Gouverneur der Insel, gefolgt war.

Ein Krug mit kaltem Wasser ... der trockensten Wüste Arabiens ausschenkt: Ein ähnliches Bild ist auch in der »Empfindsamen Reise« zu finden (Kap. »Nampont. Der Postillon.«) – »Die durstigste Seele in der sandigsten Wüste Arabiens hätte nicht sehnlicher nach einem Becher kalten Wassers lechzen können, als die meinige ...« – beide gehen auf die Sprüche Salomos 25,25 – »Ejn gut Gerücht aus fernen Landen / Jst wie kalt wasser einer dürstigen Seele« – zurück.

***suivant les ordinances*:** den Regeln folgend, korrekt wäre *suivant les ordonnances.*

nie auch nur ein einziges vorbedachtes ... geschrieben: eine typisch Sterne'sche Schwindelei (siehe auch Anmerkungen zu Brief 45 »ohne eine einzige Korrektur«).

Unzucht mit den Moabitern: Wie Salomo es tat, der moabitische Weiber liebte (1. Könige 11,1), obwohl das 5. Buch Mose 23,3 von den Moabitern sagt, sie »sollen nicht in die Gemeine des HERRN komen / auch nach dem zehenden Gelied / sondern sie sollen nimer mehr hin ein komen«, stammten sie doch von Moab ab, dem Sohn Lots, in Blutschande mit seiner älteren Tochter gezeugt (1. Mose 19,36–37).

mit der sorglosen Regellosigkeit ... geschrieben wurde: Ein Stil, der Sterne am Herzen lag und zu Herzen ging, in Brief 130 etwa an Tochter LYDIA mahnt er ihn an – »Vergiß nicht, mir so zu schreiben als einem Freund – kurz, alles, was Dir in Dein kleines Köpfchen kommt«. Ähnliches wünscht er in Brief 154 ... und im »Tristram Shandy« erklärt YORICK die Mängel seiner Predigt – »sie kam mir aus dem Kopf statt aus dem Herzen ... Predigen, um den Grad unserer Bildung oder die Spitzfindigkeit unseres Verstandes darzutun – um so vor den Augen der gewöhnlichen Leute mit der lumpigen Summe dürftiger Gelehrsamkeit zu paradieren, die mit einigen glitzernden Worten beflittert ist, welche wenig Licht und noch weniger Wärme spenden – das ist ein schändlicher Mißbrauch der armseligen halben Stunde, die uns allwöchentlich anvertraut ist« (IV, Kap. XXVI).

an Tristram zu schreiben: Vielleicht hatte Mary Macartney ihren Brief an ›Tristram‹ adressiert, jedenfalls nennt Sterne sich (in der erhaltenen Korrespondenz) hier zum ersten Mal selbst so, einen Brief an CATHERINE FOURMANTEL hatte er mit ›Yorick‹ unterschrieben (siehe Brief 38).

mein 40ter Glaubensartikel: Jeder anglikanische Geistliche mußte bei der Ordination auf 39 Glaubensartikel schwören.

jene, die mich am garstigsten traktieren ... kein Mensch je ertrug: Sterne scheint sich auf einen Brief von WARBURTON zu beziehen (vom 26. Juni des Jahres), in dem dieser gewarnt hatte, Sterne solle »von Ihren Freunden kein Mitleid [erwarten] ob des Schmutzes und der Derbheiten, die man wider Sie sudeln wird, sie werden eher geneigt sein, Ihnen dazu zu gratulieren«. Warburton sprach aus Erfahrung, er hatte für seine eigenen Werke herbe Kritik einstecken müssen und wurde nun auch zur Zielscheibe des Hohns, der sich gegen den Autor des »Tristram Shandy« richtete. Eines der »Schilling-Pamphlete«, das im Juni 1760 bereits die 4. Auflage erreicht hatte, trug den Titel »The Clockmakers Outcry Against the Author of The Life and Opinions of Tristram Shandy« und war »dem demütigsten aller christlichen Prälaten« gewidmet, hinter dem sich, wie die Vorrede deutlich machte, nur einer verbergen konnte – »der Verfasser von Mosis *Göttlicher Sendung*«, der sich »kriechend die Freundschaft des Autors von Shandys *Obszöner Sendung*« erbettelte. Der Aufschrei des Uhrmachers, kein Gentleman könne mehr in Gesellschaft seine Uhr aufziehen, ohne daß die anwesenden Damen gleich auf seltsame Gedanken kämen, bezog sich auf WALTER SHANDYs Gewohnheit, an jedem Monatsanfang die Standuhr aufzuziehen und sich dann seiner ehelichen Pflichten zu entledigen (für Georg Büchners heiratsunlustigen Prinzen Leonce 1836 eine verlockende Aussicht – »O Shandy, alter Shandy, wer mir deine Uhr schenkte!«); desweiteren kanzelte der »Uhrmacher« den »Tristram Shandy« als »ketzerisch und verdammenswert« ab und nannte dessen Autor den »Wegbereiter des Antichristen« ...

64. An Jane Fenton

Coxwold [Sonntag],
3ter August, 1760

Madam

Wenn eines Mannes Hirn so trocken ist wie eine ausgepreßte Pomeranze – & er nicht mehr Einfälle hat als ein Holzschlegel, so wäre es vergebliche Mühe, sich niederzusetzen und einer Dame von Ihrem Geist einen Brief schreiben zu wollen, es sei denn, im redlichen Stockfisch-Stil *Ihr Geschätztes vom 15ten dieses ist mir sicher zu Händen gekommen &c*, was, nebenher gesagt, einem Geschäftsbrief gleicht; & Sie wissen ja wohl seit dem ersten Brief, den ich Ihnen zu schreiben die Ehre hatte, daß ich nichts weniger bin als ein Geschäftsmann. Dieser mißlichen Verlegenheit wegen, worin sich mein Genius befand, habe ich Mr Bains gesagt, ich würde Ihnen erst mit der nächsten Post schreiben – hoffend, bis dahin eine kleine Auffrischung zu verspüren zumindest an Munterkeit, wo nicht an Witz; – bei weiterem Bedenken meinte ich jedoch, ein schlechter Brief zur rechten Zeit – sei besser als ein guter zu unrechten – und die Folge hievon ist dieses Geschreibsel, sollten Sie es bei Erhalt sogleich verbrennen – verspreche ich Ihnen, eine wohlgesetzte Abhandlung zu senden, ganz im Stile Ihrer weiblichen Briefeschreiber allseits zurechtgetrimmt & ausgeputzt – vor solchen möge der Himmel mich bewahren, der ich in meinem ganzen Leben noch nie gewußt habe, was es heißt, auch nur ein einziges vorbedachtes Wort zu sagen oder zu schreiben — aus diesem Grund las ich Ihren Brief mit Vergnügen, denn er ward geschrieben mit der sorglosen Regellosigkeit eines unbeschwerten Herzens — Wer hat Ihnen erzählt, das Potpourri für Beard stamme von Garrick? – Es wurde allerdings in seinem Haus geschrieben, & zwar noch bevor ich London verließ — Ich bestreite, vor meiner Abreise aus der Stadt zwei Tage verlorengegangen zu sein — Ich war dort die ganze Zeit meines Aufenthalts über verloren & bin erst bei der Ankunft in meinem Shandy Castle wiedergefunden worden – Nächsten Winter habe ich mir vorgesetzt, mit größerer Wohlanständigkeit unter euch zu weilen & nirgendwo verlorenzugehen oder wiedergefunden zu werden —

Nun aber wünsche ich beim Himmel, ich würde neben Ihnen sitzen – Soeben bin ich mit einem Band vom Shandy fertig geworden, & mich verlangt, ihn jemandem vorzulesen, von dem ich weiß, daß er Humor genießen & goutieren kann – hier bin ich nun freilich ein wenig unverschämt – gilt mir doch etwas als ausgemacht, worüber Ihro hochmögende Gnaden, die Welt erst noch entscheiden muß — So aber habe ich es nicht gemeint – denn ich kann nur wünschen, Ihre Meinung zu erfahren — soll ich Ihnen die meine offenherzig sagen? — Ich wage es nicht – tue es aber dennoch; indes unter der Bedingung, Sie behalten es für sich; so wissen Sie denn, daß nach meinem Bedünken dieser Band mehr komischen Humor enthält und ebensoviel – wo nicht noch mehr – cervantische Satire als der letzte – allein, wir sind schlechte Richter, wenn es darum geht, die Verdienste unserer eigenen Kinder zu beurteilen.

Ich danke Ihnen tausendmal für Ihre freundliche Beglückwünschung zu meinem neuen Wohnsitz – und werde mich bestreben, daß Sie mir allezeit nur Gutes wünschen, denn ich bin, Madam,

in großer Verehrung & Aufrichtigkeit

Ihr ergebenster

L. Sterne

PS

Ich habe dies so schluderig & überhastet geschrieben, daß ich besorge, Sie müssen es zu einem Entzifferer tragen –

— Ich bitte Sie, erweisen Sie mir die Ehre, an mich zu schreiben – sonst bringen Sie mich in eine Patsche, anstatt daß Mr Bains Sie in eine bringt — denn es würde mich betrüben, von einer so angenehmen Korrespondentin einen bloßen Vorgeschmack zu bekommen – & nicht mehr.

Adieu,

Jane Fenton: Es gab diverse Mrs. Fentons in Sternes Umkreis, eine nannte er die »witzsprühende Witwe, Mrs. F«, näheres ist über die Dame nicht bekannt.

nicht mehr Einfälle hat wie ein Holzschlegel: Wenn wir glauben mögen, daß Sterne seinen SHAKESPEARE kannte, eine Leihnahme aus »Heinrich IV., Zweiter. Teil«, 2. Akt, 4. Szene, Falstaffs Urteil über Poins Einfallslosigkeit: »Sein Witz ist so dick wie Senf von Tewksbury, er hat nicht mehr Verstand als ein Holzhammer.«

Mr Bains: wieder ein Herr, dessen Identität nicht mit Sicherheit enträtselt werden konnte.

Potpourri für Beard: JOHN BEARD (um 1716–1791) debütierte 1734 bei einer Wiederaufnahme von HÄNDELs Oper »Il pastor fido«, der Komponist schrieb ihm danach viele Tenorarien auf den Leib – in einer Zeit, in der noch Kastraten die Opernhäuser regierten, eine Revolution. In den Londoner Lustgärten begeisterte Beard sein Publikum mit patriotischen und Nonsens-Liedern, außerdem leitete er das Covent Garden Theatre. Sterne dichtete wohl für Beard und

CATHERINE FOURMANTEL das Duett »How imperfect the joys of the soul« (siehe Anmerkungen zu Brief 54).
meinem Shandy Castle: Dies ist das erste Mal, daß Sterne – oder irgendjemand sonst – das Pfarrhaus von Coxwold nach »Tristram Shandy« benennt.
einem Band vom Shandy: Band III, den er zwei Monate zuvor begonnen hatte, siehe Brief 60.

65. An Mr Brown in Genf York. [Dienstag,] 9ter Sept, 1760

Sir

Mein guter Freund Mr Hall, der weiß, wie beglückt ich wäre, zu hören, daß Tristram Shandy den Weg nach Genf gefunden hat, und dem durch eine Person ihres Charakters ein so freundlicher Empfang zuteil wurde, war so gefällig, mir Ihren Brief an ihn zu schicken. Ich erwidere Ihren Dank in gebührender Weise, Sir, und ersuche Sie um die Erlaubnis, die vielen meinem ungelenken Kind erwiesenen Artigkeiten mir selbst gutschreiben zu dürfen, wofür Sie anschließend bitte meinen besten Dank entgegennehmen wollen.

Die meisten Ihrer mich betreffenden Vermutungen sind absolut zutreffend (außer die unmäßig lobpreisenden) – 1stens »Daß ich ein komischer Kauz bin« – aber das bin ich nicht erst beim Abendessen, noch weniger eine Stunde danach – solange brauchen Sie nicht zu warten, denn ich bin es schon vor dem Frühstück. 2tens »Daß ich meinen Montaigne genauso am Schnürchen habe wie mein Gebetbuch« – da haben Sie abermals recht, – doch wohlgemerkt, ein 2tes Mal, ich habe nicht gesagt, ich schätze ihn ebenso; freilich, würde er noch gelebt haben, wäre ich für gewiß zweimal so weit gegangen, um mit ihm ein Pfeifchen zu rauchen, wie für Erzbischof Laud oder seine Kaplane, (obschon, nebenher gesagt, einer davon mein Großvater war). Was die Armseligkeit meiner Rede und meine unwürdige körperliche Erscheinung betrifft – darüber bin ich der schlechteste Richter von der Welt – Hall ist mit diesen meinen Eigenarten zehnmal besser vertraut & wird Ihnen Bescheid darüber zukommen lassen. Mit Ihrer letzten Vermutung, ich würde Tabak rauchen – da gehen Sie arg fehl – nicht daß die Vermutung schlecht wäre, aber mein Gehirn ist so beschaffen – daß es keinen Tabak verträgt, insofern als der Rauch davon meine Ideen zu rasch ausbrütet, so daß sie schon ganz zerkocht wären, noch bevor sie gehörig aufgetischt werden könnten – die Hitze aus zweiter Hand freilich ist ihnen sehr bekömmlich, so daß Sie darauf bauen können, daß für jede Meile, die Sie gehen, um mich zu diesem Zweck zu treffen, ich zwei gehen werde; und wiewohl ich nicht mit Ihnen rauchen kann, werde ich Ihnen, zum Beweis, daß ich in vollkommener Harmonie mit Ihnen bin, einen langsamen Satz geigen, während Sie nach Ihrer Weise pfeifen, & Hall soll uns mit Blasebalg & Feuerzange eine Sarabande dazu tanzen, denn mit dieser Begleitung, müssen Sie wissen, hat er wahre Wunder vollbracht, seit er Genf verlassen hat.

Die klugen Köpfe, die ich auf dem Festland erkenne, sind alle aus dem gleichen Stoff gemacht & in dieselbe Form gegossen wie die klugen Köpfe dieser Insel, – sie philosophieren über Tristram Shandy aufs Haar gleich — sie alle suchen zu hoch oben – es ist das ewige Los niedriger Geister.

Seien Sie versichert, ich bin ein unwürdiger Arbeiter im Weinberg – und ich glaube wahrhaftig, einige Lords wünschten mich fort daraus – weil sie sich schreckliche Sorgen machen, ich könnte eines Tages mehr Schaden darin anrichten als Gutes tun. –

Wenn Sie mich mit einem Brief beehren, adressiert an mich, den Präbendar von York, so wird er mich entweder beim Baumschnitt, Umgraben, Pflügen, Jäten, Aushacken alter Wurzeln oder Abkarren von Schutt antreffen — Einerlei womit ich beschäftigt bin, verlassen Sie sich darauf, Ihr Brief wird in mir ganz den Ihrigen finden, denn ich bin mit größter Wertschätzung

für Ihren Charakter & ihre Person,

Sir, Ihr sehr verbundener &c.

L. Sterne

An Mr Brown in Genf: ROBERT BROWN (1728–1777), Pastor der englischen presbyterianischen Gemeinde in Utrecht, hielt sich lange genug in Genf auf (wo auch JOHN HALL-STEVENSON eine Zeitlang weilte), um in einen Streit mit VOLTAIRE verwickelt zu werden, nachdem er das Vorwort zu JACOB VERNETs »Lettres Critique d'un Voyageur Anglais«, verfasst hatte, einem an Voltaires Koenzyklopädisten D'ALEMBERT gerichteten Tadel, hatte der doch im ›Genf‹-Artikel der »Encyclopédie« die reformierten Pastoren in unmittelbare Nähe des Deismus gerückt.

Montaigne: MICHEL DE MONTAIGNE (1533–1592), französischer Schöpfer der Essayistik, dessen »Essais« nicht von ungefähr auf dem Index landeten; Sterne erwähnt ihn und sein Werk im »Tristram Shandy« mehrfach.

wäre ich für gewiß zweimal so weit … zu rauchen: Brown hatte geschrieben, er würde 50 Meilen reiten, um mit Sterne eine Pfeife zu rauchen – vielleicht dachte er dabei an »Tristram Shandy« I, Kap. X, und das Bekenntnis TRISTRAMs zum »unvergleichlichen Ritter von *La Mancha* …, den ich nebenbei bemerkt, trotz all seiner Narreteien mehr liebe als den größten Helden des Altertums und für den ich wahrhaftig weiter gereist wäre, um ihm meine Aufwartung zu machen«; man siehe auch III, Kap. XII – »Fünfzig Meilen wollt' ich zu Fuß gehen, dieweil ich nämlich kein Pferd habe, auf dem sich's reiten ließe, um die Hand des Mannes zu küssen, dessen großmütiges Herz die Zügel seiner Imagination den Händen eines Autors überlieferte, —auf das er ergötzt werde, ohne das Warum zu wissen und ohne sich um da Wozu zu scheren.«

Erzbischof Laud oder seine Kaplane … mein Großvater war: WILLIAM LAUD (1573–1645) war ab 1633 Erzbischof von Canterbury und verlangte, gegen puritanische Intentionen, die Einheitlichkeit der anglikanischen Kirche in Lehre und Ritualen, als engem Berater König Karls I. schlug man ihm wegen Hochverrtas den Kopf ab; Zeuge der Hinrichtung wurde Sternes Urgroßvater RICHARD STERNE (1595/96–1683), der Kaplan Lauds gewesen war, dann dem Jesus College in Cambridge vorstand, zum Bischof von Carlisle und schließlich 1664 zum Erzbischof von York geweiht wurde.

Vermutung, ich würde Tabak rauchen: Brown hatte gemutmaßt, Sterne nehme den »schöpferischen Rauch des himmlischen Tabaks« als Stimulanz des Geistes, vielleicht dachte er auch hierbei an »Tristram Shandy«, schmaucht doch ONKEL TOBY türkische Pfeifen und ersinnt gar eine erstaunliche Konstruktion, um rauchend Feldgeschütze abfeuern zu können (IV, Kap. XXIV–XVIII); er wußte aber sicherlich auch, daß zahlreiche Gelehrte die positiven geistig-seelischen Wirkungen des Tabaks priesen.

einen langsamen Satz geigen: Sterne verstand einiges von Musik und hielt im »Memorandum« fest, daß »Bücher, Malen, Geigenspiel und die Jagd ... mein Zeitvertreib [waren]«.

sie alle suchen zu hoch oben ... Los niedriger Geister: Sterne greift den Gedanken in »Tristram Shandy« IV, gegen Ende von »Slawkenbergius' Erzählung« wieder auf – »Nur wenigen ist's vergönnt, die wahren Ursachen dieser und ähnlicher Umwälzungen auszuspüren. – Die gemeinen Leute suchen sie zu hoch oben – Staatsmänner zu tief unten – Die Wahrheit liegt (für diesmal) in der Mitte«.

ein unwürdiger Arbeiter im Weinberg: Brown hatte HALL-STEVENSON gefragt, ob Sterne fürwahr Geistlicher sei und in welchem Teil des Weinbergs er arbeite – auf das Gleichnis »Von den Arbeitern im Weinberg« (Matthäus 20,1–16) anspielend, das mit dem Satz »Denn viel sind beruffen / Aber wenig sind auserwelet« endet.

66. An Stephen Croft [Sonntag, 5. Oktober 1760]

Werter Sir

Ich weiß nicht, ob ich Ihnen je für die zehn Guineen gedankt habe, die Sie meiner Frau vergangenes Frühjahr gütigerweise geliehen haben – doch nun tue ich es und schicke Ihnen Ihre Jahresrechnung, um die Schuld zu tilgen.

	£ : s: d
Abtragung für 1 Jahr	5: 0: 0
Pfarracker dito	1: 16: 0
Northskeugh Weide	4: 10: 0
Zehnte Heu	1: 11: 0
	12: 17: 0
Erhalten	10: 10: 0
Rest	2: 7: 0

5. Okt. 1760

Erhielt obgenannte Summe, fällig am letzten Michaelistag und zahlbar mir als Vikar von Stillington.

Lau: Sterne

zehn Guineen ... gütigerweise geliehen haben: siehe Brief 56.
Michaelistag: Pachten wurden vierteljährlich gezahlt, einer der Zahltage war der Festtag des hl. Michael, der 29. September.

67. An Elizabeth Montagu [London, Dezember 1760]

Madam

Nie noch fand ich mich in solcher Verlegenheit wie eben jetzt, da ich mich anschicke, Ihren Brief zu beantworten, den durch Mr Torriano von Ihnen zu erhalten ich die Ehre und das Glück hatte; bedrückt mich doch das Übermaß Ihrer Aufrichtigkeit & Güte zehnmal mehr als zuvor der Gegenstand meiner Klage: Ausschließlich der Begriff, welchen ich, gemeinsam mit aller Welt, von Mrs Montagu hege, trägt Schuld, daß ich mich überhaupt grämte — oder meine Freundin wissen ließ, was ich fühlte; ohne das große Vertrauen in Ihren vortrefflichen Charakter hätte ich den letzten Schritt nicht gewagt: Ich wollte Gnade – aber keine Aufopferung; und muß wiederum Ihre Verzeihung erbitten, was ich aus ganzer Seele tue, für die Qual einer Ihnen zugemuteten Entschuldigung für etwas, das tatsächlich eher ein Mißgeschick war als ein Fehler; & bloß die notwendige Folge einer ganzen Reihe von Eindrücken, die mich in ein ungünstiges Licht stellen sollten. Der Kanzler von York, Dr Herring, war vermutlich die Person, die sich der Ehre des Dekans von York verpflichtet fühlte & dem Dekan darum einen Freundschaftsdienst leisten wollte, indem er einen Keil zwischen den Dekan & mich zu treiben gedachte – der arme Mann plagt sich damit seit vielen Jahren ab –, doch nicht aus Eifer für das Ansehen des Dekans, sondern um dem Dekan von St Asaph, seinem Sohn, die nächste Residentenstelle zu sichern; er hat sich zuletzt selbst überlistet & muß jetzt alle Ränke mit seinem Gewissen abmachen, ohne seinen Zweck wahrscheinlich jemals zu erreichen: — Ich nehme mir die Freiheit, einen Brief beizulegen, den ich letzten Monat dem Dekan schrieb und der mein hartes Vorgehen etwas erhellt – & Ihnen zeigen wird, daß ich dem Dekan von York ein ebensolcher Schutz gewesen – wie er mir: Seine Antwort darauf hat mir alle Sorgen hinsichtlich meiner Aussichten in der Kirche von York genommen & den Dekan & mich so fest verbunden, daß ein künftiger Bruch unmöglich scheint. Ich dachte mir, es würde Ihnen Befriedigung gewähren, zu sehen, wie meine Sachen stehen – & wie sehr & unverdient ich beschimpft wurde: Wenn Sie ihn gelesen haben – soll er nie wieder gelesen werden, die Gründe hierfür, werden Ihrem Scharfsinn sogleich ersichtlich sein.

Ich danke Ihnen, daß Sie sich meiner Frau angenommen haben – & es wird wohl keinen redlichen Menschen geben, der mir nicht bestätigen wird, daß ich ihr immer den Charakter einer so moralischen & tugendhaften Frau, wie Gott sie je erschaffen, bescheinigt habe — Was zwischen uns je zur Unzufriedenheit geführt hat, ist vergangen – Wir haben uns zur beiderseitigen Zufriedenheit und in allen Ehren verglichen – & werden nach meiner Überzeugung unsere Tage ohne ein vorwurfvolles oder unhöfliches Wort endigen:

Mr Torriano hat mich mit der Mitteilung beglückt, daß ich am Freitag mit Ihnen speisen soll: und ich will Sorge tragen und es mir zum Grundsatz erheben, mich stets so auszuführen, daß Sie keinen Grund haben werden, die mir erwiesene Güte zu bereuen. Ich bin, Madam

mit aufrichtiger Dankbarkeit
Ihr gehorsamer & affektionierter
Verwandter
Laur Sterne

An Elizabeth Montagu: (1720–1800), eine Cousine von Sternes Frau ELIZABETH, gehörte zu den ersten ›Blaustrümpfen‹, gebildeten Frauen, die in ihren Salons angeregte Konversation dem Kartenspiel als würdigeren Zeitvertreib vorzogen; ihr Haus in Mayfair war ein Mittelpunkt des intellektuellen Lebens, Politiker, Schriftsteller und Künstler wie WALPOLE, JOHNSON – der sie zur »Königin der

Blaustrümpfe« erhob –, GARRICK und REYNOLDS gingen dort ein und aus.

Mr Torriano: Dr. SAMUEL TORRIANO (gest. 1785) war zu dieser Zeit Sekretär des Yorker Erzbischofs GILBERT und ein Freund von Elizabeth Montagu; ELIZABETH STERNE hatte ihre Cousine in diesen Streit über Ämtervergaben hineingezogen, Sterne selbst hatte die Hoffnung, ein festes Amt im Münsterkapitel (»Residentenstelle«) zu erhalten, noch immer nicht aufgegeben.

Dr Herring: WILLIAM HERRING (siehe Anmerkungen zu Brief 6, »des Kanzlers, der zur Türe geschlappt kam«).

Dekans von York: noch immer JOHN FOUNTAYNE.

Dekans von St Asaph: der (1718–1774) wie sein Vater WILLIAM HERRING hieß und für seine Ämteranhäufung berüchtigt war.

Ich danke Ihnen ... ohne ein vorwurfvolles oder unhöfliches Wort endigen: ELIZABETH STERNE hatte sich bei Elizabeth Montagu brieflich über ihren »schlechten Ehemann«, der sie »vernachlässigt« und ihr vorhält, seine »Fortune zunichte gemacht« zu haben, beklagt und ihre Cousine um Vermittlung und Sympathie gebeten. Sternes Wunsch, niemals wieder ein vorwurfsvolles oder unhöfliches Wort mit seiner Frau zu wechseln, erwies sich als frommer.

68. [M] An Stephen Croft London, [Donnerstag,] am Christtage [1760]

Mein lieber Freund,

seit dem Augenblick meiner Ankunft allhier werde ich unablässig umgetrieben – teils von meinen Büchern und teils von den Besuchern und Besuchen, so daß ich mich nicht eher niedersetzen konnte, um den Erhalt Ihres verbindlichen Briefes zu bestätigen und Ihnen für die überaus freundlichen Beweggründe, ihn zu schreiben, meinen Dank zu melden: Ich bin lange nicht so besorgt wie meine lieben

Freunde zu Stillington wegen des Kapitels über *Nasen* – denn da die Hauptsatire in diesem Teil auf jene gelehrten Dummköpfe zielt, die in allen Jahrhunderten ihre Zeit und viel Gelehrsamkeit an ebenso törichte Dinge verschwendet haben – wird von der Richtung abgelenkt, die Sie befürchten – und man hält es hier für sehr gut – es mag so hingehen – freilich nicht bei allen – nein – nein! Man wird mich angreifen und bewerfen, sei's aus Kellern oder Dachstuben, ich mag schreiben, was ich will – und ich muß mich überdies gefaßt halten auf eine Gegenpartei, die nach vielen Hunderten zählt – welche entweder nicht lachen können – oder wollen. – Genug, wenn ich die eine Hälfte der Welt für mich habe; – ich wenigstens will mich damit bescheiden. – Ich wünschte, Sie wären hier und könnten die veränderten Mienen und politischen Raisonnements erleben, die man seit dem verwich'nen Jahr in jeder Gesellschaft und in jedem Kaffeehaus bestaunen kann; bald werden wir Preußen und Antipreußen, Buteaner und Antibuteaner sein, und diese Unterscheidungen werden genauso taugen wie Whig und Tory – und nach meinem Dafürhalten dem nämlichen Zweck dienen. — Der König scheint entschlossen, alles auf die ursprünglichen Grundsätze zurückzubringen und die Flut an Bestechung und Faulheit einzudämmen. – Er steht jeden Morgen um sechs Uhr auf, seine Angelegenheiten zu betreiben – reitet auf den Schlag acht Uhr aus, kehrt um neun Uhr zurück, um sich seinem Volk zu widmen. – Wenn er so fortfährt, so glaubt man, er werde seine Minister und Untergebenen nötigen, etliche Stunden früher als in letzter Zeit die Geschäfte mit ihm abzuhandeln – und es ist noch sehr die Frage, ob sie sich nicht gar in den Stand gesetzt finden, ihm noch früher aufzuwarten, indem sie vom eigenen langen Lever befreit werden und von den vielen Gesuchstellern, die vermutlich gleich an ihn verwiesen werden – weil das jetzige System darauf geht, jene Phalanx von vornehmen Herren zu entfernen, die zwischen dem Thron und den Untertanen stunden und diesen, ohne Dazwischenkunft einer Kabale – (so sprechen andere), einen unmittelbaren Zutritt zu erlauben: immerhin, der König erteilt alles selber, weiß um alles und erwägt alles reiflich und bleibt dann unbeugsam – dies bringt alte Praktikusse aus dem Tritt – wie's freilich enden wird, hierüber tappen wir alle im Dunkeln.

Man befürchtet, der Krieg in Deutschland sei ganz aus; nie hat ein solches Gemetzel unter den Truppen stattgefunden – Gestern sagte mir ein Oberst, der aus Deutschland kam, von zwei Bataillonen mit neunhundert Mann, worunter er gehöre, seien nur noch einundsiebzig übrig! – Prinz Ferdinand hat gemeldet, wie es heißt, man müsse ihm unverzüglich vierzigtausend Mann schicken, um ins Feld rücken zu können – und ebenfalls auch Proviant für sie, denn er könne sie nur noch auf zwei Wochen verpflegen – Ich hoffe, dieser Brief wird Sie alle in York antreffen – Der liebreizenden Mrs. Croft bitte ich meine Empfehlung &c. &c zu melden.

Zwar hatte ich's mir zunächst vorgesetzt, Golden-Square aufzusuchen, allein, das Schicksal verfügt schon so lange über mich – daß ich bisher keinen Schritt in die selbige Gegend zu tun vermochte.

Ich bin, werter Sir,
Ihr zugetaner
L. Sterne

unablässig umgetrieben – teils von meinen Büchern: Die Bände III und IV stellten den Verleger vor einige gestalterische Herausforderungen (das individuelle Herstellen und Einbinden marmorierter Seiten etc.). Sterne verfolgte den Herstellungsprozeß aufmerksam, doch er mag sich auch darauf beziehen, daß ein gewisser JOHN CARR (1722–1807, seines Zeichens Schulmeister in Hertford) einen III. Band des »Tristram Shandy« auf den Markt gebracht hatte, Sterne warnte in einer Anzeige im »York Courant« am 7. Oktober 1760 vor dieser Fälschung und erklärte, die wahren Fortsetzungen (III und IV) erschienen erst um Weihnachten bei DODSLEY.

Kapitels über Nasen: In Kap. XXXI von Band III wendet Sterne sich den Nasen zu, hier zielt er wohl auf »Slawkenbergius' Erzählung«, samt der Erörterung von DIEGOs Nase als Scholastizismus-Parodie, in Band IV ab.

Man wird mich angreifen und bewerfen: Und so geschah es, der erste Kombattant war OWEN RUFFHEAD (1723–1769), Anwalt und Literaturkritiker, der im Februar 1761 in der »Monthly Review« bekannte, es möge »in dieser nasiologischen Rodomontade einige scharf- und tiefsinnige Anspielungen geben ..., doch haben wir nicht genug Verstand, sie zu ergründen«, das Thema biete dem »frechen Tristram eine Gelegenheit, seinen lüsternen Grillen in mannigfachen unanständigen und fleischlichen Anspielungen zu frönen«.

die veränderten Mienen und politischen Raisonnements ...: George II. war am 25. Oktober 1760 gestorben, auf den Thron folgte ihm sein 22 Jahre alter Enkel als GEORGE III. (1738–1820). Der junge König, der erste aus der hannoverschen Linie, der sich als Brite fühlte, sagte der Korruption, »Lastern, Gottlosigkeit und Unmoral« den Kampf an und ging – unter dem Einfluß des Torys JOHN STUART (1713–1792), 3. EARL OF BUTE – daran, die Stellung des Monarchen gegen das Parlament und die Whig-Partei wieder zu stärken; auch war er entschlossen, den (Siebenjährigen) Krieg (siehe weiter unten im Brieftext »der Krieg in Deutschland«) nicht weiterzuführen, obwohl das den Bündnispartner Preußen in arge Bedrängnis brachte – und so spaltete sich die politisch interessierte Gesellschaft in »Preußen und Antipreußen, Buteaner und Antibuteaner«.

69. [M] An Stephen Croft [London, Januar 1761]

Mein werter Sir,

Mir bleibt eben Zeit, Ihnen den Empfang Ihres werten Schreibens zu melden, aber nicht, die zwei von Ihnen erwähnten Stiche zu besorgen – die Ihnen mit der nächsten Post zugehen sollen – Ich habe sie gekauft und Miss Gilbert geliehen, will sie aber gewiß abholen lassen und Ihnen beilegen: Ich werde zusehen, daß Sie Ihre Bilder gut und wohlfeil kopiert bekommen. Und kann ich Ihnen sonst worin behilflich sein, so ersuche ich Sie, sich meiner zu bedienen; auch will ich Sie von Zeit zu Zeit über alles benachrichtigen, was der Mitteilung verlohnt. – Der Strom geht nun stark wider den Krieg in Deutschland. Laute Beschwerden, ——— mache einen Handel aus dem Krieg &c. &c., man verspricht sich viel von Ld. Granbys diesbezüglichen Zeugnissen, der stündlich erwartet wird; – der König wird täglich beim Volk beliebter, läßt sich oft beim Schauspiel sehen (aber nicht in der Oper), reitet mit seinen Brüdern jeden Morgen von halb acht bis neun Uhr aus – kommt mit ihnen zurück – frühstückt mit ihnen eine Stunde bei Gesprächen – und geht alsdann an seine Geschäfte. Seit meiner Ankunft hier habe ich kein einziges Mal zu Hause gespeist – ich bin derzeit zu vierzehn Diners verabredet und fürchte, die Sachen werden in dieser Hinsicht eher schlechter als besser werden. — Was nun den Hauptpunkt betrifft, auf den Sie anspielen – kann ich nur soviel sagen, ich sehe meinen Weg und werde, es sei denn, Satan würfelt mir ins Spiel – zu gehöriger Zeit als Sieger hervorgehen. — Der Tristram wird am zwanzigsten herauskommen – er sorgt, ehe er noch die Bühne betreten hat, für großen Lärm – ob dies aber nützen oder schaden wird, weiß ich nicht – einige der vornehmsten Köpfe, sowohl hinsichtlich ihres Geistes als auch ihres Ranges, garantieren mir meinen glücklichen Erfolg – die Zeit wird es weisen – Adieu, werter Sir! und melden Sie Mrs. Croft &c. meine Empfehlungen.

Ich bin Ihr verbundenster
und ergebenster
L. Sterne

Miss Gilbert: EMMA GILBERT (1729–1807), Tochter des Yorker Erzbischofs JOHN GILBERT, heiratete im August des Jahres George, 3. Baron Edgcumbe, den Sohn des in Brief 51 erwähnten RICHARD EDGCUMBE. Welche ›zwei Stiche‹ sich Croft erbeten hatte und welche ›Bilder‹ kopiert werden sollten, ist nicht bekannt.

– – – mache einen Handel aus dem Krieg: Die zahme Unkenntlichmachung durch Sternes Tochter LYDIA läßt doch den Schluß zu, hier sei der preußische König FRIEDRICH II. gemeint, denn in Großbritannien mehrten sich unzufriedene Stimmen, die dem Preußen vorwarfen, er nehme Unsummen britischen Geldes und führe damit seinen eigenen Krieg, hülfe aber der britischen Sache nicht.

Ld. Granbys: JOHN MANNERS (1721–1770), MARQUESS OF GRANBY, Oberbefehlshaber der britischen Truppen im »deutschen Krieg«.

Der Tristram wird am zwanzigsten herauskommen: Tatsächlich erschienen die Bände III und IV, auch diese mit einem Frontispiz von HOGARTH, erst am 29. Januar 1761.

70. [M] An Stephen Croft [London, Dienstag, 17. Februar, 1761]

Werter Sir,

Seitdem ich Ihren gefälligen Brief erhielt, gab es keinen Tag, an dem nicht etwas vorgefallen wäre oder gesagt wurde, dem man nicht am nächsten Tag widersprochen hätte; da ich also wenig Zuverlässiges zu schreiben wußte, bin ich vom Schreiben überhaupt abgestanden, in der täglichen Hoffnung, einen zuverlässigeren Stoff zum Füllen eines Briefes zu bekommen. Gestern hegten wir die allergrößten Erwartungen auf eine regelrechte Schlacht im Unterhaus, worin Mr. Pitt erscheinen und den Fehdehandschuh zur Verteidigung des deutschen Krieges hinwerfen sollte. – Nie war das Haus so voll – die Galerie bis oben hin besetzt – ich war den ganzen Tag dort – aber siehe! ein politischer Anfall von Gicht überfiel den großen Kämpfer – er trat nicht in die Schranken – Beckford stund auf und bat das Haus, die Debatte zu verschieben, da er seinen sehr ehrenwerten Freund nicht in ihren Reihen sähe – es ging nicht an; daher erhob sich Beckford und hielt eine sehr lange, glühende und verworrene Rede zur Verteidigung des deutschen Krieges – indes mit scharfem Tadel für die verschwenderische Weise, womit solcher geführt werde – wobei er sich vornehmlich an den Schatzkanzler wandte und ihn jämmerlich zurichtete. – Dem Verlauten nach, hat das hannöversche Kanzleiamt, auf Rechnung, 350,000 Pfund ausgelegt und unsere Schatzkammer zur Schuldnerin gemacht – Die große Debatte entzündete sich nun über eine gewissenhafte Prüfung der Einzelheiten dieser überspannten Rechnung und ihre Beglaubigung durch Belege. Legge respondierte Beckford überaus vernünftig und wohlüberlegt – Lord North sprach lange – Sir Francis Dashwood behauptete, der deutsche Krieg sei verderblich – Mr. Cocks aus Surrey wandte sich nebst einigen anderen recht verständig wider die Rechnung – Endlich stund Lord Barrington auf und redete eine halbe Stunde lang mit großer Deutlichkeit und Mäßigung – und erklärte, zugunsten des verstorbenen Königs, sehr viele geheime Triebfedern in Ansehung dieser Rechnungen – berichtete einige Unterredungen zwischen dem König und ihm über diese Ausgaben – was dem Charakter des Königs sehr zur Ehre gereichte. Und zwar wegen des Geldes, das der König insgeheim aus seiner eigenen Schatulle bezahlt hatte, um die Rechnung zu vermindern, so uns die Hannöverischen zur Begleichung vorlegten.

Beckford und Barrington schmähten alle Beförderer und Befürworter des Friedens; und Beckford setzte hinzu, die Gründe, jetzt einen Frieden zu wünschen, seien die nämlichen als beim Utrechter Frieden – Die Leute hinter dem Vorhang könnten nicht zu gleicher Zeit den Krieg fortführen und sich in ihren Ämtern erhalten und wollten deswegen die Nation noch einmal den eigenen Interessen aufopfern. – Immerhin – der Ruf nach Frieden ist so allgemein, daß es gewiß einen bewirken wird. Nun zu mir. —

Die eine Hälfte der Stadt schmäht mein Buch ebenso bitter, als die andere es in den Himmel hebt – das beste dabei ist, sie schmähen und sie kaufen es, und zwar so begierig, daß wir aufs eifrigste an einer zweiten Auflage drucken.

Ich gehe für ein oder zwei Tage mit Mr. Spencer nach Wimbledon; am Mittwoch gibt Lady Northumberland einen Galaempfang. Ich habe mich allenthalben nach Stephens Angelegenheiten umgehört und konnte nichts in Erfahrung bringen – Mein Freund, Mr. Charles Townshend wird der nächste Kriegssekretär – und erwartet bereits meine Beglückwünschung, wiewohl er es noch nicht ist. – Ich will mich bei ihm erkundigen – und seien Sie versichert, mein wertester Freund, daß ich Ihnen nicht verschweigen werde, was ich von ihm höre – und glauben Sie, daß ich auf immerdar bin

Ihr

L. S.

ein politischer Anfall von Gicht: HORACE WALPOLE (1717–1797), damals Abgeordneter im Unterhaus (seine schriftstellerische Karriere begann erst drei Jahre später mit der Veröffentlichung der *Gothic Novel* »The Castle of Otranto«), hielt den Gichtanfall nicht für vorgeschoben, Pitt habe vor Schmerzen 14 Nächte lang kein Auge zugetan, vertraute er einem Briefpartner an.

Beckford: WILLIAM BECKFORD (1709–1770), Unterhausabgeordneter und zu dieser Zeit auch Oberbürgermeister von London, war für seine so leidenschaftlichen wie verworrenen Reden wohlbekannt.

Schatzkanzler: HENRY BILSON-LEGGE (1708–1764), ein Onkel von ELIZABETH STERNEs Schwager JOHN BOTHAM; es war zur parlamentarischen Gewohnheit geworden, ihm die hohen Kriegslasten anzukreiden, unter der Herrschaft des neuen Königs begann sein Stern zu sinken.

das hannöversche Kanzleiamt ... unsere Schatzkammer zur Schuldnerin gemacht: Es ging um eine bis dahin geheime Vereinbarung, dem Landgrafen von Hessen, einem Verbündeten im Siebenjährigen Krieg, eine hohe Entschädigungssumme zu zahlen. Der britische König war damals in Personalunion noch Kurfürst von Hannover, die Verwaltungen und Schatzämter wurden getrennt geführt.

Lord North: FREDERICK NORTH (1732–1792), Abgeordneter und damals als einer der Lords of the Treasury für die Finanzen zuständig.

Sir Francis Dashwood: (1708–1781), 11. Baron le Despenser, Abgeordneter, ein Parteigänger des EARL OF BUTE, Nachfolger LORD BARRINGTONs (siehe unten) als Schatzkanzler, außerdem als Wüstling und Gründer des sogenannten Hellfire Clubs berühmt-berüchtigt (die Clubmitglieder sollen unter dem RABELAIS'schen Motto »Fay ce que vouldras« getan haben, was sie wollten – Orgien und Schwarze Messen feiern).

Mr. Cocks: CHARLES COCKS (1725–1806) war nicht nur Unterhausabgeordneter, sondern arbeitete auch in verantwortsvoller Stellung für das Amt, das die Armee mit Waffen und Ausrüstung versorgte.

Lord Barrington: WILLIAM WILDMAN BARRINGTON-SHUTE (1717–1793), 2. Viscount Barrington, damals Kriegsstaatsekretär, Ende des Jahres als Nachfolger LEGGEs zum Schatzkanzler ernannt, WALPOLE hielt ihn für einen ausgezeichneten Redner.

Utrechter Frieden: beendete 1713 den Spanischen Erfolgekrieg – und flößte ONKEL TOBY »um ein Haar einen Ekel vor Belagerungen ein«, siehe »Tristram Shandy«, VI, Kap. XXXI, – »Bis an sein Lebensende konnte er den Namen *Utrecht*, gleichviel bei welcher Veranlassung, nicht nennen hören ... ohne so tief aufzuseufzen, als wollte ihm das Herz entzweispringen«.

Mr. Spencer: JOHN SPENCER (1734–1783), ab April 1761 Viscount Spencer of Althorp, ein Urenkel des 1. Duke of Marlborough, der für ONKEL TOBY und so manch anderen eine bedeutende Rolle spielte; Wimbledon Park westlich von London war nur einer seiner prächtigen Landsitze. Spencer und seine Frau Lady MARGARET GEORGIANA wurden die glühendsten Bewunderer Sternes, der dem Lord Band V und VI, der Lady »Die Geschichte des Le Fever« (Kap. IV) in Band VI des »Tristram Shandy« widmete.

Lady Northumberland: ELIZABETH, Baroness Percy und COUNTESS OF NORTHUMBERLAND (1716–1776), Oberst-Kammerherrin der Königin, freimütige und freiheitsliebende Kunstsammlerin und Gastgeberin der feinen Gesellschaft.
Stephens Angelegenheiten: Der Sohn (1744–1813) des Adressaten, war gerade zum Dragonercornet avanciert und in Deutschland stationiert, er sann sicherlich auf Beförderung.
Charles Townshend: (1725–1767), »unübertroffen in seiner Brillanz und seinem Wankelmut in einer Generation, die weder fade noch standhaft war, trug er wirksam zur politschen Konfusion seiner Zeit bei und starb, ohne eine wirkliche Errungenschaft beanspruchen zu können« (wie der Historiker LEWIS NAMIER befand).

71. [M] An Stephen Croft [London, ?Dienstag, 17. März, 1761]

Mein werter Sir,

ein durch einen schlimmen Sturz verstauchtes Handgelenk hat mich an der Beantwortung Ihres zuvorkommenden Briefes gehindert. Gestern morgen frühstückte ich mit Mr. V ––, der so etwas wie die rechte Hand des Sekretärs ist, um mich bei ihm wegen der Schicklichkeit oder Tunlichkeit desjenigen, was Sie von mir wünschen, zu erkundigen – und er hat mir folgende Anekdote erzählt, die, wären Sie hiergewesen, es, meines Erachtens, ratsamer erscheinen ließe, die Sache erst einen Monat später anzugehen; es ist nämlich um dies – Sie müssen wissen, die Menge der Offiziere, die ihre Regimenter in Deutschland verlassen haben, um der Lustbarkeiten Londons wegen, sind hier seit langem Zielscheibe des Spotts; weil man sie immerzu antrifft, wie sie sich in St James' Kaffeehaus und im Park mit offenem Munde danach erkundigen, wie die Sachen in Deutschland stehen und was es an Neuigkeiten gebe? – indessen sie doch selber dort sein und Neuigkeiten liefern sollten – allein das schlimmste dabei ist, daß viele von ihnen ihre Mitoffiziere im Dienst und in allen Strapazen desselben im Stich gelassen haben und bloß in der Absicht hierhergekommen sind, sich Freunde zu machen und unbilliger Weise den Vorzug vor *denjenigen* zu erhalten, die zurück geblieben sind und *ihr Leben* wagen. – Dieser Versuch ist einigen nur zu wohl gelungen, was unter den zurückgebliebenen Offizieren zurecht böses Blut und Murren erregt hat – das Ende vom Lied war, daß sie alle miteinander den Befehl zur Abreise erhalten haben, und wehe demjenigen (heißt es), den man darin unlustig fände. Nun aber dünkt mich, den Fall unseres Freundes gerade jetzt zu erwähnen, da das Geschrei noch fortdauert, würde ihm mehr schaden als nutzen; im Falle Sie aber anders für gut halten, so will ich herzlich gern zu Mr. Townshend gehen und es erwähnen – denn um mehr auszuwirken, bin ich eine viel zu unbedeutende Person. Mit dem zu York umlaufenden Gerücht, mir sei der Hof verboten worden, haben Sie sehr zu meiner Erheiterung und der meiner Freunde beigetragen – Diese Leute bedenken aber nicht, zu was für einer wichtigen Person sie mich machen, sollten sie glauben, der König käme je auf den Gedanken, sich dafür zu interessieren, ob ich bei Hofe erscheine oder nicht – und was seine Entourage betrifft, so habe ich die Ehre, ihr entweder persönlich so wohlbekannt oder von den vornehmsten Standespersonen so gut empfohlen zu sein, daß ich ein solches Ereignis nicht befürchte.

Gottlob, habe ich mir bislang noch (B…'s ausgenommen) keine Freundschaft oder Beziehung verscherzt oder etwas getan, das dies bewirken könnte – sondern im Gegenteil, kennt man meinen wahren Charakter nur noch besser, und wo ich im vergangenen Jahr einen Freund hatte, der mir Ehre gab, habe ich ihrer nun drei – Wüßten meine Feinde, daß sie durch dergleichen Bosheit und Lästerungen sowohl mir als meinem Werk einen wirklichen Nutzen schaffen, so würden sie sich ruhiger stellen – aber dies Schicksal ist auch Größeren als mir widerfahren, daß der Weg zum Ruhm dem Weg zum Himmel gleicht – er führet durch viele Drangsale – bis mir die Ehre zuteil wird, ebenso viel mißhandelt zu werden wie Rabelais und Swift, muß ich mich noch in Demut üben; denn das Maß ihrer *Verfolgungen* habe ich noch nicht einmal zur Hälfte erreicht.

Der Hof wird auf den Kopf gestellt. Lord Bute, le Premier – Lord Talbot, Kammerherr, anstatt des Duke of Rutland – Lord Halifax, nach Irland – Sir Francis Dashwood, an Talbot's Stelle – Pitt scheint ungerührt – ein Friede unvermeidlich – die Aktien steigen – die Peers küssen nun Hände, &c. &c. (Man könnte diese Woche Handkuß-Woche taufen), denn diese Veränderungen werden noch hundert andere nach sich ziehen. Mrs. Croft und allen Freunden belieben Sie mich zu empfehlen, und glauben Sie, daß ich mit der vollkommensten Treue bin

Ihr,
L. Sterne

PS

ist es nicht seltsam, daß Lord Talbot die Macht haben sollte, den Duke of Rutland zu verdrängen.

Wenn Sie dies gelesen haben, so bitte ich Sie, die Neuigkeiten an Mrs. Sterne zu senden.

Mr. V —: wahrscheinlich CHARLES VERNON (1719–1810), damals Oberst und nicht wankelmütig.

mir sei der Hof verboten worden: Sterne hatte einflußreiche Fürsprecher, war aber sicherlich kein Favorit des moralliebenden Monarchen, der ihm bei seiner Vorstellung bei Hofe nur knapp zugenickt haben soll.

B...'s: die Identität des Herrn bleibt unbekannt.

Lord Bute, le Premier … an Talbot's Stelle: Der 3. EARL OF BUTE, als Intrigant bekannt, wurde Staatssekretär; WILLIAM TALBOT (1710–1782), Baron Talbot of Hensol, hatte zur Entourage des Vaters von George III. gehört; JOHN MANNERS (1696–1779), 3. DUKE OF RUTLAND, gehörte im Gegensatz zu Talbot dem alten Adel an; GEORGE MONTAGU-DUNK (1716–1771), 2. EARL OF HALIFAX (dem die Hauptstadt von Nova Scotia ihren Namen verdankt), wurde Lord Lieutenant von Irland; DASHWOOD übernahm Talbots Aufgaben als Schatullenverwalter.
Pitt scheint ungerührt: Doch nur fürs erste, im Oktober des Jahres nahm er seinen Abschied aus dem Kabinett und ging in die Opposition, 1766 kehrte er als Premierminister zurück.

72. *An George Whatley*

[London, Mittwoch,]
25. März 1761]

Den 5ten April 1761 und so gewiß als dieser Tag kommt und so gewiß als das Findlingshospital steht, will ich —(das heißt, im Falle, ich selber stehe) mein Gewissen von dem Versprechen entlasten, indem ich keine halbstündige (keine jämmerliche halbstündige), denn so lange könnte ich nie predigen, ohne mich selbst und meine Herde zu Tode zu erschöpfen — sondern eine kurze Predigt für Sie halte und Ihnen auf meine Art einen *Klaps* versetze: — Predigen (müssen Sie wissen) ist ein theologischer Klaps aufs Herz, so wie das Mahnen an ein Versprechen ein politischer Klaps aufs Gedächtnis: — beide, der eine wie der andere, sind unnütz, wo die Menschen *genug Verstand* besitzen, um ehrlich zu sein. Dies führt zu meiner Hypothese über Witz und Urteilskraft. Ich glaube, Ihr besitzt beides in hohem Maße, und deswegen bin ich mit großer Wertschätzung aufrichtig Ihr

Laurence Sterne

PS

Ich werde Sorge tragen, gegen Viertel vor elf im oder beim Hospital unter den Kolonnaden zu spazieren.

***George Whatley*:** (1709–1791), Londoner Kaufmann und, neben HOGARTH und DASHWOOD, einer der Direktoren des Findlingshospitals.

das Findlingshospital: war 1739 im damals noch ländlichen Holborn nördlich von London für die Versorgung und Erziehung von Findelkindern gegründet worden, es erhielt Geld vom Parlament, war aber auf Spenden angewiesen. GEORG FRIEDRICH HÄNDEL komponierte eine Hymne für das Hospital, sein »Messias«, dessen Partitur und damit das Aufführungsprivileg er der Anstalt vermachte, wurde von 1750 bis 1777 jährlich bei einer Wohltätigkeitsveranstaltung gespielt.

von dem Versprechen: Die Predigt, die Sterne für »den 5ten April 1761« versprochen hatte, um Gelder für das Hospital zu sammeln, hielt er tatsächlich erst am 3. Mai, es kam »eine zahlreiche Zuhörerschaft, darunter einige hochstehende Persönlichkeiten«, wie eine Zeitung vermeldete, die Kollekte war »ansehnlich«.

kurze Predigt: Er predigte über Lukas 16,19–30, das Gleichnis vom reichen Mann und armen Lazarus; die Kürze seiner Predigten mag einer durch sein Lungenleiden bedingten Atemlosigkeit zugeschrieben werden (siehe außerdem Anmerkungen zu Brief 63, »mit der sorglosen Regellosigkeit ...«).

meiner Hypothese über Witz und Urteilskraft: man siehe auch »Tristram Shandy«, III, Kap. XX, »Des Autors VORREDE«, in der – Locke widersprechend – der Autor darauf beharrt, daß »Witz und Urteilskraft ... unzweifelhaft gemacht und zusammengepaßt [sind], um, wie wir in allen solchen Fällen zwiefacher Dekoration zu sagen pflegen, —*einander zu entsprechen.*

73. [M] An John Hall-Stevenson Coxwold, [Ende Mai/ Anfang Juni] 1761

Lieber Hall,

es freut mich, Dich in London zu wissen – ruhe dort in Frieden; hier ist der Teufel los. – Du warst ein guter Prophet. – Ich wünschte mich wieder zurück, wie Du es mir anrietest – aber nicht, weil ein schneidender, mörderischer, verderblicher Nordostwind vom Türmchen des Crazy Castle mir stracks in diese Abgeschiedenheit hineinbläst (denn ich schere mich keinen Pfifferling um den Nordostwind und sein Wüten) – sondern weil der Wechsel von schneller Bewegung zu völliger Ruhe zu gewaltsam war.– Ich hätte besser sollen noch zehn Tage lang über das Pflaster in York spazieren, als gehöriges Übergangsstadium, ehe ich zu meinem Ruheplatz zurückkehrte. Ich blieb jedoch nur einen Augenblick und brauchte hier nur weniges, um mich zu überzeugen, daß ich mich nicht wie ein weiser Mann in meinem Elend eingerichtet habe – und hätte mir Gott nicht zu meinem Trost im Elend den Geist des Shandyismus eingeflößt, der es nicht erlaubt, daß ich zwei Augenblicke lang irgendeinem ernsten Gedanken anhänge – würde ich mich auf der Stelle niederlegen und sterben – sterben — und doch wollte ich eine Guinee darauf wetten, binnen einer halben Stunde werde ich so lustig als ein Affe – und auch ebenso mutwillig sein, und es ist alles miteinander vergessen – dieser Brief ist also bloß die Kopie davon, wie mir die Gedanken just durchs Gehirn laufen. – Und so wirst Du es für einen ausgemachten Blödsinn halten – aber dies, mein lieber Hall, hängt vornehmlich von der hora quota est auf Deiner armseligen Uhr ab, steht ihr Zeiger irgendwo zwischen zehn Uhr vormittags und vier Uhr nachmittags – so gebe ich's auf – oder sollte der Tag verhangen sein durch keimende dunkle Wolken, die nasses oder trockenes Wetter bringen, so bin ich immer noch verloren – Aber wer weiß, vielleicht ist es fünf Uhr – und ein so strahlender Tag, wie er seit dem Untergang Sodoms jemals auf Erden geleuchtet hat – und mag sein, Ihre Gnaden haben sich heute das Mittagessen wohl munden lassen und Ihre Verstandeskräfte in ein sänftliches und lindliches Amalgam hineingegessen und -getrunken – um Possen zu ertragen, soviel dazu.

Es ist eben nun so kalt und schlackericht wie (hätte es Gott nicht beliebt, daß es itzt so sein soll) sich's für den öden Dezember schickte; darum freut's mich, daß Du bist, wo Du bist, und wo ich (zu wiederholten Malen) wünschte, daß auch ich wäre – Verflucht seien die Armut und das Fernsein von denen, die wir lieben! – dies sind zwei Übel, die einem alles verbittern – und doch werde ich vom ersteren wenig geplagt. – Was den Ehestand anlangt, so müßte ich ein Grobian sein, wollte ich ihn verlästern, denn meine Frau ist verträglich – allein, die Welt ist's nicht – und wäre ich ihr eine Sekunde länger ferngeblieben, wäre es eine himmelschreiende Schande gewesen – übrigens versichert sie, in meiner Abwesenheit vergnügter zu sein – diese Versicherung diktiert jedoch nicht Zorn – sondern die schiere nüchterne Vernunft, die sich auf gültige Erfahrung gründet – Sie hofft, Du wirst binnen zwölf Monaten für mich einen Handel abschließen können, einen Bären durch Europa zu führen: ich glaube wahrlich, von dieser in Dich gesetzten Hoffnung kömmt es, daß Du dermalen so gut bei ihr angeschrieben bist – Sie schwört Stein & Bein, Du seiest ein geistreicher, obschon grillenhafter Kerl; eine muntere, lustige Haut, wenn auch etwas spleenig; und (die Liebe für Frauenzimmer einmal abgerechnet) so redlich wie *Gold* – wie schmeckt Dir dieser Vergleich? – O Himmel, da gehst Du nun diesen Abend nach Ranelagh, und ich – sitze hier, betrübt wie der Prophet, als die Stimme ihn rief und verkündete: »Was machst Du hier, Elias« – wie gut, daß der Geist zu Coxwold nicht das nämliche tut – denn wären nicht die wenigen Schafe, die ich in dieser Wildnis noch hüten muß, so möchte ich eben so wohl, ja lieber noch, in Mekka sein – Wenn wir merken, daß wir durch einen Ortswechsel uns selbst entfliehen können, wie dünkte Dich da ein Ausflug eben dorthin, ehe wir zuletzt *das Tal Josaphat* besuchen – So übel berüchtigt wir auch sind, vertraue ich doch darauf, daß wir uns dereinst von Angesicht zu Angesicht sehen – sage den beiden Obersten also, wenn sie gern in guter Gesellschaft sein wollen, so sollen sie rechtschaffen und maßvoll leben, wie Du, und dann werden sie weder innere noch äußere Zweifel oder Gefahren befürchten müssen – melde ihnen meine besten und wärmsten Grüße und mahne den ältesten, sich ein Herz zu fassen und eine reiche Witwe zu erobern, ehe der Friede geschlossen wird – warum aber sollte der Rat nicht beiden frommen, par nobile fratrum?

Morgen vormittag (so es dem Himmel gefällt) fange ich den fünften Band vom Shandy an – um die Kritiker schere ich mich nicht die Bohne – ich belade meinen Karren mit den Waren, die *Er* mir sendet, und dann soll man sie mir abkaufen oder die Finger davon lassen – ich bin sehr kühn – und je mehr wir uns von der Welt entfernen und sie in ihren wahren Proportionen erkennen, um so mehr verachten wir sie –nicht übel gebrüllt! – Gott im Himmel segne Dich! Du weißt, ich bin

Dein affektionierter Vetter,
Laurence Sterne

Was an Demoniacs noch übriggelieben ist, grüße bitte – und schreibe mir einen Brief, wenn Du's vermagst, der so närrisch ist wie dieser.

verderblicher Nordostwind: John Hall-Stevenson war ein großer Hypochonder vor dem Herrn und überzeugt, Ostwinde seien schädlich, Westwinde hingegen nicht; Sterne soll einmal einen Dorfjungen dafür bezahlt haben, den Wetterhahn von Skelton (Crazy) Castle zu manipulieren, woraufhin der ostwindmalad im Bett leidende Hall-Stevenson putzmunter aufstand, da er glaubte, es wehe nun aus West.

Shandyismus: In »Tristram Shandy«, IV, Kap. XXXII, heißt es dazu – »Echter *Shandyismus*, man mag dagegen haben, was man will, weitet Herz und Lunge und zwingt, wie alle Affektionen seiner Art, das Blut und die Lebenssäfte des Körpers, ungehemmt durch dessen Kanäle zu strömen, und läßt das Rad des Lebens lang und munter umgehen« –; Sterne hat den Begriff wohl an den »Pantagruelismus« des bewunderten FRANÇOIS RABELAIS angelehnt, den dieser als »eine spezifische Eigenschaft und individualisches Wesen, kraft dessen die Anhänger nimmermehr krumm nehmen werden, was aus einem guten, freien und wohlgesinnten Herzen kommt« erklärte.

die Gedanken just durchs Hirn laufen: ein Locke'sches Bild, im »Essay Concerning Human Understanding« (1690) des von Sterne vielfach herangezogenen Philosophen ausgemalt.

hora quota est: wieviel Uhr es ist.

Untergang Sodoms: Gott ließ Sodom untergehen, als die Sonne über der Erde aufging (1. Mose 19).

hätte es Gott nicht beliebt, daß es itzt so sein soll: Man erinnere sich an den gelehrten Disput in »Slawkenbergius' Erzählung« (»Tristram Shandy« IV), in dem als Argument angeführt wird, Gott »kann, wenn es ihn tunlich dünkt, eine Nase machen, so groß als wie der Münsterturm von *Straßburg*« und an ONKEL TOBYs Überzeugung, die Nase des einen sei länger als die eines anderen, »weil es Gott so gefallen hat« (»*Grangousier's* Lösung«, die wiederum auf RABELAIS' 40. Kapitel des 1. Buchs von »Gargantua und Pantagruel« verweist); – dahinter steht die Frage, die DESCARTES im 17. Jahrhundert gestellt hatte, ob nämlich Gottes Allmacht nicht durch die Natur der Dinge widerlegt werde.

einen Bären durch Europa zu führen: ›Bärenführer‹ wurden im 18. Jahrhundert scherzhaft die begleitenden Erzieher der jungen Herren auf einer Grand Tour genannt.

Was machst du hier, Elias: fragt Gott den Propheten, der sich vor den Anbetern Baals auf den Berg Horeb geflüchtet hat (1. Könige 19,9).

das Tal Josaphat: Das wird eine Anspielung auf das Strafgericht Gottes sein – »DEnn sihe / Jn den tagen / vnd zur selbigen zeit / wenn ich das gefengnis Juda vnd Jerusalem wenden werde Wil ich alle Heiden zusamen bringen / vnd wil sie ins tal Josaphat hinab füren / vnd wil mit jnen daselbs rechten ...« (Joel 4,1–2).

den beiden Obersten: Wahrscheinlich sind die Brüder des Adressaten, GEORGE LAWSON HALL (geb. 1724) und THOMAS HALL (geb. 1727), gemeint, der ältere Oberst bei den Dragonern, der jüngere Oberst der Infanterie, beide kämpften, wie viele Freunde und Bekannte Sternes im »deutschen Krieg«.

rechtschaffen und maßvoll leben: wieder eine Anspielung auf die Bibel, und zwar auf den Lebenswandel der Erlösten – »vnd züchtiget vns / Das wir sollen verleugnen / das vngöttliche wesen / vnd die weltlichen lüsten / Vnd züchtig / gerecht vnd Gottselig leben in dieser welt« (Titus 2,12).

par nobile fratrum: dem edlen Brüderpaar; in den »Satiren« des HORAZ (II, 3, 243), aus denen diese stets ironisch eingesetzte Wendung stammt, sind die Brüder »an Ausschweifungen, Tand und Verkehrtheit Zwillinge völlig«.

ich belade meinen Karren ... oder die Finger davon lassen: ein Hinweis darauf, daß Sterne mit dem Verkauf der Bände III und IV (bei DODSLEY) des »Tristram Shandy« nicht zufrieden war, er vertraute die Folgebände, wahrscheinlich auf Anraten GARRICKs, dem Buchhändlerverleger THOMAS BECKET (um 1722–1813) und dessen niederländischem Partner PIETER ABRAHAM DE HONDT (1732–1812) an (den Druck übernahm der Hofdrucker WILLIAM STRAHAN, 1715–1785); Becket, der bei Andrew Millar gelernt hatte, und de Hondt, der seine erste Buchhandlung in Den Haag führte, betrieben ihr Geschäft seit 1760, schon bald waren sie *die* Adresse für ›neue Literatur‹, eine ihrer ersten Veröffentlichungen war die Übersetzung von ROUSSEAUs »Julie, ou la nouvelle Heloïse« (1761), auch die »Empfindsame Reise« kam bei ihnen heraus.

Demoniacs: Viel ist aus diesem »dämonischen Club« gemacht worden, ein Yorkshire-Ableger des berüchtigten Hellfire Clubs sei er gewesen, Sterne habe als Kaplan der Libertins fungiert, doch aller Sensationslust zum Trotz trafen sich in Skelton Castle wohl nur gute Freunde zum ausgelassenen Trinken und lustvollen Spintisieren, dies ist die einzige Erwähnung des Namens ›Demoniacs‹ in Sternes Korrespondenz oder der seiner Freunde.

74. [M] An John Hall-Stevenson Coxwold,
[Dienstag] 28. Juli 1761

Lieber Hall,

ich leide für Dich oder vielmehr mit Dir wegen der umständlichen Beschreibung, die Du mir von Deinen jüngsten Erschütterungen gibst – und wäre herzlich gern aufs Pferd gestiegen und zum Orakel getrabt, um die Etymologie all Deiner Leiden auszuforschen, hegte ich nicht die feste Überzeugung, daß Du Dich jetzt nach der Ausscheidung galliger Materien nebst der dieselbe begleitenden Unterleibsmotionen (was zusammen so gut ist wie eine Purgation über einen Monat im Verein mit Leibesübung) besser befindest als zuvor – Muß man eigens D— aufsuchen, um zu erfahren, daß Dir alle milden, (aufgemerkt, itzt werde ich närrischer schwatzen als Dein Apotheker) lösenden, seifichten, hemdreinigenden, waschlaugenartigen Säfte förderlich und folglich alle styptischen Tränke Tod und Verderben sind? Hättest Du Dir damit nicht die Gallengänge verstopft, so hätte das Glaubersalz keinen Schaden anrichten können – so aber war's eben wie eine Lunte am Schießpulver und erzeugte, wie es jede Arznei zunächst tut, eine neue Verbrennung, dergestalt, daß Du losgegangen bist – Salpeter, Schwefel und Kohle (der Inbegriff des Schwarzen), alles auf einen Schlag – ein Glück nur, daß die Kanone nicht krepiert ist, denn sie war, so denke ich, gewaltigen Kräften ausgesetzt, und da sie sich schußfest erwiesen hat, wird sie hoffentlich noch viele gute Dienste in dieser kriegerischen Welt leisten – Panty irret – Ich fange mit niemandem Händel an. – Ich hatte diesen petit-maître im Haus, der sich um keiner anderen Ursache auf der Welt wegen über mich ärgerte, als weil ich nicht auf die Knie fallen wollte, um das eherne Standbild der Gelehrsamkeit und Beredtheit anzubeten, das er zur Verfolgung aller Rechtgläubigen aufgestellt hat. Ich setzte mich nieder auf *seinen Altar* und pfiff während seines Gottesdienstes – brach die Schnitzereien ab und beförderte sein Weihrauchfaß mit einem Fußtritt zum Teufel, daraufhin zog er von hinnen, *sed non sine felle in corde suo*. – Ich habe ein clerum geschrieben, indes ob ich meinen Doktor machen werde oder nicht – darüber schwebe ich noch sehr im Zweifel, ich meine aber nicht. – Ich arbeite weiter am Tristram – Ich habe siebenhundert Bücher bei einem Verkauf spottwohlfeil erstanden – und darunter viele gute – und eine Woche damit hingebracht, sie in meinem besten hiesigen Zimmer aufzustellen – warum bringst Du nicht Deine Bücher in die Stadt? Doch ich schwatze ja wie ein Tor. – Dieser Brief wird Dich eben in Deinem Spa erreichen – Ich wünschte Dich incolumem apud Londinum – gehst Du für immer dahin auf Gedeih – oder Verderb? – Ich bin, lieber Vetter,

Dein affektionierter,

L. Sterne

D—: Der eigens Aufzusuchende mag der in Brief 27 erwähnte Yorker Arzt JOHN DEALTRY gewesen sein, oder aber Dr. JOHN DAVISON (1712–1790), der in Durham praktizierte und von Skelton aus schneller zu erreichen gewesen wäre.

seifichten, hemdreinigenden, waschlaugenartigen Säfte: Tatsächlich wurden Seifen und Seifenlösungen noch bis ins 19. Jahrhundert als Medizin verwendet, aufgelöste Jalappenseife etwa war ein »Reizmittel zur Auflösung von Unterleibsstockungen« (vgl. »Ausführliche Arzeneimittellehre« von Dr. Georg August Richter, 1827); erwähnt sei noch kurz, daß WALTER SHANDY sich in »Tristram Shandy« V über vier kurze Kapitel mit der Gesundheit beschäftigt und in Kap. XXXIV die »täglichen Purgativa« nennt, die der Philosoph FRANCIS BACON empfohlen hatte, damit der Körper sich mit neuen Lebenssäften anfüllen könne.

styptischen: blutstillenden.

Glaubersalz: noch heute verwendet zum Darmentleeren, beim Heilfasten offenbar unabdingbar, nach dem deutschen Chemiker JOHANN RUDOLPH GLAUBER (1604–1668) benannt.

eine neue Verbrennung ... Du losgegangen bist: Man siehe auch »Tristram Shandy«, V, Kap. XXXVIII, ONKEL TOBYs Bericht über das Wüten der Ruhr im Heerlager vor Limerick – »... man hätte das Ringen in unseren Leibern auf zwanzig Toisen weit hören können, Bruder *Shandy*. – Aber nur in einer Feuerpause, sagte *Yorik*.«
Panty: ROBERT LASCELLES (um 1719–1801), der, 1752 ordiniert, sein geistliches Amt nicht ausübte, sondern Wildhüter von Skelton Castle wurde; wie sein Spitzname – die Kurzform von ›Pantagruel‹ – vermuten läßt, ein Mann von ausgelassenem Humor.
diesen petit-maître: diesen Stutzer, Zierbengel, Gecken; bedauerlicherweise ist nicht bekannt, wen Sterne da im Hause hatte und genüßlich vor den Kopf stieß.
***sed non sine felle in corde suo*:** nicht ohne Bitternis in seinem Herzen; kein klassisches Zitat, sondern purer Sterne.
ein clerum: kurz für ›concio ad clerum‹, die lateinische Predigt, die man zur Erlangung einer Doktorwürde der Theologie halten mußte, Sterne hatte eine solche Predigt auch für JOHN FOUNTAYNE verfaßt (siehe Brief 6 und 78).
siebenhundert Bücher ... erstanden: Man wüßte zu gerne, welche es waren, die er da wohl aus der Sammlung des Direktors der Freien Schule von Wakefield erwarb, doch es hat sich leider kein Verzeichnis erhalten.
Deinem Spa: In Yorkshire gab und gibt es gleich zwei Trinkkurorte, Scarborough und das mondänere Harrogate, in welchem Hall-Stevenson weilte, ist nicht bekannt.
incolumem apud Londinum: sicher in London; Küchenlatein.

75. [M] An Lady – Coxwold, [Montag] 21. Sept. 1761

Ich kehre zu meinem neuen Wohnsitz zurück, mit dem festen Entschluß, so fleißig wie möglich zu schreiben, und danke Ihnen, meine werteste Lady, herzlich für Ihren Brief, in welchem Sie mich dazu beglückwünschen, daß Lord Fauconberg mir die hiesige Pfründe übereignet hat – freilich kommt Ihr Glückwunsch recht spät, habe ich sie doch schon vor geraumer Zeit übernommen. – Ich hoffe, daß ich Seiner Lordschaft zu Diensten sein konnte, und er hat mir diese hinlänglich gelohnt. – Die Pfarre bringt jährlich siebzig Guineen in meine Tasche, obwohl sie einhundert abwirft – Ich muß aber einen Kuraten einstellen, der den Dienst in Sutton und Stillington versieht. – Ich wohne hier ein Meile vom Landsitz und Park Seiner Lordschaft entfernt. Es ist eine angenehme Spazierfahrt in der Chaise, die ich für meine Frau gekauft habe. – Lyd hat ein Pony, woran sie sich sehr ergötzt. – Während die beiden sich also amüsieren, kritzele ich an meinem Tristram fort. Diese beiden Bände sind, glaube ich, die besten. – Ich werde die Zeit meines Lebens schreiben, es ist wahrlich mein Steckenpferd: und ich bin so entzückt von dem imaginären Charakter meines Onkels Toby, daß ich ein rechter Enthusiast geworden. – Meine Lydia hilft mir beim Abschreiben – und meine Frau strickt und lauscht, wenn ich ihr die Kapitel vorlese. Die Krönung Seiner Majestät des Königs (Gott erhalte ihn) hat mich den Preis eines Ochsen gekostet, der am Stück mitten in der Stadt gebraten werden soll, und meine Gemeinde wird sich's aus diesem Anlaß gewiß sehr wohl sein lassen – Sie werden zur selben Zeit in London sein – und Ihre Augen an einem Anblick weiden, den hoffentlich keiner von uns beiden jemals noch erleben wird – denn in punkto Alter haben wir Seiner Majestät zwanzig Jahre voraus. – Und nun, meine liebe Freundin, muß ich dies schließen – und mit allen guten Wünschen für Ihr Wohlergehen mich unterschreiben als Ihren aufrichtigen und wohlmeinenden Freund,

L. Sterne

***An Lady* –:** Die Empfängerin des Briefes bleibt geheimnisvoll unbekannt, Sterne kannte zu viele adlige Damen und bietet hier zu wenige Anhaltspunkte für eine eindeutige Identifizierung.

Die Pfarre bringt jährlich ... versieht: Möglicherweise hat Sterne das Kuratengehalt von den Einkünften abgezogen, er stellte MARMADUKE CALLIS (geb. 1732) ein und bot ihm 32 Pfund im Jahr sowie die Nutzung von Pfarrhaus und Garten in Sutton-on-the-Forest.
Die Krönung ... den Preis eines Ochsen gekostet: GEORGE III. wurde am 22. September 1761 gekrönt, das ganze Land feierte mit – in Coxwold wurde der von Sterne bezahlte Ochse im Ganzen am Spieß gebraten (der »York Courant« berichtete) und »wenigstens 3000 Leute« bekamen ein Stückchen ab, wie Lord Fauconbergs Verwalter seinem Herrn schrieb.

76. [M] An John Hall-Stevenson

[Dieser Brief war ursprünglich auf Latein geschrieben – eine Vorsichtsmaßnahme Sternes, verstanden seine Frau und Tochter die Sprache doch nicht, der Adressat aber wohl.]

[York, November, 1761]

Ich erhielt Deinen höchst witzigen Brief, mein liebster Vetter, am Tag der Venus; doch an diesem Tag gab es keine umgehende Post nach Norden, sonst hätte ich Dir sogleich geschrieben, wie Du es wünschtest. Ich weiß nicht, was mit mir los ist, aber ich habe meine Frau so satt & bin ihrer so leid wie nie zuvor – & in mich ist ein Teufel gefahren, der mich in die Stadt treibt – & Du bist von demselben bösen Geist besessen, der Dich hier in der Wüste festhält, damit Du weiterhin von Deinen Dienstmädchen in Versuchung geführt und von Deiner Frau bis zum Wahnsinn schikaniert wirst – glaube mir, mein Antonius, auf diesem Wege erlangen wir unser Heil weder in dieser noch in der nächsten Welt; Du beginnst nicht etwa, am Gelde zu hängen, was nach dem Heiligen Paulus die Wurzel allen Übels ist, & Du sagst in Deinem Herzen nicht oft genug: »Ich, Antonius, von Crazy Castle, bin schon über vierzig Jahre alt & habe mein achtes Lustrum vollendet, und jetzt ist es Zeit, auf mich selbst zu schauen & aus mir, Antonius, einen glücklichen Mann, freien Mann zu machen und vor allem mir etwas Gutes zu tun, so wie es Salomo uns dringend rät, indem er spricht, daß in diesem Leben nichts besser sei, als daß ein Mensch fröhlich ist & speist und trinkt und sich's wohl sein läßt, denn dies ist seine Gabe & sein Erbteil in dieser Welt.«

Ich möchte Dich hiemit wissen lassen, daß man mich nicht tadeln darf, weil ich nach London eile, denn Gott ist mein Zeuge, daß ich nicht aus Hochmut dorthin eile & um mich aufzuspielen; denn der Teufel, der mich reitet, ist kein hochmütiger Teufel wie sein Vetter Luzifer – sondern eher ein begehrlicher Teufel, der es nicht dulden will, daß ich allein bleibe; denn da ich mit meiner Frau nicht schlafe, bin ich ungemein wollüstig – & ich sterbe vor Verlangen – & ich bin töricht; deshalb wirst Du's mir nachsehen, mein lieber Antonius, denn auch Dich hat ja die Liebe zugrunde gerichtet & Du bist über Land und Meer gereist & umhergehetzt wie ein Teufel, stets angetrieben von demselben Teufel. Ich habe Dir noch viel zu schreiben – aber ich schreibe diesen Brief in einem Kaffeehaus voller Schreihälse, die mich keinen klaren Gedanken fassen lassen.

Grüße meinen Freund Panty, dessen Brief ich beantworten werde – grüße meine Freunde im Haus Guisborough & glaube mir bitte, daß mich die Kette der Vettern-schaft & Liebe ganz fest an Dich bindet, mein Antonius,

L. Sterne

am Tag der Venus: Sterne verfaßte diesen Brief wie erwähnt in Latein (so stand er auch in der ersten Briefausgabe, da LYDIA MÉDALLE geb. Sterne das Lateinische nicht beherrschte, dürfte ihr der unten folgende Seitenhieb auf ihre Mutter, die sie sonst nur im besten Licht dargestellt sehen wollte, entgangen sein); die Römer hatten einen Wochentag der Venus geweiht, die Germanen tauschten den Namen der Göttin gegen den passend erscheinenden einer anderen, Frija, und so heißt dieser Tag hierorts ›Freitag‹, in England ›friday‹.
mein Antonius: Sterne spielt auf den hl. Antonius Eremita an, der als Asket in der ägyptischen Wüste lebte und dort Kämpfe gegen viele Dämonen, die ihn versuchten, bestand.
am Gelde ... Wurzel allen Übels ist: aus 1. Timotheus 6,10 – »Denn Geitz ist eine wurtzel alles vbels ...« –; John Hall-Stevenson hatte seine Frau ihrer Mitgift wegen geehelicht und bedauerte diese Heirat sein Leben lang.
Salomo ... sich's wohl sein läßt: man siehe Prediger 2,24 – »Jsts nu nicht besser dem Menschen / essen vnd trincken / vnd seine Seele guter dinge sein in seiner Erbeit?«.
kein hochmütiger Teufel wie sein Vetter Luzifer: Luzifer, ›Lichtträger‹, war in der römischen Mythologie der Name des Morgensterns, in der christlichen Überlieferung wurde es der Name des aufrührerischen Engels, der sich – aus dem Himmel gestürzt – zu Satan wandelte; den Hochmut dichtete MILTON ihm in »Paradise Lost« (1667) an.
meinen Freund Panty: siehe Anmerkungen zu Brief 74.
meine Freunde im Haus Guisborough: In Guisborough Hall, nahe Skelton Castle, lebte die Familie CHALONER.

77. An David Garrick [London, Donnerstag, 24. Dezember 1761]

Lieber Garrick.

als ich heute morgen meine Finanzen überschlug und dabei auf einige unvorhergesehene Ausgaben merkte – mußte ich feststellen, daß ich mit 20 Pfund weniger aufbreche – als es einem klugen Manne ziemt – wollen Sie mir zwanzig Pfund leihen?

Ihr
L. Sterne

mit 20 Pfund weniger aufbreche: Da sich nun der Frieden mit Frankreich ankündigte, wurden Reisen wieder möglich, und Sterne gehörte zu den ersten, die sich über den Ärmelkanal aufmachten; die 20 erbetenen Pfund machten immerhin zwei Drittel eines Kuratenjahresgehalts aus.

78. Für Elizabeth Sterne [Montag,] 28. Dez. 1761

Memoranden, hinterlegt bei Mrs Montagu, im Falle meines Versterbens im Ausland.

L. Sterne

Meine Predigten in einem Koffer bei meinem Freund Mr Hall, St John Street. – Daraus soll man eine Auswahl für 2 Bde treffen – N. B. Sie reichen für 3 Bde. –

Meine Briefe in meinem Schreibtisch in Coxwold & ein Bündel in dem Koffer mit meinen Predigten –

Anmerkung. Die großen Briefstöße in den Dachkammern in York sollen nach Briefen voll Witz oder Humor – oder, was noch besser ist als beides – voll Menschlichkeit & Güte durchgesehen werden – diese ergeben noch etliche weitere Bde; und da kein einziger davon wie die Briefe Popes oder Voitures geschrieben wurde, um gedruckt zu erscheinen, wird man sie wohl um so lieber lesen – Sollte zur Fertigstellung eines 3ten Bandes noch etwas mangeln, – so mag das von mir verfaßte Politische Märlein, welches nie erschien – ganz ans Ende der Bde angehängt werden … Wiewohl ich 2 Gründe habe, die mich wünschen lassen, daß man es nicht braucht – Erstlich ein unverdientes Kompliment für Jemand, den ich unterdes als einen sehr verderbten Mann kennengelernt habe – Ich wußte, daß er schwach & unwissend ist – hielt ihn jedoch für ehrlich. Der andere Grund ist, daß ich Dr Topham in dem Märlein in ein lächerliches Licht gestellt habe – und mich plagen ehrliche Zweifel, ob er es verdient hat — so soll also das Märlein schlafen gehen, nicht allein – denn es wird Gesellschaft haben.

Meine lateinische *Concio ad Clerum*, die ich für Fountayne verfaßt habe, damit er sie zur Erlangung seiner Doktorwürde an der Universität hielte — Du wirst 2 Exemplare davon bei meinen Predigten finden –

– Er gewann Ehre dadurch – Was gewann ich? – Nichts zu meinen Lebzeiten, laßt mich nicht (ich ermahne Sie, Mrs Sterne) leer ausgehen nach meinem Tod. Den langen rührenden Brief an ihn über die harte Maßregelung, die ich erdulden mußte – schärfe ich Dir ein, drucken zu lassen — Es ist nur recht und billig, daß Du wenigstens diesen Vorteil aus meinem Leiden ziehst.

Ich habe mein Testament gemacht – und ich hinterlasse alles, was ich besitze, Dir & meiner Lydia – Ihr werdet darob nicht streiten — doch rate ich Dir, meinen Besitz zu verkaufen, der 1800 Pfund (oder mehr nach dem Krieg) einbringen wird – & was Du durch meine Werke einnimmst– & den Verkauf der letzten Verlagsrechte des 5 & 6 Bandes meines Tristram – & die Einkünfte aus diesem letzten Werk, die ich alle insgesamt (abgerechnet 50 Pfund) meinem Verleger Becket hinterlasse & die Mr Garrick bekommen und für mich in Aktien anlegen wird – Alles dies empfehle ich Dir einzutreiben – zusammen mit dem Erlös aus meiner Bibliothek &c &c – & in Regierungspapieren anzulegen – Sollte meine Lydia heiraten – schärfe ich Dir nochmals ein, (damit Du Dich dessen um so besser erinnerst und alles um so gründlicher erwägst) – Daß Du Dich durch keinerlei trügerische Aussichten oder Versprechungen von irgendwem verleiten läßt, Deine UNABHÄNGIGKEIT zu verlieren; lege so viel auf die Seite, daß Du in Bequemlichkeit leben kannst – oder laß sie warten bis nach Deinem Tod.

Ich vertraue dies den Händen unserer Cousine Mrs Montagu an – nicht eben weil sie unsere Cousine ist –sondern weil ich gewiß bin, daß sie ein gutes Herz hat.

Wir werden uns wiedersehen.

— Mem^dum^ Wann immer ich sterbe – ist es sehr wahrscheinlich, daß mir von meinen Pfründen noch etwa £ 200 zustehen. – Sollte Lydia vor Dir sterben: Dann hinterlasse meiner Schwester etwas, dessen Du Dich nicht schämen mußt – es sei denn, Du findest es passender, Dir eine Jahresrente zur größeren Bequemlichkeit zu erwerben: wenn Dir dies lieber ist –tu es in Gottes Namen –

– Die zwei Bilder des Quacksalbers & seines Macaroni – befinden sich in der Hand einer Dame, die bei ihrem ersten Anblick — auf höchst galante Weise erklärte, sich nie mehr davon trennen zu wollen – Und aus übertriebener Artigkeit – oder vielmehr Schwäche brachte ich nicht die nötige Entschiedenheit auf, sie zurückzufordern: — Sollte ich sterben, so ist ihr Name &c in einem beiliegenden versiegelten Billett enthalten – & dann mußt Du sie zurückfordern — Im Falle

einer Weigerung – brauchst Du nichts weiter zu tun, als eine 2te Botschaft zu senden mit dem Hinweis – daß es nicht in ihrem Interesse ist, wenn sie sie behält. –
Laurence Sterne

im Ausland: Sterne »reiste zur Wiederherstellung seiner Gesundheit nach Paris«, wie der »Public Advertiser« wissen ließ; da sich Großbritannien offiziell noch im Krieg mit Frankreich befand, reiste er am 2. Januar 1762 in der Entourage von GEORGE PITT (1721–1803), der als Gesandter an den Hof von Turin (Hauptstadt des Königreichs Sardinien-Piemont) ging, ab.
St John Street: HALL-STEVENSONs Londoner Stadthaus im noblen Mayfair.
eine Auswahl für 2 Bde: Die zweibändigen »Sermons of Mr. Yorick« (1760) waren mit 15 Predigten erschienen, Sterne wählte dann 1766 selbst weitere 12 Predigten für zwei Bände aus, seine Tochter LYDIA veröffentlichte nach seinem Tod noch einmal 18 in zwei Bänden (1769).
Die großen Briefstöße: Elizabeth Sternes Schwager, JOHN BOTHAM, ebenfalls Pfarrer, nahm es nach Sternes Tod auf sich, »jedes Papier meines armen Vaters zu lesen & verbrannte, was er für nicht schicklich hielt, es uns zu entdecken ...«, wie LYDIA Sterne berichtete; möglicherweise vernichtete Botham auch das Manuskript der »höchstkomischen Erzählung«, die Sterne in seinen letzten Briefen erwähnt.
die Briefe Popes oder Voitures: ALEXANDER POPE (1688–1744) brachte in den 1730er Jahren seine Korrespondenz heraus, so ergötzt seine Zeitgenossen auch waren, galt es ihnen doch als unfein, eigene Briefe noch zu Lebzeiten erscheinen zu lassen; VINCENT VOITURE (1598–1648), der sich im preziösen Salon der Marquise de Rambouillet einen Namen gemacht hatte, veröffentlichte seine »Lettres« nicht selbst, das tat ein Neffe 1654, doch waren sie, wie SWIFT in einem Brief an Pope 1730 vorwurfsvoll festhielt, »mit ihrer Veröffentlichung im Sinn« verfaßt worden.
Politische Märlein: »A Political Romance«, siehe auch Brief 33. Michael Walters deutsche Übersetzung des Textes findet sich in dem Band »Laurence Sterne. Empfindsame Reise, Tagebuch des Brahmanen, Satiren, Kleine Schriften«.

Jemand … verderbten Mann kennengelernt: Man darf hinter diesem Jemand wohl JOHN FOUNTAYNE vermuten, der Sterne nicht wie erhofft zu einer »Residentenstelle« am Yorker Münster verhalf, nur zwei Jahre zuvor hatte Sterne Fountayne im »Politischen Märlein« als Kirchenbeamten JOHN auftreten lassen, »der im vortrefflichen Ruf eines wahrheitsliebenden Mannes stand … von dem sich sagen ließ, – eher mache er seinem Amte Ehre als sein Amt ihm«.
Den langen rührenden Brief: muß man leider als verloren ansehen.
ich hinterlasse alles, was ich besitze: Die Hinterlassenschaft war dann nicht so groß, wie Sterne hier angenommen hatte, vielleicht schwand sein Vermögen während seiner letzten Lebensjahre, seiner Frau und seiner Tochter jedenfalls fehlte es nach seinem Tod an Geld; Sternes Bibliothek wurde 1768 für 80 Pfund verkauft.
Die zwei Bilder … Hand einer Dame: Ein in Öl gemaltes Doppelporträt zeigte Sternes Yorker Freund Thomas Bridges als Quacksalber und Sterne selbst im Kostüm eines Harlekins, oder »Macaroni«; die beiden hatten sich gegenseitig gemalt und bei der Darstellung auf ein bekanntes Bilderbogenmotiv (»Der unzweifelhaftige Scharlatan oder Quacksalber«) zurückgegriffen; das Ölgemälde ist verschollen, erhalten hat sich ein Stich, den der damalige Besitzer des Bildes in den 1830er Jahren anfertigen ließ. Die Identität der Dame hat Sterne undurchdringlich verschleiert.

79. [M] An Lady D——

London, [Freitag,]
1. [Januar] 1762

Myladys freundliche Erkundigungen nach meiner Gesundheit sind wirklich sehr liebenswürdig und ganz Ihrem Charakter gemäß. Ich bin fürwahr sehr krank, denn mir ist ein Gefäß in der Lunge geborsten – zu vieles Schreiben im Sommer, nebst dem Predigen, wozu ich nicht Kräfte genug habe, ist mir stets verhängnisvoll –indes kann ich das letztere noch nicht aufgeben, und ersteres bereitet mir zu viel Vergnügen, als daß ich davon lassen könnte – Ich werde wohl zusehen, ob mir der Süden Frankreichs nicht vorteilhaft ist – Seine Gnaden von York haben mich höchst menschenfreundlich für ein oder zwei Jahre beurlaubt – Ich werde die Reise mit der großen Hoffnung antreten, daß sie ihre gute Wirkung tut, und will meiner Frau und Tochter schreiben, daß sie zu mir nach Paris kommen sollen, andernfalls könnte ich dort nicht so lange bleiben – »Le Fevers Geschichte hat Ihnen, Mylady, Tränen entlockt« und Sie sind so gütig, zu sagen, die Vorstellung vom anklagenden Geist, der mit dem Fluch auffliegt zur Himmelskanzlei, sei erhaben – mein Freund, Mr. Garrick meint es auch, und auf seinen Beifall bilde ich mir ungemein viel ein – und Ihre Meinung, Mylady, schmeichelt meiner Einbildung noch mehr.

Ich wünschte, mir bliebe Zeit für einen kleinen Ausflug nach Bath, und wäre es auch bloß, um Ihnen für all die Freundlichkeiten zu danken, die Sie mir in Ihrem Brief sagen – aber 's ist unmöglich – so nehmen Sie denn also wenigstens meinen wärmsten Dank entgegen – Könnte ich meinen Freund, Mr. Hall, vermögen, nach Frankreich zu kommen, wäre ich wahrhaftig glücklich – Kann ich Ihnen in Paris auf irgendeine Weise dienlich sein, dann befehlen Sie dem, welcher ist und auch allezeit bleiben sein wird,

Myladys getreuem,

L. Sterne

An Lady D——: die nächste unbekannt bleibende Dame, deren Namen Sternes Tochter LYDIA unkenntlich machte.

Seine Gnaden von York: Erzbischof von York war zu jener Zeit ROBERT HAY DRUMMOND (1711–1776), ein umgänglicher Mann von heiterem Gemüt, der zuvor Hofkaplan König Georges II. und Bischof von Salisbury gewesen war. Er war Sterne sehr zugetan und ignorierte geflissentlich alle öffentliche Kritik an dessen Lebenswandel.

Le Fevers Geschichte: in »Tristram Shandy«, VI, Kap. IV.; die Fortsetzung der Geschichte in Kap. VIII., der Beschluß in Kap. X.
anklagenden Geist ... zur Himmelskanzlei: Diese Zeilen aus »Tristram Shandy«, VI, Kap. VIII, waren eine Lieblingspassage der Empfindsamen – »Er soll aber nicht sterben, zum H –, rief mein Onkel *Toby*. – Der ANKLAGENDE GEIST, der mit diesem Fluch zur Himmelskanzlei aufflog, errötete, als er in fürtrug; – und der PROTOKOLLIERENDE ENGEL ließ, da er ihn einschrieb, eine Träne auf das Wort fallen und löschte es somit für immer aus«.

80. An Henry Egerton

Chatham, Dienstag,
[4. Januar 1762]

Mein lieber Freund –

Chatham! Ja – Ja. Hier bin ich — einerlei wieso oder wozu, wichtiger allerdings ist, schon in Chatham finde ich mich bereits gebessert! Du meine Güte! Wie wohl wird mir dann erst die balsamische Luft des Languedoc tun — wenn dies Puddle Dock mich genesen läßt. Gott segne sie alle.

Ihr in Domino
L. S

***Henry Egerton*:** (1729–1795), Geistlicher aus aristokratischer Familie, Kanzler der Kathedrale zu Hereford, Schatzmeister der Diözese Bangor und so reich, daß ihm, so ein Freund, »1000 Pfund kaum einen hohlen Zahn füllten«; wahrscheinlich verschaffte ›Henry der Große‹, wie Sterne ihn nannte, dem Protegé den Platz in der Entourage von GEORGE PITT. Sterne hatte die Bekanntschaft der Familie Egerton während einer Pferderennsaison in York gemacht.
Chatham: am Medway, einem Themsezufluß, gelegene Stadt in Kent, mit einer großen Zollstation für Auslandsreisende und Mari-

nebasis, durch die auch TRISTRAM kam, vgl. »Tristram Shandy«, VII, Kap. II, – »... und ich habe niemals einen Blick in die Kirche von Rochester getan, noch das Dock von Chatham besichtigt oder St. Thomas zu Canterbury besucht, obwohl alle drei auf meinem Weg [nach Dover] lagen ——«.
Languedoc: Sterne ließ sich mit seiner Familie eine Zeitlang in Toulouse und Montpellier nieder, TRISTRAM durchstreifte die Gegend zwischen Rhône und Garonne auf seinem »Maultier in aller Muße« und sammelte dort seine »Platten Geschichten« (»Tristram Shandy«, VII. Kap. XLIIXLIII).
dies Puddle Dock: von einem Dock (auch Puddle Wharf) an der Londoner Themse bei Blackfriars abgeleitete Wendung, die einen abseitigen Ort oder einen Ort, an dem »kleine Leute« wohnten, bezeichnete, in etwa wie ›Pusemuckel‹ oder ›hinter den sieben Bergen‹.
in Domino: im Herrn.

81. An Henry Egerton Dover, Montag, [11. Januar 1762]

Mein lieber Freund

Phelps ist ein Hundsfott, wenn er sagt, es ginge mir schlechter als vor meinem Aufbruch von Ihnen, denn es geht mir 10, ja, 15 Prozent besser; die Idee gab ihm einzig das bleiche, saure Gesicht ein, das ich eines Morgens bei einem heftigen Anfall von Bauchgrimmen schnitt, dessen Schmerzen ich für mich behalten konnte, freilich nicht die gequälte Miene, worin er die Vorzeichen erblickte meiner Übersiedlung (nicht nach Frankreich), sondern in das Tal von Josaphat – Wir werden bald, mit Gottes Segen, in dem einen sein – & durch seine Gnade hoffe ich, noch nicht so rasch ins andere einzugehen, wie es meine Visage zu prophezeien scheint — aber auch hierin geschehe sein Wille ——

Derweil darf ich Ihnen sagen, wie sehr ich in Ihrer aller

Schuld bin, & daß ich Sie liebe & verehre, vom *höchsten* bis zum geringsten, so sehr wie ein Mensch es nur vermag – aber wohlgemerkt – obwohl ich leicht sagen kann, wer der höchste ist — werde ich in Betreff des *geringsten* nicht so deutlich sein –

Ich finde dieses Wort abscheulich, wenn ich von den Egertons spreche – denn Sie genießen alle meine hohe Achtung – & werden es in der Welt tun, wenn ich ein Wurm bin —

Schließen Sie daraus nicht, ich sei gedrückter, miserabler Stimmung — Ich falle Phelps durch meine überspannt gute Laune lästig, wodurch ich alles im Haus auf den Kopf stelle —

Melden Sie meine besten Empfehlungen dem ganzen Hof von Lady Egertonia & Henry dem Großen &c – Gott segne Sie

In Eile Ihr
L. Sterne

PS

Phelps schließt sich meinen herzlichen Grüßen an

Phelps: RICHARD PHELPS (gest. 1771) war als Erzieher des Duke of Beaufort auf Kavalierstour gegangen, Mitglied der kunstfördernden Society of Dilettanti, hatte in einem Miliz-Regiment gedient und war nun Sekretär der Turiner Legation.

das Tal von Josaphat: siehe Anmerkungen zu Brief 73.

82. [M] An David Garrick Paris, [Sonntag,] 31. Jan. 1762.

Mein lieber Freund,

Glauben Sie ja nicht, nur weil ich vierzehn Tage lang in dieser Hauptstadt geweilt, ohne an Sie zu schreiben, hätte ich Sie und Mrs. Garrick nicht hundertmal in meinem Kopf und Herz gehabt – im Herzen! ja, ja, sagen Sie – ich darf aber bei dieser Post kein Papier mit *badinage* vergeuden, einerlei wie ich's mit der nächsten halten mag. Gut! hier bin ich also, mein Freund, und in meiner Gesundheit vorläufig so weit gebessert, wie es Ihre Freundschaft jemals wünschen konnte oder zum mindesten erhoffen – nebenbei gesagt, ist es um meine Verstandeskräfte weniger gut bestellt, denn mir schwindelt der Kopf von dem, was ich alles sehe, und von den unerwarteten Ehren, so mir hier zufallen. Tristram war fast ebenso bekannt als zu London, wenigstens unter den Leuten Ihres Standes und Ihrer Bildung, und hat mir Zutritt zu ebenso vielen Kreisen verschafft (es ist comme à Londres.) Ich bin eben jetzt auf vierzehn Tage im voraus zu Diners und Soupers eingeladen – Mit meinem Gesuch an den Comte de Choiseul geht es glatt voran, denn nicht nur Mr. Lepeletier, (der sich übrigens Ihnen und Mrs. Garrick zehntausendmal empfehlen läßt) hat sich die Beförderung meiner Sachen angelegen sein lassen, sondern auch der Graf von Limburg – der Baron d'Holbach haben sich zu einer Bürgschaft für mein unschädliches Verhalten in Frankreich erboten – Das ist mehr, Sie Schelm, als Sie für mich tun möchten – Dieser Baron ist einer der gebildetsten hiesigen Adligen, ein großer Gönner witziger Köpfe und der unwitzigen Savans – hält wöchentlich dreimal offene Tafel – sein Haus ist nun, was das Ihrige für mich gewesen, gleichsam mein eigen – er lebt auf sehr großem Fuße – Es war ein sonderbarer Zufall, daß ich den Comte de Bissy, als ich ihm vorgestellt wurde, was auf seinen eigenen Wunsch hin geschah – über der Lektüre des Tristram betraf – Dieser

Grande erweist mir große Ehre und gestattet mir einen Privatweg durch seine Räume ins Palais-Royal, um dort jeden Tag, den ich Zeit finde, die Sammlungen des Duc d'Orléans zu betrachten – Ich habe die Doktoren der Sorbonne besucht – und hoffe, mich in vierzehn Tagen durch die Vergnügungen dieses Ortes durchgekämpft oder vielmehr davon losgekämpft zu haben, der an *savoir vivre*, wie ich glaube, alle Plätze in dieser Weltgegend übertrifft —

Wenn dieser Brief geschrieben ist, gehe ich mit Mr. Fox und Mr. Macartney nach Versailles – den nächsten Morgen mache ich, in Begleitung von Mr. Macartney, welcher ihm bekannt ist, Monsr. Titon meine Aufwartung und übermittle ihm Ihre Aufträge. Ich habe für Sie die Broschüre über die theatralische oder vielmehr tragische Deklamation erstanden – und noch eine andere in Versen, die lesenswert ist, und Sie werden diese nebst dem, was ich diese Woche sonst noch auflesen kann, durch einen Bedienten von Mr. Hodges erhalten, den dieser nach England zurückschickt.

Gestern abend habe ich zusammen mit Mr. Fox Mlle. Clairon in der *Iphigenie* gesehen – sie ist überragend – wollte der Himmel, Sie hätten eine oder zwei von ihrer Sorte – was wäre das für ein Leckerbissen, Sie mit einer so vortrefflichen Actrice in dem nämlichen interessanten Schauspiel zu sehen – aber das ist zu viel – Ach! Préville! du bist Merkur selber – Durch die Belegung einiger Logen haben wir diese Woche den »Franzosen in London« bestellt, in dem Préville uns *bestens gelaunt* zum Abendessen heimschicken wird – will sagen, fünfzehn oder sechzehn Engländer, die sich zur Zeit hier aufhalten und gut miteinander auskommen.

Ich bin Mr. Pitt sehr verbunden, der sich mir gegenüber in jeder Hinsicht als ein Mann von feiner Lebensart und Gutmütigkeit erzeigt hat – Mit nächster oder übernächster Post schreibe ich Ihnen wieder – Foley ist eine ehrliche Seele – Ich könnte sechs Bände füllen mit den drolligen Szenen, die sich an diesem großartigen Platz hier während der letzten vierzehn Tage ereignet haben – doch mehr hievon ein andermal – Wir gehen alle in Trauer; weder Sie noch Mrs Garrick, würden mich erkennen, würden Sie mir in meiner Remise begegnen – Der Himmel segne Sie beide! Meine Empfehlung an Mrs. Denis. Adieu, adieu.

L. S.

Mrs. Garrick: geb. EVA MARIA VEIGEL (1724–1822), tanzte schon als Zehnjährige im Hofballett in ihrer Heimatstadt Wien, bezauberte ab 1746 in der Italienischen Opernkompagnie das Londoner Publikum und setzte ihre Karriere dann bis zu ihrer Heirat 1749 am Drury Lane Theatre fort.

***badinage*:** Scherzen, Geplänkel, Gespaße, Kalberei.

Tristram war fast ebenso bekannt als zu London: Vielleicht waren die Franzosen nur zu höflich, »Tristram Shandy« kam erst 1776 in französischer Übersetzung heraus, die beiden ersten englischen Bände waren 1760 im »Journal encyclopédique« schlecht besprochen worden. PHELPS berichtete, in Paris fänden sich »kaum fünf Leute, die einen Tristram Shandy ihr eigen nennen, und nicht einer ist unter ihnen, der vorgibt, ihn zu verstehen. Sie wissen aber, daß Tristram in seiner Heimat ein großer Genius ist ...«.

comme à Londres: wie in London.

Comte de Choiseul: es kommen zwei de Choiseuls in Betracht, da wäre CÉSAR-GABRIEL DE CHOISEUL (1712–1785), der Minister des Auswärtigen, der, als Sterne an der »Empfindsamen Reise« arbeitete, worin YORICK, der einen Paß benötigt, ausruft, er werde »geraden Wegs ... Monsieur Le Duke de Choiseul höchstselber aufsuchen«, nicht länger Graf, sondern eben Herzog war; ferner ÉTIENNE-FRANÇOIS DE CHOISEUL-STAINVILLE (1719–1785), ein Vetter des Grafen, der schon 1762 Herzog war, wie auch Kriegs- und Marineminister, desweiteren Sternes Frau und Tochter einen für den Aufenthalt in Frankreich notwendigen Paß ausstellte – ob Sterne sich über den Grafen an den Herzog wandte, oder letzterem schlicht versehentlich den niederen Adelstitel verpaßte, steht dahin.

Mr. Lepeletier: MICHEL-ÉTIENNE LEPELETIER (1736–1778), Comte de Saint-Fargeau, dessen Gesellschaft Garrick drei Jahre später höchst angenehm und anregend fand, trieb als Generalanwalt die Ausweisung der Jesuiten aus Frankreich (siehe Brief 85) voran.

der Graf von Limburg – der Baron d'Holbach: DAMIAN AUGUST PHILIPP KARL, GRAF VON LIMBURG-STIRUM (1721–1797), u. a. seit 1755 Domdechant zu Speyer, ab 1770 durch Frankreich begünstigt Fürstbischof daselbst; der gelehrte Aufklärer PAUL-HENRI THIRY D'HOLBACH (1723–1789), u. a. Mitglied der Königlich-Preußischen Akademie der Wissenschaften und Beiträger der »Encyclopédie«, hielt jeden Donnerstag und Sonntag einen Salon, zu dem er die *Coterie holbachique,* französische Geistesgrößen und Künstler sowie interessante ausländische Besucher, empfing.

Savans: Gelehrte, im modernen Französisch ›savants‹.

Comte de Bissy ... über der Lektüre des Tristram: CLAUDE DE THIARD, COMTE DE BISSY (1721–1810), 1750 in die Académie française gewählt, 1762 zum Generalleutnant der königlichen Armeen ernannt. Der anglophile Graf verschaffte Sterne den erforderlichen Reisepaß, in der »Empfindsamen Reise« tritt er als »Monsieur Le Count de B**** auf und liest SHAKESPEARE (Kap. »Der Paß«).

die Sammlungen des Duc d'Orléans: PHILIPPE II. DE BOURBON (1674–1723), DUC D'ORLÉANS hatte 1721 die Kunstsammlung der schwedischen Königin CHRISTINA erworben, in der sich wiederum viele Objekte der legendären Kollektion des Habsburger Kaisers RUDOLFS II. befanden, und sie zusammen mit weiteren Erwerbungen im Palais Royal ausgestellt, wo die Sammlung Orléans einem interessierten Publikum zugänglich blieb, bis der Ur-Urenkel des Herzogs sie aus Geldnot um 1790 an die Meistbietenden verkaufte.

die Doktoren der Sorbonne: Sterne konsultierte die Ärzte seines Lungenleidens wegen, mag aber Garrick hiermit auch daran erinnert haben, daß im »Tristram Shandy« (I, Kap. XX) das Ärztekollegium der Sorbonne die Frage beantwortet, ob ein Kind getauft werden könne, bevor es in die Welt hineingeboren sei.

***savoir vivre*:** feinere Lebensart; in der »Empfindsamen Reise« (Kap. »Das Blümlein«) erklärt der alte französische Offizier YORICK, der »Vorzug des Reisens in Rücksicht auf das *savoir vivre* bestehe darin, daß man sowohl sehr viele Menschen wie auch Sitten kennenlerne; es lehre uns gegenseitige Duldsamkeit; und gegenseitige Duldsamkeit ... lehre uns gegenseitige Liebe«.

Mr. Fox: CHARLES JAMES FOX (1749–1806) war von seinem Vater, dem Politiker Henry Fox (1705–1774), mit einer großen Summe

Geldes auf Grand Tour geschickt worden, »damit er die männlichen Künste des Trinkens und Hurens erlerne. Der Knabe war dazu noch nicht bereit und bat nach vier Monaten, wieder auf die Schule [Eton] gehen zu dürfen ...«, so Sternes Biograph ARTHUR H. CASH; Fox entwickelte später eine Schwäche für das Wettspiel und hatte 1774 Schulden in Höhe von sagenhaften 140 000 Pfund angehäuft, 1793 heiratete er heimlich seine Geliebte, die vormalige Kurtisane Elizabeth Armistead; als Politiker machte sich Fox ab 1768 einen Namen, er trat für das Recht auf Selbstbesteuerung der amerikanischen Kolonien ein, forderte die Abschaffung der Sklaverei und begrüßte 1789 die Französische Revolution.

Mr. Macartney: GEORGE MACARTNEY (1737–1806) begleitete FOX auf der Grand Tour und teilte sich mit diesem und Sterne von Januar bis Mai 1762 das Logis in Paris, später schlug er die diplomatische Laufbahn ein, die ihn bis nach China führte; JANE AUSTEN läßt ihre Heldin Fanny Price in »Mansfield Park« den Bericht (1807) über diese Gesandtschaft lesen.

Monsr. Titon: EVRAD TITON DU TILLET (1677–1762), ein ausgewiesener Kenner der Künste und der französischen Musik, war Mitglied zahlreicher in- und ausländischer Akademien, berühmt wurde er mit dem »Parnasse françois«, dem Entwurf eines Bronzemonuments, das in einem Park angelegt werden und um die Figur Ludwigs XIV./Apollos gruppiert, französische Dichter und Dichterinnen verewigen sollte. Das Monument wurde der hohen Kosten wegen nie errichtet, es blieb bei einem vom Bildhauer Louis Garnier ausgeführten Modell und den ergänzenden Schriften Titon du Tillets (»Parnasse françois. Remarques sur la poésie et la musique et sur l'excellence de ces deux beaux arts, avec des observations particulières sur la poésie et la musique françoise ...« 1732–1743).

die Broschüre ... eine andere in Versen: Autor und Titel der ersten Broschüre, wohl in Prosa, konnten nicht ermittelt werden, bei der zweiten handelt es sich wohl um CLAUDE-JOSEPH DORATs (1734–1780) nimmermüd in Alexandrinern verfasstes »Essai sur la déclamation tragique«, dessen erweiterte Ausgabe just erschienen war; Dorat schrieb zahlreiche Gedichte, Briefromane, Verserzählungen und antiaufklärerische Theaterstücke, die ihn in den finanziellen Ruin trieben, da er sie in aufwendigen Ausgaben erscheinen ließ; der Kritiker FRIEDRICH MELCHIOR GRIMM hielt nichts von ihm – »Man muß den Teufel im Leibe haben, um zu reimen und zu schreiben und den Druckerpressen Stoff zu liefern, wenn man rein gar nichts im Kopf hat«. – Garrick schätzte seine Schriften zur Deklamationskunst.

Mr. Hodges: Die Sternes verkehrten später in Toulouse mit einer Familie Hodges, näheres ist nicht bekannt.

Mlle. Clairon: war der Künstlername von CLAIRE-JOSEPH-HIPPOLYTE LERIS (1723–1803), der gefeierten und u.a. von Garrick und Voltaire bewunderten Tragödin der Comédie Française.

***Iphigenie*:** CLAUDE GUIMOND DE LA TOUCHEs (1723–1760) Tragödie »Iphigénie en Tauride«.

Préville! du bist Merkur selber: PRÉVILLE war der Künstlername von PIERRE-LOUIS DUBUS (1721–1799), dem Star-Komödianten der Comédie Française, einem Freund Garricks; Merkur, der Götterbote, stand für Beredsamkeit, Schnelligkeit und Verschmitztheit.

den »Franzosen in London«: »Le Français à Londres«, die 1727 uraufgeführte Komödie von LOUIS DE BOISSY (1694–1758) war ein noch immer gern gesehenes Stück.

Mr. Pitt ... erzeigt hat: Andere teilten diese Einschätzung des Charakters von GEORGE PITT nicht, HORACE WALPOLE hielt den Diplomaten für »brutal und halb wahnsinnig«.

Foley: ROBERT RALPH FOLEY (um 1727–1782) führte mit seinem Partner CHARLES SELWIN ein Bankhaus in Paris.

Wir gehen alle in Trauer: am 5. Januar des Jahres (nach gregorianischem Kalender) war die ZARIN ELISABETH (1709–1762), die Verbündete Frankreichs im Siebenjährigen Krieg, gestorben; Großbritanniens Verbündeter Friedrich II., der gegen die Russen verlustreiche Schlachten geschlagen hatte, nannte den Tod Elisabeths das »Mirakel des Hauses Brandenburg«, denn ihr Nachfolger Peter III. war ein Preußenfreund.

meiner Remise: Sterne meinte keinen Wagenschuppen, sondern eine Mietkutsche (›voiture de remise‹ bezeichnet einen in einer Remise gemieteten Wagen).

Mrs. Denis: wahrscheinlich die Frau von PETER DENIS (um 1713–1778), Kapitän der königlichen Marine (später Vize-Admiral), Unterhausabgeordneter und Subskribent der »Sermons«.

83. An Henry Egerton Paris, [Montag,] 8. März. 1762.

Mein lieber Sir,

ich habe tausend Gründe, mich dafür zu schämen, daß ich Ihnen nicht eher geschrieben habe; und ich habe hundert Gründe (doch nebenher gesagt, keine einzige Entschuldigung), die mich von Tag zu Tag daran gehindert haben, zur Feder zu greifen; wenn's mir beliebte, könnte ich Ihnen ja sagen, ich sei jeden Briefwechsels überhoben, nach meinem Tod – aber das ist eine Lüge – denn ich habe seither 3 Briefe geschrieben, nämlich an Hall & Garrick – die neuesten englischen Zeitungen hier melden mir meine Auferweckung, & also ist es hoch an der Zeit, daß ich Ihnen jetzt schreibe oder nie – Seltsam! daß ein Mensch so inkonsequent sein kann!

Ich glaube wahrhaftig, ich verdanke mein Leben Ihren guten Diensten – & erzähle mir die Geschichte Ihrer Freundlichkeit täglich vor – & habe ich dies getan, so setze ich mich mit einem ruhigen Gewissen nieder, als schuldete ich Ihnen weiter keine Zeichen meiner Dankbarkeit & meiner Wertschätzung für Sie & Ihre — dies vorausgeschickt & ferner des eingedenk, daß es nicht schwerhält, Sie zu versöhnen, werde ich meinen Brief etwas leichteren Herzens schreiben: bevor ich fortfahre, um Ihnen zu schildern, wie es mir geht & was ich treibe, bitte ich Sie, Lady Betty Egerton & Miss Egerton meine untertänigsten Empfehlungen auszurichten, sowie der Familie in Audley Street und Ihrem Bruder, falls er nicht in Deutschland ist; ich habe tausend Höflichkeiten erfahren von Mr. Pitt, der mich in dieser Metropole in etwas besserer Verfassung abgesetzt hat, als er mich aus Ihrer mitgenommen. Inzwischen ist mir die Gesundheit schrittweise zurückgekehrt, & ich befinde mich, meine ich, stetig besser & besser — Für den Fall, daß es einem gutgeht — kennen die Franzosen ein Sprichwort: »Das Bessere ist der Feind des Guten« — aus diesem Grund, der nicht gelitten hat unter den vielen Artigkeiten, so man mir hier bezeigt, bewahre ich meinen Gleichmut – & im Augenblick fühle ich weder noch finde ich einen Anreiz, gen Süden zu ziehen – wenn der Frost gewichen ist, so sagen mir die hiesigen Ärzte, werde ich mich im Frühling wiederfinden – & daß, obschon Toulouse mir im Winter förderlich gewesen wäre – bei sommerlicher Hitze die Vernunft dagegen spricht – ich werde darum wohl bis Mai hierbleiben – dann bin ich eingeladen, einen Monat oder sechs Wochen bei einem französischen Adligen & seiner Familie zu verbringen, die eine Tagesreise von Paris entfernt lebt; sollte mit mir alles gutgehen, werde ich anschließend mein Gesicht Ihnen zuwenden & durch Holland nach London gegen Ende Juni zurückkehren: Ich lebe hier vom vierten Teil dessen, was ich in London aufwende – dies hat ebenso seine Annehmlichkeiten wie seine Vergnügungen, denn außer am Aschermittwoch habe ich kein einziges Mal auf eigene Kosten gespeist & glaube es, während meines Aufenthalts, auch nicht erneut zu tun; die Franzosen lieben so einen unsinnigen Kerl wie mich, & ich hatte kaum Mühe, in einige der besten Kreise zu gelangen, & ich komme zehnmal schneller voran als je zuvor; denn Siehe! heute abend gehe ich zum Prinzen von Conti —— Nichts hier hat mich mehr erfreut als die Bekanntschaft mit den Crébillons, d'Alembert, Buffon, Diderot & dem Rest eines großen Zirkels geistreicher & gelehrter Männer, die ich zweimal in der Woche an Baron d'Holbachs & Lepeletiers Tafel treffe – was diese Männer wahrhaft unterhaltsam & angenehm macht, ist ihre Kunst, trotz ihres Witzes ohne Gerangel und Geraufe zusammenzuleben – eine unendliche Heiterkeit & Höflichkeit regiert unter ihnen – &, was nichts Geringes ist, jeder verläßt das Zimmer mit einer besseren Meinung von den eigenen Talenten, als er es betreten hat.

Ich erhielt soeben eine französische Übersetzung meiner Predigt über das Haus der Trauer von einer Dame von

Stand – die sie für die *Carême* drucken lassen möchte, um den Leuten hier ein Exempel meiner Predigten zu geben – Wie Sie sehen, werde ich ein Fastenprediger zu Paris, obwohl man mir diese Ehre in London nie angedeihen lassen wird – Die Übersetzung ist vorzüglich. Hierüber nun werden Sie lächeln – obwohl mich ganz Paris kennt als Monsr Le *Canon* – spricht man öfter von mir als dem Chevalier de Shandy – dies rührt von einem kleinen Spaß, der sich begab, als ich mit Mr Macartney das Haus von M. de la Borde besehen wollte, welches in Paris für das schönste angesehen wird – Der Portier verweigerte uns den Zutritt, behauptete, es läge Anweisung vor, das Haus sei nicht zu besichtigen – verlangte aber nach unseren Namen. Le Chevalier de Shandy & M. Macartney wurden angegeben – & am nächsten Morgen machte uns M. de la Borde, der Generalsteuerpächter, seine Aufwartung & lud uns zum Essen ein, wo man uns nicht wie Meineidige traktierte – sondern wie Prinzen von Geblüt. In zehn Tagen werde ich Ihnen einen langen unsinnigen Brief schreiben — Ich hoffe, Sie sind, was ich Ihnen allen immer wünschen werde, nämlich glücklich, gesund & munter: mein lieber Freund, adieu

Ihr getreuer
L Sterne

nach meinem Tod: Der »British Chronicle« vom 1.–3. Februar des Jahres hatte verbreitet, daß »private Briefe aus Paris die Nachricht vom Tode des Rev. Mr. Sterne, Autor des Tristram Shandy, bringen«, nicht nur die Gemeinde in Coxwold ging in Trauer bis am 12. Februar im »Public Advertiser« das Weiterleben Sternes angekündigt wurde.
Lady Betty Egerton ... und Ihrem Bruder: Zu den zu grüßenden Familienmitgliedern zählen Lady ELIZABETH (BETTY) ADRIANA EGERTON (geb. Bentinck, gest. 1765), die Mutter des Adressaten, sowie dessen Bruder WILLIAM EGERTON (um 1730–1783), ein Offizier der Kavallerie.
Sprichwort »Das Bessere ist der Feind des Guten«: ›le mieux

est l'ennemi du bien‹, von VOLTAIRE ins »Dictionnaire Philosophique« (1764) aufgenommen.

einem französischen Adligen & seiner Familie: Die mutmaßlichen Gastgeber sind unbekannt; im April sahen Sternes Reisepläne schon ganz anders aus, siehe Brief 86.

Prinzen von Conti: LOUIS-FRANÇOIS DE BOURBON (1717–1776), PRINCE DE CONTI, Prinz von Geblüt, gefeierter Kriegsheld, Spionagechef, seit 1749 Großprior des Malteserordens, »ein Gourmand, faul, nobel und liederlich« – so der PRINCE DE LIGNE, berühmt auch als Kunstsammler, Förderer der Oper und des Theaters, ROUSSEAU und BEAUMARCHAIS zählten zu seinen Protegés.

Bekanntschaft ... geistreicher & gelehrter Männer: Die Crébillons waren der zu Anfang des Jahrhunderts gefeierte Dramatiker PROSPER JOLYOT DE CRÉBILLON (1674–1762), der nichts von der geforderten »bienséance« (Sittlichkeit) hielt, Mitglied der Académie française und als Zensor mit VOLTAIRE in Streit geraten war, sowie dessen Sohn CLAUDE-PROSPER JOLYOT DE CRÉBILLON (Crébillon fils; 1707–1777), Verfasser von libertinären und satirischen Erzählungen und Romanen wie »Tanzaï et Néadarné« (»Tanzai und Neadarne oder Der Schaumlöffel«); JEAN LE ROND D'ALEMBERT (1717–1783), Mathematiker, Physiker, Philosoph, bis 1758 Mitherausgeber der »Encyclopédie«, machte Sterne mit JEANNE JULIE DE LESPINASSE (1732–1776) bekannt, die später in ihrem literarischen Salon *tout Paris* die Lektüre der »Empfindsamen Reise« empfahl, die sie in Teilen auch übersetzte; GEORGES-LOUIS LECLERC (1707–1799), COMTE DE BUFFON, Mathematiker, Botaniker, Direktor des Königlichen Botanischen Gartens, Literaturtheoretiker, Mitglied der Académie des sciences et française, Verfasser der »Histoire naturelle générale et particulière« (1749–1788, »Allgemeine und spezielle Geschichte der Natur«); DENIS DIDEROT (1713–1784), Schriftsteller (»Jacques, le Fataliste«), Philosoph, Motor der »Encyclopédie«, Erleuchter Europas, liebte als einer der wenigen Franzosen den »Tristram Shandy« wirklich und pries den »Rabelais der Engländer« als »so verrückt, so weise und so ausschweifend«. – Hier traf Sterne auch FERDINANDO GALIANI (1728–1787), die beiden konnten jedoch wenig miteinander anfangen.

trotz ihres Witzes ... zusammenzuleben: Man denke an »Des Autors VORREDE« in »Tristram Shandy« (III, Kap. XX), in welcher

der Autor darüber sinniert, was geschähe, wenn Witz und Urteilskraft stets zusammenwirkten – »Was wäre das für ein Gerangel und Geraufe, und wieviel Lärm und Getöse würden wir machen, vor lauter Schädelspalten, Kopfnüssen, Pferdeküssen und aufgespießten wunden Stellen …«. Als Sterne an der »Empfindsamen Reise« saß, sah er die Höflichkeit der Franzosen in einem unvorteilhafteren Licht, da »sagte der Count de B**** – *Les François sont polis.* – Bis zum Exzeß, versetzte ich« (Kap. »Charakter«).
eine französische Übersetzung … das Haus der Trauer: Sterne hielt diese Predigt für eine seiner besten (siehe Brief 195), geschrieben zur Fastenzeit zwischen 1745 und 1755, veröffentlicht in den »Sermons« – sie behandelt Prediger 7,3, »Es ist besser in das Klagehaus gehen / denn in das Trinckhaus / in jenem ist das ende aller Menschen / vnd der Lebendige nimpts zu hertzen«. Die übersetzende Dame war womöglich JEANNE JULIE DE LESPINASSE, doch der französische Text wurde nie gefunden.
***Carême*:** Fastenzeit.
M. de la Borde: JEAN-BENJAMIN DE LA BORDE (1734–1794), nicht nur Generalsteuerpächter, sondern auch Komponist und Musikforscher aus reicher Familie, ein Günstling König Ludwigs XV., endigte sein Leben unter der Guillotine.

84. An Elizabeth Sterne

durch Miss Willoughby
Paris, [Montag,] 15. März. 1762.

Mein Liebe,

da sich Gelegenheit bietet, einem heute nach London reisenden Arzt einen Brief mitzugeben, werde ich diese nicht auslassen, obwohl Du vielleicht zu gleicher Zeit einen (der mit der letzten Post von hier abgegangen) erhältst. Ich schicke jeden Posttag zu Mr Foley, um einem Brief von Dir nachzufragen, & bekomme ich mit nächster oder übernächster Post keinen, wäre ich sehr überrascht & enttäuscht. – Hier hat es gestern eine fürchterliche Feuersbrunst gegeben – Die ganze Foire St-Germain brannte binnen weniger Stunden nieder bis auf den Grund, & hunderte von unglücklichen Menschen laufen jetzt weinend durch die vom Brand völlig verheerten Straßen. Die Foire St-Germain befand sich auf einem gepflasterten Grund so groß wie der Minster Yard, und bestand ganz aus Holz und war in kleine Läden aufgeteilt & in Sträßchen untergliedert wie eine Stadt im kleinen. – Alle Handwerker im Königreich kommen mit ihren Waren her – Juweliere, Silberschmiede, – & Händler aus allen Teilen der Welt dürfen durch eine allgemeine Erlaubnis vom Karneval bis Ostern ihr Geschäft betreiben – man schätzt den Verlust dieser armen Leute, von denen keiner auch nur einen Schilling gerettet hat, auf sechs Millionen Livre – & viele sind im Unterhemde geflohen – & haben nicht nur ihre Habe & Handelswaren verloren, sondern alles Geld, das sie in diesen sechs Wochen eingenommen hatten. *Oh! ces moments de malheur sont terrible*, sagte mein Barbier heute morgen zu mir, als er mich rasierte – & der brave Kerl sagte es so anrührend, daß ich ob der vergänglichen und ungewissen Dauer alles Guten in diesem Leben wohl aus tiefsten Herzen hätte weinen mögen. Ich habe hier in meiner Nähe an drei Vormittagen einen berühmten Kanzelredner gehört – einen gewissen Père Clément –, der mir viel Freude macht – die Gemeinde bezahlt ihm 600 Livre für ein dutzend Predigten in der Fastenzeit – er ist König Stanislaws Prediger – wirklich höchst vortrefflich! – sein Stoff gehaltvoll & zweckdienlich – seine Art mehr als theatralisch – Und stärker im Ausdruck & Vortrag als Madam Clairon, die, wie Du wissen mußt, so etwas wie der Garrick der hiesigen Bühne ist. — Er ist unendlich vielseitig – & gewinnt damit wunderbar alle Aufmerksamkeit – seine längliche Kanzel mit 3 Sitzplätzen – auf die er sich bei Gelegenheit wirft, steigt über 4 Stufen an, wovon er sich eine jede einzelne zunutze macht, je nach dem Gang seiner Predigt – kurzum, es ist eine Bühne – & die Fülle seiner Stimmen könnte einen glauben machen, es stünden nicht weniger als 5 oder 6 Akteurs darauf.

– Gestern abend war ich bei Baron de Bagges Konzert; es war sehr schön – beides, Musik & Gesellschaft –, und heute abend gehe zum Prinzen von Conti. Dort gibt es einen Mons. Popelinière, der hier wie ein souveräner Fürst lebt – immer eine Gesellschaft von Musikern in seinem Haus hat – & eine vollständige Truppe von Spielern, & überdem veranstaltet er für die Granden dieser Metropole abwechselnd Konzerte & Theateraufführungen – er ist der reichste von allen Generalsteuerpächtern – er erwies mir gestern abend die Ehre, mich während meines Aufenthaltes hier in sein Haus einzuladen, das heißt zu seiner Musik & an seine Tafel. –

Aus den Berichten, die ich in den Londoner Zeitungen lese, vermute ich, daß es in York ganz entsetzlich viel Schnee gab – Hier hat es gar nicht geschneit – doch das Wetter war schneidend kalt – & wenn ich den ganzen Tag in meinem Zimmer bliebe, würde ein Schilling am Tag nicht ausreichen, damit ich es warm hätte. – Das ist hier für große Häuser ein teurer Artikel – es ist die angenehmste & gesündeste Art der Feuerung – ich fürchte, ich werde Kohlen nie mehr ertragen können, – & wenn ich in Coxwold Holz beschaffen kann, werde ich stets einen kleinen Vorrat davon haben.

Ich hoffe, Lydia geht es besser & nicht schlechter & daß Du mir das nämliche über Dich berichten wirst – Hoffentlich lernt meine Lydia weiter Französisch – ich spreche es schnell & flüssig – doch fehlerhaft sowohl im Akzent wie im Ausdruck – aber die Franzosen versichern mich, ich spräche es angesichts der kurzen Zeit überraschend gut. In sechs Wochen werde ich alle Schwierigkeiten gemeistert haben, nachdem ich eine der schlimmsten schon bewältigt habe, nämlich erst einmal zu verstehen, was andere sagen, was mir, muß ich gestehen, anfangs große Schwierigkeiten bereitet hat.

Ich sende meiner Lyd meine Liebe ... Ich habe jetzt Farbe im Gesicht – obwohl ich bei meiner Ankunft nicht mehr davon aufwies als ein Scheuerlappen. Ich bin

Herzlich Dein

L. Sterne

Miss Willoughby: eventuell eine Verwandte des Rev. James Willoughby, eines Geistlichen aus Yorkshire, der die »Sermons« subskribierte, sie reiste wohl in Begleitung von DR. SHIPPEN und MISS POYNTZ (siehe Anmerkungen zu Brief 85) nach York zurück. Briefe, die man Reisenden anvertraute, erreichten ihren Zielort nicht nur meist schneller als mit der gewöhnlichen Post, sie entgingen auch der Prüfung durch den Zensor.

nach London reisenden Arzt: wohl DR. SHIPPEN, dem er auch einen Brief an David Garrick anvertraute (siehe Brief 85).

Ich schicke jeden Posttag zu Mr Foley: Englische Bankhäuser fungierten im Ausland auch als Poststellen.

fürchterliche Feuersbrunst ... Foire St-Germain: Die Foire St.-Germain war eine Frühjahrsmesse, in den weitläufigen Markthallen im Fauborg St. Germain nahe der Kirche St. Sulpice wurden Luxusgüter verkauft, die Hallen standen rund um die Uhr für Anschaffungen und Amüsements offen. Das Feuer, das in der Nacht vom 16. auf den 17. März 1762 ausbrach, »war so erschrecklich und heftig, daß von der bloßen Hitze das Blei auf der Kuppel der Kapelle von St. Sulpice schmelzte, ob es gleich über 600 Schritte davon entfernt war«, wußten die »Fortgesetzten Neuen Genealogisch-Historischen Nachrichten von den vornehmen Begebenheiten, welche sich an den Europäischen Höfen zutragen« (1763).

sechs Millionen Livre: Livre (Pfund) waren bis 1795 die französische Silberwährung, der heutige Euro-Wert entspräche in etwa dem fünf- bis fünfzehnfachen der damaligen Summe.

***Oh! ces moments de malheur sont terrible*:** Oh! Diese unglücklichen Zeiten sind furchtbar.

Père Clément: L'Abbé DENIS-XAVIER CLÉMENT (1706–1771),

ein Kapuzinerpater, der auch bei Hofe predigte und Beichtvater der Tanten König Ludwigs XV. war.

König Stanislaws: STANISŁAW LESZCZYŃSKI (1677–1766), 1704 bis 1709 sowie 1733 bis 1734 von Schweden beziehungsweise Frankreich begünstigt König von Polen und Großfürst von Litauen, ging ins Pariser Exil, nachdem eine von der polnischen Opposition unterstützte österreichisch-russisch-kursächsische Koalition die Wahl des sächsischen Kurfürsten Augusts III. zum polnischen König durchgesetzt hatte, er war der Schwiegervater König Ludwigs XV.

bei Baron de Bagges Konzert: Carl Ernst Bagge von Boo (1722–1791), bekannter unter seinem französischen Namen CHARLES ERNEST BARON DE BAGGE, baltisch-schwedischer Komponist und Kunstmäzen, der sich in Paris niedergelassen hatte und für seine Konzertabende bekannt war – »Selbst die Pariser Virtuosen kommen öfters hin; einige, wenn sie etwas Neues haben, solches allda probieren können; andre, um dort fremde Musikstücke zu hören, weil er sich sehr um neue Musikalien bewirbt; und endlich kommen sie auch dahin, um Gelegenheit zu haben, neue fremde angekommene Virtuosen zu hören«, erzählte LEOPOLD MOZART (»Reiseaufzeichnungen 1763–1771«).

Mons. Popelinière: ALEXANDRE-JEAN-JOSEPH LE RICHE DE LA POPELINIÈRE (1692–1762), in der »Empfindsamen Reise« tritt er kurz als ›Mons. P****‹ auf. Die Generalsteuerpächter zogen für den Staat Abgaben ein und verdienten selbst beträchtlich daran.

in York ganz entsetzlich viel Schnee gab: Am 21. Februar war ein Schneesturm über Yorkshire gefegt, sieben Menschen starben, der »London Chronicle« vom 4.–6. März 1762 hatte darüber berichtet.

85. [M] An David Garrick Paris, [Freitag,] 19. März. 1762.

Lieber Garrick

Dieses wird Ihnen von Doktor Shippen eingehändigt werden, einem Arzt, der sich hier einige Zeit bei Miss Poyntz aufgehalten und in diesem Augenblick nach Ihrer Metropole abreiset, ich ergreife also die Gelegenheit, um Ihnen und meiner gütigen Freundin Mrs. Garrick zu schreiben. Ich finde hier nichts, das ihr gleichkäme, und bin doch schon der einen Hälfte ihrer schönsten Göttinnen vorgestellt worden und werde in einem weiteren Monat auch zu den Schreinen der anderen Hälfte Zutritt erlangen – aber weder bete ich sie an – noch falle ich (oft) auf die Knie vor ihnen; sondern habe im Gegenteil viele zum Shandyismus bekehrt – denn kund und zu wissen sei hiemit, ich shandysiere fünfzigmal mehr drauf los, als ich jemals zu tun pflegte, rede mehr Unsinn als Ihnen in Ihrem Leben je zu Ohren gekommen – und zwar zu allen möglichen Leuten. *Qui le diable est ce homme là* – sagte Choiseul neulich – ce Chevalier de Shandy – Sie würden mich für ganz verteufelt eitel halten, erzählte ich Ihnen das Übrige des Gespräches – ob's der Überbringer weiß oder nicht, ist mir unbekannt – Es wird in Southhampton-street beim Nachtmahl, nach den Strapazen Richards III., nebst anderen kleinen Gerichten aufgetragen werden – O Himmel! man hat hier nichts, was die Nerven so sehr erschütterte, wie diese großen Charaktere in Garricks Händen! Doch ich vergesse ja, daß ich dem Manne selber schreibe — Hol' der Geier (wie immer er will), diese plötzlichen schwärmerischen Ausbrüche! apropos – ganz Paris ist von der komischen Oper *behext*, und wäre da nicht die Affäre mit den Jesuiten, welche die Hälfte unserer Gespräche füllt, so würde die komische Oper ihr einziger Stoff sein – So aber bleibt sie doch eine tragische Fatalität in allen Gesellschaften, und führen nicht einige jähe Ausfälle und Vorstöße – von Shandyismus drein, die ab und zu alsdenn den Gesprächsfaden abschneiden oder so heillos verfitzen, daß der Teufel selbst in Verlegenheit geriete, ihn wieder abzuhaspeln – so würde ich als ein Märtyrer sterben – was mich, nebenher gesagt, nimmermehr betreffen soll —

Ich übersende Ihnen, durch den Überbringer dieses,

einige von den komischen Opern, nebst dem *Salon*, eine Satire – die Comédie Française besuche ich selten – man gibt kaum etwas anderes als Trauerspiele, – und die Clairon ist großarti, und Mlle. Dumesnil an einigen Stellen noch großartiger als diese – allein, ich kann das Predigen nicht leiden – Mich dünkt, ich habe mir in meinen jüngeren Jahren den Magen daran überladen. – Heute abend soll auf dem Theater ein Trauerspiel ausgezischt werden – es ruhe in Frieden, nebst dem sanften Gehirn seines Verfassers! Ich habe Ihnen tausenderlei Dinge zu erzählen, welche ich nicht schreiben kann – Ich tue tausend Dinge, die weiter keine Rolle spielen, *als daß ich sie tue* – und wie in London habe ich die Ehre, tausend Dinge getan und gesagt zu haben, die ich niemals tat oder auch nur träumte – und doch träume ich im Überfluß – Stünde der Teufel in Gestalt eines Eilkuriers hinter mir, so könnte ich nicht geschwinder schreiben, als ich hier tue, habe ich doch noch fünf weitere Briefe mit dem nämlichen Gentleman abzufertigen; er reist nach einem anderen Weltteil, und wenn er Sie aufgesucht hat, wird er in Frieden fahren.

Der Herzog von Orleans hat geruht, mein Porträt unter die Anzahl einiger wunderlicher Köpfe in seiner Sammlung aufzunehmen; und ein Herr, der bei ihm wohnt, hat es ungemein ausdruckstark in voller Größe gezeichnet – Ich gedenke, eine Radierung davon zu erhalten und Ihnen alsdann zu senden – Ihr Gebet um meine *rosenfarbene* Gesundheit findet Gehör – Bleibe ich drei oder vier Monate länger hier, so werde ich mehr als nur remediert nach England zurückkommen. Meine zärtliche Empfehlung an Mrs. Garrick.

Ich bin, mein lieber Garrick
Ihr gehorsamster Diener,

L. Sterne

Doktor Shippen ... Miss Poyntz: WILLIAM SHIPPEN (1736–1808) hatte an der Universität von Edinburgh seinen Doktor der Medizin gemacht und sich einige Zeit als Hausarzt von LOUISA POYNTZ, der invaliden Schwester von Lady MARGARET GEORGIANA SPENCER, in Frankreich aufgehalten. Er reiste im Mai des Jahres über England in seine Heimatstadt Philadelphia zurück und hielt dort die ersten Anatomievorlesungen der Kolonie, drei Jahre später wurde er Professor für Anatomie, Chirurgie und Geburtshilfe; seine Dissertation »De Placentae cum Utero Nexu« (1761) hätte ein besonderes Band zu Sterne knüpfen können, doch der Doktor war in Sachen Niederkunft allem Scherz abhold.
***Qui le diable est ce homme là*:** Wer zum Teufel ist dieser Mann?
Choiseul: Ob Comte oder Duc diese Frage stellte, bleibt offen, man möchte mit dem Count de B**** aus der »Empfindsamen Reise« anmerken, daß »Shakespeare Großes vollbracht [hat] – Er vergaß nur als winzige Kleinigkeit, mir Euren Namen kundzumachen ...« (Kap. »Der Paß«).
Southampton-street: In der Nr. 27 lebte Garrick von 1749 bis 1772, nur wenige Gehminuten vom Drury Lane Theatre entfernt.
Richard III.: Die Titelfigur in SHAKESPEAREs gleichnamigem Drama war Garricks Paraderolle, er hatte sie 1741 zum ersten Mal gespielt und Richard als menschliches Wesen, nicht als theatralisches Monstrum dargestellt – quasi über Nacht war er zum Star geworden und hatte die Schauspielkunst revolutioniert. SAMUEL JOHNSON ging das zu weit – »Wenn Garrick wirklich glaubt, er sei dieser Unhold Richard III., hätte er es verdient, bei jeder Vorstellung aufgehängt zu werden.« – HOGARTH malte Garrick 1745 als verletzlichen König am Abend der Schlacht von Bosworth. 1762 stand das Stück seit Januar auf dem Spielplan des Drury Lane Theatre.
der komischen Oper: Im Februar 1762 taten sich die Opéra comique und die Comédiens Italiens auf Geheiß des Königs zusammen, die neue Kompagnie spielte erfolgreich und umjubelt im Theater des Hôtel de Bourgogne; auch YORICK geht in der »Empfindsamen Reise« natürlich in die Opéra comique.
die Affäre mit den Jesuiten: Die sehr einflußreichen, absolut papsttreuen Jesuiten wurden von Aufklärern, Jansenisten (die im Gegensatz zu den Jesuiten nichts auf den freien menschlichen Willen gaben) und Gallikanisten (die eine vom römischen Pontifikat möglichst losgelö-

ste Kirche wollten) gleichermaßen mißtrauisch beäugt. Im Januar 1761 hatte in Paris eine Bischofsversammlung begonnen, über das Schicksal des Ordens zu beraten, 1767 wurden die Jesuiten aus Frankreich ausgewiesen. Sterne verhandelte die Sache im »Tristram Shandy«, VII, Kap. XXXIX, salopp, TRISTRAM kann in Lyon die Bibliothek des Kollegiums nicht besuchen, denn »*die* JESUITEN hatten sämtlich die Kolik«.

So aber ... als ein Märtyrer sterben: Man lese einen ähnlichen Gedankengang in »Tristram Shandy«, V, Kap. XI., nach – »Doch die Dispute sind mir verhaßt, – und deshalb würde ich mich (religiöse und gesellschaftliche Fragen ausgenommen) eher zu schier allem verstehen, was mich nicht im ersten Passus würgt, als mich in einen Disput verwickeln zu lassen —— Allein das Ersticken kann ich nicht ausstehen, —— und üble Gerüche am allerwenigsten. – Und aus diesen Gründen hab' ich mir's gleich von allem Anfang vorgesetzt; Daß sollte das Heer der Märtyrer je vermehrt, – oder ein neues rekrutiert werden, – ich damit weder so noch so etwas zu schaffen haben will.«

***Salons*:** »Le Salon«, die Satire in Alexandrinern von ALEXIS PIRON (1689–1773) war erst im Januar des Jahres erschienen. Piron hatte seine Stellung als Anwalt nach der Veröffentlichung seiner obszönen »Ode à Priap« (1710) verloren, die ihn 1753 auch die Aufnahme in die Académie française kostete; angeregt von Crébillon dem Älteren begann er zu schreiben und machte sich mit anzüglichen, spritzigen, bissigen Komödien und Epigrammen einen Namen, sein größter Erfolg war »La Métromanie« (1738, »Die poetische Familie, oder die Reimsucht«).

Comédie Française: war im 17. Jahrhundert aus MOLIÈREs Theatertruppe entstanden und im 18. das französische Staatstheater.

Mlle. Dumesnil: MARIE FRANÇOISE MARCHAND genannt DUMESNIL (1711–1803) war die große Rivalin der CLAIRON und für ihren natürlichen Schauspielstil berühmt, nachdem sie von der Bühne abgetreten waren, befehdeten sich die Damen in ihren Memoiren weiter.

ein Trauerspiel: »Eponine« von MICHEL-PAUL GUY DE CHABANON (1730–1792) hatte im Januar Premiere gehabt und den meisten nicht gefallen, am 19. März 1762 sollte es auf Ordre des Königs aufgeführt werden, wurde aber im letzten Moment abgesetzt.

Herzog von Orleans: LOUIS-PHILIPPE DE BOURBON (1725–1785), DUC D'ORLÉANS, sein Großvater hatte die Kunstsammlung im Palais Royal begonnen.

mein Porträt: von LOUIS CARROGIS (1717–1806), besser bekannt unter seinem Künstlernamen CARMONTELLE, Autor, Ingenieur, Gartengestalter, Maler, Zeremonienmeister des Herzogs von Orleans, schuf Aquarelle von Künstlern und anregenden Persönlichkeiten der Gesellschaft, auf denen die Porträtierten im Profil zu sehen waren.
meine *rosenfarbene* Gesundheit: Die rosige Gesundheit wurde um diese Zeit ein literarisches Klischee, aufs Naturell sah der Genfer Apotheker, Dichter und Journalist JEAN-BAPTISTE TOLLOT (1698–1773), ein Bekannter HALL-STEVENSONs, dem er schrieb, er »beneide unseren Freund Mr Sterne um sein fröhliches Gemüt, alle Dinge sind für diesen glücklichen Sterblichen rosenfarben …«

86. An Thomas Belasyse, Lord Fauconberg

Paris. [Samstag,] 10. Apr. 1762.

Mylord

daß Mr Wilcox, der Sohn des verstorbenen Bischofs von Rochester, auf seiner Rückkehr aus Italien durch diese Stadt kommt, schafft mir Gelegenheit, Ihre Lordschaft mit dem Beiliegenden für Lady Catherine zu behelligen. Ich habe mir selber die Ehre getan, an Ihre Lordschaft einen langen Brief zu schreiben, datierend vom 11ten Febr^r^ aus St Germain, wohin ich mich mit dem jungen Mr Fox auf eine Woche zurückgezogen; aber vermutlich hat jener Brief Ihre Lordschaft nie erreicht, denn 5 weitere, abgesandt mit gleicher Post, sind sämtlich verlorengegangen – Gott sei Dank enthielt keiner davon einen Verrat. Nach allem, was ich höre, hatten Sie einen gräßlich nebligen Winter in London, wäre ich dort geblieben, läge ich gewiß schon seit sechs Wochen in meinem Grabe – der Winter war hier fürwahr ungemein streng – aber weil die Luft immer klar & schmiegsam & kein Tag neblig ist (was wohl nicht immer so ist), habe ich allmählich meine Gesundheit wiedererlangt & bin seit meiner Ankunft auf dem stetigen Weg der Besserung; dies geschah in den ersten 3 Wochen in so bemerkenswerter Weise, daß mir die hiesige Ärzteschaft anriet, zu bleiben, wo ich bin & nicht in den Süden zu reisen, solange mein Gefühl vorherrsche, an Ort und Stelle Boden zu gewinnen: demgemäß und wegen der großen Artigkeiten, so mir von den Franzosen erwiesen wurden, habe ich mich bis jetzt in dieser Metropole herumgeschleppt, wo ich bis Ende Mai bleiben & dann durch Holland nach Hause zurückkehren wollte: die Ärzteschaft hier sagt mir allerdings, es werde mir im nächsten Winter ganz gewiß wieder so übel ergehen – sollte ich meinen Lungen keine Zeit lassen, sich zu kräftigen, indem ich mich nach Toulouse begebe & einen Winter ohne Husten & Verkühlungen verbringe; danach, so sagen sie, betrachteten sie meine Genesung als vollständig: Ich würde dies nicht um meinetwillen erwägen, doch befürchte ich, es meiner Tochter zuliebe tun zu müssen, von der mir meine Frau zu wiederholten Malen schreibt, daß sie zusehends verfällt wegen ihres bösen Asthmas, das sich in den letzten 3 Wintern immerzu verschlimmert hat, & daß sie verloren ist, sollte man nicht mehr für sie tun können als ihr bloß Arzneien einzugeben, & daß ihr nur die einzige Möglichkeit bleibt, zu versuchen, was ein Winter in einem warmen Klima bei ihr bewirken kann: dies zwingt mich, hier zu warten, bis sie sich mir zugesellen, & mit ihnen nach Toulouse zu gehen, um sie in einem kleinen Haus mit großem Garten unterzubringen, das ich im schönsten Teil der Stadt gemietet habe; & sollte ich mich wohl befinden, nachdem ich sie untergebracht, werde ich zurückkehren – wenn nicht, bleibe ich den Winter über dort & komme im nächsten Mai zurück.

Bitte verzeihen Sie mir, Mylord, daß ich Sie mit diesem langen & umständlichen Bericht über mich & meine Geschäfte belästige; indes hielt ich es für meine Pflicht, Ihnen meine Umstände zu schildern – meine Familie, Mylord, ist eine sehr kleine Maschine; aber sie birgt viele Rädchen; & ich muß sie nur allzuoft in Gang halten, – nicht so wie es mir gefiele – sondern wie ich's eben vermag.

Ich hätte zu einem so kritischen Zeitpunkt wie diesem nie in Frankreich sein sollen, wo gleich zwei der wichtigsten Angelegenheiten im Werke sind, welche die Interessen dieses Königreiches jemals berührt haben – die Sache mit den Jesuiten – & der Krieg – denn viel vom zukünftigen Ruhm & Wohl dieses Königreichs scheint von diesen beiden großen Punkten abzuhängen – der erste beschäftigt die Aufmerksamkeit der Franzosen viel mehr als der letzte – & ganz zurecht – denn allein in dieser Stadt bezieht die Gesellschaft Jesu ein Pachtgeld von 95.000 Pfund im Jahr – wie hoch müssen ihre Einkünfte im ganzen Königreich sein? Es wird enden, so meine ich, wie bei unserem Heinrich VIII. mit einer allgemeinen Enteignung –

Sollten Ihre Lordschaft *Compte rendu des Constitutions de Jésuites* noch nicht gelesen haben, so verlohnt es wohl Ihrer Lektüre; mittlerweile muß das Buch in England angekommen sein. Ich hoffe, Ihre Lordschaft haben den Winter bei guter Gesundheit verlebt; ich wünsche dies, wie auch alle anderen Segnungen für Sie & Ihre Familie, mit der Inbrunst & Aufrichtigkeit, welche mir ziemt.

Ich bin Mylord
Ihr stets ergebener & getreuer Diener
L. Sterne

***An Thomas Belasyse, Lord Fauconberg*:** Es sei daran erinnert, daß der Lord Sternes Patronatsherr war, und sicherlich wissen wollte, was seinen Kuraten umtrieb.

Mr Wilcox: JOSEPH WILCOCKS (1724–1791) war auf der Rückreise von Italien nach England, wo er »Roman Conversations; or, Historical Exercises: Being Some of the Principal Characters in the

Roman History« veröffentlichen wollte; das von ROUSSEAU beeinflußte, für Schüler gedachte Buch erschien 1763. Sein Vater Joseph Wilcocks (1673–1756) war von 1731 an Bischof von Rochester gewesen.
Lady Catherine: war wahrscheinlich Lord Fauconbergs älteste, unverheiratete Tochter CATHERINE BELASYSE (1728–1788); das Beiliegende, wohl ein Brief, ging verloren.
aus St Germain ... zurückgezogen: Sterne und der junge Charles James Fox (siehe Anmerkungen zu Brief 82) hatten sich wahrscheinlich ins malerisch an der Seine gelegene Residenzstädtchen St-Germain-en-Laye, westlich von Paris, zurückgezogen. »Die Lufft ist daselbst sehr gesund, und man hat angemercket, daß man daselbst lange Zeit lebt«, pries u. a. der »Historisch-Politisch-Geographische Atlas der gantzen Welt; Oder grosses und vollständiges Geographisch= und Critisches Lexicon« (1748).
5 weitere ... keiner davon einen Verrat: Hieraus läßt sich ersehen, daß erstens Sterne ein eifriger Briefschreiber war (6 Briefe mit einer Post), zweitens die Post höchst unzuverlässig war (Briefe wurden gestohlen, von den Behörden konfisziert, falsch zugestellt, gingen verloren oder auf der Seereise nach England über Bord) und drittens die überaus argwöhnischen französischen Zensoren im Zweifelsfall alles lasen – was für den Absender oder Dritte durchaus unangenehm hätte werden können, hätte der Brief denn Ungenehmes über den französischen König, den Staat, die Religion enthalten oder berichtet, Monsieur X habe sich despektierlich über dieses oder jenes geäußert (siehe auch die erste Anmerkung zu Brief 82). Von Briefgeheimnis konnte im 18. Jahrhundert keine Rede sein.
Luft ... kein Tag neblig: Damals wußte man bereits, wie die Lunge arbeitete und daß die Atmung für den Blutkreislauf unerläßlich ist, das lebenswichtige Element Sauerstoff wurde allerdings erst 10 Jahre später entdeckt; feuchte Luft galt als »unrein« und daher schädlich. Daß die Lungentuberkulose oder -schwindsucht, an der Sterne litt, durch Infektion übertragen wird, war im 18. Jahrhundert noch nicht bekannt.
die hiesige Ärzteschaft: siehe Anmerkungen zu Brief 82 (»die Doktoren der Sorbonne«) sowie Brief 89.
in einem kleinen Haus: Das gar nicht so kleine Haus wird in Brief 101 beschrieben.
meine Familie ... sehr kleine Maschine: Man lese auch in »Tristram Shandy«, V, Kap. VI, nach, an dessen Anfang TRISTRAM ein ähnliches Bild heraufbeschwört – »WIEWOHL unsere Familie in gewis-

ser Hinsicht sicherlich eine einfache Maschine vorstellte, da sie aus nur wenig Rädern bestand; so ließ sich doch immerhin zu ihren Gunsten anführen, daß diese Räder von so vielen verschiedenen Federn in Bewegung gesetzt wurden und durch solche Vielfalt sonderbarer Prinzipien und Impulse aufeinander wirkten, – daß die Maschine trotz ihrer Einfachheit alle Verdienste und Vorzüge einer komplizierten aufwies, — und inwendig eine Anzahl so wunderlicher Bewegungen, als sie im Innern einer *holländischen* Seidenspinnerei nur je zu sehen gewesen.«

die Sache mit den Jesuiten: als »Affäre mit den Jesuiten« bereits zu Brief 85 angemerkt.

Es wird enden … Enteignung: König Heinrich VIII. (1491–1547) hatte sich von der römischen Kirche abgewandt und sämtliche Klöster in England auflösen lassen, deren gewaltigen Besitz zog er für die Krone ein, Teile vergab er wieder an ihm höchst genehme Untertanen.

***Compte rendu des Constitutions de Jésuites*:** Das antijesuitische Werk von LOUIS-RENÉ DE CARADEUC DE LA CHALOTAIS (seines Zeichens königlicher Prokurator in der Bretagne) war 1762 erschienen.

87. [M] An David Garrick Paris, [Montag,] 19. April 1762

Mein lieber Garrick

Ich ergreife die Gelegenheit, da Mr. Wilcox (Sohn des verstorbenen Bischofs von Rochester) von hier nach England abreist, um an Sie zu schreiben, und lege diesen Brief einem an Hall bei, der Ihnen denselben einhändigen wird, womöglich hinter den Kulissen. Ich höre nichts von Ihnen oder Ihrem *Reich*, ich wollte sagen, *Königreich* – aber hier drückt man alles hyperbolisch aus – und ist eine Frau einfach nur vergnügt – so heißt's: *Je suis charmée* – und ist sie bezaubert, so tut's nichts geringeres, als daß sie *ravie* ist, und ist sie erst einmal ravie (was vorkommen mag), so muß sie wohl oder übel um eine Metapher nach der anderen Welt fliegen und beteuern, qu'elle etoit toute *extasiée* – eine Redensart, die, nebenher bemerkt, dieser Orts schleichend die Mode wird, und es gibt schwerlich ein Frauenzimmer, das sich auf den *bon ton* versteht und nicht siebenmal des Tags in heller Ekstase ist – das heißt, ihr steckt der Teufel im Leib – durch eine kleine Verwechslung einer Welt mit einer anderen – Ei, wo bin ich nur hingeraten?

Ich habe die letzten zwei Tage ein Trauerspiel studiert, das mir eine begabte Dame brachte, auf daß ich es lese und rate, ob es etwas für Sie sein möchte – Es ist nach einem Entwurf von Diderot gefertigt und möglicherweise eine halbe Übersetzung davon – »Der natürliche Sohn oder Der Triumph der Tugend, in fünf Akten«. Es enthält zu viele Sentenzen (wenigstens für mich), die Reden sind zu lang und schmecken zu sehr nach *Predigt* – dies mag ein zweiter Grund sein, warum es nicht nach meinem Gusto ist. Es geht allenthalben und immer nur um Liebe, Liebe, Liebe, ohne große Unterschiede in den Charakteren; deshalb fürchte ich, es würde für Ihre Bühne nicht taugen und vielleicht eben der nämlichen Gründe wegen, die es für eine französische empfehlen. – Nach einer schnöden Unterbrechung von drei Wochen – fangen wir mit unseren Komödien und Opern wieder aufs neue an – Ihre, so höre ich, florierten wie noch nie – hier haben die komischen Akteurs die Köpfe noch nie so hängenlassen – die Tragöden hingegen halten den Kopf hoch – in jedem Betracht. Ich habe *einen kleinen Mann*, gleich einem David Atlas, die Welt des Theaters auf seinen Schultern tragen sehen, aber Préville kann hier nicht halb so viel tun, obgleich ihm M. Clairon beisteht und ihren Rücken an seinen lehnt – sie ist allerdings ganz großartig und hat sich prächtig entwickelt, seitdem Sie sie gesehen haben – auch behauptet sie ihren Stand bei Tische und hält jeden Donnerstag eine freie Tafel, wo sie allen, die hungern und dürsten *zu essen gibt* (nach hiesiger Redeweise).

Man spricht hier viel von Ihnen und erwartet Sie ungeduldig, sobald es Ihnen der Friede erlaubt – in den letzten beiden

Tagen ging in zwei vornehmen Häusern, wo ich zum Diner eingeladen war, die ganze Rede nur von Ihnen – Auf diesem Meridian ist es das größte Rätsel der Schöpfung, wie ein und derselbe Mann ein so großes tragisches und komisches Talent besitzen kann, und zwar in einem solchen Equilibrium, daß sich die Welt darüber entzweit, welche der beiden Rollen die Natur ihm denn zugedacht habe.

Crébillion hat eine Vereinbarung mit mir getroffen, die, falls er nicht zu faul ist, keine üble *persiflage* abgeben wird – sobald ich in Toulouse anlange, will er mir einen Beschwerdebrief über die Unschicklichkeiten im T. Shandy schreiben – als Antwort erfolgt eine Gegenbeschuldigung hinsichtlich der Unziemlichkeit in seinen eigenen Werken – beides soll dann zusammen gedruckt werden – Crébillion gegen Sterne – Sterne gegen Crébillion – das Verlagsrecht wird verkauft und das Geld brüderlich geteilt – Das heißt mir gute Schweizer Staatskunst.

Ich habe mich bedeutend erholt, und könnte ich einen ganzen Winter in Toulouse verbringen, so würde ich, in meinem inneren Menschen, wider alle Gefahr eines Rückfalls gefeit sein. – Ein verdrießliches Asthma, welches meine Tochter seit drei Wintern peinigt, vornehmlich aber diesen letzten, erfordert unbedingt, wie ich fürchte, daß sie als letztes Heilmittel einen Aufenthalt in einer wärmeren und linderen Luft versucht, daher gehe ich diese Woche nach Versailles, um dem Grafen Choiseul aufzuwarten und ihn um Pässe für sie zu ersuchen – Geht dieser Plan auf, dann kommen sie hierher zu mir – und nach einem Aufenthalt von einem Monat brechen wir alle in den Süden Frankreichs auf – Wo aber nicht, sehe ich Sie im kommenden Juni. Da Mr. Fox und Mr. Macartney Paris verlassen haben, lebe ich nun ausschließlich bei französischen Familien – Ich lache, bis ich weine – und in den nämlichen zärtlichen Augenblicken *weine ich, bis ich wieder lache*. Ich shandysiere mehr denn je und glaube wahrhaft, daß ich mit bloßen, von einem lachlustigen Volk sublimierten Shandyismus Gebrechen ebensogut pariere wie durch die Segnungen der Luft und des Himmelstrichs. Adieu, lieber Garrick, melden Sie meiner Freundin, Mrs. Garrick, zehntausend meiner besten Empfehlungen und Wünsche an und für sie – wäre sie verwich'ne Nacht in den Tuilerien eingestellt spaziert, so hätte sie tausend französische Göttinnen zuschanden gemacht, *auf einen Streich.*

Ich bin höchst aufrichtig,
mein lieber Freund,
L. Sterne

lege diesen Brief ... an Hall: Dieser Brief an JOHN HALL-STEVENSON ist nicht erhalten.
hyperbolisch: Der französische Hang zur Übertreibung hat Sterne offenbar sehr amüsiert. In der »Empfindsamen Reise« prahlt der Pariser Perückenmacher – »Taucht sie nur freiweg, versetzte er, in den Ozean, sie wird allemal halten –« – und YORICK macht sich so seine Gedanken – »Welch großer Maßstab regiert in dieser Stadt doch jedes Ding! dachte ich – der Ideenflug eines englischen Perruquiers hätte keine größere Höhe zu erklimmen vermocht als ›Tunkt sie in einen Eimer Wasser‹ – Welcher Unterschied! es ist, als stünde Zeit gegen Ewigkeit« – und kommt zu dem Schluß, daß in Frankreich »die Großartigkeit *mehr* im *Worte* steckt; und *weniger* in der *Sache*« (Kap. »Die Perücke. Paris.«).
***Je suis charmée*:** Ich bin bezaubert.
ravie (was vorkommen mag) ... toute *extasiée*: Sterne frönt in dieser Passage dem Spiel mit Doppeldeutigkeiten, ›ravie‹, abgeleitet vom Verb ›ravir‹, kann sowohl ›entzückt‹ wie auch ›ihrer Unschuld beraubt‹ bedeuten; ›qu'elle etoit toute *extasiée*‹ kann heißen, ›daß sie ganz und gar verzückt ist‹ oder eben ›in heller Ekstase‹, in einem Zustand rauschhafter Verzückung oder Entrückung, der – so er nicht religiöser, sondern erotischer Natur ist – den Teufel ins Spiel bringt.
***bon ton*:** der gute Ton der vornehmen Gesellschaft.
Ei, wo bin ich nur hingeraten?: Man mag sich an TRISTRAMs Ausruf erinnert fühlen »——aber wo finde ich mich da? und in welch won-

nigen Taumel der Dinge stürze ich mich? Ich – der ich in der Hälfte meiner Tage soll beschnitten werden und nichts weiter davon genießen darf, als was ich meiner Imagination abborge« (VII, Kap. XIV).
ein Trauerspiel ... eine begabte Dame: Bei dem Trauerspiel handelte es sich um DIDEROTs »Le fils naturel«, 1757 erstmals gedruckt, übersetzt wurde es unter dem Titel »The Natural Son, or, the Triumph of Virtue« von ELIZABETH GRIFFITH (?1720–1793), der Frau von RICHARD GRIFFITH (?1704–1788), einem Bekannten Sternes, der 1770 *Posthumous Workes of a Late celebrated Genius deceased. The Koran, or the Life, Characters and Sentiments of Tria Juncta in Uno, M. N. A., Master of No Arts* veröffentlichte, ein Werk, das lange Zeit Sterne selbst zugeschrieben wurde (siehe auch Brief 230). Elizabeth Griffith mag denn auch die »begabte Dame« gewesen sein, jedenfalls ist bekannt, daß sie ihre dramatischen Adaptionen des öfteren an Garrick herantrug. Garrick brachte das Stück nicht auf die Bühne, ließ es aber 1767 unter dem Titel »Dorval. Or the Test of Virtue« anonym bei DODSLEY erscheinen. Auch den Franzosen gefiel »Le fils naturel« nicht sonderlich, die Comédie Française hatte das Drama 1757 abgelehnt. 1760 erschien die erste deutsche Übersetzung, von LESSING, »Der natürliche Sohn oder die Proben der Tugend« bei Christian Friedrich Voß in Berlin.
Unterbrechung von drei Wochen: In Frankreich schlossen die Theater um Ostern herum für drei Wochen, 1762 wurde vom 27. März bis 19. April nicht gespielt, weil der Ostersonntag auf den 11. April fiel.
habe *einen kleinen Mann*, gleich einem David Atlas: Sterne meinte Garrick, der von kleiner Statur war und SHAKESPEARE, dessen Theater ›The Globe‹ hieß, wiederbelebte – in der griechischen Mythologie trägt der Titan Atlas das Himmelsgewölbe auf seinen Schultern.
Préville ... M. Clairon: Garrick waren die Namen der Schauspieler (siehe auch Brief 82) natürlich ein Begriff, die Clairon hatte er bei seinem ersten Frankreichbesuch 1751 auf der Bühne bewundert.
***zu essen gibt*:** Sterne hatte das französische ›donner à manger‹, ›ernähren, füttern‹, wörtlich übersetzt (›gives to eat‹).
erwartet Sie ... der Friede erlaubt: Der Siebenjährige Krieg wurde ein Jahr später, im Februar 1763, mit einem Friedensvertrag offiziell beendet; die Garricks reisten im September 1763 nach Frankreich, viele tausend ihrer Landsleute taten es ihnen, hocherfreut eines ihrer Lieblingsreiseziele wieder erreichen zu können, gleich.
Equilibrium: Balance, Gleichgewicht.
Crébillion: siehe auch Anmerkungen zu Brief 46 (»et les égarements

du cœur«) und Brief 83 (»Bekanntschaft ... geistreicher & gelehrter Männer«); der Plan des anzüglichen Pamphletaustauschs wurde bedauerlicherweise nicht ausgeführt.
***persiflage*:** geistreiche Verspottung durch übertriebene Nachahmung; der Begriff war in Paris zum Modewort geworden, er leitete sich von der Titelfigur des Stücks »Persiflés« (1748) von NICOLAS RAGOT DE GRANDVAL (1676–1753) ab, einer Parodie auf VOLTAIREs »Sémiramis«. Auch in der »Empfindsamen Reise« streut Sterne ihn ein – YORICK preist die englischen Damen als »allesamt so keusch, so tadellos, so gut, so fromm – daß sich gar nichts findet, worüber ein Spaßmacher seine Possen reißen möchte – / *Voila un persiflage!* rief der Graf« (Kap. »Der Paß. Versailles.«).
Grafen Choiseul ... zu ersuchen: Der Herzog ÉTIENNE-FRANÇOIS DE CHOISEUL-STAINVILLE beschaffte Sternes Frau und Tochter dann die erforderlichen Pässe (siehe Brief 89 sowie Anmerkungen zu Brief 82).
Gebrechen ... Himmelstrichs: Eine ähnliche Formulierung verwendete Sterne auch in der Widmung an William Pitt – »allwo ich in dem unerschütterlichen Bemühen lebe, die Gebrechlichkeiten schlechter Gesundheit und andere Übelstände des Lebens mit Frohsinn zu parieren« (»Tristram Shandy« I).

88. An Thomas Becket [?Mai 1762,]

... Sie sollten allmählich zusehen, daß mein Geld in Ihre Hände gelangt, wenn der versprochene Kredit fällig wird – die Barschaft ist in Ihren oder meinen Händen besser aufgehoben als in deren – Im Juli werden wir abrechnen – & nicht eher – ich möchte bis dahin auch kein Geld – zumindest nicht mehr als 20 Pfd; sondern wenn die Summe fällig wird, soll sie in Ihre Hände kommen – Wenn Sie von jemandem hören, der hier herüber reist – so schicken Sie mir Webbs unlängst erschienene Betrachtungen – Baron d'Holbach, der dessen Untersuchung über die Malerei gelesen hat, wünscht, daß ich ihm dies letzte Stück beschaffe ....

Webbs ... Betrachtungen: DANIEL WEBBs (um 1719–1798) »Remarks on the Beauties of Poetry« waren nicht bei Sternes Verleger Becket, sondern im April 1762 bei DODSLEY erschienen.
Untersuchung über die Malerei: WEBBs »An Inquiry Into the Beauties of Painting; And Into the Merits of the Most Celebrated Painters Ancient and Modern« war 1760 bei DODSLEY erschienen; es ist anzunehmen, daß Sterne das Werk ebenfalls gelesen hatte.

89. An Robert Hay Drummond, Erzbischof von York — Paris [Montag,] 10ter Mai 1762.

Mylord

Mr Kilner, mein Vikar in Coxwold, ein Kandidat für die Priesterweihe bei der bevorstehenden Ordination, wird Euer Gnaden diesen Brief überbringen; er hat der Pfarrei während der sieben Monate gedient, in denen ich nicht im Königreich war, deswegen kenne ich ihn persönlich so wenig, daß ich über seinen Charakter nur das bezeugen kann, was ich von anderen gehört: er kam von dem Geistlichen, dem er zuletzt ausgeholfen, mit ungemein guten Empfehlungen als Gelehrter & als ein Mann von Moral zu mir; & nach allem, was ich gelegentlich über sein Betragen bei der Erfüllung seiner Pflichten im Kirchspiel von Coxwold seither gehört habe, hat er weder den Pfarrkindern noch mir Anlaß zur Klage gegeben. Mehr kann ich Euer Gnaden guten Gewissens nicht über ihn vermelden; aber er wird die Ehre haben, Bescheinigungen der benachbarten Geistlichkeit vorzulegen, welche, wie ich hoffe, Euer Gnaden, die höchst mögliche Gewißheit verschaffen sollen.

Als ich hier anlangte, glaubte die Ärzteschaft, ich würde keinen Monat mehr leben – indes, Mylord, habe ich jetzt 5 Monate gelebt bei allmählicher Wiederherstellung meiner Gesundheit, so daß ich schon den Blick auf die Heimreise gerichtet hatte, als ich leider daran verhinderte wurde durch die schlechte Gesundheit meiner Tochter, die mit 14 Jahren an chronischem Asthma leidet; daher rät man ihr, den Winter in Toulouse oder Nizza zu verbringen – als einzige Möglichkeit zu ihrer Rettung – während ich mich um Pässe für sie & meine Frau bemühte – wurde ich zum Unglück von einem Fieber befallen, das den schlimmsten Ausgang für mich nahm, nämlich *eine fluxion de poitrine*, wie die französischen Ärzte es nennen – diese ist bei einer Lungenschwäche gemeinhin verhängnisvoll, so daß ich alles, was ich gewann, seit ich hier bin, in zehn Tagen eingebüßt habe – & durch eine Erschlaffung der Lungen habe ich meine Stimme ganz verloren, so daß ich froh sein darf, sie überhaupt noch wiederzufinden – Dieses Übel treibt mich geradewegs nach Toulouse, wohin ich mich den Augenblick verfüge, da meine Familie hier eintrifft – Der H. von Choiseul hat mir hinsichtlich meines Aufenthalts in Frankreich das größte Entgegenkommen erzeigt & mir eben diesen Augenblick die Pässe für meine Familie geschickt. Ich bitte Ihre Gnaden um Verzeihung, daß ich mir diese Schilderung der mich und meine Familie betreffenden Umstände erlaubt habe – Euer Gnaden werden in Ihrer Menschlichkeit, dessen bin ich gewiß, Anteil nehmen an meinen Nöten, & dies treibt mich an, selbige zu offenbaren. Ich wünsche Euer Gnaden & Ihrer Familie alle Gesundheit & alles Glück in dieser Welt und einer besseren.

Ich bin Mylord,

Ihr treugehorsamster & allzeit pflichtschuldigster Diener

Laurence Sterne —

Mr Kilner: Von JAMES KILNERs (geb. 1726) Bemühungen, ordiniert zu werden, ist auch in Brief 133 und 141 die Rede; er hatte keine Universität besucht, war, wie Sternes Biograph ARTHUR CASH bemerkte, »schrecklich schüchtern und wahrscheinlich ziemlich heilig« und verbrachte sein Leben damit, einem Geistlichen nach dem anderen als Hilfspfarrer zu dienen.
***eine fluxion de poitrine*:** eine Lungenentzündung. Sternes Biograph ARTHUR CASH war überzeugt, daß Sterne als junger Mann eine kräftige, volltönende Stimme hatte und auch deswegen einer der besten, wenn nicht der beste Prediger der Erzdiözese York war.
meine Familie hier eintrifft: Sternes Frau und Tochter kamen am 8. Juli in Paris an, siehe Brief 99.

90. An Thomas Becket Paris [Mittwoch] 12ter [Mai] 1762

Werter Sir

Der Gentleman, der Ihnen diesen Brief bringt, wird Ihnen ebenfalls ein Theaterstück übergeben, es ist die Übersetzung eines Stücks von M. Diderot, angefertigt von einer hier ansässigen Dame, welche eine Freundin von mir & ihm ist – Wenn es Ihnen gefällt, können Sie vermutlich darüber verfügen, denn ich habe empfohlen, es Ihnen zu schicken – Ich habe es durchgelesen & denke, daß es nicht für *unsere Bühne* taugt – es liegt bei Ihnen, zu überlegen, ob es sich für den Druck eignet – wenn ja – erhalten Sie den Vorzug.

Ich habe Mr Foley (der früher mit D. Wilson Geschäfte machte) gebeten, sich an Sie zu wenden wegen aller Bücher, die er selber möchte oder zu deren Kauf ihn seine Freunde in Paris oder Frankreich bevollmächtigt haben: – Im Frieden – ist deren Menge manchmal durchaus beträchtlich.

Mit dem nämlichen Boten, der das Gepäck meiner Frau von London nach Dover spediert, können Sie die unten aufgeführten Bücher an Mr Foley senden – sie sind für M. Diderot – aber Mr Foley wird das Geld für alle erhalten & dann Mr Selvin anweisen, Sie zu bezahlen.

Alle Werke von Pope – die gefälligste & preiswerteste Ausgabe – (darum vermutlich nicht die Warburton'sche)

Die Dramatischen Werke von Cibber – & Cibbers Leben –

Chaucer

Tillotsons Predigten – die kleine Ausgabe –

Alles von Locke.

die sechs Bde vom Shandy – (NB. Diese wollen Sie auf meine Rechnung setzen), denn sie sind als Geschenk für ihn gedacht –

und alle Werke von (Vide Karte)

Diese müssen in eine Kiste verpackt, an Mr Minet & Co. zu Dover adressiert und dann weitergeschickt werden an Madame Morrel in Calais – sie werden auf diese Weise mit dem Parlamentärschiff befördert, das auch meine Frau herbringt – legen Sie eine an Mr Foley adressierte Rechnung bei.

Mrs Sterne wird am Johannistag in London sein, bitte sind Sie bis dahin so gut, meinen Anteil aus den Verkäufen zusammenzubringen – & nachdem Sie meinen Drucker & Papierhändler entlohnt haben – den Rest an Mrs Sterne auszuhändigen – ihre Bescheinigung ist für jede Summe gut, die Sie ihr ausbezahlen – Ich vermute, man hat mittlerweile 3000 veräußert – so daß die übrigen im Verkauf bleiben, – ich hoffe freilich, daß der Rest zu Anfang des nächsten Jahres abverkauft ist, dann werde ich etwas fertig haben, um es zu schicken oder mit mir nach London zu nehmen:

Ich habe Mr Edmundson dieserhalben mit letzter Post einen Brief geschrieben, worin ich ihm mitteilte, ich sei gewillt, Ihnen die restliche Auflage zu verkaufen mit einem ordentlichen Nachlaß wegen der Risiken & Nachteile auf Ihrer

Seite – Sollten Sie mit dem Gedanken umgehen – können Sie mir mit der nächsten umgehenden Post in einer Zeile schreiben, wieviel Sie mir pro Hundert geben wollen, & ich werde Ihnen mit einem Wort antworten, ob ich akzeptiere oder nicht –

Wenn Mrs Sterne in London ist, schicken Sie ihr 3 Ausgaben vom Shandy & 3 Ausgaben der Predigten, die zu ihren eigenen Effekten gepackt werden sollen.

Ich muß die Originalkarte beilegen, die wir von Mr Diderot erhielten – denn ich vermochte nicht alles zu entziffern – dies betrifft den vorletzten Posten –

Mr Tollet, der Gentleman, der so freundlich ist, dieses an Sie zu überbringen – wird Ihnen 2 Schnupftabakdosen geben – sie sind wertvoll – die eine enthält mein hier angefertigtes Porträt – & die andere lauter Granate – bitte verpacken Sie diese irgendwie in zwei Lagen Papier zu einem Päckchen, das nicht so leicht verlorengehen kann – & schicken es mit der ersten nach York abgehenden Postkutsche (mit Sorgfalt) – adressiert an Mrs Sterne im Minster Yard. York: – Ich habe das Buch von Mr Cambridge glücklich erhalten – es wurde im Auftrag gekauft, weswegen Sie gut daran taten, mir den Preis zu schicken. – Mit Empfehlungen an alle Freunde bin ich, Sir,

Ihr getreuer & verbundenster
Diener
L. Sterne

Beiliegendes wollen Sie auf die Pennypost geben

die Übersetzung … Dame: Es ist anzunehmen, daß es sich wie in Brief 87 um ELIZABETH GRIFFITHs Übersetzung von »Le fils naturel« handelt.

Mr Foley: der schon in Brief 82 und 84 genannte Bankier ROBERT RALPH FOLEY.

D. Wilson: DAVID WILSON (gest. 1777) war seit etwa 1745 Buchhändlerverleger in London.

Mr Selvin: Wahrscheinlich meinte Sterne nicht den Partner von Mr. Foley Charles Selwin, sondern dessen jüngeren Bruder Thomas (?1725–1798), einen bekannten Londoner Kaufmann, der an der Themse als Repräsentant des Bankhauses Selwin & Foley auftrat; Sterne schrieb den Namen mal »Selwin«, mal »Selvin«.

Alle Werke von Pope – die Warburton'sche): Vielleicht hatte Sterne die zehnbändige Ausgabe von 1754 (Nachdrucke 1757, 1762) im Sinn, »printed verbatim« von Warburtons teurerer neunbändiger Ausgabe von 1751 (Nachdrucke 1752, 1753, 1757, 1760); noch preiswerter wären die ebenfalls neunbändigen gesammelten Werke von 1735–1742 gewesen. Vielleicht erlaubte er sich einen Scherz auf Warburtons Kosten – galt doch die von William Warburton herausgegebene und annotierte Ausgabe der Pope'schen Schriften als Standardwerk.

Die Dramatischen Werke von Cibber – & Cibbers Leben: COLLEY CIBBERs (1671–1757), »Dramatic Works« waren 1760 in vier Bänden erschienen; die populäre autobiographische »Apology for the Life of Mr. Colley Cibber« war bereits 1740 herausgekommen. Cibber war Schauspieler, Theaterdirektor, Dramatiker und Poet laureate, er galt als taktlos, ungehobelt und selbstgefällig und zog u.a. den Spott von POPE auf sich (in der »Dunciad«, 1743); sein Stück »Love's Last Shift; or, The Fool in Fashion« (1696) gilt als erste empfindsame Komödie der englischen Theatergeschichte; seine Adaption von SHAKESPEAREs »Richard III« (1700) mit neuen Zeilen wie »Off with his head—so much for Buckingham!« wurde bis 1871 gespielt. – Sterne trat in seiner Toulouser Zeit in einem Stück von CIBBER auf, siehe Brief 105.

Chaucer: Infrage kämen »The Works of Geoffrey Chaucer«, 1721 vom Mediävisten JOHN URRY (1666–1715) herausgegeben, oder, was wahrscheinlicher erscheint, die von DRYDEN, POPE u.a. ins moderne Englisch übertragenen »Canterbury Tales«, die in Ausgaben von 1737 und 1741 erschienen waren.

Tillotsons Predigten – die kleine Ausgabe: JOHN TILLOTSON (1630–1694), von 1691 an Erzbischof von Canterbury, verfaßte ungemein wirkungsreiche Predigten, auf die auch Sterne gerne zurückgriff; hier meinte Sterne vielleicht die zehnbändige Duodez-Ausgabe von 1748, die auf der zwölfbändigen Werkausgabe im Oktavformat von 1743 basierte.

Alles von Locke: Eine dreibändige Ausgabe der Werke JOHN LOCKEs (1632–1704) im Folioformat war 1759 in der 6. Auflage erschienen.

Vide Karte: siehe Karte; diese, offenbar handschriftliche, Karte DIDEROTS mit einer Bücherliste konnte die Sterneforschung bis heute nicht wiederfinden.

Mr Minet & Co. zu Dover: WILLIAM MINET (1703–1767), Sohn eines hugenottischen Flüchtlings aus Calais, führte ein Handelshaus in London und Dover und war Eigner einiger Postschiffe, die zwischen Dover und Calais verkehrten; Sterne hatte wahrscheinlich mit dessen Neffen HUGHES MINET (1731–1813) zu tun, der Sterne für einen »unwürdigen Kirchenmann« hielt, dessen »Witz von seiner Liederlichkeit verdorben wird« – so notierte er es jedenfalls in sein Exemplar der »Empfindsamen Reise«, wie der Sterneforscher LEWIS PERRY CURTIS berichtet.

Madame Morrel in Calais: Marie-Josephe Morel war eine in Calais lebende Witwe, die gemeinsam mit ihrem Bruder und ihrer Schwester aus England kommende Güter weiterbeförderte, sie arbeitete auch für das Bankhaus Selwin & Foley.

Parlamentärschiff: Da offiziell noch Krieg zwischen Großbritannien und Frankreich herrschte, überquerten Parlamentäre mit Friedensvorschlägen den Ärmelkanal, außerdem wurden Schiffe für den Austausch von Kriegsgefangenen eingesetzt; ob ELIZABETH und LYDIA STERNE tatsächlich mit einem solchen Schiff reisten, um zu sparen, oder ob alle Schiffe zu dieser Zeit für den Gefangenenaustausch genutzt wurden, konnten nicht einmal die Herausgeber der Florida-Edition eruieren.

meinen Drucker & Papierhändler ... 3000 veräußert: Aus dieser Passage geht deutlich hervor, daß Sterne mittlerweile de facto sein eigener Verleger war, sein Drucker war WILLIAM STRAHAN (siehe auch Anmerkung »ich belade meinen Karren ... oder die Finger davon lassen« zu Brief 73), sein Papierhändler war WILLIAM EDMONDS (siehe folgende Anmerkung), Thomas Becket fungierte als sein Agent und Buchhändler. Bei den veräußerten 3000 geht es um die Verkäufe der Bände V und VI des »Tristram Shandy«. Im April 1763 meldete Becket zusätzlich zu bereits abgerechneten 2827 Exemplaren seien noch 182 weitere verkauft worden.

Mr Edmundson: Das ist höchstwahrscheinlich Sternes Schreibweise für WILLIAM EDMONDS, einen Londoner Papierhändler (siehe auch Brief 96 und 99), der wohl die »Sermons« (1766) und sechs Gesamtausgaben des »Tristram Shandy« (1769) subskribierte; sonst würde es sich um einen Geschäftspartner von Becket handeln, über den weiter nichts bekannt ist.

Mr Tollet: CHARLES TOLLET (1726–1796) aus Betley Hall in Staffordshire subskribierte die beiden ersten Bände der »Sermons«; es ist nicht klar, ob Sterne ihn bereits vor dem Parisaufenthalt 1762 kannte.

Schnupftabakdosen ... hier angefertigtes Porträt: Möglicherweise eine nach dem Porträt von CARMONTELLE angefertigte Miniatur (siehe Brief 85), ELIZABETH STERNE verkaufte sie spätestens im September 1768 für 10 Guineen.

das Buch von Mr Cambridge: Da Sterne es offenbar im Auftrag eines französischen Bekannten erworben hatte, handelte es sich vielleicht um »An Account of the War in India between the English and the French« mit Landkarten und Plänen (1761) von RICHARD OWEN CAMBRIDGE (1717–1802); Sterne selbst könnte sich auch für dessen just erschienene »Description of Ranelagh Rotunda and Gardens« interessiert haben.

auf die Pennypost geben: Wieder einmal hatte Sterne seine Briefe einem Reisenden anvertraut, die britische Pennypost, in die Becket diese geben sollte, galt als sehr zuverlässig; außerdem sparte der Absender – die Beförderung eines einzelnen, versiegelten Briefbogens innerhalb Großbritanniens kostete nur 1 bis 3 Penny, von Frankreich aus 10.

91. An Thomas Becket Paris [Sonntag] 16ter Mai 1762

Werter Sir

seien Sie so gut und bringen die zwei beiliegenden Briefe zum Postamt am Tag, an dem Sie dieses erhalten – denn sie betreffen geschäftliche Dinge – ich hoffe, Sie haben inzwischen durch Mr Tollet meinen Brief erhalten – & das Päckchen an meine Frau weitergesandt – Sie wird auf ihrem Weg nach Frankreich früher in London sein als von mir erwartet –

& vielleicht werden Sie sie Mitte Juni sehen. – Warum ich dies erwähne, wissen Sie aus meinem letzten Brief. Sollten Sie mir nicht bereits geschrieben haben – antworten Sie mit erster Post – meine Empfehlungen an Mr Edmundson –

Ich bin, werter Sir,
Ihr getreuester
L. Sterne

PS

Ich bin mit großer Anstrengung am Werk, & habe ich mich erst einmal in meinem Haus in Toulouse im Süden Frankreichs eingerichtet, sollen Sie bald sehen woran.

92. [M] An Elizabeth Sterne Paris, — [Sonntag] 16ter [Mai] 1762

Meine Liebe,

es steht eins gegen tausend, daß Dich dieser Brief noch vor Deiner Abreise erreicht – Allenfalls lasse ich es darauf ankommen – Einen Brief, den ich noch gestern abend schrieb, wirst Du erhalten, sobald Du bei Mr. Edmundson anlangst, er soll Euch zu Eurer Ankunft in London beglückwünschen – Diesem Brief, den Du in London vorfinden wirst, habe ich nichts weiter hinzuzufügen, worauf ich mich jetzt eben besinnen könnte – denn ich habe mir das Gehirn diesbezüglich beinahe schon ausgepreßt. – Steht um Gottes willen zeitig auf und galoppiert in der Kühle des Morgens frisch drauf los – und sehet stets zu, daß ihr beim Wechsel der Postchaisen Euer Gepäck nicht dahinten laßt –– Auf dem Weg von York nach Dover gibt es einen guten Tee, – bringt nur ein wenig mit, so viel, daß es für die Strecke von Calais bis Paris für Euch reicht. Den Zollbeamten gib, was ich Dir gesagt habe; in Calais gib mehr, wenn Du viel schottischen Schnupftabak bei Dir hast – da aber der Tabak hier gut ist, bringst Du wohl am besten eine schottische Mühle mit und machst ihn Dir selbst, das heißt, beauftrage Deinen Bedienten damit, ihn zu fabrizieren – dann stiftet er sonst kein Unheil. – Ich möchte Euch raten, für Eure Reise hierher drei Tage zu veranschlagen, auf daß ihr Euch nicht zu sehr erhitzt – Gebt acht, daß man Euch nicht einen schlechten Wagen gibt, wenn ein besserer im Hof steht – aber ihr werdet schon scharf aufpassen – trinkt leichten Rheinwein, Euch kühl zu erhalten, (das heißt, wenn er Euch zusagt). Lebet wohl und versagt Euch nichts, was Euer Herz begehrt. Und hiermit segne und behüte Euch Gott im Himmel – küsse meine Lydia und glaubt beide, daß ich bin allezeit

Euer
geneigter
L. Sterne

Den Zollbeamten: Der schottische Schriftsteller und Arzt TOBIAS SMOLLETT (1721–1771) reiste mit seiner Frau 1763–1765 durch Frankreich und Italien und brachte im Jahr nach seiner Rückkehr »Travels through France and Italy«, einen lästernden Reisebericht in Briefform heraus. Sterne ließ SMOLLETT, dem er in Frankreich begegnet war, in der »Empfindsamen Reise« als SMELFUNGUS auftreten und kommentierte: »Er gab eine Schilderung davon, allein es war nur die Schilderung seines elenden Befindens.« (Kap. »Auf der Straße. (2) Calais.«). SMOLLETT fuhr über Dover nach Boulogne und stöhnte: »Die Straße nach Dover war mir zwar schon bekannt, und ich hatte deswegen viele Nachsicht, gleichwohl ärgerte ich mich über die elende Bewirtung und über die unverschämten Forderungen, die man von uns machte ... Ich darf Ihnen nicht erst sagen, daß dieses in Absicht der Bequemlichkeit des Reisens, der schlechteste Weg in ganz England ist ... Die Zimmer sind überhaupt kalt und unbequem, die Betten schlecht, die Speisen erbärmlich, der Wein schädlich, die Aufwartung elend, die Zollbedienten grob, die Rechnungen über alle Billigkeit ... Man hält Dover gemeinhin für ein Nest voller Spitzbuben, und ich fürchte, daß es diesen Nahmen nicht ohne Grund hat. In Kriegszeiten leben die Einwohner von koqueriren zur See [Piraterie], im Frieden suchen sie die Reisenden zu übervortheilen, und zu betrügen … Gewiß man kan in ganz Europa nicht schlechtere Herberge finden: und nirgends wird man mehr Beispiele von offenbaren Betrügereien und Grobheiten antreffen … Man sollte glauben, die Franzosen wären beständig mit den Engländern im Krieg, denn sie plündern sie ganz unbarmherzig … Die Gesetze Frankreichs sind so scharf gegen Fremde, daß sie fünf vom hundert von aller Leinwand zu Betten und Tafel, die sie ins Land bringen, geben müssen … was mich aber am meisten verdroß, war, daß man meine Bücher im Zollhaus zurück behielte, sie wurden auf meine Kosten an eine dazu niedergesetzte Gesellschaft (chambre Syndicale) nach Amiens geschickt, um zu sehen ob auch Sachen gegen den Staat und die Religion darunter befindlich sind …« (aus »Reise durch Frankreich und Italien oder gesammlete Nachrichten von den Sitten und Gebräuchen, von der Religion und politischen Verfassung, von der Polizey und der Handlung, von den Künsten und Alterthümern dieser beyden Reiche, und insonderheit der Stadt und Gegend um Nizza / in Briefen abgefaßt von T. Smollet, der Arzneykunst Doctor«, 1767).

schottischen Schnupftabak … schottische Mühle: KATHARINA VON MEDICI hatte 1560 zerriebenen Tabak zum Schnupfen als Heilmittel gegen Migräne in Frankreich hoffähig gemacht, weswegen er dort auch ›poudre de la reine‹ genannt wurde. Im 18. Jahrhundert schnupfte die ganze feine europäische Gesellschaft, Männer wie Frauen. Man zerrieb kleine fermentierte und aromatisierte Tabakstangen auf Raspeln oder in handlichen Mühlen selbst zu einem mehr oder weniger feinen Tabakmehl. Das Zentrum der britischen Tabakindustrie war damals Glasgow, die Schnupftabake trugen je nach Güte Bezeichnungen wie ›best Scotch‹, ›plain Scotch‹ oder ›common Scotch‹.

drei Tage … schlechten Wagen: Es war üblich, Kutschen anzumieten, so man sich denn nicht selbst eine kaufte – wie Sterne im nächsten Brief mitteilt –, und Wagen oder Pferde an den Poststationen auf der Strecke zu wechseln. Zwischen Calais und Paris lagen 32 solcher Stationen, und YORICK brauchte in der »Empfindsamen Reise« ebenfalls drei Tage für diese Strecke; die erste Nacht verbrachte er in Montreuil, die zweite in Amiens.

93. [M] An Elizabeth Sterne Paris, —[Montag]
31ter [Mai] 1762

Meine Liebe,

bis heute morgen ist hier seit drei Posttagen keine Post eingetroffen, also erwartete ich mit großer Ungeduld einen Brief von Dir und Lydia – und siehe! er ist gekommen. Ihr seid so geschäftig wie Throps Weib, und wenn Ihr dieses erhaltet, werdet Ihr noch geschäftiger sein – Meine Gedanken zu Eurer Reise und darüber, was ihr alles vorher und auf derselben tun müßt, sind erschöpft – deshalb schreibe ich dies nur, um Euch wissen zu lassen, daß ich mich wohl befinde – Heute morgen habe ich Mr. Colebrooks, den Sekretär des Schweizer Gesandten, dazu vermocht, einen Brief für Euch an den Direktor des Zollamts in Calais zu schreiben – der Euch mit der nächsten Post gesendet werden soll – Du mußt mit dem schottischen Schnupftabak auf der Hut sein – stecke Dir ein halbes Pfund in die Tasche, und laß Lydia desgleichen tun. Es ist ein Glück, daß ich Euch eine Chaise gekauft habe. In Paris ist jetzt eine anders nicht zu haben als um einen exorbitanten Preis – denn sie werden alle zur Armee geschickt, und eine solche Chaise wie die Eurige, haben wir nicht einmal um vierzig Guineen für einen meiner Freunde bekommen, der von hier nach Italien reist – seit Menschengedenken hat man kein so heißes Wetter gekannt als gegen Ende des Monats einsetzte, und daher werden er und seine Gesellschaft bereits um vier Uhr des Morgens die Chaise besteigen und bis um neun Uhr reisen – und alsdann bis sechs den Fuß nicht vor die Türe setzen; ich hoffe freilich, die große Hitze hat nachgelassen, wenn Ihr hier anlangt – doch bitte ich Euch nochmals, hütet Euch aufs sorgfältigste, daß sich Euer Blut auf der Reise nicht erhitzt, und kommt *tout doucement*, wenn Euch die Hitze zu groß scheint – Mit Ungeduld werde ich auf Nachricht von Euch warten und hoffe zu erfahren, daß alles gutgeht; daß

Ihr alle Schwierigkeiten überwindet, daß Ihr Euren Paß erhalten habt, ebenso mein Bild &c. Schreibt mir und berichtet etwas von allem. Seid versichert, daß ich mich nach einer so langen Trennung sehr danach sehne, Euch beide, meine liebe Frau und Tochter wiederzusehen — und schreibt mir augenblicklich ein paar Zeilen, damit ich über alles unterrichtet bin und Eure Unterkunft bereit und hergerichtet ist, wenn ihr ankommt. – Ich meines Teils, werde Euch noch vierzehn Tage länger schreiben – richte allen unseren Freunden meine Grüße aus – Du hast Mr. Croft gebeten, sich darum zu kümmern, daß meine Visitationen in Pickering für mich verrichtet werden, &c. &c. &c. Sollten wegen des eingehegten Grundstücks zu Rascal einige Angebote gemacht werden, so müssen sie an mich eingeschlossen werden – kein billiger Vorschlag soll durch meine Schuld ins Stocken geraten. Besorgt alles aufs beste, so wie der, der alles lenkt, wie ich hoffe, für uns sorgen wird – der Himmel erhalte Euch beide –

Ich bin
Euer geneigter
L. Sterne

Liebe Grüße an meine Lydia – Ich habe für sie eine goldene Uhr gekauft als Geschenk bei ihrer Ankunft

so geschäftig wie Throps Weib: ein Sprichwort aus Yorkshire, dessen Ursprünge im Dunkeln liegen.
Mr. Colebrooks ... Schweizer Gesandten: ROBERT COLEBROOK (1718–1784) saß von 1741 bis 1762 im Unterhaus und war am 16. Februar 1762 zum Botschafter in der Schweiz ernannt worden; offenbar hatte Sterne aber nur mit seinem namenlosen Sekretär zu tun.
schottischen Schnupftabak ... desgleichen tun: Eingedenk der hohen Einfuhrzölle hoffte Sterne wohl darauf, daß Frauen und Mädchen von den ritterlichen Franzosen nicht durchsucht werden würden – selbst SMOLLETT konzedierte, daß die »Zollbedienten zu Bou-

logne zwar eben so aufmerksam, aber doch höflicher« als die englischen waren (»Reise durch Frankreich und Italien«, 1767).
***tout doucement*:** ganz gemächlich.
Mr. Croft … Visitationen in Pickering: Der sich da um Ersatz für Sterne in den Pfarreien und am Kirchengericht in Pickering kümmern sollte, war höchstwahrscheinlich Sternes Freund STEPHEN CROFT (siehe Anmerkungen zu Brief 56).
Rascal: Der örtliche Name für das Dorf Raskelf, etwa 24 Kilometer nördlich von York; Einhegungen wurden von alten Allmenden gemacht und einzelnen Personen, wie dem Ortspfarrer, zugesprochen.

94. An Humphry Morice [Paris, ?Juni/Juli 1762]

Mr Sterne meldet Mr Morice seine Empfehlung & hat ihm den 3 & 4 B^{d} des T. Shandy geschickt & wird sich erlauben, ihm morgen früh den 5ten & 6 Band zu schicken. Mr Sterne hofft, Mr Morices Diener befindet sich besser.
Freitag
Rue St Saveur.

***An Humphry Morice*:** (um 1723–1785), ein sehr wohlhabender Mann, Parlamentsabgeordneter und bei Hofe Clerk of the Green Cloth – und damit für die Vorbereitung royaler Reisen zuständig. Seit Sommer 1760 weilte er seiner Gesundheit wegen in Italien.

95. [M] An Elizabeth Sterne Paris, — [Montag 7. Juni] 1762

Meine Liebe,

Ich halte mein Versprechen und schreibe Dir noch einmal – Ich bedauere, daß das Schreibbureau wegen der Dokumente aufgebrochen werden muß – aber Du wirst schon darauf sehen, daß dies erledigt wird – Ich meine wohl, Du bist überzeugt von der Notwendigkeit, dreihundert Pfund in der Tasche mitzuführen – bedenke nur einmal, Lydia braucht zwei leichte Negligés – du hast vielleicht ein paar neue Gewänder nötig – bedrucktes Leinen kauft Ihr besser in London, denn englisches Leinen wird hier mehr bewundert als französisches. – Mrs. Hodges meldet mir, ich irrete mich, wenn ich glaubte, Seide sei in Toulouse wohlfeiler zu bekommen als in Paris, und sie rät Dir, das Gewünschte hier einzukaufen – wo Seidenstoffe sehr schön und billig seien, ebenso Gaze, Blonden &c. – Alles dies, sage ich, wird Euch sechzig Guineen kosten – und Ihr müßt's haben – denn in diesem Land darf man an Kleidern nicht sparen, und lebte man auch nur von einer Zwiebel und hauste in einem Dachstübchen hoch oben in der siebten Etage, so darf man das der Kleidung nicht anmerken, denn danach werdet Ihr gut oder schlecht angesehen. Wenn wir in Toulouse sind, müssen wir jeden Penny zweimal umdrehen, und wir können dann vielleicht (wofern Du nicht zuviel verspielst) sehr günstig leben – mich dünkt, dieser Ausdruck wird Dich ergötzen – und nun, Gott weiß es, wünsche ich Euch nichts anderes mehr als Gesundheit, Bequemlichkeit und eine glückliche Ankunft allhier – schreibt mir mit jeder zweiten Post, damit ich über Euer Fortkommen berichtet bin – Von Eurer Chaise werdet Ihr begeistert sein – Mr. R., ein begüterter Gentleman, der nach Italien reist und die Chaise gesehen hat, bot mir dafür dreißig Guineen mehr, als ich dafür bezahlt. – Ihr werdet Euch schon die ganze Zeit höchlich verwundern, wie ich darin für eine dritte Person Platz zu finden gedenke – um Eure Verwunderung zu heben, will ich Euch denn sagen, es wird möglich vermittelst eines von den hiesigen Kutschenmachern sogenannten cave, worunter man einen zweiten, dem Boden, worauf Ihr eure Füße stellt, zusätzlich eingezogenen Boden versteht; der den Menschen (welcher Euch gegenübersitzt) mit den Knien bis zu Euren Knöcheln niedersenkt, wodurch Ihr alle mehr Platz gewinnt – und was noch mehr zählt, weniger Hitze ausstehen müßt –, indem sein Kopf den durch die Vorderscheibe fahrenden Luftzug wenig oder gar nicht abschneidet – Lyd und ich werden dies abwechselnd genießen; manchmal werde ich ein bidet nehmen – (ein kleines Postpferd) und Euch vorauszockeln – bald werde ich in freier Luft auf dem Lehnstuhl draußen sitzen, und so oder so werden wir uns prächtig behelfen. – Ich bin Mr. Thornhill unendlich dafür verbunden, daß er mich so fein beherbergt und so nobel obendrein, denn es ist beinahe ein Geschenk zu nennen. – Mr. T. wird Euch eine Anweisung senden, die in Calais in Empfang zu nehmen ist – und nun, meine lieben Mädchen, habe ich auf etwas vergessen?

Adieu, adieu!
Euer Euch liebender
L. Sterne

In einer Woche oder zehn Tagen werdet Ihr alles selber besehen – und solange müßt Ihr hier bleiben, um Eure Glieder auszuruhen.

leichte Negligés: Sterne meinte keine zarten Nachtgewänder, sondern lose fallende Kleider, die im 18. Jahrhundert in Mode gekommen waren und im Haus wie auf der Straße getragen werden konnten, wenn keine formelle Kleidung verlangt war; in Deutschland wurden sie ›Kontusche‹ oder ›Robe à la Française‹ genannt.

Mrs. Hodges: wohl die Gattin des in Brief 82 genannten Mr. Hodges.
Gaze, Blonden: Gaze, so Adelungs »Wörterbuch« ist »eine Art eines feinen seidenen oder leinenen Gewebes, fast wie Flor, welche auch Marly, in Wien aber Dünntuch genannt wird. ... Man glaubt, daß es von der Stadt Gaza in Palästina seinen Nahmen habe, und durch die Kreuzzüge in Europa bekannt geworden. Allein, da es in China noch jetzt eine Art seidener Zeuge gibt, welche daselbst Gase heißt, so scheinet dieses Wort aus China herzustammen. Im gemeinen Leben lautet es Gasche«. Blonden waren »eine Art aus roher Seide geklöppelter Kanten oder Spitzen«.
an Kleidern ... schlecht angesehen: Hier sei noch einmal SMOLLETT zitiert, der aus Boulogne berichtete: »Die Adeligen ... lassen lieber ihre Landhäuser verfallen, und die Ländereien verderben, und stecken in elenden Löchern ... wo sie dunkel, ungesund und unbequem wohnen. Sie sterben in ihren vier Wänden fast vor Hunger, damit sie nur was haben, artige Kleider zu kaufen, und darin des Tages einmal in der Kirche, oder auf dem Spaziergang zu erscheinen.« Aus Paris seufzte er: »Langt ein Engländer zu Paris an, so kan er sich nicht sehen lassen, als bis er eine ganze Verwandlung mit sich vorgenommen hat. Das erste bey seiner Ankunft ist, nach einem Schneider, Peruckenmacher, Schuster, Hüter und allen Handwerksleuten zu schicken, die etwas zur Ausstaffierung seiner Figur beytragen können ... Das Frauenzimmer muß sich ... noch mehr nach dem Eigensinn der Mode richten, da sie weit mehr Stücke zu ihrem Anputze braucht. Einem Manne möchte der Kopf schwindelich werden, wenn er seine Frau, von einem Schwarme Schneiderinnen, Näherinnen, Putzmacherinnen umgeben sieht. Alle ihre Negligees und andere Sachen müssen geändert, und auf neue Art besetzt werden ... Sie braucht ihr Taffetkleid im Sommer, geblümte Stoffe zum Herbst und Frühling, und Atlas oder Damast für den Winter ...« (»Reise durch Frankreich und Italien«, 1767).
Wenn wir in Toulouse sind ... Dich ergötzen: Man lebte damals in Frankreich wesentlich günstiger als in England, selbst SMOLLETT war, nach ausführlicher Beschreibung der angebotenen Waren, »überzeugt, daß einer in Boulogne, um die Hälfte wohlfeiler leben kan, als in London, und dieses soll einer der theuresten Oerter in Frankreich seyn«. Ob sich Sternes Frau über den Ausdruck »jeden Penny zweimal umdrehen« ergötzen sollte, oder über das auf ihre Kartenleidenschaft gemünzte »wofern Du nicht zuviel verspielst« ist nicht klar.

Vielleicht war »sehr günstig leben« ein Familienscherz. Was auch immer er hier meinte, Sterne hatte in seinen restlichen sechs Lebensjahren ständig finanzielle Sorgen.

Mr. R.: bleibt ein Unbekannter.

bidet: Es dürfte Sterne entzückt haben, daß im Französischen ein kleines Pferd genauso genannt wurde wie ein Sitzbecken zur Reinigung der intimsten Körperstellen. In der »Empfindsamen Reise« betitelte er ein ganzes Kapitel »Das Bidet«.

Mr. Thornhill: Thomas Thornhill (1735–1800), Gutsherr aus Fixby in Yorkshire, kannte Sterne von den Yorker Pferderennen her und stand auch mit GARRICK und HALL-STEVENSON auf freundschaftlichem Fuße. Seiner Gesundheit wegen reiste er oft auf den Kontinent, 1762 war er mit seinem jüngeren Bruder George in Frankreich, begleitet wurden sie vom Genfer JEAN-BAPTISTE TOLLOT, der 1759 auch Hall-Stevenson durchs Land geführt hatte (siehe auch Anmerkung »meine *rosenfarbene* Gesundheit« zu Brief 85). Beide Thornhills subskribierten die »Sermons« und die »Empfindsame Reise«.

Mr. T.: Damit könnte THORNHILL gemeint sein, oder auch TOLLOT oder gar HALL-STEVENSONs Onkel LAWSON TROTTER, mit dem Sterne in Paris ebenfalls verkehrte (siehe auch Brief 100).

96. [M] An Elizabeth Sterne

Paris, [Montag,]
14. Juni 1762

Meine Liebste,

Da ich Gelegenheit erhalte, vermittelst eines Freundes, der diesen Morgen nach London abreist, an Euch zu schreiben, so schreibe ich erneut, im Falle, die beiden letzten Briefe, so ich diese Woche an Euch schrieb, möchten in Calais durch widrige Winde aufgehalten worden sein – Bei gleicher Gelegenheit habe ich auch an Mr. Edmonds geschrieben, um ihm für die Freundlichkeit, so er Euch bezeugt, aufs verbindlichste zu danken – und ihm gesagt, in ihrer Gutherzigkeit hätten er und seine Frau wohl die Mühe übersehen, Euch im Haus zu haben; wenn er aber in der Nachbarschaft Zimmer für Euch mieten würde, so fänden sie immer noch Gelegenheit genug, uns ihre Freundschaft zu bekunden – Ich habe ihn ersucht, Euch an meiner Statt mit Rat und Tat beizustehen beim Verkauf der Shandys – und dann auch beim Verlagsrecht – Denket daran, Euch diese Dinge als gesondert zu merken – Ich habe aber an Becket stets einen rechtschaffenen Mann gefunden und wage zu behaupten, Ihr werdet wenig Schwierigkeiten haben, Euch mit ihm zu vereinbaren – und am liebsten wollte ich, Ihr würdet mit ihm ins Geschäft kommen als mit einem anderen – Wer aber den fünften und sechsten Band des Shandy erwirbt, dem müssen auch der siebte und achte Band zum Kauf angeboten werden. – Sollte auf Eurer Herfahrt das Wetter zum Reisen zu heiß sein, so wünschte ich, es gefiele Euch, auf für vier oder sechs Wochen in das Spa zu gehen, wo wir für halb so viel Geld, als wir in Paris ausgeben würden, leben könnten – nachher wollen wir während der holdesten Zeit der Weinlese in die mittäglichen Provinzen von Frankreich reisen – doch wir werden darüber die Köpfe zusammenstecken, und Ihr sollt hierin und in allem, was von mir abhängt, nur tun, was Euch selber vergnügt – denn ich bin vollkommen zufrieden, wenn andere vergnügt sind – Leiden und meiden, wird allzeit meine Maxime sein – nur fürchte ich die Hitze auf einer Reise von fünfhundert Meilen mehr um Deiner und meiner Lydia willen als meinetwegen. – Vergeßt die Uhrketten nicht – bringt auch eine für die Uhr eines Gentleman mit, wir werden dem Abbé MacCarthy sehr verpflichtet sein und müssen uns ihm durch eine solche Kleinigkeit erkenntlich zeigen; wenn ich es nach meiner Weise zierlich mit Worten schmücke, wird ihm das Präsent so viel wert sein als ein Königreich – Es gibt hier nur elende Steck- und spottschlechte Nähnadeln – bringt Euch also welche mit und auch einige zu Geschenken – ins gleichen einen derben Propfzieher für irgendeinen Scrub, den wir als Diener, Kutscher &c. mieten möchten, uns die Korken aus dem Frontiniac zu ziehen – Im Lyon D'Argent werdet Ihr einen Brief an Euch finden – Laßt Eure Chaise auf den Hof kommen und sehet danach, daß auch alles fest und richtig daran ist – Kauft in Calais eine Kette, die so stark ist, daß man sie nicht abzwacken kann, und laßt euren Mantelsack vorne an der Chaise anbinden, auf daß Ihr keine Büberei zu fürchten habt – so segne Gott Euch beide und grüße meine Lydia von mir,

Ich bin Euer Euch liebender
L. Sterne

Mr. Edmonds: Vermutlich Sternes Papierhändler WILLIAM EDMONDS (siehe auch Anmerkung »Mr Edmundson« zu Brief 90).
Verkauf der Shandys ... Verlagsrecht: Offenbar hätte Sterne seinen Anteil am Verkauf der restlichen Exemplare der Bände V und VI gegen ein hübsches Honorar für die Verlagsrechte an Band VII und VIII gerne an BECKET gegeben, doch daraus wurde nichts, und er verlegte die letzten Bände des »Tristram Shandy« selbst, Becket fungierte als sein Agent (siehe auch Brief 73 und 90).
in das Spa: Es ist schwer zu sagen, welchen Kurort Sterne wohl meinte, auf dem Weg von Paris nach Toulouse hätte man nur einen kleinen Umweg machen müssen, um nach Vichy zu gelangen, doch es kämen auch Néris-les-Bain, Bourbon-l'-Archambault oder le Mont-Dore in Frage.
während der holdesten Zeit der Weinlese: Auch YORICK gerät über diese Zeit in der »Empfindsamen Reise« in Verzückung – »Ich hatte nie in irgendeiner Weise die Qual der Überfülle gekannt, bis jetzt – durch das Bourbonnois zu reisen, die lieblichste Gegend Frankreichs – zur hohen Zeit der Weinlese, wenn die Natur in jeden Schoß ihr ganzes Füllhorn ergießt und jedes Aug' zum Himmel emporblickt – eine Reise, wo die Musik auf Schritt und Tritt den Takt zur *Arbeit* schlägt und alle ihre Kinder jauchzend die Trauben einbringen ...« (Kap. »Maria. Moulines.«). Und TRISTRAM jauchzt zu Anfang des VIII. Bandes – »... denn hier in diesen wonnesamen Gefilden und un-

ter dieser Leben spendenden Sonne, wo den Augenblick alles Fleisch die Flöte bläst, die Fiedel geigt und tanzend zur Weinlese eilt und wo der Verstand bei jedem Schritt unversehens von der Einbildungskraft verleitet wird ...« (Kap. I).

Leiden und Meiden ... meine Maxime: Man denke auch an die »Empfindsame Reise« und YORICKs Ausruf – »Und wie würde dein sanftmütiger und artiger Sinn, mein teurer Mönch! so gestimmt zum *Leiden und Meiden!* – wie gütig würde er der Klage dieser armen Seele Gehör geschenkt haben!« (Kap. »Der Zwerg. Paris.«).

Abbé MacCarthy: ein Freund von JOHN HALL-STEVENSON, der für Sterne das Haus in Toulouse angemietet hatte und sich auch sonst um dessen Wohlergehen kümmerte.

Scrub: war eine populäre Bezeichnung für einen Lakaien, die vom Namen des Dieners in der Komödie »Beaux' Stratagem« (1707) des irischen Dramatikers GEORGE FARQUHAR (1678–1707) herrührte.

Frontiniac: heute ›Frontignac‹ geschrieben, ein süßer Gelber Muskateller aus Frontignan im südfranzösischen Departement Hérault.

Lyon D'Argent: war 1762 das beste Hotel in Calais und wurde von PIERRE QUILLACQ, genannt DESSIN (1726–1793), geführt – ›Monsieur *Dessein*‹ in der »Empfindsamen Reise«. Sterne hatte dort wahrscheinlich im Januar übernachtet (siehe nächster Brief). 1764 brannte das Hotel ab, Dessin hatte womöglich selbst das Feuer gelegt, weil direkt gegenüber ein Haus der Konkurrenz eröffnet hatte ... er baute neu, und in seinem modernen, eleganten Hôtel d'Angleterre stieg Sterne ab, als er auf seiner zweiten Frankreichreise im Oktober 1765 wieder nach Calais kam. Der englische Dramatiker FREDERIC REYNOLDS (1764–1841) erzählte in seiner Autobiographie »The life and times of Frederic Reynolds, written by himself« (1826), Dessin habe ihm 1782 anvertraut, er sei Dank Sternes »Empfindsamer Reise« reich geworden.

97. [M] An Elizabeth Sterne Paris, [Donnerstag,] [17.] Juni 1762

Meine Liebste,

vermutlich wirst Du noch einen weiteren Brief durch die nämliche Post erhalten; in diesem Falle lies diesen hier zuletzt – Er wird der letzte sein, den Du überhaupt noch in York erhalten kannst, denn ich hoffe, er betrifft Euch just auf dem Sprung – wenn dem so ist, vermute ich natürlicherweise, daß Du den darin enthaltenen Anweisungen, soweit sie Geldsachen betreffen, schon gefolgt bist, und sind diese einmal in Deinem Sinne bestellt, so hast Du die letzte Hürde überwunden – alles weitere wird ein Vergnügen, und habt Ihr dann ein halbes Dutzend Poststationen hinter Euch gebracht, werdet Ihr die Stimmen erheben und gemeinsam ein Tedeum singen, während Ihr dahinbraust. – Ersucht Mr. Croft, mir eine ordentliche schriftliche Vollmacht durch Euch zu übersenden, er wird sie mit umgehender Post zurückbekommen. Unsere Angelegenheiten in Sutton und Stillington hast du gut besorgt und alles in den besten Händen gelassen – Wäre ich nicht gewiß, daß Ihr mein Bild, die Granate &c, schon die längste Weile erhalten habt, würde ich Mr. Tollet schreiben und ungeheuer schelten – er hat die Sachen Becket übergeben, der sie, sobald er in die Stadt käme, Euch per Postkutsche schicken sollte. – Ich ersehne Nachrichten von Euch, um zu erfahren, ob alle meine Briefe und Sachen sicher bei Euch angekommen sind, und alsdenn wirst Du sagen, daß ich kein loser Bursche gewesen bin – denn Du wirst sehen, daß ich so beständig geschrieben habe, wie ich mir wünschte, daß Du es tust – Nimm Deine silberne Kaffeekanne mit, sie wird uns dienen, Wasser, Limonade und Orgeade zu kredenzen – ganz zu schweigen von Kaffee und Chokolade, die nebenbei bemerkt, in Toulouse ebenso billig als gut sind wie andere Dinge auch. Fast hätte ich einen hochnotwendigen Gegenstand vergessen, man bekommt in Frankreich keine kupfernen Teekessel, und ein solches Geschirr mag uns im Haus ungemein zustatten kommen – kaufe also einen guten, robusten Kessel, der zwei Quart faßt – Eine Tasse Tee wird uns auf unserer Reise in den Süden sehr bekömmlich sein – Ich habe eine bronzene Teekanne, die wir ebenfalls mitnehmen wollen; da man aus England kein Porzellan mit herüberbringen kann, müssen wir uns wohl mit einem garstig buntscheckigen Teezeug behelfen, wenn wir uns und unsere englischen Freunde während unseres Aufenthalts in Toulouse regalieren wollen – Ich hoffe, Ihr habt Euren Wechsel von Becket erhalten. – Ich habe eben in Mr. Foleys Haus von einem sehr gutherzigen Kaufmann gehört, der nach ihrer Vermutung gegen Ende Juni mit Pferden von England nach Frankreich reisen wird. Er war einmal mit einer Dame hier, welche die Schwester von Mr. Foleys Kompagnon ist, und ich habe sie vermocht, mit dieser Post an ihn nach London zu schreiben und zu bitten, Euch bei Mr. Edmonds aufzusuchen und, wenn nicht noch vor seinem Aufbruch ein Parlamentärschiff absegelt, in seine Obhut zu nehmen. Er hat letztes Jahr die nämliche Gefälligkeit der Dame, die ihm nun schreibt, mit unendlicher Freundlichkeit erwiesen und an Bord umsorgt & an Land mit großem Wohlwollen beschirmt. –Saget mir nur ja nicht, ich würde Euch oder auf irgend etwas vergessen, das Eurer Gemütsruhe bei dieser Reise nur immer förderlich sein kann – Ich wünschte, ich wäre bei Euch, Euch diese Dienste selber zu leisten und Euren Weg mit Rosen zu bestreuen – mir wird indes noch Zeit und Gelegenheit werden, Euch zu zeigen, daß ich nicht nachlässig bin – Und nun, meine Lieben, faßt noch einmal guten Mut – vertrauet auf Gott – auf mich – und auf Euch selbst – damit würdet ihr im Notfall wohl zehnmal mehr Schwierigkeiten überwinden können – Schreibe den Augenblick und sage mir, ihr triumphiert über alle Furcht; sage mir, daß es meiner Lydia bessergeht und sie Dir jetzt eine Gehilfin ist – Du sagst, sie schlägt mir nach – so zeige sie es

mir denn durch ihre Verachtung kleiner Gefahren und, was noch besser ist, durch die Überwindung der Angst davor. Da ich F's Anteil an den Büchern nicht haben will, so wirst Du ihm dies bestellen – Meine herzlichen Grüße an Mr. Fothergill und an die echten Freunde, die mir der Neid noch übriggelassen – und was den Rest anlangt, laisséz passer. Ihr werdet finden, daß ich das Französische ganz passabel spreche – wo es mir eigentlich schon genügt, mich verständlich zu machen. – Du wirst es schon bald besser sprechen; und wenn Lyd einen Monat lang mit einer französischen Demoiselle Umgang gehabt hat, wird sie schwatzen wie eine Elster. Mrs Hodges verstund bei ihrer Ankunft hier kein Wort, und nun schreibt sie mir, sie plappere schon flott drauflos – in vierzehn Tagen werdet Ihr desgleichen auch tun – Liebe Bess, ich hege tausend Wünsche aber auch die Hoffnung, daß sich jeder einzelne davon erfüllt – Ihr werdet das gleiche *Jubilate* anstimmen, meine Lieben, und hiemit Gott befohlen.
Meinen Gruß an Lydia, der meine Liebe in sich schließt. Adieu, ich bin

Euer zärtlicher
L. Sterne

Memorandum: Bringt Uhrketten, Teekessel, Messer, Kochbuch &c. mit.

Letzter Artikel wird Dich lächeln machen – Adieu denn – In Dover die Gekreuzten Schlüssel, in Calais im Lyon D'Argent – der Wirt ist ein Erztürke.

Tedeum: ›Te Deum laudamus‹, ›Dich, Gott, loben wir‹, sind die ersten Worte eines feierlichen Lob- und Dankgesanges; zuerst als klösterliches Morgengebet bezeugt, dann bei Kaiserkrönungen, zu kirchlichen Hochfesten, nach Papstwahlen und Siegen angestimmt, wurde er im Barock ein Huldigungsgesang im höfischen und staatlichen Zeremoniell. Und auch die Debatte um das Hinzurufen eines Geburtshelfers, die TRISTRAMs Mutter und Vater ausfochten, endete damit, »daß beide Seiten das *Te Deum* sangen« (»Tristram Shandy«, I, Kap. XVIII).

Angelegenheiten in Sutton und Stillington: Es ging um Sternes Pfarreien in Sutton-on-the-Forest und Stillington, sein Freund STEPHEN CROFT kümmerte sich um die finanziellen Angelegenheiten und Sternes Einkünfte aus den Pfründen (siehe auch Brief 93).

Orgeade: »nach dem Französischen, eigentlich Gerstenmilch, oder überhaupt ein Kühltrank aus Pflanzengesäme bereitet. Die Gerste wird zu diesem Endzwecke mit Wasser bis zum Bersten gesotten, dann gestoßen und durchgeseihet. Auch pflegt man welsche oder Haselnußkerne, weißen Mohnsamen, Gurken oder andere Samenkerne hinzu zu setzen. Die Bereitung unserer gewöhnlichen Orgeade, von süßen Mandelkernen, ist bekannt« (»Damen Conversations Lexikon«, 1837). Das »Oxford English Dictionary« führt als Beigabe noch Orangenblütenwasser an. Den konzentrierten Syrop d'Orgeade nennt noch »Die Kochkunst für herrschaftliche und bürgerliche Tafeln« (1828) von Franz Zelena als »vorzüglich den Reisenden zu empfehlen, da man in jedem Augenblick die beliebte Orgeade haben kann«.

einem sehr gutherzigen Kaufmann: Wer das war, ist nicht bekannt. Die Schwester von Mr. Foleys Partner CHARLES SELWIN könnte eventuell, so CURTIS, Janes verheiratete Caygill gewesen sein und in Yorkshire gelebt haben, doch auch diese Spur führt nicht weiter.

F's Anteil an den Büchern: Wieder ein Rätsel, weder ist bekannt, wer »F« war, noch, um welche Bücher und somit um welche Anteile es sich handelte. Wie Elizabeth Sternes Verhandlungen mit BECKET bezüglich der Bände V und VI des »Tristram Shandy« (siehe Brief 96) ausgegangen waren, konnte Sterne zu dieser Zeit noch nicht von ihr gehört haben.

Mr. Fothergill: Sternes enger Freund MARMEDUKE FOTHERGILL (siehe Anmerkungen zu Brief 18).

laissèz passer: ›laisser passer‹ heißt so viel wie ›durchgehen‹ oder ›verstreichen lassen‹, hier im Sinne von ›vergiß sie‹.

***Jubilate*:** zu Deutsch ›Frohlocket‹, ist das erste Wort des Eingangsverses der Sonntagsliturgie sowie der Psalmen 66 und 100.

die Gekreuzten Schlüssel: der Cross Keys Inn in Dover.

der Wirt ist ein Erztürke: Der bereits in den Anmerkungen zum vorigen Brief erwähnte Dessin, der ein gerissener Geschäftsmann war. In der »Empfindsamen Reise« feilscht YORICK mit der literarischen

Figur erbittert um den Preis eine Chaise – »ich durchbohrte Monsieur *Dessein* mit dem Blick – nahm ihn beim Gehen aufs Korn, bald im Profil – bald *en face* – vermeinte, er ähnele einem Juden – dann einem Türken – mißbilligte seine Perücke – verfluchte ihn bei meinen Göttern – wünschte ihn zum Teufel –« (Kap. »Auf der Straße. Calais.«).

98. [M] An Lady D. Paris, [Freitag,] 9. Juli 1762

Ich möchte Mylady die Kleinigkeiten, deren Kauf Sie mir auftrugen, nicht ohne eine Zeile senden. Paris gefällt mir sehr wohl – ich begegne hier wahrhaftig so viel Artigkeit, daß ich ihr Loblied singen muß – die Franzosen tragen sehr viel Urbanität in ihrem Charakter, und es wird sehr angenehm sein, auf einige Zeit unter ihnen zu weilen. – Mein französisches Herumgestottere reicht aus, um mich verständlich zu machen – es ist mir freilich doch ein drolliges Abenteuer zugestoßen, worin mir mein Latein was Weniges zustatten kam – Ich hatte eine Chaise und ein Pferd gemietet, um ungefähr sieben Meilen weit ins Land zu fahren, auf *shandyanische Weise* indes nicht bemerkt, daß das Pferd fast tot war, als ich es nahm — Ehe ich noch die Hälfte des Weges zurückgelegt, fiel das arme Tier tot um – So mußte ich denn vor der Polizei erscheinen und hub an, meine Geschichte auf französisch zu erzählen: Das arme Tier hätte mit einem schlimmeren Vieh zu schaffen gehabt als es selbst gewesen, nämlich mit seinem Herrn, der es den ganzen Tag zuvor getrieben habe (als wie ein Jehu) und ihm weder Hafer noch Heu gegeben und ich folglich nicht verpflichtet sei, das Pferd zu bezahlen. Ich hätte aber eben sowohl pfeifen wie französisch parlieren mögen, und ich glaube, mein Latein kam dem Lillabullero meines Onkels Toby gleich – denn seiner klassischen Reinheit wegen ward es nicht verstanden, doch durch Wortgewalt zwang ich meinen Richter, mir Gerechtigkeit widerfahren zu lassen – was, nebenher gesagt, in Frankreich keine gewöhnliche Sache ist. – Meine Frau und Tochter sind angelangt – Letztere schaut den lieben langen Tag nur beim Fenster hinaus und klagt über die Qual des Lockenkräuselns – Ich wünsche, daß sie immer ein Kind der Natur bleibt – Ich hasse Kinder der Kunst.

Ich hoffe, dieses wird Mylady in guter Gesundheit antreffen – und Sie werden so gütig sein, an mich nach Toulouse zu adressieren, wohin ich sehr bald abreisen werde. Ich bin so aufrichtig wie getreu

Myladys

allerergebenster

L. Sterne

***An Lady D.*:** Möglicherweise war der Brief an Lady ANN DACRE (1719–1806) gerichtet, die als kluge Frau galt und u. a. von HORACE WALPOLE sehr geschätzt wurde. Sie war mit Thomas BARRETT-LENNARD (1717–1786), 17. BARON DACRE, verheiratet, den Zeitgenossen als »eleganten Gelehrten« beschrieben. Sterne war auf dem Landsitz der Dacres in Hertfordshire ein gern gesehener Gast. Die Lady hatte während einer ausgedehnten Italienreise mit ihrem Gatten 1749–1751 Erfahrungen in der Fremde gesammelt.

sehr viel Urbanität: Die Urbanität und die Franzosen sah Sterne bald kritischer (siehe auch Brief 100), TRISTRAM läßt er in Paris ausrufen »Ha! – und keiner gibt den Weg an der Mauer frei! – aber wenn in dieser SCHULE DER URBANITÄT alle Mauern versch – n sind – wie möchte man es da anders tun?« (VII, Kap. XVII).

ein drolliges Abenteuer: Man denke an YORICK und TRISTRAM, deren Fortkommen ebenfalls behindert wird – YORICKs Ritt nach Nampont wird von einem toten Esel gestört (»Empfindsame Reise«, Kap. »Das Bidet« und »Nampont. Der tote Esel«). TRISTRAM wird am Tor des Gasthofs in Lyon aufgehalten »——UND zwar durch einen armen Esel, der just mit zwei großen Tragkörben auf dem

Puckel eingebogen war, um weißes Rübenkraut und Kohlblätter als milde Gaben zu erbitten; und nun unschlüssig dastund, die Vorderbeine diesseits der Schwelle, die Hinterbeine gassenwärts, als wisse er nicht, ob er hereinkommen solle oder nicht ...« (»Tristram Shandy«, VII, Kap. XXXII).

als wie ein Jehu: Eine Anspielung auf den biblischen König Jehu, der mit einem Haufen gegen den Feind ritt – »Vnd es ist ein treiben / wie das treiben Jehu des sons Nimsi / denn er treibet wie er vnsinnig were« (2. Könige 9,20).

dem Lillabullero meines Onkels Toby: Im »Tristram Shandy« pfeift ONKEL TOBY den Lillabullero, weil »dies der gewöhnliche Kanal war, durch den sich seine Leidenschaften Luft verschafften, wenn ihn irgend etwas empörte oder erstaunte; — insbesondere freilich, wenn ihm etwas zugemutet wurde, was ihm höchst abgeschmackt aufstieß« (I, Kap. XXI). Zu Zeiten ONKEL TOBYs war der Lillabullero ein sehr bekanntes protestantisches Spottlied auf die katholischen Rebellen in Irland.

Kind der Natur ... Kinder der Kunst: Auch Sternes Alter ego YORICK seufzt Ähnliches in der »Empfindsamen Reise« – »je höher ich stieg, desto tiefer ward ich in mein *lumpiges System* gezwungen – je besser die *Coterie,* desto mehr Kinder der Kunst – ich sehnte mich nach solchen der Natur«.

99. [M] An William Edmonds Paris, [Montag,] 12. Juli 1762

Werter Sir,

meine Frau und Tochter sind hier am Donnerstag wohlbehalten und gesund angelangt und von der Geschwindheit und Annehmlichkeit ihrer Reise ganz begeistert, zumal von allem, was sie hier sehen und antreffen. Allein, auf ihrer Reise von York nach Paris hat ihnen nichts ein so ein fühlbares und dauerhaftes Vergnügen gewährt wie die Zeichen der

Zuneigung, die sie von Ihnen und Mrs. Edmonds erhalten haben – An der Gewogenheit, Freundschaft und Gefälligkeit meiner beiden Freunde gegen mich und die Meinen hegte ich nie einen Zweifel, und ich statte Ihnen dafür ab, was nur immer im Vermögen eines verpflichteten Mannes steht, nämlich bloß meinen Dank. Allerdings habe ich mir die Freiheit erlaubt, Ihnen ein Stück indischen Taffets zu senden, welchen Mrs. Edmonds mir die Ehre erweisen muß, meiner Frau zuliebe zu tragen; sie hätte ihn verarbeiten lassen, wäre Mr. Stanhopes, des algerischen Konsuls Gemahlin, welche morgen Früh nach London abreist, nicht so gütig gewesen, ihn mitzunehmen; und würden wir diese Gelegenheit verabsäumt haben, so hätten wir weder gewußt, wann noch wie wir ihn unserer Freundin hätten übermachen können, denn wir hätten ihn in Paris zurücklassen müssen. – Ich wünschte, er verlohnte der Mühe mehr, davon zu schreiben. Sollte es irgend etwas geben, das wir Ihnen hier kaufen oder beschaffen können (Nachrichten eingeschlossen), so dürfen Sie über mich befehlen – denn ich bin, nebst meiner Frau und Tochter zärtlicher Empfehlung an Sie und Mrs. Edmonds

Ihr ergebenster

Lau. Sterne

ein Stück indischen Taffets: Taffet wurden die leichten, bunten Seidenstoffe aus Indien genannt. Laut Adelungs »Wörterbuch« war der Name »ohne Zweifel morgenländisch, denn schon im Persischen lautet er Tafteh«.

Mr. Stanhopes: Der Generalkonsul in Algerien hieß STANHOPE ASPINWALL (gest. 1771), nach zehn Jahren Dienst war er aus Algiers abberufen worden und nun wohl auf der Heimreise.

100. [M] An John Hall-Stevenson Toulouse, [Donnerstag,] 12. August 1762

Mein lieber Hall,

wenn Du ans Ende dieses langen Briefes gelangt bist, wird Dir einleuchten, daß ich Dein letztes Schreiben nicht eher beantworten konnte als eben jetzt – An den Vorsatz, es zu tun, habe ich fast ebenso oft gedacht wie an mein Gebet – auf solche Weise behandeln wir unsere besten Freunde – Was hast Du mir da für eine schändliche Geschichte erzählt! – Nach ein paar bündigen Bemerkungen dazu, wird der Rest meines Briefes glatt fortfließen so wie Seide. **** – ist ein gutmütiger, leichtgläubiger alter Narr und hat sich von der raffiniertesten ihres Geschlechts hinters Licht führen lassen, und sie muß schon eine überreiche Portion Dreistigkeit und Charlatanerie besitzen, um eine solche Farce aufzuführen. Ich bedauere den alten Mann darob, daß er um so viel Geld geprellt wurde – über einen verständigen Mann hätte ich gelacht – Meine Frau hat sie gesehen, als sie in der Stadt war, und sie schien durchaus nicht arm, will sie aber ****'s Herz erweichen, so verschließt sie ihre goldene Uhr und Diamantringe in ihrem Schubkasten. – Er hätte aber sollen auf der Hut vor ihr sein. Ich würde mich in Ansehung ihres Charakters nicht geirrt haben – und es mutet seltsam an, daß sie dem einem von ihrem Vermögen erzählt und einem anderen das Gegenteil sagt – und hiemit sag' ich ihr gut Nacht. – Ungefähr eine Woche oder zehn Tage vor der Ankunft meiner Frau in Paris ereilte mich das nämliche Unglück, welches mir schon in Cambridge zustieß: mir barst ein Blutgefäß in der Lunge. Es geschah bei der Nacht, und ich blutete das Bette voll; da ich den anderen Morgen fühlte, daß ich wohl verbluten würde, schickte ich unverzüglich nach dem Wundarzt, der mich an beiden Armen zur Ader ließ – dies rettete mein Leben, und indem ich drei Tage lang stumm auf dem Rücken im Bett lag, genas ich wieder; der Riß verheilte, und eine Woche später kam ich wieder auf – Dies nebst meiner Schwäche und Unrast, gab mir den Gedanken ein, es sei die höchste Zeit, nach Toulouse zu eilen. – Wir haben vier Monate lang eine solche Hitze ausgestanden, daß die ältesten Franzosen sich an dergleichen nicht erinnern können – es war so heiß wie *in Nebukadnezars Ofen*, und die Hitze wich nie auch nur eine Stunde – und als sie ihren Höhepunkt erreichte, war es unser Schicksal (oder vielmehr Verderben), unsere Reise über Lyon, Montpellier &c. anzutreten, um, wie ich wähne, unsere Leiden zu verkürzen – Guter Gott! – doch es ist ja nun vorüber – und hier bin ich jetzt in meinem eigenen Hause und habe mich mit recht ordentlich eingerichtet dank MacCarthys Hilfe und freundlicher Unterstützung, für die ich ihm tiefer verpflichtet bin, als ich zu sagen vermag und dermalen nicht zu vergüten weiß – Es ist die anmutigste Lage in Toulouse, mit beinahe zwei Morgen Garten dabei – das Haus ist viel zu gut für uns – wohlmeubliert, und für all dies bezahle ich dreißig Pfund im Jahr. – Ich habe einen guten Koch – meine Frau eine schickliche *femme de chambre,* sowie einen schmukken *laquais* – Der Abbé hat für unsere Ausgaben einen Plan gemacht und uns auf ein solches Gleis gesetzt, daß wir kaum fehlgehen können, wiewohl, nebenbei bemerkt, der Teufel selten müßig ist. Am Tage vor meiner Abreise aus Paris, speiste Mr. Trotter mit mir – Ich gab mir redlich Mühe, alles nach Deinen Anweisungen besorgt zu sehen – doch wage ich zu behaupten, Trotter hat Dir inzwischen geschrieben – Ich habe ihn mit Deinen verrückten Geschichten über die Maßen ergötzt und mehr noch mit deren Frontispiz. – Ich bin guten Mutes und schreibe gerade eben ein verrücktes Kapitel – und blicke dabei zu Deinen Türmchen hin – Und eben jetzt wünsche ich alle wärmeren Himmelsstriche, Länder und alles übrige zum —, das mich von unserem väterlichen Sitz trennt zum — *se sera là où reposera ma cendre – et ce sera là où mon cousin viendra repandre les pleurs dues à notre amitié* – Ich trinke dreimal des Tages Eselsmilch und ebensooft Kuhmilch – Ich sehne mich danach, noch einmal Dein Gesicht zu sehen – grüße den Oberst schön von mir, und danke ihm herzlich für die vielen Artigkeiten, so er Madame und Mademoiselle Shandy in York erwiesen, wofür sie ihm allen gebührenden Dank abstatten. Der Appetit auf Frankreich und die Franzosen ist vergangen, aber dies ist noch nicht genug für Deinen Dir zuneigten Vetter,

L. S.

(Nach einem Jahr werden wir es wohl alle über sein) aber gottlob bringt mir die Post einen Brief von meinem Antony – Ich gratuliere Dir zu dem, was die Herren Rezensenten Dir zugestehen – sie haben selber zu viel Verstand, um Dir das nicht zuzubilligen, worüber Du nun wirklich verfügst: »Talent, Witz und Laune«. – Nun, schreibe Du nur immerhin fort, mein lieber Vetter, und laß Dich leiten von der eigenen Phantasie. – O! wie sehr beneide ich Euch alle in Crazy Castle! – Ich möchte einen Monat bei Euch weilen – und dann zur Weinlese zurückkehren. – Ich ehre den Mann, welcher der Welt einen Begriff von unserem elterlichen Sitz beigebracht hat – er ist wohlgeraten – Ich betrachte ihn zehnmal am Tag mit einem *quando te aspiciam?* – Und nun, lebe wohl – empfehle mich meinem geliebten Oberst – grüße Panty aufs herzlichste von mir, und sollten Mrs. Chaloner und Miss Chaloner &c. in Guisborough sein, so grüße auch sie mit einem heiligen Kusse – Gott segne Dich.

eine schändliche Geschichte: Bedauerlicherweise ist der Brief von John Hall-Stevenson verlorengegangen, man kann sich die Geschichte nur aus dem folgenden zusammenreimen. Über die Identität des alten Narren **** ist nichts bekannt.

mir barst ein Blutgefäß in der Lunge: Sterne versuchte seine Tuberkulose, die mit »Blutspeien« (siehe u. a. Brief 107 und 161), Blutstür-

zen und ermattendem Fieber einherging, in vielen Kurbädern und im Süden vergeblich zu kurieren. Auch ELIZABETH DRAPER schrieb er vom Bersten eines Gefäßes (siehe Brief 204). TRISTRAM berichtet ebenfalls von diesem Ungemach – »und barst dir dabei [bei einem Lachkrampf] nicht ein Gefäß in der Lunge, wodurch du in zwei Stunden ebenso viele Quart Blut verlörest« (VIII, Kap. VI).
***in Nebukadnezars Ofen*:** Eine biblische Anspielung, vom »glühenden Ofen« des Königs Nebukadnezar ist in Daniel 3,6 und 3,19–27 die Rede.
MacCarthys: der in Brief 96 erwähnte Abbé (siehe auch Anmerkungen dort).
Ich habe ... schmucken *laquais*: Einen Koch, eine Kammerjungfer und einen Diener zu haben, fiel damals in Frankreich noch unter »sehr günstig leben« (siehe auch Brief 95).
Mr. Trotter: LAWSON TROTTER war der Onkel von John Hall-Stevenson und der frühere Besitzer von Skelton Castle (siehe Anmerkungen zu Brief 1), um 1727 hatte er den Landsitz an den Mann seiner Schwester, JOSEPH HALL verkauft. Weil er mit den Jakobiten sympathisierte, hatte Mr. Trotter es nach der Rebellion von 1745 als sicherer angesehen, England zu verlassen und nach Frankreich zu gehen.
Deinen verrückten Geschichten: Am 11. Juni 1762 waren bei THOMAS BECKET die »Crazy Tales« von Hall-Stevenson erschienen, es sind elf Verserzählungen, die vage an CHAUCERs »Canterbury Tales« erinnern, über ein »Crazy Castle«, dessen Burgherr Antony heißt – wie Hall-Stevenson zuweilen sich selbst nannte – und kauzige Freunde. Auf dem unsignierten Frontispiz ist das »Crazy Castle« mit seinen Türmen zu sehen ... An welchem »verrückten Kapitel« Sterne gerade saß, läßt sich nicht sagen.
***se sera ... amitié*:** Und dort wird es sein, wo meine Asche ruhen wird, und dorthin wird mein Vetter kommen und solche Tränen vergießen, als unsere Freundschaft verlangt.
Eselsmilch: ist süßer und nicht so fett wie Kuhmilch, desweiteren hatte schon HIPPOKRATES sie bei Tuberkulose verordnet. »Nächst dem ist bekannt, daß man überhaupt in der Schwindsucht die Eselsmilch, auch unter den nährenden Mitteln, vor allen anderen zu rathen pflegt«, spricht denn auch Johann Andreas Erdmann Maschenbauer in »Der aus dem Reiche der Wissenschaften wohlversuchte Referendarius« (1750).
den Oberst: wohl einer der Brüder des Adressaten, GEORGE LAW-

SON HALL oder THOMAS HALL, beide waren Obristen (siehe auch Anmerkungen zu Brief 73).
die Herren Rezensenten: Sterne hatte offensichtlich die Rezension zu »Crazy Tales« in der »Critical Review« vom Juni 1762 gelesen, möglicherweise hatte Hall-Stevenson sie seinem Brief beigelegt, denn er zitiert »Talent, Witz und Laune« wörtlich, wenn auch selektiv daraus (»... wir müssen mit Bedauern feststellen, daß Talent, Witz und Laune im Bunde unsere Bewunderung für des Autors Schöpfergeist wecken und Widerwillen gegen solch eine unwürdige Prostitution der Begabungen ...«).
***quando te aspiciam*:** Eine Anspielung auf die Satiren des HORAZ (II. 6. I. 60) – »O rus, quando ego te aspiciam?« – CHRISTOPH MARTIN WIELAND übersetzte mit »O! Mein liebes Feld! wann sehen wir uns wieder?«; ›rus‹ bedeutet auch ›Land‹, ›Landgut‹.
Panty: ROBERT LASCELLES, siehe Anmerkungen zu Brief 74.
Mrs. Chaloner ... Guisborough: Die CHALONERS waren mit Sterne und Hall-Stevenson befreundet, siehe auch Brief 76.

101. [M] An Robert Foley Toulouse, [Samstag,] 14. August 1762

Mein lieber Foley,

nach vielen Wendungen (*alias* Digressionen), gar nicht zu gedenken der buchstäblichen Umstürze, Aufenthalte und Verzögerungen, sind wir innerhalb dreier Wochen zu Toulouse angelangt und haben uns mittlerweile in unseren Häusern eingerichtet, umringt von Bedienten &c., und wir wirken so gesetzt, als ob wir bereits seit sieben Jahren hier wären. — Auf unserer Reise haben wir so sehr unter der Hitze gelitten, daß mich auch die bloße Erinnerung noch schmerzt – Von Paris bis Nîmes bekam ich keine einzige Wolke zu Gesicht, die auch nur so groß gewesen wäre wie ein Vierundzwanzigsoustück. – Grundgütiger! wir wurden den ganzen Weg über entweder auf der einen oder der anderen Seite geröstet, geschmort, gebraten, gegrillt, und karbonisiert – und da wir nun tagsüber ordentlich gar (*assez cuits*) geworden, wurden wir des Nachts von Wanzen und anderem nicht ausgekehrten Ungeziefer aufgefressen, den rechtmäßigen Bewohnern (wenn anders die Dauer des Besitzanspruches Rechte verleihen kann) eines jeden Gasthofs, worin wir nächtigten. — Können Sie sich wohl ein ärgeres Unglück vormalen, als daß uns auf einer solchen Reise, am heißesten Tag und zur heißesten Stunde, vier Meilen von jedem Baum oder und Strauch entfernt, der einen Schatten auch nur so groß wie Evas Feigenblatt werfen könnte — daß uns da ein Hinterrad in zehntausend Stücken sprang und wir folglich fünf Stunden auf einer kiesigen Schotterstraße sitzen mußten, ohne einen Tropfen Wasser oder die Aussicht, welches zu bekommen – Zu allem Überfluß waren meine zwei Postillione tölpelhafte Zärtlinge, die sogleich loswimmerten – Da könne man nun einmal nichts tun! Beim Himmel, sprach ich, indem ich mich des Rocks und der Weste entledigte, ich will gleich etwas tun, denn ich werde euch beide halbtot prügeln – und dann zusehen, daß sich jeder von euch ein Pferd nimmt und wie der Leibhaftige zur nächsten Poststation reitet und einen Karren für mein Gepäck und einen Wagen für uns selbst herschafft – Unser Gepäck wog zehn Doppelzentner – in Baucaire wurde gerade Marktwoche gehalten – alle Welt ging dahin oder kehrte von dort zurück – ein jeder, der an uns vorüberkam, wollte wissen, ob wir denn nach Baucaire zur Marktwoche zögen — Was Wunder, sprach ich, haben wir doch Waren genug! *Vous avez raison, mes amis* –

Nun gut! wir sind immerhin hier angelangt, mein lieber Freund – und zwar in einer überaus reizenden Lage am Rande der Stadt, in einem ganz vortrefflichen, schön meublierten und viel eleganteren Haus, als ich es jemals erwartet hätte. Es ist nach der Art eines Hotels gebaut und hat gegen die Stadt hin einen hübschen Hof und hinter dem Haus die schönsten Gärten von Toulouse, durchzogen von gewundenen Spazierwegen, und so groß, daß die Leute aus unserem Viertel dort am Abend ihren Spaziergang machen, wozu ich ihnen meinen Segen gegeben habe – »je mehr, desto besser«. – Das Haus besitzt oben einen ordentlichen *salle à manger*, woran der sehr stattliche *salle à compagnie* stößt, der so groß ist wie der von Baron d'Holbach; drei hübsche Schlafzimmer nebst Ankleidekammern – unten zwei sehr gute Zimmer für mich, das eine ein Studier- und das andere ein Besuchszimmer. – Überdies liegen rings um den Hof Keller und andere Wirtschaftsgebäude – Vom nämlichen Hausherrn habe ich mir auch die Nutzung eines Landhauses ausbedungen, das dieser zwei Meilen vor der Stadt besitzt, so daß also ich und meine ganze Familie nur unsere Hüte nehmen und aus dem einen Haus ins andere ziehen dürfen. — Mein Hausbesitzer muß außerdem die Gärten in Ordnung halten — Und was glauben Sie nun, daß ich für all dies bezahle? Weder mehr noch weniger als dreißig Pfund im Jahr – im Vergleich kostet hier alles sehr wenig – wir werden also sehr günstig leben. — Gestern speiste ich bei Mr. Hodges — er wohnt sehr angenehm, und alle befinden sich wohl. – Was die Bücher betrifft, welche Sie für Diderot in Empfang genommen haben, so war der Buchhändler ein Narr, die Rechnung dafür nicht gleich mitzuschicken – Ich werde ihm deshalb schreiben. – Ich wünschte, Sie wären für zwei Monate bei mir; das würde Sie von allen geistigen und leiblichen Übeln kurieren — allein, dieser und viele andere Wünsche für Sie und mich müssen anderswo zur Erfüllung kommen — Adieu, mein gütiger Freund, und seien Sie versichert, daß ich Sie ebensosehr aus Neigung als aus Vernunft liebe, denn

ich bin Ihr ergebener

L. Sterne

Meine Frau und meine Tochter senden Ihnen ihre Grüße – meine besten Empfehlungen an meinen werten Baron d'Holbach und dessen ganze Gesellschaft – grüßen Sie meinen Freund Mr. Panchaud.

assez cuits: Sterne verwendet im Original die wörtliche Übersetzung des englischen ›done enough‹ auf Französisch.
tölpelhafte Zärtlinge: Sterne erfindet für seine Kutscher extra die bis dahin im Englischen noch unbekannte Wendung ›dough-hearted fools‹.
Beaucaire: Ein Ort südlich von Avignon, dessen Marktwoche (sie begann am 22. Juni) berühmt war.
Vous avez raison, mes amis: Ihr habt recht, meine Freunde.
salle à manger … salle à compagnie: Speisesaal und Gesellschaftszimmer.
Hausherrn: Die gute Seele bleibt bis heute leider unidentifiziert.
Mr. Hodges: wohl ebender, den Sterne am 31. Januar in Paris getroffen hatte (siehe Brief 82).
Bücher für Diderot: siehe Brief 90.
Freund Panchaud: ISAAC PANCHAUD (1726–1789), der bei Foley arbeitete und später dessen Firma unternahm, war ein lebenslanger Freund Sternes. Er subskribierte die »Sermons« und gleich 20 Exemplare der »Empfindsamen Reise«.

102. [M] An John Hall-Stevenson Toulouse, [Dienstag,] 19. Okt. 1762

Mein lieber Hall,

ich habe Deinen Brief gestern erhalten – demzufolge ist er von Crazy Castle bis Toulouse ganze achtzehn Tage gereist – Würde ich hier von nichts festgehalten, so wollte ich mich verbinden, heute früh aufzubrechen und drei Tagen eher an die

Tore von Crazy Castle zu klopfen – wo ich dann Dich und den Oberst, Panty &c allein anträfe – die Zeit, die ich am liebsten bei Euch zu sein wünschte — Vom Herz bis in die Nieren hinab freut's mich, daß Du den Krallen der Trübsalsteufel so viele glückliche und unbeschwerte Tage entrissen hast – Erleben wir's, daß wir zusammenkommen und unsere Kräfte vereinigen können wie einst, so wollen wir diese Sippschaft mit einer Prügelsuppe traktieren – und sie aus ihrer angemaßten Zitadelle auf ewig verjagen – einige ihrer Legionen wurden durch Deine Unternehmungen im letzten Feldzug bereits in die Flucht geschlagen – und ich hoffe, gleich beim nächsten Mal, wenn mein lieber Vetter sein Banner unter dem viereckigen Turm hißt, mein Teil zur Vertreibung der übrigen leisten zu können — Worauf aber sinnest Du nun mit Äxten und Hämmern? — *»Ich kenne Deine Vermessenheit wohl und Deines Herzens Bosheit«*, und Du liebst die süßen Einbildungen von Architraven, Friesen und Giebeln mit ihren Tympanons, und Du hast einen Vorwand ersonnen, *à raison de cinq cent livre sterling*, welche über vier Jahre aufgewendet werden sollen &c. &c. (damit's einem nur nicht fühlbar wird, diesen Köder legt der Teufel immer aus) Dich vor Dir selbst zu rechtfertigen — Es mag recht klug sein, dies zu tun – freilich noch klüger ist's, sein Geld in der Tasche zu behalten, solange es draußen Krieg und drinnen Kriegsgerüchte gibt. – St. – rät seinen Jüngern, Rock und Weste zu verkaufen – und lieber ohne Hemde oder Schwert zu gehen, als kein Geld in ihrem Pilgersack zu behalten, und um damit gen Jerusalem zu wallfahrten — Nun aber sind diese *quatres ans consecutifs,* mein lieber Antony, die kostbarsten Bissen Deines *künftigen Lebens* (in dieser Welt), und Du wirst wohlberaten sein, diese Bissen ohne Sorgen, Berechnungen und Flüche und Verwünschungen und Schulden zu genießen – denn so gewiß Stein, Stein und Mörtel, Mörtel ist &c, so gewiß wird dies eines der vielen Werke sein, welches Dich bitter gereuen wird – Indes, haben es die Parzen nun einmal so verfügt, wie Du und ich's bisweilen Deiner Großmut halber gemutmaßt haben, »daß Du niemals ein vermögender Mann sollst sein«, dann wird diese Verfügung erfüllt werden, einerlei ob Du nun dein Schloß verzierst und mit Zedern täfelst und in- wie auswendig zinnobrisch malest oder nicht – *et cela étant* (mit einer Flasche Frontignac und einem Glas zu meiner Rechten) trinke ich hiemit, lieber Antony, auf Deine Gesundheit und Wohlfahrt und auf die schließliche Vollendung all Deiner lunarischen und sublunarischen Projekte. – Nachdem ich Dir meinen letzten Brief schrieb, zielten meine Projekte sechs Wochen lang viel höher, denn ich glaubte mich während dieser ganzen Zeit auf der Reise nach der anderen Welt begriffen — Ich erkrankte an einem heimtückischen epidemischen Fieber, das Hunderte um mich her hinweggerafft – Die hiesigen Ärzte sind die exzentrischsten Scharlatane in Europa und die ahnungslosesten aller anmaßenden Narren – Das Wenige, was noch von mir übriggeblieben, entzog ich ihren Händen und befahl meine Geschicke sämtlich Mutter Natur – Sie (gütige Göttin) hat mich aus fünfzig verschiedenen kitzlichten Klemmen errettet, und allmählich erfaßt mich eine derartige Begeisterung für sie und ebenso für mich, daß ich nach wiederholtem Entrinnen des Glaubens sein werde, Euch alle am Ende durch eine Versetzung zu verlassen und nicht durch einen schicklichen Tod. Ich bin jetzt wieder so gekräftigt und närrisch, wie ein glücklicher Mensch sich's nur immer wünschen kann – und treibe emsig Possen mit meinem Onkel Toby, den ich bis über beide Ohren in die Liebe eingetunkt habe. — Ich trage viele Einfälle und Entwürfe zu anderen Werken im Kopf; und hierin wird, wie ich zuversichtlich hoffe, alles nach Wunsch gelingen. – Habe ich den Nutzen dieses Winters in Toulouse geerntet – so weiß ich nicht, was ich weiter hier noch zu tun hätte, deshalb werde ich, wenn ich mit meiner Frau und meinem Mädchen nach Bagnères gereist bin, dorthin zurückkehren, woher ich kam — Nun wünscht aber meine Frau, noch auf ein Jahr zu bleiben, um Geld zu sparen, und dieser Gegensatz unserer jeweiligen Wünsche wird zwar nicht so sauer sein wie Zitrone, aber auch nicht so süß wie Kandiszucker. – Mir wäre lieb, Tollot würde Sir Charles nach Toulouse führen; die Stadt ist so gut als irgendeine im Süden Frankreichs – nach meinem Geschmack ist sie nun freilich wiederum nicht – ich vermute allerdings, die Grundlage meines *ennui* rührt eher von der ewigen Plattheit französischer Charaktere – wenig Verschiedenheit, keine Originalität in allem – als von irgendeiner anderen Ursache – denn sie sind sehr artig – allein die Artigkeit selber in dieser Einförmigkeit ermattet und verdrießet einen zu Tod – Bleibe ich nicht auf meiner Hut, werde ich am Ende noch ganz dumm und salbungsvoll – Miss Shandy strengt sich tüchtig an mit der Musik, dem Tanzen und dem Französischsprechen, letzteres tut sie *à merveille* und spricht mit einem vortrefflichen Akzent, wenn man bedenkt, daß sie sich in Sicht der Pyrenäen darin übt. – Wenn mir's der Schnee erlaubt, beabsichtige ich, zwei oder drei Monate in Barèges oder Bagnères zu verbringen, allein, meine liebe Frau sperrt sich gegen alle Pläne, die zusätzliche Ausgaben erforderten – dieser üble Hang (tritt zwar nun eben nicht mit despotischer Macht zutage) ist mir aber doch verdrießlich – obwohl an sich löblich genug – Aber laß sie nur reden – ich werde es ganz nach meinem Belieben richten, und sie wird sich ohne auch nur ein Widerwort darein schicken. Wer kann seiner Frau so viel nachrühmen? – Fürwahr wenige. – MacCarthy ist mit der Weinernte außerhalb der Stadt beschäftigt – schreibe mir also an *Monsieur Sterne, Gentilhomme anglois* – der Brief wird mich erreichen. – Wir liegen hier so weit ab vom Wege aller Neuigkeiten wie am Kap der Guten Hoffnung – schreibe mir also hin und wieder einen langen ganz unsinnigen Brief wie diesen – worin Du aber nichts sagen darfst, als was man herzeigen kann, (denn wie sehr auch ich jeden Absatz und beherzten Federstrich von

Dir liebe, so möchte er doch anderen mißfallen) denn wisse, sobald ein Brief aus England einläuft, liegt die Neubegier sogleich auf den Knien, seinen Inhalt zu erfahren. — Adieu, lieber Hall, und sei versichert,

ich bin Dein Dir zugetaner

L. Sterne

Wir hatten hier die letzten vierzehn Tage grimmig kaltes Wetter – das uns genötigt hat, ganze Stere Holz vor unserer Nase zu verbrennen — dies ist ein teurer Artikel – da aber sonst alles spottbillig ist, so hält Madame eine vorzügliche Tafel mit *soupe, bouilli, rôti* – &c. &c. für zweihundertundfünfzig Pfund im Jahr.

letzten Feldzug: wahrscheinlich eine Anspielung auf die Veröffentlichung von HALL-STEVENSONS 1762 erschienenen »Crazy Tales«, in der z. B. auch die Verserzählung »My Cousin's Tale, or a Cock and a Bull« vorkommt.

Äxten und Hämmern: Skelton »Crazy« Castle wurde gerade rundumrenoviert.

»Ich kenne … Bosheit«: In 1. Samuel 17,28 sagt dies der zornige Bruder zu David, der seine Schafe im Stich ließ, um mit Goliath zu kämpfen.

à raison … sterling: im Gegenwert von 500 Pfund Sterling.

St. –: Wer immer hier ausgeschrieben stand – LYDIA MÉDALLE machte ihn unlesbar.

quatres ans consecutifs: vier Jahre in Folge.

zinnobrisch malest: eine Paraphrase von Jeremia 22,13–14.

et cela étant: wieder ein Sterne'scher Franglizismus, französische Übersetzung von ›and that being‹.

Fieber … hinweggerafft: Es grassierte tatsächlich eine wirklich ernsthafte Epidemie, aber für den dramatischeren Klang übertreibt Sterne hier ein wenig.

Onkel Toby … eingetunkt habe: Sterne zog wohl die Abfassung von Band VIII der von Band VII vor; letzteren begann er nach seiner Rückkehr nach England.

Bagnéres-de-Bigorre: ein beliebter Kurort in den Pyrenäen, etwa 120 Kilometer südlich von Toulouse, in dem das Kurleben auch Glücksspiele und ähnliche soziale Vergnügungen beinhaltete.
Tollot ... Sir Charles: Der Genfer Dichter JEAN-BAPTISTE TOLLOT (1698–1773), der früher Hall-Stevenson und jetzt die Thornhills durch Frankreich führte. Mit Sir Charles ist wahrscheinlich SIR CHARLES DAVERS (1737–1806) gemeint, der auch die »Sermons« und die »Empfindsame Reise« subskribierte.
à merveille: ganz und gar wunderbarlich.
Barèges oder Bagnères: ein anderer kleiner Kurort in den Pyrenäen.
Stere Holz: Der Ster (vom altgriechischen στερεός *stereos*, ›starr, hart, fest‹) ist ein älteres Raummaß, welches einen Raummeter Holzscheite von 1 Meter Länge bezeichnet. Allerdings wird umgangssprachlich zuweilen auch ein Raummeter kürzerer Holzscheite als Ster bezeichnet. Des Weiteren ist im heutigen Sprachgebrauch ein Klafter Holz als die Menge von 3 Ster definiert.
soupe, bouilli, rôti: Sterne meint wohl Suppe, gesottene und gebratene Speisen.

103. [M] An Robert Foley Toulouse, [Dienstag,] 9. November 1762

Mein lieber Foley,

die ganze Woche über liegt Ihr Brief auf meinem Tisch, und ich hoffe, Sie werden's mir verzeihen, daß ich ihn nicht eher beantwortet habe – und selbst heute kann ich Ihnen nur zehn Zeilen schreiben, denn ich bin bei Mrs. M— eingeladen. Ich wollte aber die Anzeige über den Erhalt Ihres werten Schreibens keinen weiteren Posttag länger verschieben – Binnen weniger Posttage werde ich Ihnen einen langen Brief gratis schreiben, das heißt, aus bloßer Liebe – Ich danke Ihnen dafür, daß Sie getan haben, worum ich Sie gebeten hatte – hinkünftig schreiben Sie mir per Adresse von Monsieur Brousse – ich bekomme durch ihn alle Briefe pünktlicher und rascher, als wenn sie auf dem Postamt liegenbleiben ——

Hodges' Familie und die Meinigen lassen Sie schön grüßen – wir stecken oft zusammen und vergessen Ihrer nie – vergessen Sie auch meiner nicht beim Baron – und der ganzen Runde – noch in Ihrem häuslichen Kreise –

Ich habe mich recht gut erholt und treibe munter Späße mit meinem Onkel Toby in dem Band, den ich gerade für den lachenden Teil der Welt fabriziere – für den schwermütigen Teil habe ich weiter nichts als meine Gebete – so helfe ihnen Gott. Binnen eines, allenfalls zwei Posttagen, nachdem Sie dieses erhalten haben, werde ich von Ihnen hören – bis dahin, adieu, mein lieber Foley, und glauben Sie, daß Ihnen keiner mehr Glück wünscht oder sie mehr schätzt als Ihr

L. Sterne

Mrs. M—: Wieder hat LYDIA MÉDALLE bei der Verstümmelung ganze Arbeit geleistet. Mrs. Meadows, Mrs. Martin, Mrs. Manningham, Mrs. Menyl, Mrs. Metcalf, Mrs. Michell oderoderoder – die Zuschreibung bleibt ungewiß.
Monsieur Brousse: Das Bankhaus BROUSSE und Sohn wickelte die Geschäfte für Foley in Toulouse ab.
beim Baron: Gemeint ist einmal mehr D'HOLBACH.

104. An Robert Foley Toulouse. Mittwoch [8.] Dez. 1762

Lieber Foley,

ich habe in den vergangenen zwei Wochen jeden Tag Messrs Brousse & fils aufgesucht, in der Hoffnung auf die Freude, einen Brief von Ihnen vorzufinden, mit der Rimesse, die ich Sie bat, mir hierherzuschicken – Trägt ein Mann nicht mehr als ein halbes Dutzend Guineen in der Tasche – & das tausend Meilen fern der Heimat – & und in einem Land, wo sich ebenso leicht der Teufel wie ein Sechslivrestück herbeihexen läßt, um damit auf den Markt zu gehen – falls er seine letzte Guinee eingewechselt hat – Dann werden Sie mich um meine Lage nicht beneiden – Gott segne Sie – überweisen Sie mir das zahlbare Guthaben nach Erhalt dieses Briefs – Mein Agent schreibt mir soeben, daß er an Mr Selvin weitere 50 Pfund bezahlt hat, die mir überwiesen werden sollen – worüber Sie bereits Avis erhielten oder, wie ich meine, binnen eines oder zweier Posttage erhalten werden —

– Wir sind alle bei den Hodges – und probieren für ein Stück, welches wir an den Weihnachtsfeiertagen hier aufführen — die Dramatis Personae sind sämtlich Engländer, eine fröhliche Gesellschaft, in der alle wie Brüder & Schwestern zusammenleben —

Ihr hiesiger Bankier hat mir gerade kundgetan, daß der Tee, um den Mr Hodges geschrieben hatte, an mich geliefert wird – es ist ganz einerlei, in wessen Hände der Schatz gelangt – wir werden Brousse noch am selben Tag bezahlen, da wir ihn bekommen – Wir alle grüßen Sie aufs herzlichste – & seien Sie versichert, mein lieber Foley,

ich bin Ihr ergebener

L. Sterne

4000 à 5 Schilling	eintausend Pfund
4000 à 0:7:6c	fünfhundert Pfund dazu

insgesamt fünfzehnhundert Pfund, – Ich meine, man kann mich nicht tadeln, wenn ich 600 fordere – mein Drucker erhält 900, und zieht man davon 250 fürs Drucken ab – so behält er 650 Pfund in der Tasche – kann irgendwer bezweifeln, daß weitere Auflagen folgen werden? zudem habe ich keine Subskriptionen und die letzten Predigten für 400 Guineen verkauft. Mein letztes Wort lautet 550 Pfund, er hat die Wahl – man darf nicht vergessen, daß ich tausend Exemplare bekam, die ich jetzt nicht will —

Mittwoch [8.] Dez. 1762: In der ersten MÉDALLE-Ausgabe auf den 4., in der zweiten auf den 3. Dezember datiert. Beste Gründe bei CURTIS sprechen für den 8.
fünfhundert Pfund dazu: Der um seine Finanzen fürchtende Autor rechnet hier aus, ob er den Preis der zweiten Folge seiner »Sermons« (Band III und IV) auf sieben Schilling sixpence hochsetzen kann, was er dem Drucker abgeben muß und was er einst an den für die Subskriptionsexemplare von Band I und II zurückgelegten 1000 Exemplaren extra verdiente.

Die Bände III und IV kamen dann am 18. Januar 1766 heraus, mit einer Subskriptionsliste von 693 Einträgen (sogar 36 mehr als die erste Folge).

105. [M] An Robert Foley — Toulouse, [Freitag] 17. Dez. 1762

Mein lieber Foley,

Mit erster Post nach meinem jüngsten Brief – erhielt ich den Ihren nebst dem beigelegten Wechsel auf den Empfänger, wofür ich Ihnen allen gebührenden Dank abstatte –

Ebenso ist die Kiste mit dem Tee wohlbehalten bei mir angelangt – wir werden uns also diese Weihnachten alle an Tee berauschen und ohne Furcht und Zagen zechen – Wir beginnen nun höchst vergnügt zu leben und sind jede Nacht beisammen – und fiedeln, lachen, singen und reißen Witze. Das Neueste, was ich Ihnen zu berichten habe, werden Sie mir kaum glauben – Hier ist eine Gesellschaft von Wanderschaupielern eingetroffen, welche die ganzen Weihnachten über Komödien aufführen werden und jetzt emsig dabei sind, Kostüme zu schneidern und einige unserer besten Lustspiele vorzubereiten – Ihre Verwunderung wird sich legen, wenn ich Ihnen melde, daß diese Wanderschauspieler Ihre Freunde nebst unserer übrigen Gesellschaft sind, denen ich diesen Plan *soulagement* proponiert habe – und ich versichere Sie, wir agieren wacker. – Nächste Woche geben wir mit einem großartigen Orchester den Busy Body – und die Woche drauf die Reise nach London, allerdings hege ich die Überlegung, sie unserer Lage anzupassen – und daraus die Reise nach Toulouse zu machen, was sich vermittelst der Veränderung von nur einem halb Dutzend Szenen leicht bewerkstelligen läßt. – Und also, mein lieber Foley, halten wir uns mangels besserer Zeitvertreibe an uns selbst und schaffen uns unsere Kurzweil nach bestem Vermögen aus solchen Stoffen. – Ich sende meine herzliche Liebe und Freundschaft an alle meine wahren Freunde – Meine Empfehlung an die andern. Nachdem sie die letzte Woche bei uns gewesen, hat Hodges' Familie uns soeben verlassen – sie werden die ganzen Feiertage bei uns zubringen. – Im Sommer werden wir sie besuchen und so die Gastfreiheit ins Gleichgewicht setzen.

Adieu,
Ihr ergebenster
L. Sterne

soulagement: eigentlich: mit Erleichterung, Sterne verwendet das Wort adverbial, wieder ein Sterne'scher Frankizismus.
Busy Body ... Reise nach London: »The Busy Body« (1709) von SUSANNA CENTLIVRE (1667–1723) wurde immer noch gern gespielt, in London auch besetzt mit DAVID GARRICK. »The Provoked Wife, or, A Journey to London« (1728), ein von JOHN VANBRUGH (1664–1726) begonnenes und von COLLEY CIBBER (1671–1757) vollendetes Stück erfreute sich besonders in Yorkshire enormer Beliebtheit, weil darin eine Familie aus Yorkshire mit ihren regionalen und dialektalen Eigenheiten eine wichtige Rolle spielt.
Reise nach Toulouse: Sternes Adaption ist leider nicht überliefert.

106. An John Mill Toulouse, [Donnerstag,] 24. Feb. 1763

Sir,

ich komme heute hierher zurück von Mr Oswald, bei dem ich seit meinem letzten Brief beständig gewesen bin; & dem ich auch jetzt nicht von der Seite gewichen wäre, hätten mich nicht unvermeidliche Geschäfte weggerufen: Seit besagtem Brief befindet er sich um so viel schlechter, daß ich, wiewohl mir, als ich ihn aufs Land brachte, sein Arzt sagte, man könne nichts mehr für ihn tun, dennoch letzten Sonntag dem Wunsch nach einer medizinischen Konsultation auf dem Land nicht widerstehen konnte, indem ich dachte, es sei für alle seine Freunde eine Beruhigung, daß nichts unversucht gelassen wurde, und ebenso für den armen Mr Oswald, daß er es an nichts für sich hatte fehlen lassen: Es bekümmert mich über die Maßen, daß ich Ihnen nichts Besseres zu berichten weiß als dies: der Befund der Konsultation ließ keine Hoffnung – Ein Professor der Medizin dieser Universität, ein sehr fähiger Mann, hält es für ausgeschlossen, daß sich der arme Mensch wieder erholt – weil die Lungen zerstört & zugrunde gerichtet sind & alle übrigen Symptome des letzten Stadiums eines solchen Zustands sich rasch nacheinander einstellten – ich werde morgen zu ihm zurückkehren und ihm aufwarten (ich wage zu behaupten), solange er lebt – Er ist sich seiner Lage bewußt, – wenn auch zuzeiten nicht ohne Hoffnung – Er hat mich gebeten, sollte er sterben, seine Sachen sicher zu verwahren – & hernach seine gesamten Kleidungsstücke & 20 Guineen seinem Domestiken zu geben, der sich während seiner Krankheit rührend um ihn gekümmert hat. – Er wünschte, ich solle ihm zuliebe seine Uhr tragen solange als ich lebte – was ich gewiß tun werde – indes nur unter dem einen Vorbehalt – daß auch sein Vater dies wünscht. – Ich hielt es für schicklich, Ihnen dies vorher bekannt zu machen – & Sie zu versichern, daß alles, was Sie anordnen, getreulich ausgeführt werden soll – Mr Oswald hat keine Kenntnis von diesem Brief –

Ich bin, Sir, mit meinen aufrichtigen Beileidsbezeigungen
Ihr demütiger & gehorsamster
Diener
L. Sterne

John Mill: führte die Londoner Geschäfte RICHARD OSWALDs, eines reichen und einflußreichen Händlers und Politikers, während dieser sich als Gesandter in Bremen aufhielt. Sterne kümmerte sich um Oswalds tuberkulosekranken Sohn GEORGE, der in Toulouse von Dr. FIZÈS behandelt wurde und dort starb. In Brief 125 wird Sterne Mill darum bitten, ihm Geld zu leihen.
Mr Oswald ... letzten Brief: Der Brief ist leider nicht erhalten. Die Krankheitsgeschichte wird auch von TOBIAS SMOLLETT in »Travels through France and Italy« erzählt; ELIZABETH STERNE hatte Smollett damit vertraut gemacht.
aufs Land brachte: sowohl Sternes als auch Oswald hatten ein Landhaus, siehe Brief 101.

107. An John Mill Toulouse, [Mittwoch,] 2ter März 1763

Oh, mein lieber Sir, unser Freund, der arme Oswald, ist nicht mehr – er hat gestern nacht um elf Uhr in meinen Armen sein Leben ausgehaucht; und wenige Stunden bevor er starb, bat er mich, Ihnen einen Brief zu schreiben, seine Anerkennung und seinen Dank auszudrücken für alle Freundlichkeiten, so Sie ihm erwiesen haben – schreiben Sie so eindringlich, mein lieber Sterne, wie Sie nur können, sagte er, indem er meine Hand faßte; Sie werden nicht mehr ausdrücken, als was ich in diesem Punkte empfinde ... er bat, Sie möchten allen seinen Freunden Lebewohl sagen an seiner Statt – nahm mir jedoch das Versprechen ab, selber einen Brief an seinen Vater zu schreiben, was ich schon mit dieser Post getan haben würde, hätte ich nicht vier Nächte bei ihm gewacht, was mir, im Verein mit den seelischen Erschütterungen & geschäftlichen Aufregungen & den Besorgnissen, so mir der Curé hartherzig bescherte, ein Blutspeien (wenn auch nur leicht) mit Fieber verursacht hat, welches nach einigen Tagen der Ruhe bei meiner Familie vermutlich schwinden wird ... Mit nächster Post dürfen Sie einen sehr langen Brief erwarten mit einer Aufstellung der Kosten, welche die Katastrophe dieser edlen Seele bewirkt hat. – Diese sind in den letzten 30 Tage hoch aufgelaufen – Er hat den Inhalt seiner Börse seinem Diener vermacht mit der Bitte an seinen Vater, diesem 20 Guineen zu bezahlen, für die ihm während seiner Krankheit erwiesene große Fürsorge – Ich lasse dem Manne nur die reine Gerechtigkeit widerfahren, indem ich sage, daß er ihn, seit er nach Toulouse kam, mit größter Beflissenheit & Treue gepflegt hat – & mit dem Augenschein starker Anhänglichkeit, weshalb unser armer Freund sich die Freiheit erlaubte, ihm diese Belohnung zu versprechen – nebst seiner Garderobe – welche nicht sehr beträchtlich ist & ihm, bis auf einige Spitzenkrausen, die er aus 2ter Hand in Florenz erstund – nicht allzuviel (hoffe ich) einbringen wird.

Außerdem hat unser Freund einem sehr würdigen Menschen (ungeachtet es ein papistischer Priester ist) zehn Guineen zum Geschenk gemacht – als Vergeltung für die große &, wie ich gewiß bin, unverstellte Sorge, welche er während seiner Krankheit unablässig um ihn getragen hat. Immer wenn ich nicht bei ihm war, wich dieser junge Bursche nicht von seinem Bette & leistete ihm jede erforderte Handreichung auf eine Weise, die merken ließ, daß ihm sein Dienst aus dem Herzen floß – Diesen jungen Burschen werde ich Zeit meines Lebens lieben & ehren um seines trefflichen Wesens & des großen Mitgefühls willen, das er unserem Freund erzeigt hat – & ich versichere Ihnen, wäre er nicht in bessere Hände gefallen – so hätte ich ihn selber belohnt — Das ist alles, womit mich unser Freund betraut hat – ausgenommen, wie ich Ihnen gesagt habe, meine Verpflichtung, ihm zuliebe bis zu meinem Tod seine Uhr zu tragen — und seinen Degen, solange ich im Ausland weile – was ich tun werde, weil es mir als Ehre gilt, von jeder guten Seele ein Zeichen der Freundschaft zu tragen – indes, eine Bedingung muß noch erfüllt sein – welche ich in meinen letzten Brief erwähnte.

Und nun, mein werter Sir, nachdem ich Ihnen hierin mein herzlichstes Beileid ausgedrückt habe, gestatten Sie mir die Hoffnung – daß ich, indem ich einen Freund in ihm verlor – vielleicht einen in Ihnen gewinne – Unser Freund hat diesen Wunsch in mir rege gemacht – & wenn ich nicht Ihr Freund sein darf – werde ich Ihnen das Leben verleiden – und Sie bei meiner Rückkehr nach England wie eine Geliebte umwerben, bis ich Sie dazu bringe, mich zu erhören, damit ich Ruhe gebe.

Ich bin mit aufrichtiger Hochachtung

mein werter Sir

Ihr

L. Sterne

hartherzige Curé: Der katholische Priester verweigerte dem Anglikaner einen christlichen Trauergottesdienst.
ungeachtet ... Priester: Ein römisch-katholischer Priester namens O'LEARI. Eigentlich herrscht in Sternes Werk anglikanische Feindseligkeit gegenüber Katholiken, in der »Empfindsamen Reise« aber verändert YORICK gegenüber dem Mönch in Calais seine Haltung und die beiden tauschen am Ende in Freundschaft Schnupftabaksdosen aus (»Empfindsame Reise«, Kap. »Der Mönch. Calais.«).
leistete ... Handreichung: Unwillkürlich fühlt man sich an den letzten Dienst erinnert, den ONKEL TOBY am Bett des sterbenden LE FEVER in »Tristram Shandy«, VI, Kap. X leistet.

108. An Richard Oswald Toulouse, [Freitag,] 4. März 1763

Sir

Es schmerzt mich unsäglich, Ihnen etwas zu melden, das Ihnen soviel Herzenspein bereiten wird – den Tod von Mr Oswald, Ihrem Sohn, der mir, als sein Ende nahte, diese Bürde auferlegte, Ihnen, sobald ich ihm die Augen geschlossen hätte, zu schreiben, um Ihnen von seiner Seite Dank zu sagen für all Ihre ihm erwiesenen Freundlichkeiten und Bekundungen der Zuneigung – vorzüglich wünschte er, ich solle sagen: »Daß nie ein Sohn einen Vater mit einem wärmeren Gefühl verließ, wieviel er Ihnen in dieser Hinsicht schulde, als er dies tue«: er bat mich hinzuzufügen, er bitte Sie für jede Unbesonnenheit, womit er Ihnen jemals Kummer gemacht, tausendmal um Vergebung und sei gewiß, Ihre Zuneigung für ihn würde Sie diese vergessen lassen.

Weil er fern von denen war, die ihn liebten, fühlte ich mich ihm während seiner Krankheit besonders verbunden und hätte alles auf der Welt getan, um ihn zu retten – doch seine Lungen waren zerstört – & ich konnte nichts weiter tun, als sein Leben um wenige Wochen zu verlängern & ihm einige schmerzhafte & trübselige Stunden zu verkürzen.

Es wird Ihnen ein gewisser, ja sogar ein großer Trost sein, daß er seine Krankheit trug wie ein Mann und wie ein Christenmensch – mit größter Festigkeit und Ergebung – und schließlich von mir die Kunde über seine Lage ohne jede Regung hinnahm – außer jener der Religion – »Gottes Wille geschehe« (sagte er) – Ich bete zu Gott, der nämliche Gedanke möge auch Sie trösten, mein werter Sir, denn mit einem besseren Eindruck kann ich nicht schließen.

Ich bin mit aufrichtigster

Hochachtung

Sir

Ihr verbundenster

& ergebenster Diener

L. Sterne

Richard Oswald: siehe die Anmerkung zu Brief 106.

109. An John Mill Toulouse, [Samstag,] 5. März 1763

Mein werter Sir,

ich habe mich eben soweit erholt, um Ihnen für Ihren höchst gefälligen Brief zu danken, welchen ich erst den Tag darauf erhielt, nachdem ich meinen letzten an Sie abgesandt: allerdings überschätzen Sie die Dienste, die ich dem armen Mr Oswald erwiesen habe – ich verspürte die Neigung, die sehr starke Neigung, wie ein Freund an ihm zu handeln, denn ich habe nie jemanden gekannt, dem ich mich in so kurzer Zeit stärker verbunden gefühlt habe wie diesem trefflichen Menschen – dafür aber gebührt mir kein Dank; – & erhielte ich ihn, so bin ich doppelt belohnt durch den guten Eindruck, den ich damit bei jeder ehrenhaften & menschenfreundlichen Person hinterlassen habe – dieser Gefahr, werter Sir, setze ich mich weder bei Ihnen aus — noch bei seinem Vater, des bin ich gewiß.

Es wird allen, die ihn geliebt haben, ein Trost sein, zu wissen, daß er so starb, wie ein religiöser Vater es sich von einem tugendhaften Sohne wünschen würde – solange noch die mindeste Wahrscheinlichkeit blieb, daß er überlebte – verschwieg ich ihm seinen gefährlichen Zustand, weil ich wußte, wieviel von einem unbeschwerten Herzen abhing – als ihm diese Schonung aber nicht mehr von Nutzen sein konnte – da glaubte ich, es weder vor ihm noch vor mir verantworten zu können, nicht aufrichtig mit ihm zu sein – fürwahr! eine furchtbare Aufgabe, wenigstens nach meinem Empfinden, für jemand, den man liebt, der Bote des Todes zu sein. Er nahm die Nachricht mit einer Gefaßtheit auf, welche die Philosophie samt all ihrem Gewäsch vor Scham erröten ließe – »Gottes Wille geschehe«, mein guter Freund, sprach er ohne jede Regung, außer jener echter Frömmigkeit – & indem er meine Hand faßte, setzte er hinzu, er sei mir für diesen letzten Freundschaftsdienst dankbarer als für all die anderen Freudlichkeiten, die er empfangen habe – sodann erteilte er mir ein 2tes Mal Anordnungen bezüglich der in meinem letzten Schreiben erwähnten Schenkungen und wies mich an, unverzüglich seinem Vater & Ihnen zu schreiben – danach verbrachte er den Tag in stiller Andacht – und verschied ohne Schmerzen, während ich an seinem Bett saß, um elf Uhr in dieser Nacht. Er wollte, daß man seinen Leib öffne – & daß ich anwesend sei – und er nannte dafür einen Grund, der sein goldenes Herz bezeugt – der Schuß, der ihn einst zwischen Lunge & Bauch traf, hatte hin und wieder Zweifel aufkommen lassen, ob dies nicht die Ursache seines Tod gewesen sein könnte, indem hiedurch einem Abszeß in diesen Organen der Boden bereitet wurde – & er wollte dies aufgeklärt wissen – Damit andernfalls dem Gentleman die Gewissenslast abgenommen werden könne, in sich selbst das Werkzeug seines Todes zu vermuten. – Im Beisein des behandelnden Arztes & meiner Person nahm der Professor der Anatomie die Öffnung des Leibes vor – & es zeigte sich sonnenklar, daß die Schußverletzung nichts mit seiner Krankheit zu tun hatte – welche ausschließlich in den von Abszessen überwucherten Lungen saß – der rechte Lappen war beinahe zur Gänze szirrhös – & beide klebten am Brustfell in einer Weise, wie es der Arzt & der Chirurg noch nie gesehen – so daß es es einem Wunder gleichkam, wie er diese letzten 3 Monate überhaupt überstanden hat; & ich bin überzeugt, ohne die große Sorgfalt gegen sich selbst– & ohne eine gewisse Pflege seitens seiner Freunde, hätte er schon vor sechs Wochen von seiner Mühsal ausgeruht.

Bei einer Abendplauderei mit Ihnen (denn ich schmeichele mir mit einer Vielzahl davon) – wenn die Stimmung gedrückt ist & das Herz zu schwer für leichte Geschichten – werde ich Ihnen eine lange erzählen (die ich, nebenbei gesagt, nicht zu schreiben wage) über die Gefahren & Schikanen, so mir begegneten, als ich seine Effekten den Händen der Niedertracht & Erpressung entriß – man sandte einen Zug Musketiere, mich in Haft zu nehmen – ich echappierte aufs Rathaus & behalf mir damit, meine Geschichte so gut zu erzählen, daß ich am Ende mit einem größeren Zug zurückmarschierte, um den ersten zu vertreiben – (*»mehr sage ich nicht«)* – mehr noch würde ich sagen – über die Schlachten, die ich seit unserem Rückzug aufs Land wider ein Paar feuriger Geistlicher austragen mußte – & über die Rohheit & Kränkung, welche ich bei meinen Versuchen erfuhr, ihn zu beerdigen – indes, alles grausame Tun hebt an mit »im Namen des Herren«, so wie auch hier —

Ich habe zuletzt alle Schwierigkeiten überwunden & unseren Freund so gut zur Ruhe gebettet, wie es mir unsere Lage gestattete.

Ich bin in den Stand gesetzt, Ihnen, zumindest auf 2 oder Guineen genau, eine Rechnung der Aufwendungen zu schikken – Der Arzt war am halsstarrigsten – weil die Honorare hier niedrig sind, hätte er sich von einem *Franzosen* mit zehn oder zwölf Guineen nicht übel entlohnt gefühlt – & als ich mit ihm verhandelte, wollte er nicht weniger als 30 Louisdor. Man glaubt hier, die Engländer seien alle aus Geld gemacht – ich habe ihn auf 20 Guineen heruntergehandelt – dafür hat er 3 Monate mediziniert – es genügt vollauf – doch mehr ist unnötig.

Was ich über das von Mr Oswald erhaltene Bargeld hinaus ausgelegt habe, hält sich in engen Grenzen & beziffert sich wie folgt

	s	d	
Für sein Landhaus	6:	10:	0
Kuh geliehen für einen Monat	1:	0:	0
An den Professor der Anatomie	2:	2:	0
Ein Wagen & Kurier	0:	18:	0
Begräbniskosten	4:	10:	0
Andere Nebenausgaben	1:	5:	0
Wohnkosten für Holz &c	1:	0:	10
Rechnung für Mineralwässer	0:	18:	0
Rechnung des Apothekers	5:	0:	0
Gratifikation für die Bauersfrau	0:	12:	0
	23:	15:	0

NB. Dies alles bezahlt – & auch sämtliche übrigen Schulden, ausgenommen einige wenige sehr geringe, insgesamt unter 40 Shills

		s	d
Fälliger Lohn für seinen Diener	10:	10:	0
Vermächtnis an ihn	21:	0:	0
Schenkung an Abbé Oleari	10:	0:	0
Sein Arzt	21:	0:	0
	86:	15:	0

Dies ist alles (einige Kleinigkeiten abgerechnet), was noch mangelt, unseren armen Freund mit dieser Seite der Welt ins Reine zu bringen, die Aufstellung hierüber hätte ich Ihnen nicht so rasch zugesandt, würde sein Domestik hier nicht festgehalten und notwendig an der Rückkehr nach Italien solange gehindert, & auf Mr Oswalds Kosten, bis es ihm der ausbezahlte Lohn &c ermöglicht abzureisen, was er nicht tun kann, bis ich von Ihnen Geld erhalte, über das ich natürlich keinen Wechsel ausstellen durfte, bis Sie über die Einzelheiten benachrichtigt waren & darüber, für welche Posten die Summe benötigt wird.

Da nun sein Diener seine Garderobe in Besitz genommen – fällt das Inventarium des übrigen sehr kurz aus – es umfaßt einen Bettvorhang aus Flor, um die Moskitos fernzuhalten – ein Taschenbuch aus Saffianleder mit Silberspangen – ein Etui aus Fischhaut und eine Postchaise, welche, ob sie ihn gleich 20 Pfund gekostet, leider sehr jämmerlich ist & und sich, so sagt man mir, nicht für mehr als sechs Guineen veräußern läßt – dazu noch etwa 80 englische Bücher – mag sein, doch nicht ganz so viele; & sollten diese, nach erfolgtem Überschlag der Beförderungskosten nach England & die Steuer am Zollhaus lohnen, werde ich sie mitbringen – derweil, indem meiner Frau & Tochter ein paar englische Bücher mangeln, da sie selber keine mitgebracht haben, sollte Mr Oswald es ihnen erlauben, sie zu lesen und in ihre Hut zu nehmen bis zu unserer Rückkehr, so würde dies als Obliegenheit verstanden und anerkannt. Ich werde meinen Buchhändler anweisen, Ihnen den Erlös vom Verkauf der Postchaise auszuzahlen.

Sollten Sie keine schnellere Möglichkeit wissen, das Geld zu übersenden – Zahlt man es bei Mr Selvin & Foley Bankiers (ich weiß nicht, in welcher Straße) ein – mit einer Zeile an Foley Rue St Saveur in Paris – das Geld direkt an mich hier einzusenden – dann wird es seinen Weg finden & es dem Italiener ermöglichen, auch seinen Weg in sein eigenes Land zu finden – ich wollte bei Gott, auch ich wäre in meinem eigenen – damit ich, neben den zahlreichen anderen Vergnügen & Vorteilen, die ich mir verspreche, auch jenes haben möge, mich Ihnen bekannt zu machen – denn ich bin,

werter Sir, mit größter Hochachtung vor Ihrem
Charakter & Ihren Tugenden
Ihr getreuer & verbundenster
Lau: Sterne

als ich ... entriß: Nach den ›droits d' aubaine‹ gehörten alle Hinterlassenschaften eines in Frankreich verstorbenen Ausländers dem französischen Staat. Sterne prangert dieses Gesetz giftig gleich im Eingangskapitel der »Empfindsamen Reise« an: »wäre ich selbige Nacht an einer Indigestion verblichen, die ganze Welt hätte den Vollzug des *Droits d'aubaine* nicht hindern können – meine Hemden und mein Paar schwarz-atlaßne Kniehosen – Mantelsack und Alles wären dem König von Frankreich angestorben«.

die Rohheit & Kränkung ... beerdigen: Das zeitgenössische französische Kirchenrecht erlaubte es nicht, daß in einer katholischen Kirche ein nichtkatholischer Gottesdienst abgehalten wurde und erlaubte auch nicht die Beerdigung von Nicht-Katholiken auf katholischem geweihtem Grund. Wahrscheinlich setzte Sterne Bestechungsgelder ein, um Oswald bestatten zu lassen.

110. An Thomas Becket Toulouse. [Samstag,] 12. März 1763

Werter Sir

Für einige Zeit, eigentlich für sehr lange Zeit, bin ich in der Beantwortung Ihres letzten Briefes säumig gewesen; ich habe eine gute Weile überlegt, ob ich nicht besser ganz vom Schreiben absehen & meinen Dank dafür in Person abstatten sollte; weil ich glaubte, bis April zurück in England zu sein – Ich vermag dies nicht so früh zu bewerkstelligen, – werde es wiederum nicht so lange aufschieben, daß es notwendig schiene, die Fortsetzung des Shandy vorher hinüberzuschicken – Sie sagen mir, Sie würden kaum Bände davon verkaufen – ich wäre herzlich froh, die *genaue Aufstellung* zu erhalten, was sie noch in Händen haben; ich hege nicht den geringsten Zweifel über den Ausverkauf der Auflage; & ich hoffe, mittlerweile ist auch Ihre Hoffnung gewachsen. Besitzen Sie indessen die Güte, werter Sir, mir hierüber mit einer Zeile zu antworten; – meine Predigten können, wenn ich mich daransetze, binnen Monatsfrist fertiggestellt werden, sollte ich einen günstigen Anlaß für deren Erscheinen ausmachen – Es wäre mir am liebsten, Sie, als irgendein anderer, würden die Predigten oder was ich sonst schreibe, veröffentlichen – Ich bin Ihr aufrichtiger Freund

L. Sterne.

Fortsetzung ... hinüberzuschicken: Sterne kam mit der Fortsetzung nur langsam voran. Er arbeitete in Frankreich wohl an ONKEL

TOBYs Amouren in Band VIII (siehe auch Briefe 102 und 103), kam aber erst nach seiner Rückkehr nach Coxwold im Herbst 1764 zur Arbeit an Band VII.

Sie sagen ... verkaufen: Der schleppende Verkauf der Bände V und VI trieb den finanzschwachen Sterne sehr um. Gut möglich, daß er die folgende Passage in »Tristram Shandy« VIII, Kap. VI zur selben Zeit abfaßte wie diesen Brief: »Reicht's nicht, daß du in Schulden steckst und noch zehn Fuhren von deinem fünften und sechsten Bande daliegen hast – noch immer unverkauft, und daß du mit deinem Witz schier am Ende bist, wie du sie losschlagen sollst.«

Predigten ... Erscheinen ausmachen: Sie erschienen erst am 18. Januar 1766.

111. An Richard Oswald Toulouse. [Freitag,] 18. März 1763

Werter Sir

ich habe diesen Augenblick Ihr verbindliches Schreiben vom 26. Feb^r^ empfangen, und bevor Sie dieses in Händen halten, werden Sie von Mr Mill eine Reihe melancholischer erhalten haben, alle adressiert an ihn, aus Unkenntnis, wie ich direkt an Sie adressieren sollte, und weil ich den armen Mr Oswald nicht danach fragen wollte, um keinen Argwohn zu wecken, ich würde Ihnen ohne sein Wissen schreiben. – Nur allzugern hätte ich diesen höchst würdigen Menschen um der großen Liebe willen gerettet, die ich für ihn fühlte und aus Mitleid, das ich für jene empfand, die ihn, wie ich wußte, noch mehr lieben mußten – Doch Er, mein werter Sir, der ihn mehr liebte als Vater oder Mutter oder der zärtlichste seiner Freunde, hat es für gut befunden, die Dinge anders zu fügen – sein Wille geschehe – dies bleibt der einzige Trost bei den vielen tiefempfundenen Verlusten, die uns auf dieser turbulenten Erdenfahrt betreffen – ich bete voll Inbrunst zu Ihm, der all unsere Geschicke lenkt, daß Sie es geduldig hinnehmen & die Wunde verheilt, wenn möglich, ohne eine Narbe zu hinterlassen, ich sage, wenn möglich – denn Ihr Verlust ist wahrhaft groß & kaum wettzumachen – denn wenn mein Wohlwollen ihm gegenüber mein Urteil über ihn nicht mißleitet hat, so war er ein Schatz all dessen, was gut & tugendsam ist in einem jungen Herzen – unbeugsam redlich in seinen Empfindungen – von großer Wahrheit & Offenheit in seinen Worten – haßte er alles, was den Anschein der Zweideutigkeit trug, – oder niedrig oder niedrigen Sinnes war – er besaß das rechte religiöse Empfinden mit einem Abscheu vor dem Laster & allem, wozu erklärter Libertinismus verführt oder woran dieser sein Ergötzen findet, sodaß ich ihn oft als Dämpfer, stets aber als Lektion für jene erlebt habe, die doppelt so viele Jahre zählten. Hätte Gott ihn verschont, so wäre er willens gewesen, für die Dauer seines Aufenthaltes in dieser Gegend bei mir zu wohnen – mein Haus bot ausreichend Platz für eine so gute Seele, und meine Frau, die ihn liebte wie einen eigenen Sohn, würde ihn mit der zärtlichsten Hingabe gepflegt haben —— aber Ach! ——

Die seinen Bruder betreffenden Nachforschungen, womit Sie mich betraut haben, hatte ich bereits aus eigenem Antrieb unternommen, der natürlichen Überzeugung folgend (er hatte mir doch die Geschichte erzählt), daß Sie, wenn Ihnen das Schicksal diese Stütze nahm, bestrebt wären, die andere zurückzubekommen – Er erzählte mir oft von diesem unseligen Schritt seines Bruders, der einer jähen Abneigung entsprang und auf dem er vielleicht am ehesten noch aus falsch verstandener Tapferkeit beharrte – Er beschrieb mir seine Gemütsart auf die nämliche Weise, wie Sie es taten – sagte, er sei ein gerechter & redlicher Mann – aber unlenksam sein eigener Feind. Am letzten Tag seines Lebens, den ich ganz allein mit ihm verbrachte, – bat ich ihn, sich zu erinnern, was sich zwischen ihm & seinem Bruder zugetragen hatte, als dieser Abschied von ihm nahm, – & mir vor allem zu sagen, ob er wohl wisse, an welchen Ort er sich zuerst begeben; er sagte mir, darüber sei er ebenso im Ungewissen wie Sie, – wie auch über seinen Plan & Bestimmungsort – Am Tage, da sein Bruder London verließ, habe dieser ihn im Kontor aufgesucht, ihm nicht ohne Rührung die Hand geschüttelt – & gesagt *»Gott segne Dich, George – aber mich wirst Du nie mehr sehen.«* — Dennoch, werter Sir, vertraue ich auf die Vorsehung, daß der bitterste Teil dieser Prophezeiung erfüllt ist; und daß, *wann immer* oder *wo immer* ihm zu Ohren kommt, wie grausam Sie unter dem Verlust von George leiden – er in Ihre Arme fliegen wird, Sie zu trösten. Bitte, gehen Sie mit sich zu Rate, ob ich Ihnen in der Angelegenheit in diesem Teil der Welt irgendwie dienlich sein kann: In zwei Monaten werde ich mich in dem berühmten Badeort Bagnères an der Grenze zu Spanien aufhalten, wo den ganzen Sommer über ein Zustrom von Menschen aller Nationen herrscht – durch eine Vielzahl von Erkundigungen & Befragungen wurden schon verzwicktere Dinge aufgelöst – Besäße ich zu seinem Namen noch eine genaue Beschreibung seiner Person – würde ich jeden Fremden fragen und verpflichten, uns, nach seiner Rückkehr in die Heimat, bei dieser Suche zu helfen— & ich versichere Ihnen, Sir, eine kurze Reise vermöchte mich nicht abzuhalten von meinen Bemühungen, dieses arme verirrte Schaf zu finden und seiner Herde wiederzugeben.

Ich danke Ihnen für Ihre freundlichen Worte über mich – doch in Wahrheit ist darüber nicht mehr zu sagen, als daß ich hier nur so gehandelt habe, und hoffentlich immer so handeln werde, wie ich wünschte, daß andere an mir oder den meinen handelten, wären wir in ähnlicher Not, – & das heißt menschlich. Ich habe Ihren Sohn sehr geschätzt & werde ihm stets ein ehrendes Angedenken bewahren – aber dies ist etwas anderes.

Der Stil, worin es Ihnen geboten schien, ihm ob seiner Zügellosigkeit in Geldsachen zu schreiben – quält Sie, wie ich merke; und nichts bezeugt ein freundliches & väterliches Naturell deutlicher als diese natürlichen & gütigen Hiebe in Ihren Briefen – Ich versichere Ihnen, werter Sir, er betrachtete diese im gebührenden Licht; – als aufrichtige Zeichen der zärtlichen Liebe und des glühenden Wunsches für sein Wohlergehen; und ich bin getrost, der einzige Schmerz, den er spürte, war das Wissen um den Schmerz, welchen er Ihnen zugefügt hatte – sein Herz ließ sich sogleich überzeugen –, & in diesem Punkte wären Sie nie wieder beunruhigt worden; denn er besaß zuviel gesunden Menschenverstand, um lange das Werkzeug von Narren zu sein, und zuviel Lauterkeit des Herzens & Scharfsinn, um sich fürderhin von Spitzbuben anführen zu lassen – Ihr rechtzeitiger Brief hat ihn nur ein wenig früher aus beidem gerettet, als er es vielleicht selber getan hätte, & es war dies nicht das geringste Zeichen Ihrer Liebe, wovon sein Herz sich durchdrungen zeigte, als er mich bat, Ihnen für alle an ihm verrichteten Wohltaten zu danken.

Adieu, werter Sir; ich versichere Sie der mitfühlendsten Anteilnahme an Ihrem Verlust, denn ich bin mit allerhöchster Ehrerbietung gegen Ihr gutes Herz und Ihre Grundsätze

Ihr getreuer & ergebenster
Diener
L. Sterne.

PS

Der Kreditwechsel über 100, den Ihr Sohn im Dez^{r} ziehen durfte, ist vermutlich der nämliche, den Sie in einem Brief an ihn erwähnten, in einem sehr herzlichen & väterlichen Brief, – den er ungefähr zehn Tage, bevor er starb, erhielt und mir vorlas. Ich erlaubte mir die Freiheit, ihn zu fragen, wozu er das Geld verwandt hätte – er antwortete mir, es sei schon viele – viele Monat vorher aufgebraucht worden – Der Bericht seines

Dieners läßt mich vermuten, während seiner Reise von Italien nach Montpellier – seine Ausgaben dort, – Ärzte, Apotheker, Chaise, Claret als Geschenk für Capt Tonings Schwester &c &c, was umso wahrscheinlicher ist [hier fehlen im Manuskript einige Worte] mit nicht mehr als 5 oder 6 Louisdor in der Tasche – von besagten 100 ist also kein halber Penny je bis Toulouse gekommen – Kurzum, er schuldete es – & hatte sich das Geld geliehen, bevor er den Wechsel bekam – & den Augenblick, da er die Obligation von Ihnen erhielt, löste er damit seine Obligationen bei anderen ein. Da sein letzter Monat oder die letzten sechs Wochen sehr kostspielig waren – dachte er daran, seine Zuwendung zu überziehen – aber ich war aus gewissen Gründen dagegen, daß er mehr als das übliche *abhob*, zumal ich glaubte, daß einstweilen meine Börse groß genug für uns beide sei. Seine Papiere habe ich sämtlich am Tag vor seinem Tod versiegelt, & da ich möglicherweise so bald in England sein werde wie Sie, werde ich sie wohlbehalten in Ihre oder Mr Mill's Hände überliefern.

Bagnères: Bagnères-de-Bigorre, siehe Brief 102.
Capt Tonings Schwester: leider unidentifiziert.

112. An Robert Foley Toulouse. [Dienstag,] 29. März 1763

Lieber Foley

– das ist allerdings ein Versehen! Ich meine die Ortsangabe, denn ich schreibe dies in Hodges' Haus auf dem Lande & bin schon eine ganze Woche über mit meiner Familie hier. – Wie befindet sich Tristram? So fragen Sie in Ihrem Brief an ihn –

Traun, eben leidlich: das schlimmste menschliche Gebrechen ist die Armut – aber dies ist eine 2te Lüge, – denn die Armut im Geiste ist ja noch um zehntausend Prozent schlimmer als die Armut im Beutel – Ich lege meinem Brief eine Medizin gegen die eine bei, nämlich einen Wechsel über 3000 Livre, für den Sie mir augenblicklich mit umgehender Post eine Reskription senden müssen, sonst jage ich Sie & sämtliche Ihrer Bevollmächtigten zu allen Höllenteufeln. – Wie ich höre, haben sie diese ganzen Fastenzeit über keinen Bissen von einem fleischigen Banquier gekostet – Sie werden ein vorzügliches Grillè abgeben – Panchaud – taugte ihnen aber bloß zur Bouillon –

Meinen anderen zwei Freunden wünsche ich nichts Übles – und will ihnen daher eine Gnadenfrist gewähren, da sie aus Notwendigkeit gehandelt haben – nicht aus choise.

Meine beste Empfehlung an Baron d'Holbach & seinen ganzen Hofstaat – Sagen Sie meinen anderen Freunden alles, was gütig ist – Sie wissen, wie sehr, lieber Foley, ich der Ihre bin

L. Sterne

PS

☞ Ich habe keine 5 Louisdor mehr übrig, womit ich in diesem Land der Laffen viel Wind machen könnte. Meine Frau & Tr lassen Sie grüßen.

fleischigen Banquier ... Grillè abgeben: Sterne macht hier ein zweisprachiges Wortspiel aus ›banquet‹ und ›bankier‹.
nicht aus choise: nicht aus freier Wahl.
& Tr: wohl Sternes Abkürzung für ›Tochter‹.

113. [M] An Robert Foley Toulouse. [Montag,] 18. April, 1763

Lieber Foley,

ich danke Ihnen für die pünktliche Übersendung der Reskription und für die Kiste per Kurier, welche richtig mit letzter Post eintraf. – Ihre Nachricht, daß Lord ***** weichen mußte, hat mich nicht überrascht – und alles übrige folgt von selbst. – Ich vermute, Sie werden es sich angelegen sein lassen, im Trüben zu fischen und etwas für sich herauszuangeln – wenigstens wünsche ich Ihnen alles, was ein verständiger Mann sich selber wünschen kann – und damit habe ich Ihnen genug gewünscht – alles übrige ist schiere Einbildung. – Mr. Woodhouse (den Sie kennen) weilt auch hier – er ist ein ausgesprochen liebenswürdiger, trefflicher Mann, und ich genieße das Vergnügen, oft mit ihm zusammen zu sein – In Kürze wird er gen Italien abreisen. – In der ersten Juniwoche breche ich wie ein Erzvater mit meiner ganzen Haushaltung von hier auf, um unsere Zelte für drei Monate am Fuße der Pyrenäen in Bagnères aufzuschlagen, allwo ich mir durch den Zustrom von Abenteurern aus allen Ecken der Welt viel Gesundheit und Kurzweil verspreche. – Mrs. M —— macht sich zur selben Zeit nach einer anderen Gegend der Pyrenäen auf, Coutray – und von dort nach Italien. – Dies ist hier überhaupt unser Operationsplan – nur, daß ich einige Lust verspüre, den Winter in Florenz zu verbringen und mit meiner Familie auf dem Wasser nach Livorno zu segeln – und im April über Paris nach Hause zurückzukehren – freilich ist dies nur so eine Idee, denn ich werde in allen Stücken von den jeweiligen Umständen regiert – so daß das, was am Montag füglich zu tun wäre, den Samstag höchst unvernünftig sein möchte – An allen Tagen der Woche glauben Sie aber, daß ich bin Ihr

aufrichtig ergebener,
L. Sterne

PS

Empfehlung an alle meine Pariser Freunde.

Lord ***:** einmal mehr von LYDIA MÉDALLE unkenntlich gemacht – gemeint ist vielleicht LORD BUTE.
Mr. Woodhouse: Wahrscheinlich JOHN WODEHOUSE (1741–1834), späterer Baronet of Kimberly, der zu dieser Zeit auf Grand Tour in Europa war. Er subskribierte zwei großformatige Luxusausgaben der »Empfindsamen Reise« und drei der »Sermons«.
viel Gesundheit und Kurzweil verspreche: Wie schon in der Anmerkung zu Brief 102 bemerkt, war Bagnères auch gerade für seine Kurzweil berühmt.
Mrs. M —: die schon in Brief 103 auftauchende leider nicht identifizierbare Dame.
Coutray: gemeint ist Cauterets, ein anderer Kurort südwestlich von Bagnères, in dem MARGUERITE DE NAVARRA ihr »Heptameron« verfaßte. Sterne hatte sie in Band V, Kap. I des »Tristram Shandy« beim *Fragment* über Knebelbärte auftreten lassen.
mit meiner Familie auf dem Wasser nach Livorno zu segeln: Der Plan wurde niemals ausgeführt.

114. [M] An Robert Foley

Toulouse. [Freitag,]
29. April, 1763

Mein lieber Foley,

mit der letzten Post schrieb mir mein Agent, er werde aus York eine Anweisung für achtzig Guineen übersenden, zahlbar an Mr. Selwin zu meinen Gunsten. Dies, so sagte er, wolle er unverzüglich in die Wege leiten, es ist also möglich, daß Ihnen bereits Avis davon zugegangen – allerdings ist es ebenso möglich, daß das Geld noch nicht binnen vierzehn Tagen ausbezahlt wird, indem ich nun in dieser Zeit nach Bagnères abreise, so besitzen Sie die Güte, mir für einige Posttage einen Kredit in Höhe dieser Summe zu gewähren, und senden Sie mir entweder eine Reskription oder einen Wechsel über den Betrag – nach dessen Erhalt werden wir zehn oder zwölf Wochen türmen gehen – Sie werden weitere zwanzig Pfund für mein Konto erhalten, die Sie mir ebenfalls schicken wollen – Soviel hiervon – was Vergnügungen anlangt – so habt ihr die ganz für euch in Paris – wir haben hier nichts, was den Namen verdient. – Schwerlich werde ich versucht sein, noch einen Winter in Toulouse hinzubringen – denn ich kann nicht behaupten, es wäre meiner Gesundheit in dem Maße zuträglich, wie ich hoffte –'s ist zu feucht – und ich werde den Fieberfrost nicht los – sollte ich also den nächsten Winter diesseits des Wassers bleiben – dann entweder in Nizza oder Florenz – und im April werde ich nach England zurückkehren – Ich mag aber sein, wo ich will, dies glauben Sie mir, lieber Foley, daß ich allezeit bin

Ihr getreuer

L. Sterne

Madame und Mademoiselle empfehlen sich Ihnen bestens – Gedenken Sie meiner bei allen, die mir wert sind, insbesondere bei Messrs. Panchaud und Ihrem übrigen *Hofstaat*.

mein Agent ... zahlbar an Mr. Selwin: Geldsendungen ins Ausland und dazu noch in Kriegszeiten waren kompliziert. Sterne machte seine Geldgeschäfte über die internationale Bank SELWIN & FOLEY. Sternes Agent in Yorkshire oder sein Verleger sandten Geld oder Sicherheiten an CHARLES SELWIN in London, der zeichnete ab – und ROBERT FOLEY in Paris konnte dann auszahlen oder einen weiteren Unteragenten (in Toulouse das Bankhaus BROUSSE) zu einer Zahlung anweisen. Da die Post unzuverlässig war, gingen Anweisungen bisweilen verloren, Sterne saß ab und an fast auf dem Trockenen.

115. An Robert Hay Drummond, Erzbischof von York

Toulouse. [Samstag,] 7. Mai. 1763

Mylord

obwohl es in dieser Weltgegend kaum etwas gibt, das wert wäre, Euch darüber zu berichten – so ich muß doch über mich, dem vielleicht Unbedeutendsten darin, so unersprießlich der Gegenstand auch ist, etwas sagen, und Euer Gnaden werden dieserhalben gewiß die Güte besitzen, mir dies nachzusehen.

Vor zwölf Monaten um diese Zeit glaubte ich mich so weit genesen, daß ich schon zur Heimreise rüstete, als mir die Rücksicht auf die Gesundheit meiner Tochter, durch die Verschlimmerung des Asthmas, unter dem sie geraume Zeit schon dahinsiechte, eine andere Marschroute bestimmte; weil es sich in ihrem Fall wie in dem meinen um eine angeborene Schwäche der Lungen handelte, schien es mir gerecht, der Tochter die nämliche Chance auf ihr Leben zu bieten, die ihrem Vater das seine rettete. Darüber schrieb ich Euer Gnaden einen Brief, hatte ihn aber kaum auf die Post expediert, als mir (ich weiß keinen anderen Grund dafür, außer der ungemeinen Schwäche dieses Organs) ein Gefäß in der Lunge barst, welches sich erst schließen ließ, als ich schier verblutet war; so daß zu den Gründen, mit meiner Tochter in den Süden Frankreichs zu gehen, dieser noch hinzukam – Meine eigene unverzügliche Rettung: demgemäß habe ich mich die letzten zehn Monate hier mit meiner Familie niedergelassen, und mit Gottes Segen hat sich alles erfüllt, was ich mir für meine Tochter gewünscht habe; soviel kann ich von mir nicht sagen, weil ich seit dem Tag meiner Ankunft hier ständig Krieg führe gegen Schauerfrost, Fieber und Ärzte – das 1ste schwächte mein Blut so, daß es die Ärzte für nötig hielten, mich mit kräftigen Bouillons zu stärken, und durch kräftige Bouillons & Soups a Santè zog ich mir Fieber zu, und

Fieber verursachten mir Blutverlust, & Blutverlust, Schauerfrost, – So daß *wie Krieg Armut, – Armut aber Frieden schafft* &c &c – diese jämmerliche Konstitution alle Umwälzungen durchgemacht hat; wie viele sie noch aushalten mag vor der letzten & größten – Gott weiß es – ich werde gleich meiner ganzen Gattung dagegen fechten solange ich kann. Man rät mir jetzt, die Heilkraft der Gesundbrunnen von Bagnères zu versuchen, und ich werde wie ein Patriarch mit meiner ganzen Haushaltung über den Sommer am Fuße der Pyrenäen Lager beziehen & im Winter in Nizza; von dort gedenke ich, im Frühjahr nach Hause zurückkehren — und, wie ich befürchte, nie mehr zu etwas taugen, wenigstens nicht zum Prediger – ich habe schon zuviel gepredigt, Mylord; und würde mein Alter entweder nach der Zahl der Predigten bemessen, die ich gehalten – oder nach den Gebrechen, welche sie über mich gebracht, so dürfte man getrost von mir behaupten, ich besäße den Anspruch eines *Miles emeritus*, und gäbe es in irgendeiner zuträglichen Ebene zwischen hier und Arabia felix ein Hôtel des Invalides, um einen solchen aufzunehmen, erbäte ich Euer Gnaden Einfluß, mir hinein zu verhelfen – so wie die Dinge liegen, trage ich in meinem Herzen die völlige Gewißheit, hinsichtlich Euer Gnaden Milde gegenüber meinem Bestreben, diesem Brocken, der mein Leben ist, noch einige ruhige Jahre hinzuzufügen – und indem ich Euer Gnaden ein langes und ein glückliches wünsche, bin ich mit aufrichtigster Ehrerbietung vor Eurem Rang und Stand

Euer treugehorsamster Diener

L: Sterne

kräftige Bouillons & Soups a Santè: Bouillons galten in Frankreich laut SMOLLETT als »Universalmittel« (»Reisen«, Brief 12), eine ›soup a Santè‹ (richtig eigentlich ›à Santé‹) meint einfach eine stärkende Mahlzeit.

wie Krieg ... schafft: Sterne verwendet die Formulierung auch im

»Tristram Shandy« I, Kap. XXI: »Ist es einmal soweit, dann, so steht zu hoffen, wird es aller und jeglicher Schreiberei ein Ende setzen; – der Mangel an jeglichen Schriften wird jeglichem Lesen ein Ende setzen; --- und das muß mit der Zeit, *Wie Krieg Armut, Armut aber Frieden schafft,* — natürlich jeglichen Kenntnissen ein Ende setzen, --- und dann — werden wir wieder ganz von vorne anfangen müssen; oder, anders gesagt, genau da sein, wo wir begonnen haben.«

Miles emeritus: ein Soldat außer Dienst.

Arabia felix: die klassische antike Bezeichnung für den südlichen Teil der arabische Halbinsel, Sterne meint hier einfach eine weit entfernte Region.

116. [M] An Robert Foley

Toulouse. [Samstag,] 21. Mai, 1763

Werter Sir,

vor drei Wochen nahm ich mir die Freiheit, Sie zu ersuchen, Sie möchten so gütig sein, mir achtzig Pfund zu übersenden, da ich mit gleicher Post einen Brief von meinem Agenten erhalten hatte, er wolle das Geld binnen vierzehn Tagen an Ihren Korrespondenten in London auszahlen lassen. – Ich bin ziemlich enttäuscht, daß Sie meinen Brief unbeachtet gelassen haben, insbesondere, da ich Sie wissen ließ, daß wir auf das Geld warteten, ehe wir nach Bagnères abreisten, – und ich trug so wenig Bedenken, daß mir ein solches Entgegenkommen verweigert werden möchte, daß wir wahrhaftig seit acht Tagen all unsere Sachen zusammengepackt haben, in stündlicher Erwartung eines Briefes. – Vielleicht hat mein guter Freund die Nachricht abgewartet, das Geld sei in London einbezahlt – aber Sie hätten meiner Ehre ruhig trauen dürfen – daß alle Barschaft in Ihrem eisernen Kasten (und alle sämtlicher Bankiers in Europa zusammengenommen) mich nicht würde verleitet haben, Dinge zu sagen, *die nicht existieren*. – Ich hoffe, Sie haben vor dem Empfang dieses Briefes Nachricht von der Einzahlung des Geldes in London erhalten – Es wäre mir freilich doch lieb gewesen, Sie hätten mir geschrieben, Sie würden Geld an mich überweisen, sobald Sie es bekommen hätten, aber nicht eher; denn Mr. Ray aus Montpellier, den ich zwar nicht kenne, weiß doch genug von mir, um mir für vierzehn Tage Kredit über die zehnfache Summe zu geben.

Ich bin, lieber Foley,
Ihr herzlicher und wohlgeneigter Freund
L. Sterne

Gestern besuchte ich die Familie Hodges und erkundigte mich, ob Sie noch unter den Lebendigen weilten – Sie sagten, ja – denn sie hätten soeben einen Brief von Ihnen erhalten. – Trotz alledem verzeihe ich von Herzen – denn Sie haben mir mit dieser Kränkung einen ungemeinen Dienst erwiesen, nämlich, ich bin nun entschlossen, reich zu werden.

Adieu, und Gott schenke Ihnen Reichtum und Glück – Meine Empfehlungen an – Vor April des kommenden Jahres muß ich auf meinem Weg nach England Ihre Hauptstadt wieder besuchen.

die nicht existieren: Anspielung auf Jonathan Swifts Houyhnhnms, die kein Wort für ›lügen‹ haben und es so umschreiben.

Mr. Ray: Dieser edle Ritter war wohl ALEXANDER RAY, ein Bankier aus Montpellier, den auch SMOLLETT und BOSWELL trafen, als sie in Frankreich waren.

Meine Empfehlungen an –: wohl PANCHAUD; warum LYDIA MÉDALLE hier seinen Namen ausmerzte, ist unklar.

117. [M] An Robert Foley Toulouse. [Donnerstag,] 9. Juni, 1763

Mein lieber Foley,

diesen Augenblick erhielt ich Ihr Schreiben — ergo setzte ich mich auch den Augenblick nieder, es zu beantworten – Soviel zu logischen Folgerungen.

Nun aber, glauben Sie's mir, würde ich Ihnen nimmermehr einen so mürrischen Brief geschrieben haben, wären Sie mir nicht so lieb und so teuer gewesen – und bloß um der Behauptung der Rechte der Freundschaft willen, schrieb ich Ihnen, als ob ich gekränkt sei – denn in Ihrem Herzen, das wußte ich, konnten Sie nicht nachlässig gegen mich sein, ohne Ursache; und mein Herz sagte mir, daß ich Ihnen niemals Ursache gegeben hatte – noch je geben will: – Ehe noch mein Brief eine Meile weit gereist war, fühlte ich schon wieder wie Ihr allerbester Freund und brachte mir selber die wahre Entschuldigung für meinen Freund bei, »Er sei mit einer Menge von Geschäften überladen«. Nur zu, mein lieber Foley, nutzen Sie diese Entschuldigung, und (so sehr liegt mir Ihr Vorteil am Herzen) ich will hinkünftig lieber ein *wirkliches Übel* ertragen, als über Sie murren – in Wahrheit freilich war meine Enttäuschung im Grunde zum Teil chimärisch, denn ich trug von einer Person, die ich niemals zu Gesicht bekommen hatte, einen Kreditbrief über zweihundert Pfund bei mir – dessen ich mich aus Delikatesse aber nicht bedienen wollte – In zwei Tagen reise ich nach Bagnères ab, adressieren Sie aber für mich an Brousse, der alle meine Briefe besorgen wird. – Lieber Foley, adieu. – Glauben Sie, daß ich bin

Ihr zärtlicher
L. Sterne

von einer Person ... hatte: wohl jener ALEXANDER RAY aus Brief 116.

118. [M] An Robert Foley Toulouse. [Sonntag,] 12. Juni, 1763

Lieber Foley,

ehe ich eben meine Chaise besteigen und nach Bagnères abreisen wollte, fand zum Glück noch ein verirrter Wechsel über fünfzig Pfund den Weg zu mir; darum sende ich ihn also hier beigelegt an seinen rechtmäßigen Besitzer – Anstatt Mr. Selwin zu veranlassen, Ihnen den Empfang des Geldes zu melden, (was ja genügt hätte) hat mein tölpelhafter Agent einen Wechsel dafür erhalten und mir auf Abwegen bis ans äußerste Ende Frankreichs nachlaufen lassen, und hätte er mich nicht eben jetzt noch erhascht, so möchte er mir vielleicht nach Spanien gefolgt sein, denn ich werde über die Pyrenäen gehen und eine Woche in selbigem Königreich zubringen, was für einen fruchtbaren Geist ausreicht, einen Band darüber zu schreiben. – Wenn ich meine Reisegeschichte schreibe – Memorandum! darf ich nicht vergessen, was für einen Biedermann ich in Paris als Bankier habe. – Indes, mein lieber Freund, wenn Sie sagen, Sie erlaubten sich, mir für meine eventuellen geringen Bedürfnisse Kredit zu geben, so besitzen Sie ebensoviel Glauben als Biederkeit – und von beidem mehr als von kluger Vorsicht. – Indessen danke ich Ihnen doch zehntausendmal dafür – und ausgenommen eine solche Freiheit, wie ich sie mir neulich bei Ihnen gestattete – und dazu noch in einer Klemme –, darüber hinaus, sage ich, werde ich mit Ihrer Gutmütigkeit und Freundlichkeit, mir dienlich zu sein, kein Schindluder treiben. – Gott segne Sie, lieber Foley

Ich bin inmittelst Ihr
L. Sterne

Wenn ich meine … als Bankier habe: Hier erwies Sterne sich als vergeßlich – oder als Künstler; ob aus mnemotechnischen oder aus ästhetischen Gründen – Foley taucht weder in der »Empfindsamen Reise« noch in den noch folgenden Bänden des »Tristram Shandy« auf.

119. An Thomas Becket Bagnères de Bigorre Gascogne. en France [Freitag,] 15. Juni 1763

Werter Sir,

ich weiß nicht, ob Sie meinen Antwortbrief auf Ihr Schreiben vom 7ten April erhalten haben oder nicht, worin Sie mir den Stand der Verkäufe des 5 & 6ten Bandes vom Shandy mitteilten – danach erscheint es, daß Sie noch 991 Exemplare besaßen & folglich, seit Sie mit Mrs. Sterne abgerechnet hatten, weitere 182 Exemplare verkauft haben; mein Brief bezweckte also, Sie zu bitten, mir zwanzig Pfund zu übermachen – da Sie mir seither jedoch mit keiner Silbe geantwortet haben und auch Mr. Foley, mein Bankier, mir nicht bedeutet hat, er habe die Summe erhalten, so vermute ich, daß mein Brief, sei's durch Zufall oder ein Versehen, nie den Weg zu Ihnen gefunden hat.

Inzwischen haben Sie möglicherweise noch einige Exemplare abgesetzt (& sollten Sie mir die bestimmte Summe, um die ich Ihnen schrieb, nicht überwiesen haben) überweisen

Sie mir freundlicherweise den restlichen Betrag in Form eines auf Mr Foley in Paris ausgestellten Wechsels, den Sie mir bitte hierher schicken wollen, wo ich mich bis zum Ende der Kursaison aufhalten werde, also bis etwa Mitte September. Zu Beginn des Frühjahrs werde ich in England sein; & würde allerdings liebend gern diesen Herbst dorthin abreisen, aber mir bangt vor den Folgen, den Winter bei Ihnen durchzustehen nach dem warmen Himmelsstrich hier; – ist der ärgste Winter vorbei, werde ich aufbrechen, & zwar ohne alle Besorgnis, denn meine Gesundheit ist stark gebessert.

Ich habe von Bordeaux eine Kiste mit Büchern geschickt, adressiert entweder an Sie oder Mr Edmunds, bitte setzen Sie ihn hiervon in Kenntnis, für den Fall, daß sie zu ihm gebracht werden: – & sagen Sie ihm, es sind alles englische Bücher und auch gedruckt in England – das macht einen Unterschied hinsichtlich des Zolls – richten Sie ihm & allen, die sich nach mir erkundigen, meine Empfehlungen aus –

Ich bin, werter Sir
Ihr ergebener
L. Sterne

mein Brief ... nie den Weg zu Ihnen gefunden hat: Dergleichen geschah leider gar nicht so selten, die Post war nicht sehr zuverlässig.

eine Kiste mit Büchern geschickt: wahrscheinlich die 80 Bücher des verstorbenen GEORGE OSWALD, siehe Brief 109.

Mr Edmunds: Sternes Handschrift ist schwer lesbar und die Zuschreibung nur eine Vermutung – eventuell der Mr. EDMUNDSON (d. i. William Edmunds) der Briefe 90 und 129.

120. An Thomas Becket Montpellier. [Montag,]
26. Sep: 1763

Werter Sir,

eine Woche, nachdem ich meinen Klagebrief schrieb, erhielt ich Ihr Schreiben in den Bädern im Süden Frankreichs – & die Woche, nachdem ich hier ankam, erhielt ich Ihren 2ten Brief. Ihr langes Schweigen erweckte allerdings ganz den Anschein der Nachlässigkeit; denn wäre ich nach Italien gegangen, hätte ich Ihnen, ebenso wie Mr. Foley, gewiß unverzüglich Nachricht von meiner Marschroute gegeben – Die Gewißheit, daß man mir nicht übel wollte, freut mich stets – & ein allgemein gerechter und gutartiger Mensch wird sich immer damit zufriedengeben – & mit Selbstverständlichkeit annehmen, daß irgendein Irrtum die Ursache war. Sollte ich Bedarf an Geld haben, ehe ich nach England abreise, werde ich einen Wechsel über 20 Louisdor auf Sie ziehen, um so ungescheuter, weil ich zuverlässig hoffe, daß Sie so viel in Händen halten, es sei denn, ich habe mich von einem Herrn täuschen lassen, der hier gerade aus London eingetroffen ist und mir sagt, die Bücher hätten durchaus ihre Käufer gefunden – bis zum kommenden Frühjahr, denke ich, werden alle verkauft sein —

Mr Hall ist vermutlich nach Yorkshire abgereist, dorthin habe ich ihm mit gleicher Post geschrieben – Meine Empfehlungen an Mr Edmunds und alle Freunde. Ich bin

Ihr ganz ergebener
L. Sterne

PS

Ich bleibe in Montpellier, bis ich Frankreich ein für alle Mal verlasse —— adressieren Sie an mich für Mr Ray Banquier

meinen Klagebrief: den Brief 119.
Mr Hall ... abgereist: HALL-STEVENSON hatte seine »Crazy Tales« ebenfalls bei Becket verlegt (siehe Anmerkung zu Brief 100), weshalb Sterne annimmt, Becket wisse, wo er sich befindet.
Mr Edmunds: siehe den Verweis auf ihn in Brief 119.
Mr Ray Banquier: siehe den Verweis auf ihn in Brief 116.

121. An Thomas Belasyse, Lord Fauconberg Montpellier. [Freitag,] 30. Sepr 1763 –

Mylord

nie ließe ich mir einfallen, den Blick heimwärts zu wenden, ohne mich zu erkundigen, ob es in dieser Weltgegend etwas gibt, das ich für Euer Lordschaft erledigen oder besorgen kann, bevor ich aufbreche. Ich bin im Kopf alles durchgegangen, allein, mir kommt nichts in den Sinn außer Wein, wovon ich Euch mit Freuden ein Oxhoftfaß zur Probe schicken wollte – Sie müssen wissen, Mylord, daß die Ernte um Bordeaux dieses Jahr von einem schrecklichen Hagelschlag verheert wurde, der sämtliche Rebstöcke in dem ganzen Landstrich zerhauen hat, der England soviel guten Claret beschert – Deshalb gibt es jetzt in der hiesigen Umgebung viele Kommissionen, um die starken (gewöhnlichen) Weine aufzukaufen, welche den Transport übers Meer vertragen & für 40 Schilling pro Oxhoftfaß in Sète, unweit dieser Stadt, verschifft und in London für weitere 20 Schilling gelöscht werden können – wo sie nicht über 2 Schilling pro Flasche einbringen werden – aber Ihre Lordschaft verstehen sich besser auf diese Kalkulation als ich – hiervon bin ich allerdings überzeugt, daß viele 100 Fässer gemacht und gekauft werden für französische Weine – was sie in einem Sinne ja auch wahrhaftig sind, wenn auch nicht in einem anderen – Sollten Euer Lordschaft alles in allem meinen, einige Oxhoftfässer lohnten den Zoll, so wäre ich sehr glücklich, dürfte ich sie Euch zuleiten, ich verbürge mich dafür, sie werden vom Feinsten sein – denn ich erfreue mich der besonderen Freundschaft einer hiesigen Person, die eine große Kommission für die Weine der diesjährigen Ernte hat – um sie nach London zu verschiffen – Euer Lordschaft wollen so gütig sein, mich mit einigen Zeilen über diesen Gegenstand zu beehren – & über einen viel vornehmeren – Euer Lordschaft Gesundheit, die sich, wie ich hoffe, gebessert findet durch die Coxwolder Luft – & Motion in derselben. Die Luft hier ist auf einen Ruck so kalt wie bei Ihnen, und wird nach meiner Überzeugung im Winter noch dünner und schneidender sein – allerdings ist die Luft elastisch & der Himmel für gewöhnlich klar – & die Verlockung, ins Freie zu gehen, ist größer – dieser Ort war in den letzten Jahren in Verruf geraten als Grab der Schwindsüchtigen – bisher schreckt mich in dieser Hinsicht nichts – Er mag von Übel sein – aber wo er nicht von Übel ist, wird er, glaube ich, großen Nutzen bringen – & was mich betrifft, so spiele ich lieber Hasard – als Stück um Stück zu sterben. – Ich hatte beabsichtigt, die Wintermonate mit meiner Familie in Aix oder Marseille zu verbringen. Wir sind dagewesen und fanden Einwände gegen beide Orte – gegen Marseille sprechen insbesondere die hohen Kosten für Lebensunterhalt & Hausmiete, letztere war so ungeheuer, daß ich nicht einmal das allermiserabelste Logis unter 9 oder zehn Guineen mieten konnte – alles übrige ist dem entsprechend – deshalb sind wir stracks wieder hierher zurückgekehrt – wo alles doch recht moderat ist – obgleich um ein Drittel teurer als in Toulouse, wo die Wohlfeilheit und Fülle von allem staunenswert sind – dies wiegt schwer bei meiner Frau, die, indem sie eine sparsame Wirtschafterin vor dem Herrn ist, das starke Verlangen verspürt, dorthin zurückzukehren & zusammen mit meiner Tochter noch ein Jahr länger zu bleiben als ich – sie spricht von nichts Geringerem, als in einem Jahr soviel Geld beiseite zu legen, daß es reicht, sie für sieben Jahre mit Kleidern &c &c auszustatten – mein Verfahren hierbei ist, sie gewähren zu lassen – also werde ich allein nach Coxwold zurückkehren und in meinem eigenen Land meine Gesundheit & mich künftig selber regieren, solange ich's vermag – denn ich bin Frankreichs recht überdrüssig, wiewohl es ein schönes Land ist – aber es gibt das *Pour* & das *Contre* für einen jeden Ort, – alles wohl erwogen, scheint mir Old England jedem anderen Königreich auf der Welt präferabel zu sein —

Ich bitte Mylord, mir diesen langen Brief zu verzeihen und erlaube mir, Lord Belasyse meine Grüße und besten Wünsche zu bestellen, – von dem ich hoffe, daß er in der Welt ebenso um seiner guten Führung und seines guten Herzens willen gerühmt wird, – wie für seine Herkunft & Titel: bitte, grüßen Sie Mr Belasyse von mir – und meine Frau und Tochter lassen sich gemeinsam mit mir den Damen auf das herzlichste empfehlen.

Ich bin, Mylord, Ihr getreuer & ewig dankbarer

L. Sterne

PS

Ich gedenke, um Lichtmeß nach Coxwold aufzubrechen – oder vielmehr, sobald Mr Chapman mir mein Weihnachtsgeld überweist – denn weder kann ich Madame mit einer leeren Börse zurücklassen – noch selber 800 Meilen mit einer solchen reisen. Bei nicht zu kaltem Wetter plane ich, um sowohl Paris wie London zu vermeiden, die Rückkehr über Genf und dann rheinabwärts bis Holland – auf diese Weise werde ich alle großen Städte entlang des Rheins zu Gesicht bekommen – & mich nach einer Woche Aufenthalt in Holland vielleicht direkt gen Hull einschiffen und nur eine Tagesreise entfernt von meiner eigenen Pfarrei an Land gehen.

Thomas Belasyse, Lord Fauconberg: THOMAS BELASYSE (1699–1774), 4. Viscount und 1. EARL OF FAUCONBERG (siehe u. a. Anmerkungen zu Brief 16) war ein Gönner Sternes, der ihn 1760 als ständigen Kuraten in Coxwold eingesetzt hatte.
das *Pour* & das *Contre*: Ein Pour & ein Contre gibt es auch in der »Empfindsamen Reise« (Kap. »Die Remise. Calais.«), nämlich die »*pours* und *contres* der Prüfung eines unerhitzten Verstandes«.
Lord Belasyse: Hier geht es um den Sohn Fauconbergs, HENRY BELASYSE (1742–1802), einen Subskribenten der »Sermons« und seine Frau, die gleich zwei Exemplare der »Empfindsamen Reise« bestellte.
Mr Belasyse: vielleicht Lord Fauconbergs Bruder, ROWLAND BELASYSE (1703–1768), der sich ebenfalls für die »Empfindsame Reise« einschrieb.
Mr Chapman: wohl RICHARD CHAPMAN, Lord Fauconbergs Verwalter aus Brief 16.
Rückkehr ... bis Holland: auch dieser Plan wurde nicht ausgeführt.

122. [M] An Robert Foley Montpellier. [Mittwoch,] 5. Okt. 1763

Lieber Foley,

ich schäme mich, nicht eher eine Gelegenheit ergriffen zu haben, Ihnen für Ihre freundliche Gefälligkeit zu danken, Brousse, Ihren Korrespondenten in Toulouse, zu beordern, mir bei Bedarf fünfzehnhundert Livre auszubezahlen – da ich wußte, daß das Anerbieten aus Ihrem Herzen kam, so trug ich kein Bedenken, es anzunehmen. – Und zwar auf meinem Weg durch Toulouse nach Marseille, wo wir gewesen sind, weil uns aber weder dieser Ort noch auch Aix gefiel, (insonderheit letzterer nicht, weil es dort das Parlement der Provence gibt, was mir schon Toulouse zum Ekel gemacht hatte) sind wir hierher zurückgekehrt, wo wir über den Winter residieren werden – Meine Frau und Tochter setzen sich vor, wenigstens noch ein Jahr länger zu bleiben als ich – und wenn der Winter vorüber ist, nach Toulouse zurückzukehren oder nach Montaubon zu gehen, wo sie bis zu ihrer Rückreise oder bis ich sie abhole bleiben werden – Ich selber aber will mich im Februar nach England aufmachen, wohin mir mein Herz schon vor sechs Monaten vorausgeflogen ist – ich werde aber vierzehn Tagen bei meinen Freunden in Paris verweilen; wiewohl ich wahrhaftig glaube, wäre es mir nicht um das Vergnügen zu tun, Sie zu sehen und zu sprechen, würde ich geraden Weges nach Brüssel und von dort nach Rotterdam reisen, um Holland zu sehen und mich von dort nach London einzuschiffen – Aber ich muß mich auf eine Weile bei denen aufhalten, die ich liebe und aus vielerlei Gründen hochschätze – davon können Sie nicht zuviel für sich selbst verbuchen. – Vor vierzehn Tagen tat man mir den Vorschlag, nach Italien zu reisen – freilich müssen mir sowohl der Anlaß als die Bedingungen anstehen, beides war nicht nach meinem Geschmack. – Sagen Sie mir doch, was für Engländer haben Sie dermalen zu Paris? Wo ist mein junger Freund Mr. Fox? Wir hören von drei oder vier englischen Familien, die zu uns hierherkommen – Kann ich irgendwem, dem Sie dienen wollen, nützlich sein, so schreiben Sie mir nur. – Mr. Hodges hat mir das Porträt meines Freundes W– übersandt – Sie haben das Original gesehen, sonst hätte ich es Ihnen geschickt – Ich glaube, ich werde mir die Erlaubnis ausbitten, selber eine Kopie von Ihrem zu bekommen, wenn ich in *propria persona* erscheine – indessen segne Sie Gott, mein lieber Freund, und glauben Sie, daß ich bin,

Ihr getreuester
L. Sterne

Montaubon: etwa 45 Kilometer nördlich von Toulouse. Sternes Frau und Tochter zogen tatsächlich dorthin.
Wo ist mein junger Freund Mr. Fox?: Gemeint ist hier vielleicht CHARLES JAMES FOX (siehe auch Brief 82), der zu diesem Zeitpunkt aber gar nicht mehr in Frankreich war (was Sterne nicht wissen konnte), oder dessen Bruder STEPHEN FOX.
Wir hören ... hierherkommen: wohl die SMOLLETTs (die im November kamen), die TOLLOTs und die THORNHILLs. Tollot berichtete an Hall-Stevenson, Sterne habe in Toulouse darunter gelitten, daß seine Frau ihm überall hin gefolgt sei und bei allem habe dabei sein wollen.
Mr. Hodges ... Porträt meines Freundes W–: vielleicht der JOHN WODEHOUSE von Brief 113, sicher ist das allerdings nicht.

123. An Thomas Becket Montpellier. [Dienstag,] 18. Okt. 1763

Werter Sir,

ich schrieb Ihnen meinen letzten Brief von hier mit solcher Eile, daß ich darüber mein vornehmstes Anliegen vergaß, etwas, worum ich Sie schon in einem früheren Brief ersuchte hatte, nämlich, mir gütigerweise Auskunft zu geben über den tatsächlichen Stand unserer Konten; oder anders gesagt, wie viele Exemplare Sie vom Shandy an Buchhändler & andere seit dem 7. April abgesetzt haben – Ich bin Ihnen sehr verbunden für die Erlaubnis, über die von Ihnen genannte Summe einen Wechsel auf Sie zu ziehen – es würde mich indes noch unendlich mehr erleichtern, wüßte ich, wie hoch mein Guthaben bei Ihnen ist; deshalb, werter Sir, darf ich Sie bitten, mir den genauen Stand mitzuteilen – denn wiewohl sich hinter der Frage mehr Neugier verbirgt als irgend etwas anderes – möchte ich sie doch lieber jetzt beantwortet wissen als erst in 3 Monaten, wenn ich Sie sehen & zu gegebener Zeit alles mit Ihnen regeln werde – Ich werde gegen Ende Januar von hier nach London aufbrechen & vermutlich auf Ihrer Seite des Kanals um den 12. oder 13. Febr anlangen, wo ich meinen Freund Mr Hall treffe, der bis dahin vom Land zurückgekehrt sein wird; wenn ich mich eher mit einem Gefährten treffen kann, werde ich die Gelegenheit nicht verabsäumen: Ich bin zu jeder Gelegenheit, werter Sir

Ihr wohlwollender Freund

L. Sterne

gegen Ende Januar ... London: Sterne verließ Frankreich frühestens nach dem 19. Mai und kam wohl in der ersten Juniwoche in London an.

124. An Robert Foley Montpellier. [Samstag,] 5. Nov. 1763

Mein lieber Freund,

da ich von Lord Rochford, der mir auf der Durchreise nach Madrid hier einen Besuch abgestattet hat, vernommen habe, daß mein werter Freund Mr. Fox sich dermalen zu Paris aufhält, so lege ich hier einen Brief für ihn bei, den Sie ihm folglich einhändigen oder zuschicken wollen. Ich vermute, Paris ist jetzt voll von Engländern – wir aber sind hier, kurz gesagt, wie in einer anderen Welt, wo wir, findet sich nicht eine verirrte Seele bei uns ein, von allem, was in Ihrer Welt geschieht, nichts erfahren – Lord Grosvenor dürfte Paris nun vermutlich verlassen haben, sonst hätte ich auch ihm einen geschrieben. – Ich weiß, Sie sind bienenfleißig & behalten nur wenig Augenblicke für sich – von diesen bitte ich Sie aber, einen Ihrem alten Freund zu widmen & mir eine Zeile zu schreiben – und sollte Mr Fox mir etwas zu melden haben und dazu zu träge sein, so schreiben Sie mir bitte eine 2te Zeile in seinem Namen – Diese Woche erhielten wir einen Brief von Miss Panchaud, die, wie es scheint, Paris auf immer verlassen hat. – *Alles ist aufs beste vorgesehen* – so denke ich für gewöhnlich über viele Dinge in dieser Welt. — Gut! Ich werde in Bälde kommen und Ihnen in der St Saveur die Hand schütteln – wenn Sie noch dort wohnen – Wenn ich sage in Bälde – meine ich aber in 9 oder 10 Wochen von nun an. Mrs Sterne kehrt nach Toulouse zurück – und ist gesonnen, den kommenden Sommer in Bagnères zu verbringen – ich hingegen gehe und besuche mein Weib, die Kirche in Yorkshire – Wir leben alle desto länger, wenigstens desto vergnügter, wenn jeder seiner eigenen Wege geht – Dies ist unsere Ehestandsmaxime – ich gestehe, es ist zwar nicht die beste der Maximen, behaupte allerdings, es sei auch nicht die übelste.

Adieu, lieber Foley, & glauben Sie, daß ich bin

Ihr aufrichtiger

L. Sterne

Lord Rochford: WILLIAM HENRY NASSAU DE ZUYLESTEIN (1717–1781), der 4. EARL OF ROCHFORT, der gerade englischer Gesandter in Madrid geworden war.

daß … zu Paris aufhält: was stark für STEPHEN FOX spricht, der damals tatsächlich in Paris war (vgl. Brief 122).

Lord Grosvenor … verlassen: RICHARD GROSVENOR (1731–1802), Baron Grosvenor of Eaton Hall, der bis vor kurzem Parlamentsmitglied gewesen war und zudem treu alle Bände der »Sermons« subskribierte.

Miss Panchaud: Wohl ISABELLA PANCHAUD, die Schwester ISAAC PANCHAUDs (siehe Brief 101).

Dies ist unsere Ehestandsmaxime: Interessanterweise ließ Sternes Tochter in ihrer Briefausgabe die Passage mehr oder weniger stehen, änderte aber z.B. hier das Possessivpronomen in ›meine Ehestandsmaxime‹ ab.

125. An John Mill Montpellier. [Donnerstag,] 24. Nov. 1763

Mein werter Sir, würden Sie die Güte besitzen, mir fünfzig Pfund zu leihen, bis ich in England angekommen bin, oder vielmehr gestatten, über diese Summe einen Wechsel auf Sie zu ziehen, sollte ich die Notwendigkeit finden, beim Verlassen dieses Landes alles abzumachen: nun erscheint es ein wenig paradox, daß ich mir, bei so vielen Freunden und Wohlgesonnenen, mit denen ich zusammenlebe als wie mit Brüdern, diese Freiheit lieber bei einem Freund herausnehme, den ich noch nie zu Gesicht bekam – die Wahrheit aber ist, als ich im Kopf die Liste durchging, so fand ich keinen einzigen, bei dem ich mir diese Freiheit mit weniger Herzweh herausnehmen konnte – und damit bin ich mit meiner Entschuldigung zu Ende.

Seit ich das letzte Mal das Vergnügen hatte, Ihnen vor meiner Abreise nach Bagnères zu schreiben, bis vor sechs Wochen, als ich mich hier niederließ, blieb ich nicht einen Augenblick von schlechter Gesundheit verschont – von der dünnen Luft der Pyrenäen barsten in meiner Lunge ständig Gefäße, & dies führte den ganzen Rattenschwanz der mit einer Schwindsucht verbundenen Übel im Gefolge – es schien kein anderer Rat zu sein, als ein schonender Orts- und Luftwechsel; – und demgemäß habe ich mich aufgemacht und fröhlichen Herzens den Süden Frankreichs so oft durchquert, daß ich bereits in der Gefahr schwebte, für einen Spion genommen zu werden, allen anderen Gefahren bin ich entlaufen – & hoffe, in 9 oder 10 Wochen bei vollständiger (i. e. bei relativer) Gesundheit Ihre Hand zu küssen. Sie dürfen versichert sein, werter Sir, mein erster Besuch wird der Philpot Lane gelten, um (wenigstens) die Zinsen für zehntausendfachen Dank mitzubringen – & für das Kapital wird die ganze Familie Shandy bürgen – Sie werden vom ersten Geld bezahlt, das Gott schickt. – Möge er Ihnen, mein lieber Freund, dessen Segnungen schicken, die nach meinem Überschlag in sich begreifen Gesundheit & Seelenruhe – richten Sie meine Empfehlung und besten Grüße an Mr Oswald aus – & glauben Sie, daß ich bin, Ihr aufrichtiger

L. Sterne

John Mill: Es handelt sich um den John Mill, dem Sterne von der schweren Erkrankung und dem Tod GEORGE OSWALDs schreiben mußte (siehe Brief 106, 107, 109).

von der dünnen Luft der Pyrenäen: Anders als heute hielt man die ›dünne‹ Gebirgsluft nicht unbedingt für gesund.

126. An Richard Grosvenor Montpellier. [Dienstag,] 27. Dez. 1763

Mylord,

ich habe diesen Augenblick Ihren verbindlichen Brief erhalten und möchte die Post nicht retour gehen lassen, ohne dessen Empfang anzuzeigen und in wenig Worten zu sagen (denn ich weiß, Ihre Lordschaft möchten hierüber nicht viele hören) – Daß ich Euer Lordschaft große Artigkeit gegen mich nie vergessen werde, solange ich mich überhaupt an etwas auf dieser Welt entsinne – *»der arme Sterne! ist durch Krankheit & mißliche Maßnahmen im fernsten Winkel Frankreichs gestrandet – und möchte* fünfzig Pfund borgen — ich werde ihm einhundert leihen« – Keinem als Lord Grosvenor wäre so etwas eingefallen —

Einen besseren Text als diesen für eine Predigt über den Gemeinsinn könnte ich mir nicht wünschen – Wie sollte ein Mensch, Mylord, das *en gros* haben, was er nicht *en détails* besitzt – oder den Freund der ganzen Menschheit spielen, wenn er nicht das Herz hat, einem Einzelnen etwas Gutes zu tun? – Sie dürfen es mir glauben, Mylord, daß ein Mann zuerst ein *gutes* Herz braucht, bevor er ein *großzügiges* haben kann – und daß, um ein großzügiges zu besitzen, ein Mensch so leben muß, daß er *imstande* ist, das Gemeinwohl über den Eigennutz zu stellen – & bis dieser Sinneswandel in unserer Üppigkeit zuwege gebracht worden ist, wird es immer an dem mangeln, wovon Sie sehr zu Recht sagen, es würde jetzt so dringend gebraucht.

Inzwischen müssen Sie sich damit abfinden, den Verdruß zu ertragen, jeden Tag aufs neue zu entdecken, wie Menschen nach Ansichten handeln, Mylord, die Ihren diametral entgegenstehen, wobei Ihr einziger Trost sein wird, daß Sie zumindest ein gutes Beispiel geben & Euch sagen könnt: *Liberavi animam meam*, im Falle, daß die Welt zum Teufel gehen *will.* – Es verlangt mich stark danach, über diese Dinge im Grovesnor Square zu plaudern – bis dahin werden Palmer & ich fortfahren, über Sie zu sprechen und auf Ihre Gesundheit & Wohlfahrt zu trinken, wie wir es tête à tête den ganzen Winter über gehalten haben.

Ich bin, Mylord, Ihr stets treuster & verbundenster

Diener –

L – Sterne

Richard Grosvenor: siehe Anmerkungen zu Brief 124.

Mensch so leben … Eigennutz: Ähnliche Gedanken legt Sterne in seiner eigenen Predigt »Über das Gleichnis des reichen Mannes und Lazari« dar (so die 23. Predigt in der 1773 bei Orell, Geßner, Füßlin und Comp. erschienenen deutschen Übersetzung).

Liberavi animam meam: Ich habe meine Seele befreit. BERNHARD VON CLAIRVAUX zugeschrieben, oder Echo auf Psalm 120,2.

Palmer: vielleicht CHARLES PALMER aus Bath, der in einem Brief vom 4. November 1763 an den Earl of Huntington von einem Treffen mit Sterne in Montpellier erzählte.

127. [M] An Robert Foley Montpellier, [Donnerstag,] 5. Jan. 1764

Mein lieber Freund,

Sie sehen, ich gelange über den fünften des Monats nicht hinaus, ohne an Sie zu denken und zu schreiben – Letzteres ist eine periodische Gewohnheit – Ersteres aber rührt von meinem Herzen, und ich tue es öfter, als ich mich erinnere – wie dem auch sei, aus diesen Gründen insgesamt behaupte ich, ein Recht auf das Vergnügen einer einzigen Zeile von Ihnen zu besitzen – und wär's auch bloß, um mir zu sagen, wie Ihre Uhr geht – Sie wissen, wie sehr mich die Nachricht beglücken würde, daß es mit allen Ihnen zugehörigen Unternehmungen wohlgehe. – Es werden ganz allein die Ihrigen sein (so höre ich) und daß Mr. Selwin seinem ersten Vorsatz treu geblieben, sich vom Geschäft zu beurlauben – Ich hoffe, dies wird es Ihnen ermöglichen, die Ihrigen in um so kürzerer Zeit abzumachen, damit Sie in Ihren lang ersehnten Schlupfwinkel der Ruhe und Stille gelangen. Wenn Sie dann vor Ihrem Kamin im Lehnstuhl sitzen (und hätten apropos auch noch einen für einen Freund übrig) und so sehr Souverän sind, daß Sie in Ihrer Pelzmütze dasitzen (wenn's Ihnen behagte, wiewohl es mir nicht behagte, denn eines Menschen Ideen sind allemal zumindest reiner, wenn er schicklich gekleidet geht), ei, dann wird es einem Wunder gleichkommen, wenn ich Sie nicht wie ein Geist beschleiche und Ihnen auf eine höchst ungeistige Art von einer Flasche von Ihrem besten Weine helfe.

15. Januar. – Es begibt sich nicht alle Tage, daß ein bei vollkommener Gesundheit begonnener Brief im Zustand größter Schwäche beendet wird – Ich wünschte, der vornehme und niedrige Pöbel möge nicht sagen, es sei dies ein über mich verhängtes Strafgericht, weil ich so ungehörig mit *Geistern* umgesprungen – Dem sei nun, wie ihm will – Als der erste Teil dieses Briefes geschrieben war, tat ich einen Ausritt gen Pézenas – und kam mit einem Schüttelfrost heim, ob ich gleich eher in einem hitzigen Fieber hätte sein sollen; denn ich hatte meinen Gaul erschöpft; und er rührte sich ebensowenig als Don Quixotes hölzernes Pferd, und vieles Zupeitschen hatte mir schier den Arm verrenkt – Dies, sprach ich, ist unmenschlich – Nein, sagt' ein Bauer hinter mir per pedes, ich will das Tier schon nach Hause treiben – und machte sich daran, sein Hinterteil zu bearbeiten – doch es nutzte nichts – sobald als es den Kopf in Richtung Montpellier wandte, trabte es los. – Doch um wieder zurückzukommen, dies Fie-

ber hat mich zehn Tage lang bettlägerig gemacht – Die Balgerei mit dem Tod habe ich entsetzlich teuer bezahlt – so mich aber der prophetische Geist nicht trügt – so werde ich nicht sterben, sondern leben bleiben – Indessen, lieber Foley, lasset uns so fröhlich, freilich auch so *unschuldig* leben als möglich – Dies ist mir allezeit so gut, wo nicht besser als ein Bistum gewesen – und *ich begehre kein anderes* – Adieu, mein lieber Freund, und glauben Sie, daß ich bin Ihr

L. S.

Beigefügten Brief wollen Sie bitte Mr. T. geben – und ihm bestellen, ich danke ihm herzlich für sein großes *Wohlwollen.*

Mr. Selwin: Foleys Partner SELWIN (siehe Briefe 82 und 114) hatte sich im September 1763 aus der Firma zurückgezogen.
in Ihrer Pelzmütze dasitzen: Vielleicht meint Sterne die Pelzmütze hier keuscher als im Band VIII des »Tristram Shandy« (Kap. XI), an dem er grade schrieb: »— Gleichwohl ist's doch auch ein trefflich Mützgen (hier stülp' ich's wieder auf und druck's mir gar recht feste an die Ohren) – und warm – und weich; sonderlich wenn man's nicht gegen den Strich bürstelt.«
Pézenas: Bei MÉDALLE Pesenas, aber einen Ort dieses Namens findet man nicht – also wohl Pézenas unweit von Montpellier.
Don Quixotes hölzernes Pferd: »Don Quichote« Buch II, IV in dem der edle Ritter glaubt, ein hölzernes Pferd sei das fliegende Pferd des Zauberers Malambruno.
werde ich … leben bleiben: siehe 2. Könige 20,1. »ZV der zeit ward Hiskia tod kranck / Vnd der Prophet Jesaja der son Amoz kam zu jm / vnd sprach zu jm / so spricht der HERR / Beschicke dein Haus / denn du wirst sterben vnd nicht leben bleiben.« Sterne zitiert die Stelle in seiner Predigt über »Ezichias Betragen gegenüber den babylonischen Gesandten«, die er im März in Paris halten wird.
Mr. T.: Hier kommen wohl ebensogut THORNHILL wie TOLLOT in Frage, beide Reisegefährten Sternes.

128. [M] An Mrs. F. Montpellier, [Mittwoch,] 1. Feb. 1764

Ich schicke mich nun an, meine teure Mrs. F., Frankreich zu verlassen, denn ich bin seiner herzlich leid – diese Fadheit im französischen Wesen hat Ihrem Freund Yorick einen Widerwillen beigebracht. – Ich war gefährlich krank und kann mir nicht vorstellen, daß mir die scharfe Luft von Montpellier förderlich gewesen – und dies sagten mir auch meine Ärzte, als sie mich über einen Monat unter ihren Händen gehabt – Bleiben Sie noch länger hier, Sir, so wird's Ihr Tod sein – Und warum, gute Leute, waret ihr nicht so gut, mir das früher zu sagen? – Nachdem ich sie entlassen hatte, sagte ich zu Mrs. Sterne, daß ich sehr bald nach England abreisen würde, indes es ihr beliebt, noch zwei oder drei Jahre in Frankreich zu bleiben, so habe ich nichts dawider, nur wünschte ich, meine Tochter in England zu haben. – Die Landstände des Languedoc sind zusammengetreten – 's ist eine Ausstellung hübscher Guckkästen, und wie gewöhnlich begleitet von Fiedeln, Bären und Puppenspielen. – Ich denke, ich werde meine Postchaise hurtiger besteigen, um diesen Szenen zu enteilen, als ein Franzosen ihnen zueilte – und eine Zähre beim Abschied von meinem kleinen Luderchen abgerechnet, werde ich frohen Mutes sein und jeder Schritt, der mich England näher bringt, wird helfen, so glaube ich, diese arme Gestalt ins rechte Gleis zu bringen. Nun wollen Sie bitte so gütig sein, mir unter der Adresse von Mr. Foley in Paris zu schreiben und zu sagen, was ich Ihnen mitbringen kann. – Wie sehr sehne ich mich danach, alle meine Freunde zu begrüßen! wenige darunter schätze ich höher als Sie – Meiner Frau beliebt es, eher nach Montauban zu gehen, als hierzubleiben, was ich wahrlich widerstandslos hinnehme. Sollte Sie dieses nicht in Bath erreichen, so wird es Ihnen hoffentlich nachgesandt, denn ich würde gerne Ihre

Aufträge besorgen – und hiermit adieu – Empfangen Sie meine wärmsten Wünsche für Ihre Gesundheit, und glauben Sie, daß ich stets bin Ihr,

L. Sterne

PS

Meine Ärzte haben mich mit dem, was sie *bouillon rafraîchissant* nennen, beinahe vergiftet – 's ist ein bei lebendigem Leibe abgezogener Hahn, mit Mohnsamen gesotten, alsdann in einem Mörser zerstoßen und nachher durch ein Sieb geseiht – Dazu gibt man noch einen Krebs, und man versicherte mir allen Ernstes, es müsse ein männlicher sein – eine Krebsin würde mehr schaden als nützen.

An Mrs. F.: Whoever she might have been.
Ihrem Freund Yorick: Dies ist seit Brief 38 das zweite Mal, daß Sterne sich selbst als ›Yorick‹ bezeichnet.
Die Landstände ... zusammengetreten: Dieses jährliche Ereignis in Toulouse, bei dem Klerus, Adel und Bürger zusammenkamen, war der größte der fünf Landtage in Frankreich.
Guckkästen: auch im Band VIII des »Tristram Shandy« (Kap. XXIV) kommt ein solcher vor – »... ein Splitter — oder Sand — oder sonst derlei — ich weiß nicht was, ist mir ins Auge geraten — so seht mir doch einmal hinein – im Weißen ist es nicht – / Mit diesen Worten drängte sich Mrs. Wadman dicht zu meinem Onkel Toby hinein, und indem sie sich auf die Ecke seiner Bank zwängte, schuf sie ihm Gelegenheit, es im Sitzen zu tun —— So seht mir doch einmal hinein – sagte sie. / Ehrliche Seele! du sahest mit ebensoviel Herzenseinfalt hinein, als nur je ein Kind in einen Guckkasten«. Die Häufung solcher Übereinstimmungen in den Briefen der Zeit und Band VIII legt nahe, daß Sterne tatsächlich zuerst Band VIII schrieb und sich dann in England an die Abfassung von Band VII machte.
bouillon rafraîchissant: Selbst ernsthafte Sternianer wie der skrupulöse LEWIS PERRY CURTIS vermuteten ob dieser Stelle, Sterne habe etwas übertrieben, um bei seiner Adressatin mit dieser Cock-

and-Crawfish-Story entzückt-angeekeltes Erschaudern hervorzurufen – allein etwa in dem von NATHANIEL BROOKE verlegten Buch »The Doctor's Dispensatory, or the Art of Phisick restored to practise, The Apothecary's Shop opened« (1664) finden sich durchaus ähnliche Rezepte.

129. An Thomas Becket Paris, [Dienstag,] 20. März. 1764

Werter Sir,

Ich habe Mr Chapman gebeten, Ihnen einen kleinen Wechsel zu schicken – seien Sie so freundlich, es mich noch den Augenblick wissen zu lassen, da Sie ihn erhalten haben – dann kann ich ihn hier auf Ihren Namen ziehen, was schneller geht, als ihn bei einem Bankier einzuzahlen & mir einen Wechsel zu schicken – & spart außerdem die Hälfte. Ich reise Mitte April mit drei Gentlemen nach London ab – Inzwischen adressieren Sie an mich im Hôtel d'Entragues rue du Tournon unweit des Luxembourg – Paris. –

Meine Empfehlungen an Mr Edmundson – & alle Freunde –

Ihr
L– Sterne

PS
Haben Sie seit Weihnachten irgendwelche Shandys verkauft? Wie viele?

mit drei Gentlemen: die da wären: THOMAS und GEORGE THORNHILL und JEAN-BAPTISTE TOLLOT (siehe Anmerkungen zu Brief 95).

Hôtel d'Entragues rue du Tournon: wo er wohl auf Einladung der drei Herren wohnhaft war, wie ein Brief TOLLOTs an HALL-STEVENSON von Januar 1764 nahelegt.
Mr Edmundson: wahrscheinlich der Papierhändler Sternes, siehe Anmerkungen zu Brief 90.

130. [M] An Lydia Sterne Paris, [Dienstag,] 15. Mai. 1764

Meine liebe Lydia,

mittlerweile, so vermute ich, habt ihr Euch, Deine Mutter und Du, in Montauban eingerichtet, und deshalb adressiere ich diesen Brief an Euren Bankier, damit er ihn Dir aushändigt. – Ich habe eingewilligt, daß Ihr in Frankreich bleibt – was gleichfalls der Wunsch Deiner Mutter war – aber ich muß Euch beiden sagen, daß ich (wäre nicht Deine Gesundheit als Argument vorgebracht worden) gewünscht hätte, daß Ihr beide mit mir zurückkehrt. – Ich habe Euch die Spectators und andere Bücher, insbesondere den Metastasio geschickt; bitte aber mein Mädchen, die ersteren zu lesen, und sich am letzteren nur zu ergötzen. Ich hoffe, Du hast meine letzte Bitte nicht vergessen, nämliche keine Freundschaften mit Französinnen zu schließen – nicht, daß ich von ihnen insgesamt übel dächte, sondern weil mitunter die Frauenzimmer mit den besten Grundsätzen die *einnehmendsten* sind – Ja, ich halte so viel auf Dich, daß ich tief unglücklich würde, müßte ich erkennen, daß auch nur ein Körnchen von Koketterie in Deinem Wesen liegt. – Du hast genug zu tun – denn ich habe Dir auch noch eine Gitarre geschickt – und da Du kein Talent zum Zeichnen besitzt (unerachtet, daß Du es nie hast wahrhaben wollen), verschwende bitte keine Zeit darauf – Vergiß nicht, mir so zu schreiben als einem Freund – kurz, alles was Dir in Dein kleines Köpfchen kommt, dann wird es natürlich sein. – Sollte Deiner Mutter Rheumatismus fortdauern und es ihr belieben, nach Bagnères zu gehen – so sag' ihr, sie solle sich aus Geldmangel nicht davon abhalten lassen, denn meine Börse wird ihr eben so offenstehen als mein Herz. Ich habe in der Kapelle des Gesandten gepredigt – Hiskija – (ein wunderlicher Text wird Deine Mutter sagen). Es war eine Zusammenkunft aller Nationen und auch Religionen. – In wenigen Tagen werde ich Paris verlassen – Ich logiere im nämlichen Hotel mit Mr. T….; sie sind gute und großmütige Seelen – Sag Deiner Mutter, ich hoffe, daß sie mir schreibt und daß, wenn sie es tut, ich vielleicht auch einen Brief erhalte von meiner Lydia.

Küsse Deine Mutter von mir, und glaube mir, daß ich bin

Dein dich liebender

L. Sterne

Spectators … Metastasio: ADDISONs und STEELEs spottlustige, stilbildende Zeitschrift »The Spectator« wurde in unzähligen Auflagen im 18. Jahrhundert gedruckt. Sie gelesen zu haben und Bonmots aus ihr zitieren zu können gehörte zum guten Ton. PIETRO METASTASIO (1698–1782) war der berühmteste Librettist der Zeit. Welche seiner Libretti Sterne seiner Tochter sandte, ist nicht bekannt.
Gitarre: Auf die Gitarre wird Sterne auch noch in den Briefen 159, 195 und 196 zu sprechen kommen.
in der Kapelle … Hiskija: Sternes Predigt über »Ezichias Betragen gegenüber den babylonischen Gesandten«, die er am 25. März in Anwesenheit des englischen Gesandten, DAVID HUMEs, JOHN WILKEs und vieler Paris Schöngeister gehalten hatte. Kein leichtes Unterfangen, denn Sterne war krank, seine Stimme schwach und das Publikum zahlreich. Sterne predigte vor vollem Haus, die Vorstellung des berühmten Engländers in einem neurenovierten Prachtbau des Gesandten ein gesellschaftliches Ereignis. Zudem leistete Sterne sich einen gewagten Scherz. Seine Darstellung der Sache war so:

»es kam die eine Grille über mich und eine sehr unglückliche Bibelstelle geriet mir in den Sinn ...
›Und Hiskija sprach zu dem Propheten: Ich habe ihnen meine goldenen Gefäße gezeigt und meine silbernen Gefäße und meine Frauen und meine Nebenfrauen und meine Krüge mit Salböl, und alles, was ich in meinem Hause habe, zeigte ich ihnen: Und der Prophet sprach zu Hiskija, Du hast sehr töricht gehandelt.‹
Da nun der Text in der Heiligen Schrift steht, konnte er nicht anstößig sein; wiewohl gottlose Geister es sich bisweilen einfallen lassen, sie mit ihren eigenen niederträchtigen Verdrehungen zu mißhandeln. Aber die Predigt an sich hätte nicht unschuldiger sein können, und David Hume begünstigte sie durch seine Huld und Billigung.«
Viele empfanden Sternes Predigt als anstößig, im Prachtbau des Auftraggebers predigt Sterne über die Nichtigkeit weltlicher Werte – und zudem ist die Grundlage zwar ein Bibelzitat, aber Sterne liefert eine raffende Nacherzählung in eigenen Worten – von »Frauen und Nebenfrauen« z. B. findet sich in der Bibel nichts.

131. An John Hall-Stevenson Paris, [Samstag,] 19. Mai. 1764

Mein lieber Vetter,

wir haben jeden Tag dieses Monats davon gesprochen und darauf geplant, aus dieser Stadt der Verlockungen abzureisen; und da ich nun drei Wochen Deinen Brief begrübeln konnte und mir dieser Monat hinging mit Plänen und einigen anderen Dingen, mit denen es auch Schluß und aus ist, gebe ich Dir Rechenschaft über diese Unterlassungssünde, freilich ohne sie damit entschuldigen zu wollen. – *»Gott sei mir Sünder gnädig«* oder bisweilen auch werter Sir oder teure Madam seid gnädig &c – (je nach den Umständen) mehr brauche ich für gewöhnlich nicht zu sagen über das, was ich tue oder lasse: Dieses alles vorausgeschickt, bin ich seit acht Wochen von der zärtlichsten Leidenschaft befallen, so jemals ein zärtlicher armer Wicht erdulden mußte. Ich wünschte, lieber Vetter, Du könntest Dir eine Vorstellung machen (mag sein, Du kannst's auch, ohne daß ich es wünsche), wie wonnig ich damit im ersten Monat herumgaloppiert bin, auf und nieder, immer auf den Haxen unterwegs durch die Straßen von meinem Hotel zu ihrem, zuerst einmal – dann zweimal, dann dreimal täglich, bis ich schließlich nahe daran war, mein Steckenpferd für immer und ewig in ihrem Stall einzustellen. Ich hätte es freilich tun sollen, wenn man bedenkt, wie die Feinde des Herrn es verlästert haben. Die letzten drei Wochen haben wir zu jeder Stunde die traurige Weise vom Abschiednehmen angestimmt – und Du magst Dir vorstellen, lieber Vetter, wie sehr dies meinen Gang und meine Miene verändert hat – denn ich kam & ging als wie ein befrachteter Karren; & tat nichts anderes, als von Sonnenauf- bis Sonnenuntergang mit ihr gemeinsam Tränen zu vergießen & *Jouer des Sentiments*; & jetzt ist sie in den Süden Frankreichs gegangen, und zum Abschluß der Komödie wurde ich krank & ein Gefäß barst mir in der Lunge & ich verblutete fast. Voilà mon histoire! – Wir brechen jetzt völlig unbehindert auf und werden am 29sten in London sein, Dijs, Deabusque volentibus. Tollet sendet Dir, zusammen mit unserer Familie, tausend herzliche Grüße; sein Frühjahr war hundsmiserabel wegen einer schurkischen Erschlaffung seines Nervensystems, wovon er sich, hätte Gott uns wärmeres Wetter beschieden, geschwinder wieder erholt haben würde – die Reise und die damit eintretende Luftveränderung wird ihm hoffentlich auf die Beine helfen; warum treffen wir uns diesen Sommer nicht alle auf vierzehn Tage in Scarborough? Ich wünschte, Du würdest ja sagen, dann könnte ich die Lustreise abmachen, bevor ich London verlasse; schreib uns eine Zeile an die Adresse der Thornhills, wo ich wohnen werde, solange ich in der Stadt bin – Uns verlangt ganz unbändig danach, Deine Predigt sehen – mein Bericht hiervon, ließ Deinen Heros um einen Zoll wachsen – Ich treffe ihn täglich – & zwar ohne große, ja eigentlich ohne jegliche Vorsicht – denn er besucht Engländer aller Richtungen und wird von ihnen besucht – sowohl von Mitgliedern der herrschenden Partei wie von solchen, die nicht mehr im Amt sind: Du wirst es kaum glauben, aber ich habe erst neulich mit ihm & Lord Tavistoc diniert – & vor 3 Tagen mit ihm & Lord Beauchamp, dem Sohn unseres Gesandten: Er ist immerfort lustig & Jocundiss^{m}, und zwar in einem höheren Grade, glaube ich, als zu jener Zeit, als er mehr Anlaß dazu fand. – Ich bedauere ihn aus tiefsten Herzen: Er spricht davon, sein Lager hier abbrechen und seinen Aufenthalt in Italien nehmen zu wollen, sobald die *Pacht* für sein Hotel endet, die für ein Jahr abgeschlossen wurde; Italien ist wohl nicht der rechte Ort für ihn – doch er hat Gründe, die ich nicht einsehe. Am Donnerstagmorgen reisen wir ab aus foutre-Land, doch eigentlich sollten wir es nicht schmähen – denn wir alle (Krethi & Plethi) haben daselbst ein ganz famos unsinniges Leben geführt; & damit adieu, lieber Vetter Antony, meinesteils in der vollen Zuversicht – daß ich mit Dir viele noch lustigere Verzückungen über zahlreichen Pinten Burgunder erleben werde – So sei es.

Dein Dich liebender Vetter
L. Sterne

Stadt der Verlockungen: Sterne ließ in Paris wenig anbrennen. Einer seiner Bekannten dort war der wegen seines losen Lebenswandels, seiner scharfen Zunge und seiner politischen Radikalität berüchtigte JOHN WILKES (1725–1797), der wegen eines Haftbefehls aus London hatte fliehen müssen und nun im politischen Exil in Paris war (siehe dazu die Anmerkung zu Brief 164). Wilkes schrieb an seinen Freund CHARLES CHURCHILL (Brief vom 10. April 1760): »Sterne und ich treffen uns häufig und reden viel von dir – heute abend haben wir ungewöhnliche Gesellschaft bei Hope's, zwei lebhafte, junge, schöne Schauspielerinnen, Hope und seine Geliebte – Ach, arme Mrs. Wilkes!!«

In der »Empfindsamen Reise« (Kap. »Paris«) wird Paris folgendermaßen geschildert: »Ich trat in meinem bestäubten schwarzen Rocke mit Ernst ans Fenster und sah, als ich durch die Scheiben blickte, alle Welt in Gelb, Blau und Grün zum Ringelstechen laufen. – Die Alten mit geknickten Lanzen und in Helmen, die das Visier eingebüßt – die Jungen in goldschimmernder Wehr, bebuscht mit jeder bunten Feder des Orients – alle – alle stachen drauflos, gleich verzückten Rittern bei den längst vergangenen Turnieren um Ruhm und Minne. –«.

»Gott sei mir Sünder gnädig«: Lukas 18,1, eine der Lieblingsstellen Sternes, die auch öfter in seinen Predigten vorkommt.

von der zärtlichsten Leidenschaft: Wer diese Leidenschaft auslöste, ist bis heute leider unbekannt

***Jouer des Sentiments*:** Sentimentales zu spielen.

Dijs, Deabusque volentibus: So die Götter und Göttinnen wollen.

Tollet: CHARLES TOLLET (1726–1796) aus Brief 90 und 91, den Sterne schon 1762 in Paris getroffen hatte.

Deine Predigt: Sterne meint des Atheisten HALL-STEVENSONs politische Verssatiren »A Pastoral Cordial; or an Anodyne Sermon, Preached before their Graces of N[ewcastle] and D[evonshire]« (1763) und »A Pastoral Puke: A Second Sermon Preached before the People called Whigs« (1764), die sich über parteiinterne Zwiste der Whigs und ihre Politik lustig machen.

Deinen Heros: Hier ist wohl LAWSON TROTTER gemeint, der Onkel Hall-Stevensons, mit dem Sterne im Sommer 1762 in Paris gespeist hatte (siehe Brief 100).

Tavistoc ... Lord Beauchamp: FRANCIS RUSSELL(1739-1767), MARQUESS OF TAVISTOCK bei dem Sterne am 4. Juni 1762 schon zu einem Essen zu Ehren des Geburtstags des englischen Königs eingeladen war, und FRANCIS SEYMOUR-CONWAY (1743–1822), VISCOUNT BEAUCHAMP, EARL OF HERTFORD, der Gesandter am französischen Hofe war. Beide subskribierten trotz oder wegen Sternes vorausgegangener Skandalpredigt die »Sermons«.

Jocundiss^{m}: ›jocundissimus‹, ›allerfreudigst‹.

foutre-Land: Selten sonst wird Sterne so explizit; freilich war ›foutre‹ ein vielgebrauchtes Fluchwort in Frankreich. In »Tristram

Shandy« VIII, Kap. I erfindet Sterne verwandte Länder: »In *Frierland, Nebelland* und einigen anderen Ländern, so mir bekannt – mag's wohl angehn —«.

132. An Elizabeth Montagu [gegen Ende Juni 1764]

Ich wurde am Mittwoch aus der Stadt vertrieben, um ein oder zwei Nächte bei Lord Ligonier zu wohnen, sonst hätte ich den ganzen Donnerstag & diesen Morgen Mrs Montagus Türklopfer (und Himmel & Erde auch) in Bewegung gesetzt, um Einlaß zu finden –. Helas! – zu der Zeit, da die schönsten Augen Englands, Frankreichs und Irlands (– wiewohl ich Irland nur hersetze *pour arrondir le Period*) sich bemühen, diese *Legende* zu entziffern, da muß deren Verfasser 50 Meilen entfernt auf seinem Heimweg sein – dies liefert den praktischen Beweis – daß Mrs Montagu eine Prophetin ist – eine Göttin war sie immer schon, was ihr jenes halb beimißt – denn ein geschwindes Tempo ist Beweis zumindest meiner Magerkeit, und da Lebhaftigkeit oft fälschlich Geist genannt wird – warum nicht auch meiner Geistigkeit – Aufgemerkt! mit Geistigkeit meine ich nichts *Ekklesiastisches* oder im mindesten kirchlichen Angelegenheiten vergleichbares, ich benutze das Wort in Ihrem eigenen gutgemeinten Sinne – und Gott bewahre, daß ich darüber hinaustrachte: Ich hätte Ihnen tausend Dinge zu sagen gehabt, grundsätzlich jedoch (als ein Gebot der Höflichkeit) von mir – und dem schnöden Thema, einem ganz und gar körperlichen, daß ich mein Übelbefinden in den Pyrenäen zurückgelassen habe & daß jene, die der Ehrgeiz peinigt & zerfleischt – oder deren Häupter sich nach Mitren sehnen, weiter nichts tun müßten, als sich aufmachen, & dort sollen Sie es finden —

Meine Tochter sehen! – Guter Gott! ei, sie ist mit Mrs Sterne im Süden Frankreichs & figuriert dort jetzt als das schönste & vielseitig gebildetste Mädchen im Königreich –

– Sie sind dort über die Maßen glücklich, & die Gründe, warum sie noch 1ein Jahr länger bleiben, werden Sie einem Brief entnehmen, den ich mir beizulegen erlaube und bitte, an Miss Botham zu übermitteln –. Ich habe von ihr noch einen Brief bekommen, ebenso hastig gekritzelt wie dieser ihres Vaters, aber gerade in diesen losen Briefen, die heiß aus dem Herzen fließen, offenbart sich das wahre Westen – Ich schicke ihn Ihnen, damit Sie ihn lesen & verbrennen.

Ich verlasse London, um eine Menge Unsinn zu schreiben — wenn möglich als ein Mann von Sinn & Verstand – aber da liegt's. Hätten Apoll, die Parzen oder sonstwer mich in diesem Sommer in die Umgebung von Mrs Montagu verpflanzt, hätte ich mein Pferd satteln & nach Gusto Geist & Weisheit einheimsen können – was den Unsinn betrifft, bin ich sowohl durch meine Natur wie durch meine Reisen recht wohl damit versehen. Sollten Ihre Göttlichkeit nicht vom Weihrauch die Nase voll haben, sollte sie sich im nächsten Winter so gnädig erzeigen, an Sonntagen und Feiertagen die eine oder andere Kleinigkeit aus meinen Händen zu empfangen – in der Zwischenzeit muß ich mich, wie der Zöllner in der Bibel, damit begnügen, sie von ferne anzubeten – allzeit aber

beehre ich mich, zu sein (was meine Herkunft bezeugt)

Ihr ergebener

L. Sterne

Elizabeth Montagu: Sie war die Cousine von Laurence Sternes Frau. Näheres zu ihr erläutert die Anmerkung zu Brief 67.

Lord Ligonier: Feldmarschall JOHN-LOUIS LIGONIER (1680–1770), Visount Ligonier und Baron of Ripley, hatte schon mit Sternes

Vater unter Marlborough an den Kämpfen bei Douai, Béthune und Aire teilgenommen. Er war Subskribent der »Sermons«.

pour arrondir le Period: um den Satz abzurunden, Sternes Stolz auf seine französische Eleganz ist unüberhörbar.

an Miss Botham zu übermitteln: wohl eine der Töchter Reverend JOHN BOTHAMs, des verwitweten Schwagers (der, der als erster Sternes Nachlaß sichtete und viele Briefe verbrannte). Er war mit Elizabeth Sternes Schwester Lydia verheiratet gewesen.

diesen losen Briefen, die heiß aus dem Herzen fließen: ein Ausdruck, den Sterne gerne und wiederholt verwendet.

– aber da liegt's: im Original ›there is the rub‹; eine Anspielung auf »Hamlet«, 3. Akt. 1. Szene (vgl. auch Anmerkung zu Brief 149, »ja da liegt's«).

Unsinn ... versehen: Spätestens jetzt scheint Sterne die Idee zu haben, seine Reisen in einen Band des »Tristram Shandy« zu verwandeln, also Band VII zu schreiben.

133. An Robert Hay Drummond, Erzbischof von York

[Coxwold, Sommer 1764]

1. Die hiesige Pfarrgemeinde umfaßt 158 Familien.

2. In unserer Pfarre gibt es keine Schenken oder sonstigen Versammlungsorte.

3. Es gibt eine öffentliche Schule, die durch eine Stiftung von Sir John Hart unterhalten wird – Der Name des Lehrers ist Newton. Die Schüler werden nur in der lateinischen und griechischen Sprache unterwiesen – daneben gibt es eine Armenschule, die von derselben Person gestiftet wurde, damit die Kinder der Gemeindemitglieder Schreiben lernen können. – Es wird auf alle gehörig gesehen.

4. Es gibt zwei Hospitäler, die Thomas Earl Fauconberg,

ein Vorfahr des jetzigen Earls, gestiftet hat. – In diesen Hospitälern ist alles in der gemäßen Ordnung

5. Es gibt kein Pfarrhaus in unserer Gemeinde. Ich habe immer in einem Haus unweit der Kirche gelebt, das Earl Fauconberg gehört; dort wohne ich auch gegenwärtig.

6. Ich habe einen festangestellten Kuraten – und ich werde auch immer einen brauchen, da ich besorge, nie imstande zu sein, meine Amtspflichten selbst zu versehen – Der Name des Kuraten ist Kilner. Er dient der Pfarre seit zweieinhalb Jahren – Durch irgendein Versehen von seiner oder meiner Seite ist er bis jetzt immer daran verhindert worden, die Priesterweihe zu erhalten – Er wird zur nächsten Ordination bei Euer Gnaden vorstellig werden. Ich gewähre ihm jährlich dreißig Pfund.

7. Der Gottesdienst wird von meinem Kuraten ausschließlich in meiner Kirche abgehalten – Sonntags finden jeweils zwei Gottesdienste statt, mit einer Predigt am Morgen, und Andachten ordnungsgemäß an allen Feiertagen.

8. – Ich weiß von keinem.

9. Die Kinder werden während der Fastenzeit und an Ostern katechisiert –

10. Das Sakrament des Heiligen Abendmahls wird siebenmal im Jahr gespendet. – Die Zahl der Kommunikanten beträgt 245.

11. In unserer Kirche gibt es keine Kapelle.

12. Öffentliche Kirchenbußen wurden nicht verhängt. –

Pfarrei Coxwold. Laurence Sterne A. M: Berufen am 29. März 1760.

Diakon: 6 März 1736. Ric. Lincoln.

Priester: 20. August 1738. Saml Castriens

An Robert Hay Drummond, Erzbischof von York: Der Brief antwortet auf einen Fragebogen, den Sternes Dienstherr ausgegeben hatte, um die Verhältnisse in seinen Gemeinden zu erfassen.

umfaßt 158 Familien: Der Fragebogen erkundigte sich nicht nur nach der Zahl der Familien, sondern auch danach, wie viele ›disenters‹ unter ihnen seien. Aber anders als noch in Sutton (Brief 5), wo es 5 waren, gibt es in Coxwold wohl keine.
Newton: wohl REV. JOHN NEWTON (geb. 1732), der Kurat von Husthwaite und Leiter der Grammar School in Coxwold. Er übernahm nach Sternes Tod die Pfarrei in Coxwold.
Thomas Earl Fauconberg: THOMAS BELASYSE (1627–1700), ein entfernter Vorfahr von Sternes Dienstherrn (zu diesem siehe Anmerkungen zu Brief 16).
verhindert ... Priesterweihe zu erhalten: Das war denn nun mehr als ungewöhnlich und Sterne mußte einige Hebel in Bewegung setzen, um ihm am 4. November eine ordentliche Ordination zu verschaffen (siehe auch Briefe 89 und 141).
Ich weiß von keinem: Die Frage war, ob auch Ungetaufte oder Unkonfirmierte in die Kirche kämen.
Diakon ... Priester: Hier antwortet Sterne auf die Frage, wann er zum Diakon und wann zum Priester ordiniert wurde.

134. An William Combe

Montagmorgen.
[?Sommer 1764]

Die Geschichte, mein lieber Freund, die Ihnen im Gewand so großer Autorität hinterbracht wurde, ist, wie so viele andere Geschichten, vollkommen unwahr. Mr. Hume und ich hatten nie in unserem Leben einen Streit, ich meine, einen ernsthaften, wütenden oder verdrießlichen Streit: – ich wäre tatsächlich aufs höchste überrascht, wenn man mir sagte, David habe jemals mit irgend jemand einen unerfreulichen Disput geführt; – und sollte man mich wirklich glauben machen, es habe einen solchen Vorfall gegeben, könnte mich wirklich nichts davon überzeugen, daß sein Opponent sich nicht im

Unrecht befand: – Denn ich bin in meinem Leben noch keinem Geschöpf mit einem milderen und sanfteren Wesen begegnet; und dieser liebenswerte Charakterzug ist es, der seinem Skeptizismus mehr Gewicht und Überzeugungskraft verliehen hat als alle Argumente seiner Sophisterei. – Dies darf Ihnen als die reine Wahrheit gelten.

Wir führten einmal, ich entsinne mich dessen gut, ein munteres Scharmützel an Lord Hertfords Tafel in Paris; welches indes auf beiden Seiten nie Wohlwollen und Artigkeit vermissen ließ. – Ich hatte an diesem Tag in der Kapelle des Gesandten gepredigt, und David war aufgelegt, sich ein wenig über den Pfarrer zu belustigen; und der Pfarrer wiederum war aufgelegt, seinen Spaß mit dem Ungläubigen zu treiben; wir lachten gemeinsam, und die Gesellschaft lachte mit uns – und einerlei, was Ihr Zuträger auch immer behauptet, er zählte gewiß nicht zu unserer Runde.

Was seine andere Geschichte anlangt, ich hätte in der Kapelle des Gesandten eine anstößige Predigt gehalten – so fußt sie ebenso fest auf der Wahrheit; denn Lord Hertford erwies mir die Ehre, sich ein ums andere Mal dafür zu bedanken. Die Bibelstelle, gestehe ich, war unglücklich gewählt, und mehr kann Ihr Zuträger nicht gehört haben, um seinen Bericht zu rechtfertigen. – Sollte er augenblicklich eingeschlafen sein, nachdem ich sie wiederholte – so will ich ihm verzeihen.

Die Sache verhielt sich wie folgt.

Lord Hertford hatte gerade ein prächtiges Hotel gemietet und ausgestattet; – und da zu Paris ein jedes und alles den Anlaß zu einer Mode gibt, so war es für jedermann die Mode, das neue Hotel des englischen Gesandten zu besichtigen. – Es weckte Neugier, erregte Heiterkeit und lieferte den gebildeten Pariser Kreisen für mindestens vierzehn Tage Gesprächsstoff.

Nun fiel es mir zu, will sagen, man ersuchte mich, beim ersten Gottesdienst, der in der Kapelle dieses neuen Hotels abgehalten wurde, zu predigen. – Als ich die Nachricht erhielt, spielte ich mit den Thornhills eben eine tüchtige Partie Whist, und ob es nun daher kam, daß ich recht jäh von meinem Nachmittagsvergnügen abberufen wurde, um mich für diese Sache vorzubereiten, denn der Gottesdienst fand bereits am nächsten Tag statt, oder ob der Grund anderswo lag, das wage ich nicht zu entscheiden, jedenfalls kam eine unselige Grille über mich, und eine sehr unglückliche Bibelstelle geriet mir in den Sinn, und das werden auch Sie finden, wenn Sie sie lesen.

»Und Hiskija sprach zu dem Propheten: Ich habe ihnen meine goldenen Gefäße gezeigt und meine silbernen Gefäße und meine Frauen und meine Nebenfrauen und meine Krüge mit Salböl, und alles, was ich in meinem Hause habe, zeigte ich ihnen: Und der Prophet sprach zu Hiskija, Du hast sehr töricht gehandelt.«

Da nun der Text in der Heiligen Schrift steht, konnte er nicht anstößig sein; wiewohl gottlose Geister es sich bisweilen einfallen lassen, sie mit ihren eigenen niederträchtigen Verdrehungen zu mißhandeln. Aber die Predigt an sich hätte nicht unschuldiger sein können, und David Hume begünstigte sie durch seine Huld und Billigung.

Aber da schreibe ich jetzt, ohne noch recht zu wissen, wie's zuging, ganze Seiten lang über mich – während der einzige Teil meines Briefes, der rechtfertigen kann, daß ich immer ich sage, darin besteht, jedem sanften Gemüt, oder jedem treuen Freund zu versichern, so wie jetzt Ihnen, daß ich bin deren, oder dessen oder Ihr

Verbundenster und ergebenster Diener.

L. Sterne

William Combe: Sterne schreibt hier an WILLIAM COMBE (1741–1823), den Mann, der später als notorischer Fälscher angeblicher Sterne-Briefe in Erscheinung treten wird (siehe das Vorwort). Kaum jemand ist den Herausgebern von Sterne-Briefen verhaßter. Der vorliegende Brief, so nimmt man an, stammt allerdings tatsächlich von Sterne, die Textgestalt gilt, wie die ebenfalls aus der Quelle Combe stammenden Briefe 153 und 157 allerdings als etwas unsicher.

Combe war ein fleißiger Vielschreiber, Bekanntheit erlangte vor allem seine »The Tour of Dr. Syntax in Search of the Picturesque« (1802), in erster Hinsicht allerdings wegen ihrer prächtigen Illustrationen durch Thomas Rowlandson (von dem es auch wunderbare Illustrationen zum »Tristram Shandy« gibt). Andere Werke sind z. B. »The Philosopher in Bristol« (1775), »Original Love-Letters between a Lady of Quality and a Person of Inferior Station« (1783) oder auch die »Fragments in the Manner of Sterne« (1798). Sterne und Combe hatten sich wohl im Frühjahr 1764 in Paris kennengelernt, wo Combe im Gefolge des VISCOUNT BEAUCHAMP unterwegs war (siehe Brief 131).

vollkommen unwahr: Hier geht es um die Ereignisse am und um die umstrittene Predigt, die Sterne in Paris gehalten hatte (siehe Anmerkungen zu Brief 130). Wie genau sich das Treffen mit HUME am Abend zugetragen hat, läßt sich nicht mehr rekonstruieren.

Mr. Hume: Es geht um DAVID HUME (1711–1776), den berühmten skeptischen schottischen Philosophen, Historiker und Ökonomen, der zu dieser Zeit Sekretär des Earl of Hertford war, Autor u. a. von »A Treatise of Human Nature« (1739/40), »An Enquiry concerning Human Understanding« (1748), »Political Discourses« (1751) und »History of Great Britain« (1754). Sterne ließ in der »Empfindsamen Reise« über ihn reden: »Ein vorwitziger französischer Marquis verlangte an der Tafel unseres Gesandten von Mr. H— zu wissen, ob er H— der Dichter sei? Nein, sagte H— nachsichtig – *Tant pis,* erwiderte der Marquis. / Es ist H— der Geschichtsschreiber, sagte ein anderer – *Tant mieux,* sagte der Marquis. Und Mr. H—, welcher ein Mann von vortrefflichem Herzen ist, dankte verbindlich für beides.«

David Hume seinerseits urteilte über »Tristram Shandy« mit dem vielzitierten Bonmot: »Das beste Buch, das seit dreißig Jahren von einem Engländer geschrieben wurde (denn Dr. Franklin ist ein Amerikaner) ist Tristram Shandy, so schlecht es ist. Eine Bemerkung, die auf den ersten Blick vielleicht erstaunen mag, die aber, wenn man darüber nachdenkt, wahr ist.«

Lord Hertford: der damalige englische Gesandte in Paris (siehe Brief 130, dort unter seinem zweiten Titel Lord Beauchamp).

Hertford ... ausgestattet: Er hatte 1764 das in der Tat herrliche Hôtel

de Brancas gekauft. Auch vor diesem Hintergrund war die Wahl eines Textes, der den eitlen Stolz auf weltliche Güter anprangert, zumindest gewagt.
beim ersten Gottesdienst: Der Gesandte selbst konnte erst am 17. April in seine neue Residenz ziehen – Sternes Predigt war der erste Gottesdienst dort und ein echtes öffentliches Ereignis.
den Thornhills: Mit ihnen reiste Sterne von Toulouse zurück nach England (siehe die Briefe 95 und 129).

135. [M] An Thomas Kilvington

Burrowbridge.
Montag [?Juli 1764]

mein lieber & trefflicher Reisegefährte – Letzte Nacht kam mir in den Sinn, ich könnte auf meinen dürren Gaul steigen & eine Woche in Harrowgate verweilen – & als ich soweit gediehen war – kam mir gleichfalls in den Sinn, daß Sie diesen Ort durch Ihre gelegentliche Anwesenheit zu einem glücklichen & heilsamen gemacht haben. – Also bin ich abgestiegen, um Ihnen ein paar Zeilen zu schreiben und zu sagen, wie glücklich ich wäre, mit Ihnen dort einen Abend zu verbringen, vorausgesetzt, die Göttin der Vorsicht ermöglicht es Ihnen, Ripon zu verlassen, solange ich hier im Grünen Drachen bin, was wohl bis zum Samstag sein wird.

Adieu; und nehmen Sie dies zumindest als kleines Zeugnis, wie sehr ich Sie mag; & daß ich bin Ihr *loyal ami* (was nebenher gesagt Altfranzösisch ist, aber mit einem sehr guten Sinn).

L. Sterne

Thomas Kilvington: THOMAS KILVINGTON (1733–1823), ein wohlhabender Arzt aus Ripon in North Yorkshire, das etwa 40 Kilometer nordwestlich von York liegt.

Harrowgate: Harrogate, der mondäne Kurort in North Yorkshire, etwa 35 Kilometer nordwestlich von York.
Grünen Drachen: Laut THOMAS CARLYLE, der einige Jahre später dorthin reiste, war der Grüne Drachen in Harrogate »das bevorzugte Haus des Adels und der guten Gesellschaft«.

136. [M] An Robert Foley York, [Sonntag,] 26. Augst 1764

Mein lieber Foley,

Ein junges Frauenzimmer, durch welches ich Ihnen einen Brief übersandt habe, wird auf ihrer Reise nach Italien durch Paris kommen – Sie heißt Miß Tuting, eine im ganzen Königreich bekannte und geliebte Dame – Können Sie ihr durch Ihren Rat &c bezüglich ihrer Reise &c auf irgendeine Art behilflich sein, so bin ich gewiß, Ihre Gutherzigkeit und Höflichkeit bedürfen meines Ansporns dazu nicht. Es tat mir leid, daß es uns während unseres Aufenthalts in London wie zwei Brunneneimern erging, denn wir konnten dort niemals zusammenkommen, während des Monats, den ich mich dort und in der Umgegend aufhielt. — Bekomme ich diesen Winter auch nur einen dreitägigen Husten, so werden Sie mich gewiß die folgende Woche in Paris sehen, denn nun opfere ich alles in dieser Welt meiner Gesundheit und meinen Freunden auf – denn die letzte Predigt, die ich je halten werde, ward zu Paris gehalten – ich bin nun also ein ganz und gar müßiger oder vielmehr, was noch besser ist, ein freier Mann. Mit letzter Post übermachte ich Mr Selwin zwanzig Pfund, somit habe ich, seit meiner Ankunft hier, einhundert Pfund remittiert – Davon müssen Sie sich, was ich Ihnen schuldig bin, selbst bezahlen – & den Rest auf das Konto schreiben –

Zwischen jetzt & kommender Lichtmeß wird Mrs Sterne hin und wieder Wechsel auf Sie ziehen bis zu dem Wert von einhundert Louisdor – aber nicht mehr (denke ich), zumal ich ihr einhundert in barer Münze dagelassen habe – Sie sollen aber allezeit Geld von mir im Voraus bekommen, – & sie hat sich vorgesetzt, im Jahr nicht über 5000 Livre auszugeben – freilich kommt es zwischen uns auf zwanzig Pfund hin oder her nicht an. – Richten Sie Panchaud meine herzlichsten Grüße aus. – Ich habe Ihnen tausenderlei Dinge zu sagen; & würde den halben Weg bis Paris gehen, um sie Ihnen zu sagen & das Vergnügen zu haben, Sie zu sehen. – Thornhills & Hall & Lowther & noch viele anderer Ihrer Freunde – bei denen ich jetzt bin – empfehlen sich Ihnen – meine Empfehlung an alle Freunde.

Lieber Foley, ich bin
Ihr aufrichtig ergebener
L– Sterne

Miß Tuting: SARAH TUTING, Tochter des Rennenthusiasten George Tuting aus Newcastle und Schwester des Autors des »Sporting Calender«, hatte Sterne wohl am 26. August 1760 und dann wieder 1766 in Neapel getroffen und ihn verzückt.

Mr Selwin: der oft erwähnte Bankier Sternes (siehe etwa Brief 114).

Panchaud: ein Mitarbeiter des Bankhauses SELWIN & FOLEY (siehe Brief 101).

Lowther: Hier ist etwas unklar, um welchen der möglichen zahlreichen Lowthers es sich handelt.

137. An Sarah Tuting Coxwold. [Montag,] 27. Augst 1764

An Miss T —

— Alsdenn! noch einmal adieu! – Lebewohl! Gott sei mit Ihnen! Möge auf dieser langen Reise kein Dorn auf dem Pfade wachsen, den Sie wandeln; und wenn Sie sich niederlegen, möge Ihr Kissen, sanfte Sally, so weich sein wie Ihr Busen; und möge jeder Traum mit Freuden gefärbt sein, die nur solchen Herzen wie dem Ihren zu empfangen bestimmt sind – gesunden Sie also, teure Lady, nur um Ihr Geburtsrecht *hier* nicht zu verlieren – & sterben Sie nicht, auf daß Sie es nicht verfrüht im Jenseits beanspruchen.

Dies ist bloßer Eigennutz; und doch glaubte ich, den empfindsamsten Brief zu schreiben, den wahre Galanterie jemals komponiert hat — und auf mein Wort, ich glaube es immer noch – doch warte ich den Tadel ab, bevor ich mich rechtfertige.

Ist's denn möglich, Ihnen für Ihre Krankheit einen Rat zu erteilen, mit dem mir Ihr Menschenverstand & Ihre Philosophie nicht schon den Rang abgelaufen haben? – Insofern sie von Ihrem Gemüt abhängt. Denn hier muß ich mir die Freiheit nehmen, Sie zu belehren, daß wegen Ihres großen & schönen Zartgefühls jeder Hinweis in dieser Richtung verzeihlich wird: Denn wenn Ihre freundliche Seele mit allzu glühender Ungeduld nach jenen lechzt und dürstet, die Sie zurückgelassen haben – so wird das Wenige, was von Ihnen noch übrig ist, zu einem Schatten dahinsiechen: Das Herz muß auf dieser Wallfahrt zur Gesundheit hin fröhlich sein und frei von Sehnsüchten — auf der ganzen Reise darf Ihnen kein harter Stoß Körper oder Sinn verstören – haben Sie einen Philander zurückgelassen — gedenken Sie seiner nicht — Über Beschwerlichkeiten und Zumutungen müssen

Sie lächeln – über schlechte Gasthöfe – & darüber, was Ihnen besonders wehetun wird, weil es Ihrem Wesen am meisten widerspricht – über fühllose Blicke.

Die sanfte Sally T— ist aus einem zu feinen Gewebe gemacht für den groben Verschleiß durch die Welt – ein sanfter Bruder oder einer, der ihr fester beisteht, denn ein Bruder, sollte sie itzt bei der Hand fassen und behutsam auf ihrem Weg geleiten – achtsam die glattesten Wege für sie auswählen – Rosen darauf streuen – & wenn ihm die schlaffen und abgematteten Fasern anzeigen, daß sie ermattet sei — sie auf seinen Armen tragen —

Ich verachte die Menschheit dafür, daß kein Mensch dies für Sie tut — Sie wissen, was ich im weiteren zu sagen habe — doch adieu.

Ihr treuergebener

L. S.

Philander: ein Synonym für »männlicher Liebhaber«.

138. [M] An John Hall-Stevenson [Coxwold, Dienstag,] 4. September 1764

Nun, mein lieber, lieber Antony – dünkt es mich eben zwar keine so abscheuliche Sache, acht oder zehn Tage (gerade jetzt) in Scarborough als wie ein Bruder Lustig zu leben – kann ein Mann aber auf probate Art dorthin gelangen und jede Seele in seinem Hause ist gesonnen, das mögliche zur Beförderung eines solchen Vorhabens beizutragen, so brauche ich darum niemand um Rat zu fragen – Da man nun aber wohl etwas Schlimmeres tun könnte, so will ich hiemit bloß offen aussprechen, daß ich hier wenige arme Schäflein für vierzehn Tage in der Wüste verlasse – und mir aus lauter Vermessenheit und Herzensbosheit anschaue, was sich in Scarborough tut – mit dem unerschütterlichen Vorsatz, hernach wieder ein neues Leben zu beginnen und meinen Glauben zu befestigen. – Nun aber sagen einige Leute, es gebe viel Gesellschaft dort – andere sagen wiederum das Gegenteil – und ich glaube, keines von beidem ist wahr – beides werde sich aber bewahrheiten, wenn nur die Leute einen Monat Geduld haben wollen. – Nein, mein lieber Hall, ich habe es nicht aufgeschoben, Deinen Brief sogleich auf die Post zu senden – Da es in *** Launen, kritische Zeiten oder vielmehr Umschwünge und Umwälzungen gibt, so wußte ich ja nicht, was man mit einer einzigen Stunde Verzögerung aufs Spiel setzte – Ich stehe dafür, er hat Dir siebenzig mal sieben verziehen – und Dich ebensooft zum Teufel gewünscht. – Nach vielen Oszillationen wird das Pendel wieder so fest im Lot sein wie eh und je.

Meine herzliche Empfehlung an Sir Charles Davers und G–s – Ich liebe sie von ganzem Herzen – Sollte Gilbert bei Dir sein, auch ihn. – Mit meines Onkel Tobys Liebschaften schreite ich zwar nicht geschwind, aber doch noch passabel voran – Solange als die Sonne heiter scheint, kann man nicht dahocken und sich den Kopf zerbrechen – in sechs oder sieben Wochen wird's mit der ganzen Herrlichkeit ein Ende haben, und hernach kommen noch düstere Monate genug, um an einem schweflichten Kamin zu ersticken. – Kannst Du nach Scarborough kommen, dann tu's. – Ein Mann, der wöchentlich sechs Tonnen Alaun macht, kann alles tun – Lord Granby wird ebenfalls dort erwartet – Welche Versuchung!

Dein Dich liebender,

L. Sterne

Scarborough als wie ein Bruder Lustig: STERNE und HALL-STEVENSON trafen und verlustierten sich gern in dem mondänen Seebad, das zudem in der Nähe von Halls Skelton Castle lag, ob nun gerade Rennwochen waren oder nicht.
Vermessenheit und Herzensbosheit: Anspielung auf Samuel 17,28 – »Ich kenne deine vermessenheit wol vnd deines hertzen Bosheit«.
*****:** leider unidentifiziert.
siebenzig mal sieben: Anspielung auf Matthäus 18,21–22.
Sir Charles Davers und G–s: SIR CAHRLES DAVERS (1737–1808), Baronet of Rushbrook, ehemaliger Soldat, Parlamentarier, ein »respektabler Landedelmann«, wie es über ihn hieß. ›»G–s« ist leider nicht identifiziert.
Gilbert: der schriftstellernde THOMAS GILBERT (1713–1766), der wie Sterne und Hall-Stevenson in Cambridge studiert hatte und zum Kreis der ›Demoniacs‹ um Hall gehörte.
Ein Mann ... Alaun macht: HALL-STEVENSON war Besitzer einer Alaunmine in der Nähe von Skelton.
Lord Granby: JOHN MANNERS, MARQUESS OF GRANBY (1721–1770), Oberbefehlshaber der britischen Truppen im »deutschen Krieg«, Kriegsheld der Engländer (siehe Anmerkung zu Brief 69).

139. [M] An John Hall-Stevenson Coxwold, – Donnerstag. [27. September 1764]

Mein lieber Vetter,

ich bin erst diesen Augenblick von Scarborough zurück, wo ich seit den Rennen die Brunnenkur gemacht und mich erstaunlich gestärkt haben würde, hätte ich mich nicht ebenso geschwind wieder entkräftet, indem ich mit Lord Granby und Co zu sehr über die Schnur gehauen. Es freut mich, daß Du in Harrowgate Quartier genommen hast, von wo Du inzwischen wohl wieder aufgebrochen bist – andernfalls würde ich, Müßiggänger, der ich gewesen, doch mit Dir und Deiner famosen Gesellschaft dem Gott des Gelächters einige Tage geopfert haben. – Seit ich Dich verließ, habe ich meines Wissens kein gutes Werk getan, außer daß ich Deine anderthalb Guineen an K — ausbezahlt habe – auf meinem Weg durch York hierher – Ich muß mich jetzt zu bessern suchen – Nur zu, sei auf einen Monat glücklich,

Dein Dich liebender

L. Sterne

Lord Granby und Co: zu LORD GRANBY siehe den Kommentar zum Vorgängerbrief, hier sei nur hinzugefügt, daß sein Ruf als Liebhaber des Weines seinem Ruf als Kriegsheld wenig nachstand; zu seinen ›Cos‹ in Scarborough zählten WILLIAM PETTY, EARL OF SHELBURNE (auch ein Adressat Sternes, siehe Brief 208, und wie dieser mit D'HOLBACH, DIDEROT und HUME befreundet); dabei wahrscheinlich auch WILLIAM HEWETT, den Sterne wohl aus Frankreich kannte.

K —: eventuell Reverend J. KIND, Vikar in Middleton, der vielleicht mit dem J. KIND identisch ist, der die Predigten subskribierte, vielleicht aber auch ein anderer, man weiß es nicht wirklich genau.

140. [M] An Robert Foley [Coxwold, Samstag,] 29. September, 1764.

Mein lieber Freund,

soeben ward mir die Ehre zuteil, einen Brief von Miss Tuting zu erhalten, voller Dankbarkeit für Ihre Gefälligkeit und die ihr geleisteten, gütigen Dienste; ich glaube nicht, daß sich diese den Briefen der Duchess von Ancaster oder meinen verdankten. *Sie bedurfte keiner Empfehlung*, gewiß nicht – das aufrichtigste und ehrlichste Kompliment zolle ich Ihnen, indem ich sage, sie entsprangen Ihrem eigenen guten Herzen, Sie wurden nur mit der Sache bekannt gemacht – denn das übrige folgte von selbst – Lassen Sie mich dennoch mein Scherflein Dankes in den Schatzkasten werfen, der gutherzigen Taten gebührt. Ich bin die letzten drei Wochen mit Lord Granby in Scarborough gewesen – die dortigen Vergnügungen fand ich ausgelassener als die zu Bagnères letztes Jahr – Nun bin ich wieder in meine philosophische Klause zurückgekehrt, um den Tristram zu beenden, der nach meiner Rechnung um die kommende Weihnachtszeit der Welt vorgelegt werden wird, dann will ich meine Zelte hier abbrechen und mein Hauptquartier über den Winter in London aufschlagen – es sei denn, mein Husten treibt mich fort zu Ihnen in Ihre Hauptstadt – oder ich berede irgendeinen *gros* Lord, eine kleine Vergnügungsreise zu Ihnen zu tun – Ich will's versuchen, ob er sich die Freuden der *Tuilerien, Opéra Comique &c.* schmackhaft machen läßt.

Ich bekam diese Woche einen Brief von Mrs. Sterne aus Montauban, worin sie mir mitteilt, daß sie unverzüglich fünfzig Pfund brauche – Wollen Sie Ihren Korrespondenten in Montauban anweisen, ihr soviel Geld auszubezahlen – dann werde ich binnen drei Wochen die nämliche Summe an Becket senden – Da in ihrer Börse allerdings Ebbe herrscht, so schreiben Sie um Gottes Willen gleich. – Nun müssen Sie noch etwas ebenso Wichtiges für mich erledigen – nämlich Ihren dortigen Korrespondenten über ein Mißverständnis aufklären, der ihr, wie es scheint, vor nicht langem bedeutete *»sie sei zeitlebens von mir geschieden.«* – Da dies nun aber erstlich nicht wahr ist und zweitens den Leuten, unter denen sie lebt, einen nachteiligen Eindruck von ihr einzuflößen vermöchte – so wäre es doch unbillig, sie oder meine Tochter darunter leiden zu lassen; seien Sie also bitte so gut, ihm diesen Irrtum zu benehmen – denn in einem oder zwei Jahren beabsichtigt sie (was ich auch in der Tat mit Ungeduld von ihr erwarte), zu mir zurückzukehren – und sagen sie ihnen auch, daß ich alles Vertrauen der Welt dareinsetze, daß sie nicht mehr ausgeben wird als mir erschwinglich ist, und die jährlich zweihundert Guineen habe ich nur deswegen erwähnt – weil es in der Ordnung war, eine bestimmte Summe zu beziffern, für welche ich Sie bat, ihr Kredit zu geben. – Ich schreibe Ihnen über alle meine vertraulichsten Angelegenheiten wie einem Bruder, verzeihen Sie mir darum also, mein lieber Foley. Gott segne Sie – Glauben Sie, daß ich allzeit bin

Ihr Sie liebender
L. Sterne

Miss Tuting: die unser Autor offenbar ziemlich toll fand, siehe Briefe 136 und 137.

Duchess von Ancaster: MARY ANCASTER, die zweite Ehefrau des Duke of Ancaster, Mistress of the Robes von Königin SOPHIE CHARLOTTE, eine Freundin der umschwärmten SARAH TUTING.

mit Lord Granby in Scarborough gewesen: siehe die Briefe 138 und 139.

in meine philosophische Klause: Gern verklärt Sterne sein Haus literarisch – mal ist es strohbedeckt (obwohl in Wirklichkeit mit Schindeln), hier ist's eine rousseauische philosophische Klause.

***gros* Lord:** *ein großer* Lord.

an Becket senden: der das Geld wiederum an die Londoner Niederlassung der Bank einzahlen wird.

***Geschieden* … erstlich nicht wahr:** Nachdem ELIZABETH STERNE sich dazu entschloß, in Frankreich zu bleiben, adressierte Sterne Briefe nur noch an seine Tochter. Geschieden waren die Ehepartner freilich nicht.

zu mir zurückzukehren: was sie im Herbst 1767 auch tat – freilich nur einen Monat lang und um die finanziellen Konditionen auszuhandeln, wie sie ihr weiteres Leben in Frankreich bestreiten würde.

141. An Robert Hay Drummond, Erzbischof von York Coxwold [Dienstag,] 30. Okt. 1764.

Mylord,

Ich weiß nicht, ob es richtig oder falsch von mir war, das Zeugnis über das Betragen meines Kuraten, Mr Kilner, während der letzten drei Jahre zu unterzeichnen, weil ich mich ja den größten Teil dieser Zeit in einem anderen Land aufhielt und eigentlich gar nichts darüber wissen konnte: doch ich glaubte, die Gutherzigkeit Euer Gnaden würde ihm die einzige gute Auslegung angedeihen lassen, die es zuläßt; und daß ich damit nicht mehr wollte, als seine Tugend und gute Aufführung für die kurze Zeit zu attestieren, die ich mit ihm vor meiner Abreise ins Ausland verbracht habe, und für die wenigen Monate seit meiner Rückkehr. Ich hatte dem noch hinzufügt, daß er mir mit einer starken Empfehlung geschickt wurde; daß er in der Gemeinde einen sehr guten Leumund genießt; und daß man den Menschen schätzt als ruhigen und ehrlichen Mann & besonders als guten Lektor und Prediger: ich bin derselben Meinung; und wäre es nicht anmaßend, sich über einen Punkt zu äußern, worüber Euer Gnaden sich im Augenblick ihr eigenes Urteil bilden, so glaube ich auch, daß er ein guter Gelehrter ist — ich sage nicht, daß er eine anmutige Figur macht – denn seine leibliche Erscheinung ist armselig; & wenn er bei einem papistischen Bischof für die Ordination kandidierte – Der arme Kerl würde im Nu von jedem Kanonikus ausgestochen.

Ich bitte Euer Gnaden tausendmal um Vergebung, daß ich mir die Freiheit erlaube, noch ein Wort mehr darüber zu sagen als mir zustünde; mein ganzer Brief dient schlicht dem Zweck, »Euer Gnaden zu versichern, daß ich keine Absicht trug, Euch zu täuschen«; ich bin gewiß, kein Interesse dabei zu haben — denn wegen eines langen & hartnäckigen Hustens & und unzähliger Blutungen in meiner Lunge und einer hieraus folgenden gründlichen Erschlaffung dieses Organs (oder noch Schlimmerem) — prophezeien mir die besten Ärzte in Frankreich & hier, daß Predigen für mich tödlich wäre. Die Natur läßt mich in der Tat spüren, daß mir die Kräfte dazu fehlen – und mit meinem letzten jämmerlichen Versuch, in der Kapelle des Gesandten in Paris zu predigen (ob sie gleich nicht größer ist als Euer Gnaden Speisezimmer), hätte sich ihre Vorhersage beinahe erfüllt – aus diesen Gründen, da ich meiner Pflicht nicht selber nachkommen kann, obliegt es mir um so mehr, sie tadellos von anderen versehen zu lassen.

Ich bitte Euer Gnaden noch einmal um Vergebung, daß ich Euch damit behellige;

und wünsche Euer Gnaden aufrichtig & herzlich viele viele Jahre guter Gesundheit, ohne jede solche Sorge um deren Erhaltung.

Ich bin pflichtschuldigst & hochachtungsvoll
Euer Gnaden
allergetreuester Diener
Lau: Sterne

Mr Kilner: Sternes ordnungswidrigerweise nichtordinierter Hilfspfarrer (siehe Brief 133). Sterne versuchte, die Sache wieder geradezubiegen. KILNER wurde am 4. November dann in Brodsworth ordiniert.

ob sie ... Speisezimmer: Sternes Angabe verwirrte seine Biographen, der Raum im Paris war eher recht groß. Vielleicht war DRUMMONDs Speisezimmer in Brodsworth Hall allerdings auch sehr voluminös.

142. An Robert Foley York. [Sonntag,] 11. Nov: 1764.

Mein lieber Freund,

Vor zehn Tagen schickte ich Mr Becket einen Bankwechsel über dreißig Pfund und diesen Tag einen Sichtwechsel über zweiundfünfzig Pfund zehn Schilling; – Wenn ich nach London komme, was in 5 Wochen sein wird, dann sollen Sie so viel erhalten, daß Sie für Mrs Sterne allezeit genug in der Bank stehen haben – Mittlerweile habe ich Becket gebeten, Ihnen diese 82 Pfd zu übermachen – & sollte Mrs Sterne, vor meiner Ankunft in London, 50 Louisdor brauchen – seien Sie so gut und akzeptieren Sie ihren auf Sie gezogenen Wechsel; doch glaube ich, bis zu dem Zeitpunkt, da sie das Geld benötigt, die gedachte Summe in Beckets Hände bezahlt zu haben, – und sollte es nicht so sein, weiß ich, daß ein guter und schätzbarer Freund keinen Abstoß daran nimmt. Ich werde auf Mittel und Wege sinnen, Ihnen die 2 neuen Bde vom Tristram zukommen zu lassen, sobald ich sie aus der Druckerei erhalte – Sie werden eine so merkwürdige Reise durch Frankreich lesen, wie sie ein Reisender oder Reiseschriftsteller nur jemals seit Anbeginn der Welt geplant und ausgeführt hat –'s ist eine spaßhafte, gutmütige Satire aufs Reisen (wie Gecken reisen) – Panchaud wird sich daran ergötzen – Gegen die Pariser bin ich recht höflich – et *per Cosa*, – Wissen Sie – es möchte durchaus sein, daß ich ihnen wieder begegne – & vielleicht im kommenden Frühling. –– Ist es Ihnen möglich, mir auf irgendeinem Wege eine Kopie meines Bildes herüberzuschicken? – Wenn ja – dann würde ich an Mlle Navarre schreiben, sie möge davon eine so gute Kopie anfertigen, als sie nur immer kann – mit der Absicht, ihr dadurch hier Nutzen zu schaffen – und ihr 5 Louisdor übermachen – Ich glaube wirklich, es wird die Mutter von einem Dutzend Porträts für sie sein – wenn sie es mit dem Geist des in Ihren Händen befindlichen Originals ausführt – denn halb London wird es sehen – und da meine Physiognomie ebenso auffallend ist, als ich selber bin – so wird es ihr – wenn sie das wahre Wesen von beiden trifft, zur Ehre & gleichfalls zum Nutzen gereichen —

Schreiben Sie mir eine Zeile hierüber – & melden Sie mir, daß Sie wohlauf & glücklich &c. sind –

Dem ehrenwerten Baron d'Holbach belieben Sie, meine dankbarsten Empfehlungen zu melden – Ich möchte ihm einen der besten Abdrucke meines Porträts von Reynolds schicken & auch einen an Mons Lepeletier —

Meine freundliche Empfehlung an Mr Selwin – sagen Sie Panchaud, ich lasse herzlich grüßen.

& Sie selbst, lieber Foley, glauben Sie, daß ich bin

treu & zugetan

Ihr

L– Sterne

Mr Becket: Sternes Verleger (näheres siehe z. B. in den Anmerkungen zu Brief 73).

die 2 neuen Bde vom Tristram: Im Januar 1765 kamen 4000 Exemplare von Band VII und VIII auf den Markt. Es folgte eine nicht ausgewiesene korrigierte zweite Auflage, die darauf hindeutet, daß die Verkaufstalsohle der Bände V und VI durchschritten war.

et *per Cosa*: und wofür?

vielleicht im kommenden Frühling: In der Tat kam Sterne noch zweimal nach Paris.

eine Kopie meines Bildes: Ganz klar ist nicht, um welches Bild es sich handelt.

Mlle Navarre: wohl GENEVIÉVE NAVARRE, eine Malerin, die in der Rue de Beaurepaire in Paris, Porträts und Miniaturen anfertigte. Als Sterne sie traf, war sie siebenundzwanzig.

meines Porträts von Reynolds: Sterne hatte im März und April 1760 JOSHUA REYNOLDS (1723–1792) Modell gesessen. Nach diesem Gemälde hatte Edward Fisher ein Mezzotinto angefertigt (siehe auch Anmerkungen zu Brief 197).

Mons Lepeletier: MICHEL-ÉTIENNE LEPELETIER, Comte de Saint-Fargeau (siehe auch Brief 82).

143. [M] An John Hall-Stevenson [Coxwold, Dienstag,] 13. November 1764.

Mein lieber Vetter,

's ist für mich eine Woche der streitenden Kirche, voller Märsche und Gegenmärsche – und Verhandlungen über die Gemeindetrift von Stillington, welche wir einfrieden werden – sonst wäre ich Deiner Aufforderung gefolgt – allerdings hätte ich's auch sonst diese Woche schwerlich tun können, weil mir C—, der sehr krank gewesen, einen Brief schrieb und nun herreist, um auf eine Woche oder zehn Tage bei mir zu weilen. – Nun weiß ich, daß er begierig ist, Dich besser kennenzulernen, und sich von Herzen sehnt, Dich in Deinem eigenen Schloß zu sehen. – Ich kann also nicht umhin, ihn mitzubringen – noch darf ich davongaloppieren, weil er sonst nach der Herreise von London vor einem leeren Haus stünde, denn er kommt fast eigens, mich zu besuchen. – Ich danke Dir für Deine Aufsicht über meine nördliche Weinlese – Indes besorge ich, sie bedarf der Gärung jenseits der Alpen, was immer noch besser ist, als sie auf der Hefe liegen zu lassen – aber *nous verrons* – allein, ich fürchte, da es mir derart fest im Kopfe steckt und mich wie ein bewehrter Mann nächtens überfällt – so werde ich wohl, um meines Friedens willen, nachgeben müssen oder von der Idee mein Lebtag lang geplagt sein. – Die vergangene Woche hat mich ein Pärchen schäkerhafter Mädchen *Miss-geplagt* (*bien mises et comme il faut*), die ebensowohl bei mir im Hause hätten bleiben können (wiewohl vielleicht auch nicht, mein hiesiger Ruhesitz ist zu still für sie), sie haben mir freilich alle Zeit geraubt und meine Vernunft und Phantasie mehr als nötig ausreiten lassen. – Derlei Dinge harmonieren nicht gar zu wohl mit Predigtschreiben – aber das ist nun eben mein Schicksal & Verhängnis, wie Sancho sagt, und weiter ist darüber nichts zu bemerken. – Ich hoffe, mit Deinen Alaunwerken läuft alles glatt, und der Betrieb schafft Dir Vergnügen und ruft Dich zweimal (mindestens) täglich an die frische Luft. – Ich hoffe, die Werke in ungefähr zehn Tagen zu sehen – Wäre es mir nur irgendwie möglich, würde ich noch diesen Augenblick aufbrechen, obwohl ich keine Reiterei besitze – (*außer einer Eselin*). Meine freundschaftliche Empfehlung an Mrs. C. und Col. H...'s und an die Garnison sowohl zu Guisbro als zu Skelton. – Ich bin, lieber Antony, Dir zugetan,

Dein
L. Sterne

C—: Vielleicht WILLIAM COMBE, der schreckliche (siehe das Vorwort und die Anmerkung zu Brief 134), die Zuschreibung ist aber nicht gewiß.
jenseits der Alpen: Der Plan einer Italienreise schien in Sterne zu gären ...
nous verrons: *wir werden sehen.*
bien mises et comme il faut: gut gelungen und wie es ein soll.
aber das ist ... wie Sancho sagt: Anspielung auf »Don Quixote« II, III, 33.
mit Deinen Alaunwerken: siehe Brief 138 samt Anmerkungen.
Mrs. C. und Col. H...'s: Colonel JOHN HALE (1728–1806) aus Tockets, bei Guisborough und seine frisch angetraute Frau, née CHALONER.

144. [M] An Robert Foley

York, [Freitag,]
16. November 1764.

lieber Freund,

drei Posttage, ehe ich Ihr wertes Schreiben erhielt, (welches mir diesen Augenblick eingehändigt ward), hatte ich geschrieben, um Mrs. Sternes Irrtum zu heben – Sie hätten einiges Geld von mir in Händen – war es mir doch wohl bewußt, daß die einhundert Pfund, die ich Ihnen durch Becket übersandt, nur meine Rechnung mit Ihnen begleichen würden – Ihr Irrtum gründete darin, daß ich ihr gemeldet hatte, ich wolle Ihnen in einem oder zwei Posttagen einen Wechsel über fünfzig Pfund schicken – was ich aufschieben mußte, da meine Finanzen zur Neige gingen, – weswegen ich auch niemand etwas bezahlt habe – heute bin ich aber doch nach York gekommen und habe Ihnen eine Anweisung über einhundert Pfund geschickt – um der Wahrheit die Ehre zu geben, vor vierzehn Tagen, da hatte ich das Geld noch nicht – Ich bin aber so ehrlich wie der König (wie Sancho Pança sagt), *nur nicht so reich.*

Sollte Mrs. Sterne demnach noch dreißig Louisdor mehr bedürfen, so geben Sie sie ihr – und ich will alles (was viel nicht ausmachen dürfte) ehrenvoll um Weihnachten balancieren; ich werde mich dann in London aufhalten, denn ich habe nun eben meine beiden Bände vom Tristram fertig. – Ich überlege mir, dieses Jahr nach Italien zu reisen – zumindest werde ich es nicht über ein Jahr hinaus aufschieben. — Ich war bei Lord Granby und bei Lord Shelburne, habe mich aber jetzt bis zum Dezember in meiner feinen Abgeschiedenheit niedergelassen. – Ich wünschte Sie mir ebenso glücklich niedergelassen und aller weltlichen Sorgen enthoben. — In wenigen Jahren, mein lieber Foley, hoffe ich, Sie als einen echten Landedelmann zu sehen, wenn auch nicht ganz verbannt von Ihren Londoner Freunden – dort will ich jeden Winter meines Lebens im nämlichen Schoße der Zufriedenheit verbringen, die ich jetzt genieße – und wohin ich auch gehe – es gilt allezeit, drei Viertel vom Genusse in unserem Innern mitzuführen — Kurzum, wir müssen inwendig glücklich sein – und dann vermögen nur noch wenig äußere Dinge, uns etwas anzuhaben — Dies ist meine Shandyianische Philosophie. — Sie werden einen komischen Bericht meiner Reise von Calais durch Paris an die Garonne in diesen Bänden lesen – meine Freunde sagen mir, sie seien mit Esprit geschrieben — das Werk muß für sich selber sprechen – Bestellen Sie Mr. Selwin und meinem Freund Panchaud meine herzlichen Grüße –Sollten Sie den Baron d'Holbach treffen, so richten Sie ihm meine Empfehlung aus, und glauben Sie, lieber Foley, daß ich bin

herzlich Ihr
L. Sterne

so ehrlich wie der König (wie Sancho Pança sagt): etwas unklar, vielleicht in »Don Quixote« I, IV, 20.
Ich war bei Lord Granby und bei Lord Shelburne: die Trinkkumpanen von Brief 139.

145. [M] An David Garrick London, [Samstag,] 16. März 1765.

Lieber Garrick,

Ich habe Ihnen, als ich vor einigen Wochen an Foley schrieb, einen Brief angedroht, allein (zu meiner Schande sei's gesagt), ich führe ein so ausschweifendes Leben, daß ich nie einen Augenblick für mich selber hatte, der mir nicht durch die eine oder andere Verpflichtung oder Zudringlichkeit wäre gestört worden – und da gegen das Ende eines Stückes die Verwicklungen wachsen, werde ich es wohl, greife ich nicht itzt zu Feder und Tinte, kaum mehr bewerkstelligen, bis entweder ich aufs Land fahre oder Sie nach London zurückkehren. Sie werden von Ihren Briefpartnern ohnehin schon arg geplagt und bedrängt, zu uns zurückzukommen, und man meldet Ihnen, wie sehr Ihre Freunde und wie sehr Ihr Theater Ihrer bedürfen – so daß ich weder unseren noch Ihren Verlust mehren möchte – hoffe allerdings von Herzen, Sie bald wiederzusehen. – Seit meinem letzten Brief habe ich oft Ihr Haus besucht – will sagen, sooft ich die ganze Korona, mit der ich dinierte, mitnehmen konnte – Ich bin Ihnen freilich gerecht geworden, spazierte ich doch als witziger Kopf hinein – Vor mir selber aber habe ich das Konto so ausgeglichen – ich bin bisweilen im Hause meines Freundes Garrick, er aber ist allezeit im Haus Tristram Shandys, worin er, wie meine Freunde meinen, weiterleben wird (und ich hoffe, die Prophezeiung gilt auch für meine eigene Unsterblichkeit), selbst wenn er nicht mehr ist.

Mein Winterfeldzug hier ist lukrativ verlaufen – der Shandy geht gut ab – ich bürde dem Publikum noch zwei Bände Predigten auf, die den Gewinn vom Shandy mehr als verdoppeln werden – Das Werk paradiert mit einer stolzen Liste *de toute la noblesse* in die Welt hinaus – die Subskription wird mir dreihundert Pfund einbringen, ohne den Verkauf der Auflage – so werde ich, bei aller Verachtung für das Geld, die mir meine *façon de penser* jemals eingeflößt hat, wider Willen doch reich: indes müssen Sie wissen, daß ich mich, bei dem feinen *ton*, so ich gerade pflege, nicht herbeilasse den ganzen Bettel einzusacken. Ich gedenke, einen Teil davon zum Wohle der Welt aufzuwenden, indem ich Italien bereise, wo ich frische Beute auftreiben werde, es müßte denn der Teufel die Hand im Spiele haben. – Anfang September verlasse ich England, um aus der Zeit der Weinlese, in der die ganze Natur frohlockt, meinen Vorteil zu gewinnen, und so werde ich auf ungefähr ein Jahr jenseits der Alpen philosophisch umhertändeln. – Ich hoffe, Ihre Wallfahrten haben Mrs. Garrick und Sie selbst *à la fleur de jeunesse* zurückgebracht – Mögen Sie beide noch lange die Süße davon empfinden und Ihre

Freunde mit Ihnen. – Melden Sie, lieber Freund, meine herzlichsten Wünsche und Empfehlungen der besten und weisesten aller Töchter Evas – Sie aber sollen allezeit glauben und allezeit finden, daß ich bin Ihr wohlaffektionierter

L. Sterne

Sie nach London zurückkehren: Sterne fuhr Ende März seiner Gesundheit wegen nach Bath, das Ehepaar Garrick war am 18. September 1763 zu einer langen Reise auf den Kontinent, die sie u. a. nach Frankreich und Italien führte, aufgebrochen. Die Spielzeit 1762/63 war für Garrick sehr enttäuschend gewesen, und er reiste just an dem Tag ab, als die neue Theatersaison begann – eine wahrlich dramatische Geste. Im November 1764 waren die Garricks, aus Italien kommend, wieder in Paris eingetroffen, und dorthin schickte Sterne diesen Brief.
Ihr Theater: Garrick kehrte mit neuem Elan am 14. November des Jahres als Benedict in SHAKESPEAREs »Much Ado About Nothing« bejubelt auf die Bühne des Drury Lane Theatre zurück, auch König GEORGE III. kam, um ihn spielen zu sehen.
er ... im Haus Tristram Shandys: Im »Tristram Shandy« kommt Garrick viermal vor, Sterne rühmt seine Schauspielkunst – »Und wie sprach *Garrick* gestern abend seinen Monolog? ...« (I, Kap. XII); »O *Garrick*! zu welch glänzender Szene würde dein vorzügliches Talent dies gestalten!« (IV, Kap. VII), und singt ein Lob der Freundschaft – »Freund Garrick, den zu schätzen und zu ehren ich so viel Grund habe« (III, Kap. XXIV); »... mein lieber Freund *Garrick* ...« (VI, Kap. XXIX).
der Shandy geht gut ab: Man siehe dazu auch Brief 142.
noch zwei Bände Predigten: Die Bände III und IV der »Sermons« wurden ab dem 18. Januar 1766 von BECKET und DE HONDT verkauft, den Druck übernahm wieder WILLIAM STRAHAN.
stolzen Liste *de toute la noblesse*: Tatsächlich waren unter den 693 Subskribenten noble und bekannte Herren zu finden – COMBE, CRÉBILLON, DIDEROT, FOLEY, GARRICK, BARON D'HOLBACH, PANCHAUD, REYNOLDS, VOLTAIRE – doch kein einziger Bischof, der Streit mit Warburton (siehe Brief 51 und 59) forderte offenbar seinen Preis. Jeder Subskribent hatte 5 Shilling gezahlt, es ka-

men also mehr als 170 Pfund zusammen – doch wesentlich weniger als die von Sterne erhofften 300.
meine *façon de penser*: meine Denkungsweise. Auch wenn Sterne hier wie fast alle Intellektuellen des 18. Jahrhunderts seine Verachtung für den schnöden Mammon hervorhob und es einem Geistlichen nicht wohl angestanden hätte, mit Predigten reich werden zu wollen, mußte er doch zwei Haushalte finanzieren, den seinigen in England und den von Frau und Tochter in Frankreich.
dem feinen *ton*: Das Modewort bezeichnete alles und alle, die fashionable waren.
frische Beute: Man möchte hoffend annehmen, daß er nach Material für einen Roman suchen wollte.
Zeit der Weinlese: siehe Anmerkung »während der holdesten Zeit der Weinlese« zu Brief 96.
***à la fleur de jeunesse*:** in die Blüte der Jugend. Jedenfalls waren sie genesen – Mrs. Garrick hatte im Sommer 1764 sehr unter Rheuma gelitten und im Herbst war David Garrick in München lebensgefährlich an Typhus erkrankt.
aller Töchter Evas: natürlich Eva Maria Garrick (siehe Anmerkung zu Brief 82); man mag sich auch an eine andere Dame erinnert fühlen – »Eine Eventochter, denn das war die Witwe Wadman, und ich gedenke ihr kein anderes Zeugnis auszustellen als – / – »*Daß sie ein rechtes Vollweib war;*« (»Tristram Shandy«, VIII, Kap. VIII).

146. An Thomas Astle [London, Samstag, 23. März, 1765.]

Mein werter Sir

ein ewiger Reigen von Verpflichtungen, in dem jeder Augenblick meiner Zeit als Pfand genommen wurde – dazu einige Tage des Übelbefindens, natürliche Frucht von soviel Ausschweifung – hatten mir aus der Hand genommen, was so oft in meinen Kopf gewesen – Ihnen meine Aufwartung zu machen – Ich werde mir selbst das Vergnügen gönnen, am

Dienstagmorgen eine oder zwei Stunden bei Ihnen zu verbringen – um dann mittags für eine Woche nach Bath zu reisen, um diesen Zauberkreis zu durchbrechen – Sollte ich bis um halb zehn nicht bei Ihnen sein – so setzen Sie voraus, daß ich zu einem früheren Aufbruch genötigt wurde – & wäre Ihnen dann mein Besuch bei meiner Rückkehr genehm?

Seien Sie versichert, daß ich mir der bezeugten großen Höflichkeit bewußt bin, & daß

ich bin, werter Sir
Ihr Ihnen aufrichtig
verbundener
L. Sterne

An Thomas Astle: (1735–1803), Archivar und Sammler von Büchern und Handschriften, arbeitete seit 1761 für das British Museum am Index des Kataloges der Harley-Sammlung, die weit über 7000 Handschriften umfaßt, darunter ein herrlich illustriertes Exemplar des »Roman de la Rose« und eine Abschrift der berühmten Tilbury-Rede von Königin Elizabeth I., und vom Staatsmann ROBERT HARLEY, 1. Earl of Oxford and Earl Mortimer (1661–1724), sowie seinem Sohn EDWARD HARLEY (1689–1741) zusammengetragen worden war; sie gehörte 1753 zum Gründungsbestand des British Museum und wird heute in der British Library verwahrt. Astles »The Origin and Progress of Writing« (1784) wurde als Standardwerk bis gegen Ende des 19. Jahrhunderts nachgedruckt. Wie und wann Sterne seine Bekanntschaft machte, weiß man nicht, möglicherweise wollte Astle ihm den Fluch des Bischofs ERNULPHUS zeigen (siehe auch »Tristram Shandy«, III, Kap. X und XII), der zur Harley-Sammlung gehört.

147. An David Garrick

Bath – [Samstag,]
6. – Ap – 1765.

Lieber Garrick,

Ich Sie skalpieren! – meinen lieben Garrick! meinen lieben Freund! – wehe dem, der Ihnen auch nur ein Härchen krümmt! – und nämliche Regung erfüllte mich so sehr, – daß ich meinen Brief kaum zehn Minuten auf die Post gesandt hatte, als es mir schon einen Stich durchs Herz gab; & ich fortschickte, den Brief zurückzuholen – doch es schlug fehl. Da hast Du Dich nun eben schön vergangen, Shandy! sprach ich und stützte den Kopf in die Hand, als ich mir meine falsche Empfindlichkeit in dem Handel verwies – Garricks Nerven (so ihm noch einige verblieben) sind ebenso fein und empfindlich gesponnen wie Deine eigenen – seine Gefühle ebenso aufrichtig & freundschaftlich – Du weißt es, Shandy, daß er Dich liebt – warum willst du es riskieren, ihn auch nur für einen Augenblick zu kränken? Rotzlöffel! Hansnarr, Zieraffe, Esel &c &c – & also beglich ich die Rechnung zu Ihren Gunsten, ehe ich sie nach *Ihrer Art* aufgetischt bekam – Ich sage, nach *Ihrer Art* – weil ich die Rechnung zuvor schon unbeachtet gelassen hatte – denn es ist die beklagenswerte Wahrheit, daß ich keinen einzigen der Briefe erhielt, die ihre Freundschaft mir zugedacht hatte – außer – als ich in Paris war— O! wie sehr gratuliere ich Ihnen zu dem starken Verlangen, womit die Welt Ihre Rückkehr herbeigesehnt hat & immer noch herbeisehnt – Kehren Sie zurück – kehren Sie zurück zu den wenigen, die Sie lieben, und den Tausenden, die sie bewundern – Den Augenblick, da Sie Ihre Bühne betreten – Merken Sie wohl, was ich Ihnen sage – wird durch eine zaubrische, unwiderstehliche Kraft jede Faser Ihres Herzen von neuem frisch & ebenso stark & fühlend vibrieren wie eh und je: Die Natur mit dem Ruhm im Gefolge werden die Fackel in Ihnen entzünden – & es ist genug davon übrig, um die Welt noch viele, viele, viele Jahre lang warm und licht zu machen.

Gepriesen seit Gott! spreche ich aus vollem Herzen, daß Ihre Gemahlin & meine Minerva zu einem Spaziergang nach Windsor imstande ist – hochverzückt will ich den anmutigen Pilgrim zum Tempel geleiten, und ihr daselbst den reinsten Weihrauch opfern – indes, Sie mögen nun mit mir adorieren – oder nicht – es wird keinen Unterschied machen, weder in der Aufrichtigkeit noch in der Inbrunst meiner Andacht — immer noch (nach allen, die ich gesehen habe) – immer noch behaupte ich, sie sei einzig.

Powel! – Herr im Himmel! – gib mir jemand mit weniger Rauch & mehr Feuer – Es sind Leute, die gleich den Pharisäern immer meinen, sie werden erhöret, wenn sie *viel* Wort machen – Kommen Sie – Kommen Sie, mein lieber Garrick, & lehren Sie uns eine andere Lektion –

Adieu! – Ich liebe Sie von Herzen – und Ihre Teuerste noch mehr. – Nicht auf eine steckenpferdliche – sondern auf eine höchst empfindsame & zärtliche Art.

Denn ich bin der Ihre (nämlich, wenn Sie nie wieder ein Wort über diese elenden 20 Pfd verlieren)

mit allen Empfindungen der Liebe & Freundschaft, welche Sie von mir verdienen –

L. Sterne —

Ich treibe eben Schindluder in Bath – und werde in London sein, Ihr Eintreffen zu bejubeln.

Ich Sie skalpieren!: Anlaß für diesen Brief bot eine Geschichte, die im Dezember 1761 ihren Anfang nahm, als Sterne Garrick bat, ihm für die anstehende Reise nach Frankreich 20 Pfund zu leihen (siehe Brief 77). Im Frühjahr 1764 kam Garrick zu Ohren, Sterne sei in Paris auf den Tod erkrankt, besorgt um sein Geld schrieb er mehrere Briefe an Sterne nach London, die bei Sterne, wie er hier beteuert, nie ankamen. Der Ton des Briefes, den Sterne dann doch erhielt, kränkte ihn so sehr, daß er eine zornige Antwort verfaßte, auf die wiederum Garrick ihm vorhielt, er, Sterne, skalpiere ihn, Garrick. JAMES BOSWELL erzählte in »Life of Johnson«, Garrick habe großzügig Geld verliehen – aber auch im Ruf gestanden, geizig zu sein. Man sollte bei der ganzen Angelegenheit nicht vergessen, daß 20 Pfund damals keine unerhebliche Summe waren.

meine Minerva zu einem Spaziergang nach Windsor: Minerva war die griechische Göttin der Weisheit, der Kunst und des Wissens; Garrick hatte 1754 ein Landhaus in Hampton an der Themse gekauft und die Fassade von ROBERT ADAM im klassizistischen Stil erneuern lassen, den Garten mit einem SHAKESPEARE geweihten Tempel legte CAPABILITY BROWN an. Von Hampton House bis nach Windsor müßte man gut 13 Kilometer zu Fuß zurücklegen.

Powel: WILLIAM POWELL (1735–1769) war ein Protegé von Garrick, der dem jüngeren Schauspieler zu seinem ersten Auftritt am Drury Lane Theatre verholfen (am 8. Oktober 1763, Garrick war da schon in Frankreich) und ihm von seiner langen Auslandsreise Briefe mit kollegialen Ratschlägen geschickt hatte. Powell wurde schnell ein Publikumsliebling und spielte diverse Parts, von Alexander dem Großen bis Othello, »natürlich nicht mit gleichem Erfolg«, wie das »Dictionary of National Biography« (1885–1900) festhielt, »in manchen geiferte er, in anderen winselte er«.

den Pharisäern ... *viel* Wort machen: Sterne wollte sicherlich auf Matthäus 6,7 anspielen und setzte nur versehentlich Pharisäer anstelle der Heiden – »Vnd wenn jr betet / solt jr nicht viel plappern / wie die Heiden / Denn sie meinen / sie werden erhöret / wenn sie viel wort machen«.

Kommen Sie – Kommen Sie: Garrick kehrte am 25. April des Jahres nach London zurück.

diese elenden 20 Pfd: Sterne hat seine Schulden höchstwahrscheinlich zurückbezahlt; doch Garrick und er schrieben einander nicht mehr, und Sterne baute in die folgenden Bände des »Tristram Shandy« auch kein Lob des Schauspielers mehr ein.

148. [M] An Robert Foley Bath, [Montag,] 15. April, 1765.

Mein lieber Foley,

Meine Frau sagt mir, sie habe einen Wechsel über einhundert Pfund auf Sie gezogen, und es ist billig, daß Sie den Betrag den nämlichen Augenblick erhalten – Das Geld ist nun in Beckets Händen – Schicken Sie mir, lieber Foley, meine Rechnung, damit ich sie bis jetzt begleichen kann und weiß, was ich in Ihren Händen lassen soll. – Dieses Jahr habe ich einen erfolgreichen Feldzug auf dem Gebiet der Literati geführt – meine beiden Bände vom Tristram und zwei Bände Predigten, die ich sehr bald werde drucken lassen, sollen mir eine ansehnliche Summe eintragen. – Fast der ganze englische Adel beehrt mich mit ihren Namen, und man glaubt, es werde die längste und glänzendste Liste abgeben, die je einem Buch vorausparadiert ist, seitdem Subskriptionen Mode geworden sind. – Bitte melden Sie doch meine aufrichtigsten Empfehlungen Lady H — deren Namen ich, nebst vielen anderen, einzurücken hoffe. – Da auch viele Männer von Genie mich mit ihrem Namen beehren, so werde ich mit Mr. Hume zanken und ihn einen Deisten und was nicht alles heißen, bis ich auch seinen Namen kriege. – Meine besten Grüßen an Lord W. — Ihren Namen, Foley, habe ich als ein freiwilliges Opfer meiner Mühen eingerückt – Sie werden mir Ihre Liste von Subskribenten übersenden – 's ist bloß eine Krone für sechzehn Predigten – Spottbillig! es ist mir aber nur um die Ehre zu tun, nicht ums Geld. – Adieu, adieu, – glauben Sie, lieber Foley, daß ich aufrichtig bin

Ihr

L. Sterne

beiden Bände vom Tristram und zwei Bände Predigten: die Bände VII und VIII des »Tristram Shandy«; die Predigtbände wurden denn doch erst neun Monate später gedruckt (siehe auch Brief 142 und 145 samt Anmerkungen).

die längste ... Subskriptionen Mode: So lang Sternes Liste auch war, 1773 wurde sie von der Subskribentenliste der Yorker Ausgabe von »Antiquity; or, The Wise Instructor« – kompiliert von John Bodenham und Nicholas Ling – übertroffen, die sage und schreibe 3500 Namen umfaßte.

Lady H —: Es könnte Lady ISABELLA HERBERT (1726–1782) gewesen sein, die mit ihrem Mann die »Sermons«-Ausgabe von 1769 subskribierte, nicht aber diese Bände. Man weiß nicht, ob zu Foleys Bekanntenkreis eine weitere Lady H – gehörte, doch die DUCHESS OF HAMILTON (1733–1790), Lady CAROLINE HERVEY (1736–1819), Lady DOROTHEA HOTHAM (gest. 1798), Lady ELIZABETH HOWARD (1746–1813) und Lady LUCY WENTWORTH HOWARD (gest. 1771) subskribierten die »Sermons«-Ausgabe von 1766, und Foley könnte, als Bankier des Vertrauens für Frankreichreisende, all diese Damen gekannt und zu einer Subskription angeregt haben. Es wäre gut möglich, daß Sterne dies in seinem Brief an LADY HERVEY andeutet (Brief 157).

Mr. Hume: Der schottische Philosoph DAVID HUME setzte seinen Namen nicht auf die Subskriptionsliste. Er verlangte, die Welt nicht aus religiöser Perspektive zu betrachten, sondern mit Vernunft zu ergründen, den Calvinisten galt er als Atheist, die katholische Kirche setzte seine Werke auf den Index. Die Deisten betrachteten ihn, nicht zuletzt wegen seiner »Natural History of Religion« (1757), als einen der Ihren.

Lord W.: Der Sterneforscher LEWIS PERRY CURTIS glaubte, es handele sich um HUGH PERCY (1742–1817), LORD WARKWORTH, der die Predigten subskribierte, und es ist gut möglich, daß die Empfängerin von Brief 150 seine Frau, LADY ANNE, war – das aber würde bedeuten, daß Sterne, kaum daß er dem Lord seine »besten Grüße« hatte übermitteln lassen, mit dessen Gattin flirtete, was ihm durchaus zuzutrauen gewesen wäre. Und auch ihr, doch mehr dazu in den Anmerkungen zu eben diesem Brief 150. Ein weiterer Kandidat wäre PHILIP WENMAN (1742–1800), 7. VISCOUNT WENMAN, der ebenfalls die »Sermons« von 1766 subskribierte. 1763–1764 war er wahrscheinlich auf Grand Tour, Sterne hatte ihn jedenfalls in Paris kennengelernt. Außerdem käme noch THOMAS THYNNE (1734–1796), 3. VISCOUNT WEYMOUTH, in Frage, Kammerherr König Georges III., Oberststallmeister von Königin Sophie Charlotte, der 1760 die erste Predigtausgabe subskribiert hatte. Wegen seiner horrenden Kartenspielschulden flüchtete er sich 1765 vor seinen Gläubigern nach Paris, wie WALPOLE berichtete.

sechzehn Predigten: Die Bände III und IV der »Sermons« enthielten dann nur zwölf.

149. An Mrs. F --- [?London, April 1765]

An Mrs F —

— und bitt' Euch, aus welcher Veranlassung (entweder wirklich oder eingebildet) haben Sie, Madame, einen Brief von Bath nach London gesandt, um auszuforschen, ob Tristram Shandy ein Ehemann ist oder nicht? – Und Ihrerseits dürfen Sie sich fragen, wenn's beliebt, welche Veranlassung hat Gentleman Tristram Shandy, sich niederzusetzen und diese Frage zu beantworten?

Was die erste Frage anbelangt, liebe Dame, (denn wir werden ja schon etwas vertrauter), so müssen Sie diese Ihrem eigenen Gewissen beantworten – so wie ich die zweite dem meinigen beantworte; denn wenn ich dem Rumoren in jenem Körperteil, wo das Gewissen eines galanten Mannes seinen Sitz hat, ehrliche Beachtung schenke, spüre ich deutlich, daß ein Mann vom Schlage Tristram Shandys so liebenswerten Avancen einer so liebenswerten Prinzessin (immer noch ungenierter) nicht zu widerstehen vermag. Ja, mein süßes Geschöpf (– bald werden wir auf den Gipfel der Vertrautheit gekommen sein) – Hätte T. Shandy in irgendeiner Kammer seiner ganzen Wohnung auch nur ein Fünkchen Galanterie-Feuer, würde ein so freundliches Pochen an seiner Türe es anblasen, und er würde sich erkundigen, welch holde Dame draußen stünde. Mein Gott, Sie sind es, Mrs F....! welch Feuer haben Sie entfacht! Es reicht, das ganze Haus zu entflammen.

»Sollte Tristram Shandy Junggeselle sein« — (Du meine Güte!) – »gegen die Attacken von Hinz und Kunz bin ich völlig gefeit« – (dies bedarf apropos des Beweises, Madame) – Aber, mein lieber Tristram! *Wärest* Du ein Junggeselle – mein Gott, Madame, das ist ein regelrechter Wunsch, denn ich schwöre, es ist ein *Optativ* & nichts anderes – nun! aber mein lieber T. Shandy, wärest Du nun Junggeselle, wüßte ich nicht, was sagen – & tristramte man mich auch zu Tode, ich wüßte nicht, was tun —

Wissen Sie, mein lieber Engel (Sie fühlen wohl, wie ich mich immer mehr in Ihre Nähe pirsche, und mir schwant, daß die Freiheit, die sich zwischen uns eingestellt hat, die Grenzen der Schicklichkeit überschreiten wird, ehe ich mit diesem Brief zuende gekommen bin) – Wissen Sie denn, sage ich, welch verflixtem Schatten eines vexierenden Gehilfen sie unter dieser Annahme zum Opfer gefallen sind – ei, meine Anbetungswürdigste! abgesehen davon, daß ich leidlich gerade gewachsen und fast 6 Fuß groß bin und daß meine Nase (sollte ich als Geschichtenerzähler auch etwas anderes sagen) mindestens ein Zoll länger ist als die Nasen fast aller meiner Nachbarn – dies aus der Acht gelassen – bin ich ein zweibeiniges Tier ohne jeden Hauch tierischer Behaarung und so völlig vergeistigt, daß ich für eheliche Zwecke nicht mehr tauge — ich flüstere Ihnen zu, daß ich jetzt 44 bin – und in genau zwölf Monaten 45 sein werde – überdies bin ich von dünner, trockener –, hektischer, nicht-transpirierender Leibesbeschaffenheit – und dermaßen sublimiert und geläutert in all meinen Stücken, daß eine Dame von Ihrem Geist keinen roten Heller für ein Dutzend von dieser Sorte gäbe:

nächsten Mai, wenn ich in der besten Verfassung bin, sollen Sie mich prüfen; aber ich sage Ihnen im voraus, daß keine anderthalb Unzen Sinnlichkeit in mir stecken – & verlohnt das so eine lange Reise?

In einem so kargen Land, ich weiß es wohl, bringt Witz keinen Gewinn – ich kann nur sagen, daß, da ich sonst mit kaum etwas aufzuwarten vermag, mein ganzer Besitz daran verschwenderisch über Sie ausgeschüttet werden soll. – Aber, wie's der Teufel will, sind Sie selber ein witziger Kopf, und wenn auch großer Friede wäre, bis daß der *Mond* nimmer sei – so würden wir doch leider bis an unser Lebensende keinen Tag mehr in Eintracht verbringen können, sobald diese köstliche Zeit einmal vorüber ist; – da gäbe es bloß Satire & Sarkasmus – Hohn & Spott – Gestichel & Widergestachel — Ausfälle & Paraden in allen dunklen Ecken und Winkeln, dann herrschte bloß Unfriede —— andererseits – würden wir beide als ja überaus vernünftige Leute die Dinge ebenso rasch wieder ins Lot bringen, wie sie schiefgelaufen sind – O der zärtlichen Versöhnungen! – Beim Himmel! es wäre ein Land der Verheißung – Milch und Honig!

– Honig! Ja, ja, da liegt's –

— Ich habe einmal davon im Übermaß genossen

Ich bin
mit der größten
Hochachtung,
Mad[m] Ihr
gehorsamst-ergebenster Diener
T. Shandy.

An Mrs. F ——: Es gab diverse Bewunderinnen Sternes, deren Name mit F begann, daher ist nicht zu sagen, an welche er diesen Brief richtete, wenn es denn ein tatsächlich abgeschickter Brief war und nicht eine literarische Fingerübung. Und so bleibt offen, ob die Dame Sterne je »mehr Plaisier schuf als irgendeine andere«, wie es die

MARCHESINA DI F*** in der »Empfindsamen Reise« für YORIK tat (siehe auch Anmerkung zu Brief 42).

Im Modekurort Bath scheint er sich aber ganz als Junggeselle geriert zu haben, ELIZABETH MONTAGU, die Cousine seiner Frau, hatte Sterne ihrer Schwester, der Schriftstellerin SARAH SCOTT (1723–1795), als »Mann voll der Milch menschlicher Güte, harmlos wie ein Kind, doch oft ein unartiger Junge, der dazu neigt, seinen Rock zu beschmutzen« vorgestellt. Trotz dieser Warnung scheint Sarah Scott die Gesellschaft Sternes zunächst genossen und auch dessen Werben um ihre Freundin Mrs. Cutts nicht mißbilligt zu haben. Doch Sterne muß zu weit gegangen sein, denn schon am 30. April schrieb Elizabeth Montagu ihrer Schwester, sie habe ihn bei seiner Rückkehr nach London nicht mehr sehen wollen.

Tristram Shandy ein Ehemann: Die Frage bringt TRISTRAM selbst ins Spiel – »Eh' ich dies Kapitel zu Ende bringe, muß ich um die Bewilligung nachsuchen, der Brust meiner schönen Leserin eine Verwahrung zu insinuieren; – und zwar diese: — wegen einiger unbedachter Worte, so ich darin habe fallen lassen, es keinesfalls für ausgemacht zu halten, — »Daß ich ein verheirateter Mann sei« ...« und bleibt vage – »Alles, was ich behaupte, ist die absolute Unmöglichkeit, Ihr oder der scharfsinnigste Geist auf Erden möchtet auf etliche Bände herausbringen, wie die Sache wirklich steht« (»Tristram Shandy«, I, Kap. XVIII).

das Gewissen ... seinen Sitz hat: Man mag sich an TRIMs Beispiel erinnert fühlen – »Gesetzt ein lasterhafter Mann mit gänzlich verderbten Grundsätzen; – tadelnswert in seinem Betragen gegen die Welt; er lebe schamlos und fröhne offen einer Sünde, die weder Vernunft noch Vorwand rechtfertigen kann; – einer Sünde durch die er, aller Menschlichkeit zum Trotz, die betrogene Konsortin seiner Schuld für immer zugrunde richtet; – sie ihrer feinsten Morgengabe beraubt; und nicht allein ihr Haupt mit Schande bedeckt, – sondern ihretwegen eine ganze tugendhafte Familie in Schmach und Kummer stürzt. – Gewiß doch werdet Ihr denken, das Gewissen müsse einem solchen Manne das Leben vergällen; – er finde weder Tag noch Nacht Ruhe vor dessen Anwürfen. / Ach! Das Gewissen hatte währenddem ganz etwas anderes zu tun ...« (»Tristram Shandy«, II, Kap. XVII).

ein *Optativ*: imaginierte oder gewünschte Wirklichkeit.

Gehilfen: Der Gehilfe hat seine Wurzeln bei Adam und Eva – »*VND Gott der HERR sprach / Es ist nicht gut das der Mensch allein sey / Jch*

wil jm ein Gehülffen machen / die vmb jn sey« (1. Mose 2,18). Im »Tagebuch des Brahmanen« ruft Sterne ELIZA zu: »O meine Brahmanin! Meine Freundin! meine — Gehilfin! – denn dies ist (wenn ich Prophet sein soll) das Dir bestimmte Los« (im Band »Laurence Sterne. Empfindsame Reise, Tagebuch des Brahmanen, Satiren, Kleine Schriften«).
meine Nase ... anderes sagen): So er denn wirklich die *Nase* meinte, sei auf den armen TRISTRAM verwiesen, dessen Nase DR. SLOP bei der Geburt verunstaltete – »Wie er ihn mit seinen abscheulichen Instrumenten zur Welt befördert', hat er ihm ... die Nase so platt ins Gesicht gedrückt wie einen Pfannekuchen« (»Tristram Shandy«, III, Kap. XXVII).
völlig vergeistigt ... nicht mehr tauge: Man denke an YORICK, der nach der Begegnung mit der Grisette in seinem Hotelzimmer in Paris erklärt, er habe »nur bezahlt, wie manch armer Tropf vor mir *bezahlt* hat für einen Akt, den er nicht vollbringen *konnte,* noch drauf denken« (»Empfindsame Reise«, Kap. »Die Gewissenfrage. Paris.«). Und vergesse nicht den Fluch der Impotenz, der beständig über dem männlichen Teil der Familie SHANDY zu schweben scheint, im just erschienenen Band VII des »Tristram Shandy« erzählt TRISTRAM von dem Moment, »als ich mit meinen Strumpfbändern in der Hand dastund und drüber nachsann, was *nicht* geschehen war« (Kap. XXIX). Sterne selbst schildert im »Tagebuch des Brahmanen« seiner Eliza folgende Szene: »Das Leiden einer Verkühlung ... traf mich, mußt Du wissen, just am denkbar delikatesten Teil, – dem schmerzhaftesten & heikelsten aller Teile am menschlichen Leibe – In dieser Krisis ließ ich einen tüchtigen Chirurgus & mit ihm einen tüchtigen Arzt kommen (beide meine Freunde), mein Malheur zu inspizieren – 's ist eine venerische Krankheit, riefen meine beiden gelehrten Freunde — das aber kann's schlechterdings nicht sein, versetzte ich – habe ich doch seit 15 Jahren keinerlei Umgang mit dem schönen Geschlecht – nicht einmal mit meiner Frau – ....«
ich jetzt 44 bin: Das *ist* ein Optativ – Sterne war 52.
dermaßen sublimiert: Im »Tagebuch des Brahmanen« schrieb Sterne, er »werde zu einer ätherischen Substanz sublimiert sein, wenn meine Eliza mich wiedersieht – um mich sehen zu können, muß sie selber sublimiert und körperlos sein – doch ich war ja seit eh und je transparent & ein leicht zu durchschauendes Wesen«. Und YORICK war, nicht zu vergessen, »ein so merkuriales und sublimiertes Wesen ...

wie es nur das allerfreundlichste Klima hätte erzeugen und zusammenbringen können (»Tristram Shandy«, I., Kap. XI).

großer Friede ... nimmer sei: Sterne paraphrasiert Psalm 72,7 – »Zu seinen zeiten wird blühen der Gerechte / vnd grosser Friede / Bis das der Mond nimer sey.«

so würden ... Milch und Honig: Die gesamte Passage fußt auf einem Abschnitt im III. Band des »Tristram Shandy«, in dem TRISTRAM sinniert – wenn »wir also auch hinfort allesamt witzige Köpfe wären, – wir bis an unser Lebensende keinen Tag mehr in Eintracht miteinander leben würden: — da gäbe es soviel Satire und Sarkasmus, — Hohn und Spott mit Gestichel und Widergestachel, — Ausfälle und Paraden in allen Ecken und Winkeln, — daß unter uns bloß Unfriede herrschen würde. – Ihr keuschen Sterne! Was wäre das für ein Gerangel und Geraufe, und wieviel Lärm und Getöse würden wir machen, vor lauter Schädelspalten, Kopfnüssen, Pferdeküssen und aufgespießten wunden Stellen, – wäre das für uns kein Leben mehr. / Da wir dann andrerseits aber auch allesamt Leute von großer Urteilskraft wären, würden wir die Dinge ebenso rasch wieder ins Lot bringen, wie sie schiefzulaufen begönnen; und wenn wir einander auch zehnmal ärger verabscheuten als ebensoviel Teufel und Teufelinnen, so würden wir deßungeachtet, meine Herzblättchen, nur ganz Artigkeit und Güte sein, — Milch und Honig, — ein zweites Land der Verheißung wär's« (Kap. XX).

ja da liegt's: Ein Zitat auf Hamlets Sein-oder-nicht-sein-Monolog – »Sterben – schlafen – / Schlafen! Vielleicht auch träumen! Ja, da liegts« (SHAKESPEARE, »Hamlet«, 3. Akt, 1. Szene) – was, wer wie mit wem liegt, ob überhaupt, bleibt auch in Sternes Beziehung zu ELIZA DRAPER offen.

150. [M] An Lady P. Mount Kaffeehaus
Dienstag 3 Uhr. [?23. April, 1765]

Es stellt sich eine seltsame mechanische Wirkung ein, wenn man nur einen Steinwurf entfernt von der Dame, die Herz und Seele eines Inamorato ganz an sich reißt, ein Billetdoux schreibt – deswegen (vornehmlich aber, weil ich in dieser Nachbarschaft speisen werde) bin ich, Tristram Shandy, aus meiner Wohnung in ein Kaffeehaus gekommen, nämlich in dasjenige, welches dem Haus meiner teuren Lady —— am nächsten liegt, und habe dort nach einem Bogen vergoldeten Papiers verlangt, um die Wahrheit dieses meines Glaubensartikels zu prüfen – Und nun zur Sache –

O meine teure Lady – welch Scheuerwisch von einer Seele hast du aus mir gemacht? – Nebenbei bemerkt, scheint mir die Einführung doch etwas zu traut für ein so unvertrautes Verhältnis, worin ich zu Ihnen stehe – wo ich, weiß der Himmel, auf Abstand gehalten werde – und ich verzweifele daran, Ihnen mit all den Schritten und Wendungen, die mir einfallen wollen, mich Ihnen zu empfehlen, auch nur einen Zoll näherzukommen – Würde nicht jeder Mann, der seine fünf Sinne beisammen hat, lieber in entgegengesetzter Richtung vor Ihnen davonlaufen – nämlich soweit ihn seine Füße tragen wollten, als sich derart grundlos, töricht und tollkühn erneut in Gefahr zu begeben – und erneut da, wo Herz und Verstand ihm sagen, daß er gewiß den kürzeren ziehen, wenn nicht ganz zugrunde gehen wird? Warum sagten Sie mir denn, es wäre Ihnen lieb, Sie könnten mich sehen? – Bereitet es Ihnen Vergnügen, mich noch unglücklicher zu machen – oder vermehrt es Ihren Triumph, daß Ihre Augen und Ihre Lippen einen Mann, den die ganze übrige Stadt als witzigen Kopf hofiert, zum Narren gemacht haben? – Ich bin ein Narr – der schwächste, der fügsamste, der sanfteste Narr, dessen Schwachheit jemals von einer Frau auf die Probe gestellt wurde – und der wankelmütigste in meinen Vorsätzen und Entschlüssen, wieder zu klarem Verstand zu kommen. – Erst vor einer Stunde noch kniete ich nieder und schwur, daß ich Ihnen nie wieder nahekommen wollte – und wie ich mein Vater Unser der letzten abschließenden Bitte »Führe uns nicht in Versuchung« halber gesprochen hatte – rückte ich aus wie ein christlicher Held, bereit, wider die Welt, das Fleisch und den Teufel zu Felde zu ziehen; in der ungebrochenen Zuversicht, daß ich sie zuletzt alle niedertreten würde – und jetzt, wo ich Ihnen so nahe bin – nur diesen schäbigen Steinwurf von Ihrem Hause entfernt – fühle ich mich von einem Strudel eingesogen, der mir das Hirn umstülpt, und unerachtet ich ein Logenbillett gekauft hatte, um Miss ******* Benefizvorstellung beizuwohnen, so weiß ich doch sehr wohl, bekäme ich auch nur in einer Zeile gemeldet, daß Lady —— um sieben Uhr allein sei und mir erlauben wolle, den Abend bei ihr zu verbringen, so würde sie unfehlbar alles bewahrheitet finden, was ich ihr gesagt habe. Ich speise bei Mr. C—r in Wigmore-street in hiesiger Gegend, wo ich bis sieben Uhr bleiben werde, in der Hoffnung, Sie möchten mich dieser Probe unterziehen. Höre ich bis dahin nichts, werde ich schließen, Sie hätten Besseres zu tun – und eine elende Mietkutsche nehmen und mich elend ins Lustspiel trollen – Verwünscht sei das Wort! Ich kenne nichts als Traurigkeit – dies einzige ausgenommen, daß ich Sie (vielleicht törichter, aber) höchst aufrichtigerweise liebe,

L. Sterne

An Lady P.: Die Empfängerin könnte Lady ANNE WARKWORTH (geb. 1746) gewesen sein, eine Tochter des 3. EARL OF BUTE (siehe u.a. Anmerkung »die veränderten Mienen und politischen Raisonnements« zu Brief 68), die seit 1764 mit HUGH PERCY, dem ältesten Sohn des Duke of Northumberland, verheiratet war. Ihr Gatte führte ab 1750 den Titel Lord Warkworth, ab 1766 den Titel Earl

Percy – LYDIA MÉDALLE könnte also für die »Letters« (1775) das »P« nachträglich eingefügt haben. – Hugh Percy, den CASANOVA in seiner »Histoire de ma vie« (1829) als einen »jungen Tollkopf, der auf die verrückteste Art ungeheure Summen verschwendete« beschrieb, nahm es mit der ehelichen Treue nicht allzu genau, und auch Lady Anne suchte sich Liebhaber – 1778 sprach ganz London davon, ein Jahr später ließ Percy sich von ihr scheiden (in den Gerichtsakten wurde Lady Anne als »loses Frauenzimmer mit wollüstigen Neigungen« geschmäht). Sterne könnte sie während der Yorker Rennwochen 1764 kennengelernt haben, das zumindest vermutete CURTIS. Auch eine Passage der »Empfindsamen Reise« könnte sich auf sie beziehen, in der Sternes Alter ego YORICK erklärt: »Es hatte, wie ich den Leser ja wissen ließ, seit je zu den besonderen Segnungen meines Lebens gezählt, schier jede Stunde davon in irgendwen höchst sterblich verliebt zu sein; und alldieweil meine letzte Flamme durch eine jähe Bö der Eifersucht ausgeblasen worden, als ich stracks um eine Ecke bog, hatte ich sie erst etwa drei Monate zuvor an Elizas reiner Leuchte aufs neue entzündet« (Kap. »Amiens«). Lady Warkworth/Percy wäre dann die »letzte Flamme«, die im »Tagebuch des Brahmanen« womöglich als »Sheba« auftritt – »war heute im Park – daselbst Sheba zu Pferde; fuhr zweimal an ihr vorbei, ohne sie zu erkennen – Beim drittenmal hielt sie an, um sich nach meinem Befinden zu erkundigen – Ich würde Euch nicht gefragt haben, Salomo! sprach sie, hätte mir Euer Anblick nicht zugesetzt – besorge ich doch, Ihr seid schon halb tot – Ich dankte Sheba sehr freundlich, indes ohne ein anderes Gefühl als einem solchen, welches der Dankbarkeit entsprang – Die Liebe, ach! war mit Dir entflohen, Eliza! – Nie hätte ich gedacht, daß Shebas Anmut & Schönheit sich so sehr verändern könnten – Durch Dich ist die arme Sheba zu einem Nichts geschrumpft«.

In den Subskriptionslisten stößt man allerdings auch auf die ebenfalls verheiratete Lady LEPELL PHIPPS (1723–1780). Ihr ältester Sohn gehörte 1764 in Paris zum Beauchamp-Zirkel (siehe Brief 131) und könnte Sterne in London bei ihr eingeführt haben. Sterne erzählt in Brief 153, daß er an ihrer Tafel saß. Lady ANNA MARIA POLE subskribierte die Predigtausgaben von 1766 und 1769, sonst weiß man von ihr nicht viel mehr, als daß sie mit Sir John Pole (gest. 1766) verheiratet war. ELIZABETH HERBERT (1737–1831), COUNTESS OF PEMBROKE, eine Tochter des 3. Duke of Marlborough und Kammerherrin der Königin Sophie Charlotte, subskribierte die Predigten nicht, wohl aber ihr Gatte HENRY HERBERT (1734–1794), 10. EARL OF PEMBROKE, der sich 1762/63, wie ganz London wußte ein Jahr lang mit seiner Geliebten in den Niederlanden verlustiert hatte.

Mount Kaffeehaus: stand in der Mount Street am noblen Grosvenor Square, wo die PERCYs wie die PEMBROKEs ein Stadthaus besaßen.

wider die Welt, das Fleisch und den Teufel: Da spielt Sterne auf die Litanei des »Book of Common Prayer« und die Täuschungen an, vor denen Gott uns bewahren möge – »From fornication, and all other deadly sin, and from all the deceits of the world, the flesh and the devil, *Good Lord, deliver us*«.

Miss ***** Benefizvorstellung:** Am 23. April des Jahres gab eine Miss Wilford, die eine schöne Tänzerin gewesen sein soll, am Covent Garden Theatre ihr Debüt als Schauspielerin.

Mr. C—r: konnte nicht eindeutig identifiziert werden.

151. An »teure Lady« York. [?6–13. Mai, 1765]

Glauben Sie denn, teure Lady, – ich, shandy-köpfig wie ich bin, könnte einen lettere de cachet zugestellt bekommen, ohne der Aufforderung unverzüglich Folge zu leisten oder mit dem abgehenden Boten postwendend einen Entschuldigungsgrund zu schicken?

– ob ich gleich flüchtig bin — bin ich doch meiner Untertanentreue nicht entlaufen – ich entwich mit einem Hauptmann der Miliz: nicht aus Grundsätzen der Rebellion, – sondern aus solchen der Tugend sind wir entkommen: Die Göttin der Klugheit und Selbstverleugnung kann unsere Gründe bezeugen – einem Telemachos und einem Mentor gleich sind wir Hals über Kopf vor einer Kalypso & ihren Nymphen davongestürzt und enteilten, so flink, wie's unsere Glieder litten, den umgarnenden Gunstbezeigungen eines bezaubernden Hofes, dessen Wonnen, wie wir vorausfühlten, den Hauptmann am Ende ent-*Hauptmannt* — & den geistlichen Herren ent-*Geistlicht* hätten. Wir flehen Sie an, denken Sie von uns beiden, wie wir sind — verkleinert nichts, noch setzt in Bosheit zu.

Um (mit gutem Anstand) bei mir selbst zu beginnen, denken Sie nicht, werte ****, durch mein Fliehen, – denken Sie nicht, ich könnte so der Erinnerung an vergangene Gefälligkeiten entkommen oder der Erwartung auf zukünftige — Gütiger Gott! Wär's denn möglich, daß ich mein rot-ledernes Taschenbuch mit Silberspangen vergessen könnte? — meine zwei Stangen Siegellack — meine Schere, (welche beiläufig gesagt, gewetzt werden muß) & mein Federmesser. Unseliger! sitzt mir denn nicht, wo ich auch gehe oder stehe, die *trioptische* Brille, so *** mir schenkte, stets auf der Nase und vergrößert mir jeden schiefen Schritt, den ich tue? Trage ich nicht den goldbekappten Bleistift & das tombakene Lineal bei mir, welche mir die fürwahr tugendhafte & offenherzige Prinzessin Micomicona beim Abschied in die Hände legte – von himmlischer Hand gereichte geheiligte & mystische Gaben, meine Ab- und Verirrungen zu markieren & auszumessen – *les égarements de mon cœur & mon esprit pendant mon exil!*

Was nun meinen Hauptmann der Miliz betrifft, meinen hochwerten Wandergefährten und freundlichen Konstrukteur & Koadjutor meiner Flucht – so soll nicht meine Feder – sondern sein eigener Verdienst das Lob auf ihn verfassen. Itzt, wo ich dies schreibe, rüstet er sich für einen gefährlichen Gang, ohne Rücksicht auf sich – oder seine Freunde – & einzig seines Landes gedenkend [einige Wörter unleserlich] jetzt schallen ihm Trommelschlag — & schriller Pfeifenklang ans Ohr – seine Pulse fliegen — seht, wie er sich mit dem Degen gürtet — um Himmels willen! wo mag das enden?

Er geht mit seinem ganzen Bataillon nach Leeds — nach

Leeds? – ja, Mdm, er wird die Manufakturen ausjäten – den Spinnern & Webern keine Ellenbogenfreiheit lassen – dem Gewerbe ein Jubelfest zu bereiten — um alles in der Welt! Er wird dem Staat manchen Dienst tun; & man wird es wissen.

Ich bin
&c &c –
L. S.

An »teure Lady«: Der Name der Dame bleibt im Verborgenen, ARTHUR CASH, Sternes skrupulösester Biograph, glaubt jedenfalls nicht, daß sie mit Lady P. identisch war.

lettere de cachet: siehe Anmerkungen zu Brief 6.

Hauptmann der Miliz: wohl Sir GEORGE SAVILE (1726–1784) aus Yorkshire, der in einem Regiment der West Yorkshire Militia diente und seit 1759 als höchlich respektierter Abgeordneter im Unterhaus saß.

Telemachos ... ihren Nymphen: Hier spielt Sterne auf die populäre Fortsetzung der »Odyssee« von FRANÇOIS DE SALIGNAC DE LA MOTHE FÉNELON (1651–1750) an, »Les Aventures de Télémaque fils d'Ulysse« (1699). In Buch 6 stattet Telemachos in Begleitung von Mentor (der so getarnten Göttin Minerva) der Versucherin Kalypso einen Besuch ab. Als Mentor erkennt, daß Telemachos in ihren Bann gezogen wird, wirft er ihn von einer Klippe ins Meer und entkommt mit ihm.

unsere Glieder: Hier sei nur auf eine von vielen Passagen im »Tristram Shandy« verwiesen – »*Natur*... die teure Göttin, läßt uns in allen *aufreizenden Fällen* unwillkürlich einen Ausfall mit diesem oder jenem Gliede tun – oder schiebt uns in diese oder jene Lage oder Körperstellung, ohne daß wir noch wissen, wie's kommt« (IV, Kap. XVII).

ent-*Hauptmannt* — & den geistlichen Herren ent-*Geistlicht*: Ein ähnliches Wortspiel findet sich auch in Brief 178 – »so würdet Ihr mich nackend vor Euch stehen sehen – wo nicht gänzlich ent-Weiht: – eine so himmlische Hand wie die Ihre würde mich augenblicks wieder weihen«.

verkleinert nichts, noch setzt in Bosheit zu: Man möge sich hier die Fortsetzung des Zitats aus Othellos letztem Monolog ins Gedächtnis rufen – »Sprecht von mir, wie ich bin – verkleinert nichts, / Noch setzt in Bosheit zu: Dann müßt Ihr melden / Von einem, der nicht klug, doch zu sehr liebte« (»Othello«, 5. Akt, 2. Szene).

mein Federmesser: auch hier nur ein Hinweis auf den »Tristram Shandy« und diverse Spielereien mit Messern – »Eine Eventochter ... täte besser daran, einhundertundfünfzig Meilen Abstand zu wahren – oder in ihrem warmen Bett zu bleiben – oder mit einem Sackmesser zu spielen« (VIII, Kap. VIII).

die *trioptische* Brille ... * mir schenkte:** möglicherweise eine Brille mit drei Paar Linsen, eines fest im Brillengestell sitzend, die anderen beiden beweglich am Bügel angebracht, damit man sie vor die festsitzenden legen konnte. Wer mit *** gemeint ist, läßt sich ebenfalls nur erraten, es wird wohl die Empfängerin des Briefes sein, die Sterne wenige Zeilen weiter oben mit »werte ****« anspricht, wahrscheinlich verzählte er sich bei den Sternchen schlicht und einfach.

tombaken: aus Tombak hergestellt, einer Gold imitierenden kupferreichen Kupfer-Zink-Legierung.

Prinzessin Micomicona: Im »Don Quixote« spielt die gewitzte Dorothea dem Ritter von der traurigen Gestalt die Prinzessin Micomicona vor, »die Königin von dem mächtigen Reich Micomicon im Mohrenlande«, um ihn wieder zu Verstand zu bringen (I, IV. 2. 3. 10).

meine Ab- und Verirrungen: Hier sei an eine Passage im »Tristram Shandy« erinnert – »Mein Vater war, wie ich Euch bereits sagte, seiner Natur nach ein Philosoph, – spekulativ, – systematisch; – und die Affaire meiner Tante *Dinah* galt ihm als eine Sache von ebensolcher Wichtigkeit wie *Kopernikus* die Retrogradation der Planeten: – Die Verirrungen der *Venus* auf ihrer Bahn befestigten das *Kopernikanische* System, das nach ihm genannt wurde; und die Verirrungen meiner Tante *Dinah* auf ihrer Bahn, leisteten dasselbe für die Errichtung von meines Vaters System ...« (I, Kap. XXI).

***les égarements de mon cœur & mon esprit pendant mon exil!*:** die Verirrungen meines Herzens & meines Geistes während meines Exils. Auf das Werk »Les égarements du cœur et de l'esprit« (1736) von CLAUDE-PROSPER JOLYOT DE CRÉBILLON spielte Sterne schon in Brief 46 an (siehe auch Anmerkung dort).

schallen ... ans Ohr: Sterne bringt hier wieder »Othello« ins Spiel – »Fahr' wohl, mein wiehernd Roß und schmetternd Erz, / Mutschwell'nde Trommel, muntrer Pfeifenklang, / Du königlich Panier, und aller Glanz, / Pracht, Pomp und Rüstung des glorreichen Kriegs!« (3. Akt, 3. Szene).

nach Leeds: Im Mai 1765 hatten sich die Seidenweber im Londoner Bezirk Spitalfields erhoben, weil das Parlament hohe Schutzzölle für ausländische Seidenstoffe abgelehnt hatte und sie um ihr Auskommen fürchteten. Die Regierung fürchtete wiederum, die Aufstände könnten sich in die Wollindustriezentren Manchester und Leeds ausbreiten, und entsandte die Miliz.
man wird es wissen: Noch einmal »Othello«, eine Anspielung auf eine Zeile in des Mohren letztem Monolog – »ich tat Venedig manchen Dienst, man weiß es« (5. Akt, 2. Szene).

152. An Thomas Howard, Earl of Effingham

Coxwold bei Easingwood
[Mittwoch,] 29. Mai. 1765

Mein guter Lord,

(denn ich glaube von Herzen, Ihr seid es, — anders hätte meine Feder sich gesträubt — & da ich schon mit einem Glaubensartikel begonnen habe – so verstattet mir den Zusatz, daß *ich glaube*, daß es in Eurer Macht steht, alles zu sein – jedoch nicht aus eigenem Verdienst – darum hoffe ich, Ihr bedankt Euch an entsprechender Stelle – & also gebe Gott Euch Gedeihen), weil all dies in Parenthese steht – haben Euer Lordschaft das Recht, es auszulassen – es wird dem Sinn nicht schaden — ich meine Eurem — denn was meinen anlangt – darüber hat die Welt bereits vor etlichen Jahren befunden — nebenher gesagt – beabsichtige ich allerdings, sie irre zu machen – durch einige zaghafte Versuche in dem Werk, womit ich eben beschäftigt bin – würde ich Euch freilich den Gegenstand der ersten Predigt verraten, – dünkte er Euch fürwahr so shandyianisch, daß mich keine verspätete Einsicht davon abzubringen vermöchte – wer nicht wagt, – nicht gewinnt – was Euer Lordschaft alles gebührend erwogen & bedacht haben werden; so danke ich Euer Lordschaft für Eure Subskriptionen – ebenso der *aimable Comtesse, votre chère mère* – für die Ehre ihres Namens &c – – –

Hall ließ mich in York zurück, wo ich wegen eines kleinen Gefäßes in meiner Lunge schier verblutet wäre – zum Teufel mit meinen Blasebalg; ich muß ihn zustopfen lassen, sonst werde ich nie mehr Gelegenheit haben, Lord Effingham zu *persifler*. — apropos! werdet Ihr die Rennen in York besuchen? – denn außer der Wonne, von Eurer Hand meine fünfundvierzig Schilling zu empfangen – weiß ich, daß mir nichts größeres Entzücken bereiten wird, als Euch im *Fleische* zu schauen – in wessen? Wie? — cura valetudinem tuam diligenter – hierzu hilft es, Euren Körper in Enthaltsamkeit, Nüchternheit & Keuschheit zu erhalten – dies ist ein Zitat aus dem Katechismus Eurer Kirche, auf den Euer Lordschaft, bei allem guten Gedächtnis, wohl leider bisweilen vergißt. Grüßen Sie Scrope & Blaquiere von mir – melden Sie Dean Wrottesley (nicht meine brüderliche Liebe – aber) mein brüderliches Mitgefühl. – Was bringt mir itzt einen solchen Narren in den Sinn? – meine eignen üblen Leidenschaften, & das ist die Wahrheit – & darum streiche ich alles aus

Wäre es dem ganzen Brief so ergangen, Euer Lordschaft stünden um nichts schlechter da – mir jedoch wären die Ehre & Genugtuung entgangen, zu sagen

Daß ich bin
mit allergrößter Hochachtung
vor Eurer Person & Begabung
Mylord
Euer treugehorsamster
& schuldigst ergebener Diener
L. Sterne

***Thomas Howard, Earl of Effingham*:** (1747–1791), soll sehr exzentrisch gewesen sein, er machte in der Armee Karriere und wurde 1789 Gouverneur von Jamaika. Wie von Sterne erhofft subskribierten er und seine Mutter, ELIZABETH BECKFORD HOWARD (1718–1791), Countess of Effingham, die Predigtausgabe von 1766.
Gegenstand der ersten Predigt: Der Band III der »Sermons« eröffnete mit einer Predigt zu 2. Samuel 19,21 – »Aber Abisai der son Zeruja antwortet / vnd sprach / Vnd Simei solte darumb nicht sterben / So er doch dem gesalbten des HERRN geflucht hat« – (Simei, Sohn Geras, ein Benjaminiter aus dem Haus Sauls, hatte David »du Bluthund / du loser Man« genannt und ihn mit Steinen beworfen, 2. Samuel 16,5–7). – Shandyanisch dünkt dieses Thema nicht an, wohl aber die Predigt über den Leviten und seine Konkubine, die Sterne eventuell als erste geplant hatte – »*ZV der zeit war kein König in Jsrael. Vnd* ein Leuitischer man war Frembdling / an der seiten des gebirges Ephraim / vnd hatte jm ein Kebsweib zum weib genomen von Bethlehem Juda. Vnd da sie hatte neben jm gehuret / lieff sie von jm zu jres vaters hause gen Bethlehem Juda / vnd war daselbs vier monden lang. VND jr Man macht sich auff vnd zoch jr nach /das er freundlich mit jr redet / vnd sie wider zu sich holet / vnd hatte einen Knaben vnd ein par Esel mit sich. Vnd sie füret jn in jres Vaters haus /Da jn aber der Dirnen vater sahe / ward er fro vnd empfieng jn« (Richter, 19,1–3).
***aimable Comtesse, votre chère mère*:** freundlichen Gräfin, Ihrer teuren Mutter.
***persifler*:** persiflieren, geistreich verspotten (siehe auch Anmerkungen zu Brief 87).
meine fünfundvierzig Schilling: Für diese Summe hätte der Lord neun Predigtausgaben von 1766 bekommen, da er selbst aber nur eine, seine Mutter eine weitere subskribierte, hatte er vermutlich in seinem Bekanntenkreis Interessenten geworben.
cura valetudinem tuam diligenter: eine leicht durcheinandergeratene römische Abschiedsformel, die auch CICERO in seinen Briefen verwendete – »valetudinem tuam cura diligenter«; in etwa ›Geben Sie auf sich acht‹.
Scrope: Es könnte THOMAS SCROPE (1723–1792) gemeint sein, der zum Freundeskreis von Skelton »Crazy« Castle um Sterne und JOHN HALL-STEVENSON gehörte und den Spitznamen ›Cardinal‹ führte. Allerdings war er im Mai 1764 für verrückt erklärt und

in ein Irrenhaus eingeliefert worden, das er im November wieder verlassen durfte; die Verwaltung seines Besitzes in Colby, Yorkshire, ging an seinen Halbbruder GERVASE SCROPE, den Sterne sicherlich ebenfalls kannte. Da Scrope in Yorkshire aber ein häufiger Name ist, könnte es sich um einen Herrn handeln, von dem die Sterneforschung noch nie gehört hat.

Blaquiere: wohl JOHN BLAQUIERE (1732–1812), Sohn französischer Einwanderer, der erst in der Armee Karriere machte, dann als Botschaftssekretär nach Paris ging, schließlich Staatssekretär für Irland und geadelt wurde. 1766 subskribierte er die »Sermons«.

Dean Wrottesley: RICHARD WROTTESLEY (1721–1769) war seit 1763 Hofkaplan, seit April 1765 Dekan von Worcester und hatte damit ein sehr einträgliches Amt inne. WALPOLE beschrieb ihn als verkommenen Mann, der seine Frau unmenschlich behandelte.

153. An William Combe Coxwold [Dienstag,] 11. Juni 1765

Also Burton hat Ihnen wahrhaftig erzählt, mit ernster Miene und sichtlichem Verdruß, ich hätte in Bath eine geschlagene Stunde meine irischen Freunde ins Lächerliche gezogen und auf deren Kosten einen ganzen Nachmittag lang eine große Gesellschaft an Lady Lepells Tafel erheitert. Beim Himmel, schlimmer läßt sich eine Sache ja gar nicht verdrehen. Es liegt hoffentlich nicht in meinem Wesen, so undankbar zu sein, denn sonst hätte ich mich ihnen gegenüber, ob abwesend oder anwesend, einer Taktlosigkeit schuldig gemacht. *Burton*, dessen Miene dazu geschaffen ist, das Lächeln eines liebenswerten und ehrlichen Herzens zu zeigen, als eine ernste, feierliche Person zu schildern, übersteigt mein Vermögen; – es liegt gewiß nicht in meiner Absicht, unhöflich von einem solchen Mann zu reden: – habe ich mich doch in meinem ganzen Leben nie mit einem Gentleman von gewinnenderen Eigenschaften und generöseren Neigungen ausgetauscht. Er lud mich freundlich in sein Haus und hieß mich wahrlich aufs reizendste willkommen, es geschah *aus vollem Herzen.* Er ist der angenehmste Gesellschafter, der sich denken läßt; und ich wünschte, er wäre so reich wie Krösus, um all das Gute tun zu können, wozu ihn seine grenzenlose Freigebigkeit drängte. Nie in meinem Leben habe ich angenehmere Stunden verbracht als mit ihm und seiner schönen Landsmännin; und Schimpf und Schande über den Mann, dem ein geringschätziges Wort über ihn oder sie entkommt! – Und dann gibt es noch die bezaubernde Witwe *Moore,* wo ich mich, besäße ich nicht selber ein Stück legaler Weide, für den Rest meiner Tage mit Freuden *mästen* wollte; – und die sanfte, elegante *Gore* mit ihrer herrlichen Figur und den griechischen Zügen, der hoffentlich einmal das Los zuteil wird, einen Mann zu beglücken, der um den Wert eines zartfühlenden Herzens weiß: – Auch eine weitere Witwe soll mir nicht vergessen werden, die anziehende Mrs. Vesey mit ihren stimmlichen und noch fünfzig weiteren Fertigkeiten. – Ich sie schmähen! – man soll so nicht reden, – denn es ist falsch, – und es sollte nicht geglaubt werden, denn es ist ungeheuerlich. – Es stimmt, ich sprach von ihnen eine volle Stunde, doch mengten sich keine Sarkasmen oder boshafte Ausfälle unter meine Rede: – Ja, ich sprach von ihnen, so wie sie es sich wünschen würden, daß man von ihnen spricht, – mit einem Lächeln in der Miene, Lob auf der Zunge, Heiterkeit im Herzen und den Humpen in der Hand. – Überdies stamme ich selber aus ihrem Geburtsland: – Mein Vater tat mit seinem Regiment lange Zeit Dienst in Irland; und meine Mutter brachte mich zur Welt, als sie dort mit ihm war. – Ich bitte Sie deshalb, all diesen guten Leuten zu versichern, daß ich zumindest mißverstanden worden bin, denn es ist undenkbar, daß *Lady Barrymore* mich absichtlich falsch darstellen sollte.

Lesen Sie *Burton* diesen Brief vor, wenn sich Gelegenheit dazu bietet, und versichern Sie ihn meiner aufrichtigen Wertschätzung und Hochachtung für ihn und all seine gesellschaftlichen Vortrefflichkeiten; und flüstern Sie meiner schönen Landsmännin etwas Nettes und Freundliches von mir zu, darin sind Sie ja geübt; und sorgen Sie dafür, daß in ihrer zärtlichen Brust kein unverdientes Vorurteil oder Mißfallen noch eine Minute länger wohnt. Sollten Sie einmal in Ungnade fallen, so seien Sie versichert, daß ich das nämliche für Sie tun werde.

Ich gehe hier so müßig, wie es nur der Herzensfriede erlaubt; ich will bis zum Beginn des nächsten Monats auf Sie warten; sollten Sie bis dahin nicht erscheinen, werde ich den Rest des Sommer in *Crazy Castle* und *Scarborough* vertrödeln. Ganz zu Anfang Oktober beabsichtige ich, nebst meinen Predigten, in Bond-street anzulangen; und wenn ich deren Herausgabe vorbereitet habe, dann holterdiepolter gen Italien: Sie täten gut daran, mich dorthin zu begleiten. – Inmittelst hoffe und wünsche ich allerdings, Sie hier zu treffen; es wird allemal viel besser sein, als den *Strephon* bei schwindsüchtigen Nymphen in der Bristol Fountain zu geben. Allein, tun Sie, was Ihnen beliebt –

Ich bin,
Ihr ganz ergebener
L. Sterne

Burton: FRANCIS PIERPOINT BURTON, Esq. (gest. 1787) aus Buncraggy im County Clare, Irland, 1766 Subskribent der »Sermons«, ab 1781 Baron Conyngham of Mount Charles.

Lady Lepells: siehe auch Anmerkungen zu Brief 150; sowohl Lady LEPELL als auch ihr Gatte CONSTANTINE PHIPPS (um 1721–1775) subskribierten die »Sermons« von 1766. Constantine Phipps wurde 1767 zum 1. Baron Mulgrave of New Ross – im County Wexford in Irland – erhoben.

so reich wie Krösus: Die Redensart spielt auf den legendären Reichtum des letzten Königs von Lydien (regierte 560–546 v. Chr.) an, ihre Verwendung ist eher einfallslos, wenig Sterne'sch, möglicherweise hat Combe an dieser Stelle die Formulierung geändert.

Witwe *Moore*: ELIZABETH MONTAGU schrieb um 1763 ELIZABETH VESEY (siehe Anmerkungen zu Brief 178) von einer höchst liebenswerten, jungverwitweten Mrs. Moore aus Limerick, Irland, die in ihrer Trauer um den geliebten Mann kein Auge für die lebendigen Freier habe –»eine perfekte Penelope«. Ob diese Witwe Moore jemals nach Bath kam, ist nicht bekannt, solch unglückliche Unnahbarkeit hätte Sterne sicherlich anziehen können.

elegante *Gore*: Eine LETITIA GORE, möglicherweise ein Mitglied der anglo-irischen Adelsfamilie Gore aus Lissadell im County Sligo, subskribierte 1766 und 1769 die jeweiligen Ausgaben der »Sermons« und auch die »Empfindsame Reise«, ob sie diese »sanfte, elegante« war, ist unklar.

Mrs. Vesey: siehe oben und Brief 178. ARTHUR CASH bezweifelt allerdings, daß ELIZABETH VESEY zu jener Zeit in Bath war, möglicherweise ist auch diese Erwähnung der Fabulierlust Combes geschuldet.

Mein Vater ... zur Welt: ROGER STERNE war zwischen 1713 – dem Jahr, in dem Laurence Sterne in Clonmel, bei Waterford im County Tipperary, zur Welt kam – und 1727 mit Unterbrechungen immer wieder in Irland stationiert. Sterne erzählt in dem für seine Tochter LYDIA geschriebenen »Memorandum« (im Band »Laurence Sterne. Empfindsame Reise, Tagebuch des Brahmanen, Satiren, Kleine Schriften«) ausführlicher über seine Familie.

***Lady Barrymore*:** MARGARET BARRY (gest. 1788), COUNTESS OF BARRYMORE, Witwe von James Barry (1717–1751), 5. Earl of Barrymore aus County Cork, Irland; sie und ihr Sohn RICHARD BARRY (1745–1773), der 6. Earl, subskribierten die »Sermons« 1766, Richard Barry auch die »Empfindsame Reise«.

in Bond-street: Sterne hatte 1765 eine Parterrewohnung in der Old Bond Street, an der Ecke Piccadilly, angemietet, die er bis zu seinem Tod behielt. Das Gebäude, in dem er wohnte, steht nicht mehr, der heutige Neubau hat die Hausnummer 48. Seine Vermieterin war MARY FOURMANTEL (gest. 1776), »Hair Bag Maker to his Majesty« (diese »hair bag« war ein schwarzseidener sogenannter Perückenbeutel, in den die langen Perückenhaare am Hinterkopf gefaßt wurden), ob sie mit CATHERINE FOURMANTEL (siehe Brief 38 f.) verwandt war, ist nicht bekannt, da der Name in England aber selten war, erscheint es immerhin möglich.

gen Italien: Sterne brach im Oktober des Jahres nach Italien auf, siehe auch Brief 155, die Predigten erschienen im Januar 1766, er überwachte also nicht, wie bei all seinen anderen Büchern und Schriften, den Druck.

***Strephon*:** der Hirte aus Sir PHILIP SIDNEYs »Arcadia« (veröffentlicht 1590), sein Name wurde in der Schäferdichtung oder als Bezeichnung für einen verträumten Liebhaber gerne verwendet.

schwindsüchtigen Nymphen in der Bristol Fountain: Combe fuhr in den 1770er Jahren in den Kurort Hotwells, so genannt, weil es dort zwei warme Quellen gab, der von Kaufleuten aus Bristol gegründet worden war (heute ist Hotwells ein Stadtteil von Bristol); auch bei dieser Formulierung handelt es sich wahrscheinlich um eine Combe'sche.

*154. An die Countess ******/Eliza*

— An die Countess von ******
Coxwold, 18. Juni [Dienstag, 18. Juni 1765]

Meine liebe Brahmanin.

Schon eine ganze Weile hat's mir geschwant, daß ich zu viel an Sie denken würde; und siehe, so ist es eingetroffen; denn in letzter Zeit vergeht kein Tag, an dem ich mich nicht wenigstens ein dutzendmal ertappe, wie ich voller Freude an Sie denke und in der einen oder anderen Weise mit Ihnen umgehe; doch zu keiner anderen Zeit und an keinem anderen Ort mache ich mir Ihre Gestalt in der Vorstellung so rege und ergötze mich so an Ihrem guten Herzen und reizenden Umgang wie in der Gesellschaft meiner Nonnen: deswegen nehmen mich, seit ich in diesen friedvollen und romantischen Schlupfwinkel gelangt, meine Liebe und meine Andacht immer wieder bei der Hand und führen mich sanft zu den anmutigen Wohnungen unserer lang verloren geglaubten Schwestern: soeben kehre ich heim von einem meiner nächtlichen Besuche dort; & ob es gleich spät ist, denn ich wurde dort eine Stunde länger festgehalten als gedacht, nämlich durch die traurige Stille & Atemlosigkeit der Nacht und den unwirklichen Gegenstand (denn Sie waren es selbst), um den das Gespräch sich rankte – wiewohl es also spät ist, kann ich nicht zu Bett gehen, ohne Ihnen zu schreiben & zu sagen, wieviel und wie freundlich wir in diesen zwei Stunden über Sie sprachen — Cordelia! sagte ich, als ich halb liegend auf ihrem Grab lagerte – lange – lange schon hat Dein Geist über diese Schwächen und allen Hader triumphiert, denen das Herz des Menschen preisgegeben ist – ach! Du hattest Deinen Teil davon — denn mir schien, sie blickte mit einer solch wohltuenden Sanftheit auf mich nieder – gleich einem abgesandten Engel mit feurig glühender Brust, daß Cordelia das Erdenleid nicht fremd gewesen sein konnte — armes, unglückliches Mädchen! rief ich – Cordelia wiegte sacht den Kopf — mehr braucht' es nicht – ich lenkte das Gespräch auf den Gegenstand meines eigenen Kummers – Ich sprach ihr von meiner Brahmanin: ich erzählte ihr, wie gütig die Natur Sie gebildet hat – wie sanft – wie klug – wie gut – Cordelia (so dünkt' es mich) ward gerührt von meiner Schilderung und leuchtete unmerklich wie seelenverwandte Geister pflegen, als ich fortfuhr – Dieses freundliche, geschwisterliche Wesen, durch dessen Schilderung ich Deine Liebe entflammt habe, Cordelia! versprach, eines Nachts einmal persönlich hieher zu kommen und in diesem heiligen Asyl gemeinsam mit mir Deinem Schatten einen empfindsamen Besuch zu machen — wann? wann? sagte sie mit lebhaftem Begehren – Gott weiß, sagte ich, indem ich mein Taschentuch nahm & die Tränen rascher vergoß, als ich sie trocknen konnte – Gott weiß! sagte ich und weinte bitterlich, als ich die Worte wiederholte – Gott weiß! doch spüre ich im Innern eine prophetische Überzeugung, die mich wissen läßt, daß diese Sanfteste ihres Geschlechts irgendwann einmal vor Kummer und Treulosigkeit der Welt Zuflucht nehmen und friedvoll kommen & unter Euch leben wird — und warum nicht gar auch bei uns schlafen? – O Himmel! sprach ich und fuhr mir mit der Hand ans Herz — und willst nicht auch Du, Yorick, Deine Asche mit unserer mischen? – Auf ewig, meine Cordelia! und ein gutherziger Schäfer wird kommen und das Unkraut auf unseren Gräbern ausreuten, so wie ich's bei Deinem getan, und danach zu unseren Füßen niedersitzen, uns die Geschichte seiner Leiden und getäuschten Hoffnungen zu erzählen.

Meine liebe Brahmanin, sagen Sie mir aufrichtig, ob Sie sich nicht aus ganzer Seele wünschen, mit dabeigewesen zu sein – Ja freilich! aber da es ja dunkel und einsam war, hätte ich mich an der Hand nehmen & von Ihnen zu Ihrem abgelegenen Landhäuschen führen lassen müssen – und was dann? Doch hier ende ich – & überlasse die Antwort Ihnen. – *apropos* – bitt' Euch, als Sie T. Shandy dann erobert hatten, kam es Ihnen je in den Sinn, welch geistersehendes, romantisches Wesen Sie da attrappiert hatten? Als die Brahmanin ein so sorgloses und lachendes Geschöpf in ihr Haus einließ, träumte ihr da von einem zartfühlenden Mann und daß sie einem solchen die Türe auftat, um ihn lebenslang zum Gefangenen zu machen – O Frau! in welcher Absicht haben Sie diese Macht über mich geübt? oder zu welchem Zweck in der Natur wurde ich auf so geheimnisvollen Pfaden dahin geführt, Ihnen zu begegnen, – Sie zu lieben — und unnütz zu klagen und zu seufzen, daß ich Ihnen nur meinen Geist nachschicken darf, so wie ich's diese Nacht bei meiner Cordelia getan – armer! unbefleckter Schatten! die Welt ist immerhin noch so gnädig, uns unseren Umgang nicht zu mißgönnen – dich, glückseliger Geist, darf ich so großherzig und gütig malen, Ihr gleich, der ich schreibe — ich darf neben Deinem Grabe liegen und den Rasen, der dich deckt, mit zarten Tränen netzen, ohne daß ein Reisender den Kopf zur Seite dreht, mich zu beäugen oder zu beneiden — Was jedoch dich betrifft, liebe Brahmanin, (denn ach! ach! in was für einer Welt leben wir) da sagt sie mir, ich darf mich deinem Schrein nicht nahen, und wäre es auch nur, um dir mit dem reinsten Opfer zu huldigen – in dieser Entfernung wird sie mir erlauben, es auf Ihrem Altar darzubringen – und für jetzt muß ich mich mit dieser Genehmigung bescheiden – möge meine liebe Göttin es also freundlich annehmen – und mich vor ihrem Altar schwören lassen, daß sie nie ein Gebet aus einem heißeren Herzen vernahm oder ihr ein aufrichtigerer Verehrer räucherte – Laßt mich ihr noch einmal sagen, daß ich sie liebe; und zwar so, wie man einen guten Christ *lehrt*, seinen Schöpfer zu lieben – nämlich um dessen selbst und der Vollkommenheit seines Wesens willen.

als Erwiderung nun auf all dies, warum gewann ich mir nie – ein huldvolles Nicken von Ihnen? warum schreiben Sie mir nicht? schmerzt das Schreiben? oder geht es nur mir so? liebe Dame, schreiben Sie irgend etwas, und schreiben Sie es irgendwie, solange es Ihnen aus dem Herzen kommt, wird es besser sein als der beste Brief, der je aus Popes Kopf kam — Kurzum, schreiben Sie mir irgendeinen Unsinn, wenn Sie einen wissen – schreiben Sie mir Ihren Klatsch & Tratsch – Ihre Freuden, Ihre Leiden, Ihre augenblickliche Stimmung und Ihre augenblicklichen Gefühle (wollte Gott, ich hielte itzt Ihre Hand). – Ich möchte hören, daß es Ihnen gutgeht – ich möchte Sie sagen hören, daß Sie etwas mehr für mich empfinden als kühle Wertschätzung – kurzum, ich weiß nicht, Was ich will —

Ich beehre mich zu
sein, liebe Brahmanin
&c &c &c – – – –

Der Brahmane –

An die Countess ***/Eliza*:** Wer die Empfängerin war, läßt sich nicht feststellen, wahrscheinlich hatte Sterne diesen Brief am 18. Juni 1765 an eine uns Unbekannte geschrieben und später eine Kopie als Briefentwurf verwendet, in den er die Anrede für ELIZABETH – ELIZA – DRAPER »meine liebe Brahmanin« und seine Unterschrift »der Brahmane« einfügte. Von Cordelias Geist erzählte er auch Eliza im »Tagebuch des Brahmanen« (im Band »Laurence Sterne. Empfindsame Reise, Tagebuch des Brahmanen, Satiren, Kleine Schriften«).

Gesellschaft meiner Nonnen ... Besuche dort: Die »anmutigen Wohnungen« sind die Ruinen von Byland Abbey, einer 1177 erbauten Zisterzienserabtei, die unter der Herrschaft Heinrichs VIII. aufgelöst wurde. Auf seinen nächtlichen Wanderungen bevölkerte Sterne sie mit Nonnen, den »lang verloren geglaubten Schwestern«. Der »romantische Schlupfwinkel« ist Shandy Hall, das Pfarrhaus von Coxwold, die Abtei liegt etwa 3 Kilometer nordöstlich und ist vom Garten aus zu erkennen.

»Cordelia« hat wohl nichts mit König Lears Lieblingstochter zu tun, Sterne mag den Namen, der sich vom französischen Namen für die Franziskaner – ›cordeliers‹ – ableitet, für angemessen klösterlich gehalten haben.

diese Sanfteste ... ein gutherziger Schäfer wird kommen: In England war damals die sogenannte Graveyard School en vogue, deren bekanntestes Gedicht ist THOMAS GRAYs (1716–1771) »Elegy Written in a Country Church Yard« (1751). Im Original des Briefes heißt es hier: »... that this gentlest of her Sex will some time take sanctuary from the cares and treachery of the world and come peacefully & live amongst you and why not sleep amongst us too? – O heaven! Said I, laying my hand upon my heart and will not you, Yorick, mix your ashes with us to? – for ever my Cordelia! and some kind hearted swain shall come and weed our graves« ... darin schwingt das leise Echo von Grays Elegie – »... Now fades the glimm'ring landscape on the sight, / And all the air a solemn stillness holds, / Save where the beetle wheels his droning flight, / And drowsy tinklings lull the distant folds // ... For thee, who mindful of th' unhonour'd Dead / Dost in these lines their artless tale relate; / If chance, by lonely contemplation led, Some kindred spirit shall inquire thy fate, // Haply some hoary-headed swain may say, / Oft have we seen him at the peep of dawn / Brushing with hasty steps the dews away / To meet the sun upon the upland lawn ...«

das Unkraut auf unseren Gräbern ausreuten: Ein Bild, das Sterne immer wieder einflocht, in »Tristram Shandy« mahnt TRISTRAM – »Haltet mir sein [Trims] Grab von Unkraut rein, Ihr Leute von braver Gesinnung, denn er war Euer Bruder« (VI, Kap. XXV). In der »Empfindsamen Reise« zieht es YORICK an VATER LORENZOs Grab – »Ich verspürte ein starkes Verlangen, zu sehen, wo sie ihn hingebettet hatten – als ich mit seiner kleinen Horndose in der Hand an seinem Grabe saß und zu seinen Häupten ein paar Nesseln ausraufte« (Kap. »Die Schnupftabakdose. Calais.«). Im »Tagebuch des Brahmanen« erzählt Sterne: »Ich bin zurück von einem köstlichen, romantischen Spaziergang ... – nämlich zu meinem Kloster [Byland Abbey] – und ich habe ein Dutzend Dornsträucher an der Wurzel ausgereutet ...« (»12. Juni«).
neben Deinem Grabe ... ein Reisender den Kopf: Anders geschieht es im »Tristram Shandy« – »denn da ein Fußweg dicht an seinem [Yoricks] Grabe durch den Kirchhof führt, – kommt keiner dran vorüber, ohne für einen Augenblick zu verweilen« (I, Kap. XII).

155. An Thomas Hesilrige York. [Freitag,] 5. Juli [1765]

Mein lieber lieber Sir,

Ich habe mich den ganzen letzten Winter über tausendmal nach Ihnen erkundigt und erfuhr, einen Teil davon könnte ich Sie wohl in der Stadt antreffen – wie geht es Ihnen? und wie wird es Ihnen mit dieser verrückten Welt weiterhin ergehen? Haben Sie das 7. & 8. meiner mißratenen Kinder gesehen – doch ich tue Buße für sie, indem ich noch ein Paar zeuge, das um einiges frömmer ist – und seinerseits Buße leistet (erneut) – im weißen Gewand gegen Mitte September – in Gestalt der B^de^ 3 & 4 von Yorick. Sie sollen nämlich ein gewißes Gleichgewicht in meinem shandyanischen Charakter bewahren & werden deshalb von meinen Freunden mit einer so glänzenden & stattlichen Liste von adligen Namen &c in die Welt hinausgeschickt – wie sie nur jemals vor einem Buch geprangt hat, seitdem das Subskribieren Mode geworden ist – es würde mich betrüben, Ihren Namen unter jenen meiner Freunde zu vermissen – & in einer so zahlreichen und guten Gesellschaft, wie es ihm gebührt – sagen Sie mir also, ich soll ihn dazusetzen – und wenn's Ihnen möglich ist, auch den Namen von Lord Maynard – mein lieber Hesilrige, ich trage keinen Anschlag auf Ihre Börse im Sinn – es geht ja bloß um eine Krone – doch ich trachte nach dem Kredit von Ld Maynards Namen – & dem einer Person, die ich so sehr liebe & schätze wie Sie. Findet sich eine Gelegenheit, noch 3 oder 4 der Liste hinzufügen, so weiß ich, daß Sie es aus Freundschaft zu mir tun werden — N. B. – Sie müssen Ihre Kronen an sich nehmen – & und solange für mich aufbewahren, bis das Schicksal mir den Gefallen tut, mich Ihnen in den Weg zu schleudern. Das wird, fürchte ich, dieses Jahr nicht geschehen – denn im September breche ich *Solus* gen Italien auf – & werde zu Rom & Neapel überwintern: L'hiver à Londres ne vaut pas rien pour les poumons – à cause d'humidité et la fumée dont l'aire est chargée – Lassen Sie mich bald wissen, wie es Ihnen geht – und glauben Sie, daß ich immer bin Ihr ergebener & zugeneigter

wohlwollender Freund

L. Sterne

***An Thomas Hesilrige*:** (um 1741–1817), ein Großneffe von Lord Maynard (siehe unten), er subskribierte die »Sermon«-Ausgaben von 1766 und 1769 sowie die »Empfindsame Reise«

7. & 8. meiner mißratenen Kinder: Band VII und VIII des »Tristram Shandy« waren im Januar 1765 erschienen.

im weißen Gewand ... von Yorick: Das »weiße Gewand« spielt auf die Druckbögen für die Bände III und IV der »Sermons of Mr. Yorick« an, aber auch auf das weiße Tuch, in das sich Ehebrecher hüllen mußten, wenn sie öffentlich Buße taten. Die Predigten erschienen nicht im September der Jahres, sondern wie bereits erwähnt, im Januar des Folgejahres.

ein gewißes Gleichgewicht bewahren: Die Frage, wie das YORICK'sche und das TRISTRAM'sche am besten auszubalancieren sei, beschäftigte Sterne, seit er den »Tristram Shandy« begonnen hatte, in Band IX erklärt TRISTRAM dann : »... bei Begutachtung des Erzählgespinstes erscheint es vonnöten, daß auf dieser und den fünf folgenden Seiten ein ordentliches Quantum ungleichartigen Stoffs eingeschossen werde, auf daß jene rechte Ausgewogenheit zwischen Weisheit und Narretei gewahrt bleibt, ohne welche ein Buch kein einziges Jahr zusammenhalten würde« (Kap. XII).

Lord Maynard: CHARLES MAYNARD (um 1690–1775), 6. Baron Maynard, zwei Jahre zuvor zum Lord-Lieutnant von Suffolk ernannt.

L'hiver à Londres ... chargée: Der Winter in London ist schlecht für die Lungen – wegen der Feuchtigkeit und des Qualms in der Luft. Daß Sterne diese an sich schlichte Erkenntnis ins modisch Französische verpackte, ist womöglich der geistigen Vorbereitung auf seine Reise geschuldet.

156. [M] An Robert Foley York. [Samstag,] 13. Juli, 1765.

Mein werter Sir,

im Frühling schrieb ich Ihnen einmal mit der Bitte, mir eine Abrechnung zu senden. Ich vermute, Sie waren damals aus Paris verreist, und Mr. Garrick nahm den Brief mit – den er Ihnen vielleicht auch eingehändigt hat. Im Gedränge Ihrer Geschäfte möchten Sie wohl seinen Inhalt vergessen haben; und im Gedränge der meinigen in der Stadt, gelang es mir nicht, Sie vor die Augen zu bekommen (obwohl ich einmal bei Ihnen vorsprach). Im September breche ich gen Italien auf und werde Sie in Paris gewiß sehen – noch lieber aber wäre mir Ihr Anblick, stünde ich nicht in ihrer Schuld – das aber haben Sie sich selbst zuzuschreiben, denn Becket hielt zu diesem Zwecke Geld von mir in Händen. – Schikken Sie Mrs. Sterne doch ihre zwei letzten Bände von Tristram; sie trafen zusammen mit Ihren im Frühling ein, und sie beschwert sich, daß sie diese noch nicht bekommen hat. – Meine besten Empfehlungen an Mr. Panchaud. – Ich stelle eben emsig zwei Bände mit Predigten zusammen – sie werden im September gedruckt, wiewohl nicht rechtzeitig genug, um sie mitzubringen. Ihr Name steht auf der Liste der wenigen meiner Subskribenten, die unentgeltlich subskribieren. – Wenn Sie Baron d'Holbach oder Diderot treffen, so melden Sie ihnen meine Hochachtung – Sollte der Baron irgendwelche englischen Bücher haben wollen, möge er mir's anzeigen, so will ich sie ihm mitbringen – Adieu.

Ihr aufrichtig ergebener

L. Sterne

im Frühling schrieb ich Ihnen: am 15. April, siehe Brief 148.
Baron d'Holbach oder Diderot: Beide Herren subskribierten die »Sermons« von 1766, siehe Brief 145.

157. An Lady Caroline Hervey [Coxwold,]

Samstagnachmittag.

[?Juli 1765]

Hier sitze ich nun wirklich an meinem Schreibtisch, – soll ich das Geheimnis lüften? – irgendwo zwischen meinem vierzigsten und fünfundvierzigsten Lebensjahr, – das Übrige möge sich Eure Ladyschaft, wenn es beliebt, selber ausmalen; und in diesem vorgerückten Alter soll ich all den Reizen huldigen, welche der glücklichen Verbindung aus Jugend und Schönheit entsprießen. –

Sollten Sie darin indes eine Vermessenheit finden, so verlasse ich jene Schönheiten, die nur dem frühen Leben zugehören, und mache meinen Antrag Eigenschaften, die jedem Lebensalter eignen und den ausgedehnten Reiz besitzen, der die Runzeln des Alters übersehen läßt und altersgraues Haar in kastanienbraune Locken verwandelt. Daß Sie das eine immer so besitzen werden wie jetzt das andere, habe ich überall bestätigt gefunden, wo Ihr Name fiel; ich wüßte auch nicht, daß Ihr Lob jemals eine Einschränkung erfuhr durch auch nur ein einziges *aber* – von irgendeiner der vielen verschiedenen Figuren und Gestalten, die der Neid in jeder Ecke pflanzt, um gegen die Vollkommenheit zu kläffen.

Doch während Eure Ladyschaft, durch eine Art mirakulöser Macht, allen Neid, der auf Sie selber zielt, zu bannen vermag, – mögt Ihr ihn wohl manchmal ungewollt dazu ermuntern, sich andere Opfer zu suchen. – Für meine Person gilt ganz unzweifelhaft, daß mir gewaltiger Neid droht, wenn man erfährt, mit welch huldvoller Nachsicht Sie meiner Bitte stattgegeben haben: doch in diesem Falle wird der Neid meine Lorbeeren mehren, statt sie welken zu lassen: – er ist die rühmliche Narbe; und ich bin so stolz auf die eine, wie es der patriotische Held mit allem Grund auf die andere ist.

Um mich jedoch auf den Zweck dieses Schreibens zu beschränken.

Erlauben Sie, daß ich Euer Ladyschaft von Herzen dafür danke, mir zu gestatten, mich um die Ehre Eurer Protektion zu bewerben – der Versuch allerdings, Ihnen dafür zu danken, daß Sie mir jene gewährt haben, übersteigt mein Vermögen; sowohl meiner Feder wie meinen Lippen ist es unmöglich, der Regung meines Herzens bei diesem Anlaß zu gehorchen. – Es mag einmal die Zeit kommen, da einer aus der *Shandy*-Familie über die hinreichende Beredsamkeit gebietet, Euch diese Huldigung darzubringen, die zwar innigst empfunden wird, jedoch nicht angemessen geäußert werden kann, – am allerwenigsten noch von

Euer Ladyschaft getreuesten
und untertänigst-gehorsamsten Diener,
L. Sterne

***An Lady Caroline Hervey*:** (1736–1819), die jüngere Schwester von Lady LEPELL PHIPPS (siehe Brief 150 und 153), subskribierte die »Sermons« von 1766.
zwischen meinem ... Lebensjahr: Auch der schwer greifbaren Mrs. F gegenüber schwindelte Sterne sich ein paar Lebensjahre fort (Brief 149).
altersgraues Haar in kastanienbraune Locken verwandelt: Der Brief erschien erstmals in WILLIAM COMBEs Ausgabe »Original Letters« (1788), ein Manuskript von Sterne konnte nicht gefunden werden, Vorsicht gegenüber dem Wortlaut ist also angesagt; dieses recht abgeschmackte Bild klingt ehe nach Combe.

158. An Mr. Dodsley Coxwold [Montag,] 19. Juli 1765

Sir

Ich behellige Sie nur deshalb mit einem Brief, um einen Irrtum zu heben, dem Sie unterliegen, indem Sie vermuten, ich wollte eine Predigt aus den 2 B^{den} von Yorick nachdrucken, welche Sie erworben haben – dieser Schritt, glaube ich, müßte Sie schädigen – & darum wäre ich der Letzte, ihn zu gehen: die Predigt, die ich meinte, steht im Shandy, was Ihnen im Gegenteil eher zum Nutzen ausschlagen denn Schaden zufügen dürfte.

Was nun Ihre Unschlüssigkeit betrifft, ob Sie auf diese Predigten, die ich drucken lassen werde, bieten sollen – so sehe ich in dem Umstand, daß wir uns bei unserem letzten Handel nicht einig wurden, wirklich keinen Hinderungsgrund – Ich habe dies nie krummgenommen – Was allein ich jemals übel vermerkt habe, war das allgemeine Gerücht – Sie hätten behauptet, durch meine Werke verloren zu haben, was Sie, wovon ich moralisch überzeugt bin, nie getan haben, – jedoch ist auch dies lange schon aus meinen Gedanken verschwunden – denn Gottseidank muß ich erst noch lernen, was die Qual eines langen *[hier ist die oberste Zeile des Manuskripts abgeschnitten]* wieviel weniger noch dann bei kleinen.

Sie sagen wahrheitsgemäß, daß Fortsetzungen von Werken im Verkauf meist schwächer abgehen – die Schuld liegt, fürchte ich, häufiger beim Autor als beim Publikum – weil er zu wenig Abwechslung bietet, um das Interesse der Welt daran wachzuhalten.

Diese 2 Bände, an denen ich sitze – werden den übrigen gewiß in jeder Hinsicht ebenbürtig sein – in mancher sogar überlegen – denn es treten mehr Gestalten darin auf – & sie werden beseelter sein – es sind Yoricks letzte Predigten – die jemals im Druck erscheinen – und man wird sie vermutlich kaufen, um die Ausgabe zu vervollständigen – oder [Wort unleserlich] die Sammlung der kleineren gesellschaftlichen Pflichten, worauf sie sich beschränken – & eigentlich war es der öffentliche Ruf danach, der mich veranlaßt hat, sie zu schreiben. Ich werde indes nur 5000 drucken – falls sich das Manuskript nicht verkauft – und unverzüglich nach Italien reisen & sie ihrem Schicksal überlassen.

Ich bin, Sir,
Ihr ergebenster & gehorsamster
Diener
L. Sterne

***An Mr. Dodsley*:** der Verleger JAMES DODSLEY; sein Bruder ROBERT (siehe u. a. Brief 35, 37 und 48) war am 23. September 1764 gestorben.
die Predigt ... denn Schaden zufügen: Da Band I und II der »Sermons of Mr. Yorick« 1760 bei Dodsley erschienen waren und Sterne 200 Pfund für die Verlagsrechte bekommen hatte, wäre es ein Verstoß gegen das Copyright gewesen, wenn er einfach eine der Predigten daraus in einen neuen Band übernommen hätte. Die Predigt zu Hebräer 13,18 – »*Denn wir* getrösten *uns deß, daß wir ein gut Gewissen haben*« , um die es hier geht, war aber bereits 1750 erschienen und wurde dann noch einmal in abgewandelter Form von TRIM im »Tristram Shandy« verlesen (II, Kap. XVII).
Ich habe dies nie krumm ... kleinen: Sterne hatte sich mit ROBERT DODSLEY nicht über die Bände V und VI des »Tristram Shandy« einigen können, er ließ sie auf eigene Kosten drucken und suchte sich 1761 mit THOMAS BECKET einen neuen Vertrieb (siehe auch Anmerkung »ich belade meinen Karren ... oder die Finger davon lassen« zu Brief 73). Obwohl die oberste Zeile des Manuskripts abgeschnitten ist, darf man annehmen, daß Sterne es sehr wohl krumm genommen hatte. Bei Dodsley ließ er kein Werk mehr verlegen.
5000 drucken: Tatsächlich scheint WILLIAM STRAHAN nur 4000 gedruckt zu haben.

159. [M] An John Wodehouse Coxwold [Freitag,] 23. [August] 1765

Diesen Augenblick sitze ich in meinem Sommerhaus, Kopf und Herz voll, nicht von meines Onkel Tobys Liebeshändeln mit der Witwe Wadman, sondern von meinen Predigten – und Ihr Brief hat mich aus einer ernsten Stimmung gerissen – der Geist desselben *gefällt mir wohl* – wovon kann ich

Ihnen aus dieser Einsamkeit aber sonst berichten und schreiben als von mir – es freuet mich, daß Sie verliebt sind. – ’s wird Sie allemal vom Spleen kurieren, der sowohl für Männer wie Frauen von übler Wirkung ist – Ich selbst muß immer irgendeine Dulzinea im Kopfe haben – es harmonisiert die Seele – und in solchen Fällen bemühe ich mich zuvörderst, die Dame zu überreden, oder vielmehr überrede ich zuerst mich, daß ich verliebt sei – doch verfahre in meinen Liebesangelegenheiten so recht nach französischer Façon, nämlich empfindsam – *»l’amour«*, sagen sie, *»n’est rien sans sentiment«* – Aber trotz des vielen Lärmens, das sie um das *Wort* machen, knüpfen sie doch keine bestimmte Vorstellung daran – Und soviel über den Gegenstand der sogenannten Liebe. Ich muß Ihnen doch noch erzählen, wie ich soeben mit einem begüterten französischen Herrn in Frankreich, der eine Neigung zu meiner Tochter gefaßt hatte, umgesprungen bin – Ohne alle Umstände schrieb er mir (nachdem er meine Adresse vom Bankier meiner Frau erhalten hatte) er sei in meine Tochter verliebt und wünsche, zu erfahren, was ich ihr nun als *Heiratsgut* mitzugeben gedächte und wieviel ich ihr bei meinem *Tode* hinterlassen wolle – übrigens dünkt mich, daß es *auf seiner Seite* sehr wenig *sentiment* gab – Meine Antwort lautete: »Mein Herr, ich werde ihr am Hochzeitstag zehntausend Pfund mitgeben – ich rechne folgendermaßen – sie ist noch keine achtzehn, Sie sind zweiundsechzig – macht fünftausend Pfund – und dann, mein Herr, halten Sie sie zumindest nicht für häßlich – sie besitzt viele schöne Fertigkeiten, spricht italienisch, französisch, spielt Gitarre, und da Sie, fürchte ich, überhaupt kein Instrument spielen, so meine ich, Sie werden sich glücklich schätzen, sie zu meinen Bedingungen zu nehmen, denn für mich sind damit die zehntausend Pfund voll« – Vermutlich wird er dies nicht so auffassen, wie von mir gemeint war, nämlich – als rundweg abschlägige Antwort. – Wegen der Unachtsamkeit der Frau meines Kuraten ist mir ein Pfarrhaus abgebrannt –

sobald ich kann, werde ich's wohl wieder aufbauen müssen – aber dermalen fehlen mir die Mittel dazu – und doch bin ich nie vergnügter als dann, wenn ich keinen Schilling in der Tasche trage – denn wenn ich auch einen habe, so kann ich ihn doch nie mein Eigen nennen. Adieu, mein lieber Freund – mögen Sie eine bessere Gesundheit genießen als ich, wenn auch nicht eine bessere Laune, denn das ist unmöglich.

Ihr ergebener
L. Sterne

Meine Empfehlung an den Oberst.

***An John Wodehouse*:** siehe Brief 113.
Spleen: Man denke an TRISTRAM und sein Buch – »Wenn es überhaupt gegen irgend etwas geschrieben ist. — so ist's, mit Ew. Gestrengen Wohlnehmen, gegen den Spleen geschrieben« (»Tristram Shandy«, IV, Kap. XXII). Die Milz, engl. ›spleen‹, galt als Sitz der melancholischen Gefühle.
immer irgendeine Dulzinea im Kopfe: Man schaue in die »Empfindsame Reise«, in der es über LA FLEUR heißt, er sei »immerzu verliebet«, und lese YORICKs Erwiderung – »Das freut mich herzlich ... bin ich doch mein ganzes Leben meistenteils in die eine oder andre Prinzessin verliebt gewesen und hoffe, es möge bis an mein seliges Ende auch so fortgehen, indem ich die feste Überzeugung hege, daß, sollte ich je etwas Unrechtes tun, dies einzig in der Zwischenzeit zwischen der einen Verliebung und der nächsten geschehen kann« (Kap. »Montreuil«). Das deckt sich mit TRISTRAMs Ansicht: »Unfall vermag ich die Liebe nicht zu nennen, alldieweil ich die Überzeugung hege, daß sie des Menschen Herz stets besser macht« (»Tristram Shandy«, VIII, Kap. XXVI). – Das »Oxford English Dictionary« führt als erstes Beispiel für die Verwendung des Namens von Don Quixotes spezieller imaginärer Geliebter – ›Dulzinea‹ – im allgemeinen Sinne von ›Geliebte‹ SMOLLETTs pikaresken Roman »The Adventures of Roderick Random« (1748) an.
nämlich empfindsam ... *sentiment«*: In der »Empfindsamen Reise« steht im Brief des Jaques Roque zu lesen: »L'amour n'est *rien* sans sen-

timent. Et le sentiment est encore *moins* sans amour.« – »Die Liebe ist nichts ohne Gefühl. Und das Gefühl ist noch weniger ohne Liebe.«
Aber ... keine bestimmte Vorstellung daran: Man mag sich an andere Vorstellungen erinnern, etwa TRISTRAMs, der einen Irrtum verdammen will, »welchem die meisten Menschen unterliegen — die Franzosen allerdings samt und sonders, da sie bis zum letzten Mann fast ebenso unverbrüchlich daran glauben wie an die wirkliche Gegenwart, nämlich: *»Daß von Liebe reden, bereits schon Lieben sei.«* (»Tristram Shandy«, IX, Kap. XXV). Oder YORICKs Ausführung, die Franzosen genössen »nun einmal den gewissen Ruf, sich besser auf die Liebe zu verstehen und sich ihr geschickter zu befleißigen als jedes andere Volk auf Erden: mir persönlich gelten sie allerdings für Erzstümper und in Wahrheit als die miserabelsten Schützen, welche Cupidos Geduld je auf die Probe stellten. / – Was für ein Einfall, sich der Liebe zu befleißigen durch *Sentiments!*« (»Empfindsame Reise«, Kap. »Die Remise. Calais.«). Und schließlich wende man sich der LOCKE'schen Vorstellung vom Denken zu und der auf TRIM zielenden Frage WALTER SHANDYs, ob er »auch nur mit einem einz'gen von all den Worten, die er uns hergebetet hat, irgendeine bestimmte Idee verknüpft« (»Tristram Shandy«, V, Kap. XXXII).
einem begüterten französischen Herrn: dessen Identität unbekannt bleibt, ob die Liebe zu LYDIA (die im Dezember des Jahres achtzehn wurde) doch nicht groß genug war oder die angebotene Mitgift zu klein oder er doch klug genug war, die »rundweg abschlägige Antwort« zu verstehen, bleibt also ungewiß.
Unachtsamkeit ... ein Pfarrhaus abgebrannt: Am 1. und 2. August 1765 hatte das Pfarrhaus in Sutton-on-the-Forest gebrannt, und zwar wie der »York Courant« vom 6. August berichtete, erst am einen Ende, und als dieses Feuer gelöscht war, am Folgetag am anderen. Der Kurat war MARMADUKE CALLIS (siehe Anmerkung »Die Pfarre bringt jährlich ... versieht« zu Brief 75). Man hatte ihm eine Stellung als Hilfspfarrer in einer Pfarrei in Nottinghamshire angeboten, die besser dotiert war als die in Sutton, und er hatte bereits Empfehlungsschreiben eingeholt. ARTHUR CASH geht davon aus, daß Sterne ihn nicht ziehen lassen wollte, und Callis, oder seine Frau, schließlich entnervt das Pfarrhaus anzündete. Im Herbst 1765 ging Callis dann tatsächlich nach Nottinghamshire, und Sterne mußte einen neuen Hilfspfarrer einstellen.
den Oberst: eventuell GEORGE TOWNSHEND (1724–1807), von

1747–1764 Abgeordneter des Unterhauses für Raynham, Norfolk; seit 1764 4. Viscount Townshend. Er subskribierte die Predigtausgaben von 1760 und 1766. In Culloden hatte er gegen die Jakobiten und im Siebenjährigen Krieg gegen die Franzosen gekämpft. Sterne war mit seinem jüngeren Bruder CHARLES TOWNSHEND befreundet (siehe Brief 70).

160. An Werter Sir Coxwold Montag 23. [?August 1765]

Werter Sir,

soeben empfing ich Ihren gütigen Brief – ich bin ein arger Kasuist; doch ich fand wirklich nichts Ungehöriges daran, (ausgenommen die große Freiheit, welche ich mir herausnahm, indem ich Ihnen über meine eigenen Sorgen schrieb) dem einen Bruder die Notlage eines anderen zu schildern, wenn durch deren Beseitigung ein dritter zu Geld käme — & wäre es Ihnen möglich gewesen – so weiß ich, Ihr Herz (das ein besserer Kasuist ist als Ihr & mein Kopf zusammengenommen) – hätte diese Sache zugunsten von mir und meinem Kuraten entschieden – Mein letzter Kurat bekam von mir 32 Pfd – doch wenn er ein ruhiger und braver Untergebener ist und lieber 34 hätte – dann von Herzen gern – Ich bin etwas inkommodiert, weil ich heute Blut spucke – aber wenn es aufhört, werden mich die Ehre & das große Vergnügen, nächsten Sonntag Seiner Gnaden meine Aufwartung zu machen, nicht inkommodieren – und zu sagen, werter Sir, wie

sehr verbunden ich Ihnen bin.

L. Sterne

An Werter Sir: ganz offenbar ein Geistlicher, doch er bleibt ebenso namenlos wie der für die Kuratenstelle Vorgeschlagene.
Seiner Gnaden: Erzbischof DRUMMOND (siehe Anmerkungen zu Brief 79).

161. [M] An John Wodehouse Coxwold, [Freitag,] 20. [September] 1765

Danke, mein lieber W., für Ihren Brief – Ich schicke mich eben an, zu Ihnen zu kommen, und Sie und viele andere Freunde in der Stadt zu begrüßen – Ich habe mein Dintenfaß bis auf den Grund geleert, und wenn ich mein Buch herausgegeben habe, werde ich mein Angesicht nicht wider Jerusalem richten, sondern gegen die Alpen hin – Ich finde, ich muß noch einmal vor dem Tod fliehen, solange ich die Kraft aufbringe –– Ich werde nach Neapel reisen und zusehen, ob die dortige Luft diese arme Gestalt nicht ins rechte Gleis bringt – Was den Plan betrifft, den Bärenführer zu spielen, so dünkt mich's, ich habe genug damit zu tun, mich selbst zu regieren – und so einträglich es auch (Ihrer Meinung nach) sein möchte, so bin ich doch überzeugt, es würde mir unvergnüglich sein – Wenig und kurz sind die Minuten des Lebens, und ich glaube, daß ich keine mehr an irgendeinen anderen Menschen verschwenden darf. –– Ich werde neun oder zehn Monate in Italien zubringen und auf der Rückreise meine Frau und Tochter in Frankreich besuchen – und also am Geburtstag des Königs wieder zu Hause sein – welch ein Plan! – und nun, mein lieber Freund, verfüge ich mich nach York, nicht der Gesellschaft wegen – noch um an der schlammigen Ouse spazierenzugehen, sondern um mich von dem heftigsten Blutspeien, das je ein Sterblicher erlitten hat, wiederherzustellen; weil ich (sollte es mir so aufgesetzt sein) lieber dort als unterwegs in einer Postchaise sterben wollte. – Ich müßte mich sehr irren, fänden Sie meines Onkel Tobys Liebeshändel nicht ergötzlich – und so will ich mit einer drolligen Anekdote diesen Brief beschließen – Ein verständiger Freund, mit dem ich jüngst etliche Stunden lang des Gespräches pflog, begegnete einem Apotheker (ein gemeinsamer Bekannter uns), und dieser fragte ihn, wie er sich befände? Ei übel, fürwahr sehr übel – Ich war bei Sterne, der mir eine solche Dosis *attisches Salz* verabreicht hat, daß ich ein Fieber bekommen habe – Attisches Salz, Sir, attisches Salz! Ich führe Glaubers Salz – ich führe Epsom Salz &c in meinem Laden. – Ho! 's wird wohl ein französisches Salz sein – Mich wundert, wie Sie seiner Meinung über die Arznei trauen können, denn es schert ihn nicht, was er einnimmt – Mich dünkt, ich sehe Sie lächeln – Ich sehne mich danach, in London sein zu können und meine dortigen Freunde zu umarmen – und ich gedenke, mich eine Woche oder zehn Tage lang mit meinen Freunden in Paris zu amüsieren, vorzüglich mit Baron d'Holbach und der übrigen fidelen Gesellschaft – Über die Frauen – nein, über die will ich kein Wort verlieren – nur verabscheue ich erborgte Wesenszüge, die man zusammenrafft (wie ein Frauenzimmer ihr Unterhemd), um so den angestrebten Zweck zu erreichen. Adieu, adieu – Ich bin inzwischen der Ihrige

L. Sterne

wider Jerusalem: Getreu Hesekiel 21, 1–2 – »VND des HERRN wort geschach zu mir / vnd sprach / Du Menschenkind / Richte dein angesicht wider Jerusalem«.

die dortige Luft ... ins rechte Gleis bringt: Fast wortwörtlich hatte Sterne diese Hoffnung schon in Brief 128 aus Montpellier geäußert,

allerdings in der Hoffnung, jeder Schritt in Richtung England möge seine »arme Gestalt ins rechte Gleis« bringen.
Bärenführer: siehe Anmerkungen zu Brief 73 (»einen Bären durch Europa zu führen«).
am Geburtstag des Königs: Am 4. Juni; ob Sterne an diesem Tag wirklich wieder zurück in England war, ist fraglich, der »St. James's Chronicle« meldete seine Ankunft erst am 27. Juni, am 28. hatte er sich nach York verfügt.
mit einer drolligen Anekdote: Der »verständige Freund« war wahrscheinlich MARMADUKE FOTHERGILL (siehe Anmerkungen zu Brief 18), der Apotheker wohl THEOPHILUS GARENCIERES (siehe Anmerkungen zu Brief 9).
***attisches Salz*:** geistreicher Witz; »scharfsinnige, scherzende Reden, wie sie die Attiker liebten u. brauchten« (»Pierer's Universal-Lexikon«, 1857). Eine solche hatte WALTER SHANDY gegen OBADIAH geführt und – »Triumph ob dieser schlagfertigen Entgegnung schwamm im Auge meines Vaters – das *attische* Salz trieb Wasser hinein« (»Tristram Shandy«, V, Kap. III.).
Glaubers Salz ... Epsom Salz: Beide Salze sind Abführmittel.

162. An John Spencer, Viscount Spencer of Althorp

Coxwold, [Dienstag,]
1. Oktober 1765

Mylord

ich wollte, ich verstünde, Euch für Euer verbindliches Geschenk angemessen zu danken; denn geschieht es mit dem ganzen Gefühl, das mir Eure Güte einflößt, so müßte dies Euch kränken; und geschieht es mit weniger – so müßte ich mich selbst kränken. Ich kann Lord Spencer nur sagen: »*Daß ich ihm danke*« und zugleich etwas verspreche, von dem ich weiß, daß es annehmlicher sein wird: Daß mir sein in der Zueignung* gütig geäußerter Wunsch so prophetisch ausfallen soll, wie es einem derart merkwürdigen Wesen wie mir möglich ist.

Indes will ich Euer Lordschaft nicht weiter beschwerlich sein mit diesem Gegenstand – außer – daß wenn die Parzen – oder die Narreteien der shandyanischen Familie jede Unze Silber in ihrem Besitz vertan haben –

Dann soll dies zuletzt versilbert werden – doch ich erröte bei dem Gedanken; denn für den Fall des schlimmsten Scheiterns bestimme und verfüge ich hiemit, daß sich die restlichen Shandyaner philosophisch in irgendeine Weltecke zurückziehen, nämlich mit diesem Zeugnis von Lord Spencers freundschaftlicher Gesinnung gegen ihren Ahnen.

Ich habe, Mylord,
die Ehre zu sein mit
aufrichtiger Hochachtung
Ew. Lordschaft
getreuer Diener
L. Sterne

*Laurentio Sterne A.M: / Joannes Comes Spencer / Musas, charitasque omnes / propitias precatur.

Euer verbindliches Geschenk: Im »Tagebuch des Brahmanen« war »Dies Jahr ... ein Jahr der Geschenke für mich – meine Brahmanin – Wie viele Geschenke habe ich nicht allein von Dir erhalten? – Ld Spencer hat mich mit einer prächtigen Écritoire im Wert von 40 Guineen reich bedacht ...« (»13. Juni« 1767), und obwohl zwischen dem Datum dieses Briefes und dem der »Tagebuch«-Eintragung zwei Jahre liegen, nimmt ARTHUR CASH an, daß es sich um ein und dasselbe Geschenk handelte, nämlich um ein silbernes Tintenfaß (JOHN CROFT berichtete in seinen »Anecdotes« davon).

Zueignung*: Merkwürdigerweise fügte Sterne den Text dieser Zueignung dem Brief wie ein Postskriptum bei, obwohl man doch annehmen dürfte, daß John Spencer sie bestellt hatte und daher kannte. Sie lautete, in etwa: für Laurence Sterne A. M.: John Graf Spencer betet zu allen Musen und wünscht in all seiner Liebe, daß sie Ihnen hold sein mögen.«

einem derart merkwürdigen Wesen: Auch hier mag man sich wieder an die Beschreibung von YORICK erinnert fühlen – »ein so merkuriales und sublimiertes Wesen ..., – ein in all seinen Deklinationen so unregelmäßig flektiertes Geschöpf« (»Tristram Shandy«, I, XI).

die Parzen: die drei Schicksalsgöttinnen, die Hesiod (um 700 v. Chr.) als erster mit Namen nannte – Klotho, die Spinnerin des Lebensfadens; Lachesis, die das Schicksal zuteilende; Atropos, die unabwendbare, die den Lebensfaden abschneidet.

163. [M] An Robert Foley London, [Montag,] 7. Oktober 1765

Werter Sir

es ist schrecklich, in Paris zu weilen, ohne eine Perücke für den Kopf zu haben! In sieben Tagen von diesem Datum an würde ich in selbiger Lage sein, wenn Sie Ihrer Nachbarin Madame Requiere nicht sagen, sie soll ihren *bon mari* bewegen, *de me faire une peruque à bourse, au mieux – c'est à dire – une la plus extraordinaire – la plus jolie – la plus gentille – et la plus —*

*– Mai qu'importe? j'ai l'honneur d'être grand critique – et bien difficile encore dans les affaires de peruque*s – und mit einem Wort, in fünf Tagen nach Aviso soll er sie parat halten –

Verzeihen Sie mir diese Freiheit, mein lieber Freund, und die Mühe, das Beiliegende auf die allernächste Post zu geben. – Sollte mein Freund, Mr. F., in Paris sein – so melden Sie ihm meinen herzlichen Gruß und allen anderen meine Empfehlungen – in mißlicher Eile

Ihr ergebener
L. Sterne

Ich habe sechshundert Pfund in Mr. Beckets Hände bezahlt, auf welche Sie auf Sicht Wechsel ziehen können, je nachdem, ob es Mrs. Sterne oder mir selber dienlich ist.

***es ist* schrecklich ... den Kopf:** Sterne hatte wohl bei seinem ersten Parisbesuch eine ähnliche Erfahrung gemacht wie YORICK – »Als der Barbier kam, weigerte er sich platterdings, Hand an meine Perücke zu legen: entweder sie überforderte oder unterforderte seine Kunst: mir blieb nur die Wahl, eine schon fertige nach seiner eigenen Recommendation zu nehmen« (»Empfindsame Reise«, Kap. »Die Perücke. Paris.«), und auch TRISTRAM weiß, daß in Frankreich »*die Perücke den Mann macht*« (»Tristram Shandy«, VII, Kap. XVII). Man erinnere sich auch an SMOLLETTs Beschreibung der völligen äußerlichen Verwandlung in den Anmerkungen zu Brief 95.
soll ihren *bon mari ... peruques*: soll ihren guten Gatten bewegen, mir eine Beutelperücke zu machen, bestenfalls – besser gesagt – eine höchst außergewöhnliche – höchst hübsche – höchst artige – und höchst – / Aber was soll's? Ich habe die Ehre, ein großer Kritiker zu sein – und bin in Sachen Perücken sehr eigen.
Mr. F.: Wohl der Dramatiker, Theaterdirektor und Schauspieler SAMUEL FOOTE (1720–1777) – Sterne erwähnt ihn im nächsten Brief mit vollem Namen. Foote war für seinen scharfen Witz so geliebt wie gefürchtet. Im November 1760 – die ersten beiden Bände des »Tristram Shandy« waren erschienen und Footes Komödie »The Minor« war im Haymarket Theatre gespielt worden – hatte das »Gentleman's Magazine« ein anonymes Epigramm gebracht: »Two choice spirits of late have serv'd up the town / Two dishes high season'd to make them go down, / How improv'd are our minds? How enlighten'd our age? / By Shandy at home, and by Foote on the stage! / One gives them broad hints of what stuff they are made / T'other gives them the cue how to set up the trade.«

164. An Thomas Becket Paris, [Samstag,]
19. Oktober 1765

Werter Sir

– Ich habe ein Bündel kleiner Wechsel, der höchste über weniger als 50 Pfd, bei Mr. Panchaud gelassen, als ich Ihr Schreiben erhielt, das ich vorwies. Er bat mich, Ihnen zu sagen, er würde niemand außer Selwin einen davon schicken – sie können also bei ihm verbleiben, bis Sie Zeit finden, sie zu bezahlen – weil es keinen Unterschied macht, denn er würde sie niemand anders verhandeln – da Sie jeweils immer nur einen eingelösten erhalten werden, & das nicht oft – dürfen Sie beruhigt sein.

Ich habe das Vorwort erwogen & sogar geschrieben; aber nachdem ich mittlerweile länger darüber nachgedacht habe, scheint es mir besser, die Predigten kommen ohne Apologie zur Welt – sie mögen für sich selbst sprechen. Sollte ich meine Meinung hierin ändern, schicke ich es Ihnen rechtzeitig – wenn nicht, dann machen Sie ohne es weiter.

Ich war 5 Tage bis hier unterwegs und bin durch die Reise sehr erholt; in wenigen Tagen breche ich gen Italien auf. Mr. Wilkes und Foot sind hier.

Ich bin, werter Sir, Ihr ergebener
L. Sterne

Vorwort … selbst sprechen: Die Bände III und IV der »Sermons« erschienen ohne ein Vorwort, Sternes Entwurf ist verlorengegangen.
hier: YORICK logierte während seiner »Empfindsamen Reise« im Hotel de Modene, das es tatsächlich gab. Es lag in der Rue Jacob im Faubourg St. Germain. Ob auch Sterne dort abstieg, ist nicht bekannt.
Mr. Wilkes und Foot: JOHN WILKES (siehe auch Anmerkungen zu Brief 131) wohnte im Hôtel de Saxe in der Rue du Colombier, ebenfalls im Faubourg St. Germain, in der Nähe von St. Sulpice. Im Dezember 1763 war er nach Frankreich geflohen, nachdem das Parlament seine Immunität aufgehoben hatte und er wegen aufwiegleri-

scher Verleumdung angeklagt worden war. Grund dafür war ein Artikel in seiner Zeitschrift »The North Briton« (Nr. 45). Darin hatte er LORD BUTE, der als Premierminister für den Vertrag von Paris und die Beendigung des Siebenjährigen Krieges verantwortlich war, und indirekt König GEORGE III., der in seiner Rede vor dem Parlament diesen Vertrag gelobt hatte, scharf kritisiert. SAMUEL FOOTE (dessen Namen Sterne so schrieb, wie man ihn ausspricht) hatte reisende Landsmänner in seinen Komödien »An Englishman in Paris« (1753) und »An Englishman Return'd from Paris« (1756), sehr erfolgreich zum Gespött gemacht.

165. [M] An Isaac Panchaud

Pont de Beauvoisin,
[Donnerstag,]
7. November 1765

Werter Sir,

Ich vergaß, Sie zu ersuchen, alle Briefe, die in Ihre Hände gelangen, an Ihren Bankier in Rom weiterzusenden, damit sie mich bei meiner Ankunft dort erwarten, indem es ungewiß ist, wie lange ich mich in Turin aufhalten werde &c. &c. Dermalen werde ich in dieser Stadt gefangengehalten durch das plötzliche Anschwellen zweier jämmerlicher Flüßchen aufgrund der Schneeschmelze in den Alpen – sodaß wir uns weder denselben nähern noch wiederum nach Lyon zurückkehren können – auf wie lange meine Herren Reisegefährten und ich in dieser verdrießlichen Gefangenschaft schmachten werden, das wissen fürwahr Himmel und Erde, denn es regnet, als ob sie zusammenkommen und die Sache miteinander ausmachen wollten. – Meine Reise nach Lyon verlief angenehm, und ich verbrachte einen vergnüglichen Aufenthalt daselbst; speiste täglich beim Kommandanten zu Mittag und zur Nacht – Lord F. W. und etwa ein Dutzend Engländer ließ ich dort zurück – Wenn Sie Lord Ossory, Lord William Gordon, und meinen Freund, Mr. Craufurd sehen, so gedenken Sie meiner bei Ihnen – ist Wilkes noch in Paris, so sende ich ihm alle guten Wünsche – melden Sie meine Empfehlungen ebenso wie meinen Dank meiner guten Freundin, Miss Panchaud, und glauben Sie, werter Sir, daß ich aufrichtig der Ihrige bin,

L. Sterne

Ihren Bankier in Rom: Der Marchese BELLONI war auch der Bankier von GARRICK und CASANOVA.

Lord F. W.: WILLIAM WENTWORTH, 2. EARL FITZWILLIAM (1748–1833), ein Neffe von CHARLES WATSON-WENTWORTH, Lord Rockingham (siehe auch Anmerkungen zu Brief 43), er subskribierte die »Sermons« von 1766.

Lord Ossory, Lord William Gordon ... Mr. Craufurd: JOHN FITZPATRICK (1745–1818), 2. EARL OF UPPER OSSORY, Irland, subskribierte die »Sermons« von 1766, die »Empfindsame Reise« und erwarb später JOSHUA REYNOLDs Porträt von Sterne, 1767 begann er eine Abgeordnetenlaufbahn. Lord WILLIAM GORDON (1744–1823), der zweitgeborene Sohn des 3. Duke of Gordon, hatte die besten Karriereaussichten, ruinierte sie sich aber kurz darauf, als er mit der schönen verheirateten Lady Sarah Bunbury durchbrannte. Der Schotte JOHN CRAUFURD of ERROL (um 1742–1814) reiste seit 1760 jedes Jahr auf den Kontinent, er galt als ausgesprochen intelligent, war ein notorischer Spieler und einer der Mitbegründer des später legendären Gesellschaftsclubs Almacks, der im Februar 1765 seinen ersten Ball veranstaltet hatte. Er soll Sterne die Geschichte erzählt haben, die als »Der delikate Fall« in die »Empfindsame Reise« einging, so behauptet es zumindest John Macdonald in »Travels in Various Parts of Europe, Asia and Africa« (1790).

Wilkes noch in Paris: WILKES kehrte erst im Frühjahr 1768 nach England zurück und saß anschließend zwei Jahre im Gefängnis. Danach konnte er wieder einen Sitz im Unterhaus einnehmen und kämpfte für die Pressefreiheit.

166. An Isaac Panchaud Turin, [Freitag,]
15. Nov: – 1765

Werter Sir,

Nach mancherlei Schwierigkeiten bin ich wohlbehalten angelangt – wiewohl ich acht Tage gebraucht habe, um die Savoyer Alpen zu überqueren. Ich sitze hier seit zehn Tagen fest, weil die ganze Gegend zwischen hier & Mailand infolge beständiger Regengüsse überschwemmt ist – indes bin ich sehr glücklich – und habe schon in einem Dutzend Häuser Zutritt gefunden – morgen soll ich dem König vorgestellt werden – und wenn diese Zeremonie vorüber ist, werde ich mich vor Einladungen nicht retten können – Dermalen sind keine Engländer hier, ausgenommen Sr James Macdonald, der große Wertschätzung genießt. – Und Mr Ogilvie – wir sind alle zusammen; und werden in Frieden miteinander abreisen. Ich lasse alle herzlich grüßen – & wollen Sie so gut sein, Beiliegendes zu expedieren

Ihr ergebener.
L– Sterne

PS meine Empfehlungen an Miss Panchaud —

um die Savoyer Alpen zu überqueren: Die Reise führte von Lyon durch das Herzogtum Savoyen, über den gut 2000 Meter hohen Alpenpass Col du Mont Cenis hinunter nach Susa im Piemont und weiter in die Hauptstadt Turin. Von Bergquerungen ist auch in der »Empfindsamen Reise« zu lesen – »Hat man den Gipfel des Berges Taurira erklommen, so geht's stracks hinab nach Lyon – Adieu dann jeder rascheren Motion! Hier gilt's mit aller Behutsamkeit zu reisen; und auch die Gefühle befinden sich besser, wenn man sich nicht damit übereilt ... Laßt den wegemüden Reisenden seinem Unwillen Luft machen gegen die jähen Wendungen und Gefahren eurer Straßen – gegen eure Felsen – gegen eure Abgründe – gegen die Schwierigkeiten beim Erklimmen – gegen das Grausen beim Hinabfahren – gegen unpassierbare Gebirge – und gegen Gießbäche, welche große Felsbrocken von den Gipfeln hinabwälzen, seine Bahn zu versperren« (Kap. »Der delikate Fall.«).

dem König: KARL EMANUEL III. (1701–1773), Herzog von Savoyen und König von Sardinien-Piemont, ein Urenkel des englischen Königs Charles I., galt als aufgeklärter Fürst.

Sr James Macdonald: (1742–1766), 8. Baronet of Slate, Insel Skye. Der von WALPOLE als vielseitig gebildeter junger Mann Gepriesene hatte 1764 zum Beauchamp-Zirkel in Paris gehört (siehe Anmerkungen zu Brief 131) und begleitete Sterne nun nach Rom und Neapel, von dort kehrte er allein nach Rom zurück, erkrankte schwer und starb am 26. Juli 1766 in Frascati.

Mr Ogilvie: wohl JOHN OGILVIE (1733–1813), Schriftsteller, Geistlicher, Fellow der Edinburgh Royal Society, der Sterne als Verfasser der »Empfindsamen Reise« in seinen »Philosophical and Critical Observations on the Nature, Characters, and Various Species of Composition« (1774) als »vortrefflich« beschrieb und ihn, im Bunde mit PIERRE MARIVAUX (1688–1763) und CRÉBILLON DEM JÜNGEREN, allen anderen Schriftstellern vorzog.

167. An Isaac Panchaud — Turin, [Donnerstag,] 28. Nov: – 1765

Werter Sir,

bitte geben Sie Beiliegendes gleich auf die Post, sobald dieses in der Rue de St Saveur eintrifft.

Soeben bin ich im Begriff, von hier mit Mr James Macdonald nach Mailand &c. abzureisen.

Wir haben hier vierzehn vergnügte Tage verbracht & alle möglichen Ehrungen erfahren – & ungern nehmen wir beide Abschied, doch meine Gesundheit & seine Vernunft raten uns zu Rom.

Meine Empfehlungen an alle Freunde, an meinen Freund Foley, wenn er in Paris ist, &c. &c. …

Ihr sehr ergebener
L. Sterne

168. An Isaac Panchaud Florenz, [Mittwoch,] 18. Dez 1765

Werter Sir,

ich bin einen Monat lang durch die Ebenen der Lombardei gereist und habe unterwegs in Mailand, Parma, Piacenza und Bologna Station gemacht – das Wetter war so köstlich wie ein milder April in England –, & drei Tage lang einen Teil des dickverschneiten Apennin überquert, – ein schlimmer Übergang! – Ich bleibe hier drei Tage, um mit unserem Bevollmächtigten, Lord Titchfield & Cowper zu dinieren – und in 5 Tagen werde ich den Vatikan betreten und allen Heiligen im Pantheon vorgestellt werden – Ich bleibe nur 14 Tage, um diese Artigkeiten zu bezeigen & ziehe alsdann nach Neapel weiter.

Beiliegendes wollen Sie bitte meiner Frau schicken – & Beckets Brief nach London –

Ihr ergebener
L. Sterne

Ich bleibe hier drei Tage: Tatsächlich blieb Sterne etwas länger in Florenz, JAMES MACDONALD berichtete in einem Brief, er bleibe einer scheußlichen Erkältung wegen nur sechs Tage, nicht einmal die Venus von Medici habe es vermocht, seine Zähne beim Klappern innehalten zu lassen. – Sterne saß in diesen Tagen dem Maler THOMAS PATCH (1725–1782) für eine Karikatur, die ihn als Tristram Shandy zeigt, wie er den eintretenden Tod grüßt. Das Ölbild hängt heute im Jesus College, Cambridge. Patch, der zum Zirkel um Sir HORACE MANN (siehe unten) gehörte, verdiente sich sein Geld mit Stadtansichten von Florenz und den Karikaturen, die er von jungen Gentlemen auf Grand Tour malte.

unserem Bevollmächtigten: Sir HORACE MANN (1701–1786) war seit 1740 Gesandter am Florentiner Hof. Florenz, »die lieblichste Stadt auf Erden«, so WALPOLE, war eine der populärsten Stationen für englische Reisende, und der Kunstliebhaber Mann lud die Besucher an seine elegante Tafel. Die beiden ersten Bände des »Tristram Shandy« hatte er äußerst zerstreuend gefunden, der Humor der folgenden erschien ihm aber recht forciert. Dem Autor dieses »Humbugs« gab er ein Empfehlungsschreiben an Kardinal ALESSANDRO ALBANI in Rom mit.

Lord Titchfield & Cowper: Es war, wie CURTIS und CASH festhielten, nicht Lord Titchfield, sondern sein jüngerer Bruder Lord CHARLES EDWARD BENTINCK (1744–1819), der den Spitznamen »Jolly Heart« trug und sich gerade auf Grand Tour befand. GEORGE CLAVERING-COWPER (1738–1789), 3. Earl Cowper, war 1759 in Florenz eingetroffen und hatte seine Zeit, so MANN, als »Cicisbeo« der Marchesa Corsi verschwendet. Er blieb in Italien, wurde ein führendes Mitglied der Florentiner Gesellschaft und machte sich einen Namen als Sammler und Förderer der Künste und der Wissenschaften. 1777 erhielt er von Kaiser Joseph II. einen Fürstentitel des Heiligen Römischen Reiches Deutscher Nation – Nassau d'Auverquerqu –, den zu führen ihm sein britischer König George III. gnädig erlaubte. WALPOLE spottete über den »Talmititel«.

im Pantheon: In der »Empfindsamen Reise« machte sich Sterne über SMOLLETT lustig – dem Autor von »Travels through France and Italy« war er allerdings während seiner gesamten eigenen Italienreise *nicht* begegnet – »Ich begegnete Smelfungus im weiten Säulenrund des Pantheon – er trat eben heraus – *'s ist weiter nichts als eine ungeheure Hahnenkampfarena**, sagte er – Ich wünschte, Ihr hättet über die Venus von Medici nichts Übleres gesagt, erwiderte ich – denn auf der Durchreise durch Florenz war's mir zu Ohren gekommen, er sei gegen die Göttin ausfällig geworden und übler mit ihr umgesprungen als mit einer gewöhnlichen Gassenhure ohne noch den mindesten Anlaß. * *Vide* S—'s Reisen (Kap. »Auf der Straße. Calais.«).

169. [M] An Lydia Sterne Neapel, [Montag,] 3. Februar 1766

Mein liebes Mädchen,

über Deinen Brief, meine Lydia, mußte ich zugleich lachen und weinen – Es tut mir leid, daß ihr beide so vom Wechselfieber geplagt seid, und ich möchte unbedingt, daß ihr beide Euch schleunigst aus Tours davonmacht, denn wie ich mich erinnere, liegt diese Stadt zwischen zwei Flüssen, der Loire und dem Cher – und das muß Nebel und feuchtes, ungesundes Wetter erzeugen – der nämlichen Ursache wegen, dürft Ihr nicht nach Bourg-en-Bresse gehen – 's ist ein arger Ort für das Wechselfieber. – Ich befinde mich unendlich besser als zuvor – und hoffe, meinem Leben durch diese Reise nach Italien wenigstens zehn Jahre hinzugefügt zu haben – der Himmelsstrich ist göttlich, und ich spüre neue Kräfte der Gesundheit in mir, die ich seit langer Zeit nicht mehr gekannt hatte – Verlaßt Euch allerdings darauf, meine Lydia, daß ich Euch im nächsten Mai ausfindig machen werde, wo immer Ihr Euch aufhaltet. Daher bitte ich Euch, mir an die Adresse von Belloni in Rom zu schreiben, damit ich ungefähr weiß, wo Ihr dann seid. – Dein Bericht über Mrs. C — ist wahrhaft entzückend, ich werde sie allezeit hochachten – Mr. C. ist ein amüsanter Gesellschafter – was er über Deinen kleinen französischen Verehrer sagte, war wirklich drollig – der Marquis de — ist ein Hochstapler und Eurer Bekanntschaft nicht wert – er gab nur vor, mich zu kennen, weil er Deiner Mutter vorgestellt werden wollte – Ich bitte Dich, Deine Mutter zu veranlassen, an Mr. C. zu schreiben, damit ich alle Schulden begleichen kann, und hernach, meine Lydia, soll, wenn ich noch solange lebe, der Ertrag meiner Feder Dein sein – Wenn das Schicksal mir dies nicht vergönnt, so werden die Menschenfreundlichen und die Gutherzigen, teils um Deines Vaters willen, teils um Deinetwillen, Dich nie im Stich lassen! – Gestattet es die Gesundheit Deiner Mutter, mit mir nach England zurückzukehren, so werde ich Euch die Sommer zu Coxwold – und die Winter in York — so angenehm machen, wie's mir nur möglich ist — Du weißt, die Herausgabe meiner Werke ruft mich nach London. – Wenn Mr. und Mrs. C. — noch in Tours sind, so dankt ihnen in meinem Namen für die herzliche Freundschaft, welche sie meiner Frau und Tochter entgegengebracht haben. Ich habe ein paar Kleinigkeiten für Dich gekauft, die Du bekommst, wenn wir uns wiedersehen, als Zeichen der Zuneigung

Deines Dich liebenden Vaters

L. Sterne

Mrs. C ... Mr. C.: bleiben unbekannt.
der Marquis de: ebenso.

170. [M] An Robert Foley Neapel, [Samstag,] 8. Februar 1766

Werter Sir,

ich ersuche Sie, Mrs. Sterne so viel Geld zukommen zu lassen, als Sie braucht – sollte Sie es bis jetzt noch nicht erhalten haben: Sie schreibt mir, sie stehe schon seit drei Wochen ohne Geld da – seien Sie so gütig, Sie in Zukunft dieser Unbequemlichkeit zu überheben – die mich doppelt trifft. – Von Ihren Kreditbriefen habe ich sehr wenig Gebrauch gemacht, und seit meiner Abreise von Paris nur ungefähr fünfzig Louisdor in Turin, ebensoviel zu Rom – und einige wenige Dukaten hier aufgenommen – und da ich nun von hier nach

Rom, Venedig, über Wien nach Berlin mit einem begüterten Gentleman reise, so werde ich bis zu meiner Rückkehr nicht viele Wechsel mehr ziehen – so daß Sie also für meine Frau immer noch genug in Händen haben werden. – Zu Anfang März wollen Sie so gut sein, ihr einhundert Pfund zum Beginn ihres Jahres zu übermachen. –

Es befinden sich etliche Engländer hier, in Rom und in anderen Gegenden Italiens sehr wenige. – Die Luft in Neapel ist mir sehr zuträglich – Ich werde kugelrund zurückkommen – meine freundschaftlichen Grüße an alle, die mich mit ihren beehren – Adieu, mein lieber Freund – Ich bin allzeit Ihr

L. Sterne

einem begüterten Gentleman: HENRY ERRINGTON (?1738–1819) aus Sandhoe in Northumberland, der sich zu dieser Zeit schon etwa ein Jahr lang auf dem Kontinent aufhielt. Sterne hatte Errington schon vorher in England kennengelernt. CASH glaubt, dieser habe sich ob der Bekanntschaft mit dem berühmten Autor so geschmeichelt gefühlt, daß er freudig einen guten Teil der Reisekosten Sternes übernahm. – Aus dem Plan, über Wien nach Berlin zu reisen, wurde nichts.
Es befinden ... Engländer hier: Sterne, Errington und Macdonald machten WILLIAM HAMILTON, dem britischen Botschafter in Neapel (siehe Brief 173) ihre Aufwartung. Unter den 25 Engländern, die sich zu dieser Zeit in Neapel aufhielten (siehe Brief 172), waren auch JOHN SYMONDS, dem Sterne ein Empfehlungsschreiben an Dr. RICHARD GEM in Paris ausstellte (siehe Brief 175), und Sir WILLIAM STANHOPE, der jüngere Bruder von LORD CHESTERFIELD (siehe Brief 226 und 50).
Die Luft in Neapel ... zuträglich: FERDINANDO GALIANI allerdings, den Sterne in Paris bei Baron d'Holbach getroffen hatte (siehe Anmerkung »Bekanntschaft ... geistreicher & gelehrter Männer« zu Brief 83), erwähnte in einem Brief: »Das einzig gute, das dieser lästige M. Sterne geäußert hat, war als er zu mir sagte: Es ist besser in Paris zu sterben als in Neapel zu leben.«

171.[M] An John Hall-Stevenson Neapel, [Dienstag,]
11. Februar 1766

Mein lieber Hall,

'S ist eine Ewigkeit, daß ich nichts mehr von Dir gehört habe – da ich aber den London Chronicle lese und keine Nachricht von Deinem Tod finde, oder daß Du auch nur an dessen Schwelle stehst, so wähne ich, was ich ebenso wünsche, daß Du den Winter soweit überstanden hast und von den Vapeurs des Himmelsstrichs wie auch des Geistes verschont geblieben bist, und hier bin ich itzt so vergnügt als ein König und werde dick und blühe und gedeihe – wachse zwar nicht in die Höhe doch in die Breite. – Wir feiern hier lustig Karneval – nichts als Opern, Pucinellos, Festinos und Mummereien – Wir (das heißt, *nous autres*) verkleiden uns nun für ein Maskenfest bei der Prinzessin Francavilla, das ganz superb werden wird. – Die Engländer (ausschließlich) speisen bei ihr, und damit genug von diesem Gewäsch – ausgenommen noch, daß ich vergangene Woche eine kleine Komödie gesehen habe, die mit so viel Ausdruck und Geist und echtem Gefühl aufgeführt wurde, wie ich es sobald nicht wieder sehen werde. – Ich bleibe bis zur Karwoche hier, die ich zu Rom verbringen werde, woselbst ich mich einen Monat lang umtun will – Mein Plan war, von dort auf vierzehn Tage nach Florenz zu reisen – und hernach weiter über Leghorn und Marseille geradewegs nach Hause – doch habe ich mich hievon abbringen lassen, nämlich durch die wiederholten Vorschläge, einen Gentleman zu begleiten, der über Venedig, Wien, Sachsen, Berlin und Spa und anschließend durch Holland zurückkehren will – 's handelt sich um Mr. Errington. Ich kenne ihn jetzt schon seit drei Jahren und stecke seit meiner Ankunft in Rom mit ihm zusammen; und da ich ihn nun als einen gutherzigen jungen Mann kenne, so bezweifele ich nicht, daß wir beide zu unserem Recht kommen werden – wenigstens bin ich überzeugt, daß wir so heimkehren werden, wie wir auch abreisten, als Freunde und mit Wohlwollen. – Schreibe mir Deinen nächsten Brief nach Rom und erweise mir, wenn Du Gelegenheit findest, was vermutlich so sein wird, diese Gefälligkeit – mir ein Empfehlungsschreiben an unseren Gesandten (Lord Stormont in Wien) zu verschaffen, ich habe nicht die Ehre, Ihrer Lordschaft bekannt zu sein, allein, die Lords P — oder H — oder zwanzig andere, welche Du besser kennst, würden mir wohl eine Bescheinigung ausstellen und darin attestieren, daß ich nicht aus den Wolken gefallen sei. Sollte dies meinem Vetter geringe Mühe verursachen, dann lege es doch Deinem nächsten Brief an mich bei, den Du bitte an Belloni adressierst. – Du hast Skelton jetzt wohl seit einem Monat verlassen und, wie ich besorge, einen sehr harten Winter gehabt, diesen Schluß ziehe ich nämlich aus der Strenge der Witterung hier und in ganz Italien, die alles bisher Dagewesene übertroffen hat; seit drei Wochen aber brennt die Sonne so heiß, daß es eben noch auszuhalten ist. – Melde meinen Freunden meine gehorsamste Empfehlung – insbesondere den Glaubensgenossen – meinem lieben Garland – Gilbert – dem schätzbaren Oberst – Kardinal Scrope, meinem Gehülfen Pantagruel – liebster Vetter Antony, empfange meine freundlichsten Grüße und Wünsche.

Dein wohlaffektionierter

L. Sterne

PS

Nach besserer Überlegung, sende Deinen nächsten Brief an mich lieber an die Adresse von Mr. Watson Bankier zu Venedig.

Pucinellos: Sterne verballhornte, im Original mit ›punchinellos‹, den Pulcinella, eine Figur aus der Commedia dell'Arte, die in Deutschland den Hanswurst und Kaspar beeinflußte, in Großbritannien Punch und Jack Pudding. GOETHE, der 1787 in Neapel weilte, erzählte Jahrzehnte später:

»Ein Hauptspaß dieser niedrig-comischen Personage [Pulcinella]… bestand darin, daß er zuweilen auf der Bühne seine Rolle als Schauspieler auf einmal ganz zu vergessen schien. Er that als wäre er wieder nach Hause gekommen, sprach vertraulich mit seiner Familie, erzählte von dem Stücke, in welchem er soeben gespielt, und von einem anderen, worin er noch spielen solle; auch genirte er sich nicht, kleinen Naturbedürfnissen ungehinderte Freiheit zu lassen. ›Aber, lieber Mann,‹ rief ihm sodann seine Frau zu, ›du scheinst dich ja ganz zu vergessen; bedenke doch die werthe Versammlung, vor welcher du dich befindest!‹ – ›E vero! E vero!‹ erwiederte darauf Pulcinell, sich wieder besinnend, und kehrte unter großem Applaus der Zuschauer in sein voriges Spiel zurück. Das Theater des Pulcinell ist übrigens von solchem Ruf, daß Niemand in guter Gesellschaft sich rühmt, darin gewesen zu seyn. Frauen, wie man denken kann, gehen überhaupt nicht hin. es wird nur von Männern besucht« (Johann Peter Eckermann, »Gespräche mit Goethe in den letzten Jahren seines Lebens«, Band 3, 1848).

***nous autres*:** wir anderen, d. h. die Ausländer.

Prinzessin Francavilla: Principessa ELEONORA DI FRANCAVILLA, geb. Borghese (gest. 1779), Gattin von Michele Imperiali, Principe di Francavilla (1719–1782), den CASANOVA als »prachtliebenden, geistvollen, reichen Epikuräer« beschrieb, galt als eine der führenden Gastgeberinnen Neapels.

eine kleine Komödie: Während des Karnevals wurden jeden Abend mehrere Stücke von Amateuren gespielt, manche Klöster waren für ihre besonders komischen Aufführungen berühmt.

bis zur Karwoche: Palmsonntag fiel in jenem Jahr auf den 23. März, der Ostersonntag auf den 30. März.

Leghorn: der englische Name der italienischen Stadt Livorno.

Lord Stormont: DAVID MURRAY (1727–1796), 7. VISCOUNT STORMONT, war von 1763 bis 1772 der englische Gesandte am kaiserlichen Hof in Wien. Lady Stormont starb im Frühjahr 1766, deshalb änderte ERRINGTON seine Reisepläne.

die Lords P — oder H —: Es bleibt unklar, welche der vielen Lords P — oder H –, die Hall-Stevenson gekannt haben mochte, gemeint waren.

Belloni: wieder der römische Bankier, siehe auch Brief 165.

Glaubensgenossen: Man denke an die Aufforderung in Galater 6,10 – »Als wir nu zeit haben / so lasset vns gutes thun / an jederman / Allermeist aber an des glaubens Genossenlich seid«.

Garland ... Pantagruel: Garland ist nicht eindeutig zu identifizieren. Zu THOMAS GILBERT siehe Anmerkungen zu Brief 138. Der Oberst war entweder einer der Brüder von Hall Stevenson, GEORGE LAWSON HALL oder THOMAS HALL, oder aber JOHN HALE (siehe Anmerkungen zu Brief 143). Kardinal Scrope war THOMAS SCROPE (siehe Anmerkungen zu Brief 152), und Pantagruel, kurz Panty, war ROBERT LASCELLES (siehe Anmerkungen zu Brief 74).

Mr. Watson Bankier zu Venedig: Das war sicherlich derselbe Mr. Watson, an dessen Adresse auch JAMES BOSWELL seine Post schikken ließ – »Chez M. Jean Watson à Venise«, gab er im Juni 1765 in einem Brief an.

172. [M] An Isaac Panchaud

Neapel, [Freitag,]
14. Februar 1766

Werter Sir,

letzte Woche schrieb ich Ihnen und bat Sie, Mrs. Sterne soviel Geld zu übermachen, als sie brauche – es möchte sein, daß Sie diesen Brief früher erhalten, denn jener lag einem anderen bei, der an Mrs. Sterne in Toulouse abging – Von Ihren Kreditbriefen habe ich, wie Sie besagtem Schreiben entnehmen werden, wenig Gebrauch gemacht, auch werde ich kaum (wenn überhaupt etwas) mehr brauchen, bis Sie mich sehen, indem ich nun in Gesellschaft eines Gentleman reise – da wir aber über Venedig, Wien, Berlin &c. nach Spa zurückreisen, so würde es mir lieb sein, Sie zögen mir auf irgend jemand in Venedig einen Kreditbrief in Höhe von fünfzig Louisdor – ich bin aber versichert, daß ich nicht die Hälfte davon benötigen werde – allein, im Falle einer Krankheit oder anderer Mißgeschicke, wollte man doch nicht gerne eine so weite Reise ohne etwas Geld in der Tasche tun. – Die hiesigen Bankiers sind nicht so gewissenhaft wie mein Freund Panchaud. Sie würden mir zwölf Prozent abverlangen, sollte ich hier einen Wechselbrief nehmen. – Ich bitte Sie, Ihre Briefe &c. an Mr. Watson in Venedig beizulegen – wo wir am Himmelfahrtstag sein werden. – Die Luft in Neapel hat mir recht wohlgetan – Ich verlasse es aber nun, um vor der Karwoche in Rom zu sein. – Zur Zeit sind etwa fünfundzwanzig Engländer hier – die meisten davon werden jedoch in zwei Monaten abgereist sein – zu Rom findet sich kaum der dritte Teil davon – Ich vermute daher, daß Paris voll ist – meine innigsten Wünsche begleiten Sie – mit herzlichen Grüßen an Mr. Foley und Empfehlungen an alle – bin ich, werter Sir, treuergeben

Ihr

L. Sterne

Sir James Macdonald wohnt mit mir im nämlichen Haus und erholt sich soeben von einem langen und höchst grausamen Rheumatismus.

am Himmelfahrtstag: am 7. Mai des Jahres. MACDONALD schrieb einem Freund: »Alle Engländer fahren an Himmelfahrt nach Venedig«. Kein Wunder, wurde doch in Venedig die Festa della Sensa oder Festa dell'Ascensione, auch als Vermählung des Dogen mit dem Meer bekannt, als Staatsfeier mit großer Schiffsprozession und Festmahlen begangen.

Sir James Macdonald … Rheumatismus: MACDONALD blieb bis Anfang April in Neapel.

173. An William Hamilton Rom, [Montag,] 17. März 1766

Sir,

mein Gewissen ließe mir keine Ruhe, täte ich nicht in einem Brief das, was ich am Abend meiner Abreise in Worten nicht mehr zu tun vermochte; nämlich Ihnen und Mrs. Hamilton für die vielen Gefälligkeiten und Aufmerksamkeiten zu danken, die Sie beide mir während meines Aufenthalts zu Neapel erwiesen haben; und die ich, wenn ich jetzt aus der Ferne darauf zurückblicke, noch höher schätze und darob noch größere Freude empfinde als damals, als ich sie tatsächlich genoß.

— Das widerspricht nun der Etikette der Natur – indes fühle ich es für diesmal wahrhaft so, und mit der Empfindsamkeit eines Gemüts, dem Erkenntlichkeit nicht fremd ist, danke ich Ihnen beiden aufs herzlichste – & mehr vermag ich nicht zu tun. Mein Freund & ich haben eine Reise voller Widrigkeiten, die über Monte Cassino führte, hinter uns; aber unterwegs wurde all dem durch Scherzen und Lachen abgeholfen – Wir speisten mittags & abends im Kloster von Monte Casino, wo wir auch übernachteten und wie regierende Fürsten empfangen und bewirtet wurden – und am Samstagmorgen langten wir hier körperlich unversehrt an, sieht man einmal davon ab, daß so ein Trampeltier von einem Pferd im Vollgalopp über mich hergefallen ist und mich so platt gedrückt hat wie einen Pfannekuchen – aber ich beginne schon wieder rund zu werden. Cox und Hyat lassen mir nichts übrig, was ich Ihnen über Rom erzählen könnte, sie werden vor diesem Brief in Neapel eintreffen. Indes läuft hier ein Gerücht um, ein Erdbeben habe den großen Felsen von Gibraltar einstürzen lassen – tant pis pour nous: wir konnten den Platz nur gegen Menschen verteidigen.

Mr Errington meldet Ihnen & Mrs Hamilton artig seine

Empfehlungen – ich erlaube mir, mich mit meinen anzuschließen.

Wenn Sie Miss Tuting sehen, bitte übermitteln Sie ihr meine herzlichsten guten Wünsche – ebenso meine Empfehlungen – Ich habe die Ehre, werter Sir, mit aller Herzlichkeit und Aufrichtigkeit zu sein

Ihr gehorsamer & verbundener
L. Sterne

PS

meine Empfehlungen an alle Freunde – nicht zu vergessen die Gräfinnen de Rouget & Mahony.

***An William Hamilton*:** Sir WILLIAM HAMILTON (1730–1803) war seit 1764 britischer Gesandter in Neapel. Er und seine Frau Catherine begeisterten sich für Kunst und Altertümer. Von Hamiltons ausgesuchter Gastfreundschaft ist in den Berichten englischer Reisender aus jener Zeit zu lesen. Mehr als drei Jahrzehnte später tratschte ganz Europa über ihn, weil er mit seiner jungen zweiten Frau Emma und Admiral NELSON in einer Dreierbeziehung lebte.
Monte Cassino: Fast alle Reisenden besuchten auf dem Weg von Rom nach Neapel oder auf der Rückreise die gewaltige Benediktinerabtei Monte Cassino, das 529 von Benedikt von Nursia in den Abruzzen gegründete Mutterkloster des Ordens. Gut 40 Jahre bevor Sterne dort übernachtete, hatten die Mönche einen neuen komfortablen Gästetrakt errichtet.
am Samstagmorgen: Wahrscheinlich kam Sterne am 15. März, acht Tage vor Palmsonntag, in Rom an.
Cox und Hyat: konnten nicht identifiziert werden.
ein Gerücht … verteidigen: Der Felsen stand weiterhin, am 30. Januar 1766 war allerdings ein Orkan über Gibraltar gefegt, der »St. James's Chronicle« hatte in der Nummer vom 8.–11. März darüber berichtet. – Tant pis pour nous, zu schade für uns. – Spanien hatte die seit 1704 von England besetzte Landspitze im Utrechter Frieden von 1713 ganz abtreten müssen, versuchte aber, sie 1727–1729 durch eine Belagerung zurückzugewinnen. Zu den Soldaten, die den Spaniern er-

folgreich trotzten, hatte auch Sternes Vater gehört (er erzählt es im »Memorandum« für seine Tochter LYDIA, zu finden im Band »Laurence Sterne. Empfindsame Reise, Tagebuch des Brahmanen, Satiren, Kleine Schriften«).
Miss Tuting: siehe Anmerkungen zu Brief 136.
die Gräfinnen de Rouget & Mahony: wohl die verheiratete MARIE COMTESSE DE ROUGÉ (geb. 1737) und Lady ANNE CLIFFORD (1715–1793), die Witwe des Grafen JAMES JOSEPH MAHONY (1699–1757), der wie sein Vater in der Armee des Königs von Neapel-Sizilien gedient hatte und bis zum General aufgestiegen war.

174. An Richard Chapman

Rom – [Montag,] 17. März 1766

Werter Sir,

ich bin von Neapel in diese Stadt zurückgekehrt; wo ich auf meinem Weg nach Venedig vierzehn Tage bleibe, weil ich verbunden bin, mit einem begüterten Gentleman die Heimreise durch ganz Deutschland zu machen – diese Reise, auf der wir einige Zeit in Wien und 8 Wochen am Hofe des Königs von Preußen, wohin ich eingeladen bin, bleiben müssen, diese Reise wird mich so lange aufhalten, daß ich diesen Sommer keine Verwendung für das an mein Haus grenzende Feld haben werde, verpachten Sie es also an Mr Scott um den Zins, den ich dafür bezahle; mit der einzigen Bitte, er möge ein Auge aufs Haus haben und vielleicht anfallende Reparaturen vornehmen – Meine Gesundheit ist erheblich gebessert: – indem der ganze Winter in Neapel so warm war wie ein Frühling; und jetzt ist es hier so heiß, daß man mitten unter Tag kaum hinaus vor die Türe kann – ich hoffe, durch diese lange Rundreise nach Hause endgültig wiederhergestellt zu werden – denn wir durchfahren den größten Teil von Deutschland, durchqueren alsdann das Königreich von Böhmen – das Kurfürstentum Sachsen, Preußen, Hannover, Braunschweig &c., reisen hernach durch Holland und Flandern; wenn also Bewegung einen Mann kräftigt, dann habe ich von diesem Mittel genug. Der Prinz von Mecklenburg, der Bruder unserer Königin, weilt seit sechs Monaten hier; und da wir Tür an Tür mit ihm logieren, genießen wir die Ehre seiner häufigen Gesellschaft & sind jeden Abend in seinen Gemächern mit ihm zusammen; er ist ein sehr gutmütiger junger Mensch. Wir haben einigen englischen Adel hier & einige Personen von hohem Rang & großem Vermögen, mit einem von ihnen unternehme ich diese lange Reise, die nicht vor Weihnachten abgeschlossen sein wird; um diese Zeit werden wir beide in London angelangt sein; & im folgenden April werde ich Sie hoffentlich bei bester Gesundheit und guter Laune antreffen: Mrs Sterne & mein Mädchen verlassen Tours, wo sie immer nur bei schlechter Gesundheit waren; und man rät ihnen, in den südlichsten Teil Frankreichs zurückzukehren, um ihre Gesundheit wiederherzustellen, was ihnen ganz ohne Zweifel gelingen wird. Da ich diesen Sommer nicht in Coxwold sein werde & folglich keines Bedienten bedarf, wäre ich Ihnen verbunden, Sie würden Nanny Write dies wissen lassen – falls sie bis zu meiner Rückkehr in andere Dienste treten möchte, so hat sie die Zeit, sich umzusehen – sollte sie bei meiner Rückkehr nicht bessergestellt sein, würde ich sie mit Freuden wieder einstellen.

Empfehlen Sie mich Mrs Chapman & Ihrem Bruder & Ihrer Schwester – Fetherston und allen Freunden

Hochachtungsvoll Ihr

L. Sterne

***Richard Chapman*:** CHAPMANN war der Hauptverwalter von Sternes Patronatsherrn LORD FAUCONBERG, siehe auch Anmerkungen zu Brief 16.
Mr Scott: wohl FRANCIS SCOTT, ein Großpächter von LORD FAUCONBERG, in den Rentbüchern des Lords ist nichts darüber vermerkt, wahrscheinlich machte Sternes ungeplant frühe Heimkehr Ende Juni des Jahres eine Weiterverpachtung überflüssig.
denn wir durchfahren ... Braunschweig: eine etwas verquere Routenbeschreibung, erst nach der Durchquerung von Österreich und Böhmen kann man von Süden kommend den größten Teil Deutschlands durchfahren.
Der Prinz von Mecklenburg: GEORG AUGUST (1748–1785), Herzog zu Mecklenburg-Strelitz, Bruder der englischen Königin SOPHIE CHARLOTTE, hatte in Rom auch Bekanntschaft mit dem Altertumsfreund WINCKELMANN (dessen »edle Einfalt und stille Größe« zum zentralen Begriff der deutschen Klassik wurde) geschlossen.
Nanny Write: Mehr als ihren Namen weiß man von ihr nicht, deshalb ist auch nicht zu sagen, ob sie der Magd von TRISTRAM ähnelte – »so ein armes magres Geschöpf von einer Vestalin (um mein Feuer zu unterhalten), die für gewöhnlich aber ebenso schlechten Appetit hat als ich selbst« (Tristram Shandy«, IX, Kap. XVII).
Ihrem Bruder ... Fetherston: Der Bruder könnte William Chapman (1721–1781), der in Wildon Grange, knapp 2 Kilometer nordöstlich von Coxwold lebte, gewesen sein, über eine Schwester – oder eine Schwägerin – ist nichts bekannt. Ein Verwandter von Sternes Mutter hieß Fetherston, doch der lebte in Irland, und auch Fetherston ist ein in Yorkshire häufig vorkommender Name.

175. An Dr. Richard Gem Rom, Ostersonntag [30. März 1766]

Werter Sir,

der Gentleman, der Ihnen diesen Brief übergibt, ist Mr. Symonds, ein Mann von Bildung & Charakter; er hat, während ich in Neapel war, den größten Teil des Winters dort verbracht und kehrt über Paris nach England zurück; die Bekanntschaft mit Dr. Gem während seines kurzen Aufenthalts in Paris wird ihn beglücken – und ich hoffe, Sie auch & deswegen habe ich geschrieben, um Sie zusammenzubringen.

Meine Gesundheit ist von der neapolitanischen Luft stark gebessert – ich bin auf meinem Rückweg 3 Wochen hiergeblieben und habe noch einmal besichtigt, was ich auf dem Hinweg nach Neapel bereits gesehen hatte – In wenigen Tagen breche ich von hier nach Venedig auf, von wo ich mit Mr. Errington, den ich nach Hause begleite, weiterreise nach Wien, Dresden, Berlin, Hannover, Holland &c. Ob wir nach Paris zurückkehren, ist noch unentschieden. Ich kenne dort so viele treffliche Menschen, die ich schätze, daß ich sehr glücklich sein würde, es ließe sich bewerkstelligen – Wir haben dort einen fidelen, lustigen Winter zugebracht – und da wir den Schauplatz gegen Rom getauscht haben, verbringen wir einen so heiteren Frühling, wie man es sich nur wünschen kann. Ich wünsche meinen Freunden kein größeres Glück im Leben, als es auf diese Weise gehen zu lassen – haec est Vita dissolutorum (was für eine gräßliche Feder?), meine Empfehlungen an Foley, an Baron d'Holbach – Diderot – Panchaud – meiner guten alten Freundin, Miss Panchaud, wollen Sie freilich in meinem Namen einige Artigkeiten sagen –

Ich bin, werter Sir,
Ihr sehr ergebener
L. Sterne

***An Dr. Richard Gem*:** GEM (um 1716–1800) hatte in Cambridge studiert, war seit 1762 Arzt an der britischen Gesandtschaft in Paris und u. a. mit D'HOLBACH, DIDEROT und WALPOLE bekannt.
Mr. Symonds: JOHN SYMONDS (1729–1807) hatte ebenfalls in Cambridge studiert und wurde 1771 dort als Nachfolger THOMAS GRAYs Regius Professor für moderne Geschichte. Er reiste durch Europa, um die Landwirtschaft zu studieren.
haec est … gräßliche Feder?): So ist das Leben der Zügellosen. Sternes Kommentar in Klammern ist rätselhaft. Von diesem Brief ist kein Manuskript erhalten, die Übersetzung Michael Walters basiert auf einer Textfassung von CURTIS, die in die Florida-Edition aufgenommen wurde. Es ist also nicht nachzuprüfen, ob sich auf dem Papier Kratzspuren oder ein Tintenfleck, von einer gräßlichen Feder herrührend, fanden. Merkwürdig auch das Fragezeichen – möglicherweise aber war es ein Ausrufezeichen und es stand dort nicht ›pen‹ (Feder), sondern ›pun‹ (Wortspiel), denn ›dissolutio‹ bedeutet ›Auflösung, Zerfall‹.

176. An Mrs. T ——— Lanoüe bei Dijon, [Samstag,] 24. Mai 1766

Indem Miss T — das Zimmer verlassen hat (Gott weiß, aus welcher Veranlassung), fand Tristram Shandy, es schicke sich, aus ihrer Abwesenheit und der Verlockung dieses *leeren* Blattes Nutzen zu ziehen – und der Mutter seine besten Empfehlungen zu senden – nicht einzig und allein im Hinblick auf die Tochter (denn dies wäre unhöflich), sondern als Zeichen seiner Wertschätzung für Mrs. T — und ihren ehrenwerten Charakter und zugleich als Huldigung an die Reize ihres schönen Kindes, die in Tristram Shandys Augen so entzückend erscheinen – daß es für die schöne Göttin nur gut ist, ihn durch eine vorher eingegange, unbedeutende Verpflichtung gebunden zu wissen – fürwahr, 's ist ja nichts weiter als eine Ehe.

Mrs. T —: deren Identität bedauerlicherweise nicht gelüftet werden konnte.
Lanoüe bei Dijon: Möglicherweise war Sterne als Gast von GABRIEL-FRANÇOIS DE LA NOÜE-VIEUXPONT (1714–1779), COMTE DE VAIR, und dessen Gattin MARIE-MARGUERITE, COMTESSE DE VAIR ET DE LA NOÜE, dort.

177. [M] An John Hall-Stevenson [Samstag,] 24. Mai, bei Dijon [1766]

Lieber Antony,

das Verlangen, meine Frau und meine Tochter wiederzusehen, hat mich von meiner Straße abgeführt zu einem entzückenden Schloß der Gräfin von M —, allwo ich seit sieben Tagen den ehrwürdigen Patriarchen bei der Gräfin und einem halbdutzend sehr hübscher und liebenswürdiger Damen mime. Die Gräfin hat ein Herz aus Gold – eine kostbare Gabe, die nicht jedem zuteil wird. – Morgen werde ich diesen liebenswürdigen Kreis höchst ungern verlassen und bei Nacht und Tag Paris zueilen, wo ich in zwei Tagen eintreffen und mich dort gerade soviel aufwinden werde, um weiterzurollen bis Calais – ich hoffe also, gemäß einem seit sechzehn Tagen stehenden Plan, am Geburtstag des Königs mit Dir speisen zu können. – Nie hat ein Mann einen solchen Metzgergang nach seinem Weibe tun müssen als ich – nachdem ich sie in fünf oder sechs verschiedenen Städten gesucht hatte, fand ich sie schließlich in der *Franche Comté* – Arme Frau! Sie war sehr herzlich &c. und möchte etwa noch ein weiteres Jahr bleiben – meine Lydia gefällt mir sehr — ich fand, daß sie sich in jeder von mir erwünschten Hinsicht ungemein vervollkommnet hat – Ich befinde mich ganz unbegreiflich wohl und gebärde mich höchst begreiflich sehr unsinnig – dies ist zumindest ein Beweis guter Laune, worin ich ein mir zur letzten Zeit gegebenes Zeichen und Zeugnis erblicke, daß ich wieder zur Feder greifen muß. – Wahrlich, ich glaube, ich werde einmal noch mit der Feder in der Hand sterben, gedenke aber, mein Antony, unerachtet der Befürchtungen meiner Frau, die sich bei unserem Abschied dieserhalb sehr melancholisch zeigte, noch zehn Jahre zu leben. – Dies ist ein köstliches Fleckchen Erde; höchst himmlisches Wetter, und den ganzen Tag über liegen wir im Gras, ohne feucht zu werden – und mehr ist hievon nicht zu sagen, außer, daß der innere Mensch (denn die Gräfin geizt nicht mit ihrem Wein) täglich zweimal vom besten Burgunder inspiriert wird, der auf den Bergen wächst, die unsere hiesigen Ländereien abschließen. – Du wirst doch gewiß noch nicht nach Crazy Castle aufgebrochen sein, ehe ich London erreiche. – Hier hat der Sommer seinen vollen Einzug gehalten – was sich von Yorkshire nicht eben sagen läßt – Ich hoffe, von deinen Alaunwerken gute Kunde zu bekommen – hast Du denn aber keine anderen Werke unter den Händen? Ich erwarte jetzt nicht mehr, von Dir zu hören, also Gottes Segen für Dich – und alle Deine Unternehmungen. – Ich bin, mein lieber Vetter,

Dein wohlaffektionierter
L. Sterne.

Grüße mir Mr. Gilbert, Kardinal Scrope, den Oberst &c. &c. &c.

Gräfin von M: möglicherweise MARIE-MARGUERITE, COMTESSE DE VAIR ET DE LA NOÜE.

Paris zueilen … bis Calais: Zwischen Dijon und Paris lagen 38 Poststationen, zwischen Paris und Calais 34, die Entfernung zwischen den einzelnen Stationen betrug etwa 10 Kilometer.

seit sechzehn Tagen … Königs: Möglicherweise hatte Sterne einen neuen Plan gemacht, da er ja nun nicht durch Deutschland reiste; eventuell schrieb er Hall-Stevenson schon vorher von seiner Absicht, doch der Brief ging verloren … allerdings hatte Sterne schon in Brief 161 vom September 1765 angekündigt, er wolle »am Geburtstag des Königs«, also am 4. Juni des folgendes Jahres, zurück in England sein.

***Franche Comté*:** hieß eine Region im Osten Frankreichs, an der Grenze zur Schweiz, die aus den heutigen Departements Doubs, Jura, Haute-Saône und Territoire de Belfort bestand. Wo genau Sterne seine Familie fand, läßt sich nicht ermitteln, möglicherweise in Bourg-en-Bresse (siehe Brief 169), schon westlich der Franche Compté, oder in einer Stadt der nördlichen Franche Compté. ELIZABETH und LYDIA STERNE waren von den Vorpyrenäen nach Montauban und dann noch weiter gen Norden bis nach Tours gezogen, bevor Sterne sie wiedersah..

Alaunwerken … unter den Händen: Wenn denn Sterne hiermit Hall-Stevensons literarische Werke meint (wobei nebenbei bemerkt das bittere Tonerdesalz Alaun zum Färben und Beizen vonnöten ist), ist nicht klar, welche – »A Pastoral Puke« war 1764 erschienen, »Makarony Fables« kamen erst 1768 heraus, möglicherweise wußte Sterne aber schon von dem Pamphlet wider Warburton, das 1766 erschien, siehe Brief 180.

Mr. Gilbert … den Oberst &c: siehe die vorletzte Anmerkung zu Brief 171.

178. An Elizabeth Vesey London [Freitag,] 20. Juni; [1766]

An Mrs.

von den zwei schlechten Soutanen, schöne Dame, die ich auf dieser Welt mein eigen nennen darf, gäbe ich den Augenblick freudig die bessere weg, könnte ich so erfahren, welch unwiderstehliche magische Gewalt mich treibt, Euch nach erst so kurzer Bekanntschaft einen Brief zu schreiben – ich sagte, kurz – ich ziehe zurück: Mir ward das Glück beschieden, mit Mrs Vesey seit schier unvordenklicher Zeit bekannt zu sein – der schärfsten Denkerin ihres Geschlechts muß man gewiß nicht sagen, daß sich ein Verkehr solcher Art nicht nach Stunden, Tagen oder Monaten bemißt, sondern am langsamen oder raschen Anwachsen unserer Vertraulichkeiten, was sich entweder daran erkennen läßt, wie tief wir gleich beim ersten Blick in das Wesen einer Person eindringen oder an der Offenheit und Freizügigkeit des Herzens, wodurch dem Betrachter ohne quälendes Nachdenken Einlaß gewährt wird; beides erspart uns, was sich ein kurzes Leben übel leisten kann, nämlich jene lange und übertriebene Zeit, die man darauf wendet, Verbindungen anzuknüpfen, und welche besser damit verbracht würde, deren Früchte zu kosten – ich behaupte nun, von eben dieser Anlage und Beschaffenheit sei die schöne Mrs Vesey — ihre Natur ist sogleich erfaßt; ich erkannte sie, bevor ich zehn Schritte neben ihr herspaziert war. – Ich glaube fürwahr, werte Dame, Ihr habt schlechterdings keine inwendige Seite —

Daß Ihr anmutig seid & elegant & höchst begehrenswert &c. &c., dies kann jedes gemeine Auge, das Euch, wie ein holländischer Bauer die Königin von Saba in einem Puppenspiel bloß anstaunet, leicht bemerken; aber daß Ihr empfindlich und sanft und zart seid – & und von hinten bis vorn voll der süßesten Töne & Melodien steckt, dies erfordert einen Connaisseur mit mehr Geschmack & Gefühl – in aller Ehrlichkeit, Ihr seid ein System harmonischer Vibrationen – Ihr seid das süßeste und bestgestimmte aller Instrumente – O Gott! ich gäbe meine andere Soutane weg, dürfte ich Euch spielen — doch gäbe ich diesen letzten Fetzen meiner Priesterschaft für dies Vergnügen, so würdet Ihr mich nackend vor Euch stehen sehen – wo nicht gänzlich ent-Weiht: – eine so himmlische Hand wie die Ihre würde mich augenblicks wieder weihen – doch wenn Ihr meint, ich wäre hernach wieder der Alte – glaubt mir, werte Dame, dann irret Ihr.

Alles dies nun gehörig erwogen und gesammelt, laßt mich Euch fragen, meine liebste Mrs V., woher nehmt Ihr das Recht, von Irland hierherzukommen – oder vielmehr, woher nehmt Ihr das Recht, zurückzukehren — zum Henker mit Euch und Euren musikalischen und anderen Reizen – mußtet Ihr denn unbedingt T. Shandys Kopf verdrehen, als wäre er nicht schon verdreht genug: daß Ihr mein Herz verdreht habt, das verzeihe ich Euch, da Ihr so gütig gewesen seid, es auf einen so vortrefflichen & himmlischen Gegenstand zu lenken –

Nun, teure Mrs Vesey, ist's Euch immerhin möglich, so denkt nicht an Euch selber, sondern glaubt mir, daß ich mit der größten Hochachtung für Euren Charakter & und für Euch selber bin

Ew

L – S.

***Elizabeth Vesey*:** (1715–1791), Blaustrumpf der ersten Stunde und deren ›Sylphide‹ genannt, Salonière, mit ELIZABETH MONTAGU, FRANCES BURNEY, GARRICK, REYNOLDS, JOHNSON, SWIFT und WALPOLE befreundet. Sie war als Tochter des Bischofs von Ossory Sir Thomas Vesey wahrscheinlich in Irland geboren worden, und ihr zweiter Ehemann (der erste starb 1740) Agmondisham Vesey war Mitglied des Irischen Parlaments.

zwei schlechten Soutanen: Man mag sich vielleicht an TRISTRAMs

»schwöre ich Stein und Bein, daß ich von den zwei schlechten Soutanen, die ich auf dieser Welt mein eigen nennen darf, die beste davon ebenso freudig würde drangegeben haben wie nur je ein *Cid Hamet* sein bestes Kleid hingab, — hätte ich bloß dabeistehen und meines Onkel *Toby's* Accompagnement mitanhören können« erinnern (»Tristram Shandy«, III, Kap. XI).

Königin von Saba in einem Puppenspiel: Die Königin von Saba »kam gen Jerusalem mit einem seer grossen Zeug / mit Kamelen die Specerey trugen / vnd viel Golds vnd Edelgesteine« (1. Könige 10,2), um König Salomo zu besuchen – das Sujet war bei Puppenspielen sehr beliebt.

zum Henker ... anderen Reizen: Wer möchte, solle sich an TRISTRAM erinnert fühlen, der doppeldeutig und über seine Geliebte spricht – »Strahlendstes der Gestirne! gewißlich wirst du deinen Einfluß ausüben auf irgendeinen — / — Zum Henker mit ihr und ihrem Einfluß — denn bei diesem Wort verläßt mich jede Geduld — wohl bekomm's ihm! — Bei allem was zottlig und geschlitzt ist! ruf' ich, zeuch die Pelzkappe ab und knaupele sie um meinen Finger — keinen Sixpence gäb' ich für ein Dutzend von der Sorte! / — Gleichwohl ist's doch auch ein trefflich Mützgen (hier stülp' ich's wieder auf und druck's mir gar recht feste an die Ohren) – und warm – und weich; sonderlich wenn man's nicht gegen den Strich bürstelt – doch ach! das wird mir niemalen beschieden sein — (und damit leidet denn meine Philosophie abermal Schiffbruch) / — Nein; in solch Pastetchen werd' ich nie den Finger tun ...« (»Tristram Shandy«, VIII. Kap. XI.).

179. [M] An Isaac Panchaud York, [Samstag,] 28. Juni, 1766.

Werter Sir,

letzte Woche schrieb ich Mr. Becket, er möge das Ihnen geschuldete Saldo ausgleichen – und ich erhielt von ihm einen Brief, in dem er mir mitteilt, wenn Sie einhundertsechzig Pfund auf ihn ziehen wollen, werde er diese auf Ihre Order pünktlich ausbezahlen – Senden Sie ihm also die Wechsel, wann immer es Ihnen beliebt – Mrs. Sterne meldet mir, sie benötige fünfzig Pfund – die Sie ihr bitte übermachen wollen – Ich werde Sorge tragen, daß sie an Ihren Korrespondenten remittiert werden – Ich setze volles Vertrauen in meine Frau, daß sie so sparsam lebt wie möglich, wiewohl sie eigentlich auf keine bestimmte Summe eingeschränkt ist – ihre Ausgaben werden dreihundert Pfund pro Jahr nicht übersteigen, es sei denn aufgrund von Krankheit oder einer Reise – und ich bin sehr gern bereit, sie ihr zu übermachen – und Sie dürfen versichert sein, daß, im Falle sie jemals für fünfzig oder einhundert Pfund außer der Reihe auf Sie ziehen sollte, diese Summe nebst jeder anderen Forderung an mich pünktlich beglichen wird – und mit dem gehörigen Dank; und dafür stehet die ganze shandyanische Familie Bürge. – Ich kann Ihnen unmöglich sagen, wie sehr ich es bedauert habe, daß mich meine Angelegenheiten so rasch durch Paris trieben und mich darum brachten, meinen alten Freund Mr. Foley zu sehen, sowie des Vergnügens beraubten, seine bessere Hälfte kennenzulernen – vermutlich werde ich ihn aber diesen Winter treffen. – Adieu, werter Sir, und glauben Sie mir,

daß ich von Herzen bin, Ihr
L. Sterne

PS

Mrs. Sterne reist nach Chalon, aber Ihr Brief wird sie wohl in Avignon antreffen – sie befindet sich sehr schlecht – und meine Tochter schreibt mir schweren Herzens, es gehe noch schlechter.

dreihundert Pfund: waren großzügig bemessen, eine solche Summe hielt man bei einem Gentleman, der ein ihm gemäßes Leben führen wollte, für durchaus angemessen.
meinen alten Freund Mr. Foley ... bessere Hälfte: Foley hatte am 21. Dezember 1765 Dorothy Hinchliff, die Erbin eines reichen Londoner Kaufmanns, geheiratet. LADY HERVEY beschrieb sie in einem Brief an WALPOLE als »diese alte Närrin von vierzig, die den Entschluß faßte, ihm [Foley] die fünfundsechzig tausend Pfund, um die ihr Vater, der alte Hinchliff, halb England betrog, darzureichen«.
Chalon: Chalon sur Saône, etwa 65 Kilometer südlich von Dijon. Von dort geht es über Lyon Richtung Avignon mehr oder weniger geradewegs nach Süden. In Avignon ließen sich ELIZABETH und LYDIA STERNE dann für einige Zeit nieder.

180. An John Hall-Stevenson

Coxwold, [Dienstag,]
15. Juli 1766

An J. Hall Esqre

Du hast ein so zartbesaitetes Gewissen, mein lieber Vetter Antonio, und nimmst Dir Deine Sünden derart zu Herzen, daß es Dir gewiß bestimmt war und Du ausersehen wurdest, in den Himmel zu kommen – wenn je ein witziger Kopf hineingelangt ist – woran ich jedoch leichte Zweifel hege, insofern als wir alle (Du siehst, ich halte mich für einen solchen) in diesem Leben wenn schon nicht tüchtig Glück, so doch zumindest tüchtig unsere Meinung gesagt haben; & der Teufel, wie Du weißt, der uns zum Hohn gemacht ist, wird es nicht umsonst hingehen lassen: und ich bin nun überzeugt, daß es durch die Einflüsterungen Satans kam, den wir, mein lieber Antonio, sicher noch einmal gänzlich niedertreten werden, daß Du diesen Kritiken Beachtung geschenkt hast, wo Du sie besser, so wie Judi die Schriftrolle, hättest mit einem Federmesser zerschneiden sollen, statt Dein Gewissen auf diese Weise zu plagen und heißzumachen wie Du's tust. Der Himmel vergebe mir! denn ich habe über Kunastrokius wie über Salomo ebensoviel gesagt – freilich kannten jeder Lakai und jedes Kammermädchen in London die Geschichten über die beiden schon zuvor– & und damit war die Sache ausgestanden.

Diese armen Teufel müssen, wie Du und ich, »ihr Sprüchlein hersagen« – sonst bleiben ihre Teller leer; & es ist sicher das Beste, man läßt sie sich selber die Mäuler stopfen –

Tausend Nichtigkeiten, oder Ärgeres als Nichtigkeiten, haben mir jeden Tag, seit ich von dir schied, die Feder aus der Hand gerissen; ich ergreife sie heute in vollem Ernste & werde sie bis zu den Rennen in York nicht weglegen – es sei denn, der Teufel verlockt Dich in Deiner Zerknirschung nach Scarborough. Solltest Du dort auf eine Woche von Deinen Fehltritten profitieren & die Trübsal weglachen wollen – ecco lo il vero Punchinello! Ich bin Dein Mann. Schreibe mir nur in einem Brief »*wenn*, *wie* und *wann*«, alldieweil ich nämlich meine Kavallerie verbessert habe – B —— hat mir seine Postchaise hinterlassen, & wenn ich mein Vaterunser spreche, denke ich stets daran – um das zu verstehen, Antony, mußt Du wohl Dein *Pater noster* durchgehen, was Du, fürchte ich, seit vielen Jahren nicht getan hast.

die Gnade Gottes sei mit Dir
& glaube, lieber Vetter, ich bin
Dein Dir herzlich zugetaner

L. S

zartbesaitetes Gewissen ... Deine Sünden: Sterne antwortete auf einen kurzen Brief von Hall-Stevenson, in dem dieser lamentiert hatte, die Rezensenten fielen wegen seiner »Bestialität« wider den Bischof von Gloucester WILLIAM WARBURTON über ihn her. Am 7. April des Jahres war nämlich bei J. Wilkie in London das anonyme Pamphlet »The First Chapter of Prophecies of the Prophet Homer. With A Letter to the B[ishop] of G[loucester]« erschienen, das sich über das zweite Buch von Warburtons »Divine Legation« lustig machte – was noch angegangen wäre – aber auch auf die angebliche Affäre der Bischofsgattin mit dem Libertin THOMAS POTTER (1718–1759) anspielte. Potter hatte gemeinsam mit seinem Freund JOHN WILKES »An Essay on Woman« verfaßt, eine sehr anzügliche Parodie auf POPEs – von Warburton kommentiertes – »Essay on Man«, in der Warburton als impotent dargestellt wurde. Seit 1756 schon schwelte das Gerücht, das einzige Kind der Warburtons sei Potters Sohn. – Das Pamphlet wurde nicht in Hall-Stevensons »Works« von 1795 aufgenommen, doch die Herausgeber der Florida-Edition gehen davon aus, daß Sterne sich in diesem Brief darauf bezieht.
der Teufel ... zum Hohn gemacht ist: Den Gedanken kannte Sterne aus MILTONs »Paradise Lost« (1667), aus dem 2. Gesang etwa – »Um bis zur Wurzel das Geschlecht der Menschen / Verderbend, Erd' und Hölle zu vermischen / Und dies dem großen Schöpfer nur zum Trotz« – und dem 9. Gesang – »Weil gegen einen Höhern ich verlor, / Ihn, der jetzt meinen Neid erregt als neuer / Liebling des Himmels, diesen Mann der Erde, / Den Sohn des Hohns, den uns noch mehr zu höhnen, / Sein Schöpfer aus dem Staub erhob; der Hohn / Wird nur mit Hohn am trefflichsten bezahlt.«
wie Judi die Schriftrolle: eine Anspielung auf Jeremias 36,21 – »Das sandte der König den Judi / das Buch zu holen / Derselbige nam es aus der kamer Elisama des Cantzlers. Vnd Judi las fur dem Könige vnd allen Fürsten die bey dem Könige stunden« – und 23 – »ALS aber Judi drey oder vier Blat gelesen hatte /zuschneit ers mit einem Schreibmesser / vnd warffs ins fewr das im Caminherde war / bis das Buch gantz verbrante im fewr.«
ich habe ... über Salomo: siehe Brief 46, in dem sich Sterne einem kritischen Leser gegenüber rechtfertigte – denn auch hinter DR. KUNASTROKIUS im Band I des »Tristram Shandy« hatte man eine reale Person, den Dr. Richard Mead, erkennen können, und auf Salo-

mos Leidenschaft für das weibliche Geschlecht kam Sterne ohnehin des öfteren zu sprechen.

»ihr Sprüchlein ... Teller leer: Im Englischen gibt es die Redewendung ›no song, no supper‹, deshalb die Anführungszeichen im Brieftext.

selber die Mäuler stopfen: auch dies eine biblische Wendung, die etwa in den Psalmen zu finden ist – »... Denn die Lügenmeuler sollen verstopfft werden« (Psalm 63,12) oder »... Vnd aller Bosheit wird das maul gestopfft werden« (Psalm 107,42).

bis zu den Rennen in York: Die Yorker Rennwoche fand in jenem Jahr vom 18. bis 23. August statt. Sterne arbeitete am Band IX des »Tristram Shandy« und vielleicht war er, als die Rennen begannen, noch nicht sehr weit gekommen, heißt es doch am Ende von Kapitel I: »Und hier nun sitz' ich den 12. August des Jahres 1766 in einem purpurroten Wams und gelben Pantoffeln, ohne Perücke oder Kappe ...« Vielleicht hatte er aber auch echt shandyanisch sozusagen hinten angefangen und sich erst dann dem Eingangskapitel zugewendet.

ecco lo il vero Punchinello!: Sterne bezog sich hier auf eine Geschichte, die er in Neapel gehört haben mußte. SAMUEL SHARP (1709–1778), ein europaweit hochgeachteter Londoner Chirurg, der im Winter 1765/66 Italien bereist hatte, erzählte sie in »Letters from Italy« (1766) so: »In Neapel gibt es einen Ort der *Largo del Castello* geheißen wird, nicht unähnlich unserem *Tower-Hill*, ein Ort der Müßiggänger. Hier gehen, jeden Nachmittag, Mönche und Scharlartane, Taschendiebe und Zauberer ihrer jeweiligen Beschäftigung nach ... Es geschah eine Tages, daß Punch [Pulcinella] prächtigen Erfolg hatte, und der arme Mönch in die Luft redete, denn nicht eine lebendige Seele stand bei ihm: Beschämt und erregt darüber, daß ein Puppenspiel, keine dreißig Yard von ihm, die Aufmerksamkeit der Menschen vom Wort Gottes auf solch nichtswerte Sache zu ziehen vermochte, hielt er, in einer Mischung aus Rage und Religion, sein Kruzifix empor und rief laut, *Ecco il vero Pulcinella, – ›Hier ist der wahre* Pulcinello, *– kommt heran, – kommt heran!‹* Diese Geschichte gilt in Neapel als so wahr, daß die frommsten Leute sie erzählen ...«

B —: Wer ihm da seine Postchaise lieh, bleibt unbekannt; Sterne »verbesserte« seine »Kavallerie« durch den Kauf von zwei »langschweifigen Pferden« (siehe Brief 212).

wenn ich mein Vaterunser spreche: Dachte er womöglich an das

»Und führe mich nicht in Versuchung«, konnte ihn doch die Kutsche in Orte bringen, wo es derer reichlich gab.

die Gnade Gottes sei mit Dir: Sterne paraphrasiert hier die Worte aus 2. Korinther 13,13, mit denen der Gottesdienst endet – »Die gnade vnsers HErrn Jhesu Christi / vnd die liebe Gottes / vnd die gemeinschafft des heiligen Geistes sey mit euch allen / AMEN«.

181. [M] An Werter Sir Coxwold, [Mittwoch,] 23. Juli 1766.

Werter Sir,

fast möchte man meinen, es sei so über uns verhängt – da verabreden wir Zusammenkünfte und haben einander in den letzten zwei Jahren nur zweimal von Angesicht zu Angesicht gesehen – wir müssen versuchen, es in Zukunft besser zu machen – Nachdem ich Sie eifriger gesucht hatte, als C .... den HErrn suchte, um Ihnen die Bücher zu überreichen, welche Sie mich baten, für Sie in Paris zu besorgen – mußte ich die Fracht dafür von London nach York entrichten – doch da ich Ihnen weder die Bücher noch die Fracht berechnen will – ist's der Rede nicht wert. – Nie hat jemand, mein werter Sir, eine angenehmere Reise getan, als Ihr Yorick – und nun sitze ich in meinem friedlichen Schlupfwinkel und schreibe den neunten Band vom Tristram – Dieses Jahr werde ich nur einen Band herausbringen und das nächste ein neues Werk in vier Bänden beginnen, nach dessen Vollendung ich den Tristram mit frischem Mut fortführen will. – Wie so anders ist doch die Umgebung hier! Aber mit einer Veranlagung, glücklich zu sein, kann uns weder diese Gegend noch jene unglücklich stimmen. – Kurz, jeder ist seines Glückes Schmied – er ist ein Tor, wenn er's nicht genießt.

Woran sind aber nun Sie, lieber S —? Geben Sie mir einige Nachricht von Ihren Vergnügungen – doch kommen Sie lieber auf zwei Wochen zu mir, so will ich Ihnen eine praktische Dosis meiner Philosophie zeigen oder (wo nötig) verabreichen; ich hoffe jedoch, Sie brauchen sie nicht – bedürften Sie ihrer – so wäre es Freundschaftspflicht, sie Ihnen zu geben – Können denn nicht einmal unsere Rennen Sie hierherlocken? Sie sehen, ich bringe alle Argumente zum Vortrag – Glauben Sie, daß ich aufrichtig bin Ihr

Laurence Sterne

***An Werter Sir*:** CURTIS meint, es könnte sich eventuell um EDWARD STANLEY (1718–1789) handeln, einen Fellow der Royal Society, der die »Sermons« von 1760 und die großformatige Ausgabe der »Empfindsamen Reise« subskribierte. Die Herausgeber der Florida-Edition schlagen noch einen weiteren Kandidaten vor – JENNISON SHAFTO, Esq. (um 1728–1771), Wratling Park, Cambridgeshire, von 1761–1768 Abgeordneter im Unterhaus. Shafto besaß selbst Rennpferde, darunter einen ›Yorick‹, der 1760 und 1761 lief. Für 1765 ließ sich Shafto bei den Yorker Rennen in die Liste derer eintragen, die die Gesellschaftsräume betreten durften. Außerdem stand der Name ›Shafto‹ auf jeder Subskriptionsliste für Sternes Werke (wobei es natürlich auch noch einen zweiten oder dritten Subskribenten dieses Namens gegeben haben könnte).

C .... den HErrn suchte: Warum hier, oder genauer in der Textfassung von LYDIA MÉDALLE, »C« steht, ist rätselhaft, in der Bibel ist David der große Gott Suchende, etwa in Psalm 27,8 – »... Darumb suche ich auch HERR dein Andlitz« – aber selbst Lydia Médalle hätte ein D nicht für ein C gehalten ... Natürlich gibt es noch mehr Suchende in der Bibel, doch der einzige, dessen Name – im Englischen – mit C beginnt, wäre Caiaphas (›der mit Eifer Suchende‹), doch Kaiphas (siehe Matthäus 26 und Johannes 18) gäbe dem Brief eine merkwürdige Wendung.

nur einen Band herausbringen: Bisher hatte Sterne den »Tristram

Shandy« jeweils in Paarbänden fortgesetzt, Band IX ist nicht nur ein einzelner Band, es ist auch der kürzeste – was Sterne kaschierte, indem er jedes Kapitel auf einer neuen Seite beginnen ließ. In Brief 183 deutet er BECKET an, er habe zwei Bände fertig ... Ob Sterne den »Tristram Shandy« beendete, ist eine viel diskutierte Frage, in Band IX werden viele Erzählstränge und Sujets zu einem Ende gebracht ... doch eine »Schweifrede« kann jederzeit fortgesetzt werden.
ein neues Werk in vier Bänden: Sterne kündigte auch den Subskribenten die »Empfindsame Reise« als vierbändiges Werk an, als dann aber nur zwei erschienen, entschuldigte er sich auf einem beiliegenden Zettel und wies darauf hin, daß die Subskribenten »further claim upon him for Two volumes more than these delivered« hätten und versprach diese ausstehenden Bände für den nächsten Winter. Leider erschienen sie nie. Einige Wochen nach Sternes Tod erschien dann allerdings »Yorick's Sentimental Journey continued«, wer der Autor dieser Fortsetzung ist, ist bis heute nicht geklärt. Sie wurde zusammen mit Sterne's Originaltext auch ins Deutsche übersetzt und meist mit den echten Bänden zusammen verkauft und gelesen.

182. An Ignatius Sancho Coxwold bei York, [Sonntag,] 27. Juli 1766.

In den kleinen, (wie in den großen) Begebenheiten dieser Welt, Sancho, treffen die Dinge oft wundersam zusammen: denn ich hatte eben eine zärtliche Geschichte vom Leiden eines freundlosen, armen Negermädchens geschrieben; und meine brennenden Tränen waren kaum versiegt, da erreichte mich Euer Empfehlungsschreiben zugunsten so vieler ihrer Brüder und Schwestern — aber warum denn *ihrer Brüder?* — oder Eurer, Sancho! und nicht ebenso meiner? Über die feinsten Tinten und unmerklichsten Abtönungen geht die Natur vom blassesten Teint von St. James bis zur rußschwärzesten

Hautfarbe in Afrika über: und bei welcher dieser Tinten sollten wohl die Blutsbande enden? und wie viele Schattierungen müssen wir auf dieser Skala noch weiter hinabsteigen, ehe die Barmherzigkeit mit ihnen verschwindet? — Es ist aber nichts Ungewöhnliches, mein guter Sancho, daß die eine Hälfte der Welt die andere wie Tiere behandelt und sich dann bemüht, sie zu solchen zu machen. Ich, meines Teils, blicke (wenigstens in schwermütiger Stimmung) nie nach *Westen*, ohne an die Bürde zu denken, die unsere Brüder & Schwestern *dort* tragen – & könnte ich auch nur eine Unze von ihren Schultern nehmen, so versichere ich, diese Stunde noch wollte ich zu ihrem Heil eine Wallfahrt gen Mekka antreten – was nebenher bemerkt, Sancho, Euren zehn Meilen weiten Gang ungefähr ebenso stark übertrifft, wie ein Besuch aus Menschenfreundlichkeit eine bloß förmliche Visite überträfe — hättet Ihr sie aber vielmehr meinem Onkel Toby machen wollen — so stehet er in Eurer Schuld.

Kann ich die Geschichte, welche ich geschrieben, dem Werk, woran ich bin, einverweben – so dient es den Bedrängten – und einer noch größeren Sache; denn in allem Ernste und mit aller Wahrheit gesprochen, es wirft einen düsteren Schatten auf die Welt, daß ein so großer Teil von ihr so lange in Ketten der Finsternis & in Ketten des Elends gefesselt gewesen und noch jetzt gefesselt ist; & ich kann Euch nur ehren & beglückwünschen, daß Ihr mit soviel rühmlichen Fleiß jene zerbrochen habt – & daß die Vorsehung, indem sie Euch einer so guten und mitleidvollen Familie zuführte, Euch von diesen befreite.

Und hiemit, gutherziger Sancho! Adieu! & seid versichert, ich werde Euren Brief nicht vergessen.

Euer
L Sterne

***An Ignatius Sancho*:** Über die ersten Jahre des Adressaten gibt es keine gesicherten Angaben, IGNATIUS SANCHO wurde wohl um 1729 geboren, möglicherweise auf einem Sklavenschiff, das in die Karibik fuhr. Im Alter von etwa zwei Jahren wurde er Waise und kam als Sklave nach Greenwich bei London, zu drei unverheirateten Schwestern, die ihm – damit er fügsam bliebe – keine Bildung ermöglichten. Doch ein Nachbar, JOHN, 2. DUKE OF MONTAGU (1690–1749), wurde auf ihn aufmerksam und ließ ihn unterrichten. Nach Montagus Tod nahm dessen Witwe Sancho unter ihre Fittiche und als sie 1751 starb, hinterließ sie ihm Geld, von dem bald nichts mehr übrig war. Irgendwann um diese Zeit muß Sancho die drei unverheirateten Schwestern verlassen haben und in die Dienste von Montagus Schwiegersohn George Brudenell-Montagu (1712–1790). 4. Earl of Cardigan, ab 1766 3. Duke of Montagu, getreten sein. Etwa sechs Jahre nach Sternes Tod kam Sancho frei und eröffnete ein Viktualiengeschäft in der Nähe des Parlaments in Westminster. Er komponierte auch und ließ einige seiner Stücke drucken. Bald war er eine bekannte Persönlichkeit, Abolitionisten führten ihn als Beispiel dafür an, daß auch Schwarze denkende und fühlende Menschen waren. Seine Korrespondenz wurde posthum 1782 unter dem Titel »The Letters of the late Ignatius Sancho, An African« veröffentlicht. Sancho war der erste Afrikaner, von dem man weiß, daß er bei einer britischen Wahl seine Stimme abgab, und der erste, der einen Nachruf in der Presse erhielt – er starb 1780.

1766 hatte er Sterne, der über seine Frau entfernt mit dem Duke of Montagu verwandt war, geschrieben und sich mit »Ich bin einer von denen, die von ordinären und engstirnigen Leuten *›Negurs‹* genannt werden« vorgestellt. Er erklärte, Sternes Predigten hätten sein Herz tief berührt, besonders eine, in der Sterne auch auf die Leiden der Versklavten eingegangen war, und bat den bewunderten Autor nun, noch einmal eine halbe Stunde für die Sklaven auf den westindischen Inseln zu erübrigen.

eine zärtliche Geschichte … Negermädchens: Im Band IX, Kap VI. des »Tristram Shandy«, in dem TRIM die Geschichte von Tom und der Witwe des Wurstbudiquenbesitzers erzählt, erwähnt er »ein armes Negermädchen mit einem lose an einen langen Stecken gebundnen weißen Federwisch, womit sie Fliegen fortwedelte – nicht aber totschlug. — Das macht eine artige Schilderey! sagte mein Onkel Toby – sie hat Verfolgung erduldet, Trim, und Barmherzigkeit gelernt — / — Sie war gut, mit Verlaub Euer Gnaden, sowohl von Natur als durch erlittne Drangsal; und in der Geschichte dieser armen freundlosen Dirn' figurieren freilich Umstände, die ein Herz aus Stein erweichen würden ... Wohl hat der Neger eine Seele? mit Verlaub Euer Gnaden, sagte der Korporal (zweifelnd). / In derlei Dingen, Korporal, sprach mein Onkel Toby, bin ich nicht eben wohl versieret; aber mir will doch scheinen, Gott wird ihn ebensowenig ohne eine solche gelassen haben wie Ihn oder mich —«. – Diese Geschichte erzählt Trim dann allerdings nicht weiter.

St. James: war eines der nobelsten Londoner Viertel, in dem nicht nur St. James's Palace stand (und steht), sondern auch zahlreiche Stadtpalais des Hochadels.

Euren zehn Meilen weiten Gang: Sancho hatte in seinem Brief erklärt, er gehöre zu den unzähligen Bewunderern, die Sterne für die Figur des »liebenswerten Onkel Toby« dankten, und ginge 10 Meilen, um dem wackeren Korporal die Hand zu schütteln.

so guten ... Familie: den Montagus.

183. An Thomas Becket

Coxwold [Samstag,]
30. Augst 1766.

Werter Sir,

Ich sende Ihnen sehr geringe Rechnungen – es sind aber solche, die ich auf dem Lande sammeln kann.

Im nächsten Winter werde ich den 9ten & 10 Band vom Shandy herausbringen – wüßte aber gern, wie viele von den 4 letzten im Verlaufe fast eines Jahres abgegangen sind, seit wir uns zuletzt verglichen haben.

Ist Mr Combe in London? Sollten Sie ihn sehen, so bestellen Sie ihm, er möge mir schreiben.

Ihr
L – Sterne

9ten & 10 Band: siehe auch Brief 189, in dem Sterne anzudeuten scheint, daß er mit dem 10. Band zumindest angefangen hatte.
von den 4 letzten: Die Bände V und VI verkauften sich schleppend, von Band VII und VIII waren 4.000 gedruckt worden, die Erstauflage von Band IX betrug nur 3500 Exemplare, offenbar verkauften sich VII und VIII also nicht allzu prächtig.

184. [M] An Isaac Panchaud

Coxwold [Sonntag,]
21. September 1766.

Mein lieber Freund,

Sollte Mrs. Sterne fünfzig Louisdor auf Sie ziehen, dann haben Sie die Freundlichkeit, ihr das Geld zu übermachen – und bitte seien Sie so gut, nicht Mr. Becket mit der Summe zu belasten (denn er schuldet mir nichts) sondern belieben Sie, mir den Wechsel zu schicken, den ich an Mr. Selwin ausbezahlen werde. — Ein junger Adliger verhandelt mit mir eben über einen sechswöchigen Ausflug (um Weihnachten) nach Faubourg de St. Germain – Ich möchte sehr gern auf so lange Zeit bei Ihnen sein – und sollte meine Frau sich schlechter befinden (im letzten Brief meiner Tochter erfuhr ich von ihrem schwachen Zustand), ist es mir unvorstellbar, nicht bei ihr zu sein – und einerlei wie kostspielig die Reise wäre, ich würde nach Avignon eilen, um beiden, ihr und meinem armen Mädchen, Trost zu spenden – Wo ich auch sei, glauben Sie mir,

Werter Sir, in bin Ihr,
L. Sterne

Meine besten Grüße an Mr. Foley: wiewohl ich noch nicht die Ehre hatte, seine Rippe kennenzulernen, sehe ich doch keinen Grund, warum ich der besseren Hälfte eines so alten Freundes nicht meine gehörigen Empfehlungen übermitteln sollte, was hiemit geschieht – meine freundlichsten Wünsche für Miss Panchaud.

Ein junger Adliger: bleibt unbekannt. Sterne wollte sich wohl doch als eine Art ›Bärenführer‹ empfehlen, doch daraus wurde nichts (siehe auch Brief 73).
seine Rippe: Foleys frisch angetraute Gattin (siehe Brief 179); Sterne setzte gerne ›Rippe‹ für ›Ehefrau‹ (siehe auch Anmerkungen zu Brief 18).

185. An John Hall-Stevenson

Coxwold [Freitag,] 17. Okt. 1766

Mein lieber Vetter,

Ich betrachte Dich als Banknote in der Eckschublade meines Schreibepults – ich weiß, sie ist da (ich wünschte, es wäre so) & kenne ihren Wert, obwohl ich sie selten eines Blickes würdige – wenn ein Vergleich meine Trägheit und alle möglichen Nachlässigkeiten gegen Dich entschuldigt – so sei es – obwohl ich noch mehr Schande auf mich nehmen & vor Dir bekennen muß, daß ich jetzt nicht geschrieben hätte, wäre mir nicht der *Durchgang* eines Craseliten bei meiner Türe zustatten gekommen – von dem ich die angenehmsten Nachrichten über Dich erfuhr – daß es Dir wohlergeht – und Du gut im Futter bist — was mich betrifft, so hatte ich diesen Monat dreimal meine Menses, was zweimal zu oft ist — und lebe durchaus nicht meiner Stimmung gemäß, weil ich so oft, was mir unvermeidlich ist, bei Lord Fauconberg bin, dessen Höflichkeit mich schier erdrückt — so geht's mit dem Tristram munter voran — was ich zustande bringe – ist leidlich — So ein Elendskapitel hast Du von mir noch nie gelesen — meine Stillingtoner Einhegung peinigt mich teuflisch zu Tode – und jede Stunde droht mir die Reise nach Avignon, wo es Mrs Sterne sehr schlecht geht – und aus einer Reihe von Briefen, die ich von Lydia bekam, schließe ich, sie gehet unser aller Weg –

Ich möchte von Dir selbst erfahren, wie es Dir geht – wie Du vorankommst — ich meine das Alaun. Ich wäre überglücklich, Dich zu sehen – aber solange ich so krumm geschlossen bin – ist's untunlich — Gedenke meiner hin und wieder bei Deinen Libationen — bitte Panty, für mich zu beten, wenn er für die heilige katholische Kirche betet – melde Mrs Ferguson meine Empfehlungen – & lebe in Frieden und Nächstenliebe mit aller Menschheit

& der Segen von Gottvater
— Sohn —
&
heiligem Geist sei mit Dir
Amen.

L Sterne

PS

Grüße Hales – & seinen Haushalt –

Craseliten: eine Sterne'sche Wortschöpfung, man darf annehmen, daß es sich um ein Mitglied des Freundeskreises von Skelton »Crazy« Castle (einen ›Demoniac‹) handelt.
dreimal meine Menses: Sternes Galgenhumor angesichts seiner sich stetig verschlechternden Gesundheit schwingt auch in den letzten Kapiteln des »Tristram Shandy« mit – »Da gereicht's mir immerhin

zum Trost, daß ich diese Woche in einem sehr unkritischen Fieber, welches mich just zu Anfang des Kapitels überfiel, an die achtzig Unzen Blut verloren habe; somit verbleibt mir noch einige Hoffnung, es fehle eher an den serösen und globulösen Teilen des Blutes als an der feinen *Aura* des Gehirns ...« (IX, Kap. XXIV).

Lord Fauconberg: seinem Patronatsherren.

meine Stillingtoner Einhegung: siehe dazu auch Brief 93 und 97. Die Einhegung der Allmende von Stillington hatte Sterne veranlaßt, ihm stand daraus eine hübsche Abfindung in Bargeld zu, den Bauern ging das Gemeinschaftseigentum und damit pachtfreies Acker- und Weideland verloren.

das Alaun: siehe auch Brief 138 und 177 samt Anmerkungen.

krumm geschlossen: Gefangene, die besonders hart bestraft werden sollten, wurden mit Eisen und Fesseln krumm geschlossen, man fesselte ihre Handgelenke an die Fußknöchel.

Libationen: Trankopfern.

Panty ... katholische Kirche betet: Panty, ROBERT LASCELLES (siehe auch Anmerkungen zu Brief 74), war ordinierter Geistlicher; im Apostolischen Glaubensbekenntnis, das in der Morgen- und Abendandacht der anglikanischen Kirche gesprochen wird, heißt es: »I believe in the Holy Ghost; The Holy Catholic Church; The communion of Saints; The forgiveness of sins; The resurrection of the body; And the life everlasting. Amen.«

Mrs Ferguson: Man darf vermuten, daß sie in der Nähe von Skelton lebte, genaues ist nicht bekannt.

Hales: wohl Colonel JOHN HALE (siehe Anmerkungen zu Brief 143).

186. [M] An Robert Foley Coxwold [Samstag,] 25. Oktober 1766.

Mein lieber Foley,

vor einem Monat ersuchte ich Sie, so gütig zu sein, Mrs. Sterne fünfzig Louisdor zu übermachen – ich stehe dafür, Sie haben es getan – ihre Krankheit muß sie jedoch viel Geld gekostet haben – da ich nun die letzten fünfzig Pfund an Mr. Selwin ausbezahlt habe, bitte ich Sie, ihr noch dreißig Guineen mehr zu schicken – für welche ich Mr. Becket mit dieser Post einen Bankwechsel sende – aber selbst, wenn ich's nicht getan hätte, würden Sie doch gewiß nicht davor zurückscheuen – denn seien Sie versichert, mein lieber Foley, der erste Lord der Schatzkammer ist weder fähiger noch gewillter (vielleicht auch nur halb so pünktlich), als ich bin, alles, womit ich bei Ihnen jemals zu Buche stehen kann, ehrlich zu bezahlen. – Meine Tochter meldet mir, ihre Mutter sei sehr krank – und ich fürchte, sie verfällt in jeder Hinsicht rasch – in ihrer Lage ist es betrüblich, jeder Hilfe zu ermangeln, die ich ihr leisten kann – bitte, schreiben Sie ihr – und glauben Sie, daß ich aufrichtig bin, nebst mit meinen besten Empfehlungen an Ihr Hotel,

Ihr ergebener
L. Sterne

vor einem Monat: siehe Brief 184 in dieser Angelegenheit an Isaac Panchaud.

der erste Lord der Schatzkammer: Im Kap. XI von Band IX des »Tristram Shandy« heißt es über WALTER SHANDY – »Der erste Lord der Schatzkammer, der auf Mittel *und Wege* sinnt, hätte mit keiner verlegneren Miene nach Hause kehren können« – eventuell hatte Sterne just an dieser Passage gearbeitet.

187. [M] An Isaac Panchaud York [Dienstag,] 25. November 1766.

Werter Sir,

soeben empfing ich Ihr Schreiben — und bin erfreut, daß Ihnen der Rechnungsabschluß jetzt ausbezahlt ist – So weit geht alles wohl – Ich habe von meiner Tochter einen Brief mit der frohen Botschaft bekommen, daß sie ihre Mutter nun außer Gefahr glaubt – und daß die Luft der Umgebung köstlich sei (die Winde ausgenommen); die Beschreibung des Chateaus, welches meine Frau gemietet hat, ist allerdings reizend – bei Fontaine-de-Vaucluse – mit sieben Zimmern, halb mit Tapeten, halb mit blauem Taffet geschmückt, der Erlaubnis zu fischen und Wildbret zu bekommen; wöchentlich eine gewisse Anzahl Rebhühner &c. und der Preis – raten Sie! sechzehn Guineen im Jahr – und was sagen Sie jetzt, Panchaud – gegen Ende des nächsten Monats wird meine Frau einhundert Guineen benötigen – und bitte, mein werter Sir, seien Sie so gütig und verfügen es so, daß sie nicht enttäuscht wird – sie reist um Weihnachten nach Marseille, um dort den Karneval zu erleben – Ich werde in der Weihnachtswoche in London sein und alsdann diesen Wechsel für Mrs. Sterne bei Mr. Selwin begleichen. In London werde ich mit einem weiteren Kind shandyianischer Erzeugung niederkommen – Ich hoffe, Sie wünschen mir eine glückliche Entbindung — Ich fürchte, mein Freund Mr. Foley wird noch vor meinem Eintreffen die Stadt verlassen haben – Adieu, werter Sir – ich wünsche Ihnen alles in dieser Welt, was Ihnen ersprießlich sein kann, denn ich bin mit unverstellter Aufrichtigkeit

Ihr
L. Sterne

Meine besten Empfehlungen an den guten und schätzbaren Baron d'Holbach – Miss Panchaud &c. &c.

die Winde ausgenommen: Auch TRISTRAM hört von einem Gastwirt, »die windige Natur Avignons sei im ganzen Lande sprichwörtlich« (»Tristram Shandy«, VII, Kap. XLI). Es ist der Mistral, ein nordwestlicher Fallwind, der da durchs Rhônetal fegt. Das »Hand-Book for Travellers in France« des Verlags John Murray (quasi der englische Baedecker) aus dem Jahr 1843 liefert ein lateinisches Sprichwort mit: »Avenio ventosa, sine vento venenosa, cum vento fastidiosa« – »windiges Avignon, ohne Wind verpestet, mit Wind widerwärtig.«
Fontaine-de-Vaucluse: ein Dorf östlich von Avignon an der Quelle der Sorgue. Dort besang PETRARCA, der seine Laura zum ersten Mal 1327 in einer Kirche zu Avignon gesehen hatte, von 1337–1349 seine Liebe in Sonetten und Kanzonen.
einem weiteren Kind ... niederkommen: Auch in Brief 189 und 236 verwendet Sterne das Bild der Niederkunft im Zusammenhang mit seinem neuen Werk; als er 1759 die »Political Romance« an den Yorker Drucker CAESAR WARD schickte (siehe auch Brief 33), teilte er ihm in einem Brief mit, die Vaterschaft des Kindes solle ihm, Laurence Sterne, zugeschrieben werden.

188. An Thomas Belasyse, Lord Fauconberg

London
[Dienstag,] 6. Jan: 1767.
Bond Street

Mylord.

Bevor ich York verließ, hatte ich die Ehre, mit Lord Fairfax zu speisen & die Mautstraßen-Angelegenheit zu erörtern: – er denkt, wie ich finde, im wesentlichen so wie Euer Lordschaft, daß die Befestigung der Crayke & Oulston-Mautstraße zusätzlich zur anderen, Eurem eigenen Plan, sie geradewegs von York nach Helmsley &c. zu führen, nur hinderlich wäre – – Er unterbreitet Euch dieses Angebot einzig aus dem Grund, sich keines Versäumnisses schuldig zu machen, & aus Höflichkeit gegen Euer Lordschaft – Wenn wir nun alle einer Meinung sind – tant mieux.

Ich verließ York am Samstag bei einem so schrecklichen Wirbel- & Schneesturm, in den sich niemand als nur ein Hauptmann der *Blauen* & ein Pfarrer der echten *Blauen* hinausgewagt hätten – es stürmte den ganzen Weg in einem fort, & viele Stationen mußten wir durch Schnee pflügen, der den Pferden bis zu den Bäuchen reichte, so daß wir mit äußerster Beharrlichkeit (oder Starrsinn, wenn Euer Lordschaft belieben) am dritten Abend nur bis nach Barnet kamen – Hier begann der Sturm 24 Stunden später als in York. Jetzt fängt in dieser Metropolis der Schnee zu tauen an – & vermutlich im ganzen Königreich ringsum – denn so rasch, wie er gekommen ist – wird er wahrscheinlich (hoffentlich) wieder verschwunden sein.

Ich lege den Damen einen Brief bei mit der Schilderung, welches Wetter in dieser theatralischen Welt zur Aufführung gelangt – und erbitte die Erlaubnis, sie weiterhin zwei oder dreimal in der Woche von mir benachrichtigen zu dürfen – bis ich das Vergnügen habe, sie zu sehen

Ich bin, Mylord,
Euer verbundenster & getreuester Diener
L. Sterne

Lord Fairfax: CHARLES GREGORY FAIRFAX (gest. 1772), seit 1738 9. Viscount Emley. Das 1750–1753 erbaute Fairfax House in York war seine Stadtresidenz, doch er lebte die meiste Zeit auf Gilling Castle bei Helmsley, keine 10 Kilometer nordöstlich von Coxwold. Seine Besitzungen grenzten an LORD FAUCONBERGs, dessen Landsitz Newburgh Priory nur etwa zwei Kilomter von Oulston entfernt lag, und so betraf die Mautstraßenangelegenheit beide Grundherrn.
Crayke & Oulston … nach Helmsley: Auch mit solchen Planun-

gen hatten Dorfpfarrer sich herumzuschlagen – die Orte Crayke und Oulston liegen südöstlich von Coxwold auf dem Weg nach Stillington, die knapp 40 Kilometer lange Straße von York nach Helmsley wurde befestigt, führte aber nicht über diese beiden Dörfer, weil das eben einen hinderlichen Umweg bedeutet hätte.
tant mieux: um so besser.
Hauptmann der *Blauen* ... echten *Blauen*: Die *Blauen* waren ein Regiment der Yorkshire Militia, das blaue Uniformen trug, die *echten Blauen* waren ›dissenter‹ – presbyterianische Prediger trugen häufig einen blauen Schurz –, und darauf spielten einige Zeilen in der Heldeneposparodie »Hudibras« (1678) von SAMUEL BUTLER (1613–1680) an: »Where I a tub did view / Hung with an apron blue; / Twas the preacher's, I conjecture ...Twas *Prespyterian* true Blue, / For he was of that stubborn Crew / Of Errant Saints, whom all men grant / To be the true Church Militant.«
Barnet: etwa 28 Kilometer nördlich von London.
den Damen: Lady Fauconberg war 1760 gestorben, Sterne schrieb den unverheirateten Töchtern Lady Catherine (siehe Anmerkungen zu Brief 86) und Lady Mary.

189. An William Combe

London, Bond Street
6. Jan. 1767

An ——

Ich traf erst gestern hier ein, wo mich (nach einer schrecklichen Reise durch ganz unwirtliches Wetter) angenehmerweise Ihr Brief aus Paris erwartete – zuvörderst beklage ich den unfreundlichen Empfang auf französischem Boden, den Ihr Sturz Ihnen bereitet hat — möge es die letzte Erschütterung sein, die Sie in dieser Welt trifft! – dieser Gedanke kostet mich einen tiefen Seufzer – & ach! mein Freund! ich fürchte, Sie kommen auch nicht billiger davon – ich besorge, irgend etwas ist Ihnen krummgegangen; wenn dem so ist, warum sollten Sie mich nicht daran teilhaben lassen? Ich bin ein kundiger Ratgeber, – & ich habe Sie geschätzt und geliebt, & das wissen Sie.

Täusche ich mich, so ist meine Freundschaft einfach nur zu scharfsichtig gewesen und vielleicht vorschnell alarmiert durch falschen Anschein; aber es gab einige kleine geheimnisvolle Wendungen & Windungen in der Weise, wie Sie England verließen, welche die Schritte eines verstrickten Mannes anzeigen. Ist es die garstige Klemme einer Buhlschaft? – oder die keuschere schlichter Liebe? Ist es letzteres, so ziehe ich meine Soutane aus & werde Ihr fahrender Ritter & sage Dulzinea die zierlichsten Dinge von Ihnen, die Dulzinea je gehört – hat sie einen Kämpen – und vollbringen es Worte nicht – so ford're ich ihn in die Schranken und breche als Ihr Stellvertreter eine Lanze mit ihm; wobei nebenher gesagt, die meine schon halb verrostet ist und im alten Familiensaal neben den Pistolen ohne Hahn und Helmen, die das Visier eingebüßt, aufgehängt zu werden verdiente.

Wegen eines heftigen Fiebers, das ich gerade überstanden, ist mir mein zehnter Band fehlgeschlagen – allerdings nahet die Niederkunft meines neunten, mit dem ich schon die ganze Woche in den Wehen liege; und von welchem ich, wenn der Daily Adviser verläßlich ist, am Dienstag glücklich soll entbunden werden.

Adieu, Ich wünsche Ihnen von Herzen Glück – suchen Sie es, wo Sie nur wollen, werter Sir, Sie werden es nirgendwo anders finden als im Verein mit Tugend und Ehre.

Ich bin &c – —

L. S.

Ihr Sturz: Es scheint, als sei Combe vom Pferd gefallen, ob das Tier ins Straucheln gebracht wurde, ist unklar.

irgend etwas ist Ihnen krummgegangen: Was Combe im Dezember

1766 nach Frankreich trieb, ob fordernde Gläubiger (er lebte auf großem Fuß) oder eine unglückliche Liebelei, ist nicht gewiß.
Ihr fahrender Ritter ... Lanze: Die ganze Passage spielt natürlich auf den »Don Quixote« an, auch wenn Sancho Pansa da als »Stellvertreter« agiert. ›Dulzinea‹ führte Sterne als ein Synonym für ›Angebetete‹ auch schon in Brief 159 an und das Lanzenbrechen malt er in der »Empfindsamen Reise« aus, als Yorick aus dem Hotelfenster sieht, wie »alle Welt in Gelb, Blau und Grün zum Ringelstechen [läuft]. – Die Alten mit geknickten Lanzen und in Helmen, die das Visier eingebüßt – die Jungen in goldschimmernder Wehr, bebuscht mit jeder bunten Feder des Orients – alle – alle stachen drauflos, gleich verzückten Rittern bei den längst vergangenen Turnieren um Ruhm und Minne« (Kap. »Paris.«).
die Niederkunft meines neunten: Der Band IX des »Tristram Shandy« erschien dann am 29. Januar 1767 in einer Auflage von 3500 Exemplaren und wurde von BECKET und DE HONDT vertrieben.

190. An Thomas Belasyse, Lord Fauconberg

London
Freitag. [9. Januar, 1767]

Mylord

Als wir gestern früh aufstanden, lag der Schnee in den Straßen 4 Zoll hoch – mit ihm ist nun die erbittertste Kälte eingebrochen – ich konnte deswegen kaum im Bette liegen; & heute morgen gab es noch mehr Schnee – immerhin sind die Straßen in der Nähe der Stadt, & vermutlich auch sonst überall, ausgesprochen gut – in Kent lag sehr hoher Schnee.

Keine Neuigkeiten. Ich speiste gestern mit Lord March & einer großen Gesellschaft von Leuten des Duke of York &c —und war hinterher so klug als wie zuvor – der König – in Cymon, der neuen Oper gestern abend – niemand in Covent Garden, außer Bürgerkindern und Lehrlingen —

Der Duke of York hätte sein eigenes Theater haben wollen & hatte seine Rolle studiert – in The Fair Penitent, und hat sie sich von Garrick zweimal vorspielen lassen, um ihm etwas abzuschauen – aber es heißt, der König hat den Duke ersucht, die Rolle aufzugeben & das ganze Projekt dazu –

☞ (all dieses für die Damen) für die ich, mit allen Empfehlungen an die Quadrille-Gesellschaft & Lady Catherine

bin, Mylord,
Euer unwürdigster Journalist
der je schrieb –
indes allergetreuester
Ihnen stets verpflichteter
L Sterne

die erbittertste Kälte: Auch WALPOLE, damals ein Mann von fünfzig Jahren, schrieb in einem Brief vom 21. Januar 1767, es sei der kälteste Winter, an den er sich erinnern könne. Die Temperaturen waren für englische Verhältnisse ungewöhnlich niedrig, am 10. Januar lagen sie bei minus acht Grad Celsius, am 19. Januar bei minus neun.
Lord March: WILLIAM DOUGLAS (1725–1810), EARL OF MARCH AND RUGLEN, später 4. Duke of Queensberry, er liebte das Spiel, den Pferdesport und die Frauen, Sterne machte seine Bekanntschaft bei den Yorker Rennen.
Duke of York &c: Dem DUKE OF YORK war Sterne bei seinem ersten triumphalen Londonaufenthalt 1760 vorgestellt worden (siehe Brief 54), und dieser hatte großen Gefallen an der Gesellschaft des geistvollen Autors gefunden. Wer noch mit von der Partie war, läßt sich nicht sagen, doch der Duke und seine Gefolgschaft waren offenbar im Sterne-Bann – sein Oberstallmeister, Sir WILLIAM BOOTHBY (1721–1787), subskribierte die »Sermons« von 1760 und 1766 sowie eine großformatige Ausgabe der »Empfindsamen Reise«; sein Kammerherr The Hon. ROBERT BRUDENELL (1726–1768) subskribierte ebenfalls die »Sermons« von 1760 und 1766; sein Kämmerer CHARLES SLOANE CADOGAN (1728–1807) die »Sermons« von 1766 sowie eine großformatige Ausgabe der »Empfindsamen Reise«.
der König – in Cymon: GARRICKs dramatische Romanze mit

Musik von MICHAEL ARNE (um 1740–1786), dem unehelichen Sohn des »Rule Britania!«-Komponisten Thomas Arne (1710–1778), hatte am 2. Januar 1767 am Drury Lane Theatre Premiere. Am Donnerstag, dem 8. Januar, wohnte dann König GEORGE III. der Aufführung bei – kein Wunder, daß nur niederes Volk im Covent Garden Theatre war. Das Stück war ein Erfolg, obwohl der »Theatrical Monitor« (24. Oktober 1767) es »the stupidity of all stupid things« nannte.

Covent Garden: Am Covent Garden Theatre wurde SUSANNA CENTLIVREs »The Busy Body« gegeben, ein Stück, das Sterne sehr mochte (siehe auch Brief 105).

Der Duke of York ... Theater: Tatsächlich ließ sich der Duke ein »hübsches, kleines« (so Walpole) Theater in der Straße Petty France nahe des St. James Parks einrichten, zu seinem Theaterzirkel gehörten FRANCIS BLAKE DELAVAL (1727–1771), der die »Sermons« von 1760 subskribierte und auch mit SAMUEL FOOTE Theater gespielt hatte, und seine Schwester Lady ANNE STANHOPE (1737–1811), die von ihrem Gatten Sir William Stanhope (siehe Anmerkungen zu Brief 170) getrennt lebte. Gegeben wurde, erstmals am 7. April 1767, das damals enorm populäre Stück »The Fair Penitant« (1703) von NICHOLAS ROWE (1674–1718). Der Duke spielte Lothario, Lady Stanhope (in die der Duke, so hieß es, verliebt war) spielte die von Lothario verführte Calista. Francis Delavals Bruder John (1728–1808) und seine Tochter Lady Mexborough (gest. 1821), die beide Subskribenten Sternes waren, traten ebenfalls auf. GARRICK, der 1743 und 1746 den Lothario gegeben hatte, wurde um Rat gebeten und schrieb einen Prolog. Die königliche Familie kam nie, es ist aber anzunehmen, daß Sterne einer der Privataufführungen beiwohnte. Der Duke reiste im Spätsommer nach Italien, erkältete sich in einer durchtanzten Ballnacht in Rom und starb auf der Heimreise in Monaco.

191. An Thomas Belasyse, Lord Fauconberg

Bond Street
[Freitag] 16. Jan: 1767

Mylord.

Allenthalben herrscht die äußerste Stockung & die Rede gehet kaum von etwas anderem als von den Schäden, so dieser grausame Sturm im ganzen Königreich angerichtet: gestern morgen hat es leicht zu tauen begonnen, und dies hält bis jetzt an – Ich hoffe, es schmilzt alles auf die nämliche Weise – am Sonntag war es so eisigkalt, daß kaum jemand in der Kirche oder bei Hofe erschien – doch letzte Nacht hat es getaut. Das Konzert in Soho bis oben voll – & es waren (dies für die Damen) die beste Versammlung und das beste Konzert, denen beizuwohnen ich je die Ehre hatte – Lady Anne besaß die Güte, auf mich zuzugehen, sonst hätte ich sie gar nicht erkannt, so bedachtsam eingemummelt war sie – Lord Belasyse – sah nie besser aus – Lady Belasyse erholt sich à merveille – & Eure kleine Nichte wächst wie der Flachs. –

Gestern gab es Berichte, die Yorker Postkusche sei mit 14 Personen darin & darum wegen einer verfehlten Brücke versunken – das wurde nachts widerrufen. – So wie die Hälfte aller Berichte vom Morgen in London.

The School for Guardians – (verfaßt von Murphy) schaffte kaum die Premiere – ’s ist ein elendes Machwerk – Garricks Cymon – füllt ihm das Haus jede Nacht bis unters Dach –

– die Straßen sind mehr voller Dreck als in der Stadt Coxwold – denn man steht darin bis zu den Knien, außer auf dem *Trottoire*

Meine besten Empfehlungen, Mylord, an Mr Belasyse – die Damen – sowie an Sr Bryan Stapylton. & bin

mit unverstellter Zuneigung
Ew Ldscht getreuer
L. Sterne

Das Konzert in Soho: Im Carlisle House am Soho Square fanden ab 1765 Konzerte statt, die THERESA CORNELYS (1723–1797) für einen exklusiven Mitgliederzirkel veranstaltete. Die Dirigenten waren JOHANN CHRISTIAN BACH (1735–1782) und KARL FRIEDRICH ABEL (1725–1787), ein Virtuose auf der Viola da Gamba – die auch Sterne spielte. Theresa Cornelys, die eine erfolgreiche Karriere als Opernsängerin und Theaterdirektorin in Italien, Deutschland und den Österreichischen Niederlanden hinter sich hatte, war 1759 nach London gekommen und hatte ein Jahr später u.a. von CASANOVA, einem ihrer ehemaligen Liebhaber, finanziert, einen Gesellschaftsclub eröffnet, der beim Adel ausgesprochen beliebt war. Im »Tagebuch des Brahmanen« spielte Sterne auf ihr Haus an – »6ter [Mai] Speiste zum 1. Male außer Hause – kehrte heim und genoß mit meiner Eliza einen harmonischeren Abend, als wenn ich das Soho-Konzert besucht hätte«. – Der letzte Auftritt von CATHERINE FOURMANTEL fand übrigens am 4. Februar 1763 – Sterne war in Toulouse – in den Konzertsälen in der Dean Street statt, die ebenfalls zu Theresa Cornelys gehobenem Amüsierbetrieb gehörten.

Lady Anne: LORD FAUCONBERGs jüngste Tochter, mit dem ehrenwerten FRANCIS TALBOT, einem Bruder des Earl of Shrewsbury, verheiratet.

Lord Belasyse ... Lady Belasyse: HENRY BELASYSE, der Sohn von Sternes Pratonatsherrn (siehe auch Anmerkungen zu Brief 121), und seine Frau CHARLOTTE, die Schwester des 1. Viscount Melbourne, die er am 29. Mai 1766 geheiratet hatte. Die Tochter des Ehepaars, ebenfalls eine Charlotte, wurde am 10. Januar 1767 geboren (»was, von dem bewußten denkwürdigen Ereignis an gerechnet, neun Kalendermonate so gut vollmachte, als dies irgendein Ehemann nur rechtens hätte erwarten können« spricht TRISTRAM in »Tristram Shandy«, I. Kap. V).

Eure kleine Nichte: Hier sprach Sterne wohl die Töchter Lord Fauconbergs an.

***The School* ... Murphy:** »The School for Guardians« von ARTHUR MURPHY (1727–1805), nach MOLIÈREs »L'École des maris« (1661) hatte am 12. Januar 1767 am Covent Garden Theatre Premiere.

***Trottoire*:** Das »Oxford English Dictionary« nahm das Fremdwort erst 1792 auf.

an Mr Belasyse ... Sr Bryan Stapylton: Mr. Rowland Belasyse, Lord

Fauconbergs Bruder (siehe auch Anmerkungen zu Brief 121), die unverheirateten Töchter des Hauses sowie Sir Bryan Stapylton (um 1712–1772), 5. Baronet of Myton, Yorkshire, der die »Sermons« von 1760 subskribiert hatte.

192. An Elizabeth (Eliza) Draper [London, Ende Januar (?) 1767]

Eliza wird hiebei meine Bücher erhalten – die Predigten flossen alle heiß aus dem Herzen – ich wünschte, dies machte sie wert, dem Ihren dargebracht zu werden — die anderen kamen aus dem Kopfe – deren Aufnahme bekümmert mich weniger —

Ich weiß nicht, wie's zugeht – aber ich bin halb verliebt in Sie. – Billig sollt' ich's *ganz* sein – denn nie habe ich eine Person Ihres Geschlechts mehr geschätzt, (oder mehr schätzenswerte gute Eigenschaften gefunden) und geachtet als Sie. –

Damit adieu –

Ihr ergebener, wo nicht herzinniglich zugetaner
L Sterne

***An Elizabeth (Eliza) Draper*:** Laurence Sterne begegnete ELIZA – ELIZABETH DRAPER – zum ersten Mal im Januar 1767 im Haus von Commodore WILLIAM JAMES (um 1721–1783). James hatte in der Ostindienkompagnie Karriere und ein Vermögen gemacht und gehörte mit seiner Frau ANNE (gest. 1798) in den letzten Lebensjahren Sternes zu dessen engsten Freunden. In ihrem Haus in der Gerrard Street in Soho trafen sich Angehörige der Ostindienkompagnie, wenn sie sich während ihrer Heimaturlaube in London aufhielten. Elizabeth Draper (1744–1778) war in Anjengo (heute Anchuthengu) an der südwestindischen Malabarküste geboren worden, auch ihr Vater und ihr

Großvater mütterlicherseits arbeiteten für die Ostindienkompagnie. Im Alter von vier Jahren wurde sie Waise und lebte mit ihren beiden Schwestern bei ihrem Großvater in Bombay, bis sie nach England in ein Pensionat geschickt wurde. 1757 kehrte sie nach Indien zurück und heiratete im Juli 1758 in Bombay DANIEL DRAPER (1726–1805), einen aufstrebenden Beamten der ostindischen Kompagnie. Sie war fast noch ein Kind, er war knapp zwanzig Jahre älter und soll außergewöhnlich häßlich, ungemein ehrgeizig und rücksichtslos gewesen sein. 1759 wurde ein Sohn geboren, 1761 eine Tochter. 1765 reisten die Drapers nach England, um die Kinder dort, wie es üblich war, in Schulpensionaten unterzubringen. Im Jahr darauf fuhr Daniel Draper nach Indien zurück, seine Frau blieb beim Ehepaar James in Soho. 1767 beorderte Draper seine Frau nach Indien zurück, und sie segelte Ende März des Jahres aus London ab. Sie folgte ihrem Mann auf verschiedene Posten in Indien, verließ ihn 1773 aber endgültig. Drei Jahre später kehrte sie nach Europa zurück, lebte in Paris, wo sie den Spätaufklärer Abbé RAYNAL mit ihrem Esprit bezauberte, und schließlich in England. Am 3. August 1778 starb sie in Bristol.

Eine Einzelausgabe von zehn erhaltenen Briefen Sternes an sie erschien erstmals 1773 unter dem Titel »Letters from Yorick to Eliza« bei WILLIAM JOHNSTON in London. Johnston gab im Vorwort an, er habe die Briefe von einem Gentleman, der die Originale mit Elizas Erlaubnis in Bombay kopiert hätte.

die Predigten ... aus dem Kopfe: Sterne läßt YORICK in »Tristram Shandy« die Mängel einer Predigt erklären – »sie kam mir aus dem Kopf, statt aus dem Herzen ... Predigen, um den Grad unserer Bildung oder die Spitzfindigkeit unseres Verstandes darzutun – um so vor den Augen der gewöhnlichen Leute mit der lumpigen Summe dürftiger Gelehrsamkeit zu paradieren, die mit einigen glitzernden Worten beflittert ist, welche wenig Licht und noch weniger Wärme spenden – das ist ein schändlicher Mißbrauch der armseligen halben Stunde, die uns allwöchentlich anvertraut ist« (IV, Kap. XXVI). Es scheint, als habe Sterne im Werben um eine junge Frau gerne Predigten verschenkt, auch der Sängerin CATHERINE FOURMANTEL hatte er zu Anfang ihrer Bekanntschaft 1759 eine geschickt.

193. An Elizabeth Draper [London, Februar (?) 1767]

Ich finde keine Ruhe, Eliza, obwohl ich um halb Eins bei Dir vorsprechen werde, bis ich weiß, wie es Dir geht – möge Dein liebes Gesicht lächeln, wenn Du aufstehst, wie die Sonne an diesem Morgen! Ich war herzlich betrübt, als ich gestern von Deinem beunruhigenden Unwohlsein erfuhr; und auch enttäuscht, nicht eingelassen zu werden – bedenke, meine Teure, »daß ein Freund gleiches Recht genießt wie ein Arzt«, die Etikette dieser Stadt, (magst Du sagen) lehrt dies anders; was verschlägt's, Zartgefühl und Schicklichkeit bestehen nicht allemal in der Befolgung ihrer frostigen Maximen – Ich gehe zum Frühstück außer Hause, werde aber um elf Uhr in meinem Logis sein, alsdann hoffe, ich eine einzige Zeile von Deiner Hand zu lesen, daß Du Dich besser fühlst und freust auf den Besuch

Deines
BRAHMANEN.

Neun Uhr.

»daß ein Freund gleiches Recht genießt wie ein Arzt«: sprichwörtlich seit CHAUCER diese Wendung in den »Canterbury Tales« (»Tale of Melibee«) einführte.

Brahmanen: Angehöriger der höchsten hinduistischen Kaste, aus der die Priester, Dichter, Gelehrten und Politiker stammten – Sterne war Geistlicher, Elizabeth Draper kam aus Indien, und so nannten sie sich ›Brahmane‹ und ›Brahmanin‹.

194. An Isaac Panchaud London: [Freitag,]
20 Feb. [1767]

Lieber Panchaud –

Gestern ließ ich (durch Becket) einhundert Guineen (*oder* Pfund) ich vergaß, welches von beiden — an Mr Selwin bezahlen. Sie müssen aber Mrs Sterne in Marseille hundert Louisdor übermachen, die sie vor ihrer Abreise aus dieser Stadt benötigt, was in 3 Wochen sein wird — lassen Sie sie auf jeden Fall wissen, daß sie das Geld bekommt, wenn sie es anfordert ——

Haben Sie den 9ten Band vom Shandy erhalten? – er gefällt hier unter allen am besten —

Ich werde nächstens eine *Empfindsame Reise* durch *Frankreich & Italien* herausbringen – Das Unternehmen wird von unserer gesamten *Noblesse* begünstigt – & so, wie man darauf subskribieret – wird es mir tausend Guineen (au moins) einbringen – es wird ein Original – in Groß-Quart – der Subskriptionspreis eine halbe Guinea – wenn Sie mir zu der Ehre noch einiger Namen von Gelehrten und Männern von Welt verhelfen könnten – wäre ich Ihnen dankbar – sie werden sich in guter Geschaft befinden – da mich fast der gesamte hiesige Adel mit seinen Namen beehrt hat. Meine besten Empfehlungen an Foley – & an Miss Panchaud –

PS

Meine Tochter hat soeben in Marseille einen vorteilhaften Antrag erhalten – er hat 20 000 Livre im Jahr – & führt ein angenehmes Leben —— Ich vermute also, daß Mdlle und Madame ma femme die Sache betreiben werden

con affeto –

meine besten Empfehlungen an B. d'Holbach und alle seine Freunde ——

[L: Sterne]

einhundert Guineen (*oder* Pfund): Das war durchaus ein Unterschied, 21 Shilling ergaben eine Guinee, 20 ein Pfund, die Differenz von 5 Pfund war damals keine kleine Summe.
den 9ten Band ... am besten: Der Ende Januar erschienene Band IX des »Tristram Shandy« (siehe auch die letzte Anmerkung zu Brief 189), wieder wie Band I und II der Londoner Ausgabe William Pitt gewidmet, diesmal allerdings unter seinem neuen Titel Lord Chatham, hatte wie die vorhergehenden Bände glühende Bewunderer und schockierte Kritiker (»die Welt wird's nicht leiden — die Welt ist empfindlich«, »Tristram Shandy V, Kap. I).
au moins: wenigstens.
in Groß-Quart: Die »Empfindsame Reise« erschien am 27. Februar 1768 im selben kleinen Oktavformat wie der »Tristram Shandy«. Die Auflage betrug nur 2500 Exemplare, weitere 150 Exemplare wurden auf etwas größeren Bögen gedruckt. Am 29. März, elf Tage nach Sternes Tod, erschien eine 2. Auflage von 2000 Exemplaren, eine »Neue Ausgabe« mit wieder 2000 Exemplaren gegen Ende des Sommers. Von den Subskribenten bekam Sterne nur etwas über 180 Guineen zusammen, viel weniger als die erhofften 1000.
einen vorteilhaften Antrag: Welcher Herr den machte, ist nicht bekannt.

195. [M] An Lydia Sterne Old Bond-street, [Montag] 23. Februar, 1767

Und alsdenn, meine Lydia! kehren Deine Mutter und Du von Marseille wieder zurück an die Ufer der Sorgue – und dort wirst Du sitzen und nach Forellen angeln – Ich beneide Euch um diese köstliche Lage. – Wie gern würde ich dem Grab Petrarcas einen empfindsamen Besuch abstatten – die Quelle von Vaucluse muß Deiner Schilderung nach höchst anmutig sein – Auch gefällt mir der Bericht sehr, welchen Du mir vom Abbé de Sade gibst – ein solcher Nachbar wird Euch ein großer Trost sein – Es ist mir lieb, daß er so gut ist, Deine Übersetzung meiner Predigten zu verbessern – Fahre nur darin fort, liebes Mädchen, und beschenke mich mit Deiner Arbeit – warum nicht gar das Haus der Trauer? 's ist eine der besten. Ich erwarte sehnsüchtig das Eintreffen der Lebensbeschreibung Petrarcas und seiner Laura von Eurem Abbé, ich habe indes alle Geduld verloren ob der Antwort, die der Marquis dem Abbé erteilte – sie war wirklich grob, und mich wundert, wie er dies überhaupt noch mit christlicher Geduld ertragen konnte – Aber nun zum Hauptpunkt Deines Briefs – mich verlangt gar nicht zu wissen, welcher übereifrige Narr Deine Mutter hat beunruhigen wollen wegen Mrs. —'s ist wahr, ich hege Freundschaft für sie, bin aber nicht betört von ihr – Ich glaube, genügend Urteilskraft zu besitzen, um ihre und aller Frauen Fehler zu erkennen. Ich schätze Deine Mutter ihrer Antwort wegen – »daß sie nichts darüber wissen wolle und ihn bitte, das Thema fallenzulassen.« – Warum aber sagst Du, es fehle Deiner Mutter an Geld? – Solange ich noch einen Schilling besitze, sollt Ihr beide dann nicht neun Pence davon bekommen? – Mich dünkt, wenn ich meine Vergnügungen habe, dann sollte ich Euch die Eurigen nicht mißgönnen. – Meine Empfindsame Reise werde ich nicht eher beginnen, als bis ich in Coxwold bin. Ich habe den Plan zu etwas Neuem, abseits der erprobten Pfade, gemacht. – Ich wünschte, Du wärest bei mir – dann würde ich Dich mit einem der liebenswertesten und sanftmütigsten Wesen bekannt machen, vom dem ich soeben komme – nicht Mrs. —, sondern eine gewiße Mrs. James, die Gattin des ehrenwertesten Mannes, den ich je kennengelernt habe – Ich schätze beide hoch. Er besitzt jede männliche Tugend – Ehre und Tapferkeit sind seine charakteristischen Kennzeichen, durch welche er sich bei verschiedener Gelegenheit edelmütig ausgezeichnet hat – Ich werde Dich besser mit seinem Wesen vertraut machen, indem ich Dir, nebst den anderen von Dir gewünschten Büchern, Ormes Geschichte übersende – die es fürwahr verdient, von Dir gelesen zu werden; denn Orme ist ein eleganter Geschichtsschreiber und ein gerechter; er schmeichelt niemand auf Kosten der Wahrheit. – Mrs. James ist gütig – und freundlich – von empfindsamer Gemütsart – und so reizender Gesinnung, daß sie für die Welt, worin sie lebt, viel zu gut ist. Gerechter Gott! wären alle so gesinnt wie sie, was wäre das für ein Leben! – Der Himmel, meine Lydia, hat zu irgendeinem weisen Behuf – unterschiedliche Wesen geschaffen – Ich wünschte, mein liebes Kind würde sie kennen – Du bist ihrer Freundschaft würdig – und sie liebt Dich bereits; denn bisweilen sage ich ihr, was ich für Dich fühle. – Dies ist ein langer Brief geworden – schreibe nur bald, und sieh darauf, daß Deine Briefe nie gezwungen klingen – schreibe natürlich, dann wirst Du gut schreiben. – Ich hoffe, daß Deine Mutter vom Fieberfrost gut genesen ist – Ich habe ihr etwas von Huxhams Rindentinktur geschickt. Ich werde für Dich eine neue Gitarre bestellen, da die alte entzweigegangen ist. Glaube mir, meine Lydia, daß ich bin Dein zärtlicher

L. Sterne

dem Grab Petrarcas: Der war aber gar nicht in Vaucluse begraben, sondern lag auf dem Friedhof von Arquà in Norditalien; man mag an Tristrams Pilgerreise zum Grabmal der zwei Liebenden denken.

Abbé de Sade: JACQUES-FRANÇOIS-PAUL-ALPHONSE DE SADE (1705–1778), Onkel des berüchtigten Marquis. Er hatte sich 1752 nach Vaucluse zurückgezogen, um die »Mémoires pour la vie de François Pétrarque« (1764–1767) zu schreiben, in seinem Werk führte er den Nachweis, daß Petrarcas Laura die Frau seines Vorfahren Hugues de Sade gewesen war. Man schenkte ihm keinen ungeteilten Glauben.

das Haus der Trauer: Die Predigt, über die Sterne auch schon in

Brief 83 sprach, behandelte Prediger 7,3. Er hatte sie 1760 in den ersten Band der »Sermons« aufgenommen. Keine Predigt-Übersetzung Lydias hat sich erhalten.

Marquis: DONATIEN-ALPHONSE-FRANÇOIS DE SADE (1740–1814), der später als monströser Sittenverderber galt, doch Lydia berichtete nicht mehr von dieser Episode.

Mrs. —: Wohl ELIZA DRAPER, ein paar Zeilen später erzählt Sterne seiner Tochter von ihren Freunden, dem Ehepaar James (siehe erste Anmerkung zu Brief 192) – allerdings wäre das Gerücht dann pfeilschnell über den Ärmelkanal geschwirrt, denn Sterne kannte Eliza gerade einmal vier Wochen.

Ormes Geschichte: Robert Orme (1728–1801) hatte im ersten Band seiner »History of the Military Transactions of the British Nation in Indostan« (1763) in den höchsten Tönen von Commodore James gesprochen.

schreibe nur ... gut schreiben: In Brief 130 vom 15. Mai. 1764 hatte er ihr ganz ähnlich angeraten.

Huxhams Rindentinktur: Die von JOHN HUXMAN (1692–1768) ersonnene Tinktur sollte gegen nervöses Fieber helfen, sie bestand aus Chinarinde, Orangenabrieb, Virginischer Schlangenwurzel *(Aristolochia Serpentaria)*, Safran und einem ordentlichen Schuß Cognac.

neue Gitarre ... die alte entzweigegangen: Die entzweigegangene wird die gewesen sein, die er ihr 1764 geschenkt hatte (siehe Brief 130) und die sie, wie er in Brief 159 nicht ohne Stolz andeutet, wohl gut spielte.

196. An Isaac Panchaud

London: [Freitag,]
27 Feb: [1767]

Lieber Mr Panchaud

meine Tochter erbittet von mir ein Geschenk – eine Gitarre – sie muß mit 5 Darmsaiten bespannt sein – si chiama in Italiano ›La Chittara di cinque corde‹ – Sie kann nun so etwas in Marseille durchaus nicht bekommen – in Paris ist alles zu haben – würden Sie die Freundlichkeit besitzen, mein Mädchen in dieser Sache glücklich zu machen, indem sie ihr von einer musikalischen Person eine kaufen lassen & sie ihr nach Avignon unter der Adresse von Monsr Teste senden.

Vergangene Woche schrieb ich Ihnen mit der Bitte, Mrs Sterne 100 Louisdor zu übermachen — dies wird, neben der Gitarre, alles sein, was ich Ihnen schuldig sein werde, & wenn Sie mir Ihre also Rechnung schicken, werde ich diese an Mr Selwin bezahlen – adressieren Sie an mich bei Mr Becket – meine besten Grüße an meinen Freund Foley – und an meine liebe Freundin, Ihre Schwester

Herzlich, Ihr –
L. Sterne

si chiama in Italiano ›La Chittara di cinque corde‹: wie man auf Italienisch sagt ›Die Gitarre mit fünf Saiten‹, Sterne wird das betont haben, weil die ›englische‹ Gitarre sechs Saiten hatte (siehe auch Anmerkung »Zumps« zu Brief 199).
Monsr Teste: wahrscheinlich ein Bankier aus Avignon.

197. An Eliza Draper [London, März 1767]

Ich erhielt Deinen Brief gestern abend, Eliza, bei meiner Rückkunft von Lord Bathursts Haus, wo ich zu Mittag speiste; und woselbst man mir (indem ich eine Stunde ohn' Unterlaß von Dir sprach) mit so viel Vergnügen und Aufmerksamkeit lauschte, daß der gute alte Lord drei Mal Deine Gesundheit ausbrachte; und unerachtet er nun in seinem fünf und achtzigsten Jahre steht, sagt' er, hoffe er noch lang' genug zu leben, um meiner schönen indischen Schülerin als ein Freund vorgestellt zu werden; und zu sehen, wie sie alle anderen Nabobinnen ebensosehr durch Reichtum aussticht, wie sie es schon jetzt durch äußere und (was noch weit besser ist) durch innere Vorzüge tut – Ich hoff' es gleichfalls.

Dieser Adlige ist ein alter Freund von mir. Du weißt, er war immer ein Beschirmer der Männer von Geist und Genie und hatte jene aus dem vorigen Jahrhundert, Addison, Steele, Pope, Swift, Prior &c. &c. beständig zu Tischgenossen. –

Die Art und Weise, wie er anfangs meine Bekanntschaft suchte, war gerade so sonderbar als artig: Eines Tages, ich weilte eben am Hof der Prinzessin von Wallis, trat er vor mich hin – »Ich möchte Euch kennenlernen, Mr. Sterne; aber es ziemt sich, daß Ihr wißt, wer derjenige ist, welcher dieses Vergnügen begehrt. Ihr habt«, fuhr er fort, »vom alten Lord Bathurst gehört, von dem Ihre Pope und Swift so viel gesungen und gesprochen: Ich habe mein Leben mit Genies solchen Schlages zugebracht, indes, ich habe sie überlebt; und da ich die Hoffnung begrub, jemals wieder ihres Gleichen zu finden, so hab' ich vor etlichen Jahren schon mein Verzeichnis geschlossen und die Bücher zugeklappt, welche ich nie wieder zu öffnen gedachte: Doch Ihr habt das Verlangen in mir rege gemacht, diese, eh' ich sterbe, noch einmal aufzuschlagen, was ich hiermit tue – so kommt denn, und speist bei mir.«

Dieser Adlige, sag' ich, ist ein Wunder! denn mit seinen fünfundachtzig Jahren besitzt er noch allen Witz und die Schlagfertigkeit eines Mannes von Dreißig – die Gabe, sich erfreuen zu lassen, und das Vermögen, andern Freude zu schaffen, wie ich es noch nie gefunden; obendrein ist er ein gebildeter, höflicher und gefühlvoller Mann. –

Er hörte mich mit ungemeiner Befriedigung von Dir sprechen, Eliza; denn außer uns war nur noch eine dritte und empfängliche Person anwesend – und so verlebten wir, bis neun Uhr abends, einen recht empfindsamen Nachmittag! Aber Du, Eliza, warest der Leitstern, welcher das Gespräch erhellte! und sprach ich nicht von Dir, so erfülltest Du doch meine Seele und erwärmtest jeden Gedanken, den ich vortrug; denn ich schäme mich nicht zu bekennen, wie sehr ich Dich vermisse – allerbestes Mädchen! die Leiden, welche ich die ganze Nacht um der Deinen willen erduldet habe, Eliza, übersteigen die Macht meiner Worte – gewiß verleihet der Himmel die Kraft nach dem Maß der Beschwernis, die er uns auferlegt. Du bist niedergebeugt, mein Kind, von der ganzen Bürde, welche Herzeleid und körperliche Pein einem armen Geschöpfe aufladen können – und doch sagst Du mir, Du verspürtest allmählich Linderung, wo Dein Fieber vorüber sei – Deine Mattigkeit, der Schmerz in Deiner Seite schwänden gleichfalls –

Möge so jedes Übel schwinden, das Elizas Glück verdirbt oder nur auf einen Augenblick ihre Bangigkeit weckt – Sei um nichts bange, meine Teure, hoffe alles; und der Balsam dieser Empfindung wird seine Wirkung auf Deine Gesundheit tun und Dich einen Frühling der Jugend und Fröhlichkeit genießen lassen, dergleichen Du bis jetzt schwerlich noch gekostet –

Du hast also das Porträt Deines Brahmanen über Deinem Schreibepult angebracht; und willst es in allen Zweifeln und Verlegenheiten zu Rate ziehen; dankbares, gutes Mädchen! Yorick lächelt zufrieden bei allem, was Du tust; sein Bild gibt sein Wohlgefallen nicht annähernd wieder!

Dein entzückender, kleiner Plan, Dir Deine Zeit einzuteilen, wie so sehr entspricht er Dir!

Wahrlich, Eliza, Du läßt einem nichts, worin Du anzuleiten wärst, Du läßt mir nichts zu begehren, nichts zu erbitten übrig als die Fortdauer eben jenes Betragens, welches Dir meine Achtung erworben und mich zu Deinem ewigen Freunde gemacht hat.

Mögen die Rosen nur bald wiederkehren auf Deine Wangen und die Rubine auf Deine Lippen! Doch glaube meinem Wort, Eliza, Dein Gatte (wenn er der gute, gefühlvolle Mann ist, den ich mir wünsche) wird Dich mit aufrichtigerer Wärme und Zuneigung an sich drücken und Dein bleiches, armes, betrübtes Gesicht mit größerem Entzücken küssen, als wenn Du in der vollen Blüte all Deiner Schönheit stündest – und das sollte er auch. – Er dauert mich. – Es müßte sonderbar um sein Empfinden bestellt sein, kennte er den Wert eines solchen Geschöpfs nicht, wie Du bist –

Ich bin froh, daß Miss Light mit Dir reist, Sie mag Dich vor manch bangem Augenblick bewahren.

Ich bin auch froh, daß Deine Schiffskameraden freundlich sind. Du könntest am wenigsten verwinden, was Deiner eignen Natur zuwiderläuft, welche sanft und liebreich ist, Eliza, sie würde selbst Wilden Gesittung lehren; indes, welch ein Jammer, wärest Du mit der Aufgabe behaftet. –

Was kommt Dir in den Sinn, Dich für Deinen letzten Brief zu entschuldigen! eben was Du entschuldigen willst, entzückt mich so – Schreibe mir, mein Kind, nur solche, laß sie die unbekümmerte, fröhliche Sprache eines Herzens sprechen, das sich, wie und wo es auch sei, einem Manne aufschließt, den Du schätzen und dem Du vertrauen solltest –

Solche Briefe, Eliza, schreib' ich Dir – und so sollt' ich immer mit Dir leben, ganz ungekünstelt, ganz zugetan, wenn der Vorsehung Dein Verbleib in einerlei Weltteil beliebte. Denn ich bin, so sehr mich Hochachtung und Zuneigung dazu bestimmen

Dein

BRAHMANE

Lord Bathursts Haus: ALLEN BATHURST (1684–1775), Baron Bathurst, liebte espritreiche Gespräche, weltliche Freuden, die Frauen und den Alkohol; da er 1760 »Sermons« subskribierte (und dann auch die »Empfindsame Reise«), ist anzunehmen, daß er um diese Zeit Sternes Bekanntschaft machte. Als Sterne diesen Brief schrieb, stand Bathurst noch nicht ganz in seinem »fünf und achtzigsten Jahre«.

Nabobinnen: die weibliche Form von ›Nabob‹, einer britischen Verzerrung des Urdu-Wortes ›nawah‹, ›Gouverneur‹; das Wort bezeichnete einen Briten, der sich in Indien ein Vermögen erworben hatte; den ersten Auftritt in der Kunst hatte es 1760, SAMUEL FOOTE (siehe Anmerkung »Mr. F.« zu Brief 163) verwendete es in seinem Stück »The Minor«; Sterne schrieb als erster die weiblich Form.

Addison, Steele, Pope, Swift, Prior: JOSEPH ADDISON (1672–1719), Essayist, Dichter und Dramatiker, schrieb gemeinsam mit RICHARD STEELE (1672–1729) die tonangebenden Artikel für »The Tatler« und »The Spectator«; der Dichter und Satiriker ALEXANDER POPE (1688–1744) hatte schon zu Lebzeiten einen Ruf wie Donnerhall; der von Sterne bewunderte JONATHAN SWIFT (1667–1745) zelebrierte die Abschweifung und verfaßte mit »A Tale of the Tub« (1704) eine der Inspirationsquellen des »Tristram Shandy«; MATTHEW PRIOR (1664–1721) war seinerzeit ein sehr beliebter Dichter und diente außerdem während der Kriege gegen Frankreich als Diplomat.

Prinzessin von Wallis: Prinzessin von Wales, AUGUSTA (1719–1772, geborene von Sachsen-Gotha-Altenburg), die Witwe von FREDERICK LOUIS (1707–1751), Prinz von Wales, Mutter König GEORGES III.; ihr Witwensitz war in Kew.

das Porträt Deines Brahmanen: Wahrscheinlich hatte Sterne ihr ein Mezzotinto des Kupferstechers EDWARD FISHER (1722– vor 1782) nach dem berühmten Gemälde von JOSHUA REYNOLDS geschenkt. Auch Eliza hatte eine Miniatur von sich malen lassen und sie Sterne zum Geschenk gemacht.

Miss Light: Vermutlich hieß die junge Dame HESTER ELEONORA LIGHT und fuhr nach Indien, um dort einen gewissen George Stratton, seines Zeichens Beamter der Ostindienkompagnie, zu heiraten. Sie reiste mit Eliza auf der ›Lord Chatham‹, die am 3. April 1767 endgültig gen Indien lossegelte.

die unbekümmerte, fröhliche Sprache eines Herzens: Das war der Stil, den Sterne bevorzugte, auch seine Tochter LYDIA bat er (in Brief 130): »Vergiß nicht, mir so zu schreiben als einem Freund – kurz, alles was Dir in Dein kleines Köpfchen kommt.«

198. An Eliza Draper [London, März 1767]

Ich schreibe dies, Eliza, in Mr. James' Haus, während er sich umkleidet und das gute Kind, seine Frau, neben mir sitzt und Dir ebenfalls schreibt –

Ich erhielt Dein melancholisches Billet, ehe wir uns zu Tische setzten; melancholisch ist's wahrlich, meine Teure, einen so Mitleid erregenden Bericht von Deiner Krankheit zu hören. Über Dich sind auch ohne diese zusätzliche Last schon der Übel genug gekommen – ich fürchte, es wird Deine arme Seele und Deinen Körper dazu vollends unrettbar niederdrücken – der Himmel verleihe Dir Standhaftigkeit! Wir haben den ganzen Nachmittag nur von Dir gesprochen, Eliza, und von Deinen holden Tugenden und Deinem liebenswerten Betragen. –

Mrs. James und Dein Bramahne haben wohl hundertmal ihre Tränen vermengt im Gespräch über Deine Nöte, Deine Trefflichkeit, Deinen Liebreiz, es ist ein Gegenstand zwischen uns, mit dem wir nie ans Ende gelangen werden – Oh! sie ist so gut und freundlich!

Die ***'s, beim Himmel, sind nichtswürdig; ich habe genug gehört, daß ich schon bebe, wenn ich allein den Namen vernehme – Wie konntest Du, Eliza, diese Leute mit dem auch nur allerkleinsten günstigen Eindruck verlassen (oder vielmehr dulden, einen solchen bei Dir zu hinterlassen)? Ich habe Dir genug gesagt, um Dir bis zur letzten Stunde Deines Lebens einen Ekel vor ihrer an Dir geübten Treulosigkeit einzugeben – und doch sagtest Du kürzlich Mrs. James, Du glaubtest, sie liebten Dich aufrichtig. – Ihr Zartgefühl gegenüber meiner Eliza und ihre wahre Rücksicht auf Deinen Seelenfrieden haben Dich überhoben, noch grellere Beweise für ihre Niederträchtigkeit zu hören – Um Gott, schreib' ihnen nicht, und beschmutze nicht Deinen makellosen Charakter mit solch befleckten Herzen – Sie lieben Dich! – Wo ist der Beweis? – Bezeugen das ihre Handlungen? oder ihre Begeisterung über solche Bindungen, welche Dir Ehre machen und Dich beglücken? Oder ihre Sorge um Deinen Ruf? Nein, aber sie weinen und schwatzen besorgt – Adieu für immer solchen Leuten. –

Mrs. James' redliches Herz empört sich bei dem Gedanken, ihnen auch nur einen Gegenbesuch zu machen. Ich achte sie, und ich achte Dich für beinah jede Handlung in Deinem Leben, bis auf diese blinde Parteilichkeit für unwürdige Kreaturen.

Vergib meinen Eifer, teures Mädchen, und gewähre mir ein Recht, welches einzig dem Grund der Zuneigung entspringt, die ich für Dich hege und bewahren werde bis zur Stunde meines Todes –

Bedenke, Eliza, welches sind meine Gründe, Dir ohn' Unterlaß Ratschläge zu erteilen? Überlege, ob ich denn andere haben kann, die nicht der genannten Ursache entspringen?

Ich finde an Dir eine sehr verdienstvolle Frau, und daß Dir nichts fehlt als Festigkeit und eine beßre Meinung von Dir selbst, um das beste *weibliche* Wesen zu sein, das ich kenne. –

Ich wünschte, ich könnte Dir eine Portion jenes (eitlen) Stolzes einflößen, den Dir Deine Feinde ankreiden (wiewohl er mir niemals sichtbar gewesen ist) weil dieser, wie ich meine, bei einem abgerundeten Gemüt gute Wirkung tut –

Ich werde Dich wahrscheinlich nie mehr wiedersehen; schmeichle mir indes, Du wirst zuweilen mit Vergnügen an mich denken; denn Du mußt gewiß sein, daß ich Dich liebe und mir Deine Geradheit so angelegen sein lasse, daß ich lieber hörte, es sei Dir ein Unglück widerfahren, als daß Du es an Achtung vor Dir selbst fehlen ließest –

Ich besaß nicht die Kraft, diese Ermahnung in meinem Busen zu bergen – jetzt ist sie heraus – denn adieu! Wache der Himmel über meine Eliza.

Der Deinige
YORICK

Die *'s:** Gemeint ist die Familie Newnham; NATHANIEL NEWNHAM (um 1699–1778) war Parlamentsabgeordneter, zwei seiner Söhne, GEORGE LEWIS NEWNHAM (um 1733–1800) und NATHANIEL NEWNHAM (um 1741–1809), folgten ihm in die Politik; warum Sterne sie für »nichtswürdig« hielt, bleibt ein Rätsel, zumal Eliza scheinbar anderer Meinung war. Die Newnhams waren sich Sternes Mißgunst eventuell nicht bewußt, fünf Familienmitglieder subskribierten die »Empfindsame Reise«.
das beste *weibliche* Wesen: Hier spielt Sterne möglicherweise ironisch auf eine der im 18. Jahrhundert meistzitierten Sottisen über den weiblichen Charakter an – POPEs »Nothing so true as what you once let fall, / Most Women have no Character at all« (»Moral Essays. Epistle II: To a Lady«, 1735), »Sie haben Recht, Madame, wenn Sie meinen, / Charakter haben Frauen meistens keinen« (Übers.: Dr. Albrecht Deetz, 1876). Ein Widerhall ertönt im »Tristram Shandy«, I, Kap. XXI – »die ganze SHANDY-FAMILIE bestand durchweg aus Originalcharaktern; — die Männer mein' ich, – die Frauen besaßen gar keinen Charakter ...«.
Ich werde Dich wahrscheinlich nie mehr wiedersehen: Das ist kein hohles Pathos, Sterne wußte, daß er sterbenskrank war, und Elizas Rückkehr nach Indien stand bereits fest.

199. An Eliza Draper [London, März 1767]

An wen sollte sich Eliza in ihrer Not sonst wenden, als an den Freund, der sie liebt; warum also, meine Teuere, entschuldigst Du Dich, daß Du mich bemühst?

Yorick fände sich gekränkt, und mit Recht, solltest Du jemals einem anderen Aufträge erteilen, die er erledigen könnte – Ich bin bei Zumps gewesen – und zuvörderst muß Dein Fortepiano nach der mittleren Messingsaite Deiner Gitarre gestimmt werden, nämlich C. – Ich habe Dir auch einen Stimmhammer besorgt und eine Zange, um die Drahtsaiten aufzuwickeln; und möge jede davon, meine Teuere, Deinen Hoffnungen die Schwingungen süßen Trostes beigeben! Ich habe Dir zehn hübsche Schraubhaken aus Messing gekauft zum Aufhängen des Nötigsten: Ich hatte eigentlich zwölf erstanden; habe aber ein Paar stibitzt für mein Häuschen in Coxwold – Ich werde nie meinen Hut dranhängen oder herunternehmen, ohne an Dich zu denken – Ich habe Dir zudem ein paar eiserne Schrauben für den Globus gekauft, die verläßlicher taugen als solche aus Messing –

Ich habe auch an Mr. Abraham Walker geschrieben, den Lotsen in Deal, und ihn davon unterrichtet, ich hätte diese Dinge zu seinen Händen adressiert in einem Paket, welchem nachzuforschen ich ihn ersuchte, sobald die Dealer Postkutsche eintreffe – Ich habe ihm zudem Anweisung darüber erteilt, was für einen Lehnsessel Du haben möchtest, und angewiesen, den besten, der sich in Deal auftreiben lasse, zu kaufen und zusammen mit dem Paket im ersten abgehenden Boot zu spedieren. Könnte ich doch, Eliza, alle Deine Bedürfnisse und alle Deine Wünsche so erfüllen! es wäre dies ein Zustand der Glückseligkeit für mich –

Das Tagebuch ist, wie's sein soll, bis auf den Inhalt –

Armes, teures, geduldiges Wesen! wie so sehr, bedauere ich Dich; denn mir ist, als verlöre ich sowohl an Standhaftigkeit als auch an philosophischem Gleichmut, wenn ich mir Dein Elend vorstelle –

Glaube nicht, ich hätte gestern Abend mit zu großer Schroffheit von den ***s gesprochen; es hatte seinen Grund; und überdies sollte ein gutes Herz kein schlechtes lieben; und kann's freilich auch nicht. Doch fort mit dem leidigen Thema –

Ich habe heute Morgen Mrs. James besucht; sie liebt Dich

zärtlich und ohne Verstellung. – Sie ist deinetwegen sehr besorgt. – Sie sagt, Du habest bei der Abreise sehr kränklich und schwermütig ausgesehen. Sie bedauert Dich – Ich will sie jeden Sonntag besuchen, so lang' ich in der Stadt bin –

Da dies vielleicht mein letzter Brief ist, so sage ich Dir im Ernste Lebewohl! möge der gütige Gott Dir gnädig sein und sich als Dein Beschützer erweisen, itzt da Du schutzlos bist. Und zu Deinem täglichen Trost halte an dieser Wahrheit fest, »Daß, welches Maß an Not und Sorgen Dir auch zugemessen wird, es wird Dir von dem Wesen, das Du weislich zu Deinem ewigen Freunde erkoren hast, mit einem reichen Maße an Glückseligkeit vergolten werden« – Adieu, adieu Eliza; solang' ich lebe, rechne auf mich als auf den selbstlosesten und wärmsten aller irdischen Freunde.

YORICK.

Zumps: Der aus Fürth stammende JOHANNES (Johann Christoph) ZUMPE (1726–1790) war während der Wirren des Siebenjährigen Krieges nach London emigriert und hatte dort beim Schweizer Cembalobauer BURKHARD TSCHUDI gearbeitet, bevor er 1761 eine eigene Werkstatt eröffnete. Zunächst baute er Cistern (eine bestimmte Art wurde ›English guitar‹ genannt), wurde dann aber für seine Tafelklaviere, kleine Pianos in rechteckiger Form, bekannt. JOHANN CHRISTIAN BACH spielte das erste Klaviersolokonzert auf englischem Boden 1768 auf einem Zumpe-Klavier.

Mr. Abraham Walker in Deal: Eliza war inzwischen an Bord der ›Lord Chatham‹, und das Schiff hatte am 30. März Deal erreicht, eine Hafenstadt etwa 13 Kilometer nordöstlich von Dover am Eingang des Ärmelkanals, wo es auf günstigen Wind wartete, der am 3. April schließlich aufkam. Über Abraham Walker ist sonst nichts bekannt, man kann aus dem Brief nur schließen, daß er zusätzlich zu seinen Lotsendiensten auch Transporte von Waren und Post anbot.

Das Tagebuch: Sterne führte ein Tagebuch, dessen Eintragungen für Eliza gedacht waren, und auch sie führte eines für ihn; im nächsten Brief erzählt er, er habe ein neues begonnen (das »Tagebuch des Brahmanen«).

den ***s: Es steht zu vermuten, daß auch hiermit die Newnhams gemeint sind.

200. An Eliza Draper [London, März 1767]

Meine teuerste ELIZA,

den Morgen habe ich ein neues Tagebuch begonnen: Du wirst es sehen; denn erlebe ich Deine Rückkehr nach England nicht, so werde ich's Dir als ein Vermächtnis hinterlassen: es ist ein kummervolles Blatt, ich will aber auch heitere schreiben, und könnt' ich Dir Briefe schreiben, sie sollten gleichfalls heiter sein, indes wenige nur (fürcht' ich) werden Dich erreichen – gleichwohl, zähle darauf, daß Du mit jeder Post etwas dergleichen erhalten wirst, so lange, bis Du mit der Hand winkst und mir bedeutest: schreib nicht mehr –

Berichte mir, wie Du Dich befindest, und in welcher Weise Dir der Himmel Festigkeit verleiht. Wie ist's um Deine Bequemlichkeit bestellt, meine Liebe? – fehlt es an nichts –? schreibe mir doch fleißig über alles und jedes. Zähle darauf, mich mit den Jameses in Deal zu sehen, sollten widrige Winde Dich dort festhalten. Fürwahr, Eliza, mit Freuden würd' ich zu Dir fliegen, könnt' ich Dir auf irgendeine Weise dienlich oder zu Gefallen sein –

»Gütiger und barmherziger Gott, bedenke die Pein eines armen Mädchens, stärke und erhalte sie in allen Fährnissen, denen ihr schwacher Leib ausgesetzt sein muß, sie hat nun keinen Beschützer als Dich; bewahre sie vor allen Unfällen eines gefahrvollen Elements, und gib ihr Trost bis ans Ende« –

Mein Gebet, Eliza, hoff' ich, ward erhört, denn der Himmel will mir wohl eben zulächeln, da ich zu ihm aufblicke –

Ich komme just von unserer lieben Mrs. James, wo ich drei Stunden lang von Dir gesprochen habe – Sie hat Dein Bild erhalten, und es gefällt ihr, aber Marriot und einige andere Kenner halten einmütig dafür, das meinige sei besser und drücke ein gewinnenderes Wesen aus; allein, was ist dies gegen das Original? Indes gebe ich zu, daß ihr Bild eines für die Welt ist und meines bloß darauf berechnet, einem wahren Freund oder empfindsamen Philosophen zu gefallen –

Auf dem einen zieren Dich ein Lächeln und alle Vorteile von Seide, Perlen und Hermelin, auf dem anderen, schlicht wie eine Vestalin, erscheinst Du ganz als das gute Mädchen, wozu Dich die Natur gemacht hat; welches mir den Eindruck eines ungekünstelteren Liebreizes vermittelt als Mrs. Draper, in einer Geburtstagsrobe für Eroberungen gewandet, mit munterer Miene und »sichtbaren Grübchen« –

Wenn ich mich recht besinne, Eliza, warst Du am Tage, da Du Dich für Mrs. James malen ließest, mit mehr als gewöhnlicher Sorgfalt bestrebt, alle Reize Deiner Person in Deinem Gesicht zu sammeln, selbst Deine Farbe belebte sich, und Deine Augen strahlten mehr als sonst –

Ich bat Dich also, schlicht und schmucklos zu kommen, als Du Dich für mich malen ließest, weil ich wußte, (denn mein Blick ist unbefangen) daß Du weder durch Hilfe des Seidenwurms noch den Glanz des Juweliers etwas gewinnen konntest –

Lasse Dir nun eine Wahrheit sagen, die ich, wie ich glaube, schon früher einmal geäußert habe – als ich Dich das erste Mal sah, schienst Du mir ein Gegenstand des Mitleids und eine recht reizlose Frau –

Die Art Deiner Kleidung (obwohl nach der neuen Fasson) entstellte Dich – doch dahin kann es nur durch eines kommen, durch Dein Bestreben nämlich, als hübsch bewundert zu werden –

Du bist weder hübsch, Eliza – noch wird Dein Gesicht auch nur dem zehnten Teil der Betrachter gefallen –

Doch Du bist mehr; denn ich mache mir kein Gewissen, es Dir zu sagen, daß ich nie ein so verständiges, so beseeltes, so gutmütiges Antlitz gesehen habe; noch genoß je oder wird jemals ein Mann, der über Verstand, Zärtlichkeit und Gefühl verfügt, drei Stunden Deiner Gesellschaft genießen, ohne dadurch Dein Bewunderer oder Freund geworden zu sein oder zu werden, *d. h.,* wenn Du nicht einen Charakter annahmst oder annimmst, der Deinem eigenen fremd ist, sondern das kunstlose Geschöpf bleibst, zu dem die Natur Dich bestimmt hat – in Deiner Stimme und in Deinem Blick liegt etwas, das einen in einem Grade einnimmt, wie ich dies noch bei keiner Frau erlebt, von keiner Frau je gelesen oder gehört habe:

Aber diese bestrickende Art namenloser Vortrefflichkeit vermag eben nur sehr *feinfühlige* Männer zu rühren –

Weilte Dein Gatte in England, ich böte ihm bereitwillig £ 500, (vermöchte Geld dergleichen zu erkaufen) einzig, damit er Dich nur täglich zwei Stunden bei mir sitzen ließe, dieweil ich meine empfindsame Reise schriebe – ich bin gewiß, das Werk würde desto stärker abgehen, so daß mir die Summe mehr als siebenfach vergütet würde –

Keine neun Pence gäbe ich für das Bild von Dir, das die Newnhams haben anfertigen lassen; es ist das Konterfei einer zurechtgemachten, aufgeputzten Koketten – Deine Augen und die Form Deines Gesichts, (letzteres das vollendetste Oval, welches ich je sah) sind von solcher Vollendung, daß sie dem indifferentesten Kenner Eindruck machen müssen, weil sie jedem Werke Gottes von ähnlicher Art gleichkommen und erlesener sind, als ich noch je dergleichen auf meinen Reisen gesehen habe, sie leiden deutlich durch den affektierten Blick der einen und die merkwürdige Anmutung des anderen, durch die Haltung des Kopfes nämlich, was vom schlechten Geschmack des Künstlers oder Deines Freundes zeugt –

Die ***'s, welche den Charakter bestätigen, so ich ihnen einst nachsagte, nämlich lästig zu sein und an einem zu kleben wie Pech oder Vogelleim –

Schickten eine Karte, sie gedächten, Mrs. James am Freitag ihre Aufwartung zu machen.

Sie ließ ausrichten, sie sei verhindert;

Dann könne man sich ja heute abend in Ranelagh treffen; sie antwortete, sie gehe nicht hin –

Sie sagt, reichte sie ihnen auch nur den kleinen Finger, so würde sie die Bekanntschaft nicht wieder los, welche abzubrechen sie auf der Stelle entschlossen ist –

Sie kennt die Leute. Sie weiß, es sind weder ihre noch Deine Freunde, und das Erste, was sie bei einem Zusammensein mit ihr täten, wäre, Dich ihr (wenn sie könnten) ein zweites Mal aufzuopfern –

Laß also nicht zu, laß nicht zu, meine Teure, daß sie Dir eine bessere Freundin ist als Du Dir selbst; sie ersucht mich, Dich erneut zu bitten, ihnen doch nicht zu schreiben – es würde sie und Deinen Bramahnen unsäglich quälen – sei versichert, sie hat für all dies ihre Gründe. Ich habe gleichfalls meine Gründe, wovon der erste lautet, daß es mir in der Seele weh täte, sollte Eliza jener Festigkeit ermangeln, darauf ihr Yorick so fest gebauet –

Ich versprach, den Namen nie wieder vor Dir zu nennen, und wäre ich nicht von einer verehrten Frau, die Dich liebt, gewissermaßen damit beauftragt worden, so hätt' ich mein Wort auch nicht gebrochen –

Ich schreibe Dir morgen wieder, Du bestes und liebreizendes Mädchen: Dir eine ruhige Nacht; im Geist bin ich zu jeder ihrer Wachen bei Dir – Adieu.

Marriot: vermutlich RANDOLPH MARRIOT (1736–1790), der als Offizier in der Armee der Ostindienkompagnie ein Gast bei den

Jameses hätte sein können; sein Bruder THOMAS (vor 1737 geboren) war Major der Marineinfanterie und subskribierte die »Sermons« (1769), diente aber nicht in Indien und reiste auch nie dorthin.
das meinige: Da der gefragte Miniaturmaler RICHARD COSWAY (1742–1821) Eliza porträtierte, könnte er auch Sterne gemalt haben – doch bis heute ist ein solches Bild nicht aufzufinden. Aus den folgenden Sätzen läßt sich schließen, daß Sterne und das Ehepaar James zwei Porträts von Eliza, eine Miniatur und ein lebensgroßes, in Auftrag gegeben hatten. Auch die Newnhams ließen ein Bild von Eliza malen.
empfindsamen Philosophen: In der »Empfindsamen Reise« bezeichnet sich auch Sternes Alter ego YORICK als Philosophen.
Geburtstagsrobe: ein festliches Kleid, das zu königlichen Geburtstagen bei Hofe getragen wurde.
Die *'s:** vermutlich wieder die NEWNHAMs, Sterne setzte alles daran, einen Keil zwischen Eliza und diese Familie zu treiben, und schreckte auch nicht davor zurück, der »verehrten Freundin« (d.i. ANNE JAMES) die vorgebliche Bitte den Kontakt abzubrechen in den Mund zu legen (siehe auch Brief 214).

201. An Eliza Draper [London, März 1767]

Meine teure Eliza,

Ach! Deine Kajüte bereitet mir Kummer, wo doch bloß die frische Farbe genügt, jeden Deiner Nerve anzugreifen – nichts auf der Welt ist so schädlich als das Bleiweiß – hüte Dich wohl, teures Mädchen, und schlafe nicht zu bald darin, wie leicht möchtest Du einen Anfall von Epilepsie erleiden –

Ich hoffe, Du hast das Schiff verlassen, und daß meine Briefe Dich empfangen und begrüßen, den Augenblick, da Du in Deal aus der Postchaise steigst – wenn Du sie sämtlich erhalten hast, meine Teure, so bringe etwas Ordnung hinein – die ersten acht oder neun sind numeriert, die übrigen aber habe ich ohne diese Richtschnur für Dich geschrieben; Du wirst es aber leicht ermitteln aus der Angabe von Tag und Stunde, die ich, hoffentlich, allemal vorangestellt habe; sind sie dann in chronologische Reihenfolge gebracht, so hefte sie in einen Umschlag – Ich glaube zuverlässig, sie werden Dir zuzeiten eine stete Zuflucht sein, und daß Du Dich, (wenn Du der Toren und des belanglosen Geredes überdrüssig bist) zurückziehen wirst, um auf ein Stündchen umzugehen mit ihnen und mir –

Ich besaß weder die Kraft noch das Herz, auch nur einen einzigen davon mit einer Prise Witz oder Humor zu beseelen; sie enthalten aber etwas Besseres, und etwas, das Du Deinen gegenwärtigen Umständen angemessener erfinden wirst – einen langen Troß mit einer Fülle an Ratschlägen, Wahrheit und Wissen –

Ich hoffe zudem, Du wirst in einem jeden verstreute Empfindungen eines redlichen Herzens ausmachen, welche sprechender sind als die gesuchtesten Perioden und Dir mehr gegründete Zuversicht und Vertrauen in Yorick einflößen werden, als es die bemühteste Beredsamkeit vermöchte – stütze Dich, Eliza, also nur ganz auf diese und auf mich.

»Mögen Armut, Elend, Betrübnis und Schande mein Los sein, wenn ich Dir jemals Anlaß schaffe, Deine Bekanntschaft mit mir zu bereuen.« –

Mit dieser feierlichen Beteuerung, abgelegt vor einem gerechten Gott, erflehe ich von ihm, es möge sich mit mir ebenso schicken, als ich redlich und rechtschaffen an Dir handle:

Ich möchte Dich nicht fehlleiten, Eliza, auch nicht in den Augen eines einz'gen Menschen möchte ich Dich herabsetzen, nicht für die kostbarste Krone des stolzesten Monarchen –

Vergiß nicht, daß, solang' ich lebe und verfügen kann, Du alles, was mein ist, als das Deinige ansehen und betrachten kannst; doch sollte mir's leid sein, Deines eignen Zartgefühls halber, wenn meine Freundschaft jemals dergestalt auf die Probe gestellt würde –

Geld und Zahlpfennige haben, in meinen Augen, einerlei Nutzen, beide sichern das Lebensnotwendige. Ich hoffe, Du wirst mir diesen Brief beantworten; hindern Dich aber die Elemente, welche Dich rasch hinwegführen, so werde ich einen für Dich schreiben, und da ich weiß, daß er so gerät, wie Du ihn geschrieben haben würdest, werd' ich ihn ansehen für den meiner Eliza –

Ehre und Glück und Gesundheit und jedwede Annehmlichkeiten mögen mit Dir segeln, Du vortreffliches Mädchen! Ich will für Dich und meine Lydia leben, reich werden für Euch, teure Kinder meines Herzens, Weisheit erlangen, Ruhm erlangen und Glück, um all dies zu teilen mit Dir und mit ihr – wenn ich einmal alt bin –

Endgültig, adieu! Bewahre Dir stetig Dein Leben, verfolge das Ziel, das wir uns vorgesetzt, und laß Dir durch nichts jene Gaben rauben, welche der Himmel Dir zu Deinem Wohlergehen geschenkt hat –

Was bleibt mir noch zu ergänzen, wo ich innerlich am ganzen Leibe fliege und binnen der fünf Minuten, bevor der letzte Postbote läutet, als Dich dem Himmel anzubefehlen und mich selbst, gemeinsam mit Dir dem Himmel anzubefehlen, mit dem nämlichen inbrünstigen Stoßgebet.

»Daß wir glücklich sein mögen, und uns wiedersehen; wo nicht in dieser Welt, doch in der künftigen.« –

Adieu, ich bin herzlich Dein, Eliza, und ewiglich.

YORICK. –

Bleiweiß ... Epilepsie: Bleiweiß war lichtbeständig, hatte eine große Deckkraft und trocknete schnell, als Anstrich für Schiffskabinen war es also höchst geeignet. Daß es giftig war, wußte man seit der Antike, seit dem 12. Jahrhundert brachte man Epilepsie mit Bleiweiß in Verbindung.

202. An Eliza Draper [London, März 1767]

Meine teure Eliza,

Ich meine, Du konntest gegen Deinen jungen Soldaten nicht wohl anders handeln, als Du getan, ihm die Türe zu verschließen, litt weder die Höflichkeit noch die Menschlichkeit –

Du erzählst mir, er sei zu zärtlichen Regungen tüchtig und würde, eh' daß Miss Light nur vierzehn Tage gesegelt, in sie verliebt sein –

Ei, mich dünkt's tausendfach wahrscheinlicher, daß er sich Dir attachiert, Eliza, bist Du doch tausendmal liebreicher–

Fünf Monate beisammen mit Eliza, dazu im selben Raum und obendrein ein amouröser Sohn des Mars, »'s ist ein Unding.« – Die Sonne, könnte sie's denn hindern, würde keinen Misthaufen bescheinen; aber ihre Strahlen sind so rein, Eliza, und himmlisch – daß ich noch nie gehört, sie seien davon befleckt worden – Gerade so wird's Deinen ergehen, mein teuerstes Kind, sowohl in dieser als in jeder anderen Lage, in welche Du geraten magst, bis Du Dich endgültig im Leben eingerichtet hast. –

Indes werden Deine Umsicht, Deine Klugheit, der Geist Deines Yoricks und Dein eigener, welcher ihm gleicht, Deine besten Ratgeber sein –

Gewiß trifft man mittlerweile bereits Anstalten zu Deiner bequemen Unterbringung – warum aber ist's, statt des Tünchens, nicht damit getan, Deine Kajüte sauber zu wischen und abzuscheuern, da sie ohnedem ausgekleidet wird – Der frische Anstrich ist Deinen Nerven und Deiner Lunge äußerst nachteilig und wird Dich auch so viel länger hindern, Deine Unterkunft in Besitz zu nehmen; wo Du, wie ich hoffe, einige Deiner glücklichsten Stunden hinbringen wirst –

Ich besorge, die besten Deiner Schiffskameraden sind

nur wohlerzogen im Vergleich zu dem stark abstechenden Schiffsvolk, mit welchem Du sie zusammen siehst.

So war es bei – Du weißt schon, wen ich meine – als das Urteilsvermögen dem nämlichen Trugschluß erlag – Doch will ich Dich nicht kränken – Wenn jene gesittet sind und sich schicklich aparte halten, so ist's genug und alles, was man erwarten darf; sollten einige von ihnen noch manierlicher sein, freut's mich –

Du wirst allen Beistands bedürfen, und er steht Dir auch zu –

Hüte Dich nur, meine Teure, vor allzu großer Vertraulichkeit; gute Herzen sind offen und von Natur dazu geneigt – der Himmel verleihe Dir Stärke in dieser wie in jeder anderen schlimmen Versuchung!

Bestes von Gottes Geschöpfen! Lebe wohl, liebe mich, ich flehe Dich an, und vergiß nie, ich bin, meine Eliza, und bleibe, auf ewig, in des Wortes umfänglichsten Sinn,

Dein Freund –
Yorick –

P. S. Sollte sich Dir Gelegenheit bieten, mir durch ein holländisches oder französisches Schiff einen Brief zu senden, oder von den Kapverdischen Inseln aus, er wird mir schon irgendwie zukommen –

jungen Soldaten: Auf dem Schiff wurden auch Truppen der Ostindienkompagnie transportiert, der »amouröse Sohn des Mars« wird wohl ein junger Offizier gewesen sein. Die Kompagnie hatte in Indien bedeutende Privilegien inne (Zivilgerichtsbarkeit, Militärgewalt, das Recht auf Festungsbau und Truppenaushebung, Münzwesen) und handelte wie eine Kolonialmacht, erst 1784 wurde eine der Krone unterstellte Kontrollbehörde geschaffen.

von den Kapverdischen Inseln aus: Die Ostindienfahrer gingen vor Santiago, der größten der Kapverdischen Inseln vor der westafrikanischen Küste, vor Anker, um Frischwasser und Vorräte zu bunkern, bevor sie ohne weiteren Halt nach Indien weitersegelten. Es war üblich, daß Post von Schiff zu Schiff übergeben wurde, und tatsächlich übernahm auch ein holländisches Schiff auf offener See Briefe von der ›Lord Chatham‹.

203. An Eliza Draper [London, März 1767]

Wollte Gott, Eliza, die Reise nach Indien ließe sich noch ein Jahr hinausschieben, denn ich trage in meinem Busen die feste Überzeugung, daß Dein Gatte Dir in Ansehung der Zeit keinerlei Vorschriften machen kann –

Ich fürchte, Mr. B. hat die Sache übertrieben, – ich mag seine Miene nicht, sie ist schlechterdings unversöhnlich – sollte Dir ein Unglück widerfahren, was würde er nicht zu verantworten haben – Ich kenne kein Geschöpf, das mir dann mitleids- und hassenswürdiger erschiene; er wäre geächtet, ein Verfemter; in dem Falle würde ich Deinen Kindern der Vater sein, mein gutes Mädchen! – darum sorge Dich ihretwegen nicht – Indes, Eliza, wenn Du noch immer so kränklich bist, laß jeden Gedanken fahren, dieses Jahr nach Indien zurückzukehren – schreibe Deinem Gatten – sag' ihm, wie es in Wahrheit um Dich steht – ist er wirklich der großzügige, gutherzige Mann, als welchen Du ihn schilderst, so muß er Dein Betragen allemal billigen – Ich habe von zuverlässiger Seite erfahren, daß sein Widerstreben gegen Deinen Aufenthalt in England nur der Furcht entspringt, Du möchtest ihm Kosten verursachen, die den Dir ausgesetzten Unterhalt überstiegen und für die er dann aufkommen müßte –

Daß ein solches Geschöpf der armseligen Bedenken wegen

ein paar hundert Pfund geopfert werden soll, ist allzu hart! Ach! mein Kind, könnt' ich ihm doch mit Anstand alles erstatten, bis auf den letzten Penny, was Du ihn je gekostet hast! mit Freuden wollt' ich ihm meinen ganzen Lebensunterhalt geben, ja, meine Pfründe sequestrieren und mich hinsichtlich meines künftigen Unterhalts auf die Schätze verlassen, womit der Himmel meinen Kopf gesegnet hat –

Du bist, soviel lasse ich gelten, Deinem Gatten vieles schuldig; du bist dem äußerlichen Schein und dem Urteile der Meinung der Welt gleichfalls manches schuldig; aber glaube mir, meine Teure, Du hast auch Pflichten gegen Dich selbst – Kehre darum von Deal zurück, wenn Du fürderhin kränkelst: Ich will Dir gratis etwas verordnen. Du bist bei weitem nicht die erste Frau, bei der ich damit guten Erfolg hätte.

Ich will meine Frau und meine Tochter herbestellen, und sie sollen Dich zur Genesung nach Montpellier, zu den Quellen von Bancois, nach Spa führen, oder wohin Du willst. Du sollst ihnen diktieren und Lustreisen in jeden Winkel der Erde tun, den Deine Phantasie Dir vormalt –

Wir werden am Ufer des Arno fischen und uns in den lieblichen Labyrinthen seiner Täler verlieren, und dann würdest Du wieder quinkelieren, wie ich es schon ein- oder zweimal von Dir gehört habe »Ich hab' mich verirrt, ich hab' mich verirrt!« aber wir würden Dich wiederfinden, meine Eliza –

Das Rezept Deines Arztes lautete ähnlich: »Muße, mäßige Bewegung, die reine, südliche Luft Frankreichs oder die mildere von Neapel, dazu die Gesellschaft wohlwollender, liebenswerter Menschen« –

O des verständigen Mannes! Er ist gewiß in Deine Gefühlswelt gedrungen, er wußte um die Trüglichkeit ärztlicher Wissenschaft bei einem Geschöpf, dessen Krankheit von den Leiden des Gemüts rührt – Einzig auf die Zeit, meine Beste, fürcht' ich, mußt Du bauen und Dich verlassen: möge sie Dir die Gesundheit bringen, die eine so enthusiastische Verehrerin der reizenden Göttin verdient –

Daß Du gewisse Dinge verschwiegen hast, Eliza, deren Darlegung Dir zur Lobrede ausgeschlagen wäre, ehrt Dich in meinen Augen – Dem edlen Leiden wohnt eine gewisse Würde inne, die es ihm nicht gestattet, die Welt anzurufen um Mitleid oder Entschädigung – Wie sehr hast Du diesen Rang beglaubigt, meine liebenswürdige, philosophische Freundin! Wahrlich, ich halte mählich dafür, Du besitzt eben so viele Tugenden als meines Onkels Tobys Witwe –

Damit will ich freilich keinesfalls insinuieren, Frätzchen, meine Meinung sei nicht besser begründet, als die seinige von Mrs. Wadman es gewesen; auch dünkt's mir unmöglich, irgendein Trim könnte mich überzeugen, die meine sei gleichermaßen irrig; so lang' als ich meinen Verstand besitze, bin ich gewiß, daß sie es nicht ist –

Apropos Witwen – bitte, Eliza, solltest Du je zu einer werden, so laß Dir's bloß nicht einfallen, Dich einem reichen Nabob zu schenken, denn ich beabsichtige selbst, Dich zu heiraten – Meine Frau kann nicht mehr lange leben. Sie hat bereits alle Provinzen Frankreichs durchstreift – und ich kenne keine Frau, die ich lieber ihre Stelle einnehmen sähe als Dich – Es ist wahr, ich bin nach meiner körperlichen Konstitution fünfundneunzig und Du erst fünfundzwanzig; diese Ungleichheit an Jahren ist schier zu arg! aber was mir an Jugend abgeht, will ich durch Witz und gute Laune wettmachen – Swift konnte seine Stella, Scarron seine Maintenon und Waller seine Sacharissa nicht mehr lieben, als ich Dich lieben und besingen will, mein auserkorenes Weib! Alle diese Namen, so berühmt sie auch sind, sollen dem Deinigen weichen, Eliza.

Antworte mir hierauf, daß Du den Antrag billigst und akzeptierst, und daß Du (wie die Geliebte des Spectators) mehr Freude darin fändest, einem alten Manne die Pantoffeln anzuziehen, als Dich den Liederlichen, Lüsternen und Jungen zuzugesellen – Adieu, meine Simplicia –

Dein
TRISTRAM.

Mr. B.: Vermutlich war es CHARLES BODDAM, einer der Direktoren der Ostindienkompagnie, der Bruder des Gouverneurs von Bombay RAWSON HART BODDAM (1734–1812), der wiederum mit Elizas Schwester MARY (1740–1762) verheiratet gewesen war. Boddam könnte für Eliza die Passage nach Indien organisiert haben.

Deinen Kindern: Die Drapers hatten einen Sohn (1759–1769) und eine Tochter, ELIZABETH (1761–1824).

sequestrieren: »ein streitiges Gut gerichtlich in Beschlag nehmen und einem Dritten zur Aufbewahrung o. Verwaltung übergeben« (»Heyses allgemeines Fremdwörterbuch«, 1833).

Quellen von Bancois: Wahrscheinlich meinte Sterne Bagnères (-de-Bigorre), ein schon von den Römern geschätztes Thermalbad (Vicus Aquensis) in den Zentral-Pyrenäen, im Juni 1763 war er dort gewesen – bei der Schreibung von Ortsnamen war er recht kreativ.

am Ufer des Arno: Den Arno samt Ufer und Tal führt Sterne auch im »Tagebuch des Brahmanen« an (zu finden im Band »Laurence Sterne. Empfindsame Reise, Tagebuch des Brahmanen, Satiren, Kleine Schriften«). JOHN CROFT erzählt in seinen Anekdoten über Sterne, die beiden hätten verabredet, sich nach Einigung mit Elizas Ehemann und ihrer Rückkehr nach Europa in Italien an den Ufern des Arno niederzulassen (Brief von John Croft an Caleb Whitefoord, August 1795).

der reizenden Göttin: Gemeint ist HYGIEIA, in der griechischen Mythologie die Göttin der Gesundheit, Tochter des Gottes der Heilkunst Asklepios, in der Kunst oft als anmutiges Mädchen dargestellt.

eben so viele Tugenden ... Onkels Tobys Witwe: ONKEL TOBY zählt in »Tristram Shandy«, IX, Kap. XXXI, sämtliche Vorzüge der WITWE WADMAN auf – »Sie besitzt tausend Tugenden, Trim! sagte mein Onkel Toby ... diejenige, Trim, welche mich von allen am meisten für sie gewinnt ... ist das mitfühlende Wesen und die ganz ausnehmende Menschlichkeit ihres Charakters ...« (woraufhin TRIM einwendet, das mitfühlende Wesen der Witwe Wadman richte sich vor allem auf Onkel Tobys Schamleiste).

Meine Frau ... alle Provinzen Frankreichs durchstreift: Nur zur

Erinnerung – seit ELIZABETH STERNE ihrem Mann im Juli 1762 nachgereist war, lebte sie mit ihrer Tochter LYDIA – von Sterne ermuntert – in Frankreich, zu dieser Zeit in Avignon. Sie überlebte ihn um fünf Jahre.
Swift ... Sacharissa: JONATHAN SWIFT nannte seine Freundin ESTHER JOHNSON (1681–1728) ›Stella‹ und richtete an sie das »Journal to Stella«, das 1766 von John Hawkesworth zusammen mit anderen Briefen Swifts herausgegeben worden war. PAUL SCARRON (1610–1660), dessen burlesker »Roman comique« (2 Bände, 1651 und 1657) Sterne inspirierte, war mit FRANÇOISE D'AUBIGNÉ (1635–1719) verheiratet gewesen, die nach seinem Tod als Erzieherin der Kinder Ludwigs XIV. wirkte, 1674 erhielt sie den Titel MARQUISE DE MAINTENON, 1683 wurde sie die morganatische Ehefrau des Sonnenkönigs. EDMUND WALLER (1606–1687) besang in seinen Liebesgedichten Lady DOROTHY SIDNEY (1617–1684) als ›Sacharissa‹, sie aber widerstand seinem Werben und wurde die Frau eines anderen.
die Geliebte des Spectators: Hier bezieht sich Sterne wohl auf die Nummer 449 des »Spectator« vom 5. August 1712, in der ADDISON die Tugenden der ›Fidelia‹ besang, die aber nicht ihren alten Geliebten, sondern ihren alten Vater umsorgt.
meine Simplicia: Mit dem von ›simple‹ bzw. dem lateinischen ›simplex‹ abgeleiteten Wort faßte Sterne wohl das ungekünstelte Wesen Elizas, als Kosename konnte es sich nicht durchsetzen, schon bald stand ›simpel‹ weniger schmeichelhaft für ›einfältig‹.

204. An Eliza Draper [London, ?Montag, 30. März 1767]

Meine teure Eliza,

Ich stand auf der Schwelle des Todes: Ich war krank, als ich Dir das letzte Mal schrieb, und mir bangte vor dem Ausgang. – Meine Besorgnis war nur zu wohl gegründet, denn zehn Minuten, nachdem ich meinen Brief abgeschickt, gab Yoricks arme, fein gesponnene Hülle nach, und es barst mir ein Gefäß in der Brust, und ich konnte die Blutung erst um vier Uhr diesen Morgen stillen – Ich tränkte alle Deine indischen Schnupftücher damit, es kam, so glaub' ich, aus dem Herzen – Ich schlief vor Mattigkeit um sechs ein und fand beim Erwachen meine Hemdbrust naß von Tränen –

Mir träumte, ich saß unter dem Baldachin der Indolenz und Du kamst mit einem Shawl in der Hand ins Zimmer und sagtest mir, »mein Geist sei mit der Kunde meines Geschicks zu Dir nach den Downs geflogen, und Du seiest gekommen, um mir mit allen Tröstungen kindlicher Liebe beizustehen und meinen letzten Hauch und Segen zu empfangen«, damit schlangest Du mir den Shawl um die Hüfte und batest mich auf Knien, Dich anzuhören.

Ich erwachte, aber in welchem Zustand! O! mein Gott! doch »Du wirst meine Tränen zählen und sie alle in Deinem Sack fassen« – Teures Mädchen, ich sehe Dich, Du bist in meiner Vorstellung immer gegenwärtig, wie Du meine schwachen Knie umfaßt und die schönen Augen aufhebst und mir gebietest, doch nur getrost zu sein –

Und wenn ich mit Lydia spreche, so tönen mir fort und fort die Worte Esaus in den Ohren, als ob Du sie sagtest.

»Segne mich auch, mein Vater.« –

Segen sei mit Dir, Du Kind meines Herzens – Meine Blutung hat ganz aufgehört, und ich fühle meine erstarkte Lebenskraft – beunruhige Dich also nicht, Eliza, um mein gewisses Wohlbefinden –

Ich habe mit Appetit gefrühstückt; und ich schreibe Dir mit aller Freude, die der prophetischen Ahnung entsprießt.

»Daß uns alles nach Herzenslust ausschlagen wird« – Tröste Dich alle Zeit mit der Überzeugung, »Daß das beste aller Wesen (wie Du es so allerliebst ausgedrückt hast) durch eine Reihe von Zufällen doch nicht eine solche Kette von Ereignissen hervorbringen könne, bloß um die darin verwickelte Hauptperson ins Unglück zu stoßen« –

Diese Beobachtung war sehr angemessen, sehr gut und sehr elegant ausgedrückt – ich wünschte, mein Gedächtnis würde dem Wortlaut gerecht –

Wer lehrte Dich die Kunst, so allerliebst zu schreiben, Eliza? – Du hast sie ordentlich zu einer Wissenschaft erhoben. Mangelt mir's einmal an barem Gelde und meine schlechte Gesundheit leidet es, daß mein Genius tätig wird, so befördere ich Deine Briefe zum Druck als *Vollendete Versuche* einer *unglücklichen indischen Lady!* Der Stil ist neu und würde an sich fast eine hinlängliche Empfehlung sein, daß sie gut aufgenommen werden, auch ohne weitere Vorzüge; aber ihr Inhalt, ihre Natürlichkeit und ihr Geist suchen, so glaube ich, in diesem Weltteil wohl ihresgleichen; und werden auch in dem Deinigen, ich steh' dafür, von keiner Deiner Landsmänninnen übertroffen –

Ich habe Deine Briefe Mrs. B. gezeigt und der Hälfte der Literaten in der Stadt: Du sollst mir deshalb nicht böse sein, denn ich wollte so Ehre für dich einlegen –

Du ahnst nicht, wie viele Bewunderer Dir Deine briefstellerischen Werke gewonnen haben, auch unter jenen, denen Deine äußeren Vorzüge unbekannt sind –

Ich frage mich nur, wo Du Dir Deine Anmut, Deine Güte, Deine Fertigkeiten hast erwerben können! bei der Verbindung! bei der Erziehung! Die Natur hat Dich gewiß mit vorzüglicher Sorgfalt gebildet, denn Du bist, (und nicht in meinen Augen allein) das beste und schönste ihrer Werke – und dies also ist der letzte Brief, den Du von mir erhältst; denn die Earl of Chatham, (wie ich den öffentlichen Blättern entnehme) hat die Downs erreicht, und der Wind (seh' ich) steht günstig – wenn's an dem ist, gepriesene Frau, empfange mein letztes, allerletztes Lebewohl! halte mein Andenken hoch, erinnere Dich, wie sehr ich Dich schätze, ja, wie herzinniglich ich Dich liebe, und welchen Wert ich Dir beimesse! Adieu, adieu; und mit meinem Adieu laß mich Dir noch eine kurze Lebensregel geben, die Du schon in tausendfacher Gestalt von meinen Lippen vernommen hast, die ich aber hier in ein Wort fasse:

– Achte Dich selbst –

Adieu, noch einmal, Eliza, möge keine Herzenspein eine Furche in Dein Antlitz ziehen, bis ich es wieder sehe; mögen weder Zweifel noch Besorgnisse Dein heiteres Gemüt trüben oder Dir einen schmerzlichen Gedanken an Deine Kinder erwecken, denn es sind Yoricks Kinder, und Yorick ist Dein Freund auf ewig –

Adieu, adieu, adieu –

PS

Vergiß nicht, »Hoffnung verkürzt jede Reise, indem sie dieselbe versüßt«; so singe denn jeden Morgen, wenn Du aufstehst, meine kleine Strophe darüber ebenso andächtig wie ein Kirchenlied, und Du wirst Dein Frühstück drum um so freudiger verzehren – Segen, Ruhe und Hygeia seien mit Dir; mögest Du bald in Frieden und Fülle wiederkehren, um meine Nacht zu erleuchten. Ich bin und bleibe der letzte, der Deinen Verlust beklagt, und will der erste sein, der Deine Rückkunft begrüßt und bejubelt. –

Lebe wohl –

bejubelt. –

Lebe wohl –

barst mir ein Gefäß in der Brust: Sterne ging es zunehmend schlechter, er mochte aber wohl Eliza gegenüber nicht den gleichen Galgenhumor aufbringen wie im Brief an HALL-STEVENSON (siehe Brief 185).

deine indischen Schnupftücher: Schon in Band III des »Tristram

Shandy«, der im Januar 1761 erschienen war, trägt WALTER SHANDY ein »gestreiftes indisches Schnupftuch« in der »rechten Rocktasche« (Kap. II). Indische Stoffe, vor allem die feinen Baumwollstoffe, brachten der Ostindienkompagnie viel Geld ein, waren sie doch damals in Europa noch Luxusware.

Shawl: »der Name des feinsten Wollenzeugs, das nur im Oriente und zwar von der seidenweichen Wolle der tibetanischen Ziegen in so hoher Vollkommenheit verfertigt wird«, so das »Damen Conversations Lexikon« von 1837; Kaschmir war ein exotischer Luxus.

»Du wirst meine ... Sack fassen«: Das Bild aus Psalm 56,9 – »Zele meine flucht / fasse meine threnen in deinen Sack / on zweiuel du zelest sie ...« – verwendete Sterne auch in seinen Predigten.

Worte Esaus ... mein Vater.«: Sterne paraphrasiert hier 1. Mose 27,38 – »Esau sprach zu seinem vater / Hastu denn nur einen Segen / mein Vater? Segene mich auch / mein vater / Und hub auf seine stimme vnd weinet.«

Kind meines Herzens: Das mag eine sentimentale Floskel der Zeit gewesen sein, sie ist auch in SAMUEL RICHARDSONs »Clarissa« (1748) (und seither immer wieder) zu finden.

Mrs. B.: Man könnte Mrs. Boddam hinter dem Kürzel vermuten, doch selbst die schier allwissenden Herausgeber der Florida-Edition konnten nicht ermitteln, ob Charles Boddam verheiratet war, oder wer sich hinter ›Mrs. B‹ verbirgt.

die Earl of Chatham ... steht günstig: Sterne nennt das Schiff, auf dem Eliza fährt, konsequent beim falschen Namen. Der »Public Advertiser« vom 30. März 1767 hatte vermeldet, der Ostindienfahrer ›Lord Chatham‹ sei aus Gravesend kommend in dem ›The Downs‹ genannten Seegebiet vor Deal angelangt und warte dort auf günstigen Wind.

205. [M] An Lydia Sterne Bond Street, [Donnerstag,] 9. April 1767

Dieser Brief, meine liebe Lydia, wird Dein gutes Herz bedrücken, denn von Beginn an wirst Du keine unterhaltsame Prise Humor darin finden – Umgeben von tausend melancholischen Gedanken vermag ich nicht munter zu sein – Ich habe einen Verlust von fast fünfzig Pfund erlitten, um die ich auf außergewöhnliche Weise geprellt wurde – was aber ist dieser Verlust gegen einen, der mich vielleicht noch trifft? Freundschaft ist der Balsam und die Herzstärkung des Lebens, und ohne diese ist's eine schwere Last, die zu tragen nicht lohnt. – Ich bin unglücklich – Deine Mutter und Du, ihr seid so fern von mir, und wie kann ich eine solche Entbehrung wettmachen? – Um Gottes willen, berede sie, herzukommen und sich in England niederzulassen, denn das Leben ist zu kurz, um es mit solchen Trennungen zu vergeuden – und solange sie in dem einen Lande lebt und ich einem anderen, werden viele Leute vermuten, dies entspringe unserem Belieben – zudem möchte ich Dich, Du Kind und Liebling meines Herzens, bei mir haben! – Ich bin melancholischer Stimmung, und in den Augen meiner Lydia werden die Tränen brennen, wenn ich ihr die Sache nenne, die mich jetzt bedrückt. – Ich befürchte, daß die teure Freundin, die ich in meinem letzten Brief erwähnte, dahinsiecht – Ich habe sie vor zwei Tagen besucht, und nie sah ich einen Menschen so verändert – sie ist von zarter Konstitution und gleicht einer welkenden Lilie, denn die Rosen sind ihren Wangen entflohen – Nie kann ich diese unvergleichliche Frau sehen oder mit ihr sprechen, ohne in Tränen auszubrechen – Ich habe ihr tausend Verbindlichkeiten zu danken und schulde ihr mehr als ihrem ganzen Geschlecht, wenn nicht der ganzen Welt. Ihr Denken ist von einer Feinheit, dergleichen wenige besitzen – unsere Gespräche sind höchst interessanter Natur, und sie spricht mit größerer Gefaßtheit davon, aus dieser Welt zu gehen als es anderen einfällt, darin zu leben. – Ich habe ein Epitaph verfaßt, wovon ich Dir eine Abschrift schicke. – Es drückt ihr bescheidenes Verdienst aus – aber möge der Himmel sie erhalten! und möge sie es erleben, das meine zu verfassen.

Säulen und prächt'ger Urnen schöner Schein
Sind nur die leere Form geschmückter Pein
Des Gatten und des Freundes Träne quillt
Auch ohne Machwerk, ohne künstlich Bild.
Der Zähren Flut – ach, lange vor der Zeit! –
Fließt über Deine Bahr' in Ewigkeit –
Solang die sanfte Tugend wird beweint
Solang in Tränen Freunde sind vereint.

Sprich bei Deiner Mutter mit aller Freundlichkeit von mir und glaube, meine Lydia, daß ich Dich aufrichtig liebe – Adieu denn – Ich bin, was ich allezeit war und hoffentlich allezeit sein werde, Dein

Dich zärtlich liebender Vater,
L. S.

Was Mr. —betrifft, so ist er Deiner Beschreibung nach ein feister Narr. Ich bitte Dich, Deine Zeit nicht auf ein solches Geschöpf zu verschwenden – Sende mir einige batons pour les dents – die hiesigen taugen nichts.

denn von Beginn ... nicht munter zu sein: Ganz ähnlich hatte Sterne an ELIZA geschrieben – »Ich besaß weder die Kraft noch das Herz, auch nur einen einzigen [Brief] davon mit einer Prise Witz oder Humor zu beseelen« (siehe Brief 201).
Verlust von fast fünfzig Pfund erlitten: Auf welche Weise er ihrer

verlustig gegangen, ob er wirklich um sie geprellt worden war, ist nicht gewiß, doch er hatte ELIZA DRAPER vor ihrer Abreise teure Geschenke gemacht (siehe Brief 199).

Du Kind und Liebling meines Herzens: ELIZA hatte er in Brief 204 »Du Kind meines Herzens« genannt, siehe auch Anmerkungen dort.

die teure Freundin: ANNE JAMES, Sterne hatte seiner Tochter in Brief 195 von ihr erzählt, dem »liebenswertesten und sanftmütigsten Wesen …«.

Mr. —: wohl wieder ein unbekannt bleibender Verehrer Lydias.

206a. An Anne James [London, Montag, 20. April 1767]

Mr Sterne sendet seine besten & freundlichsten Empfehlungen an Mrs James, nebst seinem empfindsamen Dank für deren Erkundigung nach seinem Befinden – er erkrankte den Augenblick, als er sein Logis betrat, und befindet sich seither in Obhut eines Arztes – dieser meint, es rühre daher, daß Mr Sterne James' Pulver eingenommen und sich an so einem kalten Tag hinausgewagt habe — doch vermag Mr Sterne einen genaueren Bericht zu geben – er ist so gut wie tot – hofft indes weiter, in wenigen Tagen wie ein Schatten nach Gerard Street zu gleiten, um seinen guten Freunden für ihre Nächstenliebe zu danken. Empfehlung an Mr James – & alles Gute für seine gute Dame.

Erkundigung nach seinem Befinden: Anhand des »Tagebuchs des Brahmanen« für ELIZA DRAPER, das Sterne am Sonntag, den 12. April 1767, begann, läßt sich der Verlauf dieses Erkrankens nachverfolgen – dort heißt es unter der Eintragung »Montag. 15. Apr.« – tatsächlich war es Dienstag, der 14., Sterne hatte sich im Datum geirrt – er sei »ermattet von Fiebern aller Art«, am Mittwoch, den 15.,

»nahm indes James' Pulver«, am 16. fühlte er sich wohl genug, das Ehepaar James zu besuchen, was er auch am Samstag, den 18. tat. Am 19., dem Ostersonntag, »erwachte [er] indes mit bohrenden Schmerzen«, am Ostermontag, dem 20., hatte er wieder Fieber und »ließ einen Arzt kommen, um meinen Freunden [dem Ehepaar James] zu willfahren ... Ließ 12 Unzen Blut fahren.« Am Abend desselben Tages war Anne James noch immer so besorgt um Sterne, daß sie »ihr Mädchen schickte, meinem Befinden nachzufragen«. Dienstag, den 21. wurde er »wieder zur Ader gelassen; die Bandage löste sich und glitt mir vom Arm & ich hatte mich im Bette schon halb verblutet«, am Nachmittag erhielt er »eine Karte von unserer teueren Freundin [Anne James], die mich bittet, ein Leben sorgfältig zu bewahren, das meinen Freunden so kostbar sei«. Am Mittwoch, den 22. erwachte er nach »eine[r] erbärmliche[n] Nacht«, Donnerstag, den 23., war er »So krank, daß ich den ganzen Morgen kein Wort schreiben konnte«, am Freitag, dem 24. April waren seine »Symptome milder, dank einer erträglichen, ruhigen Nacht« (»Tagebuch des Brahmanen«, im Band »Laurence Sterne. Empfindsame Reise, Tagebuch des Brahmanen, Satiren, Kleine Schriften«).

James' Pulver: ein fiebersenkendes Mittel, das sich sein Erfinder Dr. ROBERT JAMES (1705–1776) um 1746 hatte patentieren lassen. Es sollte Fieber und diverse andere Krankheiten, von der Gicht über Skorbut bei Menschen bis zur Staupe beim Vieh kurieren. James' Geschäftspartner war der Verleger JOHN NEWBRY (1713–1767), der das Pulver mit Anzeigen in seinen Titeln bewarb. Im enorm populären, OLIVER GOLDSMITH (1728–1774) zugeschriebenen Kinderbuch »Goody Two Shoes« (1765) ergeht es dem Vater der kleinen Heldin schlecht – »seized with a violent fever in a place where Dr. James's Powder was not to be had« – stirbt er. – Oliver Goldsmith soll hingegen an einer Überdosis von James' Pulver gestorben sein.

wie ein Schatten ... zu gleiten: Sterne verwendete dieses Bild auch im »Tagebuch des Brahmanen« – »Armer Yorick, krank an Kopf und Herz! Eliza hat Dich zum Schatten gemacht« (»19. Apr.«) und »Ich bin, mein liebes Mädchen, zum Schatten abgezehrt« (»21. Apr.«) – sowie in den Briefen 208, 213, 239, 240.

206b. [M] An Anne und William James

Old Bond-street,
[Dienstag] 21 April, 1767

Ihre freundliche Erkundigung, werte Mr. und Mrs. James, sowie gütige Anteilnahme an meiner Gesundheit haben mich herzlich gerührt. Gott weiß, ich habe nichts Gutes von mir zu berichten, da eine schlechte Nacht mit heftigen Fieberanfällen hinter mir liegt. – Mein Arzt befahl mir, solange das Bett zu hüten, bis eine Veränderung zum Besseren eintritt – ich erkrankte den Augenblick, da ich in mein Logis gelangte – er sagt, es rühre daher, daß ich James' Pulver eingenommen und mich und an so einem kalten Tag wie Sonntag hinausgewagt hätte – allein, er irret sich, denn ich bin gewiß, daß mir alles, was diesen Namen führt, wohltun muß – Gestern wurde ich zur Ader gelassen, und heute wiederum, und war davon halbtot, diese freundliche Erkundigung aus Gerard-street aber hat Balsam in mein noch übriges Blut gegossen – Ich hoffe indes fort (und außer dem Empfinden, was ich meinen Freunden schuldig bin) wird dies die letzte angenehme Empfindung sein, die mich verlassen wird – selbst wenn ich mich weiterhin bessere, dauert es wohl noch eine Weile, bis ich kräftig genug für eine Ausfahrt bin – mein erster Besuch wird ein Besuch echter Dankbarkeit sein – Wo? das sollen meine Freunde raten – tausend Segnungen begleiten dieses Billet, und möge der Himmel Sie beide erhalten – Adieu, mein werter Herr und werte Dame.

Ich bin Ihr auf ewig verbundener
L. Sterne

Balsam ... gegossen: Im »Tagebuch des Brahmanen« schreibt er bittend – »träufle Deinen heilenden Balsam, Eliza, in das wundeste aller Herzen« (»11. Juli«).

207. [M] An Ignatius Sancho Bond Street, Samstag.
[16. Mai, 1767]

Ich habe es ungemein bedauert, mein guter Sancho, daß ich nicht zu Hause war, um durch Euch der Familie des Duke of Montagu meine Erkenntlichkeit zu bezeigen, für die große Zuvorkommenheit, meine Subskribentenliste mit ihren Namen zu beehren – wofür ich ihnen sehr verbunden bin. – Indes, Sancho, müßt Ihr dem, was ich Eurem Wohlwollen in dieser Hinsicht ohnehin schon schulde, noch etwas hinzufügen, mir nämlich den Pränumerationspreis übersenden, den ich vor meiner Abreise aus der Stadt bei meinen besten Freunden anmahnen muß – um den Schwierigkeiten zu entgehen, ein Geldkonto zu führen (wozu ich wenig geschickt bin) und das Geld hernach einzusammeln (wozu ich weder die körperlichen noch geistigen Kräfte besitze). Und darum, guter Sancho, mahnt beim Duke von Montagu, der Duchess von Montagu und Lord M. den Pränumerationspreis an, und legt sowohl die Sünde, wie das Geld, vor meine Türe – Ich wünsche einer so guten Familie allen Segen, der ihr gebührt, und melde ihr zugleich meine untertänigsten Empfehlungen. Ihr wißt es, Sancho, daß ich bin Euer Freund und Gönner,

L. Sterne

PS

Ich verlasse London am Freitagmorgen – und würde bereits am Donnerstag abreisen, doch ich speise bei Lord und Lady Spencer.

Familie des Duke of Montagu … meine Subskribentenliste: zur Familie und zu Sanchos Verhältnis zu ihr, siehe Brief 182 samt Anmerkungen. Der weiter unten im Text genannte ›Lord M.‹ war der Sohn des Dukes, JOHN BRUDENELL-MONTAGU (1735–1770), der eine »Empfindsame Reise« im größeren Format subskribierte, seine Eltern subskribierten die »Empfindsame Reise« und die »Sermons« von 1769.

208. [M] An William Petty, Earl of Shelburne

Old Bond-street,
[Donnerstag,]
[2]1. Mai, 1767

Mylord,

Gestern bereits hatte ich von der ganzen Stadt Abschied genommen, mit dem Vorsatz, sie heute zu verlassen, indem hält mich die Freundlichkeit von Lord und Lady Spencer auf, die meinetwegen eine Mittags- und Abendgesellschaft geladen haben – Ich bin voller Ungeduld, mich wieder in meine Einsamkeit zu verfügen, denn dort gewinnt der Geist frische Kraft und lernt, sich auf sich selbst zu verlassen – In der Welt sucht er und billigt auch manch trügerischen Halt – erheucheltes Mitleid des einen – Schmeichelei eines anderen – Artigkeiten eines Dritten – Freundschaft eines vierten – sie alle trügen – und leiten den Geist dahin zurück, wohin sich meiner jetzt flüchtet – zur Abgeschiedenheit, Reflexion und zu Büchern. Meine Abreise ist auf morgen Vormittag festgesetzt, ich brachte es aber nicht über mich, einen Ort zu verlassen, wo ich so unzählige und unverdiente Höflichkeiten von Euer Lordschaft genossen habe, ohne Ihnen dafür von ganzem Herzen zu danken, ebenso wie für Ihre freundliche Erkundigung aus Bath. Krankheit, Mylord, steht hinter meinem Schweigen – Gevatter Tod hat bei mir angeklopft, ich wollte ihn aber nicht einlassen – sein Besuch war mir so unerwartet wie mißfällig – und ich bin fürwahr bis zum Schatten abgezehrt – und noch immer sehr schwächlich, allein, so schwach ich auch bin, habe ich Ihnen doch ein höchst skurriles Geschichtchen zu erzählen, wie es nur jemals einem aus meiner Familie begegnete – Shandys Nase, sein Name, das Schiebefenster sind Läppereien dagegen – Es wird Sie *immerhin* belustigen – Das Leiden einer Verkühlung, die ich mir letzten Monat durch die Einnahme von James' Pulver zuzog – traf mich, müssen Sie wissen, just am denkbar delikatesten Teil – dem schmerzhaftesten & heikelsten aller Teile am menschlichen Leibe. In dieser Krisis ließ ich einen tüchtigen Chirurgus & mit ihm einen tüchtigen Arzt kommen (beide meine Freunde), mein Malheur zu inspizieren – 's ist eine venerische Krankheit, riefen meine beiden gelehrten Freunde — das aber kann's allemal nicht sein, versetzte ich – habe ich doch seit 15 Jahren keinerlei Umgang mit dem schönen Geschlecht, nicht einmal mit meiner Frau. – Gleichwohl habt Ihr den, guter Freund, sagte der Chirurg, oder es gibt keine solche Krankheit in der Welt – woher denn, zum Henker! sagte ich, ohne noch ein Frauenzimmer recht gekannt zu haben – Wir wollen nicht weiter drüber rechten, sagte der Arzt, allein, Ihr müßt Euch einer Merkurialkur unterziehen – Eher lasse ich mein Leben, sagte ich – und baue auf die Natur, die Zeit oder ärgstenfalls den Tod – also setzte ich der Zusammenkunft mit einiger Empörung ein Ende – und beschloß, lieber alle Qualen, die ich litt & zehnmal mehr noch, zu ertragen, als mich wie ein *Sünder* traktieren zu lassen in einem Stücke, wo ich mich wie ein *Heiliger* betragen hatte. – Nun wollte es aber der Vater der Hinterlist, den nichts mehr ergötzt, als den Gerechten zu entehren, daß vom nämlichen Augenblick an, da ich meine Doktoren suspendiert, meine Schmerzen mit einer unsäglichen und unausstehlichen Heftigkeit loswüteten. Jede Stunde ward es unerträglicher. – Man brachte mich zu Bett, ich schrie und tobte die ganze Nacht – und war nach dem Aufstehen dem Tode so nahe, daß meine Freunde insistierten, ich solle wieder nach meinem Arzt und meinem Chirurgus schicken lassen. Ich versicherte sie bei meinem Wort als Mann von Ehre, sie irrten sich beide in Ansehung meiner Krankheit – ob sie aber gleich falsch geurteilt hätten, so möchten sie doch richtig handeln; so qualvoll mein Leiden auch sei, empfände ich dieses doch nicht so schmerzlich wie den Verdacht, welchen eine venerische Kur über mich bringe – Drauf erwiderten sie, derlei verborgene Seuchen im Blut möchten wohl zwanzig Jahre schlummern – sie wollten über den Punkt, in dem ich so ungemein empfindlich sei, freilich nicht mit mir streiten, sondern lieber tun, was ihres Amtes sei und weswegen man sie beigezogen – nämlich meiner Pein ein Ende zu machen, die sonst mir ein Ende setze – und so ward ich genötigt, mich zu fügen – & so, mein werter Lord, mußte Ihr armer Freund bei all seinem Zartgefühl, die Züchtigungen des gröbsten Wollüstlings leiden. – War dies nicht die lächerlichste Verlegenheit, in die Yoricks Geist je geraten konnte? – Nur das reinste Bewußtsein meiner Tugendhaftigkeit konnte mich dazu verführen, meiner Frau diese Geschichte zu erzählen, welche, nebenher bemerkt, gar keine üble Anekdote in Tristram Shandys Leben machen möchte – Ich habe diese auch in meinem Tagebuch für Mrs. Draper erwähnt. In einiger Hinsicht ist zwischen meiner Frau und ihr kein großer Unterschied – wenn die eine wie die andere behandelt wird, so kann keine sich mit Recht beklagen. – Ich habe soeben Briefe aus Frankreich erhalten, die besagen, daß Mrs. Sterne und meine Lydia nach England kommen wollen, um mich zu besuchen – Sollten Sie Ihre Zeit auf nichts Besseres wenden wollen, so schmeichelt sich Yorick, einen Brief von Euer Lordschaft zu erhalten, *en attendant*. Ich bin mit der größten Ehrerbietung,

Mylord,
Euer Lordschaft
ergebenster untertäniger Diener
L. Sterne

***An William Petty, Earl of Shelburne*:** WILLIAM PETTY-FITZMAURICE (1737–1805), 2. EARL OF SHELBURNE, später 1. Marquess of Lansdowne, hatte im Siebenjährigen Krieg gekämpft, sich in der Schlacht von Minden ausgezeichnet (zu dieser siehe auch Anmerkungen zu Brief 53 und 56) und sich dann der Politik zugewendet. Er galt allgemein als brillanter Intellektueller mit liberalen Ansichten und zählte JOHNSON, REYNOLDS, D'HOLBACH und später BENJAMIN FRANKLIN zu seinen Freunden (siehe auch Anmerkung »Lord Granby und Co« zu Brief 139). 1763 hatte er sich dagegen ausgesprochen, die Immunität von JOHN WILKES aufzuheben (siehe auch Anmerkungen zu Brief 164).

Ich bin voller Ungeduld ... zu Büchern: Dieser Satz steht fast wortwörtlich auch im »Tagebuch des Brahmanen« ... »21. wurde von Lord & Lady Spencer aufgehalten, die meinetwegen eine Mittags- und Abendgesellschaft geladen hatten. Voller Ungeduld, mich wieder in meine Einsamkeit zu begeben – dort, Eliza, gewinnt der Geist frische Kraft & lernt, sich auf sich selbst zu verlassen, – und nimmt Zuflucht zu seiner eigenen Beständigkeit & Tugend – in der Welt sucht er und billigt auch manch trügerischen Halt – erheucheltes Mitleid des einen – Schmeichelei eines anderen – Artigkeiten eines Dritten – Freundschaft eines vierten – sie alle trügen – & leiten den Geist dahin zurück, wohin sich meiner jetzt flüchtet – nämlich, Eliza! zu sich selbst – zu Dir (die Du mein zweites Selbst bist), zur Abgeschiedenheit, Reflexion & Büchern –.« (»Tagebuch des Brahmanen«, im Band »Laurence Sterne. Empfindsame Reise, Tagebuch des Brahmanen, Satiren, Kleine Schriften«)

Gevatter Tod hat ... nicht einlassen: Man mag sich an TRISTRAM erinnert fühlen, der seinen Mut lobt – »und als der Tod höchstselbst an meiner Türe pochte – da hießest du ihn ein andermal wiederkommen; und in einem so munteren Ton sorgloser Gleichmütigkeit tatest du's, daß er an seinem Auftrag zweifelte« (»Tristram Shandy«, VII, I).

ein höchst skurriles Geschichtchen: Das erzählt er mit fast denselben Worten auch Eliza im »Tagebuch des Brahmanen« unter dem Datum »24. Apr.«.

Shandys Nase ... Läppereien dagegen: TRISTRAM empfand Nase wie Namen als Bürde – »Ihr mögt ein System errichten, das den Verlust meiner Nase durch Ehevertragsbestimmungen erklärt, — und der

Welt dartun, wie es geschehen konnte, daß mir das Mißgeschick widerfahren sollte, Tristram getauft zu werden (»Tristram Shandy« II, Kap. XIX). Die schmerzhafte Sache mit dem Schiebefenster widerfährt ihm in V, Kap. XVII.
eine venerische Krankheit: Das muß sie nicht unbedingt gewesen sein, Tuberkulose greift nicht nur die Lunge sondern auch andere Organe wie Geschlechts- und Stimmorgane an.
Gleichwohl habt Ihr den: An dieser Stelle wird das »Tagebuch des Brahmanen« ein wenig deutlicher – »gleichwohl habt Ihr den *****« – möglicherweise griff LYDIA MÉDALLE hier kürzend ein.
der Vater der Hinterlist: Der ergötzte sich wohl auch an einer Szene im Band III des »Tristram Shandy« – da erzählt TRISTRAM wie sein Vater versucht, »mit der *linken* [Hand] ein gestreiftes *indisches* Seidenschnupftuch aus seiner rechten Rocktasche« zu ziehen und in eine mißliche Lage gerät, denn es – *»Waren Rocktaschen sehr weit unten in die Schöße geschnitten«.* — Mehr brauch' ich nicht zu sagen — der Vater der Hinterlist hätte für jemand in meines Vaters Lage keine unseligere Mode ersinnen können, und wenn er einen Monat daran gebosselt hätte« (Kap. II).
soeben Briefe ... zu besuchen: Das erzählte er auch Eliza im »Tagebuch des Brahmanen« – »Heute morgen überraschte mich meine Lydia mit einem Brief – daß sie und ihre Mama mich besuchen wollen —« (»2ter Juni«).
***en attendant*:** in der Zwischenzeit.

209. [M] An John Dillon

Old Bond-street,
Freitagmorgen. [22. Mai, 1767]

Ich wollte eben zu Bette gehen, mein lieber Dillon, da lief Ihre freundliche Erkundigung bei mir ein, und jetzt wartet meine Chaise vor der Tür, diesen armen Körper aufzunehmen und nach seinem gesetzmäßigen Pfarracker zu befördern – Ich bin krank, sehr krank – ich sieche aufs ergreifendste dahin – ich schmachte an Leib und Seele – und es ist mir eine Herzstärkung, wenn ich höre, daß es um Sie anders steht – niemand nimmt größeren Anteil an Ihrem Glück als ich, und es freut mich, daß Sie auf so gutem Wege dahin sind – und genießen Sie es lange, mein Dillon, indessen ich – doch das ist einerlei – allein, meine Gefühle sind für die Welt, worin ich lebe, zu delikat – es wird schon noch bergauf gehen. – Ich speiste gestern bei Lord und Lady Spencer, wir sprachen viel von Ihnen und Ihrem Treiben, denn alle Welt weiß, warum Sunbury Hill eine so angenehme Lage ist. – Sie Schelm! – Sie haben mir meine Stiefel weggeschlossen – und ich stiefele stiefellos heim – und fürchte, ich werde zeitlebens stiefellos gehen –Adieu, sanftmütigste und bester aller Seelen – adieu.

Ich bin Ihr wohlaffektionierter
L. Sterne

An John Dillon: Auch hier bietet sich wieder mehr als ein Kandidat an, mit Sicherheit kann nicht gesagt werden, wer der Adressat war. Es könnte JOHN TALBOT DILLON (1734–1806) gewesen sein, der u. a. »Travels through Spain« (1780) und »Historical and Critical Memoirs of the General Revolution in France« (1790) veröffentlichte und 1767 die Würde eines Barons des Heiligen Römischen Reiches Deutscher Nation verliehen bekam. Seine Frau starb 1768 im Kindbett, so CURTIS. Der zweite JOHN DILLON (um 1740–1805) kam aus Lismullen, County Meath in Irland, wurde von Kaiser Joseph II. 1782 zum Baron des Heiligen Römischen Reiches Deutscher Nation erhoben und hatte 1767 Millicent Drake geheiratet. Der angeschriebene Dillon schien um eine Frau zu werben. Weder die Frau des einen noch die des anderen Dillon hatte aber, soweit es die Herausgeber der Florida-Edition oder Sternes Biographen ermitteln konnten, Verbindungen nach Indien oder war dort geboren worden, wie Sterne in Brief 214 andeutet.

Sunbury Hill: Ob damit ein realer Ort gemeint oder ob es eine zweideutige Anspielung ist, vermögen die Herausgeber der Florida-Edition nicht zu sagen, auch die Sache mit den Stiefeln (»... meine

Stiefel weggeschlossen ... stiefele stiefellos ... zeitlebens stiefellos ...«) bleibt rätselhaft.

210. [M] An John Hall-Stevenson Newark,
Montagmorgen um zehn Uhr.
[25. Mai, 1767]

Mein lieber Vetter,

Bis hieher bin ich gelangt wie ein Ballen leichenfahler, an Pluto & Konsorten verfrachteter Güter – lag dabei den meisten Weg über unten in meiner Chaise auf einem großen Kissen, welches mich meine *prévoyance* noch vor meiner Abreise erstehen hieß – Ich bin ausgelaugt – eile aber heute Nacht weiter Barnby Moor zu, und womöglich die nächste nach York. – Ich weiß nicht, was mit mir los ist – aber irgendein *dérangement* setzt dieser Maschine hart zu – trotzdem meine ich, sie werde es für diesmal noch aushalten. – Liebe Grüße an G. – Wir werden von Ost und Süd' alle zusammenkommen und (so wie zuletzt endlich) beisammen glücklich sein – Meine besten Empfehlungen an einige wenige. – Ich bin, lieber Hall,

aufrichtig Dein
L. Sterne

Newark: In Newark-on-Trent hatte Sterne schon etwas mehr als die Hälfte des Wegs von London nach Coxwold hinter sich. Im »Tagebuch des Brahmanen« berichtete er Eliza – »23ter [Mai] ertrage die Reise nur schlecht – krank – & gedrückt auf dem ganzen Weg – blieb unterwegs zwei Tage beim Erzbischof von York [Drummond; in Brodsworth, nördlich von Doncaster] ... – erreichte mein strohgedecktes Cottage den 28ten Mai«.

Pluto & Konsorten: Pluto war der mythologische Gott der Unterwelt, seine Konsorten könnten der Höllenhund Cerberus, die Harpyien, denen Äneas bei VERGIL in den Vorhallen der Unterwelt begegnet, die Eumeniden oder Furien und die Parzen sein.
***prévoyance*:** Weitblick, Voraussicht.
irgendein *dérangement* ... Maschine: In seinem letzten Lebensjahr beschreibt sich Sterne nicht nur hier als ›Maschine‹, sondern auch im »Tagebuch des Brahmanen« – »da mir meine Maschine nun viel weniger beschwerlich scheint als zuvor, finde ich mich allmählich in meinen Zustand« (»25. Apr.«) – sowie in Brief 248. In der »Empfindsamen Reise« sah Yorick sich eben nicht als solche – »jede das Leben erhaltende Kraft verrichtete ihr Werk mit so wenig Friktion, daß es die ärgste *physical precieuse* in Frankreich würde beschämt haben: bei all ihrem Materialismus hätte sie mich doch schwerlich eine Maschine heißen können« (Kap. »Calais.«). Damit mag Sterne auf den französischen Philosophen JULIEN OFFRAY DE LA METTRIE (1709–1751) angespielt haben, der in seinem Werk »L'homme maschine« (1747) erklärte, Menschen und Tiere seien »aufrecht kriechende Maschinen, die selbst ihre Triebfedern aufziehen«.
an G.: Es könnte der in Brief 171 erwähnte, aber nicht identifizierte Garland sein, aber auch ein ganz anderer.

211. An Daniel Draper [Coxwold, ?Dienstag, 2. Juni 1767]

Sir

ich gestehe, Sir, daß es ein wenig vom gewöhnlichen Wege abweicht, einem Herrn, den zu kennen ich nicht die Ehre habe, einen Brief zu schreiben – überdem einen Brief, der von keinerlei Geschäften (im landläufigen Sinne) handelt – nun bin ich selber ein wenig ungewöhnlich — & der Anlaß, der mich die Feder ergreifen läßt — ist's ebenfalls – denn er entspringt dem ehrlichen Schmerz, den ich angesichts meiner großen Hochachtung & meiner freundschaftlichen Gefühle für Mrs Draper empfinden müßte, – falls ich nicht wünschte & hoffte, diese Gefühle auch auf Mr Draper auszudehnen. – Ich habe mich in Ihre Frau verliebt – aber es ist eine Liebe, die Sie mir zur Ehre anrechnen werden – denn sie gleicht so der Liebe, welche ich für meine eigene Tochter hege, die ein gutes Geschöpf ist, daß ich kaum einen Unterschied erkennen kann — der Augenblick, da ich ihn erkannt hätte – dieser Augenblick wäre der letzte gewesen – !

Ich wünschte, es hätte in meiner Macht gestanden, Mrs Draper wirklich dienlich sein zu können – als sie von ihrem besten Beschützer so weit entfernt war — Es hat mir viel Mühe gemacht (oder besser gesagt, Vergnügen), ihrem Kopf zu dienen – ihr Herz hat dies nicht nötig – & ihr *Kopf* so wenig wie der irgendeiner Tochter Evas – & fürwahr weniger als irgendeine, mit der zu verkehren in den letzten Jahren mein Schicksal war, –

– Ich wollte, ich könnte mich M^rs D irgendwie nützlich erzeigen, während sie in Indien ist – & ich in der großen Welt – doch für weltliche Angelegenheiten tauge ich nicht –

– Ich wünsche Ihnen, werter Sir, viele glückliche Jahre

— es gehört zu meiner Litanei, für ihre Gesundheit & ihr Leben zu beten – sie ist zu gut, um zugrunde gehen – & ich würde aus reinem Eifer eine Pilgerfahrt nach Mekka tun, um eine Medizin zu suchen.

***An Daniel Draper*:** der wesentlich ältere Ehemann von ELIZA DRAPER (siehe zu beiden auch die erste Anmerkung zu Brief 192). Sterne hatte im »Tagebuch des Brahmanen« festgehalten: »17. April [1767] bei meiner Freundin Mrs James in Gerard Street … – langes Gespräch über Dich, meine Eliza – mir sank das Herz ob einer widerlichen Schilderung von Draper & und seinem üblen Leumund in Bombay – für welchen Schuft wagst Du Dein Leben, liebe Freundin [Eliza Draper befand sich auf der gefährlichen Schiffspassage zurück nach Indien],

& und welcher Dankbarkeit ist eine solche Natur fähig? – Kränkungen & Beschimpfungen wirst Du ernten!« – Sternes Biograph ARTHUR CASH fand dafür die Erklärung: »Eliza haßte ihren Ehemann. Er war … außergewöhnlich häßlich, wie wir von einem noch existierenden Porträt wissen, und ein Mann, der nichts von der Welt wußte, nur den kolonialen Dienst kannte, in den er hineingeboren wurde … Draper war entschlossen, im kolonialen Dienst ein großes Vermögen zu machen, und ging bei diesem Vorhaben äußerst aggressiv vor.«

Tochter Evas: siehe auch entsprechende Anmerkung zu Brief 145.

ich … Pilgerfahrt nach Mekka tun: vgl. Brief 182, in dem Sterne Ignatius Sancho erklärt, er würde »zu ihrem Heil eine Wallfahrt gen Mekka« tun.

212. [M] An A. L——e, Esq. [Coxwold, [Sonntag,] 7. Juni 1767

Lieber L…e,

ich war erst wenige Tage in diesem friedvollen Cottage, da grüßte mich Ihr Brief mit dem Siegel der Freundschaft, und ich danke Ihnen herzlich für diesen freundlichen Beweis Ihrer Gewogenheit – Ich bangte schon um die Nachricht von der Genesung unserer empfindsamen Freundin – doch wollte ich mich nicht selber bei ihr erkundigen, da ich ihr mein Freundschaftstestat nicht senden konnte, ohne daß sie die Taxe dafür hätte entrichten müssen, denn auch die bloße Erkundigung *Wie geht's* bei siechen Personen oder solchen, die es vor kurzem gewesen, gemahnen diese entweder an das Vergangene oder daran, was leicht wieder zurückkehren könnte. – Ich lebe in Coxwold so glücklich als ein Fürst — & ich wünschte, Sie sähen, wie fürstlich ich hier lebe – 's ist ein Land des Überflusses. – Ich setze mich allein zu Tisch mit

Wild, Fisch und wildem Geflügel oder auch einigen Hühnchen oder Enten, dazu Dickmilch und Erdbeeren und Rahm, sowie allen schlichten, reinen Genüssen, die ein fruchtbares Tal unter (Hambleton Hills) hervorbringt – mit einem reinen Tuch auf meiner Tafel – und einer Flasche Wein zu meiner Rechten, um auf Ihr Wohl zu trinken. Ich habe an die hundert Hennen & Küchlein auf meinem Hof – und kein Pfarrkind fängt einen Hasen, ein Kaninchen oder eine Forelle, ohne sie mir als Geschenk zu bringen. Vermöchte die Einsamkeit ein liebeskrankes Herz zu heilen, so würde ich eine Einladung an Sie aussprechen – allein, Abwesenheit und Zeit schwächen keine Zuneigung, die der Tugend entfließt. – Ich bin ungemein aufgeräumt – Keine Sorge betritt dies Cottage – Ich unternehme täglich eine Spazierfahrt in meiner Postchaise mit zwei langschweifigen Pferden — sie taugen gut; und was mich selber anbetrifft, da dünkt mich, haben Arznei und Diät, so ich mir in London verordnet, mich recht ordentlich wieder auf die Beine gestellt – Mögen Sie, lieber L —, nie weder der einen noch der anderen bedürfen.

Mit den besten Grüßen, Ihr

L. Sterne

***An A. L——e, Esq.*:** Der Empfänger dieses Briefes, an den auch die Briefe 214, 234 und 237 gerichtet sind, bleibt unidentifiziert. Man kann aus den Briefen nur schließen, daß er das Ehepaar JAMES gekannt und von Sternes Liebe zu ELIZA DRAPER gewußt haben muß, noch jung genug war, um selbst an Liebesaffären zu denken, und nicht bei allerbester Gesundheit. Daß Sterne in diese Briefe immer wieder Passagen einflocht, die auch im »Tagebuch des Brahmanen« – geschrieben vom 12. April bis 1. November 1767 – zu finden sind, und in das »Tagebuch« Sätze aus seinen Briefen übernahm, mag daran liegen, daß er sterbenskrank war und ihm nicht genug Einfallskraft blieb. **Hambleton Hills:** eine Hügelkette südlich von Coxwold, die das Flachland von Yorkshire von der Hochebene der North York Moors trennt.

Ich lebe in Coxwold ... als Geschenk zu bringen: Diese Passage etwa übernimmt Sterne unter dem Datum »2ter Juli« ins »Tagebuch des Brahmanen«, fügt aber dort den Wunsch an: »Kurz, es ist ein goldenes Tal – & das goldene Zeitalter wird anbrechen, wenn Du dem ländlichen Fest präsidierst, meine Brahmanin & als Herrin meiner Tafel diese mit Eleganz und jener natürlichen Anmut und Huld bereitest, welche der Himmel Dir verliehen.«
Ich unternehme ... langschweifigen Pferden: In Brief 223 fordert er seine Tochter auf, sie solle ihm aus Paris schreiben, »damit ich Euch mit meiner Postkutsche und meinen langgeschweiften Pferden entgegenkommen kann«. Mit den beiden Pferden hatte er, wie in Brief 180 an John Hall-Stevenson angekündigt, seine »Kavallerie verbessert«.

213. An Richard Davenport

Coxwold, bei York
[Dienstag,] 9. Juni 1767.

Werter Sir,

diesen Augenblick erhielt ich Ihren verbindlichen Brief, – und ohne mich damit aufzuhalten, ihn ein zweites Mal zu lesen, stieß ich meine *Empfindsame Reise* beiseite, um Ihnen den Empfang sogleich zu bestätigen und für den Inhalt zu danken – der, nebenher gesagt, in Ihrer Tasche besser aufgehoben ist als in meiner, bitte bewahren sie ihn mir also auf, bis ich das Vergnügen habe, Sie in der Stadt oder anderswo zu sehen. Vermaledeites Zipperlein! es benimmt einem Manne glatt die halbe Lebensfreude – Ich wünschte, es wäre das Los spleeniger Philosophen und der Tartuffes jeglicher Konfession, – wenigstens würde ihretwegen meine Philanthropie nicht besonders zu leiden haben; trifft es jedoch einen offenen, von Herzen fröhlichen Mann, der Gott zur Ehre gereicht – dann tut es mir in der Seele weh, daß solche Gefühle durchkreuzt werden – und ich schriebe oder kämpfte für seine Genesung mit größerer Begeisterung, als sie mir, in einem anderen Fall, alle *Subskriptionen* oder *Subsidien* einzuflößen vermöchten; und da ich jetzt Subskriptionen erwähnt habe, könnte ich Ihnen noch einmal danken (so's mir beliebte) für jene, Sie mir verschafft haben; allerdings wüßte ich gern, ob darunter solche für Imperialpapier sind, damit sie in der gedruckten Liste der Namen, welche mir für dieses Werk so große Ehre erwiesen haben, markiert werden können. Ich bin jetzt ernsthaft darangegangen – das heißt, heute Morgen habe ich damit begonnen; eine fünfwöchige Krankheit, an der ich apropos hätte sterben *müssen* – nur daß ich drauf bestund, mein der Welt gegebenes Wort nicht zu brechen, kurzum, ich *wollte* nicht sterben, (denn in manchen Fällen halte ich diese Sache für einen Willensakt). Diese lange Krankheit also, die mich einen Monat lang auf mein Zimmer verbannte, hat mich und meine Phantasie zu solch bloßen Schatten abgezehrt, daß ich erst verwich'ne Nacht die geringsten Kräfte oder Versuchungen (sowohl geistig wie körperlich) zu meinem Vorhaben verspürte. Ich habe mich jetzt ans Werk gemacht und werde die Feder erst wieder vom Papier nehmen, wenn ich fertig damit bin.

Beim Himmel! Ich glaube, in meinem Leben häufen sich die allermerkwürdigsten und tragikomischsten Zufälle; eben diesen Morgen, als ich daranging, meine Empfindsame Reise durch Frankreich zu schreiben, – erhielt ich von meiner Frau, die zu Marseille weilt, einen Brief, der mir anzeigt, sie gedenke (nicht zu schreiben, – sondern besser noch), sie gedenke, eine Empfindsame Reise durch Frankreich zu machen und eine Postkutschenfahrt von tausend Meilen auf sich zu nehmen, bloß um mich für drei Monate zu besuchen. – Hol' der Teufel alle Empfindsamen Reisen!! – Ich wünschte, weder Mann noch Frau wären je auf die Idee verfallen – tres menses! cum uxore neque leni neque commodâ! – quid faciam? –

quo me vertam? – Es wird indes meine Empfindungen rege machen. Ich weiß nicht, woher ich das Recht nehme, an Sie so unbedacht drauflos zu schreiben – es ist freilich nur artig; denen, die mir lieb und wert sind, kann ich nur so schreiben – oder aber gar nicht – Ich wollte, ich könnte Ihr Zipperlein oder vielmehr dessen Ursachen, ins Rote Meer hexen, in secula seculorum. Allein, ich fürchte, es steckt darin zuviel von der Erbsünde oder der Verstocktheit des unsauberen Geistes, der einzig durch viel Beten und Fasten ausfahren will – und vielleicht nicht einmal dann.

Gott im Himmel! was für ein Wetter! bis gestern nur schmerzhaft schneidende Nordostwinde – mein armes Gefäß hätte dieser Unbilden wohl entraten mögen, und ich besorge, das Ihre vespürt jene schon, noch ehe Sie am Morgen die Gardinen aufziehen. Ich hatte einmal schon ein Großfolioblatt zur Hand genommen – Sie sind mit knapper Not entronnen – denn ich würde es so randvoll geschrieben haben wie dieses; Gott sende Ihnen Gesundheit und Sie aus dem Zimmer.

Ich bin, werter Sir, mit aller Hochachtung
Ihr verbundener und ergebener Diener
L. Sterne

***Richard Davenport*:** Von RICHARD DAVENPORT (um 1705–1771) weiß man, daß er seinen Landsitz Wooton im Peak District bei Derby von Februar 1766 bis Mai 1767 bereitwillig JEAN-JACQUES ROUSSEAU zur Verfügung stellte, der, nachdem sein »Émile« verboten und verbrannt worden war, lieber im Exil lebte (im 4. Buch hatte er nämlich im Einschub ›Profession de foi du vicaire savoyard‹ – ›Glaubensbekenntnis des savoyischen Vikars‹ – erklärt, wie ein Mensch der Vernunft gemäß in der Religion unterwiesen werden kann, und ein Credo der natürlichen Religion vertreten. Das erboste die französischen Katholiken so sehr wie die Genfer Calvinisten). Über Davenport weiß man sonst wenig, DAVID HUME beschrieb ihn in Briefen aus dieser Zeit als »älteren Mann von erheblichem Vermögen und gutem Charakter«.

der Tartuffes: Tartuffe ist die Hauptfigur aus MOLIÈREs gleichnamigem Stück über einen frömmlerischen Heuchler, Sterne nannte Kleingeister so (siehe auch Anmerkung »unter *******«, zu Brief 42).

Imperialpapier: Imperial ist ein Papierbogenformat, etwa 55,8 x 81,3 Zentimeter, bei der Buchherstellung werden Bögen mehrfach zu Seiten gefaltet, die Seiten der etwas größer formatigen »Empfindsamen Reise« maßen schließlich 9,5 x 15,0 Zentimeter (siehe auch Anmerkungen zu Brief 194).

mein der Welt gegebenes Wort: Sterne hatte der Welt und den Subskribenten vier Bände der »Empfindsamen Reise« versprochen, doch es erschienen nur zwei (siehe auch Anmerkungen zu Brief 181), für die Bände III und IV fehlte ihm die Kraft.

eben diesen Morgen ... einen Brief: Sterne hatte schon im Mai von diesem geplanten Besuch gehört (siehe Brief 208), doch vielleicht glaubte er nicht recht daran, bis er am 2. Juni den Brief von seiner Tochter Lydia erhielt. Die nun folgende Passage übernahm er – leicht abgewandelt – in das »Tagebuch des Brahmanen«: »Mir will scheinen, meine liebe Brahmanin – die Natur steht auf dem Kopfe – denn heutzutage treibt die Frauen eher die Abneigung – denn die Neigung – ihren Ehemännern unter größeren Gefahren einen Besuch abzustatten & längere Reisen zu wagen, um ihnen diese Artigkeit zu bezeigen – Die meine macht per Eilpost eine tausend Meilen weite Reise – und ebensoviele wieder zurück – einzig und allein, um zu sehen, wie es mir geht, & ob ich fett oder mager bin –« (»20. Juni«).

tres menses! ... quo me vertam?: drei Monate! Mit einer Ehefrau, die weder schmiegsam noch entgegenkommend ist! – Was soll ich nur tun? – Wohin soll ich gehen?

in secula seculorum: Aus dem Gloria Patri – »Gloria Patri et Filio et Spiritui Sancto, / sicut erat in principio et nunc et semper et in saecula saeculorum, amen.« – »Ehre sei dem Vater und dem Sohn und dem Heiligen Geist, / wie es war im Anfang, jetzt und immerdar, und von Ewigkeit zu Ewigkeit. Amen.«

Verstocktheit des unsauberen Geistes: wohl eine Anspielung auf Lukas 9,37–42 (Matthäus 17,15f. sowie Markus 9,18f.) – »ES begab sich aber den tag hernach / da sie von dem Berge kamen / kam jnen entgegen viel Volcks. Vnd sihe / ein Man vnter dem Volck rieff / vnd sprach / Meister / ich bitte dich / besihe doch meinen Son / Denn er ist mein einiger son. Sihe / der Geist ergreifft jn / So schreiet er als bald / vnd reisset jn / das er schewmet / vnd mit not weichet er von jm / wenn er jn gerissen hat / Vnd ich habe deine Jünger gebeten / das sie jn austrieben / vnd sie kundten nicht. Da antwortet Jhesus / vnd sprach / O du vngleubige vnd verkerte Art / wie lange sol ich bey euch sein / vnd euch dulden? Bringe deinen Son her. Vnd da er zu jm kam / Reis jn der Teufel / vnd zerret jn. Jhesus aber bedrawet den vnsaubern Geist / vnd machet den Knaben gesund / vnd gab jn seinem Vater wider.«

214. [M] An A. L——e, Esq.

Coxwold, bei York
[Dienstag,] 30. Juni 1767.

Ich befinde mich nun noch besser, mein lieber L…e, als das letzte Mal, da ich Ihnen schrieb – was vermutlich von den Ausritten rührt, die ich täglich mit meinem Freund Hall mache, dessen Schloß nahe am Meer liegt – und davor gibt es einen 5 Meilen langen Strand, der sich glatt wie ein Spiegel hinbreitet – dort veranstalten wir täglich Wettrennen mit unseren Kutschen, ein Rad im Meer & das andere auf dem Sand. – Dillon hat seine schöne Inderin bekommen und sich mit der letzten Post freundlich nach Yorick und seiner Brahmanin erkundigt. Er ist eine gute Seele und nimmt innigen Anteil an unserem Geschick – Ich kann Ihnen, L…e, Ihre Torheit nicht verzeihen, wenn Sie sagen, Sie beabsichtigten, die Bekanntschaft der Newnhams zu machen. Ich verachte diese und werde Ihnen weniger Verstand beimessen, als ich es jetzt tue, wenn Sie auf einem Ihrer so unwürdigen Entschluß beharren. – Ich vermute Ihr Fundament darin, daß Mrs. James Ihnen sagte, es seien verständige Leute – sie sind aber nicht klug; wiewohl das, was man gemeinhin Gewitztheit zu nennen pflegt, jenseits von Temple-bar vielleicht als Bildung hingehen mag. – Sie sagen, Mrs. James halte sie für liebenswert – sie urteilt aber zu günstig von ihnen; ihrer Absicht indes, sie zu besuchen, habe ich Einhalt getan. – Sie sind mir spinnefeind, und umgekehrt stehe ich ihnen in nichts nach. Die Brahmanin versicherte mich, sie hätten sich bei ihr angelegentlich ins Zeug gelegt, ihre Freundschaft mit mir abzubrechen, aus Gründen, die ich Ihnen nicht schreiben, sondern sagen will. – Ich sagte ihr, ehe sie England verließ: Nichts mehr von Ihnen, und wiewohl sie mir in jedem anderen Stücke willfahrte, so blieb sie doch in diesem hartnäckig unbeugsam. – Seltsame Verblendung! – allerdings glaube ich, meinen Zweck durch eine Unwahrheit erreicht zu haben, die allein Yoricks Freundschaft für die Brahmanin rechtfertigen kann. – Ich schrieb ihr, die liebenswürdigste der Frauen wiederhole meine Bitte, sie möge ihnen nicht schreiben. Auch sagte ich ihr, sie habe vieles um ihrer Gemütsruhe willen verschwiegen – wobei dies in Wahrheit, L—e, nur ein Kind meiner Phantasie war, zu dem Mrs. James durch Adoption kam, um den von mir zuvor nachdrücklich vorgetragenen Gründen mehr Gewicht zu verleihen. Erwähnen Sie aber nichts davon vor Mrs. James, es würde ihr mißfallen – und ich hatte nichts anderes dabei im Sinn, als die Brahmanin dahinzubringen, sich selbst einen Gefallen zu tun. – Ich sollte itzt von Sonnenaufgang bis Sonnenuntergang fleißig sein, denn ich muß ein Buch schreiben – meine Frau beherbergen – ein Anwesen verkaufen – einem Kirchspiel vorstehen, und, was noch das Schlimmste unter allem ist, ein unruhiges Herz besänftigen – dies alles beansprucht mich ohn' Unterlaß. – Ich habe ein halbes Dutzend Briefe erhalten, die mich bestürmen, zu meinen Freunden nach Scarborough zu kommen, aber dermalen bin ich gegen sie alle taub. – Ich werde vielleicht später im Jahr einige wenige Tage dort zubringen, nicht aber jetzt – und hiemit, lieber L...e, adieu.

Ich bin von ganzem Herzen Ihr,
L. Sterne

von den Ausritten: Die folgende Passage erscheint leicht verwandelt ebenfalls im »Tagebuch des Brahmanen« unter dem Datum »28. Juni« – »– will mir zusammen mit Hall eine bessere Gesundheit & bessere Einbildungen erreiten – sein Schloß liegt nahe am Meer – so haben wir einen 5 Meilen langen Strand, der sich davor glatt wie ein Spiegel hinbreitet, dort veranstalten wir täglich Wettrennen mit unseren Kutschen, ein Rad im Meer & das andere auf dem Land«.
Dillon ... schöne Inderin: Im »Tagebuch des Brahmanen« steht es unter dem Datum »30. Juni« genau so, zu Dillon siehe Brief 209 samt Anmerkungen. Vielleicht kannte also ELIZABETH DRAPER Dillons Braut, die womöglich wie sie in Indien geboren worden war, weil ihr Vater für die Ostindienkompagnie arbeitete.
Newnhams: Hierzu lese man Brief 200 wieder.
jenseits von Temple-bar: Das steinerne Tor von Christopher Wren, errichtet 1670–72, ersetzte nach dem großen Brand von London das hölzerne mittelalterliche. Es trennte die Fleet Street (London) vom Strand (Westminster), Sterne (der diesseits von Temple Bar seine Wohnung hatte) machte sich wohl über die Herkunft der Newnshams aus dem Kaufmannsstand lustig.
Ich sollte itzt: Auch das folgende bis »ohn Unterlaß« erscheint unter dem Datum »7. Juli« fast wortwörtlich im »Tagebuch des Brahmanen«.
ein Anwesen verkaufen: Im »Tagebuch des Brahmanen« schildert Sterne dies ausführlicher – »Dieser unerwartete Besuch [meiner Frau] ist weder ein Freundschafts- noch ein Höflichkeitsbesuch – nein, es ist vielmehr ein Besuch, dergleichen, das weiß ich, Du mir nie abstatten wirst, – aus schierem Eigennutz – um mich nach Kräften tüchtig zu schröpfen. Erstlich soll ich ein kleines Besitztum verkaufen, das jährlich sechzig Pfund abwirft – & ich soll den Erlös für sie in einer gemeinsamen Leibrente in französischen Staatspapieren anlegen; dadurch erhalten sie 200 Pfund im Jahr, die der Überlebenden weiter ausbezahlt werden – und da mich dies aller künftigen Sorgen enthebt – & zudem ihr Einkommen so in das Land überführt wird, in dem sie zu leben gedenken – so bin ich gern einverstanden« (»2ter Juni«). Er wollte/sollte wohl die Tindal Farm, die er mit seiner Frau 1744 erworben hatte, samt dem dazugehörigen Land verkaufen.
Ich habe ein halbes Dutzend Briefe ... taub: Im »Tagebuch des Brahmanen« verwandelt Sterne dies in eine romantische Geste –

»… und doch wähne ich Dein Herz bei mir – & unterdem ich dies denke, ziehe ich es jeder Gesellschaft vor, welche diese Welt zu bieten weiß – & in Wahrheit, mein Lieb, liegt's hier beschlossen – warum ich, unerachtet des halben Dutzends Briefe, die mich bestürmen, zu meinen Freunden nach Scarborough zu kommen – auf Ausreden gesonnen habe, *hier* bei Dir zu bleiben zu können – und die vielen reizenden Gelegenheiten, mit meinen Gedanken bei Dir zu weilen, nicht hinzuopfern –, einer Gesellschaft, die mir schal schmeckt, seit ich die *Süßigkeit der Deinen*, mein liebes Mädchen, *gekostet habe.* –« (»5. Juli«).

215. An Ignatius Sancho [Dienstag,] 30. Juni 1767.

Ich muß den Erhalt des verbindlichen Briefes meines guten Freunds Sancho bestätigen, selbst wenn ich zehnmal so beschäftigt wäre, als ich bin, und ihm auch danken für die vielen Bekundungen seines Wohlwollens und seiner guten Meinung – 's ist bloß Ziererei, zu sagen, man fände keinen Gefallen am gespendeten Lob – wir möchten nur, daß es aufrichtig sei – alsdann, Sancho, wird es so freundlich aufgenommen werden wie das Eurige. Ich ging sehr elend aus London fort & mit der Ahnung, es sei ein Abschied auf immer – doch gute Luft – eine stille Abgeschiedenheit; & ebenso stille Betrachtungen, dazu ein Esel, den ich melken, und ein zweiter, auf dem ich ausreiten kann (wenn's mir beliebt), alles zusammen wirkt Wunder – Ich hoffe freilich, wenigstens noch dieses Jahr zu leben, wäre es auch nur, der Welt, bevor ich sie verlasse, einen ebenso guten Eindruck von mir beizubringen, wie Ihr ihn habt, Sancho. Nur eben genug Gesundheit & Lebensgeister möchte ich mir ausbedingen, um mit meiner Feder die Arbeit zu vollenden, so ich mir für den Sommer vorgesetzt – Ich bin aber ein gelassener Mensch, Sancho, und nehme Gesundheit & Krankheit hin – wie ich Licht und Finsternis hinnehme – oder den Wechsel der Jahreszeiten. Das heißt, gerade so, wie es Gott gefällt, sie zu senden – und bequeme mich zu ihrer periodischen Wiederkehr, so gut ich kann – nur bin ich darauf bedacht, mich durch nichts, was mir in dieser schwachsinnigen Welt begegnen mag – aus der Fassung bringen zu lassen – Dies, Freund Sancho, scheint mir die wahre Philosophie, und diese müssen wir uns selbst zu verdanken haben und nicht unseren Glücksumständen –

leben Sie wohl – ich hoffe, Sie werden nicht auf Ihre Gewohnheit vergessen, mir den nächsten Winter einen Besuch in meinem Logis zu machen: indessen bin ich von ganzem Herzen,

mein redlicher Freund Sancho, Euer

L. Sterne

ein Esel, den ich melken: »Ich habe heute nachmittag einen Milchesel gekauft – & gedenke mich satt zu trinken, um Haushaltungskosten zu sparen ...«, heißt es unter dem Datum »16. Juni« im »Tagebuch des Brahmanen«.

mit meiner Feder die Arbeit zu vollenden: Die Arbeit an der »Empfindsamen Reise«, siehe auch Brief 230.

216. [M] An Anne und William James — Coxwold, [Montag,] 6. Juli. 1767.

Mit der aufrichtigsten Dankbarkeit, die je ein Herz empfand, setze ich mich nieder, um meinen teuren Freunden Mr. und Mrs. James für die mir fortwährend geschenkte Aufmerksamkeit zu danken; allein, für diese letzte Probe ihrer Nächstenliebe und Höflichkeit gegen mich muß ich für immer in Ihrer Schuld stehen – ich kann Ihnen nimmermehr genug danken, meine lieben Freunde, und doch danke ich Ihnen aus ganzem Herzen – und wollte, ich könnte Ihnen den einen Tag Glückseligkeit, den sie mir in Ihrer Güte beschert haben, tausendfach entgelten – Ich kann es nicht, doch diese Tage werden sich von allein einfinden – und hiemit Gott befohlen. Seit ich hier angekommen bin, hatte ich wohl zwanzigmal die Feder in der Hand, um ihnen beiden einen Brief nach der Gerrard Street zu schreiben – aber im Grunde bin ich eine scheue Seele und hüte mich ängstlich davor, meinen Freunden beschwerlich zu fallen, zumal, wenn es um mich selber geht. – Ich bin nun wieder völlig genesen, war aber einen Monat lang nach meiner Ankunft auf dem Lande in ganz jämmerlicher Verfassung – mein Leib hat meinen Geist überholt und befindet sich nun besser als dieser – doch diese Welt ist eine Schule der Prüfungen, und also geschehe der Wille des Himmels! – Ich hoffe, Sie beide haben alles genossen, dessen ich ermangelte – und daß, um Ihr Glück voll zu machen, Ihre kleine Dame wie ein Weinstock blüht an Ihrer Tafel, an der sie bis zum nächsten Winter ihren Platz hoffentlich gefunden hat – Ich beginne jetzt wirklich eifrig an meiner Empfindsamen Reise zu arbeiten – die Mühen und Sorgen des Lebens hatten deren Fortgang bisher gehemmt –, aber ich werde meinen Rückstand wettmachen und binnen kürzester Zeit jedermann überholen. –

Was kann ich Ihnen von den Erzeugnissen Yorkshires senden? lassen Sie es mich wissen – ich möchte mich Ihnen nützlich erzeigen, denn ich bin, meine lieben Freunde, mit der aufrichtigsten Wertschätzung und Hochachtung Ihr

stets verbundener

L. Sterne

Ihre kleine Dame: ELIZABETH ANNE (1766–1797), das einzige überlebende Kind des Ehepaars James, war zu diesem Zeitpunkt elf Monate alt. Daß ELIZA DRAPER nicht mit einem Wort erwähnt wird, mag LYDIA MÉDALLEs Zensur geschuldet sein, vielleicht begann Sterne aber auch, das Interesse an ihr zu verlieren.
wie ein Weinstock blüht: eine Paraphrase von Hosea 14,8, wo es heißt – »von Korn sollen sie sich neeren / vnd blühen / wie ein Weinstock«.

217. An Reverend Sir Coxwold, [Samstag,] 18. Juli. 1767.

Revd Sir

ich bin von Ihrer Gnaden dem Lord Erzbischof von York angewiesen, Sie zu ersuchen, eine Liste der Papisten oder vermeintlichen Papisten in Ihrem Sprengel mit aller schicklichen Eile zu senden & zwar gemäß der vom House of Lords angezeigten Weise

Ich bin
Rev^{d} S^{r}
Ihr affektionierter Bruder
L. Sterne

Die Liste ist zu senden an das Dean's Register Office York

***An Reverend Sir*:** Sterne versendete gleichlautende Schreiben an mehrere Pfarrer des Bezirks Stillington, da es als Richter des Kirchengerichts seine Aufgabe war, die regelmäßig stattfindenden Zählungen der Katholiken in die Wege zu leiten. Mit der Verabschiedung des Test-Act 1673 wurden alle bekennenden Katholiken von öffentlichen Ämtern ausgeschlossen (sie hätten der katholischen Lehre von der

Wandlung der eucharistischen Gestalten von Brot und Wein in den wahrhaftigen Leib und das Blut Christi abschwören müssen). Seit der Regierungszeit Elizabeths I. und erst recht nach den Jakobiten-Aufständen 1715 und 1745 wurden Katholiken mit großem Mißtrauen betrachtet (siehe auch Anmerkung »Angelegenheit mit den Nonnen« zu Brief 8).

218. [M] An Isaac Panchaud York, [Dienstag,] 28. Juli. 1767.

Mein lieber Panchaud

besitzen Sie die Güte, die in Ihrem Geschäft für Mrs. Sterne eingelaufenen Briefe mit heutiger oder nächster Post zu expedieren, so wird sie diese noch vor ihrer Abreise aus Avignon nach England erhalten – sie möchte einiges Geld in einer Leibrente für ihre Tochter anlegen – raten Sie ihr, in London ihr eigenes Leben versichern zu lassen, zur Vorsicht, sollte meine Lydia vor ihr sterben.– Sollten einige Pakete eingetroffen sein, so wollen Sie ihr solche übersenden, nebst dem neunten Band vom Shandy, den sie noch nicht erhalten hat – sie sagt, sie habe einen Wechsel über fünfzig Louisdor auf Sie gezogen – wenn sie Paris verläßt, geben Sie ihr bitte meine Rechnung mit. – Haben Sie mir irgendwelche französischen Subskriptionen oder Subskribenten in Frankreich verschaffen können? – Melden Sie Miss Panchaud meine freundlichsten Grüße, ich weiß, ihr artiges und gutherziges Wesen wird sie geneigt machen, Mrs. James einigen Rat zu geben, was sie mit hinüberzubringen wagen darf. — Ich hoffe, bei Ihnen steht alles zum Besten, auch wenn es nie halb so gut steht, als ich es Ihnen wünsche. — Gott lasse es

Ihnen wohlgedeihen, mein lieber Freund – Glauben Sie, daß ich herzlich bin

Ihr,
L. Sterne

Je bälder Sie mir die goldene Schnupftabakdose senden, je lieber – 's ist ein Geschenk von meinem besten Freunde.

französischen … Subskribenten: Sternes Freunde wie DIDEROT oder D'HOLBACH tauchen in der Subskriptionsliste zur »Empfindsamen Reise« nicht auf. Aber Panchaud subskribierte 20 Exemplare – es ist also mehr denn wahrscheinlich, daß er eine Sammelbestellung aufgab.
Mrs. James einigen Rat zu geben: Offensichtlich plante das Ehepaar JAMES auch, nach Frankreich reisen – eventuell war sogar eine gemeinsame Reise mit Sterne für das Jahr 1768 angedacht.
goldene Schnupftabakdose: siehe Brief 221 sowie die Anmerkungen zu LYDIA MÉDALLEs sinnentstellenden Emendationen im Vorwort.

219.[M] An Anne und William James — Coxwold, [Sonntag,] 2. August 1767.

Meine lieben Freunde Mr. und Mrs. James sind unendlich gütig gegen mich, indem sie mir bisweilen einen Brief schicken, meinem Befinden nachzufragen – und mich von dem Ihren zu benachrichtigen. – Sie ahnen nicht, meine teuerste Dame, welch herzlichen Anteil ich an Ihrer Krankheit nehme. – Ich wünschte mir, Mr. James würde Sie zur Besserung Ihres Befindens nach Frankreich führen – wozu aber brauche ich es zu wünschen, weiß ich doch, daß ihn seine Zuneigung hierzu und zu zehnmal mehr noch bewegen würde, um einer Rückkehr jener Symptome vorzubeugen, die ihn im Frühling so beunruhigt hatten – In Ihrer Zuvorkommenheit und Nächstenliebe trachten Sie stets danach, mich aufs angenehmste zu traktieren, und was sie auf den nächsten Winter in Aussicht stellen, wird mir höchst angenehm sein – indes, Sie müssen sich bessern – und Ihr liebes kleines Mädchen muß mit ihren Eltern und Freunden mit von der Gesellschaft sein, um es mir noch schmackhafter zu machen – Ich bin gewiß, Sie entwickeln für Ihre Tochter nur solche Schwächen, die ganz natürlich und lobenswert sind, wundere mich aber, daß ihr meine Freunde zu keinem Spielgefährten verhelfen wollen, und so hoffe ich und rate Ihnen auch, sich nicht ohne wenigstens zwei Pfeilen im Köcher durch dieses kriegerische Leben zu wagen. – Die Post von letzter Nacht brachte mir Briefe aus Frankreich – aus denen ich ersehe, daß (durch irgendein Mißgeschick) keiner meiner Briefe in Mrs. Sternes Hände gelangt ist. – Dies macht mich besorgt – denn es trägt den Anschein einer unschicklichen Lieblosigkeit, die sie keineswegs von mir verdient. – Meine Frau und mein liebes Mädchen werden mich für einige Monate besuchen kommen; ich kann sie hoffentlich dazu vermögen, noch länger zu verweilen. – Sie müssen mir erlauben, werte Mrs. James, Sie mit meiner Tochter Lydia bekannt zu machen, falls ich meine Frau dazu bewegen kann, mitzukommen und auf ihrer Rückreise nach Frankreich ein wenig Zeit in London zu verbringen. – Ich erwarte ein kleines Paket – darf ich Sie mit der Bitte belästigen, ehe Sie mir das nächste Mal schreiben, nach meinem Logis zu senden und sich zu erkundigen, ob irgend etwas an mich adressiert ist, daß sich dem Kuvert beilegen ließ? – Ich kann für diese Zumutung nur mit einer einzigen Entschuldigung aufwarten, und diese gewinne ich der Überzeugung ab, Ihnen einen Gefallen zu tun, indem ich Ihnen Gelegenheit schaffe, eine Gefälligkeit zu leisten – und was mich betrifft, so bin ich's zufrieden, denn es ist ja nur eine neue Dankesschuld, die ich auf die Millionen häufe, welche ich Ihnen beiden bereits schuldig bin – Empfangen Sie meinen tausend- und abertausendfachen Dank, ja anbenebst der zehntausend guten Zuwünschungen für alles, was Sie sich auf dieser Welt wünschen – Möge mein Freund, Mr. James, mit bleibender Gesundheit gesegnet sein, und möge seine gute Lady vollkommen genesen, indem es keine andere Frau gibt, für deren Gesundheit und Wohlergehen ich eifriger bete. – Adieu meine lieben Freunde – glauben Sie, daß ich aufrichtig bin, Ihr getreuer

L. Sterne

PS

In ihrem letzten Brief, datiert von St. Jago, meldet Eliza mir, so wie Ihnen, sie sei äußerst krank – Gott schütze sie – Unterdem hat sie sicherlich in Madras den Fuß auf trock'nes Land gesetzt – Ich will ihr von Herzen wohl, und wäre Yorick bei ihr, so würde er es ihr auch sagen – daran verhindert ihn freilich körperliche Abwesenheit – doch bin ich im Geiste bei ihr – allein, was hülft's? werden Sie sagen.

nach Frankreich führen: siehe den Vorgängerbrief – Sterne wollte offensichtlich Anne und William James zu einer Frankreichreise überreden.

zwei Pfeilen im Köcher: Offensichtlich will Sterne Anne James überreden, ein zweites Kind zu bekommen. Das Ehepaar Sterne hatte nur eine Tochter, die das Erwachsenenalter erreichte, Sterne liebte sie sehr.

werden mich für einige Monate besuchen kommen: Tatsächlich waren ELIZABETH und LYDIA ab Oktober für einen Monat zu Besuch.

Ich erwarte ein kleines Paket: vielleicht die Schnupftabaksdose aus dem Vorgängerbrief.

St. Jago: Santiago, die größte der Kapverdischen Inseln (siehe Brief 202). Eliza kam in Madras wohl erst Mitte Oktober an.

220. An John Clough Coxwold, [Freitag,] 7. Aug 1767.

Werter Sir

— Ich habe 8 Briefe an die der Jurisdiktion des Dean unterworfenen Klerisei gesandt – Ich weiß nicht, ob ich eine ausreichende Anzahl geschrieben – wenn nicht, lassen Sie es mich wissen & indessen adressieren & versenden Sie beiliegende.

Ihr
L. Sterne

John Clough: Notar des Diözesangerichts in York, siehe Anmerkung zu Brief 15.
versenden Sie beiliegende: Diesem Brief war also wohl Brief 217 beigelegt. Clough war allerdings mit der Zahl der beigelegten Briefe (und damit mit Sternes Diensteifer) nicht zufrieden, wie seine überlieferte Antwort vom 8. August 1767 zeigt.

221. An Anne James, Coxwold [Montag,] 10. Augst 1767

Meine lieben Freunde.

Ich lasse mir nur Ihre große Freundlichkeit gegen mich zum Muster dienen – wenn ich Ihnen melde, daß ich diesen Augenblick einen weiteren Brief erhielt, der achtzehn Tage nach dem letzten aus St Jago geschriebenen datiert ist – Konnte unsere arme Freundin noch einen weiteren Brief nach England schreiben, so wird er Ihnen zur gehörigen Zeit zugehen – da sie aber beim Absenden unter höchster Eile und körperlichen Beschwerden litt, fürchte ich, ihr blieb keine Zeit dafür – Für den Fall, dem wäre nun wirklich so – schicke ich Ihnen hier den Inhalt desjenigen, den ich bekommen habe – Es ist die melancholische Geschichte ihrer Leiden seit ihrer Abreise von Jago – beständiges & sehr heftiges Gliederreißen die ganze Zeit über – ein zugezogenes Fieber – mit Ohnmachten – und begleitet von Delirien: & jedweden beängstigenden Symptomen – die Genesung hievon hat sie ermattet – und zum Gerippe abgezehrt – Ich melde Ihnen diese schmerzlichen Einzelheiten blutenden Herzens – indem ich zugleich weiß, wie sehr diese auch Ihr Herz treffen werden – Die letzten drei oder vier Tage ihres Tagebuchs lassen uns hoffen, sie werde zuletzt doch endlich gesunden – denn sie ist frischer und scheint ihren Lebensmut wiederzugewinnen & mithin ihre Gesundheit. – Sie haben die Linie passiert – erleiden viele Windstillen – und dieser und anderer Verzögerungen wegen fürchtet sie, man werde die Passage nach Madras aufgeben – & dafür einige Monate früher in Bombay sein – Der Himmel beschütze dieses treffliche Geschöpf! denn sie leidet viel & mit ungemeiner Seelenstärke – In ihrem letzten Briefpaket schreibt sie mir viel von ihrer teuren Freundin Mrs James – fürwahr, meine Teuerste, sie verehrt & liebt Sie von Herzen – und wenn sie es nicht täte – so würde ich sie nicht halb so innig lieben, als ich tue. — adieu, meine lieben Freunde –

nur sehr wenige in der Welt sind Ihnen
aufrichtiger & herzlicher zugetan als Ihr
L. Sterne

PS

Soeben habe ich von einem Right Honble — eine höchst elegante, eigens für mich in Paris gefertigte goldene Tabaksdose zum Geschenk erhalten – Ich wünschte, Eliza wäre hier – ich würde sie ihr zu Füßen legen – allerdings werde ich meine goldene Dose mit ihrem Bild schmücken, – und sollte der Geber eine solche Bereicherung seines Unterpfands der Freundschaft nicht gutheißen — so werde ich ihm die Dose zurückschicken –

Darf ich mir erlauben, Ihnen den Brief beizulegen, den ich an Mrs Draper schreiben werde – Ich weiß, Sie werden Ihr auch selber schreiben – & mein Brief wird dann die Ehre haben, den Ihrigen nach Indien zu eskortieren. Mrs Sterne & meine Tochter kommen aus dem fernen Avignon, um ein paar Monate bei mir zu verbringen – & kehren dann wieder zurück – Das heiße ich mir Gefälligkeit, denn ich habe im letzten Frühjahr einen Umweg von 500 Meilen auf mich genommen, um meine Frau für eine Woche zu besuchen – und sie mutet sich eine Postkutschenfahrt von tausend Meilen zu, um mir einen Gegenbesuch abzustatten: — Was für ein glückliches Paar! — indes *en passant*, sie nimmt sechzehnhundert P[fd] mit zurück nach Frankreich – und wird mir die Ehre erweisen, mir auch sonst alles abzuknöpfen, was ich besitze –

– ausgenommen Elizas Bild.

Adieu

einen weiteren Brief: Von ELIZAS Vorgängerbrief war in Brief 219 die Rede. Die ›Lord Chatham‹, auf der Eliza unterwegs war, hatte nach dem Auslaufen von Santiago ein holländisches Schiff getroffen und Briefe ausgetauscht. Neben Elizas Briefen übersandte sie wohl auch den zweiten Teil ihres Tagebuchs (der erste war am 27. Juli angekommen, siehe Brief 202). Wahrscheinlich war Eliza seekrank, vielleicht überhöhte sie ihre Leiden auch literarisch, ihrem Cousin THOMAS LIMBREY SCLATER hatte sie jedenfalls noch am 2. Mai aus Santiago (also im Hafen) geschrieben: »Auch die Gesundheit kehrt wieder. Fühle mich wieder ganz frisch, lebhaft und lebendig.«

Madras ... Bombay: ELIZA blieb ungefähr sechs Wochen in Madras, in Bombay kam sie im Januar 1768 an.

Right Honble — ... goldene Tabaksdose: die Dose aus Brief 218. Spender war wahrscheinlich Sir GEORGE MACARTNEY, an den Sterne in Brief 236 schreibt.

indes *en passant* … nach Frankreich: Sternes Frau kam, um die Bedingungen für ihren Unterhalt mit ihrem Mann zu klären – der offensichtlich die schlimmsten Befürchtungen hegte (siehe auch Brief 214 samt Anmerkungen).

222. [M] An John Hall-Stevenson Coxwold, [Dienstag,] 11. August 1767

Mein lieber Hall,

Es freut mich, daß alles *inter te & filium Marcum tuum* in so glattem Einvernehmen vonstatten ging, und daß Madame vor Deinen Augen Gnade fand – Ende gut, alles gut – und damit genug darüber moralisiert. Ich wünschte, Du könntest oder wolltest Dein Gleichnis fortführen und mir und meinen Angelegenheiten ebensoviel Gutes prophezeien. – Seit sie mir ihren Vorsatz bekannt gemacht hat, ist kein einziger meiner Briefe in Mrs. Sternes Hände gelangt, das läßt mich erbärmlich aussehen, obwohl ich ihr sechs oder sieben geschrieben habe. – Ich denke, sie wird Ende September hier sein, wiewohl ich dafür keinen anderen Anhalt besitze als ihre Ungeduld, welche sie jetzt, noch aufgereizt durch mein vermeintliches Schweigen, gewiß das Schlimmste befürchten läßt – in diesem Falle wird sie nach England eilen – ganz natürlicherweise. Du tatest gut daran, allen Gebrauch von James' Pulver zu unterlassen – da es Dir nun einmal so wohlergeht, so freue Dich daran und sei von Herzen guter Dinge – ich müßte es aus demselben Grunde sein – denn seitdem ich das College verlassen habe, ist es mir niemals so gut gegangen – und ich wäre beispiellos glücklich, beugten mir nicht gewisse Überlegungen den Mut – lebe ich aber auch nur noch drei oder vier Jahre, so will ich meine Sache gut und mit Ehren machen – und – einerlei! darüber reden wir, wenn wir uns treffen. — Endet also alles glatt wie bei Dir, und ich fände Gnade &c. &c., dann will ich kommen und mit Dir das Te Deum anstimmen oder *pocolum elevatum* trinken oder alles mögliche auf der Welt tun. – Auf G–'s Kritik über meinen Kopf, wollte ich ebenso viel geben, wie Molière auf das Urteil seiner alten Magd über seine Komödien – bist Du ihre Gesellschaft leid, laß sie in Dein Schlafgemach schaffen und peitsche sie aus oder versohle ihr den Hintern – und gib ihr dazu meinen Segen —

Mein Kutscher hat mich eine Woche lang festsitzen lassen, weil ihm eine meiner Pistolen, die er abgeschossen glaubte, in der Hand losging – er fiel sogleich auf die Knie und sagte (Vater unser, der du bist im Himmel, geheiligt werde dein Name), worauf er, als ein guter Christ, stockte, weil er nicht weiterwußte – Die Sache war dann aber doch nicht so arg, wie er's anfangs gedacht, denn es gingen ihm nur zwei Finger *entzwei* (so sagt' er). Ich sehne mich danach, zu Dir zurückzukehren, doch ich sitze hier allein, so einsam und traurig wie ein Kater, der, nebenbei bemerkt, meine einzige Gesellschaft ist – er folgt mir vom Wohnzimmer in die Küche, in den Garten und überall hin – Ich wünschte, ich hätte einen Hund – meine Tochter wird mir einen mitbringen – nun denn, Gott sei mit Dir und stärke Deinen Glauben – Ich bin, lieber Vetter, dein zärtlicher

L. S.

Meine Empfehlung an die C...., wiewohl sie nicht zu Hause sind, und an Panty.

alles *inter te & filium Marcum tuum*: Zwischen dir und deinem Sohn Markus; die Herausgeber der Florida-Edition vermuten ein Wortspiel auf HALL-STEVENSONs Spitznamen Antony.

Madame vor Deinen Augen Gnade fand: hier ist leider unklar, was gemeint ist, wie so oft in den Anspielungsgewittern zwischen HALL-STEVENSON und Sterne.

James' Pulver: siehe Anmerkungen zu Brief 206a.

Te Deum anstimmen: Te Deum laudeamus – das Lob Gottes. Mit diesen Worten begann eine Hymne, die man bei militärischen Siegen anzustimmen pflegte. In »Tristram Shandy« (VIII, Kap. XXVIII) wird auch über ein Te Deum sinniert: »Mrs. Wadman hatte es vierundzwanzig Stunden zuvor umständlich Mrs. Bridget erzählt; und beriet sich eben den Augenblick mit ihr über gewisse leise Befürchtungen, die sie hinsichtlich des glücklichen Ausgangs der Affaire hegte, als welche Zweifel ihr der Teufel, der niemals müßig im Graben liegt, eingeblasen hatte – eh' daß er ihr halbwegs erlauben wollte, ihr *te Deum* in guter Ruh' auszusingen —«, siehe auch Anmerkungen zu Brief 97.

oder *pocolum elevatum* trinken: leicht blasphemisch, denn das Heben des Kelchs während der Eucharistie war ein heiliger Moment.

G–'s Kritik ... alten Magd: MOLIÈRE pflegte seinen Dienstleuten seine Komödien vorzulesen – allein, wer mit ›G–‹ und seiner Kritik gemeint ist, ist nicht sicher zu klären.

C....: wohl die CHALONERS, die in der Nähe wohnten.

Panty: Wie sein Spitzname – die Kurzform von ›Pantagruel‹ – vermuten läßt, war ROBERT LASCELLES (um 1719–1801), ein 1752 ordinierter Geistlicher, der aber sein geistliches Amt nicht ausübte, sondern Wildhüter von Skelton Castle wurde, ein Mann von ausgelassenem Humor.

223. [M] An Lydia Sterne Coxwold, [Montag,] 24. August 1767

Ich bin wahrhaft überrascht, meine liebe Lydia, daß mein letzter Brief Deine Mutter und Dich nicht erreicht hat – es muß doch höchst lieblos von meiner Seite wirken, daß sie, nachdem Du mir den Vorsatz Deiner Mutter, nach England zu kommen, gemeldet hattest, meinen Brief, der Euch beide willkommen heißen sollte, nicht erhalten hat – und ob ich gleich darin meinen Wunsch kundtat, Ihr möchtet Eure Reise bis auf den März verschieben, weil ich bis dahin mein empfindsames Werk herausgegeben und in der Stadt sein würde, um Euch zu empfangen – so will ich Euch doch mehr echte Höflichkeit erzeigen als Euch jemals in Frankreich zuteil geworden, denn meine wird warm aus dem Herzen fließen. – Ich bedauere, daß Ihr während der Rennen nicht hier seid, doch *les fêtes champêtres* des Marquis de Sade hat's Euch aufgewogen. – Ich kenne B — sehr wohl, und er ist das, was man in Frankreich *admirable* nennen – hier aber nur so lala heißen würde – Du hast recht – er studiert die Natur mehr als irgendein oder vielmehr als die meisten französischen Komödianten – Bezahlt die Kaiserin von Rußland ihm und seiner Frau eine Pension von zwanzigtausend Livre im Jahr, so dünkt mich's, er ist sehr gut daran. – Welche Torheit, das Abendessen bis nach zwölf Uhr zu verschieben – damit Ihr zwei exkommunizierten Geschöpfe in den Genuß von Fleisch kommt! – »Sein Gewissen erlaubte ihm nicht, es eher auftragen zu lassen«. – Der Marquis dachte sicherlich, als Engländerinnen kämet Ihr beide ohne Fleisch nicht aus. – Ich hätte weder mein Chorhemd noch meine Soutane (denn ich habe nur eine), wohl aber meinen Topasring dafür gegeben, die *petits maîtres et maîtresses* zur Messe gehen zu sehen, nachdem sie die Nacht über getanzt hatten. – Was meine Vergnügungen anlangt, so ist deren Umfang bescheiden. – Mein armer Kater sitzt schnurrend neben mir – Dein munterer französischer Hund soll seinen Platz auf der anderen Seite meines Kamins bekommen – ist er aber so verteufelt wie damals, als ich ihn zuletzt gesehen, so will ich ihn schon Mores lehren, denn ich werd's nicht leiden, daß er meinen Kater plagt – kurzum, ich mag nichts Verteufeltes um mich haben – ein Krawall verdürbe jeden empfindsamen Gedanken.

Noch etwas muß ich verlangen – erschrick nur nicht –

nämlich Du mußt alle Rougetöpfe in die Sorgue werfen, ehe Ihr aufbrecht. Ich dulde keine Schminke in England – und jammere nicht darum, wie —— um ihre silberne *seringue* oder Klistier-*equipage*, die sie in einem gewissen Fluß verlor – fasse vielmehr den weisen Entschluß, ohne Rouge auszukommen. – Vor drei Tagen ging es mir wieder einmal schlecht – ich mußte Blut spucken – und dieses Vieh ******* erschien, zog meine Bettgardine auf und brüllte mir mit der Stimme einer Trompete ins Ohr – Sapperlot, da haben Sie ja eine schöne Bescherung angerichtet, Mr. Sterne! Ich hieß ihn mit schwacher Stimme gehen, denn auf solch rohe Art ward wohl gewiß noch keinem Trost gespendet. – Sag Deiner Mutter, ich hoffe, sie werde alles Euch Nötige in Paris kaufen – diese Gelegenheit solltet Ihr nicht verabsäumen – schreibt mir also aus Paris, damit ich Euch mit meiner Postkutsche und meinen langgeschweiften Pferden entgegenkommen kann – und vom Augenblicke an, da Ihr beide die Füße hineingesetzt habt, soll sie Euch für die Eurige gelten. – Adieu, liebe Lydia – und glaube mir, daß ich allezeit sein werde,

Dein zärtlicher Vater,

L. Sterne

Ich werde wohl nicht mehr nach Avignon schreiben, aber in Paris sollt Ihr einen Brief an Euch vorfinden – noch einmal, adieu.

warm aus dem Herzen fließen: eine Formulierung, die Sterne in Variationen gerne verwendete (siehe Briefe 97, 154, 197). In der »Empfindsamen Reise« (Kap. »Charakter. Versailles.«) sinniert YORICK über die Herzensfreundlichkeit der Engländer versus die *politesse* der Franzosen – »sollte es jedoch mit den Engländern jemals dahin kommen, daß sie sich im Verlauf ihrer Verfeinerung die gleiche Politur erwerben, welche die Franzosen auszeichnet, so würden wir, wenn schon nicht die *politesse de cœur* verlieren, welche die Menschen mehr zu menschlichem Handeln als zu höflichem stimmt – so doch immerhin jene ausgeprägte Vielfalt und Originalität des Charakters einbüßen, die sie nicht bloß von einander, sondern auch von aller Welt unterscheidet«.

***les fêtes champêtres* des Marquis de Sade:** Die beiden Sterne-Damen wohnten tatsächlich nicht weit von Lacoste entfernt, wo DONATIEN-ALPHONSE-FRANÇOIS, MARQUIS DE SADE als neuer Hausherr eine Reihe größerer Feste feierte. Er begann auf dem Schloß auch ein Theater einzurichten. Von seinen ungewöhnlichen Neigungen ahnten die beiden Gäste wohl nichts.

B —: ob sich dahinter der Schriftsteller, Librettist und Unternehmer PIERRE-AUGUSTIN CARON DE BEAUMARCHAIS (1732–1799) versteckt oder ein heute nicht mehr zu ermittelnder Schauspieler – wer weiß?

Abendessen ... Fleisch: Offensichtlich wurde das Fest an einem Freitag, also einem Fastentag, ausgerichtet, und das Fleisch dann erst nach Mitternacht, am Samstag, aufgetischt. Die nichtsahnenden Engländerinnen waren sich aber über den Charakter ihres Gastgebers – er war noch nicht lange da und Gerüchte über ihn noch nicht im Umlauf – wohl nicht im Klaren. DE SADE liebte ironische bis blasphemische Gesten gegen die Kirche, wahrscheinlich hätte es auch ohne die englischen Gäste ein nachmitternächtliches Fleischgelage gegeben (zu DE SADE siehe auch Brief 195).

Ich dulde keine Schminke in England: Als Verfechter der Natürlichkeit des Stils, des Herzens und auch des Aussehens mochte Sterne keine Schminke. So zeigt sich YORICK denn auch in der »Empfindsamen Reise« (Kap. »Das Remisentor. Calais.«) von einer ungeschminkten Dame angetan – »ein Gesicht von ungefähr sechsundzwanzig Jahren – von einem hellen, durchscheinenden Braun, schlicht im Putze, ohne Rouge und ohne Puder – nicht eigentlich schön im kunstrichterlichen Sinne, allein es lag darin etwas, das mich in meiner dermaligen Stimmung weit mehr einnahm – es war anrührend«.

ihre silberne *seringue* ... Fluß verlor: Ob sich diese Passage auf ein reales Ereignis (und wenn ja, auf welches) oder eventuell eine Romanstelle, die Vater und Tochter gleichermaßen kannten, bezieht, weiß man leider bisher nicht.

dieses Vieh *****:** das Rauhbein (vielleicht ein Arzt?) ist bis heute unidentifiziert.

224. An Thomas Becket Coxwold, [Donnerstag,] 3. Sept. /67

Werter Sir

Sie würden mir eine Gefälligkeit erweisen, wenn Sie Beiliegendes, sobald es in Ihre Händen kommt, durch einen Träger nach der angegebenen Adresse schicken wollten.

Ich sehe nicht ab, wann ich Geld benötigen werde, also mag es ruhig liegen, wo es ist, bis ich es brauche — Doch wäre ich Ihnen dankbar, Sie würden die kleine Rechnung bezahlen, die seit unserem letzten Ausgleich aufgelaufen ist – & ich werde dann für diese Summe auf Sie ziehen, damit wir glatt stehen, bis auf die 300 Pfd – die ich hoffentlich erst im Winter benötigen werde. – Meine Empfindsame Reise läuft gut – und einige geniale Köpfe im Norden behaupten, es sei ein Originalwerk, das wahrscheinlich alle Sorten von Lesern gewinnen wird – Probieren geht über Studieren.

Ich bin ihr getreuer

L. Sterne

225. [M] An Hannah Coxwold, [Samstag,] 12. [September] 1767.

Seit meine liebe Hannah mir geschrieben hat, sie sei mein, und zwar mehr als jemals irgendeine andere Frau, da zermartere ich mein Hirn, wann Sie und ich dies Verhältnis miteinander hatten. – Die Leute denken, ich hätte viele gehabt, teils körperlich, teils seelisch, aber wie ich Ihnen schon früher sagte, haben Sie mich mehr besessen als jede andere Frau – deshalb müssen Sie mich mit Leib und Seele besessen haben. — Nun kann ich mich aber nicht besinnen, wo es war, noch genau wann – es kann nicht die Dame in Bond-street sein oder in Grosvenor-street oder vom —— Square oder aus Pall-mall. – Wir werden schon dahinterkommen, Hannah, wenn wir uns treffen – ich sehne mich voll Ungeduld danach —

Wie auch immer, Hannah! Heute kann ich Ihnen nicht länger schreiben – Ich werde es mit der nächsten Post besser machen – denn das Essen steht auf dem Tisch – & wenn ich Ld Fauconberg warten lasse, so wird er dieses nicht frankieren – Wie geht es Ihnen? – Welche Teile vom Tristram sind Ihnen die liebsten? –

Gott segne Sie.
Ihr zärtlicher
L. Sterne

[verso]

Mrs Liegh	15: 0: 0
Molly	1: 1: 0
Sally Sparks	0: 3: 6
Water	0: 1: 6
24 Dez^{r} ?Kaufen	2: 15: 6
Freit^{g}	0: 3: 9
B^{k} Loer	0: 7: 6
Bezahlt Bid:	0: 3: 10
Bezahlt Lovisay	0: 2: 7½

An Hannah: Wer die Sterne-bestrickende Dame gewesen ist, bleibt bis heute ein Geheimnis. Das wenige, was wir wissen, wissen wir aus den Briefen – daß sie in London lebte (vielleicht in der St. James Street), daß sie eine Schwester namens Fanny hatte (Brief 233), daß sie Post für Sterne verteilte und daß sie Sterne am 16. März, kurz vor seinem Tod, noch einmal besuchte.

Bond-street: Dort hatte Sterne seine Londoner Wohnung (siehe Anmerkungen zu Brief 153).

dieses nicht frankieren: Als Parlamentsmitglied konnte LORD FAUCONBERG Post frankieren lassen, ohne daß es ihn etwas kostete. Offenbar durfte Sterne dieses Privileg ab und an mit nutzen.
Welche Teile ... sind Ihnen die liebsten: Nur der letzte Absatz dieses Briefes mit der extrem anzüglichen Schlußfrage ist als Manuskript erhalten, alles andere kennt man nur aus LYDIA MÉDALLEs Briefausgabe.
Molly: Von den vielen kryptischen Notizen dieser Rückseite ist nur eine mit Sicherheit zuzuordnen: MOLLY war eine Bedienstete Sternes.

226. [M] An Sir W. [Coxwold, Samstag,] 19. September 1767.

Mein werter Sir,

Sie sind vielleicht das drolligste Geschöpf im Universum – Warum hänseln Sie mich so mit dem, was ich Ihnen geschrieben habe? – Wiewohl ich Ihnen erzählte, ich spränge jeden Morgen in den Schoß der Venus (womit ich das Meer meinte), mußten Sie denn daraus schließen, daß ich nachher in die Betten der Damen hüpfe? Der Leib regiert Sie – mich hingegen der Geist. – Ich habe einer Dame den absonderlichsten Brief geschrieben, der jemals zu lesen war, und darin auch von Leib und Seele gesprochen – Ich sagte, sie habe mich ganz eitel gemacht durch die Versicherung, sie sei mehr mein, als jemals irgendeine andere Frau es gewesen – es ist aber nicht die Dame aus der Bond-street, noch vom —— square, noch die Dame, die sich mit mir zur Nacht in Bond-street an einer Austernpfanne labte und derlei andern Sachen – auch ging sie nie *tête-à-tête* mit mir nach Salt Hill. — Genug dieses Unsinns – Das Vergangene ist vorbei – und ich kann mich vor mir selber rechtfertigen – können Sie's auch? –Traun, nein! – »Sie können fühlen!« Ei freilich, das kann auch mein Kater, wenn er eine rollige Kätzin auf dem Dachfirst maunzen hört – aber alles Gemaunz ist mir zuwider. Ich möchte lieber eine sanfte Flamme in mir entzünden, als eine ganz andere in mir entzünden zu lassen. – Nun, der Himmel soll mein Zeuge sein, ich bin, bei aller *badinage*, doch reinen Herzens – und die Spielereien meiner Feder gleichen dem, gleichen ihm aufs Haar, was ich in meiner Knabenzeit tat, da ich einen Stecken zwischen die Beine nahm und drauflosgaloppierte. Die Wahrheit indes lautet – daß meine Feder mich regiert – nicht ich meine Feder. – Sie sind selber schuld, wenn Sie nach Mergel graben, ohne die Gewißheit, auch welchen zu finden. – Ich war auch einmal so ein Grünschnabel und habe ausgeputzt und abgesengt, und zum Lohn für meine schwere Plackerei war meine Tasche hernach zweihundert Pfund leichter. – Fluch dem Ackerbau (sagte ich), ich will's versuchen, ob ich nicht besser mit der Feder als dem Spaten reüssiere. – Über der Beschäftigung damit (ich meine den Ackerbau) ging mir jede Geduld verloren, und ein Karren voll Rüben war (so dünkte mich) herzlich teuer erkauft. –

Möge in all Ihren Unternehmungen Ihr gesunder Menschenverstand Sie leiten – Bezahlte Erfahrung ist bitter. – Adieu, adieu! – Glauben Sie mir,

daß ich aufrichtig bin Ihr

L. Sterne

An Sir W: Ob sich (wie man früher annahm) hinter diesem ›W‹ WILLIAM STANHOPE (1702–1772), der vermögende Bruder des berühmten 4. EARL OF CHESTERFIELD verbirgt, der die »Sermons« subskribierte, oder doch eher nicht (denn mit seiner von ihm getrennt lebenden dritten Ehefrau ANNE DELAVAL war Sterne wohl gut befreundet, siehe auch Anmerkungen zu Brief 190); oder doch eher WILLIAM BOOTHBY aus ihrem Kreis (Brief 190), ebenfalls

»Sermons«-Subskribent, oder noch ein anderer, ist bisher nicht mit Sicherheit geklärt.
Bond-street: Dort wohnte Sterne, wie gesagt, selbst.
***tête-à-tête* mit mir nach Salt Hill:** nach ›Salt Hill‹ (ob nun damit ein konkreter Ort namens Salt Hill gemeint ist oder ob Sterne damit eine anzügliche Bemerkung macht) – fuhr Sterne wohl gern in Gegenwart von Damen, etwa mit Eliza (»Tagebuch des Brahmanen«, 27. April) oder einer ihrer Freundinnen (»Tagebuch des Brahmanen«, 22. Juni).
lieber eine sanfte ... ganz andere: aufgrund des den gesamten Brief durchziehenden anzüglichen Tonfalls vermuten die Herausgeber der Florida-Edition, daß Sterne hier auf eine venerische Krankheit anspielt.
bei aller badinage: bei aller Neckerei.
war auch einmal so ein Grünschnabel: Um 1744 hatten Sterne und seine Frau sich eine Zeitlang außergewöhnlich unbegabt und unergiebig zur Auffrischung der Kasse als Landwirte versucht und Tindal Farm gekauft.

227. [M] An Sir W. Coxwold, Sonntag,] 27. Sep. 1767.

Mein werter Sir,

Sie sind zu Scarborough angelangt, da alle Welt es verlassen hat – allein, Sie sind ein Sonderling, und damit ist genug gesagt – Sie möchten, daß ich mich Ihnen in Scarborough anschließe und ein Werk lese, das noch nicht vollendet ist – zudem stecken mir andere Dinge im Kopf. – Meine Frau wird in drei oder vier Tagen hier sein und darf mich nicht irrend in der Wüste finden – indes bin ich dort gewesen. – Was die Zusammenkunft mit Ihnen bei Bluit's betrifft, von Herzen gern – ich will lachen und meinen Gerstensaft mit Ihnen trinken – Sobald ich meine Frau und Tochter in Empfang genommen und für sie ein Haus in York gemietet habe, werde ich nach London gehen, wo Sie gemeinhin im Frühling anzutreffen sind – und dann wird meine Empfindsame Reise, wie ich zu behaupten wage, Ihnen die Überzeugung beibringen, daß meine Gefühle aus dem Herzen kommen und daß dieses Herz nicht eines von der übelsten Bildung ist – Gott sei gepriesen für meine Empfindsamkeit! Auch wenn sie mich oft hat elend sein lassen, so wollte ich sie doch nicht eintauschen für alle Vergnügungen, die der gröbste Wollüstling jemals genossen hat. – Melden Sie mir den Tag, da Sie in York sein werden – 's steht zehn gegen eins, daß ich Sie mit meiner Frau und Tochter bekannt mache. Glauben Sie mir, daß ich bin,

Mein guter Sir,
allezeit Ihr,
L. Sterne

darf mich nicht irrend in der Wüste finden: Biblische Anspielung, etwa auf Psalm 95,8.
Zusammenkunft ... bei Bluit's: eine Gaststätte in York. Am Tag nach Sternes Tod war BOSWELL in York bei Bluits – »Ich kenne keine bessere Wirtschaft. Die Diener hatten alle dieselbe Livre: braune Überjacken, scharlachne Westen.«
daß meine Gefühle aus dem Herzen kommen: einmal mehr Sternes Herzens-Lieblingsformulierung (siehe Anmerkung zu Brief 223).

228. [M] York, [Donnerstag,]
An Isaac Panchaud 1. Oktober 1767.

Werter Sir,

Ich habe meinen Freund Becket angewiesen, Ihnen Ihre Rechnung, die mir meine Frau heute überstellt hat, zwei Monate eher zu bezahlen – Sie ist entzückt von all Ihren Höflichkeiten. – Ich benachrichtige Sie hierüber also, damit Sie auf Ihren Korrespondenten Wechsel ziehen können – und Becket wird die Summe vom Erlös meiner Werke anziehen. – Morgen früh begebe ich mich mit ihr nach Coxwold, und meine Lydia scheint außer sich vor Freude über meinen Anblick. – Die Natur, lieber Panchaud, atmet aus all ihren Poren; und abgerechnet eine Spur zu viel an der Lebhaftigkeit, welche in der Welt, worin wir leben, ein Fehler ist – bin ich mit der Erziehung ihrer Mutter vollkommen zufrieden. Verzeihen Sie mir diese Digression von Geschäften – 's ist ja bloß natürlich, von denen zu sprechen, die wir lieben. – Was die Subskriptionen betrifft, die ich Ihrer Freundschaft zu verdanken habe, so muß ich sie bekommen, um sie in die Listen einzurücken, die dem ersten Band vorangestellt werden sollen. – Meine Frau und Tochter schließen sich mit millionenfachem Dank an – sie werden mich am Ersten Dezember verlassen. – Adieu, adieu – glauben Sie, daß ich bin

Ihr aufrichtig ergebener
L. Sterne

Was die Subskriptionen betrifft: Panchaud hatte kräftig Subskribenten für die »Empfindsame Reise« gekeilt (siehe auch die Briefe 194 und 218).

229. [M] An Mrs. F --- Coxwold, Freitag. [?2. Oktober 1767]

Werte Madam,

Ich statte Ihnen tausendfachen Dank ab für Ihre verbindliche Erkundigung nach meinem Befinden – im letzten Sommer langte ich aus der Stadt ziemlich aufgerieben – und am Ende meiner Reise noch viel erschöpfter – hier an – Ich war genötigt, im Haus Seiner Gnaden (des Erzbischofs von York) Rast zu machen, um in der Gegend von Doncaster einige Tage zu Kräften zu kommen – Seit ich aber nun heimgekehrt bin zu Ruhe und Mäßigkeit und guten Büchern und guten Stunden, habe ich mich erholt – und bin jetzt recht stämmig – und werde mich in vierzehn Tagen vielleicht so wohl befinden, wie Sie selber es mir nur wünschen könnten. – Ich darf Ihnen mit Freuden mitteilen, daß meine Frau und Tochter aus Frankreich hier eingetroffen sind. – Auf den ersten Januar werde ich in der Stadt sein, um meine Freunde zu begrüßen. – Adieu, werte Madam – glauben Sie, daß ich aufrichtig bin

Ihr
L. Sterne

An Mrs. F —: Mit einer Mrs. F — hatte es schon am 19. November 1759 und im April 1765 kleine Brieffeuer gegeben (siehe Brief 42 und 149).

des Erzbischofs von York: Erzbischof DRUMMOND (siehe Anmerkung zu Brief 79), der Sterne wohlgesonnen war, lebte in Brodsworth, 8 Kilometer von Doncaster entfernt.

230. [M] An Anne und William James Coxwold, [Samstag,] 3. Oktober 1767

Länger als vierzehn Tage quält mich schon das starke Bedürfnis, an Sie zu schreiben, um mich nach der Gesundheit und dem Wohlergehen meiner teuren Freunde, Mr. und Mrs. James, zu erkundigen, und ich versichere Sie beide, daß ich davon nur abgesehen habe, aus der meinem Wesen eigenen kleinen Scheu, mit meiner guten Absicht denjenigen beschwerlich zu fallen, für die ich soviel Freundschaft hege, und an die ich gar nie anders denken kann als mit Empfindungen des Zartgefühls und der Verpflichtung. – Gütiger Gott! der Gedanke, ich könnte in der Stadt sein und mein erster Weg würde mich nicht nach der Gerrard Street führen! – Meine Seele und mein Leib, müßten schon in einem traurigen Widerstreit liegen, sollte es je so ausfallen, daß sie nicht sowohl der erste als der letzte Ort wäre, wohin ich mich wendete, und sei's auch bloß, um zu sagen: »Gott segne Sie«. – Mögen Sie allen Segen empfangen, den Er Ihnen senden kann! Dies ist ein Teil meiner Litanei, worin Sie allezeit Ihren Platz haben werden, solange ich noch eine Zunge im Munde führe, jene zu wiederholen. Es wurde Ihnen also zugetragen, ich hätte Scarborough verlassen, was Sie ebensowenig glauben mochten wie die dafür angegebenen Gründe – wofür ich Ihnen herzlich danke – ob Sie mir gleich diese Gründe nicht genannt haben, glaube ich, diese als gewitzter Geistlicher leicht erraten zu können. – Ich war den September zehn Tage in Scarborough und wurde von einem unserer besten Bischöfe gastlich bewirtet; weil er dort ein Haus unterhält, drängte er mich, zu ihm zu kommen — seine Haushaltung bestand aus einem Herrn und zwei Damen – was nebst dem guten Bischof und mir eine so gute Gesellschaft machte, daß wir die meiste Zeit für uns blieben. – Ich schloß während dieser Zeit gute Freundschaft mit meinem bischöflich bemützten Gastgeber – der mich liebend gern mit zurück nach Irland genommen hätte. – Wir reisten allerdings alle miteinander von Scarborough ab, pausierten fünfzehn Meilen weit davon entfernt, wo wir einen herzlichen Abschied voneinander nahmen — Nun aber vermutete man (wie mir inzwischen zu Ohren gekommen), ich sei mit der Gesellschaft gar bis nach London gereist, und eben hierin vermute ich den Grund, den man für meine dortige Anwesenheit behauptete. – Ich will wohl meinen, die Nächstenliebe habe dem noch eine Kleinigkeit beigefügt und ausgeströmt, es sei der einen, oder vielleicht gar beider Damen wegen geschehen – und in diesem Punkt will ich der Nächstenliebe verzeihen, denn ein ungebundenes Herz hätte schwerlich besser handeln können. – Seither habe ich sehr fleißig geschrieben – und hoffe, auf Weihnachten sacht' an Ihre Türe pochen und Ihnen sagen zu können, wie sehr es mich freut, meine beiden guten Freunde zu sehen. – Ich versichere Sie, ich sporne meinen Pegasus drum noch heftiger an und bin itzt entschlossen, die Zügel nicht mehr anzuziehen, bis ich diese Empfindsame Reise vollendet habe — welche ich hoffe, Ihnen zu Füßen zu legen als kleines (aber sehr wahres) Zeugnis der beständigen Aufrichtigkeit, womit ich verbleibe,

Meine teuren Freunde,
Ihr allezeit verbundener
Und dankbarer
L. Sterne

PS

Meine Frau und Tochter sind letzte Nacht aus Frankreich hier angelangt. – Mein Mädchen kehrt mir wieder als ein vornehmer, gebildeter kleiner Fratz – meine Frau — aber ich mag meine Frau nicht loben – der Anstand erlaubt mir allenfalls, meine Tochter zu loben. – Ich vermute, sie werden nächsten Sommer nach Frankreich zurückkehren. — In einem

Monat verlassen sie mich, um über den Winter in York zu residieren – und ich bleibe in Coxwold bis zum ersten Januar.

Gerrard Street: Dort wohnte die mit Sterne sehr gut befreundete Familie JAMES, über die er auch ELIZA kennenlernte.
von einem unserer besten Bischöfe gastlich bewirtet: DR. JEMMET BROWNE (1703–1782) war gerade zum Bischof von Cork und Ross geweiht worden. Er subskribierte die größerformatige Ausgabe der »Empfindsamen Reise«.
aus einem Herrn: wohl der Schriftsteller RICHARD GRIFFITH (?1704–1788), der in »A Series of Letters between Henry and Frances« (Bd. 5, 1770) den vielzitierten Bericht abgibt: »Jetzt reden wir über Philosophie; der neue Demokritos, Tristram Shandy ist hier. Der Bischof hat ihn eingeladen und uns bekannt gemacht ... Er hat uns aus einem Manuskript vorgelesen, das er bald zu veröffentlichen gedenkt. Es heißt *Eine empfindsame Reise durch Europa,* von Yorick. ... Er hat versprochen, die Idee über mehrere Bände in derselben keuschen Art durchzuführen, er nennt es sein Werk der Buße.«

Ein Mr. Griffith, wohl identisch mit unserem Richard Griffith hier, subskribierte die »Empfindsame Reise«. Nach Sternes Tod veröffentliche GRIFFITH das auch ins Deutsche übersetze Buch »The Posthumous Works of a late Celebrated Genius (The Koran)«, das oft für ein Originalbuch Sternes gehalten wurde und eine der besseren Nachahmungen ist.
und zwei Damen: Die eine davon war wohl Lady ANNE DAWSON (1733–1769), die zweite bleibt unbekannt.

231. [M] An Anne James Coxwold, [Donnerstag,]
12. November 1767

Vergeben Sie mir, werte Mrs. James, daß ich Ihnen mit einem Mittelding zwischen einem Brief und einem Billet beschwerlich falle, um mich nach Ihnen und meinem guten Freund, Mr. James, zu erkundigen, von denen ich seit einer Ewigkeit keine Silbe mehr vernommen habe. — Mich jedenfalls dünkt es so, und nie habe ich eines Hauses, welches mir so wert ist, so heftig entbehrt wie gerade jetzt, wo ich so selten Nachricht davon erhalten kann – und mir für meine Sehnsucht, dessen freundliche Besitzer zu sehen, nur die Entschädigung der mir vorschwebenden Hoffnung bleibt, dies an Weihnachten zu tun. – Ich sehne mich unendlich danach, Sie zu sehen – und meinen Freund Mr. James. Ich bin noch immer in Coxwold – meine Frau und Tochter sind hier. – Sie ist ein allerliebstes gutes Geschöpf – herzlich und anmutig an Leib und Seele – sie ist alles, was mir der Himmel an einer Tochter schenken konnte – wie aber andere Segensgüter mir nicht geschenkt, sondern nur geliehen; denn ihre Mutter ist in Frankreich vernarrt – und dies liebe Stück von mir muß meinen Armen entrissen werden und ihrer Mutter folgen, die gesonnen scheint, sie in Frankreich unterzubringen, wo ihr viele vorteilhafte Anträge gemacht wurden. – Belächeln Sie nicht meine Schwäche, wenn ich sage, es wundert mich nicht, denn sie ist so ein gebildeter Fratz, wie ihn Frankreich nur hervorbringen kann. – Sie werden mir all dies nachsehen – wo nicht, so bitte ich Mr. James, mein Anwalt zu sein – allein, ich weiß, ich bedarf keines. – Wie freudig werde ich Ihr liebes kleines Pfand umarmen – das, wie ich hoffe, mit jeder Stunde an Größe und Gunst bei Gott und den Menschen gewinnt! – Ich küsse Ihnen alle die Hände mit dem inbrünstigsten und freundlichsten Herzen. — Niemand kann Ihnen mehr Gutes wünschen, als Ihr dürrer Freund dies tut – und wenige soviel, denn ich bin mit unendlicher Herzlichkeit, Dankbarkeit und ehrlicher wahrer Zuneigung,

Meine liebe Mrs. James,
Ihr stets getreuer
L. Sterne

PS

Meine Empfindsame Reise wird Mrs. James und meiner Lydia gefallen – für diese beiden kann ich mich verbürgen. Es ist ein gedeihlicher Gegenstand und entspricht der Gemütsverfassung, worin ich mich geraume Zeit befand – Ich sagte Ihnen, meine Absicht dabei sei, uns zu lehren, die Welt und unsere Mitgeschöpfe mehr zu lieben, als wir gewöhnlich tun – also befaßt sie sich meistens mit jenen sanfteren Leidenschaften und Neigungen, die so viel dazu beitragen. – Adieu, und mögen Sie und mein werter Freund Mr. James fortwirkende Beispiele der Lehre bleiben, die ich gebe.

Größe und Gunst bei Gott und den Menschen gewinnt: Anspielung auf Lukas 2,28 – »Und Jesus nam zu an weisheit, alter und gnade bey Gott und den Menschen.«
ihr dürrer Freund dies tut: Sterne war bekanntermaßen mager und dünn und spielt auch ab und an auf seine auffällige äußere Erscheinung an.
mehr zu lieben, als wir gewöhnlich tun: fast wortgleich in der »Empfindsamen Reise« am Ende des ersten Abschnitts des Kapitels »Der Paß. Versailles.«: »s' ist eine stille Reise des Herzen im Verfolg der Natur und jener Regungen, die ihr entspringen und uns lehren, einander – und auch die Welt, mehr zu lieben als wir gewöhnlich tun.«

232. An Hannah [Coxwold, ?November 1767]

Hannah!

Wenn Sie diese beiligenden Briefe nicht überliefern, spreche ich mit Ihnen kein Wort mehr, solange ich lebe.

Ich bin
Ihr
L. Sterne

nicht überliefern: Sterne scheint seine Briefe umsonst bei LORD FAUCONBERG aufgegeben zu haben, HANNAH hat sie wohl in London verteilt.

233. An Hannah [Coxwold, Sonntag, 15. November 1767]

Jetzt seien Sie ein gutes liebes Mädchen, Hannah! und geben Sie diese Briefe Fanny – & Fanny wird Ihnen den geben, den ihre Schwester bekommt – und wenn ich Sie sehe, gebe ich Ihnen einen Kuß – also bitte!

Aber ich habe noch etwas für Sie, was ich eben in großer Eile verfertige & zwar meine Reise, über die Sie ebensoviel weinen werden, als ich darüber gelacht habe – sonst gebe ich das Geschäft, empfindsam zu schreiben auf – & schreibe für den Körper

– und das tue ich bereits, Hannah! indem ich an Sie schreibe – aber Sie sind mir ein *feiner Körper* & das wiegt ein halbes Dutzend *mickriger Seelen* auf

Bei meiner
bin ich Ihr
L. Sterne

234. [M] An A. L——e, Esq. Coxwold, [Donnerstag,] 19. November 1767

Sie stürzen sich selber ins Unglück, lieber L – – – e, durch eingebildete Leiden – denen sie ausweichen könnten, statt ihnen munter entgegen zu marschieren. Würde nicht jeder, der bei Sinnen ist, den Gegenstand seiner Anbetung fliehen und seine Zeit und Gesundheit nicht damit vergeuden wollen, sein Elend durch ein so eitles Trachten noch zu mehren? – Das Idol Ihres Herzens ist das Idol Zehntausender. – Der Duke of — hat lange vergebens geseufzet – und dürfen Sie sich einbilden, eine Frau, die gegen Titel, Sterne und rote Ordensbänder gefeit ist, würde Sie erhören? – Ihr Herz (glauben Sie mir, L—e) wird nicht durch schöne Männer oder schöne Reden zu erobern sein – sollte es jemals eine vorzügliche Neigung empfinden, so wird es sich seinen Gegenstand selbst erwählen, und es muß dies ein einzigartiger Charakter sein, von dem ein solches Geschöpf sich beindrucken läßt – sie ist von platonischer Denkungsart und weiß von der Liebe nur den Namen – Die angeborene Zurückhaltung ihres Charakters, welche Sie beklagen, entspringt keinem Stolz, sondern einem überlegenen Verstand, der sie jeden Mann verachten läßt, der sich zum Narren macht – Befolgen Sie meinen Rat, und machen Sie Ihre Avancen Miss — sie schätzt Sie sehr, und die Zeit wird eine Zuneigung erkalten lassen, die Ihrem Herzen so tief eingewurzelt ist. — Sie dauern mich aus ganzer Seele – doch wir werden alle mit Leidenschaften geboren, die hinsichtlich verschiedener Gegenstände ihre Ebbe und Flut kennen (sonst würden sie nur Schindluder mit uns treiben) – und der beste Rat, den ich Ihnen erteilen kann, L—e, ist, die Flut der Ihrigen anderswo hinzulenken. – Ich sitze fleißig an meinem empfindsamen Werk – und beabsichtige, bald nach Weihnachten in die Stadt zu kommen – indessen,

Adieu. – Lassen Sie von sich hören, und glauben Sie, lieber L., daß ich bin

Ihr &c.
L. Sterne

An A. L——e, Esq.: Leider sind hier sowohl der Adressat wie auch die beschriebenen Ereignisse unbekannt, so daß sich vieles in diesem Brief nicht recht erschließt (siehe auch Anmerkung zu Brief 212).

235. [M] An den Earl of –– Coxwold, [Samstag,] 28. November 1767

Mylord,

mit dem größten Vergnügen ergreife ich die Feder, um Euer Lordschaft für den Brief zu danken, worin Sie sich nach Yorick erkundigen – er hat sich mit der Empfindsamen Reise an Körper und Geist völlig erschöpft – es ist wahr, ein Schriftsteller muß selber empfinden, anders rührt er seine Leser nicht – aber meine Empfindungen haben mir den ganzen Körper zerrüttet – Ich glaube, das Gehirn bedarf ebensosehr der Kräftigung wie der Leib – dieserhalben werde ich am Zwanzigsten des nächsten Monats, nachdem ich mich eine Woche lang zu York gekräftigt habe, in die Stadt fahren. – Ich könnte mich freilich mit meiner Frau (die aus Frankreich gekommen ist) ergötzen, doch bin ich lange schon ein empfindsames Wesen – mögen Euer Lordschaft auch das Gegenteil meinen. – Die Welt hat sich eingebildet, weil ich den Tristram Shandy geschrieben habe, sei ich selber shandyanischer, als ich es jemals wirklich gewesen bin – Wir leben in einer wohlmeinenden Welt, und wir werden oft in ganz verschiedenen Farben gemalt, je nach den Vorstellungen, die sich jeder einzelne von uns in seinem Kopfe macht. — Vor drei Jahren traf eine ungemein anziehende Dame auf ihrem Weg nach Scarborough in York ein – Ich hatte die Ehre ihrer Bekanntschaft und spielte ihre *Anstandsdame* – alle Frauen waren ganz erpicht darauf, zu erfahren, wer sie sei – »Behalten Sie es für sich, meine Damen, es ist eine Mätresse, die meine Frau mir empfohlen – ja gar aus Frankreich geschickt hat.« —

Ich hoffe, mein Buch erhält Ihren Beifall, Mylord, dann war meine Mühe nicht ganz vergebens. Wenn man kein keusches Buch daran findet, dann sei Gott seinen Lesern gnädig, denn sie müssen fürwahr sehr hitzige Einbildungskräfte haben! Können es mir Euer Lordschaft vergeben, daß der Brief nicht länger ausfällt? – Kurzum, ich kann nur noch hinzufügen, was Ihnen bereits bekannt – daß ich bin in Dankbarkeit und Freundschaft,

Mylord,
Ihr gehorsamer und getreuer
L. Sterne

Sollten Euer Lordschaft im Frühling in der Stadt weilen, würde ich mich glücklich schätzen, wenn Sie mit meinen Freunden in der Gerrard Street bekannt würden – Sie würden den Mann hochschätzen und die Frau ehren – sie ist das Widerspiel der meisten Vertreterinnen ihres Geschlechts – diese trachten nach allerlei – sie aber nur nach dem Einen – ihrem Manne zu gefallen.

***An den Earl of —*:** Beim Adressaten könnte es sich um den EARL OF SHELBURNE handeln, an den auch schon Brief 208 gerichtet war, doch allein in den Subskribentenlisten finden sich die Namen von über 50 Earls ...

ein Schriftsteller muß ... seine Leser nicht: Eine im 18. Jahrhundert vielfach zitierte Formel, die auf die »Ars Poetica« (II, 102–103) des

HORAZ zurückgeht – »sis vis me flere, dolendum est / primum ipsi tibi« – willst du, daß ich weine, dann mußt zuvor du Schmerz gefühlt haben.
mit meiner Frau ... ergötzen: Da mögen weniger Empfindsame an WALTER SHANDY denken, der sich, »als er zu Hause angekommen, an dem *Bruscambille* in derselben Weise erfreute, wie, zehn gegen eins gewettet, sich Ew. Gestrengen an Dero ersten Geliebten erfreuten, — will heißen, vom Morgen glatt bis in die Nacht« (»Tristram Shandy«, III, Kap. XXXV).
eine ungemein anziehende Dame: Ob es diese Dame überhaupt gab, ist ausgesprochen fraglich.
meinen Freunden in der Gerrard Street: dem Ehepaar JAMES.

236. [M] An Sir George Macartney Coxwold, [Samstag,] 28. November 1767

Mein lieber Freund,

Denn ob Sie gleich Seine Exzellenz heißen, und ich immer nur noch Pfarrer Yorick – so muß ich Sie doch fürderhin so nennen – und sollten Sie am Ende der nächste Kaiser von Rußland werden, könnte ich doch in keiner anderen Beziehung an Sie schreiben oder mit Ihnen sprechen – Ich gratuliere Ihnen, wie sehr, sage ich nicht, denn ich vermag's unmöglich – Ich trug in mir immer schon eine gewisse Offenbarung, die Ihnen diese Bahn vorzeichnete, worin Sie so glücklich fortgeschritten sind – es waren nicht nur meine Wünsche für Sie, die stets glühend genug waren, einem schwärmerischen Gemüt etwas vorzuspiegeln, sondern ich glaubte, Sie wirklich da zu sehen, wo Sie nun eben sind – nämlich da, mein lieber Macartney, wo Sie hingehören. – Ich würde Ihren verbindlichen Brief aus Petersburg längst beantwortet haben; indem ich aber täglich Berichte hörte, Sie stünden im Begriff, es zu verlassen – so weiß ich jetzt zum ersten Mal gewiß, *wo* mein Dank Sie antreffen würde – wie er Sie aber antreffen wird, das weiß ich wohl – nämlich als denselben, als den ich Sie immer gekannt habe. In drei Wochen werde ich Ihnen die Hand küssen – und noch früher, wenn ich mit meiner Empfindsamen Reise fertig werde. Zum Geier mit aller Empfindsamkeit! Ich wollte, es gäbe gar keine in der Welt! – Meine Frau hat sich sogar von Avignon auf den Weg begeben, um mir einen empfindsamen Besuch zu machen – und die *politesses*, die ein solcher Beweis ihrer Weltläufigkeit im Gefolge führen muß, hat mich um einen Monat schriftstellerischer Arbeit gebracht, sonst wäre ich schon jetzt in der Stadt. – Ich werde nächstens entbunden; die Zeit meiner Niederkunft ist auf Weihnachten berechnet – und wenn mir meine Hervorbringung nicht von den verwünschten Preßbengeln zu Tode *gedrucket* wird, werde ich die Ehre haben, Ihnen *ein Paar so prächtiger Bälger* zu präsentieren, wie sie nur jemals ein keusches Gehirn erzeugt hat – freilich sind sie auch übermütig, *mais cela n'empêche pas* – Ich habe Ihren Namen unter viele Wohl- und Wenigerwohlgeborene eingerückt, weil ich wußte, Sie würden es mir verübeln, gönnte ich mir dieses Vergnügens nicht.

Adieu, mein lieber Freund,
Glauben Sie, daß ich bin &c.
L. Sterne

PS
Sollten Sie Mr. Craufurd sehen, bestellen Sie ihm meinen herzlichen Gruß.

***Sir George Macartney*:** Sterne hatte GEORGE MACARTNEY (1737–1806), den Erzieher und ›Bärenführer‹ von CHARLES JAMES FOX 1762 in Paris kennengelernt (siehe u. a. Brief 82 samt Anmerkungen). 1764 war Macartney als außerordentlicher Gesandter an den Hof von Zarin KATHARINA DER GROSSEN nach Rußland gegangen und erst vor kurzem nach England zurückgekehrt. Er subskribierte die »Sermons« von 1766 und fünf Exemplare der größerformatigen »Empfindsamen Reise«.

***politesses*:** siehe Anmerkung »warm aus dem Herzen fließen« zu Brief 223.

nächstens entbunden ... Niederkunft: siehe auch Brief 187 samt Anmerkungen.

***mais cela n'empêche pas*:** aber das macht nichts. Auch in einem Wortwechsel in der »Empfindsamen Reise« zu hören – »Bah! sagte ich, der König von Frankreich ist ein braver Mann – er tut niemandem etwas zu leide. – *Cela n'empeche pas,* sagte er, Ihr werdet morgen früh gewiß in die Bastille wandern« (Kap. »Der Paß. Paris.«).

Mr. Craufurd: siehe Anmerkung »Lord Ossory, Lord William Gordon ... Mr. Craufurd« zu Brief 165.

237. [M] An A. L---e, Esq. Coxwold, [Montag,] 7. Dezember 1767

Lieber L.

Ich sagte, ich würde Ihnen vielleicht nicht mehr schreiben; doch wäre es unartig, einen so interessanten Brief wie den Ihren unbeantwortet zu lassen – Ich bin sicher, Sie dürfen auf Lord —'s Versprechen bauen – er wird Sie versorgen, so gut, als es ihm möglich ist, und Ihre Kenntnisse der Welt und insonderheit der Sprachen werden Sie in jedem Amte brauchbar machen – Sollte Ihrer Lordschaft Plan nicht aufgehen, so verlassen Sie das Königreich – reisen Sie in den Osten oder in den Westen, denn das Reisen wird sowohl Ihrem Köper als Ihrem Geist von unendlichem Nutzen sein – Doch hievon mehr bei unserer nächsten Zusammenkunft – und nun zu meinen eigenen Angelegenheiten. — Mir wurde offeriert, zwei Ehrenstellen, die ich hier innehabe, einzutauschen gegen eine Pfründe von dreihundertundfünfzig per Annum in Surry, um die dreißig Meilen von London – und Coxwold & meine Präbende zu behalten – die Gegend ist ebenfalls sehr anmutig – aber ich will und kann zu keinem Entschluß gelangen, ehe ich mich nicht mit Ihnen und meinen anderen Freunden beraten habe. – Mir liegen auch große Angebote aus Irland vor – der Bischof von Cork und Ross ist mein Freund –, aber ich habe jeden Vorschlag abgelehnt, wofern Mrs. Sterne und meine Lydia mich nicht dahin begleiten könnten – ich lebe um meiner Tochter willen, und mit ihrer leichten, süßen Last in meinen Armen könnte ich wohl den Aufstieg zu höheren Ämtern bewältigen, wenn es mir gefiele – doch ohne meine Lydia würde mir jede angebotene Bischofsmütze doch nur die Stirne drücken. – England ist Mrs. Sternes Gesundheit nicht zuträglich. – Sie muß nach Frankreich zurückkehren – und Gerechtigkeit und Menschenliebe verbieten mir, mich dem zu widersetzen. – Ich will ihr ein bequemes Auskommen zugestehen, bis sie zu mir zurückkehren kann. – Mein Herz blutet, L–e, wenn ich an den Abschied von meinem Kinde denke — es wird wie die Trennung von Leib & Seele sein – & wahrhaftig nur dem vergleichbar, was in diesem ungeheuren Augenblick geschieht; und diesem auch in einer Hinsicht ähnlich, denn sie wird in dem einen Königreich leben, während ich in einem anderen bin. – Sie werden über meine Schwachheit lachen – doch ich kann nicht anders – denn sie ist ein liebes, uneigennütziges Mädchen – Dies zum Beweis – Als sie Coxwold verließ und ich ihr Lebewohl sagte, zog ich meine Geldbörse hervor und wollte ihr zehn Guineen für ihre privaten Vergnügungen schenken – ihre Antwort war herrlich und rührte mich gar sehr. »Nein, mein lieber Papa, Sie möchten unserer Reisekosten wegen von Frankreich hierher in Geldverlegenheit sein – eher würde ich Ihnen hundert Guineen in die Tasche stecken, als zehn daraus zu nehmen« – Ich brach in Tränen aus – doch warum plage ich Ihre Gefühle, indem ich bei einem Gegenstand verweile, der Ihnen zu Herzen gehen wird. – Es ist ja durch seine eigenen Leiden schon zu sehr gerührt, L–e, als daß ich ihm noch einen Stich zufügen oder einen weiteren Seufzer auspressen sollte. – Gott segne Sie – Ich hoffe, Sie am Neujahrstag bei bester Gesundheit zu begrüßen – Adieu, mein lieber Freund – Ich bin aufrichtig und von ganzem Herzen, Ihr

L. Sterne

Lord —'s Versprechen: Der Name des Lords bleibt so unbekannt wie der Inhalt des Versprechens, das er dem Empfänger des Briefes gemacht hat, und die Art des Amtes, das diesem womöglich winkt.

Mir wurde offeriert, zwei Ehrenstellen: Davon erzählt er auch im »Tagebuch des Brahmanen«, nur heißt es dort am Schluß: »aber ich will – und kann keine Schritte unternehmen, solange ich mich nicht mit Dir, meine Eliza, um deretwillen ich lebe, beraten kann – & bis der Weg mir offen steht, den voranzuschreiten, mein Herz begehrt – mit Deiner leichten, süßen Last in meinen Armen könnte ich wohl den Aufstieg zu höheren Ämter bewältigen, wenn es mir gefiele – doch ohne Dich fühle ich mich kraftlos – und böte man mir eine Bischofsmütze an, wollte ich sie solange nicht haben, bis ich auch Dich dazu bekäme, damit sie meine Stirne nicht drückt …« (»3. Augst«).

Angebote aus Irland … Bischof von Cork und Ross: Auch hiervon erzählt Sterne – etwas anders – im »Tagebuch des Brahmanen«, datiert ist der Eintrag auf den »2. Augst«, doch tatsächlich verfaßt wurde er mit größter Wahrscheinlichkeit erst Ende September – »Der Bischof von Cork & Ross hat mir große Versprechungen gemacht, sollte ich nach Irland kommen – aber ohne Dich tue ich keinen Schritt – & auch erst wenn der Himmel uns einen Weg weist – Der Bischof ist der beste und zartfühlendste Mann – er kennt unsere Geschichte – und sendet Dir seinen Segen – und sagt, wenn das Schiff, mit dem Du zurückkehrst, in Cork anlegt (was viele Indienfahrer tun) – will er Dich in seinem Palast aufnehmen, bis er nach mir schicken kann und ich zu Dir eile – er hofft inständig, sagte er, uns für immer verbinden zu können …«.

es wird wie die Trennung … in einem anderen bin: Auch diese

Passage findet sich fast wortwörtlich im »Tagebuch des Brahmanen« unter dem Datum vom »6. Juli«: »– es war die Trennung von Leib & Seele – & wahrhaftig nur dem vergleichbar, was in diesem ungeheueren Augenblick geschieht. – & dem auch ganz entsprechend darin, daß Du in einer anderen Welt weilst; und ich würde eine Welt drum geben, Dir dorthin zu folgen …«. – Die Herausgeber der Florida-Edition halten es für möglich, daß LYDIA MÉDALLE das »Tagebuch« doch kannte und sich daraus bedient haben könnte, daß sie in diesem Brief ›Lydia‹ setzte, wo dort ›Eliza‹ stand.

238. An Elizabeth Sterne [Coxwold, Ende Dezember 1767]

Fothergil, weiß ich, hat einige gute – Garrick einige – ‹Hall, fürchte ich nicht, wiewohl er hunderte bekommen hat, die meisten davon zu sorglos geschrieben. Zudem ist er sorglos.› – Berenger hat ein oder zwei – Govr Littletons Lady (Miss Macartney) eine Menge – Countesse of Edgecomb – Mrs Moore aus Bath – Mrs Fenton London – cum multis aliis – Diese alle zusammen nebst der großen Anzahl von mir & Freunden in meinem Besitz ließen sich drucken & mit gutem Gewinn verkaufen – – – –

☞ Hall hat einen ganzen Schwung, zusammen mit denen in diesem Buch & meinem Schreibpult & den obigen würden mindestens 4 B^de^ im Format vom Shandy ergeben —— sie würden sich gut verkaufen – & wenigstens 800 P^fd^ einbringen –

J Hall hat –
frage ihn nur einen
ganzen Schwung

***An Elizabeth Sterne*:** Sternes Biograph WILBUR CROSS meint, dieses Memorandum müsse Sterne geschrieben haben, bevor er zu seiner letzten Londonreise aufbrach. Es sei der noch erhaltende Teil eines Papierbogens, in den ein Päckchen Briefe eingeschlagen war.
Fothergil ...: MARMADUKE FOTHERGILL (siehe Brief 18) – nicht einer dieser »guten« Briefe ist erhalten; an RICHARD BERENGER ist nur ein Brief erhalten (siehe Brief 49), ebenso an MARY MACARTNEY (siehe Brief 62) sowie an EMMA GILBERT, Baronesse Edgcumbe, die Tochter von Erzbischof Gilbert (siehe Brief 69); nicht ein Brief an Mrs Moore aus Bath ist erhalten, nur ein Brief an Mrs Fenton London – wenn hier JANE FENTON gemeint ist (siehe Brief 64).
cum multis aliis: mit vielen anderen. Davon kann leider keine Rede sein.
Hall hat: Dieser Zusatz ist in einer anderen Handschrift und mit anderer Tinte geschrieben, vielleicht eine Selbsterinnerung Lydias, Hall-Stevenson nach Briefen zu fragen.

239. An Anne oder William James [Coxwold, [Montag,] 28. Dez. –1767

Ich ängstigte mich bereits, meine Freunde Mr James oder Mrs James oder ihre kleine Blüte welkten, oder irgendeiner von Ihnen sei erkrankt, weil ich nicht die Freude hatte, eine Zeile von Ihnen zu erhalten & und war schon gesonnen, Ihnen erneut zu schreiben und Ihrer aller Befinden nachzufragen – als ich selber von einem Fieber & Lungenbluten niedergestreckt wurde, welches mich drei Wochen in mein Zimmer verbannte, da erhielt ich Ihren gütigen Brief, für den ich Ihnen beiden erst heute verbindlichst zu danken imstande bin, was hiemit auf's allerherzlichste geschieht, — ebenso für alle Beweise &

Bekundungen Ihres Wohlwollens gegen mich – ich will nicht sagen, ich hätte unser Konto in diesem Punkt nicht ausgeglichen – ich weiß nur, daß ich Sie mehr als jedes andere Geschöpf auf Erden ehre und hochschätze – & daß ich Ihnen, wenn ich auch Ihr Bruder wäre, nicht sehnlicher Glück wünschen könnte & Gelingen in allem, was dem förderlich ist — Aber gütiger Gott! sind wir denn nicht alle, die freundlich & tugendsam & gut sind, Brüder und Schwestern? –

Sicherlich, meine lieben Freunde, war meine Krankheit eine Art sympathetischer Ausfluß über Ihre Betrübnis wegen Ihrer lieben Kleinen – und ich hege keinen Zweifel, wenn ich Elizas Tagebuch sehe, so werde ich darin finden, daß auch sie zur nämlichen Zeit krank gewesen – Die Ungewißheit über unsere liebe Freundin zerreißt mich schier – Ich grüble zu viel – & meine Freundschaft zu ihr beschäftigt mich so tief, – daß ich zum Schatten abgezehrt bin — daher meine zerrüttete Gesundheit – aber ich kann es nicht ändern ——

Da mein Fieber gewichen ist, fahre ich gegen Ende der Woche mit meinem Freund Mr Hall nach der Stadt – Ich muß meinen Freunden in Gerrard Street nicht sagen, daß ich mich beehren werde, sie vor Lord Shelburne und Lord Spencer &c – &c zu besuchen ——

Ich danke Ihnen, meine liebe Freundin, für Ihre gütigen Worte über meine Tochter – es beweist Ihr gutes Herz, denn da sie für Sie ja noch eine Unbekannte ist, so machen sie Ihr ein freiwilliges Geschenk – aber wenn Sie sie erst einmal kennen – wird sie es sich *redlich* verdienen – aber ach! wann das einmal sein wird, davon können wir nur träumen – Mrs Sterne hat bis zu ihrer Rückkehr nach Frankreich in York bereits ein meubliertes Haus gemietet & meine Lydia darf sie nicht verlassen ——

Was für ein jämmerliches Gekritzel – aber ich bin schwach, meine lieben Freunde, an Leib & Seele – Gott segne Sie – Sie werden mich eintreten sehen gleich einem Geist – darum sage ich es Ihnen im voraus, damit Sie mir nicht erschrecken

Ich bin, meine lieben Freunde,
mit wahrer Zuneigung & Hochachtung

Ihr
L. Sterne.

oder ihre kleine Blüte: die Tochter ELIZABETH ANNE, siehe Anmerkungen zu Brief 216, »Ihre kleine Dame«, die »wie ein Weinstock blüh[en]« soll.
meine liebe Freundin: Weder aus dem erhaltenen Manuskript in der British Library noch aus den von LYDIA MÉDALLE herausgegebenen »Letters« wird ersichtlich, ob der Brief an Anne James oder an ihren Mann gerichtet war, Stil und Ton lassen Michael Walter jedoch annehmen, daß Anne James angesprochen wird.

240. [M] An Anne oder William James

Old Bond Street
[Sonntag, ?3. Januar 1768]

Indem ich nicht weiß, ob mir das nasse Wetter gestatten werde, meine gütigen Freunden in Gerrard Street heute morgen auf fünf Minuten zu besuchen – so erlauben Sie mir, Ihnen alle schuldigen guten Wünsche, Komplimente und Empfehlungen schriftlich zu senden. – Es geht mir weiterhin besser, und ich zweifele nicht daran, dieses werde sich, wie alle anderen Übel und Unwägbarkeiten des Lebens, zum Guten wenden. Meine Empfehlungen an Ihren häuslichen Kreis an diesem Sonntagabend – Miss Ascough, die kluge, Miss Pigot, die witzige, Ihre Tochter, die hübsche und so fort. – Sollte Lord Ossory bei Ihnen sein, so bitte ich meine werte

Mrs. James, ihm Beiliegendes zu übergeben — es mehrt den millionenfachen Dank, den ich Ihnen bereits schulde. – Ich bedauere, diese Saison nicht auf Soho subskribiert zu sein – es bringt mich um ein Vergnügen, daß die doppelte Subskription wert ist — ich will nun aber sogleich in diesem Teil der Stadt herumschicken und zusehen, ob es noch nicht zu spät ist, bei irgendeinem meiner Freunde in Soho eine noch unverkaufte Einlaßkarte zu ergattern, und sollte ich Erfolg haben, so werde ich sie Ihnen morgen bis gegen halb vier Uhr entweder zusenden oder selber vorbeibringen – bleibe ich aber erfolglos, so wird meine Freundin so gerecht sein, zu glauben, daß ich darüber allerdings todunglücklich wäre. – Auf nächsten Sonntag habe ich schon mehr wie eine halbe Verpflichtung zum Mittagessen, werde aber versuchen, dieser zu entgehen, um bei meinen Freunden zu sein. – Gelingt es mir nicht, so werde ich an irgendeinem Tag dieser Woche einem ungebetenen Schatten gleich in die Gerrard Street gleiten, damit wir unser Brot und Fleisch in Liebe und Ruhe miteinander essen mögen. – Gott segne Sie beide! – Ich bin mit der aufrichtigsten Hochachtung

Ihr allezeit verbundener

L. Sterne

Miss Ascough: Eine »Miss Ayscough« subskribierte die »Sermons« von 1769, ob die beiden Damen identisch sind, läßt sich nichts sagen, auch sonst kann man nur spekulieren, ob sie vielleicht eine Verwandte von GEORGE EDWARD AYSCOUGH (gest. 1779) war, einem mit JOHN WILKES befreundeten Dramatiker, der die lästernden »Letters ... Containing Some Account of France and Italy« (1778) verfaßte. Eine Schwester hatte er nicht, aber möglicherweise Cousinen.

Miss Pigot: Das mag SOPHIA PIGOT gewesen sein, die uneheliche Tochter von George Pigot (1719–1777), Baron Pigot, von 1755–1763 sowie 1775–1777 Gouverneur von Madras; er subskribierte die »Sermons« von 1766 und von 1769.

Lord Ossory: Das wird wohl JOHN FITZPATRICK, 2. EARL OF

UPPER OSSORY sein, von dem Sterne in Brief 165 spricht (siehe Anmerkungen dort).
diese Saison nicht auf Soho subskribiert: Gemeint sind die Konzerte im Carlisle House am Soho Square, siehe Brief 191 samt Anmerkungen. Die Jameses versuchten offenbar, Karten für das Eröffnungskonzert am Donnerstag, dem 7. Januar, zu bekommen.
unser Brot ... miteinander essen: Man schaue auch in die »Empfindsame Reise«, die Kapitel »Das Abendessen« und »Das Gratias«.

241. [M] An Anne oder William James

Old Bond Street,
Montag [4. Januar 1768]

Meine lieben Freunde,

ich bin keinen Augenblick untätig gewesen, seit ich Ihnen gestern wegen dieser Einlaßkarte für Soho schrieb – ich war bei einem Secretary of State, um eine zu bekommen – lag auf den Knien vor meinen Freunden Sir George Macartney, Mr. Lascelles – und Mr. Fitzmaurice — weiterer fünf gar nicht zu gedenken — Ich meine, Ihnen ebenso leicht einen Platz bei Hofe verschaffen zu können, denn alle Welt will nach Soho – aber ich werde losziehen und es bei einem neuen Gesellschaftskreis versuchen – sollten Sie bis um ein viertel nach drei nichts von mir hören, so dürfen Sie dem entnehmen, daß meinen Bittgesuchen kein Erfolg beschieden ward. – Ich melde Ihnen diesen Stand der Dinge, damit Sie durch mein Schweigen nicht auf den Gedanken verfallen, ich hätte mein Versprechen vernachlässigt – doch nein – Mrs. James kennt mich besser, und würde nie vermuten, daß dies einem aus dem Sinn gekommen sei, der mit so vieler Aufrichtigkeit ist

Ihr getreuer Freund
L. Sterne

Secretary of State: Lord Shelburne hatte dieses Amt seit 1766 inne (zu ihm siehe auch Brief 139 und 208 samt Anmerkungen).

Sir George Macartney: siehe auch Brief 236.

Mr. Lascelles: wohl der Unterhausabgeordnete EDWARD LASCELLES (1740–1820), der mit Anne Chaloner verheiratet war, einer Nachbarin Sternes aus der Bond Street, und die »Empfindsame Reise« subskribierte.

Mr. Fitzmaurice: wahrscheinlich THOMAS FITZMAURICE (1742–1793), der Bruder des EARL OF SHELBURNE, er war Abgeordneter im Unterhaus und ein enger Freund von GARRICK und JOHNSON. Er subskribierte die »Sermons« von 1766 und eine größerformatige »Empfindsame Reise«.

242. An Dr. John Eustace London, [Dienstag,] 9. Februar 1768

Sir, –

diesen Augenblick habe ich Ihren verbindlichen Brief nebst der Shandyanischen Schnitzarbeit erhalten; beide Beweise Ihrer Achtung nehme ich gebührend zur Kenntnis und zolle Ihnen, werter Sir, dafür meinen besten Dank und meine Anerkennung. Ihr Spazierstock ist in keinem Betracht Shandyscher als darin, daß er mehr als nur einen Griff besitzt – Die Parallele schlägt bloß darin fehl, daß beim Gebrauch des Stocks ein jeder den ihm bequemsten Griff fassen wird. Den Tristram Shandy hingegen fassen die Leute an jenem Griff, der am besten zu ihren Leidenschaften, ihrer Unwissenheit oder ihrem Zartgefühl paßt. Die große Herde auf der Welt besitzt so wenig echtes Gefühl, daß ich wünschte, ich hätte beim ersten Erscheinen der Bücher eine Parlamentsakte erwirken können, »daß nur kluge Leute einen Blick hineinwerfen dürften«. Man ist überfordert darin, Bücher zu schreiben und auch noch Köpfe zu finden, die sie verstehen. Indessen scheint die Welt doch allmählich in bessere Laune über sie zu kommen, denn die hiesigen Leute von Genie sind alle auf ihrer Seite, und die Aufnahme, so ihnen in Frankreich, Italien und Deutschland zuteil geworden, hat einen Teil der Welt bewogen, sie ein zweites Mal zu lesen, und die andere Hälfte, die es mit der stärksten Partei halten möchte, hat sich endlich auch bequemt, gut darüber zu sprechen. Einige wenige Heuchler und Tartüffs, deren Beifall dem Werk nur zur Unehre gereichte, bleiben unbekehrt.

Ich bin sehr stolz, Sir, einen solchen Mann wie Sie von Beginn an auf meiner Seite gehabt zu haben; doch steht es nicht in jedermanns Vermögen, Sinn für Humor zu haben, so sehr er es auch wünschen mag – 's ist eine Gottesgabe – und außerdem ist ein wirklich fühlender Mensch immer schon halbwegs zur Sache gestimmt. Seine eigenen Gedanken werden durch das, was er liest, lediglich angeregt, und seine inwendigen Schwingungen entsprechen ganz denjenigen, die von außen erregt werden, daß es ihm ist, als läse er gleichsam sich selber und nicht das Buch.

In einer Woche werde ich von zwei Bänden der Empfindsamen Reisen von Mr. Yorick durch Frankreich und Italien entbunden; aber ach!, das Schiff segelt drei Tage zu bald ab, und ich kann nur beklagen, daß es mich des Vergnügens beraubt, sie Ihnen zu senden, womit ich verbleibe, werter Sir, mit großem Dank für die Ehre, so Sie mir erwiesen haben, und mit aufrichtiger Hochachtung,

Ihr verbundener und gehorsamer Diener

Lau. Sterne.

An Dr. John Eustace: Dr. JOHN EUSTACE (gest. 1769) war Arzt im amerikanischen North Carolina und hatte Sterne angeschrieben. Daß der »freieste aller Schriftsteller« (Nietzsche) auch in Amerika hartnäckige Fans hatte, verwundert kaum. Am Masonboro Sound, wo Eustace lebte, soll es allerdings auch eine Shandy Hall und eine Toby Hall gegeben haben, angeblich waren auch Straßen nach Shandy benannt. Das »Massachusetts Magazine«, eine amerikanische Zeitschrift, nannte wohl keinen anderen Schriftsteller so oft wie Laurence Sterne.
Ihr Spazierstock: Das eigentümliche Geschenk war allerdings nicht eigens für Sterne hergestellt worden. Es hatte ursprünglich ARTHUR DOBBS (1689–1765), dem Gouverneur von North Carolina, gehört, und dieser hatte es Eustace geschenkt.
Tartüffs: die heuchlerische Figur aus MOLIÉREs gleichnamigem Lustspiel (1664) hatte es Sterne wohl angetan, er verweist häufig auf sie (siehe u.a. Anmerkung zu Brief 213).

243. [M] An Luke Scrafton Old Bond Street, Mittwoch. [17. Februar 1768]

Werter Sir,

Ihr Lob ist mir sehr schmeichelhaft. Ich wüßte keinen, dessen Urteilskraft mir höher gilt, allein Ihre Parteilichkeit für mich macht den einzigen Fall, worin ich sie zweifelhaft nennen darf. – Danke, mein guter Sir, für die Kupfer – ich bin darin Ihr großer Schuldner – sollte ich mich von meinem schlechten Gesundheitszustand erholen und es erleben, daß ich diesen Sommer Coxwold noch einmal besuchen könnte, so will ich mit denselben und mit den sechs artigen Schildereien der Skulpturen vom Grab des armen Ovid, die zu Rom auf Marmor ausgeführt wurden und die ich bereits besitze, mein Studierzimmer schmücken. – Es bekümmert einen, daß ein solcher Mann hat im Exil sterben müssen, wo er doch so schön über die Kunst des Liebens schrieb. – Halten Sie mich nicht für anmaßend, wenn ich von Ihnen eine weitere Gunst erheische – nämlich, mir einige der mit Crayon gezeichneten Stücke, die Sie aus Italien mitbrachten, zu erborgen oder zu erbitten (zu erbitten, wenn's beliebt) – Ich meine, Sie haben drei Folgen, und wenn Ihnen der unvollständige Satz mit Viehstücken auf gefärbten Papier entbehrlich wäre, so würden diese meinem Zweck nachkommen, welcher ist, sie einer gemeinsamen Freundin zu geben. – Vielleicht wissen Sie noch nicht, daß sie ein Talent zum Zeichnen besitzt, und sie verbirgt alles, worin sie brilliert, und ihre Bescheidenheit läßt ihre Fertigkeiten noch glänzender leuchten – Letztes Jahr schenkte ich ihr Farben & eine Apparatur zum Malen und erteilte ihr vor meiner Abreise aus der Stadt einigen Unterricht. Mir wäre lieb, sie würde sich auf diese Kunst werfen und sie vollständig bemeistern – und so wunderlich es auch ist, so ist's doch ebenso wahr, daß sie es nicht versteht, eine Kuh oder ein Schaf zu machen, ob sie gleich Figuren und Landschaften vortrefflich zeichnet; und daher kommt mein Wunsch, sie solle nach guten Kupferstichen kopieren. — Sollten Sie nächste Woche in die Stadt fahren und dort zu Mittag speisen, wohin ich verabredet bin, dann kommen Sie bei mir vorbei und nehmen mich mit – Ich frühstücke bei Mr. Beauclerk und bin danach auf eine Stunde eingeladen bei Lord Ossory, lassen Sie uns also entweder in Ihrem Hause oder in meinem Logis treffen – kommen Sie aber nicht zu spät, denn wir wollen eine halbe Stunde vor dem Mittagessen hinfahren, um uns ein von West ganz bewundernswert gemaltes Bild anzusehen – er hat das Wesen unserer Freundin eingefangen – und ihr Gesicht strahlt eine solche Güte aus, daß, wenn man's ansieht, selbst die verstimmteste Seele unmöglich verstimmt bleiben kann. — Ich will Ihnen ein Exemplar meiner Bücher schicken – sie werden im allgemeinen gefallen – die

Frauen werden dieses Buch im Salon lesen und den Tristram im Schlafzimmer. – Gute Nacht, werter Sir – Ich will nun meine Molken trinken und denn zu Bette gehen. Glauben Sie,

daß ich aufrichtigst bin Ihr

L. Sterne

Skulpturen vom Grab des armen Ovid: Das Grab OVIDS ist nicht erhalten; es geht hier wohl um sechs Stiche von Skulpturen, die das Familiengrab der NASONES an der Via Flaminia schmückten. Sterne erwähnt sie, mit teils wortgleichen Formulierungen, auch im »Tagebuch des Brahmanen« (»13. Juni«) – allerdings mit dem Zusatz: »& diese, Eliza, halte ich heilig, denn sie sollen Dein Kabinett zieren, unter dem Beding, daß ich sie selbst aufhänge«.
einer gemeinsamen Freundin: Gemeint ist ANNE JAMES; sie erhielt die im folgenden Satz erwähnten Geschenke – »17. April bei meiner Freundin Mrs James in Gerard Street, brachte ihr als Geschenk Farben & eine Apparatur zum Malen« (»Tagebuch des Brahmanen, 17. April«).
Mr. Beauclerk: wohl TOPHAM BEAUCLERK (1739–1780), Großneffe von Charles II. und der Schauspielerin Nell Gwynn, Freund BOSWELLs, Mitglied des Literary Club, der in Gerrard Street tagte.
Lord Ossory: der auch in Brief 240 erwähnt wird, Mitglied des Literary Club war und ebenfalls Subskribent von Sternes Werken.
ein von West ganz bewundernswert gemaltes Bild: der amerikanische Maler BENJAMIN WEST (1738–1820), der sich seit 1763 in London niedergelassen hatte, Nachfolger REYNOLDs als Präsident der Royal Academy; er hatte wohl ein (heute verschollenes) Porträt von ANNE JAMES gemalt. Später stach er das Kupfer zu LYDIA MÉDALLEs Briefausgabe, das sie neben der Büste ihres Vaters zeigt.

244. [M] An Anne und William James Donnerstag,
Old Bond Street.
[18. Februar 1768]

Tausendfachen Dank und ebenso viele Entschuldigungen, meine lieben Freunde, für die Scherereien, die Ihnen mein Versehen bereitet hat. Auf den zweiten Blick erstaunt es mich, wie ich Samstag statt Sonntag lesen konnte oder mich überhaupt versehen in einem von Mrs. James geschriebenen Billet, was meine Freundin doch ebenso unvergleichlich gut beherrscht wie hundert andere und größere Fertigkeiten.

Ich bin jetzt an Händen und Füßen gefesselt (doppelt) von meinen Verpflichtungen, und zwar jeden Tag dieser Woche, sonst würde ich höchst vergnügt den alten, angenehmen Weg von Bond zur Gerrard Street geschritten sein. – Meine Bücher werden nächsten Donnerstag, womöglich auch schon am Mittwochnachmittag zu haben sein. – Ich bin ganz wohl, nur eben ermattet von einem ganzen Zimmer voller Leute täglich vom Morgen bis zum Abendessen – Wie sehr ist mir's doch leid, daß ich meinen Bissen (der allzeit süß ist) nicht bei so gütigen Freunden essen kann! – Den folgenden Sonntag will ich Ihnen beiden für gewiß meine Aufwartung machen – und eine Viertel Stunde vor vier erscheinen, damit mir noch ein wenig Zeit und ein wenig Tageslicht bleiben, Mrs. James' Bild zu betrachten. – Ich erbitte von meinen Freunden, Sie meiner Erkenntlichkeit für all Ihre Gunstbezeigungen und meines innigen Dank für jedes Zeichen ihrer Gewogenheit zu versichern. – Adieu, meine lieben Freunde –

Ich bin aufrichtigst Ihr
L. Sterne

Bücher ... zu haben sein: Tatsächlich kamen die beiden Bände der »Empfindsamen Reise« wohl am Samstag, den 27. Februar, in die Läden.
Mrs. James' Bild: wohl das im Vorgängerbrief erwähnte Bild von Benjamin West.

245. An Elizabeth Montagu [London, ? Februar 1768]

Danke, danke – meine liebe und gütige Base, für das Hausmittel – mehr hat mir nicht gefehlt – und allein diese Flasche wird genügen, mir das wiederzugeben, was ich verloren habe – nämlich ein bißchen Kraft – die ich für gewöhnlich so schnell zurückgewinne, wie ich sie verloren habe; ich bin heute morgen gänzlich bar jeglicher körperlichen Unpäßlichkeit, so der Katalog menschlicher Gebrechen verzeichnet, und ich weiß, ich werde es nicht länger als bis morgen nachmittag aufschieben können, Ihnen meinen Dank persönlich abzustatten; solltet Ihr *visible* sein, wie die Franzosen sagen:

Ich befolge keine Diät, außer der strikter Mäßigkeit, und damit verbleibe ich im vollen Bewußtsein Ihrer Güte, Dr Madame,

Ihr zärtlicher Vetter
L. Sterne

***visible* sein, wie die Franzosen sagen:** Seit seiner Frankreichreise verwendet Sterne gerne französische Einsprengsel, hier im Sinne von ›besuchbar sein‹.

246. An Elizabeth Montagu [London, ? Februar 1768]

Bei meiner Seele, ich weiß nicht, ob meine Base Montagu auf meine empfindsamen Reisen subskribiert hat oder nicht — hat sie's nicht – so sollte sie's – doch glaube ich, sie tat's – sei dem, wie ihm wolle — da es mir vor der Veröffentlichung gelungen ist, ein Exemplar auf Imperialpapier zu besorgen, möchte ich es ihr höflich zu Füßen legen, was ich persönlich getan hätte, wäre es an dem Tag, als ich sie aus der Presse bekam, nicht schon zu spät gewesen.

Mr Sterne empfiehlt sich Mr Montagu & ist ganz im Bewußtsein all Ihrer Gunstbeweise

Ihr getreuer & verbundener.
L Sterne

ob meine Base Montagu auf meine empfindsamen Reisen subskribiert hat oder nicht: Sie hatte, allerdings nur ein normales Exemplar.
auf Imperialpapier: im größeren Format, mit besserem Papier, siehe die Anmerkungen zu den Briefen 194 und 213.
Mr Montagu: EDWARD MONTAGU (1692–1775) war fast dreißig Jahre älter als seine Frau, hatte auch eher mathematische und naturwissenschaftliche Interessen, aber die beiden scheinen gut miteinander ausgekommen zu sein. Ein Biograph schrieb über sie: »Die meiste Zeit folgten sie jeder für sich ihren unterschiedlichen Interessen, er am Mikroskop und mit seinem Instrumenten in wissenschaftlicher Zurückgezogenheit, sie in der lebhaften Gesellschaft ihrer literarischen Freunde … in gegenseitiger Verbundenheit und Wertschätzung.«

247. [M] An Lydia Sterne Old Bond Street. [März 1768]

Meine liebste Lydia,

Meine Empfindsame Reise, sagst du, wird in York von jedermann bewundert – und es geschieht nicht aus Eitelkeit, wenn ich Dir melde, daß man sie hier nicht minder bewundert – doch welchen Aufschwung nehmen hiedurch meine Gefühle? – Der mangelhafte Zustand meiner Gesundheit beugt mich nieder, und Eitelkeit hat keine Wohnung in Deines Vaters Brust – diese elende Influenza – beunruhige Dich nicht, ich werde sie schon überstehen — und am ersten Mai bei Euch beiden sein, und sollte ich noch einmal davonkommen, so wird's auf keine lange Zeit mehr sein, mein Kind — wofern mich nicht ein stiller Schlupfwinkel und der Frieden des Gemüts genesen lassen. – Der Inhalt Deines Briefes hat mich erstaunt. – Sie muß meine Gefühle sehr wenig kennen, wenn sie Dir sagen konnte, im Falle ich Deine Mutter überlebte, würde ich Dich Mrs. Draper als Vermächtnis hinterlassen. Nein, meine Lydia! 's ist eine Dame, deren Tugenden ich von Dir nachgeahmt wünsche, der ich mein Mädchen anvertrauen werde – Ich meine jene Freundin, von der ich so oft gesprochen und geschrieben habe – von ihr wirst Du lernen, eine liebreiche Ehegattin, eine zärtliche Mutter und eine aufrichtige Freundin zu sein – und Du kannst gar nicht ihre Vertraute werden, ohne daß sie Deinem Herzen ein wenig von der Milch der Menschenliebe einflößt, die Dein eigenes hitziges Temperament, welches Dir in geringen Maße eigen ist, wird mäßigen helfen. – Auch wird diese liebenswerte Frau meiner Lydia die schmerzliche Notwendigkeit ersparen, um Schutz nach Indien zu fliehen, indem es in ihrer Macht steht, ihr einen stärkeren in England zu gewähren. – Ich glaube jedoch, meine Lydia, Deine Mutter wird mich überleben – schwäche also nicht ihren Lebensmut durch die Sorgen, welche Du dir meinetwegen machst. Ich habe Dir ein Halstuch und Schnallen geschickt und das nämliche auch Deiner Mutter. – Mein Kind kann keinen Wunsch äußern, den ihr Vater erfüllen kann, ohne daß er es hierin zufriedenstellt – und aus Gerechtigkeit kann ich gegen Deine Mutter nicht weniger gütig sein. – Ich bin nie allein – Die Liebenswürdigkeit meiner Freunde bleibt stets die gleiche – Trotzdem wünsche ich mir, du würdest mich pflegen – doch das wird mir versagt. – Schreibe mir zum mindesten zweimal die Woche. –

Gott segne Dich, mein Kind, und glaube mir, daß ich bin immer, immer Dein

zärtlicher Vater

L. S.

Ich meine jene Freundin ... oft gesprochen: Sterne meint, nicht Eliza, sondern ANNE JAMES würde im Fall des Todes ihrer Mutter mütterlicher Ersatz. Freilich überlebte ELIZABETH STERNE ihren Mann um fünf Jahre.

Milch der Menschenliebe: Sterne benutzt hier den berühmten Ausdruck aus »Macbeth«, 1. Akt., 5. Szene – »Doch fürcht ich dein Gemüth; / Es ist zu voll der Milch der Menschenliebe / Das Nächste zu erfassen.«

248. An Elizabeth Montagu [London, März 1768]

Die willkommene Huld des Billets der lieben Mrs Montagu hat mir abgefordert, was weder Krankheit noch Kummer mir je entringen konnten – muß ich Ihnen sagen, – daß es ein paar Tränen waren, die ich erst wegwischen mußte, um wieder sehen und ihr sagen zu können – ich bin dankbarer dafür & empfinde es tiefer, als hätte sie mir eine Fuhre von ihrem Besitz geschickt – – & obendrein, was ich noch höher taxiere, von ihrem Witz & ihren Talenten – – in meiner Lage (oder eigentlich in jeder) erobert mich (wenn ich's nicht schon vorher war) ein freundliches Wort oder ein freundlicher Blick für immer – — Aber ich trotze der Krankheit. – et quand je serais mort, on mettra mon nom dans la liste de ces héros, qui sont morts en plaisantant.

Die Nachricht, werte Lady, die Ihr menschenfreundliches

Interesse wachgerufen hat, ist eine Sache, die ich nicht bestreiten oder leugnen kann – wiewohl ich aus solchem Übel stets ein Geheimnis mache – Ich bin krank – sehr krank – Doch bin ich mir meines Daseins zwingend bewußt und zugleich einer Art Offenbarung, die mir sagt, ich werde nicht sterben – sondern leben bleiben — & doch würde jeder Andere sein Haus beschicken —

Oh! Ich beneide Scarron – obwohl dies ganz nichtswürdig gelogen von mir ist – denn als Ihr gütiges Billet kam – schrieb ich in Wahrheit gerade an einer Erzählung, die ich, weil sie höchst komisch ist – & falls mir meine Krankheit nur noch 7 Tage fortdauern möchte – auch vollenden werde — Nennen Sie mir den Grund, warum Cervantes im trübsinnigen Verließ eines feuchten Kerkers so eine prächtige und humorvolle Satire schreiben konnte – oder warum Scarron unter körperlichen Qualen — oder warum der Verfasser von Le Moyen de parvenir (ein verächtliches, – doch witziges Buch) unter der Knechtschaft eines armen *Kanonikers*

— allein dies *Wort* gürtet mich zu eng – es gibt entweder eine Schrulle der Natur oder irgendeine unbekannte Triebfeder, die in uns nur wirksam werden, wenn wir so im Haus der Knechtschaft sind ——

— vergeben Sie einem mürben Gehirn all dies – und schikken Sie mir, gütige Dame, wenn Sie Muße finden, zur Stärkung dieser armen Maschine ein kleines bißchen von Ihrem Gelee – die Aufmerksamkeit der Leute um mich her empfinde ich nur als bedrängend – Ich hoffe Ihnen in 2 oder 3 Tagen meinen Morgengesang anstimmen zu können – & glauben Sie mir, Madame, es gibt nicht einen Verehrer, der Ihrem Altar mit einem makelloseren Opfer nahen kann,

als Ihr sehr verbundener & ganz
ergebener Diener
L Sterne

et quand je serais mort ... plaisantant: Und wenn ich gestorben bin, wird man meinen Namen in die Liste derer aufnehmen, die mit einem Scherz auf den Lippen gestorben sind. Sterne wurde wohl inspiriert von ANDRE-FRANÇOIS BOUREAU-DESLANDEs »Réflections sur les grands hommes qui sont mortes en plaisant« (1712), dessen englische Übersetzung 1713 und 1745 erschienen war. Schon im »Tristram Shandy«, V, Kap. III taucht der Gedanke auf – »Deswegen, fuhr mein Vater fort, lohnt es die Erinnerung, wie wenig Veränderung das Nahen des Todes in großen Männern bewirkt hat. – *Vespasian* starb scherzend auf seinem Nachtstuhl – *Galba* mit einer Sentenz – *Septimius Severus* über einer Depesche ...«

meines Daseins ... nicht sterben: Sterne hatte schon am 15. Januar 1764 ähnlich formuliert – »Die Balgerei mit dem Tod habe ich entsetzlich teuer bezahlt – so mich aber der prophetische Geist nicht trügt – so werde ich nicht sterben, sondern leben bleiben« (siehe Brief 127).

Ich beneide Scarron: Schon in Brief 43 (14. Dezember 1759) schrieb Sterne: »Cervantes schrieb seine lustige Satire im Gefängnis — & Scarron seine unter Schmerzen & Qualen«. PAUL SCARRON (1610–1660), dessen burlesker »Roman comique« mit seinen vielen Binnenerzählungen Sterne inspirierte, war von einer fortschreitenden Muskellähmung gequält worden.

an einer Erzählung: Diese Erzählung scheint leider nicht erhalten zu sein.

Verfasser von Le Moyen de parvenir: FRANÇOIS BÈROALD DE VERVILLE (1558–1612) war Kanonikus von St. Gratien de Tours, als er sein Buch schrieb. Béroalds Einfluß auf Sterne ist in der Forschung umstritten, und obwohl er ihn hier explizit nennt und es ein Exemplar des Buches mit Sternes Besitzvermerk gegeben haben soll, konnte bisher textlich kein Hinweis auf eine Beeinflussung geliefert werden.

zur Stärkung dieser armen Maschine: In seinem letzten Lebensjahr beschreibt sich Sterne nicht nur in Brief 210 und hier als ›Maschine‹, sondern auch im »Tagebuch des Brahmanen« – »da mir meine Maschine nun viel weniger beschwerlich scheint als zuvor, finde ich mich allmählich in meinen Zustand« (»25. Apr.«). Zur Diskussion über den Ausdruck siehe die Anmerkung zu Brief 210.

249. [M] An Anne James London,] Dienstag, [15 März 1768]

Ihr armer Freund vermag kaum noch zu schreiben – er ist diese Woche mit einer Rippenfellentzündung an die Pforte des Todes gekommen – Am Donnerstag hat man mich dreimal zur Ader gelassen und am Freitag Spanisch-Fliegen-Pflaster gesetzt – Der Arzt meint, es gehe mir besser – Gott weiß es, denn ich befinde mich arg unwohl und werde, so ich denn genese, eine lange Zeit brauchen, um wieder zu Kräften zu kommen. – Ehe ich diesen Brief noch halb fertig bekomme, muß ich meine matte Hand wohl mehr als ein dutzendmal rasten lassen. – Mr. James war gestern so gut, mich zu besuchen. Bei seinem Anblick überkam mich eine unbeschreibliche Bewegung, und er bereitete mir eine übergroße Freude, indem er sehr viel von Ihnen sprach. – Bitte, liebe Mrs. James, beschwören Sie ihn, doch morgen oder übermorgen wiederzukommen, denn vielleicht habe ich nicht mehr viele Tage oder Stunden zu leben – Ich möchte ihn, sollte ich mich schlechter befinden, um eine Gunst bitten, um die ich sonst Sie bitten will, falls ich bei diesem Ringen obsiege – mir ist der Lebensmut geschwunden – das ist ein böses Omen – weinen Sie nicht, meine teure Lady – Ihre Tränen sind zu kostbar, um über mich vergossen zu werden – verschließen Sie sie in einem Fläschchen, und möge der Stöpsel nie herausgezogen werden. – Teuerste, gütigste, sanftmütigste und beste aller Frauen! möchten Gesundheit, Frieden und Glück Ihre steten Begleiter sein. – Sterbe ich, so behalten Sie mich in guter Erinnerung, und vergessen Sie die Torheiten, welche Sie so oft mißbilligten und zu denen mich mein Herz, nicht mein Kopf verleiteten. Sollte mein Kind, meine Lydia, einer Mutter bedürfen, darf ich hoffen, daß Sie sie (wenn sie dereinst ganz verwaist ist) an Ihre Brust nehmen? – Sie sind die einzige Frau auf Erden, auf die ich für einen solchen Akt der

Nächstenliebe bauen kann. – Ich habe ihr vor vierzehn Tagen geschrieben und gesagt, was sie, wie ich zuversichtlich hoffe, an Ihnen finden werde. – Mr. James wird ihr ein Vater sein – er wird sie vor jeder Kränkung in Schutz nehmen, denn er trägt einen Degen, mit dem er seinem Vaterland gedient hat und den er zur Verteidigung der Unschuld aus der Scheide zu ziehen wüßte. – Empfehlen Sie mich ihm – so, wie ich Sie nun jenem Wesen empfehle, das den guten und gütigen Teil der Welt in seine Hut nimmt. — Adieu — all mein Dank gilt Ihnen und Mr. James.

Ihr armer, zärtlicher Freund
L. Sterne

Spanisch-Fliegen-Pflaster: auch als Cantharindenpflaster bekannt, ein Pflaster, das mit einer Salbe aus dem getrockneten und gemahlenen ›Spanischen Käfer‹ auch ›Spanische Fliege‹ *(Cantharis vesicatoria)* bestrichen wird. Es wirkt durchblutungsfördernd, beim Entfernen sollen giftige Stoffe aus dem Körper gezogen werden, daher war die Methode auch als »weißer Aderlaß« bekannt.

Ihre Tränen ... in einem Fläschchen: Dieses Bild zieht Sterne aus einer seiner liebsten Bibelstellen – dem Psalm 56,8.

L. Sterne: Laurence Sterne starb am Freitag, dem 18. März 1768, um vier Uhr nachmittags.

ANHANG

ZU DIESER EDITION

Sämtliche in dieser Edition übersetzten Briefe folgen in Auswahl, Textgestalt und Kommentierung den in immenser wissenschaftlicher Anstrengung erstellten Bände 7 und 8 der Florida-Edition der Sterneschen Schriften: *Laurence Sterne. The Letters, Part 1 1739–1764* und *The Letters, Part 2, 1765–1768.* Ed. MELVYN NEW und PETER DE VOOGD, Gainesville u. a.: University Press of Florida, 2009.

Allein Brief 14, der nach Abschluß dieser maßgeblichen Ausgabe gefunden wurde, ist hier zusätzlich enthalten.

Die deutsche Übersetzung Michael Walters folgt der Reihenfolge, Datierung, der Adressatenzuschreibung und der Textgestalt der Florida-Edition bis hin zu LAURENCE STERNEs eigenwilliger Interpunktion, seiner erratischen Großschreibung (manchmal mitten im Satz) und nicht weniger erratischen Kleinschreibung (manchmal am Satzanfang). Nur Sternes Fehlschreibung von Orts- und Personennamen sowie fremdsprachigen Ausdrücken wurde in aller Regel stillschweigend berichtigt.

Die Anmerkungen wären ohne die immense Forschungsarbeit, die in der Florida-Edition geleistet wurde, schlichtweg unmöglich gewesen. Sie sind, von sehr wenigen Ausnahmen abgesehen, nicht mehr als zusammenfassende Paraphrasen dieser Arbeit – wir empfehlen jedem, sich diese Ausgabe selbst zuzulegen; die Erkenntnisgewinne, die man durch ihre Lektüre gewinnt, sind enorm. Besonderer Dank gilt einmal mehr speziell Peter de Voogd.

DEUTSCHE AUSGABEN DER BRIEFE STERNES

1775 Briefe an Elisa. Hamburg bey Bohn. Übersetzer war JOHANN JOACHIM CHRISTIAN BODE.

1775 *Briefe von (Yorick) Sterne an seine Freunde. Nebst seiner Geschichte eines Ueberrocks.* Hamburg bey Bohn. Übersetzung der Combe-Ausgabe, Übersetzer war JOHANN JOACHIM CHRISTIAN BODE.

1775 *Lor. Sterne's oder Yoricks Briefwechsel mit Elisen und seinen übrigen Freunden.* Leipzig. Weidmanns Erben und Reich. (eine textlich leicht bearbeitete Zusammenfassung der BODE-Übersetzungen ohne dessen Nennung)
– Nachdruck Altona/Hamburg 1776
– Nachdruck Hanau/Höchst Göllner 1776 (mit anderer Reihenfolge der Briefe)

1776 *Lor. Sternes Briefe an seine vertrautesten Freunde, nebst einem Fragment im Geschmacke des Rabelais, und einer von ihm selbst verfaßten Nachricht von seinem Leben und seiner Familie,* herausgegeben von seiner Tochter, Madame Médalle. Leipzig, Weidmanns Erben und Reich. Übersetzer war wohl CHRISTIAN FRIEDRICH WEISSE. Eine Übersetzung der Médalle-Ausgabe.
– Nachdruck 1785 Leipzig Phillip Haug's Witwe

EIGENSTÄNDIGE ZUSAMMENSTELLUNGEN

1965 *Laurence Sterne. Briefe und Dokumente.* Auswahlausgabe aus Curtis' Briefedition. Übersetzt von SIEGFRIED SCHMITZ. München, Winkler (Die Fundgrube).

1991 zahlreiche Briefe und Briefauszüge in *Laurence Sterne. Eine Biographie* von DAVID THOMPSON. Übersetzt von HANS J. SCHÜTZ, Frankfurt, Frankfurter Verlagsanstalt (die einzige ins Deutsche übersetzte Biographie).

WEITERFÜHRENDE LEKTÜRE

WEITERE BRIEFAUSGABEN

WILBUR CROSS *The Works and Life of Laurence Sterne. The Letters of Laurence Sterne to his most intimate friends.* 3 Vols. New York, 1904 (York-Edition. die erste größere Sammlung von Sternes Briefen, die sowohl die zeitgenössischen Sammlungen als auch später gefundene Briefe versammelt, allerdings noch durchsetzt von zahlreichen Fälschungen).

LEWIS PERRY CURTIS *Letters of Laurence Sterne.* Oxford, 1935 (die erste wissenschaftlich annotierte Edition, eine bewundernswerte editorische Leistung, deren Lektüre auch neben der Florida-Edition lohnt).

BIOGRAPHIEN

Die reichhaltigsten eigenständigen Biographien sind:

PERCY FITZGERALD: *Life of Laurence Sterne*. London, 1906.

WILBUR CROSS: *The Life and Times of Laurence Sterne*. New Haven, 1929.

ARTHUR CASH: *Laurence Sterne. The Early & Middle Years*. London, 1975.

DERS.: Laurence Sterne. *The Later Years*. London and New York, 1986 (das Standardwerk).

IAN CAMPBELL ROSS: *Laurence Sterne. A Life*. Oxford, 2001 (etwas konziser als Cash, neuer, aber nicht unbedingt besser).

SONSTIGES

Immer empfehlenswert ist das Zentralblatt des Sternianismus:

The Shandean. Or, An Annual Volume devoted to Laurence Sterne and his Works. ed. PETER DE VOOGD (P.O. Box 71851, 1008 EB Amsterdam, The Netherlands).

NAMENS- UND WERKREGISTER

(Empfangene Briefe sind **gefettet**)

Diese Ausgabe der Briefe Sternes
wurde möglich mit Unterstützung

der Hamburger Stiftung zur
Förderung von Wissenschaft
und Kultur

und der Brougier-
Seisser-Cleve-
Werhahn-
Stiftung
in München

BSCW
Stiftung

MIX
Papier aus verantwortungsvollen Quellen
FSC
www.fsc.org
FSC® C083411

Verlag Kiepenheuer & Witsch, FSC® N001512

1. Auflage 2018

Verlag Galiani Berlin

Umschlaggestaltung: Manja Hellpap und Lisa Neuhalfen, Berlin
Umschlagmotiv: © Dirk Lange Handmarmorpapiere
Lektorat: Wolfgang Hörner
Gesetzt aus der Garamond Premier Pro
Satz: Buch-Werkstatt GmbH, Bad Aibling
Druck und Bindung: CPI books GmbH, Leck
ISBN 978-3-86971-170-6

Weitere Informationen zu unserem Programm finden Sie unter
www.galiani.de

65
76
150
226
249
182